中国大学校史研究

（2016）

主　编　李家俊　张克非
副主编　韩宝志　胡　端

图书在版编目(CIP)数据

中国大学校史研究.2016 / 李家俊，张克非主编
. —天津：天津大学出版社，2018.11
ISBN 978-7-5618-6290-2

Ⅰ.①中… Ⅱ.①李… ②张… Ⅲ.①高等学校－教育史－中国－文集 Ⅳ.①G649.28-53

中国版本图书馆CIP数据核字(2018)第260326号

出版发行 天津大学出版社
地　　址 天津市卫津路92号天津大学内(邮编:300072)
电　　话 发行部:022-27403647
网　　址 publish.tju.edu.cn
印　　刷 廊坊市海涛印刷有限公司
经　　销 全国各地新华书店
开　　本 169mm×239mm
印　　张 35
字　　数 731千
版　　次 2018年11月第1版
印　　次 2018年11月第1次
定　　价 136.00元

编辑委员会

前　言

一

在天津大学鼎力支持下，2016年10月20—21日，由天津大学档案馆承办的中国高等教育学会校史研究分会第十四届学术年会成功举行。来自北大、清华、复旦、上海交大、浙大等73所高校的180多位校史研究者出席会议，提交参会论文62篇，共计70万余字。与会高校及代表数量之多、会议规模之大、论文质量之高，都为以往历届校史年会之冠，充分显示，校史研究取得的最新进展和蓬勃发展的良好势头，以及各高校同人对校史研究分会工作的认可与支持。

与会者及参会论文围绕"双一流背景下中国现代大学治理的历史考察""'互联网+'时代的校史工作与研究"两个主题，深入探讨了近现代我国高等学校的管理制度和治校方略，以及对建设世界一流大学、一流学科的历史启示；分析了全媒体时代下校史研究与宣传工作所面临的机遇、挑战及所应采取的对策。

中国高等教育学会副秘书长叶之红、天津大学校长助理张力新等在开幕式上致辞。中国社会科学院近代史所研究员、中华口述历史学会秘书长左玉河作《口述历史与大学校史研究》主旨报告，厦门大学教育研究院院长、长江学者特聘教授刘海峰作《高等教育史与大学校史研究的互动》主旨报告。年会还受到相关学术期刊、报纸等媒体的广泛关注，《教育史研究》和《博览全书》的主编亲临会议，凤凰网、今晚网、渤海早报等媒体对学术年会的情况进行了报道。

二

会后，校史研究分会秘书处、学术委员会与天津大学档案馆联袂，将精心遴选的60篇参会论文编成《中国大学校史研究（2016）》一书，交由天津大学出版社正式出版。在该论文集即将付梓之际，我受分会委托对之作简要介绍。

按照参会论文的研究主题，该论文集由五部分组成，分别为"中国现代大学治理的历史考察""中国现代大学学科的历史变迁""校史编研与史料述评""'互联网+'背景下的校史文化传播"和"校史人物与历史记忆研究"。前两个部分围绕一流大学和一流学科建设的实际需要，分别总结了以往中国大学发展、学科培育方面的宝贵经验。第四部分密切关注和研究"互联网+"给校史研究带来的各种变化和契机。第三部分和第五部分,则是分别围绕校史研究中的基础工作“编研与史料”和重要方面“校史人物”进行研究。这些都反映了校史研究面临的新任务、新变化及其自身主要工作的不断深入。

综观这60篇论文,具有以下4个显著特点。

一是选题独到、异彩纷呈。论文选题丰富多彩,无论是把握全局进行的普遍性宏观研究,还是围绕具体学校、时段、人物、事件的具体微观研究,都能够从不同的“问题意识”出发,寻找不同视角,进行独特分析,读来令人耳目一新、印象深刻。其中很少雷同、一般的泛泛选题。

二是研究深入、很有价值。参会及入选的绝大多数论文,态度严谨,所作研究很有深度和学术价值、借鉴作用。有一些还是作者长期关注、思考,甚至是所完成国家社科基金重大项目的研究结晶,如张亚群的《中国近代大学通识教育的实践与启示》一文,虽然篇幅不长,却在平实、凝练中颇见深度。欧七斤的《从东方MIT到世界一流大学——上海交通大学一流大学建设的百年脉络》、张雪蓉的《试析民国初期国立东南大学的学科建设——基于学科规训的视角》等论文,也都是作者长期研究的成果,厚重深入,非常专业。章华明的《校史研究的学科定位与自我价值认同》,陈国坚、吕晓芹的《高校校史研究思路探讨——以〈广东工业专科学校校史考(1910—1952)〉一书写作为例》,徐警武、谢朝霞的《高校口述史八问》等,都能分别从作者的长期实践、切实体会出发,围绕校史研究工作的定位、得失及实际需要,进行理性思考,提出有价值的见解和建议。

三是新意迭出、颇有创见。尤其可喜的是不少论文勇于进行理论探索、学术创新,能够提出许多真知灼见,读来深受启发、眼界大开。如金富军的《政治与教育的双重变奏:1928—1929年清华大学“国立化”再研究》、时巨涛的《20世纪80年代中后期的东大管理改革述论》等论文,都能在深入研究的基础上提出新问题,形成新观点,得出新结论。钱益民的《复旦大学生命科学学院创建述略》、胡端的《名、实之间的调适:从南洋公学师范院再探清末师范教育“以日为师”问题》等论文,则能够从具体、个案研究出发,总结、升华出带有普遍性的理论思考,产生全局性意义。

四是史料翔实、专业规范。从写作方式上看,绝大部分论文都能深入发掘相关资料、引注规范,论述缜密、逻辑性强,能够自觉遵循学术论文的规范要求,在整体上呈现出较高的专业研究水平。这也是值得注意的可喜变化。

总之,通过第十四届年会及其校史研究论文集,能够深刻感受到高校校史研究整体水平的稳步提高和许多新气象;表明校史研究队伍正在发生明显变化，呈现出研究者专业结构逐渐优化、学历水平不断提高和年轻化趋势。许多中青年学者已脱颖而出，研究成果丰硕，他们具有很好的专业素养，研究潜力巨大，已成为校史研究领域的中坚力量。尤其是北京大学、清华大学、上海交通大学、四川大学等许多始终高度重视校史研究的高校，已经形成高水平的专业研究团队和明显的“场效应”，显示出令人刮目相看的整体研究实力，成为校史研究的重镇。这些都预示着新时代校史研究工作的发展前景及光明未来。

三

习近平总书记指出：“历史是一面镜子，从历史中，我们能够更好看清世界、参透生活、认识自己；历史也是一位智者，同历史对话，我们能够更好认识过去、把握当下、面向未来。”（《在中国文联十大、中国作协九大开幕式上的讲话》，2016 年 11 月 30 日）

20 世纪 80 年代高校改革的先驱、东南大学前校长、国家教委原副主任韦钰在看了回忆学校改革的校史研究文章后，颇动感情地说：“你们做的这个工作（指开展校史研究）是很有意义的。学校发展是大家共同努力的结果，但功劳不能只记在校长、书记头上。那场改革班子里的每一个同志都作了很大贡献，有些人已经去世了，我们应该把他们做的事记录下来，这是对他们的纪念，也是对历史的尊重。不然，以后在校史上他们将只是一个名字。”（见时巨涛：《20 世纪 80 年代中后期的东大管理改革述论》）这也生动地证明了校史研究的重要性、紧迫性。

随着改革开放的深入进行、中国特色社会主义高等教育的快速发展，各高校的校史研究也有为有位，已经成为大学文化建设中不可或缺的重要组成部分，发挥了存史、资鉴、育人、荣校的积极作用，日益受到学校师生、社会各界的广泛重视，显示出更加广阔的发展空间。近年来，有关校史题材的图书、影视作品在社会上引起的高度关注和热议，充分说明中国近现代大学及其代表的先进文化作出的巨大贡献，在树立文化自信、繁荣民族文化中具有的历史价值；也证明长期以来全国高校校史研究工作是卓有成效、前途远大的。校史研究分会在其中发挥了积极的促进作用。在中国高等教育学会 2018 年 4 月召开的所属二级分会负责人会议上，学会新老领导都以不同方式对校史研究分会的工作给予了肯定。

我们坚信，新时代的校史研究一定会与时俱进，更加自觉、主动地关注国家战略，积极投身、服务于民族复兴的历史伟业；形成更加鲜明的“问题意识”，在研究的深度、广度和传播效果上不断突破创新，更加注重自身的理论建设、研究和表现方法上的探索;紧密结合中国特色高等教育发展、创建高等教育强国、培养大批优秀人才的实际需要和时代主题,给自己确定更高的研究目标和要求。把校史资料的搜集、整理等基础性工作做得更加扎实、完善;将具体的专题研究做得更加细致、深入;同时积极探索利用互联网、大数据时代提供的新条件,既立足高校,又放眼校外,有计划地围绕高等教育发展中的全局性、共同性问题,开展相关高校校史的协同研究、国内外高校校史的比较研究、高校与社会的互动研究,进一步拓宽校史研究的视野和领域。用具有更高水平、更大影响力的研究成果,在立德树人、先进文化建设中发挥更加积极的作用,彰显校史研究的学术地位和重要性,争取国家、社会对高校校史研究工作的更多认可及支持。

最后,再次感谢天津大学领导、档案馆、出版社对校史研究分会第十四届年会成功举行、校史研究论文集顺利出版提供的大力支持和帮助。还要特别感谢高等教育学会领导长期以来对分会工作的关心和指导;感谢分会以往历任会长、秘书长对校史研究事业倾注的心血和作出的重要贡献,以及分会秘书处、学术委员会各位老师的辛勤工作;感谢各成员单位和全国校史研究同人们对分会工作一如既往的大力支持。预祝即将在河南大学召开的第十五届年会取得更丰硕的成果。

让我们齐心协力,共同开创校史研究蓬勃发展的新局面!

张克非谨识

2018年9月

目　　录

第一篇　中国现代大学治理的历史考察

第二篇　中国现代大学学科的历史变迁

第三篇 校史编研与史料述评

第四篇　“互联网+”背景下的校史文化传播

第五篇　校史人物与历史记忆研究

第一篇

中国现代大学治理的历史考察

民国时期现代大学制度的生成及发展

中山大学档案馆校史研究中心　张建奇　吕雅璐

摘要：中华民国成立后政体的根本转换以及社会急剧转型，为现代大学制度的生成创造了机遇和条件。现代大学制度的建设经历了从最初借鉴外国到结合国情加以修正与选择的过程，至20世纪20年代中期，现代大学制度在宏观法令与办学实践两个层面上得以基本确立。南京国民政府时期，现代大学制度虽不断受到冲击，但仍发挥重要作用。反思民国时期现代大学制度的作用，我们认为现代大学制度应是“双一流”大学建设的重要组成部分，重点是建立完善的大学自治制度并提供充分的学术自由，以及保障广大教师大学教育主体作用的发挥。

关键词：民国时期；现代大学制度；生成过程；中山大学

清末我国虽出现了京师大学堂、山西大学堂和北洋大学堂等新式高等教育机构，但它们并不是真正把握西方大学精神实质、恪守“大学自治”“学术自由”等核心理念的现代大学。我国真正意义上的现代大学制度，直到20世纪20年代中期才在宏观法令与办学实践两个层面上得以基本确立。现代大学制度的生成，有赖于中华民国成立后政体的根本转换以及社会急剧转型创造的机遇和条件，并经历了从最初借鉴外国到结合国情加以修正与选择的过程。现代大学制度基本确立后，由于缺乏牢固的基础，其核心理念也时常受到冲击。本文除对民国时期现代大学制度的生成过程进行梳理及分析外，还以中山大学为个案，对南京国民政府时期现代大学制度受到的冲击及其作用的发挥进行探讨，并从中得出若干启示，希望有助于当前我国现代大学制度的建设及完善。

一、现代大学制度的生成

中华民国的创立，是我国现代大学制度确立的起点。民国元年（1912年）7月召开的全国临时教育会议上，与会者以此前蔡元培所提出的教育方针为基础，进行了商议与修订，最终确定中华民国的教育宗旨："注重道德教育，以实利教育、军国民教育辅之，更以美感教育完成其道德"。1912—1913 年，民国政府制定公布了民国第一个学校制度系统，即"壬子癸丑学制"。关于高等教育，教育部颁布了《大学令》和《大学规程》等。"壬子癸丑学制"及有关高等教育的法令和规定，初步勾画出民国初期大学制度的总体框架。相对于清末高等教育制度而言，民国初期大学制度主要有以下几个方面变化：一是取消大学经学科，废除了忠君、尊孔的旧教育宗旨；二是首次提出高等教育要教授高深学术，并要分设两种培养目标有区别的学校（大学和专门学校）的观点；三是对大学内部机构的设置作出了明确规定，校内设评议会、教授会等机构；四是第一次以法令的形式明确了私立大学的举办权。这些变化显示民国初年我国大学制度的设计者已开始致力于建立体现西方大学精神实质的具有自治权和学术自由思想的现代大学。虽然当时只是构建了宏观法令框架，之后并没有在实践方面得到落实，但其前瞻性为大学办学实践指明了努力方向，而且提出了较高的要求。

复古教育回流导致民初开始的大学教育改革难以进行，不过大学教育的现代化前进方向却未能根本改变。1912 年 3 月，袁世凯就任中华民国临时大总统，任命唐绍仪为国务总理，北洋政府成立并控制了中华民国 16 年。袁世凯上台后提倡尊孔读经，并否定了民国初期颁布的教育宗旨及相关法令和规定。这种复古教育回流致使封建专制主义仍继续影响着教育，包括大学教育。在当时大学教育中仍存在着读书就是为了做官的封建教育思想，北京大学和旧时京师大学堂状况也差不多[①]。但在这一时期，推进大学教育变革的另一支重要力量开始形成。大量留学生学成回国从事教育工作，特别是高等教育工作。1909—1922 年共 15 批 516 名归国生中，从事教育或与教育有关者 187 人，约占归国生总人数的 36%[②]。不同于以蔡元培等为代表的传统知识分子，他们普遍接受过系统的西方现代教育训练，在西方大学获得较高的学位，并能深刻把握现代大学的精神实质。新知识分子群体联合以蔡元培等为代表的传统知识分子，有意识主动融合世界现代高等教育的发展潮流，从理念和实践层面对现代大学制度的设计进行了可贵的探索。随着时间的推移，留学归国学生群体迅速崛起，在现代大学制度建设中的作用日渐突出。正是在他们的推动下，西方大学中衡量学术水平的学位授予制度开始引入中国。在 1915 年北洋政府教育部所颁布的《特定教育纲要》中规定，"学位除国立大学毕业，应按照所习科学给与学士、硕

① 高奇：《中国高等教育思想史》，北京：人民教育出版社，2001 年，第 238 页。

② 舒新城：《近代中国留学史》，上海：上海文化出版社，1989 年，第 26 页。

士、技士各字样外，另行组织博士会，作为审授博士学位之机关，由部定博士会及审授学位章程暂行试办”。

“新文化运动”之后，现代大学制度的建设呈现清晰的发展轨迹，沿着宏观法令框架与具体办学实践两个基本层面推进。复古教育回流刺激产生了与封建传统决裂的“新文化运动”。1915 年开始兴起的“新文化运动”，高举“民主”和“科学”两面大旗，进行文化启蒙，在一定程度上为现代大学制度的确立扫清路障。1922 年的新学制即“壬戌学制”中有关高等教育的规定和 1924 年北洋政府教育部颁布的《国立大学条例》标志着现代大学制度在宏观法令层面得以确立。“壬戌学制”中的规定主要是大学校与单科学校并立、取消大学预科、采用学分制与选课制、设课没有男女区别等。《国立大学条例》则规定大学应附设专修科及推广部，内设董事会，负责审议学校计划、预算、决算及其他重要事宜。从“壬戌学制”和《国立大学条例》的相关规定内容看，明显受美国大学制度的影响。这与相当多的留美学生归国后进入高等教育界特别是成为大学的主政者（其中杰出者有胡适、郭秉文、罗家伦等）有关。

至于具体的内部办学实践，20 世纪 20 年代之前引进西方现代大学制度比较成功的是北京大学，20 年代则以东南大学为典范。蔡元培的德国留学经历不仅影响到他的办学理念，还影响了他的大学管理思想和方法。他对北京大学的改革，主要体现在以下三个方面。一是明确大学应是纯粹学问的机构，不是养成资格和贩卖知识的地方。二是改组大学的管理体制。他引入“教授治校”和“学术自由”等办学理念，并通过改组大学评议会、成立学科教授会将其具体化。三是倡导学术研究的风气。他主张“兼容并包”，通过成立研究所、组织研究团体、聘请有研究意识和能力的教师、充实图书馆和实验室、出版研究刊物等形成学术研究的氛围。他还通过建立和制定各类规章制度，保障其办学理念在校内的规范实施。蔡元培对北大的改革，不仅使北京大学于“五四”前后转化为一所真正意义上的现代大学，也使追求高深学问及与之相伴而生的学术自由精神理念开始在中国大学内部扎根。

1921 年成立的东南大学，在首任校长郭秉文的擘画之下，借鉴美国研究型大学的办学模式，通过一系列规范化的内部制度安排，迅速崛起。郭秉文主张“教授治校”和“学术自由”，强调大学教学、科研与服务社会相统一。在系科设置方面，注重学与术并重、基础与应用互补，故东南大学系科设置非常齐全，还首创了主辅修课程制。郭秉文还延聘了一大批留美归国学生。在他们的配合下，内部制度安排得以顺利推行。不同于北京大学将评议会作为学校最高立法机构和决策机构,东南大学设立董事会,并将其作为全校最高的立法机构和决策机构,而评议会仅是一个议事机构。北京大学和东南大学两所大学内部的制度设计,分别代表了德国大学与美国大学两种不同办学模式在我国的移植与实践,也是当时我国社会政治、经济和文化发展实际情况的现实反映。之后,国立大学的内部管理模式,基本上都是在北京大学与东南大学模式上加以改进而发展起来的。

至20世纪20年代中期,现代大学制度已基本形成。"大学自治""学术自由"等现代大学的核心理念普遍为各类大学(国立大学、教会大学、私立大学)所遵循,"教授治校""学生自治"等办学理念则通过大学内部制度的安排,得以具体实施。不少大学还实行了通才教育、选课制、学分制等教学制度。一般认为,我国现代大学制度在20世纪20年代中期得以基本确立,主要是在一批居于大学教育主导地位的自由知识分子的推动下,凭借北洋政府对大学教育的控制无力以及社会转型所创造的机遇和条件而取得的。也就是说,现代大学制度的确立明显具有"自下而上"的特点[①]。政局失序使北洋政府既不能成为现代大学制度建设的主导者,也不能给予现代大学制度建设有力的支持。现代大学制度得以基本确立后的推广也得不到政府的支持。

此外,现代大学制度建立的成功,还往往与某个人的地位和人格魅力联系在一起,个人的去留甚至会决定学校的命运。正如陈平原针对蔡元培之于北大改革的评价:"有其位者不一定有其识,有其识者不一定有其位;有其位有其识者,不一定有其时——集天时、地利、人和于一身,才可能有蔡元培出掌北大时之挥洒自如。"[②]正因为如此,借鉴西方大学制度模式并结合国情加以修正与选择而建立起来的现代大学制度缺乏牢固的基础,容易受到冲击并有一定的摇摆。但总的看来,直到1949年中华人民共和国成立前夕,20世纪中期确立的现代大学制度还是基本延续了下来。

二、现代大学制度的发展——基于中山大学的个案分析

南京国民政府成立后,政府与大学的关系发生了一定的变化。南京国民政府教育部试图加强对大学的控制,国民党还在大学推行"党化教育"(后代之以"三民主义教育")并建立"训育制度",给"大学自治"和"学术自由"带来了严

① 田正平,商丽浩:《中国高等教育百年史论——制度变迁、财政运作与教师流动》,北京:人民教育出版社,2006年,第45页。

② 郑勇:《凝望蔡元培》,载《北京观察》,2001(5),第45~47页。

重伤害。南京国民政府成立后到抗日战争全面爆发前的十年间,政局相对稳定,也是民国高等教育发展相对稳定的时期。国民党试图通过教育立法和制度建设把大学教育纳入国民党一党专政的轨道。南京国民政府教育部在高等教育规划、指导、协调、控制等方面也秉承这一意志,对大学的管理与控制比北洋政府时期更强①。1946年周鲠生对蔡元培时代北京大学的回忆,也揭示了这一改变。他说:我们在北大的时候,尽管在军阀政府之肘腋下,可是学校内部行政及教育工作完全是独立的,自由的;大学有学府的尊严,学术有不可以物质标准计度之价值,教授先生们在社会上有不可侵犯之无形的权威,更有自尊心②。

1929年,国民政府还以宣传共产主义为由,封闭了华南大学、上海大学、大陆大学等。胡适也因指责党义教材为"党八股"而遭到国民党中训部的训诫。但由于民主主义、自由主义思想深入人心,国民党的专制思想和行为一直受到知识分子的抵触和强烈抨击,现代大学制度还在继续发挥作用,这也是南京国民政府时期高等教育能取得发展的重要因素。陈寅恪对为何要坚守学术独立、思想自由的价值进行了很好的解释:"我认为研究学术,最主要的是要具有自由的意志和独立的精神,所以我说'士之读书治学,盖将以脱心志于俗谛之桎梏'……唯此独立之精神,自由之思想,历千万祀,与天壤而同久,共三光而永光。""俗谛"在当时即指三民主义。必须脱掉"俗谛之桎梏",真理才能发挥作用,受"俗谛之桎梏",没有自由思想,没有独立精神,则不能研究学术。教授治校制度在1934年虽然被教育部取消,但一些大学校长、教授还在坚守,如清华大学的教授治校制度,一直坚持到抗战结束之后③。不可否认,知识分子也出现分化,部分大学教授开始对南京国民政府的高等教育方针表示拥护。

我们以中山大学为案例,对现代大学制度在这一时期存在的问题进行较为深入的探讨,并希望能给予公允的评价。这些问题主要有:现代大学制度究竟受到哪些冲击?现代大学制度如何发挥作用?现代大学制度产生了哪些改变?

中山大学原名国立广东大学,创办于1924年,由原来的国立广东高等师范学校、广东公立法科大学、广东公立农业专门学校组成,1926年改名为中山大

① 崔恒秀:《民国教育部与高校关系之研究(1912~1937)》,福州:福建教育出版社,2011年,第3页。

② 中国社会科学院近代史研究所中华民国史组:《胡适来往书信选(下册)》,北京:中华书局,1980年,第88页。

③ 冯友兰:《三松堂自序》,北京:生活·读书·新知三联书店,1984年,第359页。

学。到1938年，中山大学不仅完成石牌新校园的建设，而且“纵的方面看，自幼稚园、小学、中学、大学而研究院，均已成立；横的方面，凡文、法、理、工、农、医、师范七学院，以及各学院应有的学系，几无不具备。当时全体教职员合计八百余人，学生近五千人”[①]。不可否认，中山大学的迅速发展在很大程度上得益于与国民党的特殊关系。但在十余年时间就能跻身于国内名牌大学之列，还与“高深学术的研究”“学术自由”“教授治校”等现代大学制度的核心理念仍是其发展的重要指导思想有关。中山大学的创办及发展过程，也恰好可以反映这一时期现代大学制度受到的冲击及发展，但这需要我们结合相关史实进行仔细的探讨。

中山大学早期对“革命性”的过于强调，不利于现代大学制度作用的发挥。1924年1月，在苏俄和中国共产党的帮助下，孙中山在广州主持召开中国国民党第一次全国代表大会，对国民党进行改组，第一次国共合作正式开始，也标志着轰轰烈烈的国民革命的开始。同时，孙中山意识到培养大批高层次的军事、政治、文化人才对取得国民革命最后成功的重要性。因此，孙中山同年在广州创办了黄埔陆军军官学校和国立广东大学。他创办国立广东大学的目的，是希望把这所大学作为培养高级政治和文化人才的最高学府。为了确保建校目的的实现，孙中山委任国民党元老邹鲁为国立广东大学筹备主任，之后又正式任命邹鲁为国立广东大学校长。不仅如此，在国立广东大学筹建与办学早期，孙中山身为广东革命政府陆海军大元帅，却在不到两年时间内共下了45道训令以保证国立广东大学顺利发展。1924年11月3日，他在决定应冯玉祥邀请北上前夕，还对黄埔军校和国立广东大学两校学生发表告别演说，要求在座的“文”“武”学生：“现在都负得有革命的责任”。还要求他们在校学习期间，要边读书边参加革命活动。他强调：

> 诸位文学生同武学生，都是有知识的阶级，都应该明白这个道理。
>
> ……牺牲自己的“平等”和“自由”，更把自己的聪明才力，都贡献到党内来革命，来为全党奋斗！大家能够不负我的希望，革命便可以指日成功！[②]

显然，孙中山希望两校学生能服从革命事业的需要，并有献身革命事业的精神。邹鲁在回忆国立广东大学的办校目的时也说：

---

① 程焕文：《邹鲁校长治校文集》，广州：中山大学出版社，2004年，第56页。

② 黄义祥：《中山大学史稿（1924—1949）》，广州：中山大学出版社，1999年，第57~58页。

> 总理命我创办国立中山大学，不仅是为国家培植专门人才，更是为党训练革命人才；所以本校实负有双重使命，一是西南的最高学府，一是本党革命人才的大本营①。

因此，多数学生热衷于参与政治活动，以示“革命”。国共两党也都在国立广东大学校内成立自己的党、团组织。如国立广东大学设有中国国民党特别区党部，直属国民党中央领导，其组织按行政系统，分为若干个区分部。国民党激进派戴季陶、朱家骅掌管国立中山大学时聘请教师的一个重要标准是要看其是否具有革命思想。有的学者，学术虽好，但因其思想不符合革命要求也被舍弃掉了。

从孙中山创办国立广东大学的动机看，中山大学注定是一所革命的大学，甚至可以说是国民党的“党校”，其主要任务是对学生进行革命的“启蒙”。朱家骅在国立广东大学改名“国立中山大学”之后的开学典礼演讲中也继续强调其“革命性”：

> 要救我们的党，救我们的国，救我们的民族，都要在中山大学求一个解决，我们中山大学是要为革命利益，为革命工作，使成为中国建设革命事业的中心，使大学与社会结合②。

可见，早期中山大学办学的首要目的是为了革命事业，而不是“纯粹学问的机构”，导致一些举措背离了现代大学的通行做法。教师的聘任也不完全以学术为标准，而是以思想是否革命为首要标准。校长的任命更是如此，首先要求是忠诚的国民党员，其次才是懂教育事业。国民党对国立中山大学的内部事务干预过多，“大学自治”必然受到破坏。“党校”性质必然不允许“思想自由”。但从中山大学的办学初衷看，似乎又是可以理解的。在戴季陶、朱家骅等人看来，服务于革命事业要比大学的学术自由和自治权更为重要。

国民党高等教育方针的确定及政策的调整都对中山大学产生了明显的影响。原因是中山大学的特殊地位使国民党一直对它关注有加，从未放松过对它的管理和控制。当时国民党高等教育方针、政策的最大特点是以三民主义为根本指导思想。如蒋介石所指出：

---

① 邹鲁:《回顾录(上)》，台北：台湾三民书局，1976 年，第 143 页。

② 朱家骅:《中山大学筹备之经过和将来之希望》，载《广州民国日报》，1927 年 4 月 6 日第 5 版。

> 我们中国要在20世纪的世界谋生存,没有第二个适合的主义,只能依照总理的三民主义,拿三民主义来做一个中心思想,才能统一中国;我们现在只有研究总理的三民主义,拿来做建设的方针,不要讲共产主义,不要讲国家主义,也不要讲无政府主义。以党治国,是以党义治国,是以本党的三民主义来治中国[①]。

中山大学是最早推行"党化教育"的学校,还建立了"训育制度",以加强对学生的教育和控制。1926年制定的《国立中山大学章程》规定的办学宗旨是"以国民革命之精神振兴国民智力之发展,一方面挥弘列种艺术以备国人之享受,一方面挥弘教育之党化以坚革命之工作"。中山大学内部管理制度也随之发生了一些改变。中山大学建校之初,机构设置仿照北京大学,采取了"教授治校"的管理模式。但与北大不同的是,国立广东大学校务会议中的行政领导多于教授代表,而北京大学的评议会中教授代表却多于行政领导。之后,校长治校逐渐取代了"教授治校"。1929年后南京国民政府教育部更是在中山大学设立了董事会。董事会由国民党的高级官员组成,直接对国民党负责。董事会成立后,中山大学逐渐丧失了独立自主的治校权力。总的来看,中山大学的内部管理制度经历了从"教授治校"到"校长治校"再到"董事会治校"的转变,与之相伴的是南京国民政府对大学控制的加强。而且与有较强的"教授治校"传统的北大、清华等学校不同是,"教授治校"制度的取消在中山大学受到的抵触也比较少。

尽管现代大学制度的一些核心理念受到严重冲击,但坚持高深学术研究仍是中山大学办学的重要指导思想。这也是进入20世纪30年代后,中山大学能从以"革命"为主的大学,顺利转型为"学术型"大学并跻身于国内名牌大学之列的重要缘由。中山大学早期办学的首要目的虽然是服务于革命事业,但其毕竟也是一所普通大学,也会受当时通行的大学教育目标影响。如1924年《国立广东大学规程》所规定的办学目标即是:"国立广东大学以灌输及研究高深学理与技术,并因应国情,力图推广其应用为宗旨。"而1924年2月北洋政府教育部颁布的《国立大学章程》规定的大学教育目标与民国元年的《大学令》完全相同,都是"国立大学校以教授高深学术,养成硕学闳材应国家需要为宗旨"。邹鲁受当时知识界对大学的看法影响很大。在《国立广东大学规程》的制定过程中,他邀请了胡适、蒋梦麟等知识界和教育界名人参与《国立广东大学规程》确

① 熊明安:《中华民国教育史》,重庆:重庆出版社,1990年,第111页。

立的“研究高深学术”的办学宗旨为其最终成长为一所研究型大学奠定了基础。

1927年后，南京国民政府从国家高度，鼓励大学开展研究工作。政府的推动和我国大学普遍提升学术水平的努力都促使中山大学向“学术型”大学转变。到20世纪20年代中后期，“研究高深学术”不再仅仅是各大学办学宗旨的重要组成部分，各大学开始在实际的办学过程中，通过延聘高水平教师，设立相应的组织机构，以达到提高学术水平的目标。中山大学也开始从“革命”的最高学府，向“学术型”大学转型。

对中山大学为何需要转型及如何转型的问题，戴季陶的认识较具代表性。他在《中大的改进》一文中指出：

> 唯大学之基本价值，终于学术，今后中国之改造，亦在于科学的发展。故私意以为中山大学之前途，应以学术的价值为体，以政治的价值为用。换言之，则当实施大学之党时，有两层意义：一、在大学内之党，应造成“党的科学化”，俾党的一切施设，皆能尽量扶助科学的发展；二、大学之一切学问的研究，应造成“科学的党化”，俾一切科学之发展，皆能完全为革命的发展而存在①。

因此，中山大学也通过物色著名学者、名师为长期教授，成立研究所或试验所等方法，提高其学术水平。著名的研究所如国立中山大学教育研究所，成立于1927年，它是近代中国的第一所教育科学研究机构，产生了一系列重要的科研学术成果。国立中山大学语言历史学研究所筹备于1927年秋，成立于1928年1月，为著名历史学家傅斯年、顾颉刚等人创办，其所出版刊物《国立中山大学语言历史学研究所周刊》在语言历史学和民俗学界影响很大。农科成立了我国最早的土壤调查所。通过上述这些举措，中山大学学术研究氛围日渐浓厚，学术成果相当丰硕。仅据1934年11月校庆10周年统计，全校已出版定期刊物20种，不定期刊物15种；新编中文书目、党义类如《孙先生之思想及其主义》等各4种，其他专著200多部②。这次统计还只是国立中山大学本校出版的部分，还有不少名家的著作在校外出版。研究生教育也有了较大发展。1935年春，中山大学与清华大学、北京大学等三所高校经当时的教育部批准，正式设立研究院，是我国最早设立研究生院的院校。

“大学自治”“教授治校”等现代大学制度的核心理念，在国立中山大学的

---

① 黄仕忠：《老中大的故事》，南京：江苏文艺出版社，1998年，第5页。

② 黄义祥：《中山大学史稿》，广州：中山大学出版社，1999年，第176页。

内部办学实践中发挥了一定作用。随着南京国民政府对大学控制的加强,中山大学办学的自主权力逐渐减少,但还发挥一定的作用。中山大学的“自治权”主要体现在学科设置和办学模式的探索上,引进了许多新兴学科,其中一些甚至是我国大学首创。如1927年初以数学系为基础成立的数学天文系和1929年春建立的天文台,均为我国大学首创。中山大学的农科,在办学模式上则仿效美国模式,建立教学—农林实验场—推广部的产学研合作机制,其研究的主要方向是通过实地调查(包括农业调查、土壤调查等),改良作物育种,“解决民生问题”①。

“教授治校”制度取消后,中山大学教授开始转为“治学”及“教授治院”“教授治系”。前者是指中山大学的决策权为校长和董事会所控制,但教授们在学术事务上仍有很大的发言权,而且学校领导在学术事务上仍听取教授的意见。在内部事务的管理上,也安排教授们参与,不过参与的深入程度如何在很大程度上取决于校长们的治校风格。一些研究者对邹鲁校长的治校风格持肯定态度。后者是指院系基层一级的决策权仍在教授手中,这有利于教学和科研活动的开展。在当时中山大学校长和董事会成员忙于政治活动而疏于校务的情况下,中山大学的学术事务并没有受到大的影响,反而有了更大的发展空间。

三、启示

我国当前正在积极推进“双一流”大学建设。但究竟什么才是世界一流大学,人们的认识并不一致,而且在如何建设上也存在不少认识误区。就国内部分省市政府推进“双一流”的举措看,首先是投入巨资,其次是鼓励大学引进领军人才。一些大学的举措则多是加大科研投入,重点支持一些学科,并根据绩效评估结果实行激励措施或退出机制等。不可否认,政府和高校的这些举措是非常必要的,加大经费投入和提升教师队伍水平有助于我国建成世界一流大学。问题是对现代大学制度建设提及不多。现代大学制度的建设及完善也应是“双一流”大学建设的重要组成部分,甚至有研究者认为我国建设一流大学的最大障碍是欠缺现代大学制度②。由于对现代大学制度建设及完善重视程度不

① 梁山,李坚,张克漠:《中山大学校史(1924—1949)》,上海:上海教育出版社,1983年,第21页。

② 胡乐乐:《世界一流大学的界定、特征与我国的挑战》,载《学位与研究生教育》,2016(8)。

够，不少人因此认为政府和高校在推进“双一流”大学建设时，对如何提升我国大学在世界大学的排名考虑过多，而对什么才是世界一流大学的认识则比较缺乏。

近年来，我国在现代大学制度建设上也进行了一些尝试，各高校普遍制定出作为学校“依法自主办学、实施管理和履行社会责任的基本准则和依据”的《大学章程》。但就目前看，不少高校《大学章程》中的相关规定流于形式，真正落实仍需进行大量的探索及实践。我们认为，“双一流”大学建设提供了促进现代大学制度建设的很好契机，可借此重建政府与大学的关系并改革大学内部管理模式。以此而论，反思民国时期我国现代大学制度的生成及发展的历史，可为当前我国现代大学制度建设及完善提供一些启示。

首先，我国现代大学制度需要真正体现现代大学的核心理念。充分的学术自由和完善的大学自治制度，是世界一流大学赖以生存与发展的最宝贵的根基。我国现代大学制度建设的首要任务是政府放权，让大学依法自主办学。政府通过制定具有一定前瞻性的基本法令，规范和引导大学的发展方向，同时给大学充分的实践空间，这也是民国时期现代大学制度建设比较成功的经验。另外，还要尽可能给大学教师提供从事学术研究所需要的自由空间，减少人为干扰，以便于他们探索真知。近年来在高水平大学建设背景下，不断提高考核标准也成为一些大学向教师施压以提高科研生产力的手段。现有量化的考核制度加上不适当的科研奖励，将大学教师引导到“短平快”的项目上，使他们不敢或不愿从事花费时间较长及失败可能性大，但有可能取得重大原创成果的研究。因此，在对大学教师进行考核评价时，如何保障教师的学术研究是一个值得关注的问题。此外，目前我国高校也有“学阀”现象的存在，在一定程度上阻碍了学术自由，政府和高校应重视对“学阀”现象的治理工作。

其次，要发挥教师作为大学教育主体的作用。大学教师在科学研究和人才培养中担任主要角色，因而应该让他们拥有充分的话语权。随着我国高校规模的扩大，有人认为“教授治校”似乎已不现实，现在应提倡的是“教授治学”。但实际上，由于大学内部行政权力过大，即使在学术事务上教师的发言权也越来越小，行政领导对学术事务干预过多也是较普遍的现象。我们认为，“教授治校”仍是必要的，虽然“教授治校”主要体现在“治学”上，但是大学还是应鼓励大学教师参与学校的具体管理，并在决定大学定位及发展等重大问题上，大学校长们更应听取广大教师的意见。这也是梅贻琦出掌清华的成功经验。如陈岱孙的分析：“梅一直是清华的教授，从感情上和对教育的基本观点上说，他和广大教师们是一致的。他平易近人，作风民主，学校大事率多征求教师意见，这也和他谦逊的性格有关。”[①] 即使是“教授治学”，也需要通过大学内部具体的管理制度安排，切实落实到大学内部的办学实践上，并在大学内真正形成“学术本位”的价值取向。目前，我国大学虽普遍设有学术委员会，但其人员构成上由于存在行政化和专家化倾向，产生方式大多是“任命”而非“选举”，导致其代表性不足。何况大学学术委员会在大学管理体系中还存在地位偏低、职权被淡化等问题。应采取措施改变这一情况，以便让学术委员会真正发挥其作用。

① 黄延复，钟秀斌：《一个时代的斯文：清华大学校长梅贻琦》，北京：九州出版社，2011年，第99页。

中国近代大学通识教育的实践与启示

厦门大学教育研究院　张亚群

摘要:中国近代大学通识教育在创新人才培养中发挥了重要的作用。本文从历史的视角,考察和分析中国近代大学通识教育理念变革历程及其实践特征,论析大学教育理念更新对于教育实践的促进作用。在此基础上,总结近代大学人才培养的经验与启示,为当今大学教育改革提供借鉴。

关键词:中国近代大学;通识教育;创新人才培养;启示

大学通识教育与创新人才培养关系密切。中国近代大学教育就其办学理念、培养目标、课程体系和教学实践而论,具有通识教育性质,培养出一大批具有高尚人格和较高学术品质的杰出人才。近年来,伴随大学人才培养模式的变革,通识教育成为教育研究的热点问题。深入探析中国近代大学通识教育的特点与作用,全面总结其教育模式和实践经验,可为当今大学培养模式变革和创新人才培养提供有益借鉴。

一、近代大学通识教育理念的变革与实践

通识教育作为高等教育的重要组成部分,是一种广泛的、非专业的、非功利的教育,它不仅传授知识,更注重人文关怀,注重培养健全的人格与共同的核心价值观,培养全面发展和完整的人。专业教育则指向人的职业、技能培训,注重培养高级专门人才。从清末到民国时期,一批学贯中西的教育家在更新教育观念、探索通识教育模式方面发挥引领作用,促进了大学办学宗旨、课程结构、培养模式及师资队伍的变革与发展。

从发展历程来看,中国近代大学通识教育变革大致分为三个阶段。第一阶段是从清末大学章程的拟定,到民国初年《大学令》的颁布以及北京大学的变革,初步确立了通识教育宗旨及通才培养模式。参与者主要是倡导教育变革的学者、留学毕业生、教育官员及大学校长,虽然人数不多,但发挥了重要的先导

作用。第二阶段是从20世纪20年代新学制的实施及国学教育的兴起,到30年代中期学院制的推广,更多的大学校长和教育家投身通识教育实践,促进了培养模式的变革。这一时期,国民政府教育部开始有计划、有组织地进行大学课程标准的编制工作。第三阶段是自抗日战争全面爆发至1949年,教育部确立以大学各学院“共同科目表”为基础,由基本课程到专门课程,通专结合的人才培养模式。1938年以后,通识教育理念已经开始占据主导地位。在培养目标、课程设置、教学管理等方面,最终建立美国式通才教育模式。同时,一些著名学者、校长和教育家反思移植西方大学之得失,阐释、弘扬中国传统大学通识教育的含义,探索书院教育新模式。

就思想演进而言,民国时期是大学通识教育理念变革与发展的重要阶段。在西方大学理念和儒学文化传统的影响下,一些著名学者、校长和教育家在教育理论探索和办学实践中,针对人才培养问题阐明各自的教育理念和办学主张,赋予通识教育新的含义。作为具有广泛影响的教育家群体,中国近代著名大学校长的通识教育理念,既有共性特征也有个性差异。在办学宗旨、培养目标、培养模式、课程设置、教学方式、校园文化等方面提出了独到而深刻的见解。其基本特点在于:崇尚通才教育,主张文理兼修、中西文化并重;倡导尊师重道、德才兼备;强调多育并举,重视环境育人。这些办学理念推动了通识教育实践的发展。

在办学实践中,无论是国立大学、私立大学还是教会大学,都着力发挥通识教育的功能。综合来看,其措施主要包括五个方面。一是以培养“通才”为目标,倡导学术自由,注重人格教育,培养学生的使命感和社会责任意识。二是变革和完善大学课程标准,促进学科发展和通识课程的规范化,整体推进通识教育;构建通专结合的课程体系,重视基础学科和选修课教学,优化课程结构,发挥人文、自然和社会科学课程的育人作用。三是广延名师,注重文理基础学科建设,开拓教学资源,为通识课程教学、人才培养提供保障。四是实行民主管理,教授治校;推行选科制和学分制,形成主辅修制度,扩大教学选择性。五是重视校园文化的育人功能,广泛开展课外学术讲座、文化社团活动和体育活动等,为人才培养创造良好的文化氛围。这些举措使学生陶冶了情操,领悟了大学精神,也拓展了知识、能力和文化视野,提高了学术研究能力,从而促进了创新人才的培养。

二、近代大学通识教育的历史启示

在中国大学通识教育发展史上，近代大学具有重要的历史地位。它移植了西方大学的制度和办学模式，传承了古代大学的教育理念，在通识教育形态、课程设置、教学管理、校园文化等方面进行了一系列变革，造就了大批杰出人才，为社会政治、经济、科学、文化、教育发展作出了重大贡献，产生了深远的历史影响。中国近代大学的通识教育积累的宝贵经验，为当今大学培养创新人才提供了重要启示。

第一，通识教育是学习者通向成功之路，大学教育应全面提升品德修养和综合文化素质。

通识教育是造就创新人才的重要基础。通识教育是个体参与社会生活之准备，其内容极为广博。实施通识教育，有利于促进人的全面发展，拓展学术视野，完善人格修养和知识结构，这些都是培养创新人才所不可缺失的。近代各类大学注重通识教育，培养出一大批才华出众、人格高尚的学生，为国家和社会作出巨大贡献。当今社会发展对于人的知识、能力和文化素质要求日益提升，个体要成功参与社会生活，须具备更高的综合素质和多项才能。这就要求大学树立通识教育的理念，通过课堂教学、教师人格感化和校园文化熏陶等途径，提升学习者的素养和能力，使之能更好地适应社会要求。

第二，传统大学之道是通识教育思想的重要来源，推进大学通识教育需要融合中西教育之长。

东西方教育均具有自由教育的传统。推进通识教育，应具备历史与国际视野。从教育传统中能够认识通识教育的历史渊源和文化内涵，辨析和传承千百年来我国教育制度具有活力和韧性的优良因素，以适应现代社会变革和教育发展的要求。另一方面，中国教育发展需开阔视野，积极开展国际文化交流。中国近代著名的大学校长和教育家，大多学贯中西，既精通西方近代科学，又熟谙儒学经典，崇尚传统大学之道。他们在论析大学通识教育理念和办学过程中，均重视中西文化的平衡与融合，既取法西方大学的教育模式，也阐发本民族的教育精神。这是中国近代大学通识教育理念的闪光点，也是当今大学教育变革的重要导向。只有将民族优良教育传统与世界先进教育理念融会贯通，才能真正建立具有中国特色的现代大学制度，实现建设高等教育强国的战略目标。

第三，在培养模式和课程设置上，应实行通才教育与专才教育的结合。

高等教育课程设置体现了一定的办学理念，是人才培养的重要路径。从中国近代学人成才路径来看,通才培养模式比专才培养模式更利于人才成长。多年来,我国高等教育以培养专门人才为导向,存在过分专业化的弊端,难以培养出高素质的“通才”。“钱学森之问”引发国内科学界、教育界对我国多年来奉行的专才教育理念和培养模式的深刻反省。这也给我们以启示:单一的专才培养模式不利于培养创新人才,提升高等教育质量须变革和完善人才培养模式。我国已将提升高等教育质量作为重要发展战略,大力推进“双一流”建设。不久前国务院公布的国家“十三五”规划纲要,从国家战略的高度,强调“实行学术人才和应用人才分类、通识教育和专业教育相结合的培养制度,强化实践教学,着力培养学生创意创新创业能力”。这些都为我们推进大学通识教育提供了重要的理论依据和政策保障。

第四,在教学资源建设和教育管理上,推进通识教育应发挥教师的特殊作用。

梅贻琦等近代著名大学校长办学的共同特征就是极为重视师资大量建设,为发挥教师的作用提供重要保障。今天倡导大学通识教育,同样需要建立一支精干的师资队伍。应进一步明确实施通识教育的目的、内涵、方式、方法,建立和完善相应的培养模式和管理机制,使通识教育真正落到实处,成为培养创新人才的重要环节。通识教育不是简单的说教,需要通过身教,以人格的力量影响学生的身心发展。这才是真正的通识教育。为师者首先要有“通识”,并努力营造民主的教学气氛。在这一方面,蔡元培、梅贻琦、林文庆等教育家堪称典范。他们既是校长,又是普通教师,为培养人才无私奉献。

第五,在大学文化建设上,培养创新人才需营造宽松、开放的学术环境。

个体的成长,除了自身努力外,在很大程度上受教育环境的影响。通识教育的实施,需要营造适宜的教育环境。中国近代著名大学校长倡导学术自由,在教师选聘、教育教学管理、校园文化建设等方面,积极营造良好的育人环境,留下了宝贵的办学经验。近代学术大师的成长之路显示,适宜的教育环境和通才培养模式更利于创新人才的培养。为了更好地培育人才,促进创新人才的成长,应借鉴前人办学的有益经验,努力改进教育生态环境,减少过度的功利化影响,回归大学探究普遍知识、塑造高尚人格的本质。

中国近代大学通识教育传统拥有丰富的思想内涵,它曾滋润无数学子的心灵,对于当今培养高素质的创新型人才亦有重要的借鉴意义。在推进大学通识教育过程中,我们既要学习和借鉴国外的通识教育理论,也需继承自身的通识教育传统。

从“东方 MIT[①]”到世界一流大学

——上海交通大学一流大学建设的百年脉络

上海交通大学党史校史研究室 欧七斤

摘要:上海交大的世界一流大学建设有两条历史脉络。第一条是间接的历史脉络,即老交大追求一流的理念与实践:19 世纪末 20 世纪初南洋公学开创多项教育史之先河→清末民初唐文治时期提出“第一等大学”的理念→20 世纪 20 年代初合组交大之际提出与欧美“同趋一轨”的愿景→20 世纪 30 年代黎照寰时期交大赢得“东方 MIT”的美誉。另一条则是直接的历史脉络,即从改革开放以来的关于世界一流大学的理念探索与持续推进:1978 年的“世界第一流的综合性理工大学”→20 世纪 80 年代后期的“第一流大学”→20 世纪 90 年代中后期的“世界一流大学”→21 世纪的“世界一流大学的三步走战略”。贯穿这两条历史脉络之间的是追求卓越的交大精神与历史使命;延续至今的是学科传统和人才资源。拥有纵跨百年的追求卓越、争创一流的丰厚历史积淀,是交大在历史新时期全面建成世界一流大学的强大软实力。通过对交大样本的研究,以期进一步深化对我国探索世界一流大学思想与实践的百年历程的认识。

关键词:东方 MIT;世界一流大学;上海交通大学;百年脉络

建设中国的世界一流大学,不仅是为了提供中国实现持续崛起与稳步发展的“智力发动机”,而且其成效也是文化复兴和高教事业百年振兴程度的衡量标准。进一步言之,建设世界一流大学命题,不仅仅是具有现实意义的当下课题,而且还是一个关乎民族复兴和高等教育现代化的历史性话题。事实上,关于建设世界一流大学的思考,伴随了近代以来中国高等教育诞生与发展的全过程。纵观我国现代高等教育一百余年的发展史,无论是政局动荡、国运黯淡的民主革命时期,还是和平稳定、经济繁荣的改革开放时期,总有一些历史底蕴深厚、

① MIT:麻省理工学院(Massachusetts Institute of Technology)的简称。

发展态势较好的高等学府,怀着对中国文化教育跻身世界先进行列的坚定信念和争取大学学术独立的热情渴望,引领我国大学在争创一流的历史轨迹中奋勇前行。

作为创办于清末的中国第一批现代大学之一的上海交通大学(以下简称“上海交大”或者“交大”),是国内高校以建设世界一流大学为目标的最早和最活跃的成员之一。2015 年 3 月,上海交大第十次党代会报告显示了建设世界一流大学的明确时间表:上海交大将于 2020 年初步建成“综合性、研究型、国际化”世界一流大学;到建校 150 周年,全面实现建成世界一流大学的历史性奋斗目标[①]。然而,在漫漫征途上,上海交大关于世界一流大学的发展目标的酝酿与讨论、实践与行动已经持续开展 30 多年;再进一步展开历史性的考察,追求一流的办学理念与探索从上海交大初创时就开始了。在此,本文将以上海交大为研究对象,深入历史,系统考察其世界一流大学建设的理念与实践的历史演变,梳理其在不同历史时期的前后承接关系,分析理念与实践之间复杂的互动与调整。同时,期望这一研究能有助于进一步深化对我国探索建设世界一流大学的思想与实践历程的认识。

一、老交大的第一等大学之路:从南洋公学到“东方 MIT”

争创世界一流大学尽管是改革开放后形成的新概念与新目标,但是拉长放宽历史的视野,我们就会发现它在内涵上并不新鲜,而是根植于历时 100 多年的中国高等教育现代化进程中。可以说,从清末中国开启高等教育现代化的那一刻起,争创一流大学、赶超世界先进水平的百年教育梦就开始了。新的历史时期世界一流大学的创建正是基于历史传统之上,是对旧的历史时期的延续、超越与创新。

拥有 120 年历史的上海交大就是这样一个观察历史脉络的典型样本。从清末开启了中国现代高等教育史“多项第一”的南洋公学,到提出建设“第一等大学”的唐文治主校时期,从合组交大、意在与欧美先进大学“同轨”的叶恭绰时期,到晋升“东方 MIT”的黎照寰时期,交大在中华人民共和国成立前已成为国内一流的,有一定国际知名度的,以工科见长的理、工、管结合的“东方 MIT”,为在改革开放时期提出和建设世界一流大学目标奠定了深厚的历史底蕴。

① 姜斯宪:《凝心聚力 深化改革 坚定不移走中国特色世界一流大学之路——在中国共产党上海交通大学第十次代表大会上的报告》(2015 年 3 月 14 日中共上海交通大学第十次代表大会通过),第 12 页。

（一）高起点——开启中国现代高等教育史上多项“第一”的南洋公学

交大的前身南洋公学，在创办之初起点就非常高。它以敢为人先的开创精神引领了清末教育的新风气，在许多方面进行了可贵的探索，开创了中国高等教育史上的多项“第一”，成为我国现代高等教育由无系统、零星分散办学的萌芽阶段步入有系统、广泛兴学的发展时期的领头羊。

首先，它是中国自建的最早一批新式大学堂之一。甲午战争后，举国上下有识之士痛定思痛，作为洋务运动中坚力量的盛宣怀认识到中国要自强必须培养新式人才，并于 1895 年提出了一份雄心勃勃的“全国捐学计划”。其中在天津和上海分设北洋大学堂、南洋大学堂被列入这份大纲的首要位置[①]。与一般的政论家和普通官员不同，盛宣怀掌握着丰富的实业资源，有自主筹措办学经费、立即付诸实施的能力。因此，1895 年 10 月，中国人自建的第一所大学——北洋大学堂在天津诞生。次年，即 1896 年，南洋公学作为中国人自建的第二所大学在上海筹备就绪，南北洋两校被称为“中国近代高等教育之嚆矢”[②]。而清政府以国家名义创建的第一所大学堂——京师大学堂在两年后方成立。19 世纪最后几年，包括南洋公学在内的这些新式学堂的陆续创建，标志着我国现代高等教育正式起步。进入 20 世纪初，随着壬寅学制和癸卯学制的颁行以及学部建立，各地陆续建立大学堂或高等学堂，我国高等教育体系才初步建立起来。而此时南洋公学的办学实践已走过近 10 年之久。

其次，首创一校内的三级学制，成为中国教育新式学制的先声。南洋公学的一大贡献为率先在一校之内探索现代普通教育的三级学制。有鉴于当时中国新式教育基础十分薄弱，难以招收到合格学生，也缺乏新式师资。南洋公学在一校之内设计实施了外院（相当于小学堂）、中院（即二等学堂）、上院（即头等学堂）这一相互衔接、拾级而上的初等、中等、高等三级学制，并在全国范围内首开师范院，以培养各院师资。南洋公学将现代三级学制在一校之内施行，为 1902 年和 1904 年两次全国性学制的颁布提供了成功实例。诚如孟宪承所称：“李（端棻）、张（之洞）的议论，和盛宣怀的事业，并为后来国定学制的先声。”[③]

---

① 盛宣怀：《北洋大学堂等捐款单》（光绪二十一年，即 1895 年），上海图书馆藏盛宣怀档案，档号：044280-3。

② 陈学恂，田正平：《中国教育史研究·近代分卷》，上海：华东师范大学出版社，2001 年，第 364 页。

③ 孟宪承：《新中华教育史》（高级中学师范科用），北京：中华书局，1932 年，第 319 页。

再次,探索法政教育,为后世法政学堂之先导。交大后来虽然以工科大学闻名于世,但是最初的办学目标则是重"政学"。因为盛宣怀希望在人才培养上与北洋大学堂有所区别。早先一年创办的北洋大学以培养机械、矿冶、电机等工程技术人才为主,也就是所谓"重在艺学";南洋公学则是仿照法国国政学堂专教"出使、治政、理财、理藩"之法,以"内政、外交、理财"为所授专业,即盛宣怀自称的"政学",旨在培养"政治家""出使大臣、总署大臣"① 一类的桢干大才。为此,南洋公学进行了有益尝试,先后于1901年和1902年分设了经济特班和政治班,讲授政治、法律、经济、哲学和商务等课程,此为中国法政教育最早期的探索,也成为清末民初勃兴的法政教育之先导。

最后,仿效欧美先进大学,成为清末留学教育的摇篮。南洋公学在兴办之初就瞄准欧美一流大学水平,在兴办宗旨上,盛宣怀即说明:"公学所教,以通达中国经史大义、厚植根柢为基础;以西国政治家、日本法部文部为指归,略仿法国国政学堂之意。"② 盛宣怀尤其注重对美国办学经验的学习与效仿。南洋公学聘请了美国人、金陵大学创始人福开森(John Calvin Ferguson, 1866—1945)为监院,主持西学教育、外籍师资管理及日常教学管理等事宜。此外还聘请了美国籍经济学、法学教习薛来西(Leacey Sites),商学、史地教习勒芬迩(Leavenworth),英法文学教习乐提摩(Lotimore)等外籍教师。在南洋公学中院毕业后,许多学生被送往"竟讲西文西学更为直接"③ 的欧美留学,其人数众多,成就显著,南洋公学因此成为晚清三大留美生源地之一④。这些留学欧美者归国后许多成为本校的宝贵师资,又将来自西方特别是美国的大学教学经验应用于交大后来的办学过程中,保证了此后交大办学的世界性眼光,特别是始终紧跟美国先进大学的办学经验。

总之,南洋公学是当时中国为数极少的几所办学水平较高的新式学校之一,无论是在办学模式、学制设计、教学内容上,还是在师资结构、人才培养上,均引领晚清新式教育风气之先。1903年,梁启超在通观全国新式学堂后,点评

① 盛宣怀:《南洋公学章程》(光绪二十四年四月二十四日,1898年6月12日),见《愚斋存稿》第2卷,第23页。

② 盛宣怀:《筹集商捐开办南洋公学折》(光绪二十四年四月二十四日,1898年6月12日),见《愚斋存稿》第2卷,第23~28页。

③ 盛宣怀:《致□□□函》(1903年),上海图书馆藏盛宣怀档案,档号:044187。

④ 其他两处是清华学堂、河南留学欧美预备学校。

道："我国现存诸学校中，其程度稍高者，尤推南洋公学。"[1]1917年，蔡元培高度评价南洋公学的办学成就："其规模宏远，不特为当时华校所罕见，抑亦在华西校所难几然。"[2]南洋公学以"当时华校所罕见""在华西校所难几然"的高起点办学，为交通大学追逐世界一流大学办学目标的百年历程奠定了高起点的开局，同时孕育了交大人开拓创新、追求卓越的文化基因。

（二）唐文治时期："第一等大学"[3]的提出与建设

1905年，清政府废除了科举制，成立学部，开始对全国的新式学堂进行整合。南洋公学由盛宣怀掌校改为隶属商部，不久又改属邮传部，先后更名为商部高等实业学堂、邮传部上海高等实业学堂。1907年秋，曾任商部左侍郎、农工商部署理尚书的唐文治来到上海，担任上海高等实业学堂监督（即校长），他任职一直至1920年年底。

唐文治执掌交大期间，我国正处于清末民初风云跌宕的社会大变革、大转型时期。他面临的第一个重大转折就是辛亥革命的爆发。清政府行将倒台，作为隶属于清政府邮传部的学校在政局动荡中该何去何从？就在此时，唐文治决定脱离清政府，将学校更名为"南洋大学堂"，并首次提出要将本校建成中国第一大学的理想。当时的《申报》记录下这一历史时刻：

> 1911年11月6日下午4时，全校师生大会在大礼堂集会，唐文治登台首先宣布："本校自即日起改名为中国南洋大学堂。本校全体师生员工要以坚定毅力维护新中国，本校将来须成为中国第一大学，校旗所到之地，即中国国旗所到之地。"[4]

唐文治于此时提出建设"第一（等）大学"并非心血来潮，空谈口号。首先，这一理念来源于对西方先进文化和世界一流大学的认识。唐文治虽是进士出身，但是在京从政期间，他积极参与新政与外交事务，有机会近距离体察世界大势，认识西方先进文化。1901年和1902年，他两度出国，先后考察日本和英国。

---

① 梁启超：《答某君问办理南洋公学善后事宜》（1903年），见《饮冰室文集类编（上）》，第699页。

② 蔡元培：《北京大学蔡校长祝词》，见《交通部上海工业专门学校二十周年纪念会祝词、校歌、纪念刊》（1917年）。

③ 在文献中，唐文治曾用"第一大学"的表述，也用"第一等"的关键词来论述自己的办学理念，为方便陈述，这里一般概述为"第一（等）大学"或者"第一等大学"。

④ 《中国南洋大学堂开幕大会记》，载《申报》，1911年11月8日。

尤其在英国期间,他访问了世界一流大学牛津大学,他非常赞赏牛津大学,认为“名儒名相都出其中,洵大雅宏达之薮也”[1]。对比我国当时落后的状况,他深感中国要振兴,必须大兴新式教育事业,打造可以与西方相媲美的一等学堂,培养出领袖级别的人才。唐文治这样表达心声:“维余平日之志愿,在造就中国之奇材异能,冀与欧美各国颉颃争胜。”[2]“常欲造就领袖人才,分播吾国,作为模范,区区宏源。”[3] 而唐文治离开北京官场,专任上海高等实业学堂监督后,终于有机会将自己的教育抱负付诸实践。

其次,这一目标的提出是对自南洋公学成立以来学校 10 多年发展形势的判断。前述已表明,交大的前身南洋公学原本就办学早、起点高。1905 年,南洋公学改隶商部,办学目标由培养政务人才转向培养实业人才。到 1907 年,唐文治到任后,进一步明确以兴办工科为主的实业教育。他引进西方先进教育成果,高薪聘请外籍专业教员。1907 年年底,铁路专科建成,成为交大高等工程教育的发端。次年 8 月设立电机专科,首开我国电机工程教育的先河。1909 年办成航海科,是为我国高等教育最早建立的航海学科。由此可见,早在辛亥革命之前,交大已经完成铁路、电机和航海三科的创建,为建成工科大学奠定了重要基础。

不过,民国初年的政治和社会环境持续动荡,办学缺乏安定的环境和有利的物质条件,尤其是经费严重短缺,这使唐文治建立南洋大学、打造“中国第一(等)大学”的壮志雄心屡屡受挫。南洋大学的更名没有被新成立的北洋政府教育部采纳,转而命名为“上海工业专门学校”。面对升格大学的挫折,唐文治再接再厉,克服种种困难,继续推动学校早日建成工科大学。他一方面对原来专科进行调整充实,以国外工科大学的课程设置为蓝本,努力使教学质量达到了工科大学的一般要求;另一方面于 1917 年创建铁路管理科,形成了以工科为主、管理为辅、工管相结合的工程教育模式;翌年又将专科三年学制提升为四年,同时改善了图书设备、校舍建筑等。经过十多年的奋斗不息,至唐文治离职前后,学校实力大幅提升,成为工科大学的目标指日可待。

在办成工科大学的艰难过程中,唐文治致力于向西方一流大学学习,借鉴西方工程教育的先进经验。唐文治对国外一流大学的章程进行了认真研究,最

---

① 唐文治:《茹经先生自订年谱》,1935 年,无锡国学专修学生会校印,第 43 页。

② 唐文治:《上海交通大学工程馆记》(1932 年),见《茹经堂文集》,第 3 编第 6 卷。

③ 唐文治:《上海交通大学第三十届毕业典礼颂辞》,载《交大三日刊》,第 59 号,1930 年 7 月 16 日。

终主张学习美国工科大学的办学经验，以麻省理工学院、康奈尔大学同类工程专业为蓝本，并且直接从美国购买教科书，又聘任万特克、谢尔顿等美籍教员主持专业教学。基础课和专业课一律用英文讲授，学生作业、考试也一律使用英文，极力使学校专科所培养的学生达到美国本科大学毕业生水平。当时，在国家举行的清华庚款留学考试中，最初几年工程一科所录取者，几乎全为本校学生；但凡持有"GIT"即"上海工业专门学校"毕业证书的学生，可与美国学生一样享受直接报考大学研究院的待遇。学校由此声名鹊起，获得中外人士的广泛认可和赞誉。

值得注意的是，唐文治在借鉴、学习西方教育经验的同时，主张结合我国文化传统和国情，使得外来的西方教育中国化、民族化。为探索工程教育本土化，创建富有本国特色的高等工程教育，唐文治在掌校期间进行了各种富有创见性的尝试。其中最富有特色的就是开展国文教育。在唐文治的大力倡行下，国文教育成为学校的一大教学传统，形成了重视研习国文以及讲求道德教育的浓厚风气。

1920 年，唐文治因目疾日深而辞去交大校长一职，移居无锡从事国学教育。但他始终关心交大的发展。1930 年，他应邀参加交通大学第三十届毕业典礼，在致辞中对兴办"第一等大学"有了更完整的表述：

> 须知吾人欲成学问，当为第一等学问；欲成事业，当为第一等事业；欲成人才，当为第一等人才。而欲成第一等学问、事业、人才，必先砥砺第一等品行[①]。

由此可知，唐文治延续了自己在办学生涯中孜孜以求的目标——办理"第一等大学"，对交大提出作出"第一等学问"、成就"第一等事业"、培育"第一等人才"和"砥砺第一等品行"的殷殷期盼。

可见，在唐文治主持下，学校第一次提出了激奋人心的建设"第一等大学"的办学目标：一方面，注重先进科学技术教育，力图培养出可以与欧美各国争胜的一流人才；另一方面，又开展国学教育，汲取中国传统文化的优秀成分，着重培养具有高尚道德品行的体用兼备之才。因此，这一时期的学校，既为中国高等工程教育与世界一流接轨提供了有益的早期教育实践，又为科学教育融入优良传统文化作了积极尝试，力图探索的是一条具有中国特色的第一等大学发展之路。

---

① 唐文治：《上海交通大学第三十届毕业典礼颂辞》，载《交大三日刊》，第 59 号，1930 年 7 月 16 日。

(三)合组交通大学:与欧美先进“同趋一轨”

在清末民初唐文治提出并竭力实施“第一等大学”基础上,学校的发展迎来了越来越多的机遇。1920年,交通部总长叶恭绰决定以上海工业专门学校为中坚,合组成立交通大学,并拟定了更宏大的建设规划与实施路径,以期在未来能进入世界先进大学之列。

1920年12月,交通部总长叶恭绰将交通部部属4所学校:上海工业专门学校、唐山工业专门学校、北京邮电学校、北京铁道管理学校,统一学制,调整学科,提高程度,列为大学分科,而以大学总其成,定名“交通大学”,分设京、沪、唐三地,叶恭绰兼任校长。次年9月10日,交通大学京、沪、唐三地同时举行开学典礼。叶恭绰校长就近参加了京校典礼,派代表郎国桢到沪校宣读他的开学致辞,宣告交通大学正式成立。

叶恭绰的开学致辞体现了他的教育思想,寄托着办理交大的宏愿。他在致辞中说,交大的办学宗旨是培植技术人才,拥有“鸿儒硕彦”的教员和“俊髦优秀”的学生,管理师法欧美,设备酌和中西。他信心十足地预言:

> 我交通大学自成立以来,积极改良,已为有目共见。虽因出世甚晚,较之欧美先进,相形见绌。然退而言之,彼之秘密我得窥见,彼之失败我未身尝,倘以最新最后之方法,猛晋追求,未必无同趋一轨之日,是在我大学同人之努力矣①。

叶恭绰坚信,交大虽然后起,但是只要学人之长,避人之短,发挥后发优势,奋起直追,将来也能够与欧美先进大学“同趋一轨”。对于叶恭绰的办学目标,在沪校内部也达成了共识。交大沪校主任张铸在就职仪式上向全体师生郑重宣示:

> 鄙人所希望的,就是母校要与世界各大学同等的好名誉。这种希望的名誉,绝非空言所能得到,应得也下一番苦工夫,成就一种好事业,才能够得一种好名誉。鄙人自今日始,就以这种希望为目标,切实做去,并望同人及学生均存此心,通力合作,达到这个目的②。

无论是叶恭绰在开学致辞中所言的与欧美先进“同趋一轨”,还是张铸欲让

---

① 叶恭绰:《本大学开幕致辞》,载《交通大学月刊》,1922(1)。

② 交通大学校史编写组:《交通大学校史资料选编》(第1卷),西安:西安交通大学出版社,1986年,第363页。

交大拥有“与世界各大学同等的好名誉”，都将交大未来的发展目标提高到一个新的高度，而且也是交大第一次明确提出与世界先进大学“同趋一轨”的目标。

为了实现这一宏伟远大的目标，叶恭绰主持制定并实施诸多发展规划。首先，筹措办学经费。除了增加日常办学经费之外，又筹定交大发展基金200万元。其次，初步建立起现代大学制度。叶恭绰吸纳新文化运动带来的教育革新成果，借鉴了国外先进大学的优良经验，建立董事会，并主持拟订《交通大学大纲》，大纲共14章38节，对各校校址、经费来源、学制学程、行政系统、组织职责等分章逐节都作了详密规定，成为交大办学的指导思想和行动准则①。

在具体发展路径方面，叶恭绰积极推行校务发展及推广计划，在校务发展方面做了以下工作。①增设学科，添设讲座。交大合组后所办学科仅有土木、机械、电机及铁路管理四种。因此增设学科，筹备开办者有沪校之造船科、纺织科。②推广学额，扩充校舍。计划在沪校徐家汇增加购地70余亩（约4.7公顷）。③联络外国大学，改进工程教育。曾与美国哈佛大学、麻省理工大学及法国巴黎大学接洽，拟双方合作，改进我国之工程教育，并由双方各出巨款，以为实行国际办学之准备。④派遣毕业生出洋留学及实习，每年遣派毕业生若干人，分赴国外大学再求深造，以为常例。沪校主任张铸依据交大发展的总体方略，也提出了发展沪校的补充规划，包括计划添设研究院，颁给硕士、博士学位，增设理科，分立数学、物理、化学三系等②。

自1920年年底改组以来，交大校务一度出现了蒸蒸向上的新气象，制定施行了一整套具有现代意义的大学章制，各项事业开始依发展规划启动，此举被称为“我国专门教育中的创举”③。然而，1922年4月底爆发的第一次直奉军阀混战使交大变革受阻。在这次战争中，直系取胜，亲奉系的交通总长兼交通大学校长叶恭绰被迫流亡国外。5月，直系高凌霨就任交通总长后，借口清除“交通系”宿弊，大批裁撤原班人马。又以交通大学系部属学校，制定教育方针、校长任用、筹划经费等权力应该属于交通部为由，将原设董事会制度撤销，200万元交大基本金挪作他用，与MIT、巴黎大学合作办学也中途夭折。与欧美先进大学“同趋一轨”“同等的好名誉”的梦想不得不停留在纸面上。

---

① 遐庵年谱汇稿编印会:《叶恭绰先生年谱》（1946年），第174页。

② 叶恭绰:《交通大学之回顾》，见《交通大学校史资料选编》（第1卷），西安:西安交通大学出版社，1986年，第593~598页。

③ 叶恭绰:《交通大学之回顾》，见《交通大学校史资料选编》（第1卷），西安:西安交通大学出版社，1986年，第593页。

(四)黎照寰主政时期:欲与 MIT 比肩

1927 年南京国民政府成立到抗战全面爆发前的 10 年,政局相对稳定,社会经济进步显著,以培植"交通建设专才"为己任的交通大学获得国民政府的支持,大学院院长蔡元培、交通部部长王伯群曾先后兼任校长。1928 年 10 月交大划入新设铁道部直辖。交大改隶铁道部后,铁道部部长孙科兼任校长,常务次长黎照寰驻校主持校务。1930 年黎照寰辞去常务次长职专任校长,直至 1944 年。在黎照寰主持交大工作时期,学校办学经费连年增拨,规模不断扩充,交大发展渐入佳境,建设一所与 MIT 比肩的大学构想顺势提出并得到积极的实施。

黎照寰曾长期留学美国,获得纽约大学、哥伦比亚大学和宾夕法尼亚大学等国际知名大学的学位,对世界一流大学有较深的认知。在主持交大工作后,黎照寰在校务委员会上指出,交大的发展目标是办成一所国际著名的以工科为主的大学,类似于美国 MIT 或日本东京工业大学①。这是在交大历史上第一次明确提出了应该办成什么样的一等大学,即通过建设以工科为主的一流学科,来实现建成国际著名的工科大学。

这一办学理念和目标的形成离不开交大归属交通部、铁道部的现实。因此,交通大学办学的重点在于应实业建设部门的需要而培养高端的专门的工科人才,"研究高深学问,养成交通建设专才"②。在学科建设上,不是广为设置许多工程学科,而要着重办好几个与交通事业有关的工科,如土木、机械、电机等。1928 年,交大将上海本部机械科、电机科扩为机械工程学院、电机工程学院;次年恢复土木工程学院;各工程学院内细分工程门类,并予以不断添设,如机械工程学院设立的汽车工程门(1934 年)、航空工程门(1935 年)。交大是我国最早进行汽车、航空工程教育的大学之一。

此外,交大大力充实理科,将数学、物理、化学三系扩充为科学学院,以为工科人才的培养打下厚实的理科基础。同时,加强管理人才的培养,将管理科扩为管理学院,专业范围也由铁道、交通管理,扩大到工业、财务和公务各个领域,成为中华人民共和国成立前"无论在中国、在亚洲都属创举"③的管理学院。这样到抗战全面爆发前,交大构建起了一个以工为主、管理为辅、理为基础的学科

---

① 盛懿,孙萍,欧七斤:《三个世纪的跨越——从南洋公学到上海交通大学》,上海:上海交通大学出版社,2006 年,第 142 页。

② 国立交通大学:《交通大学一览》(1936 年),第 12 页。

③ 黎照寰:《代表孙科在交大哲生馆授钥典礼上的致辞》,载《交大周刊》,1948(4)。

格局,并形成了相对成熟的理、工、管相结合的工程教育办学模式。

在学科定型的同时,从 1930 年年初开始,交大在课程设置、教学内容和学校管理等方面,进一步效仿欧美各先进大学。如在课程设置方面,工程学院和科学学院以 MIT、康奈尔大学等为蓝本,管理学院以宾夕法尼亚大学等相关系科为蓝本。在教学内容方面,教材也有不少直接从 MIT 和哈佛大学等院校引进,或是留美教师当年用过的教科书及讲义的翻印本,多为外文原版。1935 年秋,钱学森(1934 届交大机械系)刚到 MIT 航空工程系学习,就发现交通大学的课程安排全部是“照抄”该校的,连实验课的实验内容也都是一样的。钱学森的同级校友、后来成为我国著名通信科学家的张煦院士,1937 年来到麻省理工学院留学,同样发现交大的教学、设施以及各年级所用的教材,都与 MIT 极为相似。

由于努力瞄准世界一流大学的工科教育进行模仿学习,并建立理、工、管结合的创新性模式,到 20 世纪 30 年代中后期,交大以工科为主的本科程度的教育质量非常高,在国内外拥有了很高的知名度。钱学森就认为:交通大学是把 MIT 搬到中国来了,交大在当时的大学本科教学是具有世界先进水平的[①]。

这一点也集中体现在交大毕业生的整体表现和国内外对交大的评价上。当时,本科生培养质量的一个衡量标准是考取官费留学生的比例。在这一时期考取国家公派留学生名单中,交通大学毕业生名列前茅,独领风骚。一是在全国最看重的清华留美官费考试中,从 1933 年留美官费考试重新恢复招考至 1936 年共举行 4 届,交大考取 18 人,约占 20%。二是到 1936 年 10 月为止,全国曾举办 4 届中英庚款官费生考试,共计录取 79 人,其中工科类 25 人,考取的交大毕业生就有 12 人之多。三是 1934 年教育部招考留欧官费生 25 人,赴意大利学习航空工程。交大独中 13 人,又占了半壁江山[②]。

而交大在海外留学的学生,不辱使命,成绩优异,为母校在海外争得了名誉。如 1934 年 10 月,留美南洋同学会函告母校说,在 MIT、康奈尔大学、伊利诺伊大学、密歇根大学等院校的交大同学,成绩无不出人头地,教授对于交大同学之称誉,实远在其他各校之上[③]。

突出的人才培养成就获得社会各界的赞誉。著名教育家蔡元培先生称“交

① 黄昌勇,陈华新:《老交大的故事》,南京:江苏文艺出版社,1998 年,第 339 页。

② 盛懿,孙萍,欧七斤:《三个世纪的跨越——从南洋公学到上海交通大学》,上海:上海交通大学出版社,2006 年,第 139 页。

③ 盛懿,孙萍,欧七斤:《三个世纪的跨越——从南洋公学到上海交通大学》,上海:上海交通大学出版社,2006 年,第 139 页。

通大学是全国培养建设人才的最高学府"[①]。曾任上海市市长的国民党元老张群曾说:"交大的地位,在中国可谓首屈一指,而且是唯一的工业教育学府。外人看来,仿佛交大是英国的剑桥、美国的麻省理工学院。"[②]

无疑,20世纪30年代的交通大学秉承盛宣怀、唐文治、叶恭绰等先贤的追求卓越、创建一等的办学精神,以创办国际知名的工科大学为目标,形成了以工科为主、理、工、管相结合的办学模式,使交大迎来中华人民共和国成立前发展的黄金时期,并享有"东方MIT"的美誉。对此良好的发展态势,当年壮志难酬的叶恭绰在1936年交大建校40周年时也深感欣慰:"国立大学之中,非特为东南各校所敬仰,隐隐然可为全国之楷模"[③]。欣慰之余,叶恭绰更希望交大跟进世界新兴科技,结合国家建设需要,增设国防、化学、造船、纺织等学科,继续提升教学质量,并以设立10年之久的研究所为基础,扩充为研究院,开展研究生教育,并"介绍世界最新之学术,从事独立研究之发明"[④],以期在交大50周年校庆之际实现其当年与世界先进大学"同趋一轨"的夙愿。

然而,随着1937年抗日战争全面爆发,学校进一步冲击世界一流大学骤然受挫,不得不在动荡不安的时局下艰难维持。在抗战中,交大理、工、管相结合的学科格局虽经冲击,却仍然能够保持战前规模,迁校重庆后又抓住大后方发展国防、交通运输工业的机遇,着力扩充了工科门类。在抗战胜利后,交大逐渐恢复充实了理、工、管三院制的学科格局,工科仍然是发展的重中之重。至1949年1月,交大工学院有土木、电机、机械、航空、造船、工业管理、化学、纺织、水利、轮机共10个工程学系,另设电信工程专修科、电讯研究所及20个实验室[⑤]。规模大于同期工科强校中央大学(7个工程系)、清华大学(6个工程系)、浙江大学(5个工程系)等。其中,电机、机械、土木、航空、造船等工程学系尤为突出。此时的交大是全国大学工科实力最大最强的,被誉为全国大学中"工程师

---

① 蔡元培:《在孙科就任交通大学校长典礼式的演说》(1928年11月26日),见中国蔡元培研究会:《蔡元培全集》第6卷(1927—1930),杭州:浙江教育出版社,1997年,第337页。

② 《交大黎校长宣誓就职》,载《申报》,1930年10月28日。

③ 叶恭绰:《交通大学四十周年纪念感想》,见国立交通大学:《交通大学四十周年纪念刊》(1936年),第54页。

④ 叶恭绰:《交通大学四十周年纪念感想》,见国立交通大学:《交通大学四十周年纪念刊》(1936年),第56页。

⑤ 《交通大学行政组织系统表》(1949年1月),见《交通大学校史》编写组:《交通大学校史(1896—1949)》,上海:上海教育出版社,1986年,第451页。

的摇篮”“最有历史的工程学府”[①]。

纵观老交大的一流大学建设之路，我们可以清晰地勾勒出如下脉络：无论是晚清时期南洋公学的诸多“首创”，还是辛亥之际唐文治的“第一等大学”倡议，无论是合组交大之初与欧美先进“同趋一轨”的宣示，还是黎照寰时期交大赢得了“东方 MIT”的美誉，一个持续 50 余年的追求卓越、争创一流的交大建校精神清晰地展现在我们面前。在此过程中，交大由包含三级学制的晚清新式学堂一步步成长起来，前后经历了上海高等实业学堂、上海工业专门学校到交通大学的发展，到中华人民共和国成立前已成为以工科为特色，理、工、管结合的国内一流、拥有一定国际知名度的“东方 MIT”。这为交大在下一轮快速发展的历史机遇中率先发起建设世界一流大学提供了坚实的学科基础和丰厚的精神文化遗产。

二、新交大：从“世界一流水平的理工科大学”到“世界一流大学”

中华人民共和国成立后，交通大学在院系调整、迁校西安等国家重大教育变革面前，服从全国工业和国防建设以及高教事业发展的整体布局，作出了相当大的牺牲，理、工、管学科转化为多科性工科，综合实力受到一定程度上的削弱。再加上“反右”“文化大革命”等的冲击，干扰了学校正常的教学科研秩序，学校的发展一度出现了停滞。但是，伴随着“文革”的结束，高教科研事业的发展迎来了新的春天。而上海交大第一时间抓住了发展的机遇，成为“文革”后国内最早明确提出世界一流大学发展理念的大学之一。

（一）转折期：承前启后的“世界一流水平的理工科大学”的提出

1978 年 4 月 4 日，在上海交大召开的向科学技术现代化进军全校誓师大会上，校党委书记邓旭初作动员报告，提出到 20 世纪末上海交大的发展目标是把学校建成为“具有世界一流水平的理工科大学”[②]。这是有文献可查的交大历史上第一次出现的“世界一流”的表述。

相隔一周，4 月 11 日，学校便公布了 1978 年至 2000 年《上海交通大学发展规划》，规划中再次明确提出交大总的奋斗目标是：到 20 世纪末，使学校在教学、科研、实验室等方面赶上国际先进水平，成为世界上第一流的综合性理工科

---

① 树业：《最有历史的工程学府——交通大学》，载《艺文画报》，1947，1（10），第 17 页。

② 上海交通大学校史编委会：《上海交通大学纪事（1896—2005）》（下卷），上海：上海交通大学出版社，2006 年，第 691 页。

大学[①]。

接下来的4月22日至5月16日,教育部在人民大会堂召开全国教育工作会议,邓小平发表重要讲话。上海交大党委书记邓旭初参加会议,他在会议上发言,向全国教育界说明了上海交大的发展规划,并重申到20世纪末,"上海交大要在教学、科研、实验室等方面,赶上世界先进水平,培养出世界上第一流的科学技术人才,使上海交大的科学技术水平跨入世界先进行列"[②]。

由此可见,上海交大早在1978年上半年就开始酝酿世界一流大学的发展理念,不过此时的表述并未定型为"世界一流大学",而是"具有世界一流水平的理工科大学""世界上第一流的综合性理工科大学"等提法,同时着重强调理工科大学的办学定位,这与后来综合性大学的定位也有明显不同。

值得思考的是1978年这样一个特殊的历史节点。为什么早在1978年的上半年党的十一届三中全会召开之前,交大就提出这样一个看似极其高远的发展愿景,并制定了具体规划和实施步骤?

一个核心的背景就是深深的危机意识。因为交大的发展受到院系调整、西迁的影响,大部分优势学科调整出校,西迁之后上海部分主要留下了造船学科及部分机电专业,由此交通大学分立为两校——西安交通大学和上海交通大学。1961年上海交大划归国防科委领导,成为一所国防工业高等学校。1970年,上海交大又进一步改归第六机械工业部(主管船舶工业的国防工业部门以下简称"六机部")主管,由一个专业门类单一的国防工业部门领导,"束缚了学校许多通用性、服务面较广的专业学科的发展","导致学校开展基本理论与应用科学研究经费难以落实"[③]。这种境况导致了交大的发展一度陷入了体制性的窘境。令交大人尴尬的是,当时有人评论说"上海交大不过是一所造船学院",甚至认为"上海交大是第三流学校"[④]。这让交大人有了深深的危机意识。

幸运的是,"文化大革命"之后,全国科技教育领域率先拨乱反正,高等教育界又一次迎来高速发展的春天,这使交大的重振崛起拥有了宝贵的历史机遇。而交大要抓住机遇,从低谷中走出,必须立即提出一整套恢复元气、加快发展、

① 上海交通大学校史编委会:《上海交通大学纪事(1896—2005)》(下卷),上海:上海交通大学出版社,2006年,第691页。

② 上海交通大学校史编委会:《上海交通大学纪事(1896—2005)》(下卷),上海:上海交通大学出版社,2006年,第692页。

③ 王宗光,孙萍:《上海交通大学史》第七卷(1978—1991),上海:上海交通大学出版社,2016年,第2页。

④ 邓旭初:《忆上海交大重振雄风》,上海:东方出版社,1995年,第27页。

面向未来的规划方案。这就是1978年春夏间邓旭初作报告和学校规划出台，先后提出建设“具有世界一流水平的理工科大学”“世界上第一流的综合性理工科大学”等未来办学目标的基本背景。

然而，陷入低谷的上海交大为什么会有建设“世界第一流”的理工科大学的底气？这自然与交大的办学传统和历史地位有关系。

自1977年年底起，上海交大为了变更与六机部的隶属关系，多次向中央提出申请。1978年1月5日，新任六机部部长柴树藩接见了邓旭初等人，在听了众人陈述交大是一所综合性工业院校，专业门类较多，与六机部专业只有部分对接，许多与造船无关的专业得不到重视等情况后，他这样表示：

> 交通大学有“东方MIT”之称，应保持过去的办学特点，吸取世界各国办学的好经验，把上海交通大学办好。上海交大虽然归六机部管理，但它是全国性的。上海交大不是造船学院，而是我国一所综合性的理工科院校①。

“吸取世界各国办学的好经验”“综合性的理工科院校”等关键词在柴部长和交大领导的对谈中出现，表明了柴部长对交大面向世界办学、建设综合性理工科院校的办学定位的肯定。而其中提及的“东方MIT”“应保持过去的办学特点”，也表明关于老交大的历史记忆在历史的转折关头复活了，承担了为现在和未来发展提供历史参照的功能。

在柴部长的理解和支持下，交大随后明确地亮出了“具有世界第一流水平的理工科大学”的发展目标。这一发展目标的提出，一方面反映了上海交大在拨乱反正、迎来科教春天之际所焕发出来的勃勃生机，并且进一步为交大今后30多年的发展指引了方向；另一方面，也体现了主管部门、交大师生和社会各界渴望交大重新崛起、恢复老交大在高等教育史曾经的辉煌地位的急迫心情。建设世界一流大学，对交大来说，不仅是时代使命的召唤，也是一种历史责任的催发。

自1978年4月学校制定《上海交通大学发展规划》，提出建设“世界上第一流的综合性理工科大学”的奋斗目标后，上海交大的发展也开启了改革开放的步伐。上海交大的对外开放，从打破常规走出国门、联络海内外校友做起。1978年秋，在召开党的十一届三中全会和中美两国正式建交前夕，学校组建了中华人民共和国成立后第一个高校访美代表团，出访美国，在教育界起到了对

① 邓旭初：《忆上海交大重振雄风》，上海：东方出版社，1995年，第38页。

外开放的带头作用。这次访美活动,也使交大深刻认识到自身与美国一流大学的巨大差距。"美国的大学科研实力的雄厚、实验设备的先进、计算机的普及使人吃惊;大学财源之广阔,财力之殷实,都使我们望之兴叹!在管理方面,也有不少值得我们借鉴之处。"[①] 回国之后,交大以更明确的目标和追赶世界一流水平的更足劲头投入学校发展建设当中。

1979 年学校成功地将工作重点转移到教学、科研上来,并率先在高校界着手进行管理体制改革。上海交大的改革以校内管理制度为切入口,大胆进行人才流动改革,人员定岗定编,发放岗位津贴,奖勤罚懒,初步克服了人浮于事和吃"大锅饭"的现象,提高了教学和科研的积极性。1982 年 9 月,经过不懈努力,交大重新划归教育部主管。这为学校的进一步发展理顺了体制,更加有利于获得国家政策和资金方面的支持。

在此过程中,交大的学科建设与调整取得重大进展。一是恢复理、工、管结合的传统,重建了理科和管理学科。二是对工科进行了充实提高与扩展:调整充实了机械、电机、造船、动力机械等老学科;有重点地发展海洋工程、能源工程、计算机科学、大规模集成电路、磁记录技术微细加工、光纤通信技术、导波光学、材料科学、医疗仪器、机器人、生物工程等新兴学科。经过改革,上海交大由工科学校开始朝向理工结合、文理渗透、多科性综合性的理工科大学转型。

(二)改革前期:向"第一流大学"表述过渡

自 1982 年交大归属教育部管辖,学校开展了对 1978 年制定的《上海交通大学发展规划》的实施情况与改革实践进行总结。在此基础上,学校于 1983 年 9 月制定了新的发展规划——《上海交通大学 1983—1990 年发展规划》,将发展目标调整为建设"以技术科学为基础,以工科为主干,站在若干新兴学科、边缘学科前沿的具有理、工、管理、文学、艺术、社会科学等多门类的综合性的高等研究大学"[②]。

1986 年何友声接替邓旭初担任交大党委书记。在 8 月召开的校党委扩大会议上,学校提出了"以办成第一流大学为目标"[③]。这是交大历史上第一次出现了"第一流大学"的表述。

---

① 邓旭初:《忆上海交大重振雄风》,上海:东方出版社,1995 年,第 51 页。

② 王宗光,孙萍:《上海交通大学史》第七卷(1978—1991),上海:上海交通大学出版社,2016 年,第 36 页。

③ 上海交通大学校史编委会:《上海交通大学纪事(1896—2005)》(下卷),上海:上海交通大学出版社,2006 年,第 884 页。

1987 年 11 月 20 日，上海交大闵行二部一期建设工程竣工，时任上海市委书记江泽民专程赶到闵行参加新校区竣工启用大会，挥笔题下："百年大计，教育为本，努力把上海交大办成第一流大学。"

1991 年 4 月，学校制订了《上海交通大学 1991—1995 年发展计划》，即学校"八五"计划，明确了学校的战略目标："努力把交大建设成一所具有理、工、管理、社会科学、文学艺术等多门类的、传统学科与新兴学科并举的第一流大学"[①]。

1992 年 5 月，上海交大第六次党代会党委工作报告的决议中提出了"要把交大建设成为社会主义第一流大学"的奋斗目标，王宗光在闭幕式的报告中明确指出：新一届党委在党的基本路线指引下，齐心协力，艰苦奋斗，把交大建成社会主义第一流大学[②]。在党委六届一次会议上，王宗光当选为交大党委书记。

相比 1978 年规划提出的"世界上第一流的综合性理工科大学"，从 20 世纪 80 年代中期前后到 1992 年，关于交大的发展目标的表述发生了变化。先是出现了"综合性的高等研究大学"，然后自 1986 年起定型为"第一流大学"的表述，1992 年的报告特别强调了"社会主义第一流大学"的发展方向。

对照比较前后的异同，差异方面有两点：第一，"第一流大学"的提法，在学科定位上侧重强调大学的综合性，淡化了"理工科"这一明显有学科定位的字眼；第二，"第一流大学"的提法，在目标定位上没有突出强调"世界一流"这样的国际比较视野。因此，"第一流大学"的表述整体上体现为"一放""一缩"。

一是在学科定位上"放宽"，突破理工科大学的自我局限，大踏步向综合性大学迈进。在 1991 年制订的《上海交通大学 1991—1995 年发展计划》中，对 1978 年到 1991 年学科发展进行了总结，认为通过实施"理工结合，文理渗透，有重点有选择地发展新兴学科、边缘学科，改造传统学科，努力促进新老学科结合"[③]的方针，基本完成了由船、机、电学科为主的工科大学转向以理、工、管学科为主，兼有人文社会学科的综合性大学发展的战略调整。同时又坚持以教学、科研为中心，着力推进学科、教学和科研改革，使学校工作出现了可喜的变化。

① 上海交通大学校史编委会：《上海交通大学纪事（1896—2005）》（下卷），上海：上海交通大学出版社，2006 年，第 969 页。

② 王宗光：《中国共产党上海交通大学第六次代表大会闭幕词》（1992 年 5 月 30 日），上海交大档案馆藏，档号永久—1673.

③ 王宗光，孙萍：《上海交通大学史》第七卷（1978—1991），上海：上海交通大学出版社，2016 年，第 2 页。

1978—1991年,学校共获科技成果奖519项,其中国家科技进步奖46项(一等奖7项),自然科学奖4项,发明奖12项,成为科技进步明显、成果显著的国内大学之一。

二是在目标定位上留有余地,即为“一缩”,认清国际差距,脚踏实地夯实自身基础。通过走出国门,开展国际交流,交大开阔了视野,认识到了本国、本校高等教育与国际先进水平的巨大差距。因此首先做的第一步是理顺体制,夯实基础,苦练内功,发展规模。这一时期,交大的管理体制改革得到了中央的肯定。1984年2月16日,邓小平在上海接见交大师生代表,对交大的改革与发展表示满意。同年5月,上海交大的改革经验被写进六届二次全国人民代表大会《政府工作报告》。同年,根据邓小平“先集中力量办好一批重点大学”的指示,中央决定在原有重点大学中选择10所大学予以重点建设,上海交大也名列其中。这一时期的另一项重大成就就是突破了学校发展面临的校园面积奇缺的瓶颈。1983年,学校被批准建设闵行新校区,1987年闵行校区一期建设顺利完成。闵行校区的建立,极大地改善了学校的办学条件和发展空间,为第一流大学的建设奠定必不可少的硬件基础。

最后对照1978年规划的“世界上第一流的综合性理工科大学”与20世纪80年代后期、90年代初期出现的“第一流大学”表述的相同之处,那就是追求卓越与创建一流的交大精神是一贯的。在这一精神的引领下,上海交大获得了前所未有的发展,学校综合实力和整体办学水平得到极大程度的提升,为后来“世界一流大学”的正式提出与创建打下了坚实的基础。

(三)世界一流大学的正式提出与推进

1992年邓小平南方谈话以来,推动了我国改革开放的第二波大发展,我国高教事业的发展也迎来了第二个发展的春天。交大再次紧紧抓紧发展机遇,以申报“211工程”和“985工程”为契机,正式提出了创建“世界一流大学”的目标。

1993年2月,党中央和国务院决定实施中华人民共和国成立以来高教领域最大规模的发展计划——“211工程”,即要在21世纪重点建设100所大学和一批重点学科。“力争在21世纪初有一批高等学校和学科、专业接近或达到国际一流大学的水平”。1993年4月6日,在“211工程”申报的关键时期,学校党委第六届委员会第四次全体会议提出“抓发展——确保列入国家‘211工程’的前列,面向 21 世纪,到 2010 年创建成世界一流大学"[①],这是上海交大历史上第一次提出创建"世界一流大学"的目标。

1995 年 12 月,江泽民在交大百年校庆前夕为母校题词:"继往开来,勇攀高峰,把交通大学建设成世界一流大学",激励了全体交大人创建世界一流大学的勇气与决心。

1996 年,上海交大举行了隆重的百年校庆,在上海交大发展史上树起了一座历史性的里程碑。该年,学校制订的《上海交通大学"九五"建设计划和 2010 年远景目标》,重申到 2010 年前后,在教学质量、科学研究、学校管理及国际声誉等方面跻身"世界一流大学"之林。

在 1998 年 1 月召开的第七次党代会上,党委书记王宗光在《抓住机遇,开拓机遇,为创建世界一流大学而努力奋斗》的决议报告中指出:"大胆创新,深化改革,努力把上海交通大学办成一所以高新科学技术为先导,以坚实的理科为基础,以强大的工科为主干,管理学科具有特色,文、法、医、农协调发展,基础设施完善,校园环境宜人,学术大师汇聚,社会贡献卓著,具有高度精神文明的世界一流大学。"[②]

至此,从 1993 年学校党委第六届第四次会议提出创建世界一流大学,再到 1996 年"'九五'计划与 2010 远景目标"中提出跻身"世界一流大学"之林,最终于 1998 年以党代会决议报告的形式正式确立了创建世界一流大学的发展目标。

这一时期,"世界一流大学"战略目标的正式形成与国家"211 工程""985 工程"高度接轨,使交大自身的一流大学建设上升为国家意志,成为国家层面科教兴国战略的重要组成部分;同时交大利用第一批进入"211 工程"和"985 工程"的有利契机,为自身发展插上了腾飞的翅膀,大大推进了世界一流大学的建设进程。

1993 年,学校着手成立"211 工程"领导小组, 10 月提交《上海交通大学"211 工程"论证报告》,并主动争取到国家教委与上海市政府共建交大,为列入"211 工程"建设计划创造了条件。1995 年 12 月,通过国家教委与上海市政府共同组织的"211 工程"部门预审,完成《上海交通大学"211 工程"建设项目可

① 上海交通大学校史编委会:《上海交通大学纪事(1896—2005)》(下卷),上海:上海交通大学出版社,2006 年,第 1010 页。

② 上海交通大学校史编委会:《上海交通大学纪事(1896—2005)》(下卷),上海:上海交通大学出版社,2006 年,第 1117 页。

行性研究报告》。1997 年 1 月获得国家计委批复,同意上海交大列入国家“211 工程”建设项目,成为第一批入选国家“211 工程”的 16 所大学之一。从 1997 年到 2000 年年底,交大全面完成了国家下达的“211 工程”一期建设项目,包括 6 个重点学科建设项目、4 个公共服务体系建设项目等,在学科建设、人才培养、科学研究、成果转化等方面取得了重要进展,继而又组织实施“211 工程”的二期、三期建设。

1998 年,党中央开始实施“985 工程”,即“创建若干所具有世界先进水平的一流大学和一批一流学科”。这是继“211 工程”之后国家层面对高等教育进行的更大的投入,也是上海交大继“211 工程”后的一次更大的机遇。学校立即组织力量,以只争朝夕的速度、科学严谨的态度,着手开展申报工作,再次成为首批进入“985 工程”建设的全国 9 所高校之一,进入国家明确重点支持的世界一流大学建设行列。经过 1999—2001 年的“985 工程”一期建设,学校总体实力获得突飞猛进的发展,上海交大的世界一流大学发展进程被大大推进了。这一时期,上海农学院并入上海交大,为上海交大增加了农科,进一步丰富了交大的学科门类。

总之,这一时期是“世界一流大学”这一完整表述的正式形式时期。对照 1978 年规划中“世界上第一流的综合性理工大学”和 20 世纪 80 年代后期使用的“第一流大学”表述,“世界一流大学”的表述实现了双重超越,在汲取了“第一流大学”的主干的同时,再次强调了“世界”的比较视野,充分显示了通过 20 世纪 80—90 年代的锐意改革创新和苦干实干,通过国家层面的“211 工程”和“985 工程”的两次助力发展,上海交大已站在向着世界一流大学奋进的新的历史起点上,世界一流大学建设目标的正式提出可谓恰逢其时,水到渠成。

(四)21 世纪的世界一流大学建设:“三步走”战略及进程

进入 21 世纪,学校为贯彻教育部《面向 21 世纪教育振兴行动计划》,于 2001 年制定了《上海交通大学创建世界一流大学发展战略和“十五”建设计划》,这一计划清晰地阐明了上海交大建设世界一流大学的“三步走”战略,即到 2010 年基本建成综合性、研究型、国际化的高水平大学,为建设世界一流大学打下坚实的基础;到 2020 年,若干学科达到世界一流水平,开始步入世界一流大学行列;到 21 世纪中叶,即建校 150 周年,全面实现建成世界一流大学的历史性奋斗目标[①]。这份21世纪的建设规划蓝图，首次全面地阐述了上海交大创建世界一流大学的办学定位以及循序渐进的阶段任务，为跨入21世纪的上海交大指明了奋斗目标以及前进方向。

2004年12月，学校召开第八次党代会，审议通过了党委书记马德秀所作的题为《振奋精神，开拓创新，为加快世界一流大学的进程而努力奋斗》的报告，以党代会决议的形式正式确立了上海交大世界一流大学的"三步走"战略，到21世纪中叶全面建成综合性、研究型、国际化的世界一流大学的历史性奋斗目标。

2005年《上海交通大学"十一五"发展规划》编制完成，明确了"十一五"建设目标：通过"211工程"和"985工程"持续重点建设，把上海交通大学建成以一流的理科为基础，以强大的工科、生命医学学科和管理学科为主干，以高水平的经济学、法学、农学和人文学科为支撑，交叉学科崛起，创新基地凸现，学术大师会聚，办学设施先进，校园环境优美，社会贡献卓著的世界知名研究型大学，若干学科接近或达到世界先进水平，为全面建成综合性、研究型、国际化的世界一流大学打下坚实的基础。

2008年12月，上海交大第九次党代会召开，会议对上海交大所处的历史阶段作了评估与定位，指出上海交大基本完成创建世界一流大学"三步走"战略中第一个发展阶段的任务，即"初步实现了学科布局、基础夯实的预期目标"。接下来开始向"'重点突破、优势凸显'的第二阶段迈进"，这是一个从做大向做强转变的阶段，"必将为最终实现'全面提升、整体一流'的第三阶段历史性奋斗目标奠定更坚实的基础，创造更有利的条件"[②]。

2011年9月编制的《上海交通大学2010—2020年中长期暨"十二五"规划》继续推进上海交大的世界一流大学建设，指出"十二五"期间，要"抓住'985工程'三期的历史机遇，强化质量为先的发展理念，围绕一流学科、一流师资、一流教育、一流科研、一流声誉的建设，在若干核心指标实现重点突破，部分优势学科率先达到世界一流水平，形成独特的核心竞争力，使学校的整体办学水平和国际办学地位跃上新台阶。"致力于"建设具有冲击世界一流能力的优势学科"，"聚集一批具有国际水准的高水平师资"，"形成特色鲜明的拔尖创新人才

① 王宗光，章玲苓：《上海交通大学史》第八卷（1992—2006），上海：上海交通大学出版社，2016年，第2页。

② 马德秀：《坚持科学发展，深化内涵建设，努力开创建设世界一流大学新局面》（2008年12月12日），《上海交通大学年鉴（2009）》（总第十三卷），上海：上海交通大学出版社，2009年，第24页。

培养体系”,“产出一批有重大影响力的科技创新成果”,“构建具有交大特色的国际化办学体系”,“探索中国特色世界一流的大学管理模式”①。

2015 年 3 月,上海交大第十次党代会召开,进一步提出要到 2020 年,顺利完成三步走战略中第二阶段目标任务,实现从“重点突破、优势凸显”向“全面提升、整体一流”发展阶段的转变,综合实力和办学质量显著提升,在若干权威世界大学排名中跻身百强,初步建成“综合性、研究型、国际化”世界一流大学;到建校 150 周年,全面实现建成世界一流大学的历史性奋斗目标②。

总结这一时期的总体特点是,自 2001 年《上海交通大学创建世界一流大学发展战略和“十五”建设计划》出台以来,关于上海交通大学创建世界一流大学“三步走”战略的基本框架正式形成,之后得到第八次、第九次、第十次党代会的确认与适时推动,并且相应在“十一五”规划、“十二五”规划中得到组织实施。

通过积极实施世界一流大学发展“三步走”的战略规划,这一时期的交大沿着综合性、研究型和国际化三个方向实现了跨越式的发展。

在综合性方面,2005 年 7 月,上海交大与上海第二医科大学强强联合,上海交大新增加了较强的医学门类,使上海交大以一流的理科为基础,以强大的工科、生命医学学科和管理学科为主干,以高水平的经济学、法学、农学和人文学科为支撑的综合性学科布局基本完成。在研究型方面,上海交大基本实现了研究型大学的转型。2015 年,国家自然科学基金项目数和经费数连续 6 年全国第一。2014 年度 SCI 收录论文数 5 398 篇,继续保持全国高校第二; 10 年 SCI 收录论文累积被引 35 488 篇、308 723 次,上升至全国高校第二;“表现不俗”论文 2 402 篇,继续保持全国高校第二;国内科技论文数 7 712 篇,国内被引 26 068 次,上升至全国高校第一③。

在国际化方面,上海交大积极开展国际交流与合作,同时对赶超世界一流大学的对象的认识也不断深化:从 MIT 到宾夕法尼亚大学,再到斯坦福大学、密歇根大学,上海交大学习与合作的对象“已经不是单一的个体,而是一个群体,我们学习的目的也不仅仅是模仿,而主要是创新,是要在吸取各家之长的基础

① 《上海交通大学 2010—2020 年中长期暨“十二五”规划》,第 19~21 页。

② 姜斯宪:《凝心聚力,深化改革,坚定不移走中国特色世界一流大学之路——在中国共产党上海交通大学第十次代表大会上的报告》(2015 年 3 月 14 日中共上海交通大学第十次代表大会通过),第 12~13 页。

③ 数据来自上海交通大学学校主页“学校介绍”。

上，走出一条中国自己的一流大学之路”[①]。

这一时期，交大通过闵行二期建设，基本建成了世界一流的大学校园。一个占地约 333 公顷、功能齐全、设施完备、环境优美的现代化大学校园初具规模，交大的办学重心成功转移到新校区，在朝向全面建成世界一流大学的征程上，拥有了一流的硬件设施。

2016 年，恰逢上海交大建校 120 周年，校长张杰在《中国高等教育》杂志上发文指出：“今天的上海交大，工科的整体实力进入世界前 30 名；理科整体实力接近世界前 100 名；生命医学学科整体实力接近世界前 200 名；16 个学科进入 ESI（基本科学指标数据库）全球前 1%，形成若干具有冲击世界一流能力的优势学科群，一大批教师成长为国内外科学院、工程院院士；学生们参与创新活动的热情空前高涨，在重要国内外各类创新大赛上争金夺银，一大批毕业生在中华民族复兴的伟大事业中发挥着重要作用，学校的全球影响力大幅提升，世界一流大学的目标已然清晰可见。”[②]

三、结语

综上所述，本文以“一流大学”的理念与实践为线索，梳理了上海交大 120 年的历史发展进程。由此可以看出，上海交大当今的世界一流大学建设有两条历史脉络。第一条是间接的老交大追求一流梦想与实践的发展脉络：南洋公学开创多项历史先河→唐文治时期提出“第一等大学”理念→合组交大初提出与欧美“同趋一轨”的倡议→黎照寰时期赢得“东方 MIT”的美誉。另一条为直接的历史脉络，即从改革开放以来延续 30 多年的关于世界一流大学的理念的探索与实践的推进：从 1978 年提出“世界第一流的综合性理工大学”→ 20 世纪 80 年代后期的“第一流大学”→ 20 世纪 90 年代中后期的“世界一流大学”→ 21 世纪提出的“世界一流大学的三步走战略”。

客观地说，两条历史脉络之间有过断裂，中间受到了战争的冲击，也受到中华人民共和国成立后院系调整、交大西迁和政治运动的影响。两条历史脉络内部也有小的波动与曲折，如北洋军阀混战对合组交大的冲击和干扰等。这充分说明了稳定的政局、和平的发展环境、对教育规律的尊重是大学持续正常发展的前提条件。

---

① 马德秀：《变革与超越——走中国特色的一流大学之路》，上海：上海交通大学出版社，2015 年，第 50 页。

② 张杰：《从“第一等大学”到“世界一流大学”》，载《中国高等教育》，2016（1）。

但是,贯穿两条历史脉络的追求卓越、争创一流的上海交大精神是相同的;"求实业,务实学""高起点,严要求,厚基础"的上海交大教风学风是一致的;百年以来致力于高端人才培养,为中华民族伟大复兴而奋斗的历史使命是一贯的。同时,以工科见长,理、工、管结合的学科传统在两个历史时期中得到了延续;前一个时期培养的师资和海内外校友也为后一个时期的重振雄风、冲刺世界一流提供了人才和资源的保障。拥有追求卓越、争创一流的交大精神,是交大在国家繁荣昌盛的新时期跻身及全面建成世界一流大学的强大的软实力。

通过以上海交大120年发展历程为样本的历史考察,我们还必须意识到,世界一流大学的建设是一个伟大的长期工程,有一个循序渐进的过程,不可能一蹴而就,而是需要一代又一代人的接续传力,踏实奋斗;世界一流大学的建设,也并非有现成的固定发展程式,不能固守某一特定的模仿对象,理念与现实、规划和实践之间经常出现各种预想不到的矛盾与冲突,需要不断根据新的形势审时度势,适时调整。

回顾历史,我们可以毫不迟疑地肯定,相比其他历史时期,当今中国高等教育的发展正处于一个高速发展的黄金时期,理应牢牢抓住国家乃至全球的发展机遇,勇于突破与创新,走出中国特色的世界一流大学之路,实现中国高等教育发展的百年梦想。

民国时期私立大学董事会的组建及其动因分析

——以大夏大学创建为中心的考察

华东师范大学档案馆党史校史办公室　陈华龙

摘要：大夏大学是1924年脱离厦门大学在上海建立的一所私立大学。在大学创建过程中，筹备者积极组建董事会，私人关系在邀请董事中起了很大作用。董事会的最终人员构成并不完全符合筹备之初的规定。董事会制度在私立大学的实施并非一蹴而就，而是经历了自主设置、制度诱导、制度规定等阶段。就大夏大学初创时期而言，设立董事会是为募集基金、维持学校长久发展而采取的必要措施，而非为了应付政府部门的立案要求。

关键词：私立大学；董事会；大夏大学；立案

高校董事会制度源于中世纪欧洲大学的管理体制，后发展成为美国最具特色的大学治理制度，清末民国时传入中国，由此董事会成为我国私立大学的重要组成机构。然而，由于国情的不同，董事会制度在引入中国大学以后，在形式与内容上均和美国有所不同。单就中国高校的董事会而言，他们之间也有时代差异和地区差异。目前学界对于晚清民国时期大学董事会已有所研究[①]。关于董事会设立动因，有些人认为董事会在中国大学中基本上是应付政府的备案要求的。史实是结论的基础，本文试图在前人研究的基础上增加个案的考察，以期更加全面地认识民国时期我国私立大学董事会的组建及其动因，尤其是在大学初创时期。大夏大学是1924年因学潮从厦门大学脱离的部分师生在上海创办的一所私立大学，本文即考察其初创时期董事会的创建过程及动因问题。

---

① 主要有如下研究成果。王彦才：《中国近代私立大学教育经费问题研究》，北京师范大学博士学位论文，2006年；肖树翠：《中国近代私立大学董事会制度研究》，陕西师范大学硕士学位论文，2014年；蒋宝麟：《学人社团、校董会与近代中国私立大学的治理机制——以上海大同大学为中心（1912—1949）》，载《华中师范大学学报》2015（1）；韩戍，《时代变动下的私立大学——光华大学研究（1925—1951）》，华东师范大学博士学位论文，2016年。

一、“离厦大而创大夏”:厦大学潮与大夏初创

1924 年 5 月 26 日,厦门大学校长林文庆未公布理由而解除约期未满的教育科主任欧元怀、商科主任王毓祥、注册科主任之职,引发师生抗议。

6 月 8 日,厦门大学离校学生决定将学生团总委员会移往上海,并于广州、汕头设立支部,以期继续“厦大革新运动”[①]。此后,学生团总委员会致书原厦门大学筹备委员会筹备员,希望他们给予援助,撤换校长,然而未见成效。由于已有“林文庆一日不去,我等决不再来厦大”[②]的誓言,此时数百学生即将面临求学无门的困境。抵沪以后,厦大离校学生团以返校无望,“非于沪上自筹大学,固难救此数百求学无门、有志未竟之青年”为由,致函原厦大辞职各教员,希望他们参与筹备新大学。接函后,离职教员积极回应,“除分电离厦各先生外,并联络全国名流,拟在沪组织新大学一所,定名大夏大学。校舍接洽,已有端倪,一俟同人到齐,即可正式宣布”[③]。

对于另行创办大学,其实学生在正式离校之前已有所准备。“本团同学离校之先,原决议如改革不能达到目的,则自行筹办大学一所,以为求学之地。”[④]对于新创办大学所需图书、仪器,离校师生曾有“拟将校中仪器用具移赴上海为办义务大学之用”的想法,只是由于后来校长林文庆商请武装警察前来守护而未果[⑤]。

“一个学校实施教育的要素,最重要的不外乎教授的人选、图书仪器等设备和校舍建筑。”[⑥]对于组织新大学而言,以上三者都是必须解决的。而要解决以上问题,首先要解决的就是经费问题。对于私立大学而言,学生的学费是学校经费的重要来源之一。在离校之前,学生已经商定“于阳历七月十日以前,每人缴费五十元。此款概由本人直接寄存本埠上海商业储蓄银行,一俟新大学正式成立,即可领出,作为生等学费,供开班时一切之需”[⑦]。然而,至规定的“阳历七月十日”前一周,仅收到提前所交学费两千余元[⑧],较所需创办经费仍有很大差

---

① 处:《厦大学生离校抵粤情形》,载《申报》,1924 年 6 月 30 日,第 11 版。

② 蜀生:《厦大学潮之尾声》(续),载《申报》,1924 年 6 月 17 日,第 10 版。

③ 《总部到沪后纪事》(续前),载《血泪》,第 5 期,1924 年 7 月 5 日。

④ 《总部到沪后纪事》(续前),载《血泪》,第 5 期,1924 年 7 月 5 日。

⑤ 蜀生:《厦大学潮之尾声》(续),载《申报》,1924 年 6 月 17 日,第 10 版。

⑥ 樊洪业,段异兵:《竺可桢文录》,杭州:浙江文艺出版社,1999 年,第 71 页。

⑦ 《总部到沪后纪事》(续前),载《血泪》,第 5 期,1924 年 7 月 5 日。

⑧ 《行将成立之大夏大学》,载《申报》,1924 年 7 月 4 日,第 14 版。

距。如何进一步获得社会援助、筹集经费，是师生共同面临的问题。

二、计划与变化：大夏大学首届董事会的组建

对于私立大学而言，成立董事会是募集办学经费的重要途径之一。一方面可以接受作为董事的实业家或银行家的直接捐款或担保借款，另一方面可借助担任董事的社会名流的影响力来号召社会人士捐款以及吸引更多学生前来就读。1924 年 7 月 7 日，厦大去职教授和离校学生团总部在上海设立大夏大学筹备处[①]。7 月 24 日，在沪教员全体召开第一次筹备会议，决定先聘请吴稚晖为校长，再组织筹备委员会以及董事会等事宜。

吴稚晖为国民党元老，早在离厦学生团广东支部拜访汪精卫时，汪就极力推荐吴稚晖为大夏大学未来之校长，且表示愿意代为推毂[②]。而吴稚晖本人在离厦师生成立筹备处之时已多次前往勉励诸生先致力读书，将来再从事实际工作[③]。因此，参与筹备的师生希望在“大夏草创伊始，诸事有赖吴（稚晖）先生出面领袖支配”。在沪教员在第一次筹备会议当天就致函吴稚晖，表示次日将前往寓所商洽聘请其为校长之事。然而翌日未及诸教授前去，吴稚晖已亲自前来，以为“大夏历史与众不同，不宜另请局外人为之”，后又表明“余定在外面始终帮忙”[④]。因此，筹备人员欲先聘校长再组织董事会的路没有走通，只好决定先组织董事会，再由董事会推举产生校长[⑤]。

对于大夏大学准备如何组织董事会，《申报》曾于筹备会议次日刊文予以报道：“组织董事会：（甲）筹备委员中选出若干人；（乙）厦大此次去职教员九人；（丙）离校学生团代表一人；（丁）校长为当然董事。此外，又设名誉董事若干人，以捐助开办费五千元以上者或设备费一万元以上者充之。”[⑥] 此后一周，由厦大离校学生团总部编辑部创办的《血泪》对于未来董事会的构成也作了记载：“组织董事会，邀请校外名人及筹备委员会推出数人并学生推出代表一人组织之。此外，又设名誉董事若干人，以捐开办费五千元以上或设备费一万元以上者充之。”[⑦] 以上两处记载董事会构成大体一致，即在筹备委员的基础上加入校

① 《大夏大学临时筹备处成立通告》，载《申报》，1924 年 7 月 8 日，第 3 版。

② 毓：《总部来沪后纪事》（续前），载《血泪》，第 7 期，1924 年 7 月 12 日。

③ 陈明章：《学府纪闻·私立大夏大学》，台北：南京出版有限公司，1982 年，第 12 页。

④ 毓：《总部来沪后纪事》（续前），载《血泪》，第 11 期，1924 年 8 月 2 日。

⑤ 《大夏大学之积极进行》，载《申报》，1924 年 8 月 16 日，第 22 版。

⑥ 《大夏大学昨日之筹备会议》，载《申报》，1924 年 7 月 25 日，第 14 版。

⑦ 毓：《总部到沪后纪事》（续前），载《血泪》，第 11 期，1924 年 8 月 2 日。

外名人、学生代表、捐开办经费者组成董事会。

按照决议,董事会首先是在由参与创校的教授等人构成的筹备委员中选出若干。对于最终董事会的构成,前人回忆文章称:“学校的领导人、教授们请王伯群出面组织校董事会。聘请了马君武、吴稚晖、汪兆铭等七人加上欧元怀等三位教授,连王伯群共十一人为校董,组成了校董会。”[①] 这里的“欧元怀等三位教授”即指参与创办大夏大学的欧元怀、王毓祥、傅式说。然而,根据现存历年所刊《大夏大学一览》所载董事题名可知,直到1928年三位教授才成为董事会成员,此前仅为校务行政委员会委员。因此,虽然第一次筹备会决议从筹备委员会中推举数人担任董事,而实际上欧元怀等三位参与创校的教授在建校前三年并未列名校董会。

按照最初筹备会议对于董事会成员构成的约定,会有离校学生团代表一名担任董事,这种师生均参与董事会的规定在其他学校基本不存在。由此可见,这所由学生与教授合作参与创办的学校在筹备之初,不仅对创校教授,而且对创校学生代表参与董事会也有所考虑。当然,据目前能够查阅到的史料来看,正如最初大夏大学董事会成员中没有参与创校的教授一样,也没有学生代表。迟至1934年,才有厦大离校学生团十四位代表之一的大夏毕业生何纵炎出现在名誉董事题名之中[②]。

按照决议,除创校教授与学生外,校外名人是大夏董事会的另一构成主体。在1924年7月筹备处成立之前,厦大离校学生团学生代表何纵炎已从与其有姻亲关系且寓居沪上的原广东总统府参议、贵州省省长(未到任)王伯群处借款一千元,且王表示将来会“尽力襄助”[③]。后经何纵炎介绍,从福建赶到上海的厦大离职教授欧元怀亲自前往王伯群处商讨,最终王愿意捐款两千元,且愿意出面组织董事会。后该笔款项主要用于第一批校具定金、登报招生广告费以及临时筹备处的租金[④]。大夏大学筹备处成立前后,身处上海的“教育巨子”吴稚晖曾

---

① 中国人民政治协商会议黔西南州委员会文史资料研究委员会:《黔西南州文史资料选辑》,第五辑,1985年,第152页。

② 李森:《民国时期高等教育史料汇编》,第25册,北京:国家图书馆出版社,2014年,第344页。

③ 毓:《总部到沪后纪事》(续前),载《血泪》,第7期,1924年7月12日。

④ 中国人民政治协商会议黔西南州委员会文史资料研究委员会:《黔西南州文史资料选辑》,第5辑,1985年,第150~152页。

多次前往筹备处关心创校工作，且答应担任第一任校董[①]。后筹备人员拟聘请吴稚晖为校长被婉拒，而吴表示日后将对学校予以支持，担任校董当是其履诺之举。同在上海的张君劢与吴稚晖一样是最早一批充任校董的校外名人[②]。张君劢早年留学日、德，归国后曾任北京政府总统府秘书、北大教授。1923 年张君劢自北京赴上海，主持创办国立自治学院（后改名为“国立政治大学”），以传播其政治思想，培养地方自治人才[③]。从学校创办至 1927 年学校被国民党查封期间，张君劢担任校长，他也正是在此期间被聘为大夏大学首届校董。

首届董事中，叶楚伧与邵力子皆为当时上海新闻界的重要人物，二人在上海创办《民国日报》并分别担任总编辑、主笔。1924 年 6 月 19 日厦大离校学生团招待上海新闻界人士时，邵力子就曾代表新闻界发言，分析了此次学潮的两种影响，并祝愿“大厦大学有极大之成功”[④]。因此，离校学生团所编印的《血泪》也得以随《民国日报》同期配发，扩大了影响力。而且此时邵力子兼任上海大学代理校长，叶楚伧则任国民党中央宣传部部长，对于筹备大夏大学而言，邀请二人担任校董也是情理之中的事。后来邵力子更是亲自担任大夏大学新闻学教授。由于叶、邵二人均在上海，大夏大学的首次开学典礼以及第一次董事会全体会议二人均亲自参加且发表演说。

远在广东的汪精卫担任大夏大学校董，首先是源于厦大离校学生团广州支部的接洽。时汪精卫担任广东省教育会会长，且此前曾参与广东大学（后改名为“中山大学”）、厦门大学等高校的筹备工作。因此，厦大离校学生团广州支部成员到达广州后便前往拜会汪精卫，汪不仅推荐校长人选且应允设法补助办学经费[⑤]。此时吴稚晖也推荐汪精卫，与其“同肩艰钜”[⑥]。此后，筹备干事欧元怀等又致函汪精卫，请其“屈任”董事[⑦]。只是由于汪远在广州且因广东政局问题，直到该年 11 月底大夏开学后方到校开会。

与汪精卫一样，邓萃英也曾是厦门大学筹备员之一。他担任大夏大学首届董事当是源于和欧元怀的私人关系。邓萃英和欧元怀同为福建人，1918 至

---

① 倪文亚：《大夏大学的诞生与复校》，侃争：《吴稚晖先生与大夏大学》，陈明章：《学府纪闻·私立大夏大学》，台北：南京出版有限公司，1982 年，第 12、49 页。

② 《大夏大学近讯》，《申报》，1924 年 8 月 8 日，第 14 版。

③ 郑大华：《张君劢传》，北京，中华书局，1997 年，第 177~179 页。

④ 《厦大学生招待新闻界纪》，载《民国日报》，1924 年 6 月 20 日，第 10 版。

⑤ 毓：《总部到沪后纪事》（续前），载《血泪》，第 7 期，1924 年 7 月 12 日。

⑥ 《大夏大学近讯》，载《申报》，1924 年 8 月 8 日，第 14 版。

⑦ 《大夏大学进行之一讯》，载《申报》，1924 年 8 月 11 日，第 14 版。

1920年由教育部以大学教授资格咨送留学美国,就读于哥伦比亚大学师范学院。1920年回国后任北京政府教育部参事,次年任北京高等师范学校代理校长。1922年兼任厦门大学首任校长[①],1924年任教育部参事兼代理次长。而欧元怀1918至1920年亦在哥伦比亚大学师范学院就读。或许正是因为欧、邓二人为同乡兼同学之谊,经欧元怀邀请,邓萃英充任校董。

林支宇为湖南军政界要人,早年曾加入同盟会,担任校董前历任湖南省临时省长、省议会议长等职。在湘为政期间,多次支持广东的系列革命行动,因而与孙中山关系较密切[②]。因此,林支宇或由追随孙中山且曾任总统府参议的王伯群出面邀请而担任大夏大学首届校董。在首届董事会人员中里,马君武是最晚加入的,然而,刚就任董事就在全体董事会会议上被推举为大夏大学首任校长。马君武早年留日并加入同盟会,回国后历任上海公学总教习、南京临时政府事业部次长、非常大总统总统府秘书长。1922年辞职后寓居上海,在此期间被聘为大夏大学校董。王伯群与马君武均曾追随孙中山参与护国、护法运动,在孙中山就任临时大总统时,马任总统府秘书长,而王为总统府参议,且后来二人均被孙中山派往地方担任省长。此时马君武正寓居上海,由王伯群出面邀请马君武担任校董自然不成问题。

在大夏大学创建之初,按照决议,捐助办学经费超过五千元而担任校董的仅陈学霖一人。在离校学生团学生代表致函邀请筹办新大学后,离职回乡的欧元怀即在家乡积极展开筹款活动。7月4日,欧已经致函离校学生团,表示其乡莆田一富户有望认捐开办经费万元[③]。24日,欧元怀又电告沪上,称陈树霖已允任校董,先行捐款五千元[④]。按照第一次筹备会议所定组织大纲,陈树霖是担任名誉董事,但实际第一届董事会并未区分董事和名誉董事。此后至1933年间,除1926年外,大夏大学皆未曾设名誉董事,至1934年后,才形成历年皆设名誉董事的惯例。

关于大夏大学首届董事会的组成时间,各类史料往往各执一词,其分歧的原因在于以董事会组建完成还是以第一届董事会全体会议的召开为准。上述

---

① 厦门大学校史编委会:《厦门大学校史》第一卷(1921—1949),厦门:厦门大学出版社,1990年,第11、21页。

② 中国人民政治协商会议湖南省常德市鼎城区委员会文史资料研究委员会:《常德县文史资料》,第6辑,1990年,第248~251页。

③ 毓:《总部来沪后纪事》(续前),载《血泪》,第7期,1924年7月12日。

④ 《大夏大学昨讯》,载《申报》,1924年7月21日,第14版。

诸位董事的聘任工作，除马君武在开学后的11月就任董事外，其余校董的聘任工作均在9月开学前完成，且有多位董事参加了开学典礼。历年所刊《大夏大学一览》均载有"大事记"一栏，对于大夏首届董事会的组建，均称1924年8月8日"大夏大学之董事会成"，而所载"校史"一栏皆称"八月中旬董事会组织告成"。据1924年8月8日《申报》报道："闻福建陈树霖君以捐开办费及常年费任校董外，吴稚晖、张君劢均已充任校董。吴君并介绍素对该校极力援助之汪精卫，同肩艰钜，此外，叶楚伧、邵仲麟、邓芝园、王伯群、林支宇等，均经该校请为董事，尚在接洽中云。"因此，综上可知，首届董事会约于8月中旬组织完成。至于11月马君武就任董事，似可看作后来的增聘。

由于各位校董散处全国各地，第一次全体董事会议的召开，推迟至开学后两月有余。11月，马君武就任校董，而校董汪精卫亦于此时北上来沪参加国民大会。大夏大学趁此机会召开董事会全体会议，以解决校长问题。但林支宇、陈树霖、邓芝园三人仍未能到会，分别由王毓祥、欧元怀、傅式说代为参会。此外，吴稚晖因生病亦未能到会，因此第一次董事会会议实际到会董事为：汪精卫、王伯群、叶楚伧、邵力子、张君劢、马君武六人，加上三位代表者共九人。大会公推王伯群为主席董事，邵力子为书记，并聘请马君武担任首任校长①。至此，大夏大学首届董事会正式成立。因此就董事会的组建而言，并非如欧元怀后来所追忆的那样，"先有学校而后才组织董事会"②，实际上组建董事会和筹备学校是同时进行的，两者相辅相成，并不存在绝对的先后。

三、外在与内在：应付立案还是自身需求？

对于大夏大学创建过程中设立董事会的动因，欧元怀回忆称主要是为了应付教育部的规定③。现有学者对大同大学董事会设立过程的考察也证明，大同大学董事会的成立在很大程度上是适应国家政策的"应景"之举，是应对国家私立大学立案和办学规则的一个"门帘"④。那么大夏大学董事会的组建，是否如欧元怀所回忆的那样是应付政府立案呢？是否与大同大学具有一样的情况呢？

---

① 《大夏大学消息》，载《申报》，1924年11月22日，第10版。

② 中国人民政治协商会议上海市委员会，文史资料委员会：《解放前上海的学校》，第五十九辑，上海：上海人民出版社，1988年，第150页。

③ 中国人民政治协商会议上海市委员会，文史资料委员会：《解放前上海的学校》，第五十九辑，上海：上海人民出版社，1988年，第150页。

④ 蒋宝麟：《学人社团、校董会与近代中国私立大学的治理机制：以上海大同大学为中心》，载《华中师范大学学报》，2015(1)。

大夏大学组建董事会是为了应付政府立案的观点成立的前提是，当时政府明确规定大学必须设置董事会作为设立学校的前提。因此，我们首先需要考察民国以来对于私立大学立案的相关法律规定。1913年1月16日，北京政府教育部公布《私立大学规程》。该规程对私立大学立案事项的要求如下："(一)目的；(二)名称；(三)位置；(四)学则；(五)学生定额；(六)地基房舍之所有者及其平面图；(七)经费及维持之方法；(八)开校年月。"[①] 虽然该规程对于私立大学立案有"经费及维持之方法"的规定，但并未明确规定私立大学必须设立董事会。1915年公布的《私立专门以上学校认可条例》更是规定在试办期满后满足以下条件后便可通过立案："一、有自置之校舍。二、有确定之基金在五万元以上。三、经部派员考试，学生成绩优良。"[②] 因此，私立高校确保拥有基金五万元以上即可，而董事会制度仅是筹集办学以及维持经费的办法之一，并非唯一途径。1924年2月23日，北洋政府教育部公布《国立大学校条例》规定"国立大学校得设董事会"，但对私立大学没有另行出台相关规定，仅在附则第二条规定"私立大学校应参照本条例办理"[③]。该条例规定国立大学可以设置董事会，私立大学参照执行，但仅为制度性的诱导。

1926年广东国民政府公布《私立学校规程》和《私立大学及专门学校董事会设立规程》，但时间已在大夏大学董事会创立之后，且以上条例影响所及的地域范围有限。1927年南京国民政府大学院公布《私立大学及专门学校立案条例》，规定立案时"应由校董会备具成文及附属书类，呈由省区教育行政机关，转呈大学院"[④]，然而并未出台董事会相关规定。至1928年南京国民政府大学院公布《私立学校条例》始明确规定私立大学必须设置董事会，"私立学校须由设立者推举校董，组织校董会，负经营学校全责"[⑤]。对于私立学校的代表人，北洋

① 《教育部公布私立大学规程令》(1913年1月16日)，见中国第二历史档案馆编：《中华民国史档案资料汇编(第三辑　教育)》，南京：江苏古籍出版社，1991年，第141页。

② 《教育部公布私立专门以上学校认可条例令》(1915年7月20日)，见中国第二历史档案馆编：《中华民国史档案资料汇编(第三辑　教育)》，南京：江苏古籍出版社，1991年，第163、164页。

③ 《教育部公布国立大学校条例令》，见中国第二历史档案馆编：《中华民国史档案资料汇编(第三辑　教育)》，南京：江苏古籍出版社，1991年，第174页。

④ 《私立大学及专门学校立案条例》(十六年十二月二十日公布)，载《大学院公报》第1年第1期，1928年1月，第26页。

⑤ 《私立学校条例》(十七年二月六日大学院公布)，载《大学院公报》第1年第3期，1928年3月，第8页。

政府时期和南京国民政府时期的规定也有明显不同,前者为学校的设立者,而后者为校董会。1913 年《私立大学规程》规定:“私立大学呈请教育总长认可时,除依前条规定外,并需开具代表人之履历;代表人对于该校应负完全责任。私立大学若系一人设立,即以设立者为代表人,如系二人以上设立者,应推举一人为代表人,其他非负完全责任之发起人及赞成人均不在代表之列。”① 以上《规程》以设立者为学校代表,而在 1928 年的《私立学校校董会条例》则规定“私立学校以校董会为其设立者之代表,负经营学校之全责”。至此,民国时期私立学校的董事会制度才由自主选择进入政府制度规范化阶段②。因此,就当时私立大学立案的外部政策环境而言,1924 年创立之时大夏大学完全可以不必为应付教育部立案要求而设立董事会。

同在上海的私立大同大学董事会设置的相关史实也证明,北京政府时期教育部并没有强制规定私立大学必须设立董事会。1912 年立达学社创办大同书院, 1922 年经北京政府教育部立案时改称“大同大学”,但当时并未成立董事会,所需经费和立案前一样仍由立达学社筹措。至 1928 年经南京国民政府大学院立案时,校方方才按照政府规定成立校董会③。

因此,大夏大学创立之时组织董事会的动因,需要从其自身寻找。厦大离校学生团广州支部代表为大夏大学创办进行筹款,前往拜访广东财政厅长陈其瑗。陈氏给学生团代表的建议便是,“最好组织一基金董事会,专从事于筹措经费”④。以上尚属外人对于大学筹办者的建议,那么参与筹办的教授们对于组建董事会又抱有何种期许呢?为邀请汪精卫担任大夏大学首届校董,欧元怀、王毓祥、傅式说等人曾致函汪精卫,强调“唯缔造既属艰难,支持常亦匪易,若非组织董事会,实不足以策进行而垂久远”⑤。可见,创办者的初衷乃是借助董事会维持学校的运行,并非出于应付当时的政策规定。

此外,从董事会组建以后最初试图解决的问题中,我们也可以很好地体会

---

① 中国第二历史档案馆:《中华民国史档案资料汇编(第三辑　教育)》,南京:凤凰出版社,1991 年,第 142 页。

② 20 世纪 80 年代以后,我国私立大学在重建的过程中,走过类似的道路,即政府对于私立高校设置董事会的要求从无到有。具体可参见王宁:《私立大学董事会制度研究》,南京:东南大学出版社,2015 年,第 112 页。

③ 朱有瓛:《中国近代学制史料(第三辑·下册)》,上海:华东师范大学出版社, 1992 年,第 164、165 页。

④ 《大夏大学进行之一讯》,载《申报》,1924 年 8 月 11 日,第 14 版。

⑤ 《大夏大学进行之一讯》,载《申报》,1924 年 8 月 11 日,第 14 版。

当时大夏大学筹办者积极组建董事会的初衷。1924年11月第一次董事会全体会议召开,在完成主席董事、书记以及校长的推举工作后,讨论的第一个也是唯一的议题便是募集经费问题。会议决定先由校行政委员会拟定募捐收据,由董事会认可募捐办法,再由主席与校长商定,最后由各董事分行担任[①]。次年年初,大夏大学正式举行募集基金活动,将募集组织者分为三个方面,即"董事方面由各董事担负责任,教职员业已组织募集基金委员会……学生又组织学生募金委员会"[②]。虽然此后历届校董并不能完全保障办学的经费问题,但仍是办学经费维持的重要保障之一。因此,就大夏大学初创时期而言,设立董事会是出于自身募集基金,维持学校长久发展而采取的必要手段,而非为了应付政府部门的立案要求。

四、结语

董事会制度是现代大学治理的重要制度安排,在民国时期为我国私立高校普遍采用。但董事会制度的实施并非一蹴而就,而是经历了自主设置、制度诱导、制度规定等阶段。1924年因学潮而在上海建立的大夏大学,在筹备过程中曾积极组建董事会。此举并非为了应付政府的立案要求,而是基于自我维持与发展的需求。至南京国民政府时期,我国私立大学均建立起董事会制度,虽然董事会在各高校治理中所起的作用各异,但是对民国时期私立大学发展的作用却是不可忽略的。改革开放以来,我国大学的办学经费来源越来越多元化,许多学校也相继设立教育发展基金,建立董事会。《国家中长期教育改革和发展规划纲要(2010—2020年)》也提出,"完善中国特色现代大学制度……探索建立高等学校理事会或董事会,健全社会支持和监督学校发展的长效机制"。因此,董事会制度在民国时期的实施状况,对于目前我国高校在党委领导下的校长负责制的前提下,如何促进现代大学治理中董事会制度的合理实施,或具有一定的借鉴意义。

① 《大夏大学消息》,载《申报》,1924年11月22日,第10版。

② 《大夏大学近闻》,载《申报》,1925年1月7日,第11版。

抗战时期的厦门大学:大学认同的建构

厦门大学校友总会、高等教育发展研究中心　石慧霞

摘要:大学认同是大学成功的标志。抗战时期厦门大学是大学高度认同的典型案例。对这一时期厦门大学的分析表明:校长萨本栋通过其人格魅力、治校理念、充满人文关怀的制度等,成为大学共同体的重要建构者;教师群体形成了对教书育人“热爱与坚守”的工作生态;学生群体严谨而活泼,富有爱国爱校的家国情怀;校友群体与母校患难与共,成为推动大学发展的一支重要力量。研究抗战时期厦门大学的大学认同形成过程,不仅可以增强人们对这所大学独特文化及历史的理解和认识,而且对建构现代大学认同具有重要意义。

关键词:大学;大学认同;厦门大学

大学认同是大学秩序的社会心理基础,是大学存在与发展的根基。作为一种共同意志和文化心理,大学认同是大学成员对所在大学的自豪感和对大学发展的信心,以及在此基础上形成的对特定学校的心理依恋感和文化归属感。大学认同是大学保持长久和旺盛生命力的重要因素、是大学成功的标志。

1937 年,陈嘉庚的企业收盘,系科紧缩、风雨飘摇中的私立厦门大学转为国立,在首任校长萨本栋的领导下,全校师生举校内迁闽西长汀办学八年,“各部分办事精神连贯,通力合作”[①],众志成城、患难与共,形成了充满生机与活力的组织向心力,学校像一个其乐融融的大家庭,大学成员同舟共济、齐心协力,培养出一批杰出人才,使得大学声誉大振。战时厦大被国民政府称为“国内最完备的大学之一”[②],并被学者誉为“加尔各答以东最好的大学”[③]。厦大从迁校时的文、理、商学院共 9 个系到 1945 年增至文、理、工、法、商学院共 15 个系,学生人

① 《教育部令奖母校教学认真学风纯正》,见《厦大通讯》第四卷第五、六期合刊, 1942 年 6 月 30 日。

② 校史编写组:《厦门大学校史纲要(上编)》,1986 年,第 12 页。

③ 《厦大通讯》第 6 卷 3 期,1944 年 3 月 31 日。

数从内迁时的 196 人,发展到 1945 年的 1 044 人[①]。与战时集聚西南大后方的高校不同的是,厦门大学始终在东南一隅办学,没有并入他校,没有更改校名,始终保持了组织机体的完整和独立。战争条件下,办大学之艰苦难以想象,更难的是大学成员同舟共济,共同应对危机。抗战时期,厦门大学形成了特色鲜明的"大学认同"文化,对校长、教师、学生和校友四类主体的分析反映了这一认同的形成过程及其内在影响因素。

一、萨本栋:大学认同的重要建构者

1937 年 7 月 6 日,国民政府教育部简任清华大学教授萨本栋为国立厦门大学校长。萨本栋接受任命第二天,抗日战争全面爆发,他在三天之内交卸完自己在清华的教职。据中央社北平十六日电:"厦门大学校长萨本栋,自奉到任令后,即于平津交通阻断之十一日夜,冒险离平赴京,接洽一切。"[②] 因厦门处于战火严重威胁之下,厦大校址又处战略要地,萨本栋到任不久,教育部迅急发来电报,内容如下:

> 查国内一切最易受敌人攻击之地区,极应迅作准备。该校应斟酌情形,分别如下列之处置:1. 受外敌轻微袭击时,应力持镇定,维持课务,必要时得为休课;2. 即速择定比较安全之地区,预为简单临时校舍之布置,以便于战事发生或逼近时量为迁移或暂行归并或暂行附设于他校。3. 必要时可暂行停闭[③]。

然而,萨本栋不畏艰险,坚持"东南半壁的高等教育,还需要维持",带领全校师生一边维持正常上课秩序,一边决定筹备内迁。

为了使迁校工作顺利有序地完成,1937 年 11 月 7 日至 1938 年 1 月 11 日,萨本栋先后四次召集专题会议,详尽讨论迁校规划,就赴汀考察报告、迁汀时间、师生分组、图书仪器搬运等问题广泛征求意见[④],对各项事宜作了周密安排,最后迁汀计划获得师生一致的赞同和认可。在此过程中,萨本栋表现出了超乎寻常的镇定并付出了艰苦卓绝的努力。仅以赴汀"通行证"的申请为例,特殊时

---

① 洪永宏:《陈嘉庚的故事》,厦门:鹭江出版社,2002 年,第 93 页。

② 洪永宏:《厦门大学校史(第一卷)》,厦门:厦门大学出版社,1990 年,第 17、78~86、148、160、161、186 页。

③ 教育部教育年鉴编纂委员会:《第一次中国教育年鉴》,上海:开明书店,1934 年版,第 106 页。

④ 《厦门大学校务会议纪录(一)》,厦门大学档案馆卷宗号:055-20。

期，为了保证师生迁汀路途的安全，每人均须有省政府专门签发“行旅护照”。而申请该护照须萨本栋亲笔书写信函并经省政府主席陈仪批准。由于交通不便，申请护照需经多个机关审批，有时领到护照时，有效期已过，需重新申请，仅此一项，查厦门大学档案资料，萨本栋写给省政府和厦门警备司令部的亲笔信件叠起来有3寸厚[①]。1937年12月24日，厦大师生渡过鹭海、九龙江及十几条溪流，越过多座崇山峻岭，长途跋涉八百里，于1938年1月12日前后有序地抵达闽西长汀[②]。厦门大学像一个“难产的婴儿”，经历了不安和困苦，终于化险为夷地生长起来。1938年1月17日，厦门大学开始复课，2月28日起，各系举行1937年度上学期的学期考试[③]。厦大内迁闽西长汀，在祖国东南最逼近前线的战区为师生创设了一个安谧自由的大学环境，吸引了东南各省优秀生源，使得这所早已闻名东南的学府文脉得以延续。

萨本栋的办学目标是“为战后建国储备人才”。抗战时期厦门大学虽条件艰苦，但是学校的学术环境和人才培养模式未出现根本改变，大学功能、大学教育的精神特质都得到了弘扬。萨本栋从抗战建国的需要及学校优势出发，对科系结构进行了调整。1937年创设土木工程系，1940年创设机电工程系，之后，萨本栋将原有理学院扩充成为理工学院，下设数理、化学、生物、土木工程、机电工程5系；将原商学院下属政治经济学系分为政治、经济两学系，之后并入新成立的法学院；将商业学系分为会计、银行两学系。经过调整，厦门大学的系科结构既充分适应当时师资缺乏的特殊情形，同时，也为学科专业间的综合交叉发展及多模式人才培养提供了有利的外部条件。

萨本栋通过建立富有人文关怀的大学制度使培养人才成为大学成员的共同追求。据统计，厦门大学校务会议议题近半数与学生事项有关，学生的个性需求可以直接呈请校务会议讨论。如在第13次校务会议上，“学生庄受福呈请必修之中国上古史以中国民族史代，论文以英国史或民俗学代，应否照准案”，经研究商议：“准予所请”。第10次校务会议，萨本栋主持讨论了25名学生选课的问题[④]。萨本栋对于一些默默无闻的普通员工，平等地给予关心和尊重。1942年1月31日，第80次校务会议有一项议程，专门讨论对出纳员高用梁在

① 《请发迁移护照》，厦门大学档案馆卷宗号：055-12。

② 洪永宏：《厦门大学校史（第一卷）》，厦门：厦门大学出版社，1990年，第17、78-86、148、160、161、186页。

③ 石慧霞：《萨本栋传》，厦门大学出版社，2015年，第71页。

④ 《厦门大学校务会议纪录（一）》，厦门大学档案馆卷宗号：055-20。

校服务满20年,如何予以鼓励一事。经萨本栋提议,校务会议成员一致通过"酌予奖金贰佰元籍资奖励"①。

萨本栋掌校时校内并非只有"一片和气之声",没有任何争议。据1938级邹幼臣校友回忆:"一次,学生对校办膳食不满,数度抗议无果,酝酿罢课,事闻于校长。校长即召集学生在大礼堂讲话,先听取学生的意见,继说明校方的困境,后提出改善之道。校长尊重学生意见,说明客观,不为权威与面子固执校方立场。学生报以热烈掌声表示满意,片刻之间平息了事端。"②大学认同并非大学成员意见完全一致,认同的情感基础是充分尊重分歧、兼容并包。大学成员如有不同意见,能够在富有情感和人文关怀的大学氛围中表达其意见和想法。

二、战火中的教师生态:热爱与坚守

抗战爆发后,从全国范围来看,大学教师流失数量惊人。1937至1939年,每年全国专科以上学校教师人数比战前的1936年减少25.2%、19.6%、13.9%,沦陷区高校教师的流失比例更高③。然而,厦大相比于同期全国其他高校,教师的流失率反而较低④。根据厦门大学档案馆藏《国立厦门大学教员各年度概况简表》和《长汀时期厦门大学历年概况》等统计,1937至1944年,学校共新聘教师159人,其中新聘教授57位,他们当中42位教授有留学经历,35位留学欧美,获博士学位的有24位。一批知名学者曾在抗战时期厦门大学任教:文学院有彭传珍、李培圃、李笠、杜佐周、刘天予、阮康成、施蛰存、郭宣霖、张文昌、陈景磐、谷霁光、林庚;理(工)学院有傅鹰、朱家炘、谢玉铭、蔡镏生、李琮池、陈旭、刘晋橙、黄文炜、徐仁铣、黄中、王敬立、李厚田、周长宁、徐人寿、张稼益、汪德耀、黄苍林;商学院有黄开禄、萧贞昌、曾克熙、萧伟信、陈德恒、郭尚文、郑健峰、周覃祓、黄雁秋;法学院有高梦熊、吴芷芳、何炳梁、陈文藻、邹文海、周楠、王亚南等。

曾在抗战时期厦门大学任教的老师,有些此后在厦大终身任教。中文系教师黄典诚,曾作一首《梦江南》,代表了当年教师对厦大的深厚情结:"长汀好,城拥北山青。一片梅林休憩地,数楹文庙读书厅。记否菜油灯?烽烟里,怒吼铁

① 《厦门大学校务会议纪录(三)》,厦门大学档案馆卷宗号:055-22。

② 王豪杰:《南强记忆——老厦大的故事》,厦门:厦门大学出版社,2009年,第39页。

③ 吴民祥:《流动与求索:中国近代大学教师流动研究(1898—1949)》,杭州:浙江教育出版社,2006年,第256页。

④ 石慧霞:《抗战时期的厦门大学——民族危机中的大学认同》,厦门大学出版社,2015年,第95页。

铮声。抗日宣传堪不力,攻关报国有余情。能不忆长汀?"[①] 即使抗战时期在厦门大学短期任教的教师,离开学校后与学生仍然联系密切。1947 年,离开厦大至上海任教的施蛰存在给长汀学生的信中说:"存自归沪以来,久无诗作,草草劳人,良用汗愧……比复风潮时起,旷课时多不复有长汀师徒切磋之乐……"[②] 法学家邹文海对厦大一直念念不忘:"而今回想在厦大三年的经历,深感在那里任教是一生中最大的幸事。"[③] 2006 年,曾在教育系任教的阮康成教授,在他逝世之前,嘱咐其子女在厦大教育研究院捐资设立阮康成教育学奖学金,以奖励和资助该院学生开展研究。

抗战时期厦门大学教师的主要任务是教学,教师把时间和精力都投入到为学生增长学识和塑造人格的工作当中,并在此过程中实现自己的人生价值。迁汀初期,商学院教师人数少,院长冯定璋教授一人开设了汇兑学、金融市场、银行货币学、成本会计等 10 门课程。周辨明教授在兼任教务长的同时,仍开设 4 至 5 门课程。理学院院长兼数理学系主任谢玉铭教授,于 1939 年到任后,第一学期就开设 5 门课程,每周授课 25 课时。其他教授、副教授每周授课的课时,绝大部分都在 10 小时以上,其中相当一部分超过 20 课时。为解决理工科学生没有测量工具的困难,教学繁忙的陈允敦教授,亲自研究自制了一批精密的计算尺,免费提供给学生使用。化学系刘椽教授经常下了讲台,就走上实验台,为学生准备实验材料,亲自吹制各种实验所需的玻璃管。他批改作业十分认真,不仅关注化学知识,连英文的语法和表达也细心地批改[④]。教师热衷于带领学生开展现实问题的研究。1938 年 12 月,各院系呈报的师生共同开展的实际问题研究项目多达 25 项,其中,关于长汀等福建县市研究 10 项,战时教育、经济问题研究 8 项,教学改进的应用研究 4 项,大学校舍管理等其他实际问题研究 3 项。在这种氛围里,师生之间的情感沟通和学识互动得到坦诚的表达,教师常常在宿舍里备上茶水和点心款待学生,这样的情景成为抗战时期厦门大学的一种特殊人文环境和氛围。

---

① 黄典诚:《回忆战时母校在长汀》,载厦门大学校友总会:《厦大校友通讯》第七期,1988 年,第 7 页。

② 孙朝华:《疏散长汀的母校》,载厦门大学台湾校友会:《国立厦门大学六十周年纪念特刊》,1981 年,第 37 页。

③ 邹文海:《怀念萨本栋校长》,见台湾《传记文学》,1962 年,第一卷第三期。

④ 陈武元:《萨本栋博士百年诞辰纪念文集》,厦门:厦门大学出版社, 2004 年,第 18 页。

三、清寒学生的幸福生活

抗战时期,大部分国立高校迁入西南办学,国家教育区域分布严重失衡。东南各省学生由于经济困难、路途危险等原因,无法去西南大后方。厦大享有“东南最高学府”“加尔各答以东最好的大学”的美誉,东南诸省学生争相到厦大就学。

笔者采用分层(年度)随机抽样方法,在1938—1945年学生中按照每年25%左右学生比例随机取样,共抽取了496名学生档案,发现学生主要来自福建、江西、浙江、广东、江苏五省,达到96%。其中,福建本省籍生源占53%,附近四省生源达43%。抗战时期大学生普遍具有忧患意识和艰辛的生活历程。据样本学生档案统计,厦大学生的求学经历坎坷曲折,有347位学生提及因各种原因有辍学、失学的经历,占样本数的70%,学生家庭经济“困难”和“十分困难”的占84%。很多学生在入学自传中表示:失学经历,“于我教训,激励之心愈坚,为学之心愈切”。1944级机电系学生苏林华回忆,他小学四易其所,中学三易其校,克服种种困难进入厦门大学,因此,特别珍惜来之不易的大学时光①。

入学后,新生按院编列,选课是新生入学后遇到的最大问题。学校明确规定,由院长、系主任对每一位学生进行指导,核阅学生选课表是否适当。院长、系主任都是本学科的知名教授,由他们亲自指导新生选课,新生一入学就得到经验丰富的教授的个性化指导,学生所获得的不仅仅是一份选课表,更多的是体验到“学生即是大学”的校园文化。根据对样本学生档案资料统计,学生所感兴趣的学科与其所在院系的一致率达到90%,只有49名学生的兴趣学科与所在院系不一致,占10%。学校规定,到了二年级,学生可根据有关规定,自由转系。

校园生活并不因战事的影响而沉闷,学生的学习生活也井井有条。1942级吴厚沂回忆:“四年在汀州,所学的委实太多了!修了152个学分,主修教育,辅修中文,还修了11个学分的化学。英文学会、教育学会、本级级会等的常务干事,学生自治会筹备会的主席和以后的理事会的常务理事等,使我在工作上,深深地认识了抗战中生长的青年,体会到难以数计的人生经验。学习之外,我还上台演中西话剧,出城作越野赛跑,爬山、演讲、参加作文竞赛等……”② 学生在紧张、充实而有序的大学生活中历练成长。他们只要学有余力,可以尽情地利

① 苏林华:《苏林华文集》,曼谷:时代论坛出版社,2000年。

② 台湾校友会:《国立厦门大学五十周年纪念特刊》,1971年,第107页。

用有限的资源和空间创造无限的乐趣和精神享受。美国华盛顿－李大学艺术系终身教授朱一雄，自幼酷爱美术，1943 年考入厦大中文系后，过上了“天堂一般的生活”。他“疯狂地写生作画”，入学不久，就完成了 50 多幅铅笔和粉笔的写生以及 10 多幅木刻。在学期间，朱一雄曾在厦大礼堂举办了他人生中的第一次个人画展。萨本栋校长和谢玉铭教务长成为第一批参观者，萨校长离开时还在签名簿上写下了：“成功不在乎天赋，百分之九十九要靠自己流汗奋斗。”① 1940—1941 年度，教育部举办“全国专科以上学校学生学业竞试”，厦大均冠于全国②。

四、患难与共：校友与母校在一起

抗战时期厦门大学毕业生主要分布在国内及新加坡、菲律宾、日本等地。当时，旅新、旅菲、旅日校友均自发成立了校友自己的组织——校友会。国内福州、漳州、上海、潮州等地也有组织地开展了一些校友活动。抗战时期厦门大学校友在艰苦卓绝的环境中，尽其所能，支持母校的发展，其奉献精神和积极行为极大地激发了在校师生的归属感和凝聚力，成为推动抗战时期厦门大学社会认同的一支重要力量。从史料和校友访谈分析，抗战时期，校友会组织的发展对校友认同的保护和延续起到了极大的促进作用。迁汀不久，在学校的鼎力支持下，厦门大学校友总会前身“旅汀厦大毕业同学会”成立，学校为方便校友回校，将学校图书馆对面的刘家祠堂拨为旅汀毕业同学会会所，并拨专项经费将会所修葺一新③。1940 年 5 月 6 日，厦门大学校友总会正式成立。校友以组织的形式来支持大学，校友的力量立刻显现出来。抗战时期在校友总会和各地校友分会的组织下，校友们对学校发展各尽所能，全力支持，成为一支不可忽视的支持力量。

校友总会通过多种举措积极帮助学校解决困难，并号召校友给予在校生力所能及的帮助。1941 年 3 月 8 日，校友总会召开全体理事会议，商讨帮助在校生的方案。会议决定筹集捐款设立校友奖学金基金并开设“厦友书局”。与此

① 纪蔚然：《遗漏在自传里的血泪》，载《印刻文学生活志》，2007 年第 10 期。

② 黄宗实，郑文贞：《厦门大学校史资料（第一辑）》，厦门：厦门大学出版社，1987 年，第 108 页。

③ 萨本栋：《旅汀毕业同学会会所开幕典礼上的讲话》，载《厦大通讯》第一卷第二期，1939 年 2 月 1 日。

同时，新加坡校友会募集国币一千元，作为贫寒同学贷款基金[①]。1943年7月13日，教育部部长陈立夫视察长汀校况，校友总会立即召开常务理事会，商讨为学校向教育部争取更大支持等事宜。因陈立夫留汀期短，校友总会推举三位代表，"带书面意见面谒"。据当时报载："三代表于十四日下午三时得与陈部长会谈，校友会首对陈部长之长途跋涉，视察母校，表示欢迎与敬意。次即提出意见：①母校与萨校长之不可分性；②请求增加母校经费；③请求在母校增设研究院；④请求在母校设置部聘教授；⑤将来出洋考试，请在东南分设考区。陈部长对五点意见一一给予答复。如就经费问题，他说：'因厦大办理优良，故教育部对于厦大经费，特别增加，唯因厦大先天不足（私立时代改为国立时代经费过低）故现数仍不算大，如以比例言之，则厦大经费之增加，较任何国立大学为高也。此后教育部自必另行设法增加厦大经费，以符诸君之望。唯君等全体校友亦应负起责任，以补国家力量之不足也'。"[②]

抗战胜利后，厦大重回厦门，校友们从未中断与母校的联系。1981—2006年，据初步统计，他们与母校厦门大学联系的频率、返校率、捐赠率、捐赠总额等均高居厦大各时期校友之首。以捐赠总额为例，抗战时期厦门大学校友给母校捐建楼堂馆所6座，设立20多项奖教奖助学金，捐赠金额超过5 000万元人民币，其捐赠额占校友捐赠总额的30%强，而校友数占厦门大学校友总数不及2%[③]。抗战时期厦门大学校友在国内外倡导成立了20多个校友会，出版十多种校友刊物，表达对厦大刻骨铭心的回忆。1998年，在他们的建议下，学校复办机电系，成立厦门大学萨本栋微纳米研究中心；为了支持学校学科建设，长汀校友倡议设立了北美教育基金会，筹集基金100多万美元。国学大师钱穆先生在《师友杂记》中说道："能追忆者，此始是吾生命之真。其在记忆之外者，足证其非吾生命之真。"一个人如此，一所大学也不例外，一所大学若能被无数学子追忆不止，方是此大学之真。

大学认同是校长、教师、学生、校友共同活动、感受、思考大学前途和命运的自然结果，是经常的学术对话、思想碰撞、情感交流，集体活动的必然结晶。现

---

① 《一位母校教授的来信——林觉世先生》，《厦大通讯》第一卷第四期，1939年4月1日。

② 《教育部长陈立夫先生莅母校记》，《厦大通讯》第五卷第八期，1943年9月15日。

③ 数据来源于20世纪80年代至今，厦门大学校友总会编《厦大校友通讯》；厦门大学基金会编《殷殷深情巍巍丰碑》；2006年4月（内部刊物）和厦门大学教育发展基金会网站捐赠统计 http://edf.xmu.edu.cn/。

代大学规模越来越庞大,成员之间关系松散,大学远没有形成合力。抗战时期厦门大学认同的形成过程启示我们:充分的互动与体验是实现大学认同的重要途径。首先,大学要营造“一起思考”的氛围,充分听取不同主体的意见,使校长与师生间有对话、不同学科的师生间有对话、师生和校友间有对话,这种对话是经常的、不拘形式的,是头脑与头脑、心灵与心灵的相遇和对话;其次,允许思想自由,不强求共识。通过各抒己见的、真诚的表达,了解大学成员的真实想法和意见建议,在此基础上求同存异;最后,重在形成大学成员的责任感和担当精神,使一切思考、对话是负责任的。这样才能彼此真正影响和感染,实现有效的互动,形成充满向心力的、生动活泼的大学共同体。

部省共建共管与一流大学建设

浙江大学档案馆/校史研究室 张淑锵

摘要:20世纪90年代末,中国高等教育事业出现了一股合并的浪潮。这与1952年的全国院系调整形成了一种有趣的对照。无论是合并还是调整,都是事关中国高等教育事业质量的重要话题,而浙江大学是深度介入调查和合并的重要"当事者",主要表现在:浙江大学通过"1952年的院系调整"成为中华人民共和国成立初期支援中国高等教育布局调整的重要力量,又通过1998年的"强强联合"成为20世纪90年代末中国高等教育体制改革的突破口。这无论对于浙江大学本身,还是对于中国高等教育事业发展,都具有广泛而深刻的影响。

关键词:部省共建共管;一流大学建设;院系调整;强强联合;浙江大学

20世纪90年代以来,中国高等教育经历了新一轮全国范围的调整和发展。与20世纪50年代那轮全国范围内的调整和发展相比较,就其政策特征与目标导向而言,后者主要是"拆",即将诸多综合性大学拆成若干专科性院校,比如清华大学和浙江大学经历1952年的院系调整后,虽然保留了大学之名,但实际上已经完全丧失了大学之实,成为工科性院校。而前者主要是"并",将历史上有关或无关的几所高校并成一所综合性大学。站在历史的角度看,无论是前者还是后者,由于不同的时代需要,各有其不同凡响的价值意义,但是正如有其正面意义的同时,也会带来或明或暗的不利影响,必须引起教育改革决策者的充分思考。本文以部省共建共管战略背景下的浙江大学为中心,探讨高等教育调整中管理体制的改变对于大学改革发展的影响,同时对大学"拆"与"并"的利弊进行讨论,希冀引人思考。

一、院系调整

1952年院系调整,是浙江大学办学史上的一次深刻转型。众所周知,浙江大学在这一年大量向校外调出院系、师资,大量优秀学生也同时外调,为全国范围内的高等教育布局调整作出显著贡献,具体调整情形如下。①理学院数学系、物理系、化学系、生物系并入复旦大学。理学院药学系并入上海第一医学院。理学院地理系分别并入华东师范大学和南京大学。②文学院人类学系并入复旦大学。文学院、师范学院主体与之江大学组建浙江师范学院,部分并入华东师范大学,其余调入北京大学、厦门大学、南京大学等。③法学院停办。④医学院与浙江省立医学院合并,成立浙江医学院。⑤农学院独立为浙江农学院。农学院畜牧兽医学系并入南京农学院。农学院森林系和东北农学院森林系合并为东北林学院。农学院农化系并入南京工学院食品工业系。⑥工学院航空系与中央大学、交通大学的航空系合并,组建为华东航空学院。工学院土木系水利组并入华东水利学院。工学院电机系电信组并入南京工学院。调整后的浙江大学只保留工学院的电机、化工、土木、机械四系,之江大学机械系及厦门大学电机系并入浙江大学[①]。

随着院系调整方案的实施,大量优秀师资随之外调。先后调离浙江大学的优秀师资包括:谈其骧、汪胡桢、王淦昌、姚鑫、陈述彭、马寅初、钱令希、王葆仁、沈善炯、钱人元、苏步青、陈建功、谷超豪、卢鹤绂、程开甲、吴征铠、陈耀祖、贝时璋、谈家桢、程孝刚、梁守磐、朱祖详、蔡邦华等。他们后来都当选为中国科学院学部委员(院士)[②]。

经过调整,浙江大学由原来的一所包括文、理、工、农、医、法、师范七大学院的学科门类比较齐全的大规模、高水平、综合性大学转型成为一所仅剩四个学系的多科性工业大学。对于这次影响深远的全国院系调整,学术界已经作了大量探讨。李涛通过对中华人民共和国成立初期中国高等学校院系调整的综述研究指出:"通过调整,中国高等教育建立起了集中统一的管理体制及前苏联式的专业设置和教学计划,为当时国内经济建设培养了大量专业人才。"这是其积极的一面,另一方面则是"这次调整也存在着过分削弱综合大学、忽视文科建设及专业设置狭窄的缺陷。"[③] 这是一个比较公允的结论。在这次范围广阔的院系调鳌中,包括清华大学、浙江大学、武汉大学、南京大学等高校由原来包括文、理、工、农等学科实力很强的综合性大学,大部分变成仅有文、理学科的小综合大学,或者干脆成为仅有工科的工业大学,或者其他单科性大学,综合办学实力

① 李军:《国有成均》,内部印行本,2008 年,第 84~86 页。

② 李军:《国有成均》,内部印行本,2008 年,第 86~87 页。

③ 李涛:《关于建国初期中国高等学校院系调整的综合述评》,载《北京航空航天大学学报》(社会科学版),2004,17(4)。

大大削弱。这些大学多数都是经过几十年的积累才有其成绩,可谓得之不易。因此,这次院系调整对这些大学造成的影响不可低估。

其实,这场大规模调整在当时来讲亦是颇有争议的。以浙江大学为例,1952年浙江大学将实施大规模院系调整的消息传来,当时尚在安徽省五河等地参加土改的陈立等文学院师生就十分不理解。陈立在一篇回忆文章中指出:

> 在五河土改后期,我就接到苏步青的来信,传来要进行院系调整的消息,并且很快在工作队的师生中传开了。大家议论纷纷,对调整不大赞成,我们连夜开会,教育师生要正确对待,善始善终搞好土改,同时写报告申述理由。大家推我为代表赶回杭州反映。第二天我开始从五河乘船,然后步行七八十里,到宿县赶上去上海的火车。到了上海,通过华东军政委员会秘书长兼统战部长吴克俭写给中共华东局宣传部部长舒同一封信。舒同看了报告后,半夜给林乎加打电话,大意是浙大部分教授对调整思想不通,一定要做好思想工作,要慎重①。

陈立是著名的心理学教授,时任浙江大学文学院院长。他在文章中的忆述,真实反映了当时浙大师生对院系调整的不同意见。但是,1952年院系调整是一次波澜壮阔的国家行为,具有深刻而复杂的社会背景。在大决策的背景下,被调整的大学缺乏足够的自主权,调整的命运不可避免。尽管当时浙江大学等一些高校也在一定程度上进行了抵制活动,但显然不具效果,最终还是与清华大学等名校一样坚决执行了院系调整的决定。这样一种无奈转型并非学者选择的结果,对于曾经有着"东方剑桥"②之称的历史辉煌的浙大来讲,无疑是一次重大挫折,大学重建的信念也因此埋伏。

二、强强联合

相对于1952年全国院系调整后的工科性的浙江大学来讲,综合性的浙江

---

① 浙江大学校史编写组:《浙江大学简史》(第一、二卷),杭州:浙江大学出版社,1996年,第324页。

② 抗日战争时期中国高校为躲避战火,集体西迁,形成了波澜壮阔的高校西迁运动。浙江大学在时任校长竺可桢的率领下,于1937年开始西迁,于1940年迁于贵州,直到抗日战争胜利后的1946年才启程回迁杭州。在此期间,学校办学质量不断提升,取得了良好的办学声誉。1944年,著名科技史专家、英国皇家科学院李约瑟院士访问浙江大学,对浙江大学取得的办学成就大为赞叹,称浙江大学为"东方的剑桥",而同时期的西南联合大学则被誉为"东方的牛津"。

大学就是其重建的目标。为此，首先必须重建理科。1956 年，阙端麟、汪槱生、郑光华等一批著名教授向浙江大学校务委员会提出了重建理科的要求。同年，浙江大学向高等教育部正式提出开办数学系、物理系、化学系的报告。第二年，高等教育部批复，同意浙江大学开办数学系和物理系，暂缓开办化学系。1958 年，浙江大学开办化学系。数、理、化三系是传统大学理学院的三大系，三系的重建，标志着浙江大学理科的恢复。

为什么要选择首先恢复理科？工科的发展必须有理科的支持，这是工科发展的一条基本规律。其实，率先重建理科不仅是工科发展的需要，更是恢复浙大传统与自豪的动机使然。纵览院系调整前的浙江大学，作为“东方剑桥”的顶梁柱基本是指理学院。理学院拥有无可争辩的一流教授，如著名数学家苏步青是理学院数学系教授，著名核物理学家王淦昌是理学院物理系教授，著名遗传学家谈家桢是理学院生物系教授，理学院还有贝时璋、罗宗洛、束星北等一大批名家，数量之多，阵容之强，在当时浙江大学七大院中独树一帜。显然，重建理科只是重建大学的一个缩影，暗喻着浙江大学不甘居后的强校梦想。

改革开放以后，浙江大学、杭州大学、浙江农业大学和浙江医科大学四校经过近 30 年的调整、改革、发展，在各自优势学科门类上都取得了长足的进步，但是学科门类不全、新兴学科难以发展等因素严重束缚了各校的进一步发展。具有相同渊源的四校，加强合作、取长补短、综合发展，逐渐成为一项战略选择。1979 年 5 月，浙江大学访美代表团一行 8 人，在党委第一书记刘丹的率领下对美国进行为期一个月的访问。代表团先后访问了纽约、费城、波士顿等 9 个城市和斯坦福大学、哥伦比亚大学、宾夕法尼亚大学、麻省理工学院等 14 所美国高等院校，以及匹兹堡西屋电气公司原子能研究所等 3 个研究所和实验室。这是改革开放后我国最早出访的大学代表团之一。代表团回国后，起草了考察报告，提出了一系列建议，其中就有关于建立综合性大学的主张，引起浙江省委的高度重视。1980 年 6 月，中共浙江省委认为：

> 浙大、杭大、农大、医大这四所老大学基础都比较好，各有特长，尤其是浙江大学，有八十多年历史，办学经验比较丰富，师资力量比较强，学科和设备比较齐全，在国内外有一定影响。但是，在 1952 年院系调整时，浙大的文、理、农、医、法、师范的院、系都划出去了，现在的杭大、农大、医大就是以浙大分出的院、系为基础组成的。当时这样做，虽起过一定的积极作用，但随着经济建设和教育事业的发展，出现了许多弊端：系科重叠，教学力量分散，学生知识面过窄，专业分得太细，边缘学科、新兴学科难以发展，专门

学科的提高也受到限制。针对这个情况,为发挥老大学的优势,又鉴于浙大等四所学校"本是同根生",有历史渊源,搞协作、搞联合具备有利条件,决定这四所大学开展校际协作,并通过协作,走向联合,向多科性、综合性方向发展①。

7月16日,中共浙江省委批转省委教卫部《关于浙大、杭大、农大、医大开展校际合作的意见》,同意四校实行校际合作,认为这有利于提高教学质量,发挥老大学的优势;也是改革高校体制,逐步走向联合,向多科性、综合型大学方向发展的途径。省委决定建立四校校际协作委员会,刘丹为主任,钟儒为副主任,刘才生、李春田及各校党委书记、校长为委员。之后,四校签订了协作协议,宣告了四校逐渐靠拢、协作办学的衷心意愿。各校之间还实施了一系列的协作项目,甚至还为"马寅初先生百岁庆祝会"举行四校联庆,然而,四校之间的平行合作并没有使四校真正走向联合,实现真正的综合发展。

为此,刘丹、王季午、陈立、朱祖祥等各校元老忧心忡忡,极力促进。1989年,身体已经十分虚弱的刘丹念念不忘在浙江省重建综合性大学。4月27日,他在浙江省第七届人民代表大会第二次会议上提出《建立多科性综合大学和县级以上领导干部家庭财产申报制度的建议》的议案,充分论证建设综合性大学的重要意义。他指出:

多科性综合大学的设置,有利于文理相通,有利于各种学科的交叉、相互渗透,有利于新兴学科、边缘学科的成长,总之有利于面向世界现代化专门人才的培养;为了迎接21世纪的到来,建设有中国特色的社会主义,应当逐步建设三十几所多科性综合大学②。

显然,在刘丹看来,浙江大学应当成为一所多科性综合大学。据张浚生回忆:"刘丹在病榻上,还对时任浙大校长的路甬祥和浙江省委副书记的吴敏达嘱咐:一定要关心四校合并之事。"③ 但是就操作实践来看,要使经历几十年独立发展的四校重新整合起来,成为一所综合性大学,牵涉面太广,仍然难以实现。

---

① 《中共浙江省委决定四所大学通过协作逐步办成综合性大学》,《人民日报》,1980年8月1日,第2版。

② 《浙江大学名誉校长刘丹百年诞辰纪念文集》编委会:《风范垂世丹心昭日》,杭州:浙江大学出版社,2009年,第252~253页。

③ 有智,曙白,单泠:《亲历回归与合并:张浚生访谈录》,杭州:浙江大学出版社2011年版,第250~251页。

真正的转机来自于 1996 年 3 月在北京召开的第八届全国人大第四次会议。期间，浙江农业大学校长朱祖祥和浙江大学王启东教授在浙江代表团的分组讨论会上谈论四校合并的话题，提出四校合并的建议。当时参加浙江代表团讨论的分管教育的李岚清副总理觉得是一个很好的建议，是一件很有意义的事。会后，李岚清极力促成四校合并，指示国家教委主任朱开轩跟进落实。同年 10 月，朱开轩还亲自带队到浙江调研四校合并的事宜。由此，浙江四校合并办学的建议正式进入国家层面的操作。

然而，过程仍然充满曲折，原定浙江大学百年校庆之际宣布合并的计划似乎遥遥无期。为了加快合并的进程，声誉卓著、德高望重的苏步青、贝时璋、王淦昌、谈家桢四位老浙大元老于 1997 年 3 月 2 日联名致函中共中央总书记江泽民。信函说道：

> 最近，得悉合并工作由于某些原因大大推迟，要推至党的十五大召开以后再研究，深感不解和遗憾，也深感改革之难，如果连这样一件对各方面都相对有利的事都办不成的话，其他高校改革之难就更可想而知了。
>
> 我们认为，气只可鼓，不可泄。对于这样一件花不了多少钱，但又可以起大作用且看准了的事，就更应像小平同志一贯倡导的那样，要坚决地试，大胆地干。办好这件事，既是落实《政府工作报告》的具体体现，也是以实际行动迎接党的十五大召开，岂不更好[①]。

四位元老的信函，语气严肃，可否公布将浙江四校合并与中国教育改革的难易相提并论，对于改革决策者无疑会产生一定的影响。然而，合并的工作并没有因此而得到迅速改变。正如四老在致江泽民总书记的函中所提到的传言那样，四校合并的工作还是被推迟到了党的十五大之后。直到当年年底前，浙江省人民政府和国家教委《关于浙江大学、杭州大学、浙江农业大学、浙江医科大学合并组建新的浙江大学的请示》及《关于新的浙江大学筹建小组组长人选的补充请示》两个文件才姗姗来迟地报给国务院批准。1998 年 3 月 23 日，国务院办公厅给浙江省人民政府、教育部复函：

> 一、同意浙江大学、杭州大学、浙江农业大学、浙江医科大学合并组建新的浙江大学，校名为“浙江大学”。实行一个法人、一个领导班子、一个建制，并相应撤销原有学校的独立建制。

① 苏步青，贝时璋，王淦昌：《谈家桢致江泽民函》（1997 年 3 月 2 日），浙江大学档案馆藏，档号：2001-sw16-0001-001。

二、新的浙大为教育部直属高校,教育部和浙江省共建共管,重大事项以教育部为主、商浙江省后决定,日常工作以浙江省为主管理。

三、同意原属四校的在编人员、资产全部划归新的浙大统筹管理,教育部和浙江省分别拨款的投资渠道不变。双方投入的经费由新的浙大统一安排使用。在新的浙大规划建设中,浙江省人民政府应予以大力支持。新的浙大的人员编制、工资总额、资产管理、投资渠道等的具体操作办法,请教育部牵头,会同浙江省人民政府、财政部、人事部、国家发展计划委员会研究制定。

四、原则同意新的浙大自合并开始到2000年,除正常经费外,建设经费总投入为8亿元,其中浙江省人民政府投入4亿元,国家发展计划委员会拨款4亿元。建设经费的投入要根据新的浙大总体建设规划,按基本建设程序办理。同意由国家发展计划委员会按照对现浙江大学"211工程"可行性研究报告的批复意见,逐年安排承担该工程建设地方配套经费6 000万元。

五、同意财政部从1998年起,在核定教育部教育事业费预算时,每年安排浙江大学专项经费500万元。

六、同意中组部意见,新的浙大党委书记的任免由教育部党组研究提出意见,征得中组部同意后,由教育部党组办理任免手续。同意新的浙大校长纳入国务院管理干部的范围,由国务院任免。新的浙大校级领导班子副职的任免和管理按中组部、国家教委党组《关于国家教委直属高校领导干部管理工作若干问题的通知》(教党〔1993〕55号)办理。

七、同意成立新的浙大筹建小组。组长由张浚生同志担任,副组长由潘云鹤同志担任。新的浙大筹建小组在教育部和浙江省人民政府领导下开展工作。

八、收到此函后,请按有关规定抓紧落实各项组建工作。1998年5月1日前宣布新的浙大成立[①]。

国务院办公厅的复函,对浙江四校合并后的学校校名与体制、人员与资产的归属、经费的投入与使用、校级领导的选拔与任用,以及新浙大的筹建与宣布等各项事宜作出框架规定。浙江大学、杭州大学、浙江农业大学和浙江医科大

① 《国务院办公厅关于浙江大学、杭州大学、浙江农业大学、浙江医科大学合并组建新的浙江大学的复函》(国办函〔1998〕19号),浙江大学档案馆藏,档号:ZD-1998-DQ-0002-001。

学的四校合并正式由动议进入了筹备阶段，各项工作也紧锣密鼓地开展起来。为加快合并进程，教育部党组和中共浙江省委员会联合成立了浙江大学、杭州大学、浙江农业大学、浙江医科大学四校合并工作领导小组，由教育部部长陈至立担任领导小组组长，浙江省委副书记刘枫、浙江省副省长鲁松庭、教育部副部长周远清、新的浙大筹建小组组长张浚生任副组长，加强对四校合并的领导。从 5 月 6 日至 9 月 12 日，新的浙大筹建小组连续召开了二十次筹建小组会议，研究和推进了新的浙大筹建过程中涉及的院系组建、干部安置、资源调查、成立大会筹备等方面的大量问题，为新浙江大学的成立准备了基础①。

1998 年 9 月 15 日，新的浙江大学成立大会顺利召开。新的浙江大学涵盖哲学、经济学、法学、教育学、文学、历史学、理学、工学、农学、医学、管理学等十一个学科门类，是当时国内拥有学科门类最为齐全的综合性大学，为建设一流大学创造了有利条件。

三、共建共管

如何才能加快浙江大学创建一流大学的进程？这是全新成立的浙江大学自身必须考虑的一个核心问题，也是中央和地方政府思考的一个关键问题。实现路径就是实施部省“共建共管”战略。这个战略分为两个部分，一是“部省共管”，是指教育部等国务院各部委与地方政府共同管理大学；二是“部省共建”，是指教育部等国务院各部委与地方政府共同建设大学。共同建设是共同管理的根本目的。当前“部省共建”的战略实践主要存在三种类型：一是教育部与各省级人民政府对“985 工程”大学进行共建，中央部委拉动地方政府配套支持相关高校发展的规划，以建设一批国内一流、国际知名的高水平大学；二是省级政府积极争取与教育部共建，以拓展经费和资源，共建部分省属“211 工程”大学和部分综合实力较强的省属重点大学，提升地方大学的综合实力和办学水平。三是教育部之外的各行业领域相关中央部委与省级人民政府共建部分行业特色高校。浙江大学由教育部与浙江省共建，显然属于“部省共建”的第一种类型。这种类型的“部省共建”是三类共建中的核心部分，其特点就是具有较强实力和较高水平的大学得到了中央和地方的重点支持，无论是从政策还是经费上都得到了极大的支持。

从政策的角度，“部省共建共管”战略赋予大学较为有利的领导体制和较为灵活的办学机制。就浙江大学而言，在新的浙江大学成立之初，中央和地方政

① 《新浙江大学筹建小组第二十次全体会议纪要》(1998-09-12)，浙江大学档案馆藏，档号：ZD-1998-XZ-0008-020

府都反复强调:“成立新的浙江大学,是当前正在进行的高等教育体制改革的重大突破”[①]。前文提到的国务院办公厅关于合并组建新的浙江大学的复函中明确指出:“新的浙大为教育部直属高校,教育部和浙江省共建共管,重大事项以教育部为主、商浙江省后决定,日常工作以浙江省为主管理。”这是中央首次确认浙江四校合并成立新的浙江大学实行“共建共管”的学校体制。具体来讲,就是浙江大学仍属教育部直属高校,但教育部过渡一部分领导和管理的权力给地方政府,实行教育部与浙江省共同建设和管理浙江大学的新型领导体制。其中,教育部主导重大事项,浙江省主管日常事务。4月27日,教育部、浙江省人民政府联合发布《关于共建共管新的浙江大学的决定》,确认了新的浙江大学的学校体制是“教育部和浙江省共建共管”,并就双方“共建共管”的具体内涵作出了详细明确的规定。

> 1. 浙江大学为教育部直属高校,实行教育部与浙江省共建共管的管理体制。重大事项以教育部为主,商浙江省后决定,日常工作以浙江省为主管理。教育部、浙江省将进一步创造条件,促使学校逐步面向社会依法自主办学。
>
> 2. 浙江大学实行党委领导下的校长负责制。党委书记、校长按国办函〔1998〕19号文件的规定任免,其他校级干部的管理按中组部组通字〔1991〕35号文件精神,以教育部为主,浙江省协助。
>
> 3. 浙江大学校内机构及院系设置除必须经教育部或浙江省批准设置的外,由学校根据国家有关规定和实际需要调整和确定。
>
> 4. 浙江大学享有教育部和浙江省规定的有关依法自主办学的权利和义务。学校要用改革的思路和办法解决合并中的问题,进一步深化校内管理体制改革,优化校内资源的配置,建立起自我发展、自我约束的良性运行机制[②]。

根据文件规定,浙江大学的学校体制包括两个方面。从大学与国家关系的层面来看,浙江大学属于教育部,但由教育部和浙江省共管,并且以教育部为主管理重大事项,而浙江省主管浙江大学的日常工作。从大学的内部治理来看,

---

① 陈至立:《为我国高等教育的改革与发展起到示范作用:教育部部长陈至立在成立大会上的讲话》,载《浙江大学报》,1998年9月15日。

② 《教育部、浙江省人民政府关于共建共管新的浙江大学的决定(1998年4月27日)》,浙江大学档案馆藏,档号:ZD-1998-XZ-0058-002。

浙江大学实行党委领导下的校长负责制，享有法定的自主办学的权利和义务。8月26日，教育部《关于浙江大学、杭州大学、浙江农业大学、浙江医科大学合并组建新的浙江大学的决定》（教发[1998]4号），再次重申了新的浙江大学为教育部直属高校，实行教育部和浙江省“共建共管”。重大事项以教育部为主、商浙江省后决定；日常工作以浙江省为主管理。该文件由教育部独家发布，而不是像之前的文件由教育部与浙江省联合发文，教育部行使了重大事项的管理权，而浙江省给予了充分的配合。

如何落实这种“共建共管”的新的学校体制？这是我国高等教育在新的历史条件下的一次全新探索。按照部省“共建共管”的宗旨来看，无论是“共建”还是“共管”，目标都是创建具有世界一流水平的大学。“共管”是为了激励各方建设一流大学的积极性，而“共建”则是要求各方采取相应的政策，投入必要的经费，为建设一流大学创造良好的政策环境和支撑力量。说到底，“共管”是为了“共建”。这也正是教育部和浙江省达成的一个基本共识。因此，教育部和浙江省双方在1999年、2003年和2011年，围绕建设具有世界一流水平的浙江大学相继签署了多轮“重点共建”协议。

1999年，国家教育部与浙江省政府第一次签订协议约定。双方决定在1999—2001年的3年间重点共建浙江大学，旨在促使该校加快改革和发展的步伐，适应21世纪国家经济建设和社会发展的需要，经过共同建设和努力，使浙江大学的教育质量、学术水平和整体办学实力有显著提高，在高水平专门人才培养、高新技术研究和成果转化、高层次决策咨询等方面发挥重要作用，作出积极贡献，成为我国高层次创造性人才培养和知识创新的重要基地，并努力成为世界知名的高水平大学。双方在国家和浙江省为支持浙江四校合并向学校专项投入各4亿元建设经费的基础上，从1999年起，3年内分别再各向浙江大学投入重点建设经费3亿元①。

2005年，教育部与浙江省政府再次签订协议。双方在2004—2008年的5年间继续重点共建浙江大学，旨在进一步深化浙江大学管理体制和运行机制的改革与创新，加快建设一支高水平的教师队伍、管理队伍和技术支撑队伍，并以学科建设规划为指导，紧密结合国家创新体系建设，通过科技创新平台和社科创新基地的建设，促进浙江大学若干学科达到或接近国际一流学科水平，使之成为攀登世界科技高峰、解决重大理论和实践问题、带动相应学科领域发展的重要基地，努力实现学校的建设目标。从2004年起，5年内分别向浙江大学投

① 《教育部和省政府重点共建浙江大学》，载《浙江日报》，1999年11月8日。

入建设经费8亿元人民币[①]。

2011年,教育部和浙江省政府第三次签订协议。双方决定在2010—2013年的4年间继续重点共建浙江大学,旨在进一步加快学校创建世界一流大学的步伐,使学校人才培养质量、科学研究水平、自主创新能力、社会服务能力以及国际竞争能力显著提高,在造就学术领军人物、集聚创新团队、培养拔尖创新人才、产生国际领先的原创性成果、创新管理体制机制等方面取得新的突破,为建设创新型国家和人力资源强国作出更大贡献。从2010年起4年内,双方分别向浙江大学投入建设经费13.1亿元人民币[②]。

以上一系列重点共建协议的签订与实施,使浙江大学获得了数十亿元人民币的建设资金,极大改善了学校办学基础设施条件,同时迅速改变了在人才引进、学科建设、科研创新、社会服务、机制改革等方面的发展姿态,取得各项事业的跨越式发展。截至三轮重点共建的收官之年(2013年)底,浙大拥有学部7个,学院22个,学系81个,两院院士27人,国家“千人计划”学者61人,国家重点学科一级学科14个,国家重点学科二级学科21个,普通高等学校人文社会科学重点研究基地3个,国家重点(专业)实验室14个,国家工程实验室2个,国家工程(技术)研究中心6个,科研经费30.9亿元,国家科学技术奖励18项,其中一等奖3项, SCIE收录论文5 289篇,进入ESI全球前1%学科数16个,授权发明专利1 423项,在校全日制学生46 045人,外国留学生3 489人,本科专业125个,硕士点329个,硕士专业学位授权点25个,一级学科博士点58个,二级学科博士点267个,博士专业学位授权点4个,博士后科研流动站53个,图书馆总藏书量6 580 000册,医学院附属医院7家。

大量的数据表明,通过“部省共建共管”的战略实施和体制变革,浙江大学的综合实力和办学水平得到了极大增强,成功实现了自1952年院系调整以来重新建设学科门类齐全的大规模、高水平、综合性大学的理想,并在世界一流大学建设征程中展现出日益稳健的步伐,发展态势十分强劲,这是中国大学在建设世界一流大学进程中的一个重要进展,为创建世界一流大学奠定了坚实的基础。

① 《教育部、浙江省人民政府关于继续重点共建浙江大学的决定(2005-07-29)》,浙江大学档案馆藏,档号:zd-2005-xz-01-016。

② 《浙江省人民政府、教育部关于继续重点共建浙江大学的协议》(2011-11-08),浙江大学档案馆藏,档号:zd-2005-xz-01-016。

四、结语

回顾大学发展史可知，早在20世纪40年代，就有国立中央大学、国立西南联合大学、国立浙江大学等一批杰出的中国大学享誉国际。其中，国立浙江大学就是一所包括文、理、工、农、医、法、师范在内的学科门类齐全、办学实力强盛的国际知名高等学府。1944年英国皇家科学院院士、科技史专家李约瑟访问抗战时期的浙江大学，对浙江大学在艰苦卓绝的办学环境下取得的突出成就留下了深刻印象，赞誉浙江大学为“东方的剑桥”，由北京大学、清华大学和南开大学三校组成的国立西南联合大学则被誉为“东方的牛津”。正是由于其强大的办学实力，1952年的浙江大学成为支援全国高等教育布局调整的一支重要力量。而作为20世纪90年代我国高等教育体制改革的重要产物，通过四校合并成立的新的浙江大学，在某种意义上讲，不过是对1952年前强盛的浙江大学的恢复与重建，折射的却是一种大学史的成长性困惑，必须引起高等教育事业改革决策者的审慎思考。

快速发展的浙江大学同时也存在不同程度的缺陷，或者说是薄弱环节。比较严重的一个问题是“高原现象”的长期存在。所谓“高原现象”，是指浙江大学的众多学科虽然多数具备较高的学术水平，但是特别突出、独步一流的学科相对缺乏。为此，浙大多次强调要塑造“学科高峰”。2015年12月，浙大正式提出“高峰学科建设支持计划”，将在未来5年重点支持20个学科的发展，打造一批在国内具有领先地位、在国际上具有卓越影响力、能够发挥引领作用的品牌学科；又提出实施“一流骨干基础学科建设支持计划”，有针对性地对骨干基础学科进行长期稳定的支持，包括可预期的经费支持和政策配套，希望通过两个5年时间的建设，实现基础学科的全面振兴[①]。然而，从大学实践来看，一流学科建设很难一蹴而就，必须依靠杰出的学术名家、丰厚的经费支撑、深刻的制度变革、适宜的文化氛围等多方面的合力，是一个长期建设的过程。尤其是作为先决条件的杰出学术名家的流动，是一个无与伦比的挑战。因为这样的名家往往被学术科研机构视为至宝，并千方百计予以保留，引进难度极大。由此亦知，部省共建共管的任务仍然是任重而道远。

与此同时，浙江四所最强的大学由于同根同源而合并成立新的浙江大学，显著促进了浙江省高等教育的发展，并产生了两极分化的深刻影响。一方面，

① 周炜：《浙江大学启动一流学科“高峰计划”》，载《中国教育报》，2015年12月30日。

由于新浙江大学通过合并获得了超级资源的支撑,在短时间内办学质量得到几乎是奔跑式的提升,迅速进入了除清华大学、北京大学之外与其他高水平大学竞争较量的前沿地带,并成为领跑者。另一方面,浙江省在拥有一所超级大学的同时,失去了三所省管高水平大学,显著拉大了省属普通大学与部属浙江大学的差距,给浙江省的高质量大学教育机会的数量增长与公平分配带来了严峻挑战。浙江省应届考生面临相对不利的入学选择:在普通大学与浙江大学之间缺乏一个合理的中间选择。如此两极分化的失衡现象,对于浙江省这样一个经济发达的文化渊薮,无论如何都不是一个正常的教育现象,应当引起深刻的反思。这也是近年来呼吁恢复杭州大学这所名校的一个重要原因,关于此专题,笔者将另文探讨。

最后,以北京大学、清华大学、浙江大学、南京大学、复旦大学、上海交通大学等为代表的中国一流大学正在迅猛成长,这是一个不争的事实。也正是看到了这个不断壮大的事实,国家才有了建设世界一流大学的更大决心和自信。2015 年,习近平总书记就在北京大学师生座谈会上的讲话中指出:

> 党中央作出了建设世界一流大学的战略决策,我们要朝着这个目标坚定不移前进。办好中国的世界一流大学,必须有中国特色。没有特色,跟在他人后面亦步亦趋,依样画葫芦,是不可能办成功的。这里可以套用一句话,越是民族的越是世界的。世界上不会有第二个哈佛、牛津、斯坦福、麻省理工、剑桥,但会有第一个北大、清华、浙大、复旦、南大等中国著名学府。我们要认真吸收世界上先进的办学治学经验,更要遵循教育规律,扎根中国大地办大学[①]。

由此可见,包括浙江大学在内的一批中国大学建成世界一流大学,这既是国家对于浙江大学的殷切期盼,更是中国大学肩负的历史责任。

---

① 习近平:《青年要自觉践行社会主义核心价值观——在北京大学师生座谈会上的讲话》,载《人民日报》,2015 年 5 月 5 日。

20世纪80年代中后期的东大管理改革述论

东南大学党委办公室　时巨涛

摘要:本文是关于中国高校改革的个案研究。通过对当事人访谈、原始文献引证和改革过程的梳理,再现了1987—1988年东南大学校内管理改革的艰难历程,总结出了这一改革最重要的成果——建队伍、立规矩,并指出一项较为成功的改革会对一个学校的发展起着怎样的作用。坚持从实际出发,相信和依靠群众,求得共识,顺势而为,重点突破,逐步深入,最终让大多数人受益是东大这一改革能够比较平稳推进的主要原因,而学校主要领导人的远见和强有力的领导则是成功的关键。

关键词:高校改革;队伍建设;管理制度

20世纪80年代中后期到90年代初期,是东南大学(简称"东大")改革活跃、变化较大、发展比较快的时期。特别是1987—1988年前后,东大"以人事制度改革为核心的综合改革"[①]搞得风生水起,声名远播,在社会上产生较大影响,走在了全国高校改革的前列。这场以推行教师职务晋升的聘任制改革为发轫,以师资队伍调整为主轴,以学校管理制度建设为基础的系列改革,逐步推进,不断演变,成为一场波及全校的管理制度改革,极大地激发了全校教职工的改革热情,推动了学校各项事业的快速发展,也对东大后来的改革、建设、发展产生长久和深远的影响。

二十多年过去了,当我们拂去岁月的尘埃,再次回顾那段"激情燃烧"的岁月,会发现这场改革不是应景之作、跟风之作,而是主事者自觉为之,压力困境下逼出的奋起之举;也不是事先有宏大主题,精妙设计,而是领导者实事求是、顺势而为,获得群众广泛支持参与,最终实现了共赢;它目的明确,起点也不高,

① 这是当时学校对这场改革的标准提法,也是东大介绍"经验"的重点。当时还有其他方面的改革,不在本文讲述之列。

但解决了当时发展面临的最突出、最紧迫的问题,为学校制度建设奠定了基础。当我们把它放在东大一百多年的历史和当时特定的环境中,重新评价它的影响和作用时,也许才会更真切地看清这场改革的全貌,更深刻地意识到它具有的开创意义。

过去的故事很精彩,只是我们没有记下来;曾经走过的路很艰难,不过人们已经有些淡忘了……本文是对改革的回顾和对改革者的致敬。希冀以翔实的史料为基础,通过对当年那场改革的缘起和演进发展轨迹的梳理,重现改革的曲折过程;通过揭橥事情的原委和决策的过程,记录下改革的艰难和学校领导层的勇气。

一、改革难,不改革更难,那场改革是被"逼"出来的

20 世纪 80 年代中期,中国的大学经过对"文革"后的拨乱反正,基本恢复了正常的办学秩序,各方面工作走上正轨。不少高校的改革也同全国改革一样,在争议声中艰难起步,并在社会上产生很大反响[①]。这些改革和争议不免波及东大——当时还叫南京工学院(以下简称"南工"),使南工干部师生既受到启发激励,又感受到竞争的压力。同时,随着对外开放和国际交往增加,我国高等教育与国际高等教育的巨大落差,也刺激着南工的主事者们,使他们强烈地意识到自己落后了。

其实,南工的改革起步较早。早在 1978 年,针对当时学习前苏联以及计划经济的影响,人才培养存在着专业划得过细、学生知识面窄、适应性不强等弊端,南工开始了第一轮教学改革。提出了"专业面要宽、基础要厚、适应性要强"的指导原则,对全校的教学计划重新修订,组织编写新教材。1981—1985 年,在管致中院长、陈笃信副院长等主持下,教改全面铺开,重点抓了学生外文、计算机和情报检索能力的提高,并以美国麻省理工学院的教学计划为模本,以无线电系 1980 级、1981 级为试点,进行了比较系统全面的教学改革,在全国有较大影响[②]。

1985 年,韦钰出任南工副院长,分管科研和外事工作。她针对当时科研工作中存在的教师科研积极性不高、力量分散、有分量的科技成果少等突出问题,

① 当时在全国影响较大的有上海交大邓旭初、武汉大学刘道玉、华中工学院朱九思、华东化工学院陈敏恒等主导的高校改革,这些改革各具特色,但在当时都引起了广泛争议。

② 这个改革影响很大,其中无线电系的《无线电技术专业教学改革示范性成果》项目,后来获 1989 年全国高校首届优秀教学成果特等奖。

推进了科研项目负责人负责制、组建科研平台（跨学科联合体）、重视科研项目申请（鼓励出去“跑项目”）等改革，取得了较好的效果。不过，当时她提出的“以科研为先导、以任务带学科、以联合求发展”的科研工作思路也引起争议，在校内并没有形成共识[①]。

总的说来，当时南工的改革也在积极推进，但重点不突出，力度不够，对多数人触动并不大。而当时学校发展又面临诸多困难和挑战，群众对学校工作有许多不满，改革呼声强烈，又催促着学校领导必须加大改革力度，寻找新的发展路径。对此，南工领导层有着清醒的认识。

这里引述一段 1986 年 10 月 23 日，校领导班子听取校规划小组汇报时的发言摘录。

> 管致中院长说：“对南工的过去要有客观评价。过去南工同志有自满倾向，所谓‘北有清华、南有南工’并不符合实际，哈工大、上交大等许多学校一直就比我们强。有人说，中大（注：指原中央大学）的传统就是教学好，搞科研不行，那南大科研为什么比我们强很多呢？……从纵向看，我们有进步，但横向比，我们落后了，至少是进步慢，有掉队的危险，这是基本判断。”
>
> 副院长韦钰说：“观念转变是最重要的。现在突出的问题，一是拔尖的人才太少，可以进入高决策层的人，如学部委员、全国学会的理事、有全国影响的学科带头人太少。二是教学与科研的关系，现在还争来争去说不清楚。二系（机械系）30 年来难道没搞教学吗？20 世纪 50—60 年代，华中的师资许多是我们这里去的，可现在它的机械系超过了我们，就差在科研上。我们的力学教学也很好呀，50 年代清华都到我们这里来学习，可现在呢？……不搞科研，水平上不去，培养出来的人也缺少后劲，最终教学也搞不好。我们不是不重视教学，而是不能抱着教学搞教学。现在学校上的趋势比较慢，处在非常勉强的第一层次，应该与我校科研弱有关。不抓队伍建设，不抓科研，我们会犯历史错误。”
>
> 史维祺副院长认为：“要说危机，现在最致命的是精神上的，思想上比较散，有些人没有压力。目前学校工作中相互牵制、内耗太大，潜力发挥不出来。南工要成为一流大学，必须加快改革。规划不能面面俱到，要有重点出奇兵。就好像下棋，要谋划长远，把棋下到青年人身上，对三四十岁的

---

① 参见朱斐主编：《东南大学史》（第二卷），南京：东南大学出版社，1997 年版，第 285、286 页。

硕士、博士要给予重点支持。现在年轻人的力量没有发挥出来,甚至感到压抑。”

陈笃信副院长也指出:“回顾一下,我们过去留人没把业务尖子留下来,留下来的也没好好培养,反而谁的业务好谁没好日子过。这跟我们的政策有关,反映到实际中就是对人才不爱惜,没有一个有利于人才成长的环境。”①

那段时间,南工领导层类似的讨论争论很多,应该说在改革问题上已达成共识。但与大多数改革一样,真正的难点常常不是要不要改革的问题,而是改什么和怎么改的问题,即“改革突破口在哪里”“如何从学校实际出发,选择什么样的改革路径和怎样的改革方式”。

1987 年 1 月 7 日,江苏省委副书记孙颔,副省长杨咏沂受国家教委的委托,来校宣布有关任免决定,韦钰正式出任南京工学院院长,陈万年担任党委书记,新班子开始担负起领导南工新一轮改革的重任②。

韦钰显然对学校下一步怎么走已有了想法。在上任伊始的第二次党政联席会(后改称“校务会”)上,她提出:

1987 年的工作,仍要从实际出发,但步子是不是迈那么大,像华化工陈敏恒那样?要加快改革步伐,思想上要积极,但步子要稳妥。还是要振奋精神,调动积极性,使大家树立信心。一面要讲改革,一面要扎扎实实做几件事,让大家看到变化。今年想抓几件大事,一是队伍建设,关键是重点学科队伍建设,教师聘任制,人才流动和引进人才问题;二是抓横向联合,一方面可以疏散人,另一方面可以搞些创收,增加学校财力;三是提高办事效率,特别是后勤工作,现在问题比较多③。

---

① 规划小组有章未、朱斐等人,那次规划重点是学校定位,“把南工建设成为国内第一流、国际有影响大学的目标”就是那次规划正式提出的;还有走综合化发展道路,四牌楼校区能否办万人大学等。争论最激烈的是学校现状评价、教学科研关系和队伍建设等问题。笔者 1986—1996 年在校长办公室工作,因工作要求和习惯,对参加的会议和校领导讲话往往有比较详细的笔记,为写此文,又查阅了学校档案和校报,本文中用楷体标出的,均为当时原话或来自原件。

② 当时南工实行的是校长负责制,客观上使韦钰在学校工作中负起主要责任并承担更多决策重担。

③ 韦钰任校长期间,十分重视后勤工作,因当时办学条件十分紧张,各方面绷得很紧,后勤压力特别大,韦很怕出事情,所以考虑工作时,常常把后勤“地位”提得比较高。

1987 年 1 月 19 日，南工召开了第一次发展战略研讨会，韦钰在会上做了“振奋精神、树立信心、团结奋进，把南工办成国内第一流、国际有影响的大学”的主报告，报告分四个部分：第一，南工要前进，必须更新观念，增强竞争意识，有一种强烈的危机感、紧迫感；第二，要把工作重心真正落实到多出人才、出好的人才这个根本目的上来，当前的重点是学科队伍建设；第三，走联合的道路，把南工办成开放而有活力的大学，南工发展必须走联合的道路；第四，民主办学，科学管理，在南工创造一个公开、公平竞争，人人都想做事能做事的环境①。

这是韦钰正式就任南工院长仅 2 周后就开的一次很重要的会议，也可以视为她的“施政纲领”，主旨鲜明、目标明确、决心坚定。改革难，不改革更难，韦钰下决心通过强力推进改革，加快学校发展，她的指向很清楚。

二、“累积计分制”“特批教授”和“地方粮票”

全面推进改革需要有突破口，找准了切入点就可以“牵一发而动全身”。可先从哪里入手？当时那个能够激发全校教师改革活力的“一发”又是什么呢？

1987 年 3 月，寒假刚过，全院各系甚至每个教师都拿到了一份文件——《南京工学院教师职务聘任实施细则（试行稿）》（以下简称《细则》）。通知中有这样一段话：

> 实行教师职务聘任制度，是对教师管理工作的一项重大改革，必须加强领导，认真掌握政策，慎重从事，并应结合本系（所）、本单位实际情况贯彻实施……试行中，有任何修改意见，请及时转告院教师职务聘任工作组，以便今后修订完善②。

《细则》明确了系、所各类岗位（职务）设置的要求，强化了人员编制和职称指标的意识，提出了工作量要求和计算办法。其核心变化是对教师职务晋升提出比较明确的岗位要求、任职条件，增加了定量考核的内容。简而言之，就是要以可计量、可评价的工作实绩作为评聘的主要依据，而不再是论资排辈，或由少数人凭印象决定。

① 参见 1987 年 2 月 28 日校报。但校报消息很短，韦钰报告全文后登在高教所当时办的高教研究杂志上。

② 《关于印发〈南京工学院教师职务聘任实施细则（试行稿）〉的通知》，（87）院通知字第 19 号。当时要求发到每个教师手中。

这也是韦钰的一贯主张,她历来强调工作实绩,认为评审工作要把工作表现与工作成果分开来,“成果要有可以定量的东西,例如比较好的教材、论文、教学科研奖、专业计划书、教改成果等。不能把所谓思想好、表现好与工作实绩好混为一谈①。”

有人将这个新条例的精髓高度浓缩为五个字“累积计分制”,即把任职期间的教学工作量、科研成果(论文、项目)、科技服务成果,甚至党政工作量(主要指对系、教研室一级的“双肩挑”干部的工作量补贴等)都折算成一定数值的分数,将综合计分作为决定教师职务晋升与否的主要依据。

“一石激起千层浪”,今天的人很难想象当年这个改革在全校引起的震荡和反响。有人举双手赞成,有人持强烈反对态度,有人忧心忡忡,有人左右为难(主要是各系党政领导)。韦钰要人事处下去征求意见,鼓励系所和教师发表意见,但方案可以修订,办法不能改变。后来人事处汇报,前前后后、大大小小开了70多个座谈会,搜集了几百条意见,包括来信,也有把意见直接写在《细则》上面送到人事处的。风波闹得这么大,可新标准究竟有多高呢?这里不妨抄录一下当时副教授的任职条件:

> 一、担任两门以上课程的讲授及其全部教学工作,其中一门应为研究生课或本科生主干课(包括技术基础课),组织和指导毕业设计和毕业论文;
>
> 二、担任学术指导人或科研课题负责人,参加科学研究,主持或参加编写、审议新教材、教学参考书或学术专著(论文),掌握本学科国内学术发展动态;
>
> 三、指导实验室的建设工作,充实更新实验内容,设计、革新实验手段,提高实验水平;
>
> 四、指导硕士研究生和进修教师,协助教授指导博士研究生;
>
> 五、担任一定学生思想政治工作或教学、科研方面的管理工作;
>
> 六、根据工作需要,担任辅导、答疑、指导实验、实习和科学技术(宣传)等(辅助)教学工作。

关于副教授工作量《条例》要求为:

> 以教学为主的教师全年应完成教学工作量1 400学时左右,兼搞科研

① 参见1986年6月5日的“校党政联席会记录”。

的教师应完成教学工作量 1 120 学时左右。科研工作量计算办法另行制定。

这个《细则》以今天标准视之，实在不算“细”，甚至有些粗糙，要求也显得宽泛，标准低得可怜，并没有多少刚性要求。我记得当时有的教师甚至把学校认可的油印讲义、实验报告、跟企业合作的项目书（只要有印章，无须到款）都作为工作成果，参加评聘。

这就是当时教师队伍的状况，就是东大职称评审制度改革的起点。但即使这样，有的人还是嫌标准太高，系里在实施《细则》过程中也遇到实际困难，矛盾很大。比较突出的问题就是具体评价尺度如何掌握，对老教师和新教师是不是执行同一个标准。对前一个问题，学校回答：各系情况不同，可以自定标准，但必须有量化指标，评审公平公开。后一个问题则比较棘手，如果坚持统一标准，部分中老年教师难以接受；如果标准不一，对青年教师又有失公平。后来上下争论，几经反复，最后想出了“特批”这个折中办法。

所谓“特批”，就是把职称评审分成两条线，凡 45 岁以下申报教授、40 岁以下申报副教授的教师，通过系里评审推荐，可直接报到学校统一审批，不占系所的指标；凡留在系里参加评审的，仍按《细则》执行。“特批”指标另划，全校平衡，标准从严；走正常晋升路径的，可根据实际情况，标准各系自己掌握，但最后通过的名单，都一律上校高评委会审议。“一校两制”皆大欢喜，理由也很充分，从学校实际出发，不搞一刀切。“老人老办法，新人新办法”，既坚持原则，又承认旧账，充分显示了典型的中国式智慧。

1988 年上半年，经过严格评审，南京工学院第一批“特聘副教授”诞生，他们是建筑系仲德昆、机械系钟秉林、电子系何野、计算机系黄可铭。这四位青年教师的共同特点是，都具有硕士学位，都有高级别杂志论文发表，都有可以拿得出手的科研成果，工作量都很大（积分很高）。韦钰特别高兴，她在多个场合讲，“他们的材料比（当时一些正常晋升的）教授还过硬”①。这四人成为当时南工青年教师追赶的榜样，也为后来的“特批”立下了标杆。

职称晋升“特批”制度的实施，为南工优秀青年教师开辟了成长的快车道，极大地激发他们奋发向上的热情。此后数年间，一大批青年才俊通过“特批”较早较快地晋升为副教授、教授，他们的快速成长，不仅有效填补了当时南工教师队伍青黄不接的断层，而且对学校长远发展起到了巨大的推动作用。除首批四

① 这四人除了黄可铭英年早逝外，后来都成为各自领域的著名专家。

人外,我们还可以数出一连串响亮的名字:尤肖虎、陆祖宏、王建国、洪伟、王炜、黄卫、崔一平、罗立民、林萍华、黄大海、罗军舟、金宝昇、樊和平、王卓君、仇向洋、徐康宁、李霄翔等.。

1990年10月30日校报刊登一则消息:

> 今年我校高级职称评聘工作告一段落,有30位40岁以下的青年教师被聘为副教授或副研究员,是历年最多的。他们中30岁以下的6人,30~35岁的有16人,他们是……其中最年轻的只有28岁,为无线电系的尤肖虎。

尤肖虎,16岁(1978年)考入南京工学院,1982年本科毕业随著名信号专家何振亚教授读硕士,读硕期间就发表了10篇论文,其中一篇刊登在当时的权威杂志《通信学报》上。尤肖虎硕士毕业后继续攻读博士学位,1988年留校任教,参与组建国内最早的移动通信实验室,到1989年他已在国内外学术刊物和主要学术会议上发表论文近50篇,其中2篇发表在国际权威期刊 *IEEE Trans* 上。1990年他破格晋升为副教授,年仅28岁;一年以后又破格晋升为教授,成为当时国内高校最年轻的教授之一。

教师聘任制得以全面推进,新的"特批"制度受到各方好评。但也不是人人都满意,一些新的矛盾又让各级领导烦心。

在高校工作过的人都知道,对教师来说,最直接、最有效的激励就是职称晋升,南工改革以此为切入点,可谓精准至极。但对于教师中少数缺少能力、努力不够、没有成果的人来说,这种"激励"近乎无效,因为即使按最低要求,他们也难以评上高级职称。于是其中一部分人一到评职称时就到处活动,找系领导,找校领导,找人事处申诉,又是"历史原因"、又是功劳苦劳、又是遭遇"不公"等,总之"闹"成了他们的日常工作。他们人数很少,但已影响到职称改革平稳推进,影响到学校安定了。据当时分管职称评审工作的人事处副处长陈为宇回忆,有一天,一群人为职称的事围着他吵,中午下班也不许走,他又累又饿又急,一下子突发性耳聋,什么也听不见了,后来住了半个月医院才好。

改革有时也会出现"进两步退一步"的现象。因复杂的历史原因和制度缺陷而产生的问题,常常不是短时间或高校自身能够解决的。为保证大局稳定,改革能够继续推进,必要的灵活变通还是需要的,即便像韦钰这样一贯坚持原则、决断强势的领导人,有时也不得不妥协。于是才会出现"东大副教授"这样特殊年代的奇特职称。

由于篇幅关系，这个故事就不展开了，我引用一段当时的校务会议记录，虽然简单了些，但大致可以了解这一决策的过程。

（人事处长）刘德华报告，由于职称（评审）矛盾太大，召开了系主任座谈会，都主张搞"地方粮票"。校务会（讨论后）一致同意，并明确：①这次搞地方粮票，不解决工资待遇，不和住房面积挂钩；② 一次评审，大家可以申请，对各系分别下达指标；③资格审查搞"双轨制"（与正式副教授评审标准不同），但"地方粮票"不能转为"全国粮票"；④ 对象范围，只搞到副教授，不搞教授。主要矛盾是解决"文革"前毕业、50 岁以上、大学本科毕业、（目前）还是讲师的那批人。

韦钰：准备不向教委报，反正不加工资，只是名义上的。

朱万福：就是"名片"副教授，不进档案，不兑现工资、房子，只是便于他们对外[①]。

记得当时会上领导们一致的想法说法都是，算了、算了，搞就搞吧，再不搞，闹死了…… 这就是"东大副教授"由来，学校本意是为这些老同志做件好事。

为写这篇文章，我专门访问了已退休多年的原人事处处长陈为宇教授，他是这个《细则》的执笔人，也是这一改革的"操盘手"之一。他回忆了当时的情形：

我是 1985 年由系统所副所长调到人事处的，分管师资和职称。一到评职称我就要往下面跑，发现矛盾很多，意见特别大。尤其是青年教师，觉得评审不公平，说再这样搞我们还有没有希望，有的甚至提出要走。我是从系里来的，知道问题在哪儿，就是评职称没个标准，评审不公开、不公平。有些系就是系领导和几个"大佬"说了算，论资排辈比较严重。我就琢磨着要想个办法解决这个问题。我们搞系统工程的讲究定量研究，干什么是都得有标准。评职称也不能只定性，不定量。就提出要搞个东西作为评审依据，当时朱万福（时任分管人事的副院长）带着我们忙了几个月才出了这么个《细则》。总之，就是想把所有工作统统折算成分数，谁上谁不上凭材料

① 当时搞"东大副教授"主要是照顾一些年资较老、水平较低、升职无望的老讲师。由于正式评审通过的职称要上级人事部门批准，兑现工资待遇，所以称为"全国粮票"；相应的，自己搞的、不进档案、不兑现待遇的，就称为"地方粮票"。这本是学校为体恤他们做的好事，但也留下一些后遗症。极少数人直到今天还不断上访要求兑现副教授待遇，做到了"生命不息，战斗不止"。

说话。韦钰很赞同。

我和老陈很熟,就开玩笑说:“你那个东西也太简单了吧,说是定量我怎么没看到详细计算公式?还有那个“累积计分制”是谁先提出的?怎么找不到出处?”他说:

> 哎呀,那时的情况你也不是不知道,当时教师水平就是这个样,我们(改革)的起点就这么低。各系情况也不一样,四六八九系科研搞得多,(评审)标准就高些;有的系不搞科研,拿出的材料不像样子,只好降低门槛,全校根本不可能有统一的标准。只好(让各系)自定标准,自己计分排序,再拿到人事处批,就这样已经不容易了。“累积计分制”谁先提出的记不清了,大概好记上口,反正后来就这么叫开了,也一直坚持这么做。当时我们的改革可是引起轰动,全省高校都跑来学。后来人事部把我们的方案收到一本(改革成果汇编的)书里,我还得了600元稿费呢……

三、师资队伍调整“三箭齐发”

几乎在实施教师聘任制和职称评审改革的同时,就遇到了两个几乎无解的问题,成为推进改革的“瓶颈”:一个是教师队伍严重超编,一个是高级职称岗位严重不足。

当时还是“计划经济”,学校人员编制和高级职称岗位数完全由上级人事部门下达,卡得很死,学校没有多少自主权和腾挪空间。但这两个问题不解决,职称改革、引进人才就是一盘“死棋”。

据当时人事处的报告,1987年按国家教委下达的人员编制数,全校净超320人,各单位超缺编情况不同,有的系超编严重(主要是老系),有的系又严重短缺(主要是基础课和新专业)。高职称教师年龄明显偏大,高级岗位指标不足。

1987年3月,韦钰在校党政联席会上就谈了她对这些问题的考虑:

> 我们学校的工作实际是三块,教学科研是最重要的,不能轻易动,动了伤筋骨;要精兵强将,不断提高,但这部分人只能求名,利不能太多。另一部分是不适合教学科研工作的,要逐步流出去,但是有些能力的人,可以组织起来搞科技服务,由他们出来牵头,带一些人搞创收。生产科技部门下面要有一批人,成立一些实体,这些“所”(中心)不列入干部教师编制,名

没有，但可以利多些。这是让一部分同志适当转移战场，对这些人的管理可以活一些，企业化一些，钱可以多一些，这批受聘（科技岗）的人可以（走出去）为工厂服务，也可以为学校做些贡献。这可以作为1987年的重点工作之一，这一块搞得好，人可以流动，钱可以来，学生好分配，有了更多的渠道（队伍）就活起来了。第三块是学校内部管理，要提高效率，后勤要慢慢社会化，只要工作做得好，钱可以多一些[①]。

类似的观点她在多个场合讲过，思路很清楚，队伍建设的重点是调整结构、提高水平，“关键是人才流动问题”[②]。为此，学校从三个方面着手进行改革，我称之为“三箭齐发”：即建立正常的退离休制度、鼓励人才流动、调整提高现有师资队伍。

建立正常的退离休制度，实际是从1985—1986年就开始的，在当时是很困难、容易得罪人、又不得不做的事。一方面由于“文革”，正常的退休制度被破坏，老教师、老干部“超期服役”情况普遍；另一方面这些老同志都希望夺回十年“文革”失去的时间，工作热情很高，对学校拨乱反正、恢复正常教学秩序作出很大贡献。他们大多是各学科专业的创建者，又是在任校、系党政领导，现在突然要他们退休，给中青年教师腾出向上发展的空间，这话的确不大容易说出口。因此，正常退休制度也一直没有认真执行。

但工作再难也得做，校系两级领导真是做了大量工作，晓之以理、动之以情。当时规定，除了评上博士生导师（开始“博导”还要国务院批）和一些学科特别重要的专家可以延长到70岁，一般教授、副教授到龄正常退休。对重要人物，校长、书记亲自上门做工作，反复拜托感谢。一些必要的鼓励措施也随之跟上，这就是“提退”政策的出台。所谓“提退”，就是在坚持基本标准的前提下，对已达到或接近退休年龄的老教师，可以“优先”晋升，到龄后马上退休，这样既肯定了他们的贡献，又及时腾出了部分岗位。

老先生们是通情达理、真心热爱学校的。退休工作进展得“意外”顺利，到了1987年6月，已有68名教授、副教授退离现职岗位，为中青年教师创造了进入高级职务的机会[③]。

学校为首批“荣休教授”们举办隆重的纪念会，韦钰校长和陈万年书记亲手为他们颁发荣誉证书，感谢他们对学校的贡献和支持。鲍恩湛、姚琏等老先生

---

① 参见1987年3月5日的“校务会议记录”。

② 这是我笔记中她在一次中层干部会上的原话。

③ 见1987年9月18日校报。

纷纷发言,表达了对这项工作的理解和支持,对学校未来、对年轻人充满殷切期待。对此,韦钰曾回忆说:

> 在这件事情上我特别感谢王荣年教授,他从副院长岗位上退下后,本来想回到系里多干几年,做点研究、带带学生。但知道学校出台了相关规定,就主动提出来自己带头退。他一带头,我们的工作就好做了……

队伍分流的难度更大。当时根本没有双向选择与考核辞退的说法,“下海”创业也是后来的事,是真正的“铁饭碗”。所谓人才流动,也只能校内流动,这里人少了,那里就多了。所以这项改革要点是,先解决主要矛盾,再创造新的岗位。韦钰想先把系里的专任教师数减下来,以大批引进急缺的新教师,其次是鼓励搞科技开发,希望通过创收增加学校收入,更重要的是能吸纳一些人。

这项改革过程很复杂、很困难,但学校态度坚决,措施得力,结果也比较可喜。当时制定了一系列措施鼓励甚至强制人员分流,如:对超编单位减少进人指标,促进人才流动;对缺编单位进行奖励,给予补助。并硬性规定,支持教师从超编单位流向缺编单位,从系、所流向图书馆、实验室、工程技术岗位和党政管理部门,但不准“逆流动”。校、系机关和直属单位缺编,不能从校外进人,只能校内调剂。本人如有流动意愿,任何单位不得阻拦等。

经过几年的努力,退离休工作和人才流动都取得了明显成效:1985年,全校教职工总数为3 812人,专任教师1 437人;1988年,职工总数4 284人,专任教师1 488人;1992年,即韦钰卸任校长前一年,职工总数3 966人,专任教师1 401人[①]。全校教职工总数和专任教师人数减少了,结构却更加合理、队伍更加年轻精干,师资队伍建设调整提高的目标初步达到。

还有一件事,我这里必须补记一笔,就是关于师资队伍调整时如何对待“工农兵学员”的事情。“文革”后期为补充教师队伍,当时各高校都留了一批工农兵学员,不少人在专任教师岗位上。这批同志大多政治素质好,实际工作能力较强,但也有部分人业务基础起点低,难以胜任新时期教学科研工作的要求。这是特定历史时期造成的难以回避的问题,如何对待这批同志,当时在各个大学都是一件很敏感、很慎重的工作,各校做法也不同。校务会虽有多次议论,但没有形成正式文件,没有硬性规定,不见诸任何文字记载。当时大致的做法是,凡是已获得硕士学位或在读硕士研究生,适合从事教学科研工作的,继续留系

---

① 参见朱斐主编《东南大学史》(第二卷),第310、404页。教职工总人数和专任教师数变化的原因,可能是退休工作正常化、大量引进新教师和队伍分流等措施的结果。

任教。其他同志经系党政领导研究并征得本人同意,可以转到机关或学生线工作,也鼓励从事科技开发和创收工作。原则各系自己把握,避免引起争论和争议。所以我校这项工作进行得十分平稳妥帖,这些同志后来大部分发展得都很好。

为弄清这段史实,我问过韦钰相关情况。韦钰说到这些时有些感慨,又有点伤感。她说:

> 我对他们(指留校的“工农兵学员”)没有成见,当时只是弄了一个规矩,主要还是从业务和个人发展考虑,由系里和本人自己选择(走哪条线)。现在看来,他们大多发展得还比较好①。我印象深的是钟秉林,第一次搞“特批”副教授时就感到他各方面比较全面,后来我两次送他出去(第二次是拿学位),他在英国的时候,我出访还专门去看过他②。那时学校很困难,要大量引进人才,提高(教师)队伍质量,就要把现有的人减下来。我想了多少办法尽量送一些人出去(进修、拿学位),这些人中,回来的发展都很好,没回来的大多混得都不怎样③。

四、管理改革的“四定一提高”和“干部述职”“系主任竞聘上岗”

组织是个有机的系统,一部分发生变化,其他部分也会产生震荡变动。学校改革也是这样,旧的矛盾解决了,新的问题又会产生,没有尽头。

教师自实行了全员聘任和职称评审改革后,积极性提高了,收入增加了,但压力也增大了。于是,系主任们和教师对学校又有意见了,觉得机关臃肿,服务不好,效率太低,只“改”教师,不“整”干部。部处长们和机关干部也有抱怨,机

---

① 据我不完整的记忆,后来这批人中走业务线的,比较突出的有钟秉林、林萍华、刘京南、仲德昆、吴镇阳等一批人,其中钟秉林是在英国拿的博士,林萍华、刘京南是在日本拿的博士,他们三人后来都走上校领导岗位,仲德昆是建筑系主任,吴镇阳后来当选为全国教学名师。在党政和学生线上比较突出的有杨树林(副书记)、赵启满(副校长)、高建国、黄安永、程明山、吴杰、安宁、刘福章、王劲松、贾端洋等。

② 钟秉林,1968 年从北京四中毕业到延安插队,1974 年进入南工机械系学习,1977 年毕业留校任教,后随著名机械专家黄仁教授攻读硕士学位。1988 年成为首批“特批副教授”,1992 年破格晋升为教授。1990 年、1994 年学校两次送其出国进修和攻读学位,1994 年获英国卡迪夫大学博士学位。先后任机械系副主任、主任,东南大学副校长、教育部高教司司长、北京师范大学校长、中国教育学会会长和全国政协委员等职。

③ 当时学校公派送出去滞留不归的人很多,有一些还是当时作为重点培养对象的学术尖子和干部苗子。

关弄那么多人,也不是我们的责任。再说系里和机关收入差距那么大,也实在摆不平呀[①]?

于是,学校又不失时机地开展了“机关管理体制改革”,动静搞得很大,成立了由分管校领导牵头的七个“官方”小组和三个由专家领衔的“民间”小组,在教学、科研(学科)、人事、学生、科技开发、后勤(主要是住房)、思想政治工作等方面进行研究,提出改革方案,重点是机关管理改革[②]。其实,当时改什么和怎么改并没有清晰的思路和具体的办法,也没有“理论”指导和现成经验借鉴。而这个改革到了群众口中,很快被简化为“精简机构、提高待遇”——校长要“裁人加钱”。韦钰是说过,“机关要提高待遇,先把人减下来”。可很少有人提韦钰当时还说过:“更重要的是机关要改进服务、提高效率。干部要有工作实绩,要向群众报告工作,接受监督。”

当时人事处定编的依据,只有教委下达的学校教职工总数和各类人员比例的文件,这是个“软约束”,可以执行也可以不执行,定编可以真搞也可以假搞,反正都在一口大锅里。但韦钰决心真搞。当时全国高校影响最大、动作最激烈的是华东化工学院的改革,撤销所有机关部处,成立五大办公室,设“三长”负责学校日常行政工作。不过各校情况不同,南工怎么做,还得自己想办法。

其实当年改革,远不是学校发出号令,干群一呼百应;也不是韦钰决心一下,改革势如破竹。记忆中最难的还不是夜以继日、加班加点,而是要拿出一套说法,能讲清楚为什么是这样而不是那样改革。使大家行有所依,解决问题时让制度说话。后来,经过多少个日日夜夜的讨论争议,对如何改革逐渐达成共识;有过很多讨价还价、妥协平衡,办法才在博弈中慢慢形成。最后,终于将机关改革的核心内容提炼为“四定一提高”,即:定岗、定编、定职、定责,逐步提高机关工作人员待遇,重点是定岗、定编。解决“改进机关工作作风,提高工作效率”的具体办法是,开展“干部述职、民主评议”。

韦钰后来评论这个改革时指出:“不改革不行,搞短期行为也不行。一定要坚持实事求是的原则,一方面要吃透上面的精神,另一方面要结合学校实际,来

① 当时一开校长系主任会,系主任常常提意见,说机关人太多,服务不好;而机关的人又普遍觉得系里有办班和科技创收,收入比机关高一大截。这里有一组数据:1987 年年终酬金分配方案显示,系里每人奖金普遍超过了 1 000 元,其中建筑所最高,人均 2 444 元,设计院人均 2 364 元,土木系人均 1 466 元,管理系人均 1 444 元,建筑系人均 1 358 元……最少为材料系,人均 93 元。机关全年提取酬金 20 万元,人均 350~370 元。

② 1988 年 8 月 28 日校务会记录上有完整的各小组名单和工作分工。

决定我们整体的、配套的改革步骤和做法。”①

其实那些年学校的几个改革，机关管理改革是最困难、最麻烦的。“钱从哪里来，人往哪里去”是改革永远的难题。不光校领导煞费苦心、决策左右为难，中层干部和具体执行的人也感受到巨大的压力。如何面对被“裁减”的下属？如何给分流出去的同志找到本人愿意别人又同意接收的单位？真是太难了！难免有人发牢骚，有人憋着一肚子火。其间曲折过程难以细述，我这里只讲两个小故事。

第一个故事是，有一次校领导听取改革工作小组关于机关定编和人员精简的汇报，会上发生了争议。一位领导可能因为对本部门减人过多感到不满，便在发言中意有所指：“现在下面对这个改革（“四定”）意见不少，有些事情事先也不商量，我这个部门 9 个人减掉了 4 个。我数了数（学校）4 个月里 70 天有会，我们现在连开会的人都不够。这个责任不在校长书记，是参谋班子的责任。”

分管这项改革工作的朱万福副院长实在忍不住了，说：“你有意见可以提么？（这些方案）都是党政联席会讨论过的……”

陈万年书记连忙出来打圆场：“有话好好说，这不是正在研究嘛！”

第二个故事是我亲身经历的。有一位处长很能干，也很强势，工作小组跟他商量定编的事，他火气很大，他说：“我的处一个人都不能减。你们要这么做，我就不干了！”韦钰听了汇报，让人传话给他：“不干可以，先打个辞职报告……”

改革虽然困难，但只要有决心，处置得当，总是能继续走下去。1988 年 6 月 30 日校报刊文《理顺关系、转变职能、压缩编制，校党政机关改革迈出较大步伐》，介绍了校内管理体制改革进展情况，文中提到：

> 以较大力气调整压缩机关的人员编制，比过去减少 100 多人，这还不包括从机关分离出去的直属单位和实体。
>
> 机关管理体制改革的指导思想是：调动管理人员的工作积极性，逐步引入竞争机制，落实岗位责任制，提高工作效率和办学效益。
>
> 这次改革的总要求为：理顺关系、转变职能、明确职责、调整精简机构、实行定岗定编、试行聘任制，减少机关干部职数和工作人员数，发挥机关功能。
>
> 压缩编制、精减干部职数和工作人员数是本学期的工作重点。整体方

① 见 1988 年 9 月 10 日的校报。为这事我专门问过陈为宇：“你事先真的没和他商量？”陈说：“是没有商量。（他是校领导）我怎么和他商量？应该是陈万年、朱万福跟他商量。而且，××× 就在工作班子里，应该向他汇报过啊？”

案已经出台,定编情况是,在直属单位和实体分离后,校机关行政系统定编242人,政工系统定编60人,总人数下降27%。第一批选择校办、党办、人事处、组织部试点,共减少14人,幅度较大。

第二批教学科研管理部门和政工部门15个单位,第三批后勤5个单位"四定"工作均已开始。预计本学期全部结束。

改革初见成效,校务会议决定,从当年7月份开始,机关实行岗位津贴制度,每人每月增发50元岗贴①。

现在人们回忆那时的改革,往往对破格晋升了一大批"特批"副教授、教授,涌现出一批优秀青年才俊津津乐道,只记得改校名、建新区、职称改革、机关精简等几件"大事",但对学校领导在制度建设和"立规矩"方面所做的努力和深远意义关注不够,而这些恰恰对一个学校办学水平、管理特色和文化建设起着长久的作用。

今天重新梳理那段历史,你会清楚地发现,如今学校教学、科研、人事、后勤、学生工作、科技服务等各个方面管理改革的最初源头就来自那时。几乎一些最重要、最基本的制度都是那一时期制定的,虽然此后不断修订完善,但基本精神和框架并没有改变②。许多"规矩"也是那时立下的,这些规矩开始可能只是韦钰开创的新做法,但后来历任领导都坚持下来,大家自觉遵守、改进完善,约定俗成、习以为常,于是惯例就成了规矩,成为东大的管理特色,成为学校文化的有机组成部分。其中比较有代表性的是"干部述职、民主考评"和"系主任竞聘上岗"。

"干部考评"是韦钰上任时就提出的,是她"民主办学、科学管理"施政方针的具体体现,也是对干部评价要"讲求实效、重视实绩"要求的实际举措。起因是,1977年年初,韦钰在主持制订学校工作计划时提出要搞"目标管理",每年都要有30~50个"奋斗目标",干几件实事,明确具体任务,由分管校领导牵头,相关部门负责落实。到年底,要开大会向干部群众报告工作,接受民主评议。

这项改革几乎没有争议,当年就实行了。1988年1月15日的校报记载了当时的情形:

---

① 见1988年5月28日的"校务会议记录"。

② 近年,按上级要求,学校对改革开放以来学校的规章制度进行全面清理,分别保留、废止、修订或重新制定。党办汇总统计,各类规章制度有上千件之多,相当一部分是20世纪80年代制订的。

元月3日至9日，我院干部民主考评会在校友会堂三楼拉开序幕，被考评的有正副院长和机关各部处主要负责人21人。他们挨个儿上台作半小时的述职报告，然后回答群众提出的问题，参加考评的则有系所部处负责同志以及机关干部、教师、学生代表。3日下午，韦钰校长带头述职……

参加考评的人员在讨论中认为：民主考评有三大好处：一是沟通了情况，加深了领导与群众的相互理解；二是“工作是要交账的”，激发了干部责任心；三是各人公开述职就有比较，谁优谁劣，谁高谁低，自然形成竞争。人们预料，民主考评将会产生巨大而深远的影响。

以后每到年初，东大都要召开全校中层干部大会，布置全年工作，提出具体目标，落实责任单位。一到年底，校长、书记和部处长们都要在台上向师生员工报告一年的工作实绩，年初定的目标哪些完成了，哪些没完成，原因是什么。这对干部本人和各单位部门领导都是不小的压力。只是后来形式和参会范围有了一些变化，但这个做法一直坚持下来。这两个会和每年暑期召开的“发展战略研讨会”一道，成为东大一年中最重要的三个会议，也成为东大校园民主管理的传统，二十多年里一直没有间断[①]。

“系主任竞聘上岗”是当时一项重要的干部选拔任用制度改革，1988年系主任换届时就实行了，其做法也跟今天差不多。但那时南工敢这么做，应该是有些超前和勇气的。这后来也成为东大干部管理的一条“规矩”与成功经验。这里，不多赘述，直接引用当时的“原始资料”。

1988年6月30日，校报报道：《贯彻改革精神 充分尊重民意 系主任换届工作日程过半》，此次系主任换届有几个新变化，新做法：

1. 学校专门成立由校长、书记和有关部门同志组成的考察团，细致、稳妥、扎实地组织各系换届工作。

2. 任期届满系主任述职，接受教职工质询，深入听取群众意见，民意测验，民主推荐人选。考察后向校务会推出系主任候选人，候选人发表演讲后进行差额选举，结果当场公布。校务会讨论研究，校长任命。

---

① 开始的做法是校领导和主要部处长一起述职，后来发现耗费时间精力太多，效果也不是太好，就把二者分开。以后逐渐演变为校领导在每年年底的“两会”——教代会全委会和党代会年会上述职；部处长在机关党委组织的“机关作风考评会”上述职，接受院系、民主党派代表和机关干部考评。“战略发展研讨会”以务虚为主，主要讨论下一步改革重点，达成共识。当然各个时期领导的风格和考评力度、方式有所差别。

3. 系主任选出后,由系主任提名副主任人选,经考察听取民意后,校务会讨论,由校长一并任命。

4. 充分保障教职工的知情权、提名权、选择权。5 个实行差额选举的系,学校事先都没有发表倾向性意见。

目前 10 个新换届的系主任是:建筑系鲍家声、动力系钱瑞年、无线电系何立权、数力系王元明、自控系洪振华、生医系沈俊、社科系刘道镛、材料系张力宁、外语系项启明、设计院孙光初。

当时是第一次搞系主任民主选举、竞聘上岗,开展很认真,竞争很激烈,搞得很热闹。学校高度重视这项改革,党委常委会(当时校务会专题研究干部问题时又叫"常委会")讨论系主任人选时极其慎重细致,但又充分尊重民意[①]。那次换届,当选系主任仍多数是年富力强的中年教师,但副系主任则启用了大批朝气勃勃、充满干劲的年轻人。以外语系为例,新提拔的 2 名副主任邹长征、李霄翔都 30 岁出头,刚从国外学习归来。其中李霄翔只有 31 岁,是全校最年轻的中层干部。

那段时期,东大的改革在全国产生较大影响。1988 年年底,国家教委召开直属高校书记校长会,指定韦钰在大会上发言介绍东大改革经验。那几年来,东大学习改革的高校很多,媒体上也有不少介绍。东大人走在外面,很自豪、挺骄傲……

二十多年后的一个冬日,我在北京三里河南沙沟韦钰寓所为她做口述史访谈时,又一起回忆起这场改革。我问韦钰:"那时我年轻,只知道你叫我们干什么我们就干什么,其实懵懵懂懂,很多事情不明白。现在重新梳理那段改革过程,我发现其实每项改革都环环紧扣,好像很有章法,思路也很清晰,你都是事先想好的吗?"韦钰说:

不是。但大体有个方向,目标也很清楚,就是一定要改革。实际推进的时候,还是要实事求是,遇到什么问题解决什么问题,不可能事事都先考虑到,就像武侠中说的"见招拆招"呗。我是搞科研的,比较相信直觉,我知

① 这里举一个例子。有一个系全系 22 名教师,选举当天来了 20 人,有 1 个人请假, 1 个人迟到。投票时 2 个候选人各得 10 票,旗鼓相当;后来赶到的那个教师又补投一票,成了 11∶10。结果交到学校,讨论时大家觉得两人都很优秀,都能够胜任,但又举棋不定,因为原来的系主任(著名专家)明确支持那个得 10 票的同志,而系里其他几位老教师又赞同得多数票的同志。领导们一时有些为难,讨论了很长时间,后来只好韦钰一锤定音,说:"怎么办?还是以票数为准,尊重民意吧。"过了没多久,那位"落选"的同志调到学校宣传部当部长了。

道，只要方向对，办法总是能找到的。其实，许多时候我只是提出要求，具体改革还是跟班子里的同志和大家一起做的。那时真的很艰苦，学校各方面都困难，也没有什么物质激励的手段，靠的就是一种精神。做很多事情都有最困难的时期，但是千万不能松劲，一松劲就不可收拾了，就像长跑，最困难的时候一定要挺过去。

当时我们这个改革做得是比较好的，全国许多高校都来了。我认为校内管理体制改革的重点永远是队伍建设；再就是要立规矩，重视制度建设，你要营造一个公平、公正、竞争和有活力的环境，让有潜力想干事的人积极性可以激发出来。那个改革我认为是比较成功的，后来也是因为这些改革，李铁映调我到北京去了……

五、结语：不算多余的话

当年的东大改革故事到这里应该讲完了。可回顾历史或者进行校史研究，总还是应该谈一点个人的观点或归纳出几条结论，也算对全文做个总结。我认为，20 世纪 80 年代中后期至 90 年代前期，东南大学管理改革的成功经验可约略归为以下几条。

第一，做好思想发动和宣传工作，形成有利于改革的舆论氛围和环境，是改革得以平稳推进的前提条件。这不是大话空话，而是经验之谈：了解才能理解，认同才会支持，参与增加承诺。不光是那次改革，东大三十多年的历程表明，凡是相信群众，得到广大干部群众理解认同、支持参与的改革，凡是依靠群众，事先经过充分讨论争论达成共识的改革，凡是干群同心、上下同欲的改革，产生的办法就容易行得通，进展都比较顺利。反之，则困难重重、争议不断、抱怨诸多，改革就会迟滞甚至停顿。

第二，改革要使大多数人得到切实的好处，看到明显的变化，才会形成有利于改革的合力。因为只有让群众相信通过改革带来的好处和利益大于他们可能付出的代价时，他们才会积极支持和拥护改革；只有使领导者感受到巨大责任和压力（来自内部外部），意识到改革的收益将大于他所支付的成本时（对于组织或个人），他们才有改革的动力。无论是对群体还是领导者本人都是如此，本文讲述的改革故事生动地说明了这一点。

第三，坚持实事求是，从实际出发，灵活应对、顺势而为，改革要选择正确的路径和有效的方法。这场改革事先并没有所谓的“顶层设计”，而是着眼于解决现实问题，颇有“摸着石头过河”的味道。改革起点并不高，方案有些粗糙，实施也非一帆风顺,实在没有什么“高大上”的理论,但行之有效。做法其实就两条:一是目的明确,要解决现实问题,能推进改革,手段灵活;二是“合情合理”,要办法行得通,大家能接受,学会妥协。

第四,改革要有坚强的领导。当年那场以人事制度改革为核心的管理改革,可以说短时间内全面铺开,几乎涉及东大每一个人的切身利益,但学校保持了大局稳定,各项工作正常运行,并取得了很大成绩,产生了全国性的影响。这其中,韦钰校长的特殊作用和巨大贡献固然不可取代,但党委的坚定支持,校领导集体的团结甚至“无私”,中层干部的鼎力支持至关重要①。

第五,成功的改革应该给学校和后人留下“丰厚的遗产”。如果说那场改革给东南大学留下的最宝贵最重要的东西是什么?我说是两样:人和制度。今天许多东大人仍深深地怀念韦钰,是因为当年她主导的改革,使一大批青年人脱颖而出,成为二十多年来东大师资队伍和干部队伍的中坚力量;今天人们常常回忆起那场改革,是因为它立下了东大的许多规矩,奠定了新时期学校制度建设的基础,直到今天还发挥着深刻而长久的影响。

---

① 那次北京访谈,韦钰在看了我写的回忆朱万福书记的文章后,曾说了一段颇动感情的话:“你们做的这个工作(指开展校史研究)是很有意义的。学校发展是大家共同努力的结果,但功劳不能只记在校长和书记头上。那场改革班子里的每一个同志都做了很大贡献,有些人已经去世了,我们应该把他们做的事记录下来,这是对他们的纪念,也是对历史的尊重。不然,以后在校史上他们将只是一个名字。”

我国大学治理结构变迁的历史逻辑和实践反思

大连理工大学档案馆史志编研室　胡晓丽

摘要：完善的大学治理结构是进行大学治理的前提，也是现代大学制度建设的重要内容。随着社会政治经济发展和转型，民国时期至改革开放以前，我国大学治理结构历经本土化和特色化的实践探索；改革开放以后，我国大学治理结构不断进行改革与发展的实践探索。我国大学治理结构变迁的逻辑遵循的是行政逻辑而不是大学自身发展逻辑需要，其路径主要以强制性制度变迁为主，学术权力在大学治理结构变迁中历经沉沦和崛起。大学治理结构的发展与完善，应彰显法治主义，使国家权力与大学权力之间保持合理边界；大学内部应建构制度化的学术权力运行体系。

关键词：大学治理结构；变迁；历史逻辑

大学治理目标的实现，需要借助相应的治理结构。大学治理结构是通过权力的配置和运行机制，使大学各利益主体之间的权责利益关系达到平衡，以保障大学的有效运行并实现其根本目标。大学治理结构中的权力关系错综复杂，既表现为内部以校长为代表的行政权力和以教授为代表的学术权力之间关系的建构，同时也反映了外部国家权力与大学权力之间关系的建构。我国大学发展历史尚短，其建立和发展既有我国传统文化的基因延续，又有不同历史时期社会制度的本质反映。本文从历史的角度，梳理了民国以来我国大学治理结构的变迁历程，通过对不同时期大学治理结构模式的阐述，分析了各利益主体之间建构的权力运行体系的结构性制度安排，以及制衡各利益主体行为的约束和监管机制，挖掘其变迁的历史逻辑，对于"完善中国特色现代大学制度，完善大学治理结构，深化校内管理体制改革"具有重要的理论和现实意义[①]。

---

① 《国家中长期教育改革和发展规划纲要(2010—2020)》，教育部门户网站，http://www.moe.edu.cn/publicfiles/business/htmlfiles/moe/moe_838/201008/93704.htm,2016-09-05.

一、民国时期(1912—1949年):大学治理结构的本土化实践探索

民国时期,政体和文化观念的根本性变革,为中国近代大学向现代大学转型创造了历史机遇。民国初期,动荡不安的政治局势使政府无暇顾及高等教育领域,受欧美大学理念和教育制度的影响,大学治理结构致力于建立一种具有"学术自治"和"教授治校"理念的不受政府干预的本土化实践探索。国民政府时期,当局为强化思想独裁统治,通过一系列举措,旨在加强对大学的宏观调控,大学在逆势中与政府处在一种既合作又独立的微妙平衡关系中,现代大学治理结构的巩固和完善步履维艰,逐步背离"学术自治"的现代大学精神。

1912年颁布的《大学令》中规定:"大学以教授高深学术,养成硕学闳才、应国家需要为宗旨","大学设校长一人,总辖大学全部事务","大学设评议会,以各科学长及各科教授互选若干人为会员,大学校长可随时齐集评议会,自为议长……大学各科各设教授会,以教授为会员。学长可随时召集教授会,自为议长。"由此可以看出,民国初期的大学较为独立,政府不具有深入干涉大学内部治理事务的权力。大学由校长负责管理内部全部事务,并赋予评议会与教授会最高的决策权力。评议会由校长、学科长和教授互选规定的人数构成,代表学术权力的教授是其中最为重要的力量。教授会拥有学术事务决策权。蔡元培主政北京大学后,颁发的《北京大学现行规程》(1920年)中确定了大学行政会议负责规划校内行政事务,为评议会提供建议,领导和管理各行政委员会的工作[①]。此外,民国时期大学还设立了事务处等行政机构,为大学师生提供学习生活服务。

随着新文化运动后"仿美热潮"的出现,政府于1924年颁布了《国立大学校条例》,规定:"国立大学校设董事会,审议学校进行计划及预算、决算暨其他重要事项……国立大学校董事会议决事项应由校长呈请教育总长核准施行。"可以看出政府有对大学进行控制的意图。国民政府建立伊始推行的大学院及大学区制改革及废止,既是"教育独立"的尝试,又是国家加强对高等教育控制的表现。此后,尽管政府试图再次通过制定相关法律规章来控制大学,但该时期国内大学已经形成"学术自治""教授治校"的常态,国民政府的教育干预在事实上受到了较大抵制。其后的八年抗战及解放战争期间,国民政府更无暇顾及,却也因此促成了政府与大学互不干涉、相安无事的局面。1929年颁布的《大

① 王美:《民国时期高等教育政策嬗变研究》,长春:东北师范大学2013年硕士学位论文。

学组织法》中规定：

> 大学设校长一人，综理校务。国立大学校长由国民政府任命之，省立市立大学校长由省市政府分别呈请国民政府任命之，除国民政府特准外，均不得兼任其他官职。大学分文、理、法、农、工、商、医药、教育、艺术及其他各学院。凡具备三学院以上者，始得称大学，不合上项条件者，为独立学院，得分两科。
>
> 大学应该设立校务会，组织人员为全体教授、副教授所选出的代表、各学院院长以及各学系主任；校务会议主要负责审议大学预算、大学学院学系之设立及废止、大学课程、大学内部各种规则、关于学生实验事项、关于学生训练事项以及校长会议等事项。

随后修订的《大学组织法》（1934 年）进一步规定："大学校长一人综理校务"。可以看出，政府从宏观立法向微观的院系设置规定，加强对大学的控制。在大学内部，大学校长的权力也得到进一步巩固和扩充。以西南联大为例，通过在校、院、系三个层面建章立制，基本上形成了行政权力与学术权力各司其职且两相制衡的现代大学权力系统雏形。

民国期间，大学治理结构一直在向"本土化"的漫长路径中进行探索和尝试。一方面，由于政权的频繁更替，对高等教育产生了关键的影响，不同的掌权集团，因其统治基础、社会背景的不同，对于大学的介入程度、控制手段、产生的影响都各不相同①。另一方面，受新文化运动的影响，大学治理结构也由最初的被动和移植模仿转为主动、过滤吸收西方教育模式中的精华。总的来说，政府对大学治理虽然是逐步加强的，但基本是在合理边界上，较为符合高等教育规律，使大学特色发展成为可能。在大学内部治理结构中，行政权力受到学术权力的有力制衡，不仅在国家层面出台法律条文对大学学术权力进行保障，大学内部也通过规范学校各项工作对学术机构的职责和权力进行了明确规范。

二、中华人民共和国成立至改革开放前（1949—1977 年）：大学治理结构的特色化实践探索

1949—1977 年，我国大学外部治理历经中央集权、中央与地方分权、中央与地方分权调整、"文化大革命"期间的无序管理四个阶段。中央政府政务院在

---

①　蔡连玉，宁宇：《民国时期大学治理：基于立法与章程的研究》，载《高教探索》，2015（4）。

1950年和1953年陆续颁发《关于高等学校领导关系问题的决议》《关于修订高等学校领导关系的决定》,规定政府对高等学校的集中统一领导权。大学基本上纳入中央高等教育部和其他中央政府有关业务部门的领导和管理范围。此外,民国时期存在的多样化高等教育办学模式也全部改为公办,形成了高度中央集权的高等学校行政管理体制,大学办学自主权有限。

针对高等学校过度中央集权影响和限制了高等教育事业发展产生的负面影响,随后颁发的《关于教育事业管理权力下放问题的规定》(1958年)和《教育部关于全国重点高等学校暂行管理规定》(1960年)中指出,地方可以不完全执行全国适用的教育规章制度,可以结合实际工作发展需要制定适宜本地方的教育制度。由此,确立了中央与地方分权管理的高等教育制度。1963年颁发的《关于加强高等学校统一领导、分级管理的决定(试行草案)》则调整了中央与地方分权制度,"为了加强对高等学校的领导和管理,决定对高等学校实行中央统一领导,中央和省、市、自治区两级管理的制度,并对两级的分工作了具体规定"。"文化大革命"期间,大学治理结构完全被打乱,从中央到地方的高等教育行政管理机构几乎瘫痪。

这一期间,大学内部治理结构的建立是以由中央人民政府教育部统一领导、直接管理和控制为原则,完全是由政府通过自上而下的程序迅速激进地建立起来的。1950年颁发的《高等学校暂行规程》中规定了大学内部实行校长负责制,设校长一人,由国家任命,直接向中央教育行政部门负责,在校长领导下设校务委员会,大学的各项工作,包括教师聘任、干部任免等,均由校长负责。为了加强党对高等教育的领导,1958年颁发的《关于教育工作的指示》中规定:"在一切高等学校中应当实行党委领导下的校务委员会负责制",标志党委成为大学的最高领导、管理和决策机构,学校工作中的重大问题由党委决定,经校务委员会讨论通过,由校长负责组织实施。1961年颁发的《教育部直属高等学校暂行工作条例(草案)》(简称"高校六十条")中确立了高等学校党委领导下的以校长为首的校务委员会负责制。通过进一步明确大学校长的法人地位和责任,加强了政府对高等教育的管理。至此,中国共产党在高等学校中的地位、职责明确确立了起来,这实际上为今后我国大学治理结构的最终成型奠定了基础[①]。

① 张斌贤:《我国高等给学校内部管理体制的变迁》,载《教育学报》2005(1)。

三、改革开放(1978 年)至今:大学治理结构的改革与发展的实践探索

1978 年开始,伴随着经济社会各项体制改革推动,我国大学治理结构也历经了重建、改革与发展的实践探索。

首先,从 1978 年改革开放开始至 1989 年,是我国大学治理结构的重建阶段,主要是围绕扩大高等学校办学自主权展开的。在大学外部治理方面,国家通过一系列的教育政策,进一步确立了中央和省、市、自治区两级管理的治理结构,如 1979 年重新颁发了 1963 年的《关于加强高等学校统一领导、分级管理的决定(试行草案)》,1985 年颁布了《中共中央关于教育体制改革的决定》。在大学内部治理方面,逐步建立了党委领导下的校长负责制,学术权力重新获得尊重,并为高等教育的进一步发展打下了坚实的基础。1978 年颁布的《全国重点高等学校暂行工作条例(试行草案)》指出,"高等学校实行党委领导下的校长分工负责制,系一级实行系总支委员会(或分党委)领导下的系主任分工负责制",取消原来的校务委员会,设立学术委员会。1985 年颁布的《中共中央关于教育体制改革的决定》中规定:"学校逐步实行校长负责制……要建立和健全以教师为主体的教职工代表大会制度,加强民主管理和民主监督。"1988 年颁布的《关于高等学校逐步实行校长负责制的意见》中指出,"高等学校必须按照党政分开的原则,逐步实行校长负责制"。1989 年,受当时政治风波影响,国家重新强化了"党委领导下的校长负责制"。

其次, 1989 年以后至今,由于市场经济体制的确立以及科教兴国战略的实施,推动大学治理结构的改革向纵深发展。20 世纪 90 年代后,国家先后出台《教育法》和《高等教育法》,对我国的高等教育管理体制从法律上进行了明确界定,标志着我国高等教育进入了依法治理的实质阶段[①]。在大学外部治理方面,基本上形成了中央和省级人民政府两级管理、以省级人民政府管理为主的新体制,扩大了高校的办学自主权。如 1993 年颁布的《中国教育改革与发展纲要》指出,"要逐步建立政府宏观管理,学校面向社会自主办学的体制"。在大学内部治理结构方面,改革与发展的实践探索在不断深化。1995 年颁发的《关于深化高等教育管理体制改革的若干意见》中指出:"学校仍缺乏面向社会自主办学的应有权利和自我约束机制"。1998 年颁布的《中华人民共和国高等教育法》,明确了大学校长的权利和义务。通过设置监督机构,如审计、监察、纪委、

① 张德祥:《1949 年以来中国大学治理的历史变迁》,载《中国高教研究》,2016(2)。

教学督导制度,完善内部监督约束机制。建立了教职工代表大会,加强了廉政建设,完善了民主集中的管理制度。21 世纪初,伴随"211 工程""985 工程"的出现,学术权力重新被提起的呼声趋于强烈,同时反对高等学校行政化的批评声音也越来越强,未来改革的趋向就是去行政化的管理模式和管理思维习惯[①]。

四、结语

从民国以来 100 多年的历史看,我国大学治理结构是一个随时代变迁而不断发展的历史过程,具有以下特点。第一,大学治理结构变迁的逻辑遵循的是行政逻辑而不是大学自身发展逻辑需要。实施大学治理结构变迁的主体是政府而不是大学,大学治理结构变迁的路径选择不是基于实现大学治理目标的需要,缺乏大学治理理念的支撑。第二,大学治理结构变迁路径主要以强制性制度变迁为主。这种变迁路径,使得我国大学治理结构具有政治依赖性、移植性、突变性和不充分性[②]。政府通过法律法规和文件形式主导大学治理结构变革,大学则处于被动接受地位。第三,大学治理结构变迁中学术权力历经沉沦和崛起。大学是学术性的社会组织,学术权力的天然存在是大学区别于其他组织的主要特征。从我国大学治理结构变迁的实践看,大学治理结构中各种权力之间的持续博弈,必须遵循大学学术性这个本质,并与社会发展相契合。因此,应彰显法治主义,使国家权力与大学权力之间保持合理边界;大学内部应建构制度化的学术权力运行体系。

---

① 胡晓丽:《基于智力资本投资的大学治理研究》,大连理工大学,2006 年硕士学位论文。

② 李建奇:《我国大学治理结构变迁的路径选择》,载《高等教育研究》,2009(5)。

创"双一流"背景下我国大学治理路径探析

重庆大学党委宣传部校史办公室　李四维

摘要："双一流"方案系统描绘了世界一流大学和一流学科建设的宏伟蓝图，用"建设任务"构建了一流大学的基本框架，用"改革任务"和"支持措施"建立了一流大学的内外部保障系统。高校应当抓住"双一流"建设机遇，以学科发展、人才培养、科学研究等领域改革为重点，从根本上建构起人、财、物集约化、责、权、利一体化的大学治理格局，不断提高办学质量和水平，努力开创人才辈出、事业日新的大好局面。

关键词：双一流；大学治理；路径探析

在我国"十三五"开局前夕，国家颁布《统筹推进世界一流大学和一流学科建设总体方案》，明确将"推进国际交流合作，加强与世界一流大学和学术机构的实质性合作，加强国际协同创新，切实提高我国高等教育的国际竞争力和话语权"作为五项改革任务之一。"双一流"方案系统描绘了世界一流大学和一流学科建设的宏伟蓝图，用"建设任务"构建了一流大学的基本框架，用"改革任务"和"支持措施"建立了一流大学的内外部保障系统，进一步明确了党和国家建设世界一流大学的指导方针和具体目标，明确提出要通过一流学科的建设带动世界一流大学的建设。"双一流建设"将是今后一段时期我国高等教育改革与发展的中心议题，是落实创新驱动发展战略的重大举措。我国高校"双一流"建设意味着一场深刻变革，其战略地位决定以战略思维推进"双一流"大学建设的必要性与必然性，而战略思维是"系统地、创造性地思考、规划全局性问题时的思维活动过程"，其要点在于"抓住重点，抓住机遇，统筹兼顾，推动全局发展"。

一、大学治理的内涵与实质

大学治理是大学制度的核心。构建一个适应社会发展要求、符合本国实际的大学治理结构，是现代大学制度建设的根本任务。

现代大学治理包括大学内部关系的处理，大学与外部关系的处理，以及这些因素的相互关系，并联系到大学的特征或至少与大学的概念有一定关系。它是一系列的制度安排，在纵向上有层次上的差别。狭义的大学治理，仅指学校的直接控制和内部治理结构。而对于大学而言，更为重要的是外部的法律环境、政府管制和大学竞争市场所实现的间接控制和外部治理。内部治理相当于外部框架给定，在框框内运行；外部治理则认为框框也是可变的，是站在不同层次上的视角①。全面把握大学治理必须兼顾内外两个方面。

大学治理结构在其本质上体现了大学"非单一化组织"属性和委托代理关系特点的决策权结构，旨在满足具备独立法人地位的大学在面向社会和市场自主办学的过程中应对"冲突和多元利益"的治理需要。该决策权结构一般具有以下特征：能够有效体现大学的独立法人地位和利益相关者的组织属性；能够包容大学依法与产权主体通过委托代理关系形成的契约管理模式；以大学法人财产的合法、有效、有利使用为契约内容；以所有的利益相关者为契约关系范畴下的治理主体；有能力使冲突和多元利益"得到妥协并采取合作行为"。从理论上不难看出，大学治理结构为重塑政府与大学的关系、再造政府对大学的管理流程提供了建立新范式的可能。

二、中国现代大学治理的历史演进

伴随着西学东渐和社会转型，我国大学治理结构在民国时期先后经历了德国大学的评议会模式、美国大学的董事会模式，最终形成了同时涵盖大学教授与大学行政的校务会议模式。在此过程中，尽管政府不断加强对大学的控制，致使大学教授的决策权遭受一定的挫折，但教授在大学事务决策中始终占据一席之地。源自欧洲大学的"教授治校"理念成为这一时期中国大学所尊奉的办学准则。

中华人民共和国成立以后，中国共产党选择了以公有制为基础经济形式的社会主义道路，经过社会主义改造和社会主义建设两个时期，我国的经济实行了高度集权的计划经济体制，我国的高等教育也选择了与经济体制相一致的内部治理结构形式。1961 年 9 月 15 日，中共中央批准试行《教育部直属高等学校暂行工作条例（草案）》（简称"高校六十条"）确立了高等学校党委领导下的以

① 龚怡祖：《大学治理结构——建立大学变化中的力量平衡》，《高等教育研究》，2010（4）。

校长为首的校务委员会负责制[①]。中国共产党通过颁布一系列的纲领、条例、政策，采取强制性手段，确立了自身在高等学校中的地位和职责，也为今后几十年中国大学治理结构的最终成形奠定了基础。

改革开放之后，中国大学治理结构的演变过程大致分为三个时期：1977—1984年的恢复与调整时期，1985—1991年的改革启动时期和1992年至今的改革发展期。这期间，1985年颁布的《中共中央关于教育体制改革的决定》，标志着我国大学的治理取得了历史性突破。它提出了以体制改革和扩大高等学校办学自主权为核心的一系列政策，大大淡化了大学中的政治权力，凸显行政权力在大学中的地位，明确了教师在高校管理体制中的作用。学术权力由此开始在大学中取得一席之地，为大学治理结构"诱致性制度变迁"的发生奠定了基础。

1993年，国家颁布的《中国教育改革与发展纲要》指出："要逐步建立政府宏观管理，学校面向社会自主办学的体制"。20世纪90年代后，国家先后出台《教育法》和《高等教育法》，对我国的高等教育管理体制及大学的自主办学问题从法律上进行了明确界定，大学的自主权思想意识转变为法律意识。1999年，我国政府启动了普通高校扩大招生规模政策。2002年，《中华人民共和国民办教育促进法》颁布，制度的突破给我国高等教育开辟了一片新的蓝天。大学的自主办学意识、大学内的学术权力意识、社会参与治理的意识逐步增强，大学开始在大学治理结构变迁中表达自己的声音。

三、"双一流"背景下现代大学治理路径选择

（一）汲取大学文化传承之精髓

"传承"意味着更替继承，而"历史传承"则是通过对历史的考察来梳理、提炼前人的经验教训，并有针对性地汲取前人先进的理念和以资借鉴的成功做法，其本质上就是反思与超越，从而实现历史传承与开拓创新的有机统一。推进我国高校"双一流"建设，必须汲取我国传统历史文化之精华，尤其要分辨并汲取我国近现代"大学"发展之养分，延续并继承我国近现代"大学"发展之精神。

在宋朝兴盛的书院，以个人研读、教研结合、学术自由、开放包容、尊师爱生

---

① 史彩霞：《从制度经济学的视角审视中国大学治理结构的变迁路径》，载《辽宁教育研究》，2006(6)。

的教学特点和机构简单高效的组织管理,对我国大学发展产生深远影响。在明末清初第一次“西学东渐”浪潮中,我国第一所西式大学——澳门圣保禄学院诞生了,“教学形式、考试方法、论文答辩、学位授予等制度均仿照欧洲大学的大学制度而设立”[①]。清朝末年,以龚自珍、林则徐等人为代表的“经世致用”学派为我国文化教育界注入一股活力;洋务派提出“中学为体,西学为用”的教育纲领,兴办洋务学堂,开展留学教育,推动我国高等教育的近代化;维新派提倡新学改良教育,广设学堂,培养人才;清政府为了维护自己的统治地位,也宣布实行“新政”,制定《钦定学堂章程》和《奏定学堂章程》,废除科举制。辛亥革命后,南京临时国民政府颁布一系列的教育法令,集中体现反封建的精神。新文化运动兴起后,“大学教育改革首开新风的是北京大学”。这些教育理念和实践对我国高校“双一流”建设具有一定的借鉴价值。

大学是社会的文化高地,承担人类文化传承的使命。我国统筹推进世界一流大学建设,在高度关注学校硬件、师资队伍、科学研究等问题的同时,一定要有高度的文化意识,自觉创新和弘扬人类的文化精华,成为中华民族和人类社会发展的文化高地和重要引领者。

(二)借鉴世界“双一流”大学经验

推进我国高校“双一流”建设,还要放眼国外,借鉴世界“双一流”大学经验。英国有170多所大学,实行学院制、导师制,不设学分,采用小班授课制和英式学习方法,淡化教材,鼓励学生创新,推行严格的考试制度,学制较短但有质量保障措施。欧洲大学精神为美、英、加等国的大学提供了丰富的营养,美、英、加等国的大学在特定的历史条件下也抓住发展机遇,并很好地处理政府、社会、市场与自身发展的关系,并探索出一条足以能够平衡众多利益相关者的发展之道。美国的高等教育事业比较发达,除了因为宽松的管制环境、雄厚的经济基础和一流的人才之外,主要在于“欧洲大学传统、宗教文化以及美国人的文化性格等社会文化因素”[②]。加拿大高等教育在发展过程中逐步形成自己的特色,灵活而严格的教育机制、强大的经济支撑、现代化的教学理念与手段、高校的特色化发展、产学研的紧密结合、高度自治的管理模式、国际化开放的办学方式等是加拿大高等教育取得辉煌成就的重要原因,尤其是联邦政府与地方政府

① 吴骁:《谁是中国近代第一所大学?》,载《光明日报》,2015年11月3日,第13版。

② 符华兴,王建武:《世界主要国家高等教育发展研究》,长沙:湖南人民出版社,2010年版。

采取灵活变通的支持政策为高校发展所提供的宽松环境，为推动高校“双一流”建设创造了良好的外部条件。

在灵活的政策支持和强大的资金保障、丰富的人才资源等条件下，美、英、加等国高校积极推行民主的治理机制、自主的发展策略、独立的学术尊严、公平的竞争环境、广泛的师生参与、丰富的课程资源、多样的教学方式、有效的监督体系、协同的产学研创、开放的办学体制、完善的议事规则、大胆的独立创新、严谨的质量监控等优越的软硬件建设等措施，从而有效地促进大学的规范化、现代化、科学化与民主化发展，同时也吸引大批具有学科特长和创新潜质的优秀人才，形成了“建设一流大学”和“创立一流学科与培养一流人才”的良性循环圈。

（三）巩固学科建设的基础地位

学科建设是高等学校的根本性建设，学科是高校发展水平高低的决定性因素。通过学科建设，可以提高教师的科研能力和学术水平，促进学校的特色和优势学科的发展，促进学科带头人的成长，改善学科梯队的结构，还可以深化改革，更新教学内容等。因此搞好“双一流”建设工程，必须搞好学科建设。“双一流”建设工程在学科上规划 2020 年，一批学科进入世界一流行列；2030 年，更多学科进入世界一流行列；21 世纪中叶，一流学科的数量和实力进入世界前列。可见只有引导和支持大学优化学科结构，明确学科发展方向，突出学科建设重点，创新学科组织模式，才能打造更多学科高峰，带动学校发挥优势、办出特色。

（四）重点建设一流专业

“双一流”建设表层看是建设世界一流大学、一流学科，但是从高等教育的本质及“双一流”建设的内在要求来审视，还需要特别关注一流专业建设。

首先，从“双一流”建设的重点任务看，一流专业建设是其题中重要之义。党中央深化改革领导小组批准的《统筹推进世界一流大学和一流学科建设总体方案》，围绕“中国特色、世界一流”提出的“双一流”建设任务，一共有五项：建设一流师资队伍，培养拔尖创新人才，提升科学研究水平，传承创新优秀文化，着力推进成果转化。五项任务中，拔尖创新人才培养置于第二位，具体是培养具有国家使命感和社会责任心，富有创新精神和实践能力的各类创新型、应用型、复合型优秀人才。这样的人才既是指博士、硕士层次的人才，更是指大量的本科人才，并且在人才培养规律上，本科层次居于最为基础的层次，本科人才培养质量高，不仅硕士、博士层次人才培养质量有了根本前提，而且国家的经济社会建设有了高质量的基础人才保证;反之,不仅硕士、博士人才培养质量缺乏坚实基础,而且严重影响国家经济社会的基础人才质量。正是在这一意义上,"双一流"建设固然强调的是建设世界一流大学、一流学科,但却内在地蕴含一流本科专业建设。

其次,从国外高等教育经验看,世界一流高校无一不注重一流本科专业的建设。哈佛大学、耶鲁大学、麻省理工学院、剑桥大学、牛津大学等世界一流大学,都高度重视本科人才培养,致力于学生的全面发展和拔尖创新能力培养,坚持教学第一,着力培养学生的自学能力、创新意识及实践能力。这些经验都可为我国高校一流专业建设提供借鉴参考。我国实施"双一流"建设,要靠自己的努力,更需要虚心学习世界一流大学经验,高度重视本科专业,着力建设世界一流的本科专业。

高校应当高举中国特色社会主义伟大旗帜,以邓小平理论、"三个代表"重要思想、科学发展观为指导,认真贯彻落实党的十八大,十八届三中、四中、五中全会精神,深入学习贯彻习近平总书记系列重要讲话精神,牢固树立创新、协调、绿色、开放、共享的发展理念,主动适应经济发展新常态,紧紧围绕"四个全面"战略布局,遵循高等教育发展规律和高等学校办学规律,深刻领会和认识世界一流大学的本质特征和发展动力,增强文化自信,树立高度的责任感和使命感,坚持"是否有利于全面提升创新能力,是否有利于全面提高教育质量,是否有利于加快实现学校的办学目标"的标准,全面深化综合改革。在政校分开、管办分离、依法办学、社会参与的现代大学宏观治理背景下,着力构建边界清晰的外部政策保障机制。坚持"内外兼治、以内为主",突出学校主体地位,通过"问效问责"加强内部管理,完善规范有序的内部管理约束机制,充分行使学校办学自主权。围绕立德树人根本任务,积极转变观念,加强制度创新,激发学院办学活力,院校两级联动,以完善内部治理结构为战略基点,以改革人事管理制度为突破口,以改革资源配置体系为关键,以学科发展、人才培养、科学研究等领域改革为重点,从根本上建构起人财物集约化、责权利一体化的治理格局,不断提高办学质量和水平,努力开创人才辈出、事业日新的大好局面。

民国时期交通大学“国文大会”制度研究

上海交通大学党史校史研究室　朱恺

摘要:民国时期交通大学长期存在“国文大会”的制度,它发轫于清末主校者唐文治对于国文及国学教育的重视。对于国文大会,当时的亲历者留下了诸多回忆和记载。国文大会影响深远,它促进了学生对于国文的兴趣,提高了学生的国文水平,为毕业生在社会上赢得了良好声誉,使得一批青年才俊脱颖而出,并对当时国内其他一些大中学校起到垂范借鉴作用。唐文治去职后,国文大会的传统一度中断,直到凌鸿勋任校长后才又恢复。随着学校隶属交通部和铁道部,国文大会的命题主旨也随之发生了由重道德、美学而向交通实业建设的转变。

关键词:民国;国文大会;国文会考;交通大学

肇始于1896年的交通大学是中国近现代历史上一所著名的高等工科学府。然而,正是这样一所以培养工程技术人才为鹄的大学,在民国时期对国文教育用力甚勤,形成了中华人民共和国成立前交大长期存在的“国文大会”制度。本文以民国时期为断限,结合档案文献来探究国文大会的形成、演变及影响,以期对当下的大学通识教育有所裨益。

一、国文大会制度的形成

交通大学的前身南洋公学创校之初,主要培养近代政治、法律和外交方面的人才,在以后的发展历程中,由于隶属关系的变化(由清廷的商部、邮传部转为民国政府的交通部、铁道部),学校又转而致力于实业人才尤其是与铁路交通事业密切相关的工程人才的培植。故而学校所教内容,多为“西学”范畴,绝大多数专业课程都使用英文课本,并直接用英文讲授,这在无形中削弱了“中学”的地位,使得学生对国文学习不够重视,从而导致母语运用能力的下降。诚如时人所评论:“不管这些学生对其他学科掌握得多好,但是他们当中有许多人却不会写简单的汉语作文,而且对中国文学毫不熟悉"[①]。这一现象引起了南洋公学办学者的忧虑。

1907年,唐文治接任上海高等实业学堂(交大时名)监督(校长)后,有感于"十余年来各处学校国文一科,大都摭拾陈腐,日就肤浅"的局面,认为"苟长此因循,我国固有之国粹行将荡然无存,再历十余年,将求一能文者而不可得"[②],遂大声疾呼:"夫国货者,国民之命脉也,国文者,国民之精神也;国货滞则命脉塞,国文敝则精神亡,爱国者既爱国货,先当维持国文。"[③]在执掌交大的翌年,他便着手重订了学校的章程,其中明确指出学校的办学宗旨"其大要在造就专门人才,尤以学成致用,振兴全国实业为主,并极意注重中文以保国粹"[④]。

唐文治先后采取了一系列措施来强化学校的国文教学。首先是规定招考时国文基础太差或国文成绩不合格者不得录取;其次是延聘了李颂韩、朱叔子等一批国文名家来校任教,并提高了国文课在全部课程中所占的比重;再者是亲自撰写了《国文大义》《古人论文大义》和《国文阴阳刚柔大义》等国文讲义,还组织名师编定《中学国文读本》《中学国文新读本》等教材,"以之饷大学生徒",保"固有之国粹"[⑤]。

国文大会正是在上述举措的基础上确立的。"岁在强圉,协洽季秋之月,文治来主邮传部高等实业学堂即今交通部工业专门学校是也。既莅事,进诸生告之曰'汝宜崇国学'……其明年,爰有国文补习科之设,又逾年爰有国文大会之设"[⑥],国文大会的创设即缘起于此。唐文治对于国文是讲、习并重,即在讲授国文的同时,还格外注重古文的习作,即通过作文训练来提高学生的国文水平。

---

① 福开森:《南洋公学早期历史》(1931年5月),交通大学校史撰写组编:《交通大学校史资料选编》(第一卷),西安:西安交通大学出版社,1986年版,第9页。

② 《唐文治致函交通部论国文之重要》(1913年11月),见交通大学校史撰写组编:《交通大学校史资料选编》(第一卷),西安:西安交通大学出版社,1986年版,第162、163页。

③ 唐文治:《〈中学国文新读本〉序》(1918年),见交通大学校史撰写组编:《交通大学校史资料选编》(第一卷),西安:西安交通大学出版社,1986年版,第166页。

④ 唐文治:《资呈重订章程和宗旨》,光绪三十四年三月(1908年),见交通大学校史撰写组编:《交通大学校史资料选编》(第一卷),西安:西安交通大学出版社,1986年第一版,第144页。

⑤ 唐文治:《函交通部致送高等国文讲义》,见刘露茜、王桐荪编注:《唐文治教育文选》,西安:西安交通大学出版社,1995年版,第118页。

⑥ 唐文治:《工业专门学校国文成绩录序》,见《茹经堂文集》2编卷5,见《近代中国史料丛刊续编》第4辑,台北:文海出版社,1974年版,第803~810页。

自1909年起，规定每年举行一次全校学生（既有大学部和中学部，也有小学部）参加的“国文大会”，即作文比赛，当时的师生也称其为“国文会考”。具体而言，赛事定在每年的孔子诞辰日之前的一个星期日上午举行。每届比赛之日，唐文治不仅亲自参与作文命题，最后的审评亦由他本人来决定。整个赛事从头到尾安排得十分严格。会考安排在学校的大礼堂进行，每位学生各据一桌，作弊者立即清除出场，迟到者不准入场，时间一到，强行收卷。试卷交上后，先由各班国文教师批改，优异者选拔到全校评比，经国文科长初评后，再择优者呈送唐文治审阅，最终由唐写出评语，并确定名次。及至孔子诞辰日发榜，名列前10名者分获金、银、铜牌及书籍等奖品，以此鼓励学子用心于国文学习[①]。之所以要采用“大会”的形式，是因为唐文治“犹恐非竞争不足以促进步”，故而“借资鼓励”[②]。

二、国文大会亲历者的回忆

对于国文大会，当年的亲历者留下了不少回忆和记载，如凌鸿勋后来回忆：

> 那时校中每年还有一次的国文大会，是全校国文的会考，但同学可自由参加，而不是勉强的。考试成绩最好的，由监督奖以金牌，次的奖以银牌或其他书籍奖品等。国文大会总是在孔子诞辰的前十日左右举行，孔诞日放榜，所有奖品就在祭孔礼节完成后由监督一一分发。成绩好的文章更印出给同学示范，这很有使同学对中文加以用功的作用……我记得我入南洋的第二年，年十八岁，参加了国文会考，得到一块银牌。翌年我也参加会考，那次的题目我记得是《原心》。这类性理的题目较考入南洋时的《文章根本六经》似更难着笔。我做完交卷，甚不惬意。结果我竟以一百分列第一名，得到唐校长所发的一块金牌和许多其他奖品。唐校长的评语有：“异日可以卫道……”几句话，我实在觉得惭愧[③]。

① 余子侠著：《工科先驱国学大师——南洋大学校长唐文治》，济南：山东教育出版社2004年版，第205页。

② 《校事志略》，载《锡秀》（1918年），转引自周浩泉：《回忆南洋公学十二年》，见全国政协文史资料委员会编：《中华文史资料文库第十七卷文化教育编》，北京：中国文史出版社1996年版，第173页。

③ 凌鸿勋：《交通大学十年忆旧》，见秦孝仪主编：《革命人物志第二十三集》，1983年版，第52、53、58页。

胡可时说:

唐蔚老任校长时,常于星期日举行国文大会,即等于国文考试(凌校长、王崇植师前谈掌故均有述及),全校不论大中小学学生,例须一律参加,余彼时在小学一年级,由沈永癯先生率领排队前往,大礼堂上列至圣先师孔子神位,唐校长正中端坐,气象庄严,题目类多出自经书,小学生乱诌一篇,总算临过大阵①。

周浩泉回忆说:

每年一度的全校"国文会考",在他(笔者注:指唐文治)任校长时,从未间断。会考制度非常严密,除笔砚外,不准夹带其他东西,巡视监考者川流不息,防止作弊。考题分三类:一、论著体,二、说述体,三、文苑体。任作一题,每人发考卷一份,写坏不补。考试日期规定在孔子诞辰(农历八月二十七日)前两星期的星期天,亦即中秋前几天举行,颇类科举时代的秋闱乡试。发榜时在孔子诞辰前几天,对考取前十名的学生,分别奖给金牌、银牌及书籍等,并将文章公布,分发各班,以资鼓励。考场设在上院大礼堂,各据一桌,未交卷前不得离场。8时进场, 11时半闭场,迟到者不得入场,作弊者立命离场,逾时不交卷者抢卷。有位考过举人的国文老师曾说,看到这种会考场面,不禁想起当年在南京考场里的乡试旧影……这年秋季(笔者注: 1916年)。唐文治校长亲自命题,照例举行全校国文大会(小学不在内),题目共三类,我选的是文苑体"拟寿陵余子游学邯郸记",典出《庄子》,我并不熟悉,但知阅卷者为李颂韩,是唐校长的大弟子,也是我级的国文教师。他在上课时,常常痛骂留学生抛弃国学为忘本,学习西学皮毛为镀金,并劝告我们不必出洋。我揣摩其意,就把"寿陵余子"比作留学生,邯郸暗射美国,大意写他如何不屑读孔孟之书,如何背井离乡到邯郸追求新学,以遂富贵之愿,后来又如何失望懊丧,流落他乡,沦为乞丐,造成"一失足,千古恨"的下场。榜发,居然名列前茅,并得唐校长的评语:"文有寓意,嘻笑怒骂,皆成文章,用笔奇幻不测,隽才也。"②

① 胡可时:《谈谈母校几件小掌故》,见黄昌勇,陈华新编著:《老交大的故事》,南京:江苏文艺出版社,1998年版,第129页。

② 周浩泉:《回忆南洋公学十二年》,见全国政协文史资料委员会编:《中华文史资料文库第十七卷文化教育编》,北京:中国文史出版社,1996年版,第171、172、173页。

黄汉文则说唐文治：

在南洋大学制定了国文会考制度，三小时内写作文一篇，优胜者有奖，其作品不但在校内印发，还选择最优的印成汇编发售。我曾听黄炎培先生说，当时“南洋”的学生作文汇编，常为同等学校习作的范本，中小学其余各科的参考书亦风行一时。国文会考不及格的，本学期的国文成绩即被取消。大学部已经没有国文课的高年级，取消其以前一个学期的国文成绩。换句话说，必须多读一学期国文课。这项办法一直沿用到抗战时期王蘧常先生代理中文主任时。（日寇侵入“租界”，敌伪接管了交通大学，王先生毅然离校，此项办法不再严格执行）[①]。

朱东润在其自传中记载道：

1909 年秋天，他（笔者注：指唐文治）提出要在 8 月里开一次国文大会，大学和中学部合办，小学单独办。在一个星期天，我们写作文了，一共两道题目，我只记得一篇是《关讥而不征论》。这两道题可以只做一篇，也可以兼做两篇。我写完一篇以后，接下便做第二篇，最后指出在理想的时代，统治者对于人们固然要在国境上，做些检查工作，但不一定是横征暴敛；可是遇到专制的君主，那就不仅是横征暴敛，甚至要把人民的一切都供他们吞噬。这一篇写得很流畅，也很大胆。文章缴上，小学老师们给了好评，连同其他的九本，一并送给唐老师，由他评定名次。唐老师很高兴，给我取了第一名[②]。

陈章谈及自己当年在交大中院读书时：

每年秋季举行一次国文大会。全校大、中学生一律参加。由他（笔者注：指唐文治）命题批改，再出榜鼓励，名列十名以内的文章印出示范。他们常常是那几个人，如邹恩润（即韬奋）、鲍国宝、彭昕、陆鼎揆、胡善恒等人，他们年纪一般比较大，入校前在家中国文已有坚实基础，得分均在 90 分以上。而我在 1914 年初入校当年的国文大会，得到 85 分，名列全校约五百人中第 15 名，以年岁及班级言，相当突出，唐校长非常欣赏，批语

① 黄汉文：《记唐文治先生》，见中国人民政治协商会议江苏省委员会，文史资料研究委员会编：《江苏文史资料选辑第十九辑》，南京：江苏古籍出版社，1987 年版，第 104 页。

② 朱东润：《朱东润自传》，见《朱东润传记作品全集第四卷》，上海：东方出版中心，1999 年版，第 40~41 页。

极佳[①]。

三、国文大会的影响

国文大会在交通大学几成定制,带来了几方面的影响。

首先是提高了学生对于学习古文的兴趣,在全校上下形成了一股学习国文的浓厚氛围。如著名教育家廖世承早年考入邮传部高等实业学堂中院后,“进校不到一个月,适逢国文会试。参加会试的大、中院学生五六百人”[②]。廖世承以中学一年级新生的身份参加,其会试成绩居然在前四十名内,还得到奖金。这次国文会试对少年廖世承是个极大的鼓舞,坚定了他进取的信心,使他读书的倾向也发生了明显变化,由爱读武侠小说变为爱看学术书籍。在所爱读的学术书中,使他获益最多的是黄宗羲的《明儒学案》等著作。朱东润回忆道, 1909 年的国文大会“那次我们是在专科礼堂里颁奖的,我得了奖金四元,随即买了一部《经史百家杂钞》。我对于文章的写作,又获得了一些新的看法,这件事督促我进取向上”[③]。陆定一记载自己早年在交大求学时“每年还举行国文大会一次,全校的人都要做篇文章,择其优者,与以奖励。所以同学对于国文都有非凡的兴趣,随时随地,都有人读国文”[④]。

其次,通过国文大会的操练,交大学生的国文水平普遍得以提高,毕业生的国文程度较之他校为高,这一点为人们广泛认同,也为学校赢得了良好的社会声誉。王蘧常评论国文大会制度是“每学期举行竞赛一次,先生必高坐堂皇,程限极严,务期明鬯迅速,学者每不敢属草,于是昔之腐豪莫下者,此后无不挥洒自如矣,故出学以后,类能应世,而不致于扞格”[⑤]。凌鸿勋也曾在各种场合说过:“我校素重国文,成绩之佳,常为社会所称道,固非自夸之论也。自唐校长来校,以文学泰斗之地位,校务以外,更亲行开班讲授,竭力提倡,学者得起余绪,已足蜚声社会,南洋文名之盛,当以唐校长为首功。”[⑥] 曾任交通大学国文科主任的钱用和则说“以前毕业者,在社会服务之声誉,不特由其专门科学之特长,且因其

---

① 管致中,孙文治编:《电坛宗师——陈章教授》,南京:东南大学出版社,1992 年版,第 176 页。

② 汤才伯著:《廖世承教育思想论稿》,北京:人民教育出版社 1997 年版,第 2~3 页。

③ 朱东润:《朱东润自传》,上海:东方出版中心,1999 年版,第 41 页。

④ 陆定一:《对于本校国文教授制度之管见》,载《南洋周刊》,第六卷第七号。

⑤ 王蘧常:《本校国文课程脞谈》,载《交大周刊》,第 60 期第 6 版。

⑥ 凌鸿勋:《国文大会过后之感想》,载《南洋周刊》,第七卷第八号。

国文根底之优良，而引起社会人士之敬仰。"[①]1936年出版的《交通大学概况》在追溯学校中国文学系的起源时就称："本校自刱办迄今，历任监督校长，无不注重国文。前唐蔚芝先生长校时，尤竭力提倡，除必修课外，有国文讲习会，每星期日由唐校长亲自讲演。每年则有国文会考，引掖奖励，无所不至。以是当时南洋国文成绩，著于全国，而士风之盛，亦为世所共誉。"[②]陆定一说当年自己报考交大正是因为"南洋学生的国文，都是出色。国文既然出色，其他功课，当然也极好了，而且有翰林唐先生做校长，所以父兄们就赶紧不远百里的送我来考了"[③]。

再次，以国文大会为契机，一批青年才俊得以初露锋芒，脱颖而出。他们后来或是成为人文社会科学领域的大家，或是文理、文工和文商兼通之才。以1917年刊行的《交通部上海工业专门学校（旧名南洋公学）新国文》（二集）为例，这部文选是当时交大国文科长李颂韩编辑的，汇集了历年国文大会优胜作文，由唐文治亲自题写书名并作序，其中榜上有名者后来多成为某个领域的名家。如邹恩润（即邹韬奋）的《原孝》《仁者爱人、有礼者敬人说》《王沂公平生志不在温饱论》《惟不自用、乃能用人论》《管宁陶潜合论》《刘裕慕容超兵机得失论》《书臧洪报陈琳书后》，杨荫溥的《原俭》《君子之容舒迟见所尊者斋遬说》《郭林宗不为危言激论论》《狄梁公望云思亲论》《说水》，鲍国宝的《四豪者六国之罪人论》《秦始皇上泰山刻石颂功德论》《说山》等皆为入选之作。这些文章不仅文采出众，可供人学习效仿，并且在立意主旨上也多有激励品行之功用。邹韬奋后来成为中国现代史上著名的出版家、政论家、新闻记者和文化斗士；杨荫溥后入美国西北大学商学院专攻银行学，成为著名经济学家；鲍国宝交大毕业后赴美国康奈尔大学深造，归国后任交大机械科教授，是我国著名的电气工程专家[④]。

最后，交大的国文大会制度对当时国内的大中学校起到了垂范借鉴作用，不少学校也举办起自己本校的国文大会或国文会考。1914年，唐文治秉持"无题不新，有美必录"的原则，选印7年来举办国文大会的菁华文章240篇，定名《南洋公学新国文》，交付苏州振新书社出版；到1917年，《交通部上海工业专门学校（旧名南洋公学）新国文》（二集）又出版，这两部文选一经刊出，便

---

① 钱用和：《国文教学》，载《交大周刊》，1947年4月22日，第3期第5版。

② 《中国文学系概况》，载《交通大学概况》，1936年，第37页。

③ 陆定一：《对于本校国文教授制度之管见》，载《南洋周刊》，第六卷第七号。

④ 施扣柱：《青春飞扬——近代上海学生生活》，上海：上海辞书出版社，2009年版，第65、66页。

在坊间风行,并在全国流传开来,不仅其中的作文成为各地学生学习的范本,交大的国文大会制度也为人所知晓,并被人所仿效。如民国时的江苏省立第八中学在李更生主校期间,“每学期举行作文比赛一次,其时称为国文大会。先生(笔者注:指李更生)认为国文与其他课程不同,不能以年级分高低,低年级之能自修者,其程度往往较高年级为优,因之比赛作文时,系全校混合举行,不以年级分。果然每期比赛结果,低年级生多有名列前茅者。此一激发作用,鼓励不少各年级学生之潜修自励”[①]。江苏省立八中这种不分年级进行国文会试的做法正是源自交大。20世纪20年代,上海澄衷中学校长曹慕管注重国故,强调文言,也在校内按期举行国文大会[②]。20世纪30年代的川大也有国文会考的制度。1938年川大公布了《本大学基本国文会考条例》,规定“本校为策励全校一、二年级学生国文习作起见,特于每学年终举行基本国文会考”。会考成绩优异者,由学校酌给奖金,会考成绩不及格者,应令补修国文,至次学年会考及格为止[③]。同时期的大夏大学、南开中学等学校也均有国文会考,如1933年《大夏周报》第28期就刊登过《国文会考成绩选录》。周恩来在1916年南开学校举行的国文会考中,凭借《诚能动物论》一文获全校第一,当时校长严范孙亲书“含英咀华”以赠之[④]。上述学校的这些举措都明显受到了交大国文大会制度的影响。

四、国文大会传统的中断和恢复及其命题主旨的演变

1921年唐文治去职,连续举办了14年的国文大会也一度中断,在此期间,国文课不受学生的重视,上课时打瞌睡的、吃零食的、做数学题的、看小说的不乏其人,正如当时校刊所记载:

> 王今天着了一件黑罩袍,背上不知被谁高兴把它暂充黑板,在上面大演其微积分,拉长的S,大的小的画了不少;程坐的位置大约在后面两排,这时他一面踱出教室,一面还不住在揩他刚从好梦中醒来的睡眼,并且连连伸腰大呵;谢上课带来的一包瓜子大王,正想利用他来消磨这无聊的一点钟;教室西角的一只座位是常被林占据着,林常说他位置最妙,上课时尽管看小说看报,但是从先生讲堂上的Point of view看来,好像他正在用心看书

① 郑万钟,张铨主编:《扬州中学》,北京:中国大百科全书出版社,2009年版,第27页。

② 曹聚仁:《我与我的世界》,北京:人民文学出版社,1983年版,第341~342页。

③ 《校闻:本大学基本国文会考条例》,载《川大周刊》,六卷卅二期,第8页。

④ 《卢乐山口述历史我与幼儿教育》,北京:北京师范大学出版社,2012年版,第63~64页。

听讲一样，这时的林大约正看到小说里的一段精彩处，所以尽管大家都跑了，自己还只是津津有味地低着头看[①]。

不仅如此，甚至有人开始质疑国文大会本身，对其形式和功效进行了批评，认为判定文章优劣的标准应该是看其是否表达出了好的思想，但现实中很多同学参加国文大会“直是敷衍国文题目，不把他当作个发表意思的工作”，这直接导致这样一个问题：

> 给奖及比赛骤然看去，倒好像一种很好的救济方法。但是这种方法非但不能增进国文程度，还足以养成一种务虚荣、不图实际的毛病。何以呢？人的好思想是要经过长期的研究、思想良正的教师的指导及纯正的书籍的陶冶，才可以得到的，绝不是由奖品同比赛的结果得来。若说是教国文程度不好的人看见别人领奖品，出风头，自己一个人闭时，不能得这样的荣誉的感觉来激动他，使得他能够去研究国文。这就是明明如同科举时代中举进学一样，用举业来鼓励士民求学，殷鉴不远，结果是什么样子？纵使他看不得别人受奖，也来发一发愤，想名列前茅，博得一奖之荣，那么，他做文章的动机完全在要得奖品，并不是要发表思想解决问题，发阐真理而做的[②]。

1924年凌鸿勋担任校长后，国文大会的传统才又得以恢复，不过此时国文大会的立意主旨也逐渐发生了改变，由注重道德和审美，变为对实用理性的强调。以国文大会的试题为例，唐文治时期所出题目多取自《四书》或其他古代的经史子集，多围绕道德、性理、治学做文章，或是模仿传颂千古的经典美文进行拟作，如《原人》《原孝》《原仁》《释中庸大旨》《释论语乡党篇义》《释孟子首篇义》《君子学以致其道说》《夫志气之帅也说》《心之精神谓之圣说》《圣人生于疾学，疾学在于尊师说》等。而到了凌鸿勋主校期间，国文大会的试题为之一变，由道德说教和代圣人言转入了经世致用，尤其是与铁路交通实业建设相关的话题成为了命题的首选。如1925年恢复国文大会后首次会考所出试题共有4道，第一题为“问春秋时向戌弭兵、战国时墨子非攻均未得收效果，其故安在”，第二题为“欧美工业制度是否适用于我国论”，第三题为“收回路电

---

① 彬彬：《走出了国文教室》，载《交大三日刊》（第226号），1932年12月14日，第六页。

② 《读薛倬君〈注重实际提倡国文建议〉后》，载《南洋周刊》，第七卷第五号，1925年11月29日，第22页。

权议”,第四题为“呈交通部请提议以各国退庚子赔款建筑国内各干路,以其余利补助教育文”。[①] 这其中除第一题为史论外,其余三题都与现实密切相关,特别是第三、四两题更是与铁路建设事业直接有关。

国文大会命题的这种改变,不仅与主校者个人的思想主张有关,更是与学校的现实发展密切相关。从民国建立到抗战全面爆发,学校长期隶属交通部或铁道部,且这种联系愈发紧密,这可以从学校章程窥见一斑。1913 年的《交通部上海工业专门学校章程》中规定学校宗旨是“教授高等工业专门学科,养成工业人才,并极意注重道德,保存国粹,启发民智,振作民气以全校蔚成高尚人格”[②]。到 1922 年《交通部直辖大学通则》规定学校宗旨是“造就交通专门人才,扶植高深学术之发展”[③]。从中可见,学校的办学宗旨对于培养铁路交通建设人才这一点日趋强调,与此相对照,国文大会及平时的国文教学开始向应用文体和工程实际领域倾斜也就在意料之中了。于是有人提出了本国语言文字应当为工程技术服务的观点。如“中国的工业现状,比较外国,不知差几百倍。拿中国的工业,办到像外国一样,已是很好。我们想要实行我们的计划,则文字上的提倡和宣传,其力量来得很大”。

也正因为此,20 世纪 20 年代之后,交大国文系明确将国文教学的目标定位在应用文的训练上,如陈柱任国文系主任后,在其拟定的教学大纲中说:

> 本校所欲养成者为交通建设专才,毕业后在社会服务者,不外技术及行政两种人员,其需用不外实用之文,至于各人心得,著书问世,亦属应有之事,故本校教授国文,当也能达此主旨为标准。
>
> 一、条陈计画之文,此类文字,最切实用,最宜多选,而尤以关于变法及实业计画者为尤要。
>
> 二、叙述记载之文,凡参观工厂,考察地工要政,以及旅行游览,此类之文,均甚切要。
>
> 三、学术原流之文,本校虽为工科,然既属最高学府之学生,于本国学术原流常识,不宜太过缺乏,且他时本所学以建议于社会,著书以问世,尤

① 淩鸿勋:《国文大会过后之感想》,载《南洋周刊》,第七卷第八号, 1925 年 12 月 30 日。

② 《交通部上海工业专门学校章程》(1913 年),见交通大学校史撰写组编:《交通大学校史资料选编》(第一卷),西安:西安交通大学出版社,1986 年版,第 224 页。

③ 《交通部直辖大学通则》(1922 年 7 月),见交通大学校史撰写组编:《交通大学校史资料选编》(第一卷),西安:西安交通大学出版社,1986 年版,第 384、385 页。

有不能忽略者[①]。

比照这一背景，国文大会由“道”而“术”发生转向也就顺理成章了。

① 《国文学系陈主任拟定教学大纲》，载《交大三日刊》，第73号，（1930年10月8日，第3版。

复旦大学1950年师资力量与师生对比研究

复旦大学历史地理研究中心　韩健夫

摘要：校史研究是高等教育研究中的重要组成部分，是了解高校建设、组成、发展不可或缺的重要前提。师资力量与师生比是评价一所高校教学与科研水平的重要指标之一。通过整理1950年年初复旦大学与清华大学、北京大学、交通大学三所高校的师生情况，我们发现：复旦大学在当时学生与教师数量标准差均最低的情况下，师生比一项的标准差竟然为四校中最高。复旦大学在文科专业的师资方面表现突出，生物系、土木系等专业水平较高，农学、商学等是当时的特色学科。

关键词：复旦大学；1950年；师资力量；师生比例

中国高等教育的发展与中国近代社会变迁有着不可分割的密切联系，一部中国高教史是理解中国近代社会的关键侧面之一。在民国时期，中国高等教育的发展情况日益引起现代学者的关注，作为中国高等教育史上开启与发展的重要阶段，这期间大学的情况对日后产生了深刻的影响。其中，复旦大学、北京大学、清华大学、交通大学分别居于中国的重要城市，也同时是该城市中具有代表性的高校，对它们的研究具有重要意义。另外，四所大学的代表性十分突出，复旦大学属于私立大学出身，北京大学、交通大学属于官办大学代表，而清华大学又是以庚子赔款为基础而组建的大学。将不同出身与资助来源的大学进行对比，更能凸显出彼此的特色与办学风格，以及彼此间的不足与长处，也有助于提高对民国时期高等教育的认识水平。

对于中国高等教育的研究，现在逐渐得到广泛的注意，越来越多的学者加入到中国高教的研究工作中来，在30余年的时间里，高等教育研究取得了不俗成绩，全国有几百所高等院校都建立了自己的高教研究机构。然而，对于高等教育历史的研究，尤其是实证性的量化研究还很薄弱，比较研究更是有待加强。所以，对于高教史的研究就不能仅仅流于一般的关注，而需要以一个较长时间尺度的视角进行切入。加之中国高等教育历史本身并不悠久，至今方才一个世纪左右的时间。那么，长时间尺度的视角自然就会深入高等教育史的研究领域之中。“以史为鉴”对于现今高校乃至高等教育的发展也同样至关重要。

对于高校而言，最为重要的组成要素便是学校中的教师与学生，因而对教师、学生的信息与数据的获取、分析便是认识高校的重要途径。教师、学生的籍贯分布，年龄构成，性别比例，教师的职称分布，不同学科下的师生比就是其中不可或缺的参考指标[①]。然而，由于当下高校师生信息涉及学校及师生的隐私，并不便于公开乃至研究。所以我们要了解这些信息的变化情况只能求诸于历史时期的相关资料，这便需要我们对学校的档案与文献资料进行系统、整体的整理与分析。那么，中国每所高校的历史长短不一，一所高校的历史又都有自身的波澜起伏，究竟选择什么时期作为研究时段呢？1950 年是一个很有代表性且争议不大的时间断面，它既是民国时期高校情况的延续，又有中华人民共和国建设与规划高校的痕迹，同时也较小牵扯当下的高校人事与个人隐私。另外，这一时段的档案资料或是可以进行查阅，或是已经公开出版，极大地便于我们的研究工作开展。选择 1950 年便是处于以上诸点的考虑。

本文通过爬梳复旦大学、北京大学、清华大学、交通大学四校 1950 年的师生档案资料以及公开出版的校史档案文献进行研究。分析 1950 年拥有不同风格与历史，分布于不同城市的四所高校的师生情况，力求找出彼此之间的相似性与差异性，对于了解当下四所高校的情况颇多帮助，同时也有助于我们理解中华人民共和国成立初期尤其是院系调整之前的中国高等教育史。当然，除此以外，对于这四所高校本身的校史研究而言也有裨益。

一、所用资料与分析方法

本文所用资料来源有如下几个方面。复旦大学的相关资料，来自复旦大学

① 有关师生比的研究有以下 3 章。陈敏：《高校办学效益与师生比》，《高等教育研究》，1991(2)；罗林：《我国高校师生比的国际比较》，《湖北民族学院学报》，1993(4)；朝鲁，梁秀基：《我国高等院校师生比研究》，《内蒙古师大学报》，1997(4)；薛颖，冯文全，黄育云：《对我国高校人力资源配置的探析》，《理论观察》，2007(4)；郭栋，《师生比视角下我国高等教育的教师数量分析》，《河南社会科学》，2014(8)。

校史馆与档案馆所藏资料与档案[①]。另外,为了达到与同时期北京大学、清华大学、交通大学的相关数据进行对比的目的,我们还搜集了1950年度三校的相关师生数据[②];在统计方法方面,关于复旦大学1950年各院系师生数量的统计,根据所列档案资料内的数据进行计算,计算所得结果有1950年上半年(即1949—1950学年第二学期)复旦大学各院系总计学生数量、总计教师数量、教授数量、副教授数量、讲师数量、助教数量。并在此基础上,进行师生比的计算,总共统计出1950年上半年复旦大学各院系总师生比数、教授与学生师生比数、助教与学生师生比数。

北京大学的统计中,我们直接利用已经出版的《北京大学纪事1898—1997》一书中的《新北京大学系、专业、专修科设置及调整出新北京大学系、组情况表》进行汲取与分析。资料情况相对系统,且容易把握。

清华大学的统计结果中,综合利用《清华大学1950年4月份教师人数统计表》及《清华大学1950年新聘教师名单》两份数据,统计出1950年4月清华大学的教师数量情况。因为清华大学没有1950年综合性的在校学生统计表与数据,故此本文结合运用1949年度新生入学数据及1950、1951、1952三个年度学生毕业数据进行回溯,进而统计出1950年上半年的清华大学在校学生数量。

在有关交通大学的相关统计中,利用了《华东区国立交通大学教职员人数调查表》以及《交通大学1950至1953年毕业生、专业》两份数据。根据教职员工人数调查表统计出交通大学1950年上半年各专业的教师情况,根据毕业生的信息统计1950年上半年各院系的学生人数。

---

① 《国立复旦大学一九四九学年第二学期班级数调查简表》、《华东区国立复旦大学学生人数调查表·一九四九年度第二学期》、《华东区国立复旦大学毕业生人数调查表·一九四九年度第二学期》《华东区国立复旦大学教员人数调查表·一九五〇年三月三十一日》《华东区国立复旦大学概况调查表·一九四九年度第二学期》《华东区国立复旦大学职员、工警人数调查表·一九四九学年度第二学期》,复旦大学档案馆藏,档号:教务处50-5。

② 具体包括《新北京大学系、专业、专修科设置及调整出新北京大学系、组情况表》《国立清华大学1950年4月份教师人数统计表》《国立清华大学1950年4月份职员人数统计表》《国立清华大学1949年度录取新生名单》《清华大学1950年毕业学生名册》《清华大学1951年毕业生名册》《清华大学1952年暑期毕业学生名单》《清华大学1950年新聘教师名单》《华东区国立交通大学教职员人数调查表》《交通大学一九五〇年毕业生、专业》(以上引自王学珍等主编:《北京大学纪事1898—1997》,北京大学出版社,2008年版,第546—550页;清华大学校史研究室:《清华大学史料选编·第五卷(下)》,清华大学出版社,1991年版,第709、711、815、886、905、922、1044页;上海交通大学档案馆藏档案,档号:长期2188-0050-141、长期2188-4、长期2188-5、长期2188-6、长期2188-7)。

通过以上整理分析，本文得出了 1950 年度上半年复旦大学、北京大学、清华大学、交通大学四所高校各院系的师生数据，并由此算出总师生比值以及不同职称教师与学生的师生比值。下面就所得结果进行展示与分析，希望能从中发现中华人民共和国成立初四所高校师资情况的特征。

二、复旦大学师生比分析

（一）复旦大学师生情况

本文以复旦大学 1950 年的师生比为中心展开研究，因此，先将统计出的 1950 年复旦大学师生数量情况进行分析。当时，复旦大学共拥有文学院、理学院、法学院、商学院、农学院五大系统，同时还拥有经济研究所、体育部和政治助教组三个机构。这一机构设置到 1952 年院系调整时受到很大调整，其中农学院、商学院的变动尤其剧烈，理学院、文学院的下设系别也遇到极大调整。可以说 1950 年的师生情况更多反映的是民国时期的情况以及中华人民共和国成立初的一些微型调整。1950 年师生人数情况如表 1 所示。

表 1　复旦大学 1950 年师生人数

		学生总计	教师总计	教授	副教授	讲师	助教
文学院	中文系	74	27	17	3	2	5
	外文系	89	31	19	6	4	2
	历史系	43	12	7	1	1	3
	新闻系	106	10	5	4	0	1
	教育系	102	18	10	2	0	6
理学院	数理系	51	19	9	4	0	6
	化学系	78	13	7	0	1	5
	生物系	29	13	5	0	2	6
	土木系	123	27	17	1	3	6
法学院	法律系	180	15	12	0	1	2
	政治系	52	7	5	0	1	1
	经济系	131	17	10	0	1	6
	社会系	36	9	7	0	1	1

续表

		学生总计	教师总计	教授	副教授	讲师	助教
商学院	银行系	85	10	7	0	0	3
	会计系	126	9	5	0	0	4
	统计系	49	8	4	1	1	2
	合作系	73	5	4	0	0	1
	工管系	112	8	6	0	1	1
	国贸系	66	3	2	0	0	1
	统计专科	57	2	2	0	0	0
农学院	农艺系	69	14	6	1	1	6
	园艺系	65	12	5	1	1	5
	农化系	52	5	2	0	0	3
	茶叶专科	37	4	1	1	0	2
经济研究所	经济研究所	90	10	8	0	0	2
总计		1975	308	182	25	21	80

根据表 1,从学生、教师两个角度分析, 1950 年年初复旦大学的师生情况。从学生的情况来看,当年共有 1 975 名学生。其中,法律系的学生最多,占比也最大,学生人数达到 180 人,占比将近 10%;人数最少的院系是生物系,才 29 人,占比不到 2%。平均来看,每个院系学生人数为 79 人。从教师数量上来看,当年教师一共 310 人,其中统计专科教师人数最少,才 2 人,人数最多的院系为外文系,教师数量为 31 人,占比 10%。教师中教授的数量达到 182 人,而教授人数超过 15 名的院系,分别有土木系、中文系、外文系。可见,在 1950 年院系调整之前,复旦大学的土木系是复旦的招牌专业,师资力量十分雄厚。同时,外文系和中文系的实力也不容小觑。从职称的分布来看,当年助教的人数为 80 人,远多于副教授与讲师的人数,其中文、理学院的助教数量较多,值得注意。至于 1950 年复旦教师的性别、年龄层次、籍贯等信息,可参见拙作《1949—1952 年复旦大学师资分析》[①] 一文,在此不展开详述。

通过计算学生、教师数据的标准差,我们可以大概了解当年复旦大学各院系之间学生与教师数量的离散程度。经过计算,各院系学生人数的标准差为

① 韩健夫:《1949—1952 年复旦大学师资分析》,载《校史通讯》,2015 年 5 月 25 日,第 3 版。

36,教师人数的标准差为 7.5,教授人数标准差为 4.7[①]。

(二)复旦大学师生比情况

师生数据整理完成之后,很自然会想到师生比这一高校及高等教育中极为重要的考核指标。师生比这一参数所能表达的指示意义丰富,就上面所掌握的 1950 年年初的师生情况数据我们可以作出十分详细的师生比结果,见表 2 所示。

表 2　复旦大学 1950 年师生比(教师数 / 学生数)

学院	系别	师生比	师生比(教授)	师生比(助教)
文学院	中文系	1 : 2.7	1 : 4.4	1 : 14.8
	外文系	1 : 2.9	1 : 4.7	1 : 44.5
	历史系	1 : 3.6	1 : 6.1	1 : 14.3
	新闻系	1 : 10.6	1 : 21.2	1 : 106.0
	教育系	1 : 5.7	1 : 10.2	1 : 17.0
理学院	数理系	1 : 2.7	1 : 5.7	1 : 8.5
	化学系	1 : 6.0	1 : 11.1	1 : 15.6
	生物系	1 : 2.2	1 : 5.8	1 : 4.8
	土木系	1 : 4.6	1 : 7.2	1 : 20.5
法学院	法律系	1 : 12.0	1 : 15.0	1 : 90.0
	政治系	1 : 7.4	1 : 10.4	1 : 52.0
	经济系	1 : 7.7	1 : 13.1	1 : 21.8
	社会系	1 : 4.0	1 : 5.1	1 : 36.0
商学院	银行系	1 : 8.5	1 : 12.1	1 : 28.3
	会计系	1 : 14.0	1 : 25.2	1 : 31.5
	统计系	1 : 4.9	1 : 12.3	1 : 24.5
	合作系	1 : 14.6	1 : 18.3	1 : 73.0
	工管系	1 : 14.0	1 : 18.7	1 : 112.0
	国贸系	1 : 22.0	1 : 33.0	1 : 66.0
	统计专科	1 : 28.5	1 : 28.5	

① 统一进行小数点后一位的四舍五入。

续表

学院	系别	师生比	师生比(教授)	师生比(助教)
农学院	农艺系	1∶4.9	1∶11.5	1∶11.5
	园艺系	1∶5.4	1∶13.0	1∶13.0
	农化系	1∶10.4	1∶26.0	1∶17.3
	茶叶专科	1∶9.3	1∶37.0	1∶18.5
经济研究所	经济研究所	1∶9.0	1∶11.3	1∶45.0

一张由数字组成的表格不经解读可能看起来十分枯燥且不得要领,这需要结合数据的结果进行扼要的解释方才了解其中的重要信息。在当年的各个院系之中,师生比最高的是学生人数最少的生物系,即2.2名学生对应1名教师。另外,中文系、外文系、数理系的师生比也十分高,即1名教师对应不超过3名学生。而师生比较低的专业除了统计专科比较偏离平均数外,商学院的几个专业均有较低的师生比,这是值得我们研究的状况。

再看教授与学生的数量比例情况。与之前整个师生比相类似,中文、外文、数理、生物系同样师生比较高,与整体师生比不同的是社会系,其教授与学生的比例也十分高。而教授与学生的师生比较低的专业除了专科外,国贸系、农化系、会计系普遍偏低,其中,国贸系低到一个教授对应33名学生。通过计算各院系师生比的标准差,得出当年整体师生比的标准差为6.3,教授的师生比标准差为9.2,助教的师生比标准差为31,可见各院系的助教与学生数量比例的离散程度最大,这可能与文、理、工、农、商等专业特点有关。

一个样本量并不能说明太多的问题,一个学校的数量并不能让我们充分认识到20世纪50年代复旦大学的师生情况。因此,这便需要采集同一时间上的其他高校数据进行比对。故此,本文又利用档案与校史资料,整理出1950年上半年清华大学、北京大学以及交通大学的师生数量情况。

三、四校师生比分析

如复旦大学的情况一样,我们首先整理出当年清华大学各个院系的师生数据,并与复旦大学的师生数据表格框架一样,并列表如下(见表3)。

(一)清华、北大、交大师生情况

表3　清华大学1950年师生人数

		学生总计	教师总计	教授	副教授	讲师	教员	助教
文学院	中文系	39	21	8	1	1	6	5
	外文系	138	28	10		7	6	5
	哲学系	20	9	6	2			1
	历史系	31	14	8			3	3
理学院	数学系	30	23	4	2	1	9	7
	物理系	160	25	9		1	7	8
	化学系	75	19	6	1		3	9
	生物系	42	15	6		2	2	5
	地学系	64	17	8		1	4	4
	气象系	17	6	2			1	3
	心理系	17	7	4			1	2
法学院	政治系	31	10	6	1	1	1	1
	经济系	149	13	7	1		3	2
	社会系	51	13	5	2	1	3	2
工学院	土木系	210	32	10	2	1	5	14
	机械系	293	38	13	1	1	7	16
	电机系	374	28	7	3		5	13
	航空系	141	14	4		2	2	6
	化工系	166	15	3	2	1	2	7
	营建系	46	15	2	4	2	6	1
其他	体育部		11	2		3	4	2
	音乐室		3			1		2
	校医室		2	1		1		
		2 094	378	131	22	27	80	118

在清华大学的统计结果中,我们可以看到当年清华大学共有学生2 094人,比同时期复旦大学学生人数多出119人,教师人数也比同时期复旦大学多68人。从各院系的学生人数分布情况来看,工学院的学生人数最多,电机系、机械系、土木系人数排名前三甲,三系学生人数之和达到877人,占全校学生人数四成还多。如果将工学院学生总人数加起来共有1 230人,更是达到全校学生总数的将近六成。在其他学院中,文学院的外文系学生人数最多,比同学院中其他几个专业学生人数总和还要多,有明显的人数优势。理学院中物理系学生人数最多,法学院中以经济系学生人数为最。在教师方面。仍然是以工学院的机械系、土木系和电机系教师人数最多。其他专业中教师人数的差异并不十分明显,尤其是教授的人数。工学院的教授人数只比文学院多7名,这同两个学院学生数量相差悬殊有明显的不同。与复旦大学一样的是,在职称人数的分布上,均是教授人数最多。

关于清华大学在1950年各院系师生人数的离散程度,我们同样通过计算标准差的方法进行衡量。计算可知,当年各院系学生人数的标准差为99,教师人数的标准差为9.2,教授人数的标准差为3。

表4 清华大学1950年师生比(教师数/学生数)

		师生比	师生比(教授)	师生比(助教)
文学院	中文系	1∶1.9	1∶4.9	1∶7.8
	外文系	1∶4.9	1∶13.8	1∶27.6
	哲学系	1∶2.2	1∶3.3	1∶20.0
	历史系	1∶2.2	1∶3.9	1∶10.3
理学院	数学系	1∶1.3	1∶7.5	1∶4.3
	物理系	1∶6.4	1∶17.8	1∶20.0
	化学系	1∶3.9	1∶12.5	1∶8.3
	生物系	1∶3.0	1∶7.0	1∶8.4
	地学系	1∶3.8	1∶8.0	1∶16.0
	气象系	1∶2.8	1∶8.5	1∶5.7
	心理系	1∶2.4	1∶4.3	1∶8.5
法学院	政治系	1∶3.1	1∶5.2	1∶31.0
	经济系	1∶11.5	1∶21.3	1∶74.5
	社会系	1∶3.9	1∶10.2	1∶25.5

续表

工学院	土木系	1：6.6	1：21.0	1：15.0
	机械系	1：7.7	1：22.5	1：18.3
	电机系	1：13.4	1：53.4	1：28.8
	航空系	1：10.1	1：35.3	1：23.5
	化工系	1：11.1	1：55.3	1：23.7
	营建系	1：3.1	1：23.0	1：46.0

从清华大学当年的师生比来看,师生比最高的是数学系,为 1：1.3,最低的专业是电机系,为 1：13.4。各院系的师生比情况来看,文学院师生比最高,之后依次是理学院、法学院和工学院。教授的师生比中,最高的为哲学系,达到 1：3.3,而师生比最低的专业是化工系,达到 1：55.3。助教的师生比中,最高的是数学系,为 4.3,而最低的是经济系,达到 1：74.5。

我们再来考察一下北京大学 1950 年的情况,因为并未获得足够详细的当年北京大学的师生档案与校史资料情况,所以现阶段只能依据公开出版的北大校史进行整理。受到资料情况的限制,只统计出当年上半年北京大学各院系学生、教师的人数,教师中现有数据情况达不到进行职称分类统计的程度。但是在现有的数据下,还是足够我们做基本的情况分析。

表 5　北京大学 1950 年师生数及师生比(教师数 / 学生数)

	学生总计	教员总计	师生比
数学力学系	42	26	1：1.6
物理系	66	24	1：2.8
化学系	99	24	1：4.1
生物系	87	27	1：3.2
历史系	99	16	1：6.2
中国语言文学系	102	16	1：6.4
俄罗斯语言文学系	102	9	1：11.3
东方语言学系	332	71	1：4.7
西方语言文学系	80	30	1：2.7
哲学系	64	15	1：4.3
政治系法律系	190	27	1：7.0
图书馆专修科	47	8	1：5.9
总计	1 310	293	

1950年北京大学的学生人数同复旦、清华相比偏少,共有1 310人,教师的数量却与复旦、清华相差不多,达到293人。从标准差的计算中,我们可以看出,各院系学生人数的标准差为79.8,教师的标准差为16.4,师生比的标准差为2.6。

相对于上述三校而言,交通大学的院系设置情况以工学院和管理学院为重,因此与其他三校的对比度并不高,学校自身特点较为鲜明。现列出交通大学各院系师生比情况如表6所示。

表6 交通大学1950年师生数及师生比(教师数/学生数)

院系	学生总计	教员总计	师生比
数学系	30	19	1∶1.6
物理系	41	33	1∶1.2
化学系	66	17	1∶3.9
土木工程系	196	27	1∶7.3
电机工程系	198	42	1∶4.7
电信专修科	49	4	1∶12.3
机械工程系	374	49	1∶7.6
航空工程系	44	11	1∶4.0
工业管理工程系	11	12	1∶0.9
造船工程系	212	12	1∶17.7
轮机工程系	62	12	1∶5.2
纺织工程系	22	9	1∶2.4
水利工程系	47	9	1∶5.2
化学工程系	54	9	1∶6.0
运输管理系	86	16	1∶5.4
财务管理系	56	14	1∶4.0
电信工程管理系	18	10	1∶1.8
航业管理系	7	4	1∶1.8
总计	1 573	309	1∶5.1

从交通大学当年的师生比来看,师生比最高的是工业管理工程系,为1∶0.9,最低的专业是造船工程系,为1∶17.7。从各院系的师生比情况来看,理学院师生比最高,之后依次是管理学院和工学院。教授的师生比中,最高的为

工业管理工程系，达到 1∶1.4，而师生比最低的专业是造船工程系，达到 1∶23.6。助教的师生比中，最高的是工业管理工程系，为 1∶2.8，而除去航业管理系与电信专修科未设助教外，最低的还是造船工程系，达到 1∶70.7。

（二）复旦、清华、北大、交大四校比较

通过以上两个部分的分析，接下来可以进行四校的纵向比较，在比较中，以复旦大学为中心，以清华大学、北京大学、交通大学为参照进行纵向比较。首先，对四校的各院系学生、教师、教授数量及师生比标准差做一个纵向的比较，见表 7。

表 7　复旦、清华、北大、交大师生标准差

	学生	教师	教授	师生比（教师）	师生比（教授）
复旦	36	7.5	4.7	1∶6.3	1∶9.2
清华	99	9.3	3	1∶3.6	1∶15.3
北大	79.8	16.4	—	1∶2.6	—
交大	96	12.6	4.4	1∶4.2	1∶6

从表 7 可以看出，在四所学校之中，各院系之间各项师生数据的离散程度情况，用以表达各校中不同系之间的师资分配情况。学生数量的离散情况，复旦大学各院系之间学生的数量差距较小，也就是说，各院系的学生人数比较均匀。而清华大学在“学生”一项中，各院系的学生人数最不均匀，院系之间的学生分布相差极大，正如上文指出的那样，工学院的学生人数就占全校学生总数的六成。各院系教师数量的离散情况，复旦大学仍然是最低的，说明在 1950 年年初，复旦各专业的教师人数相对平均。相比之下，北大各院系教师数量的差异最明显。师生比的离散情况十分值得注意，那就是复旦大学同其他三校相比，各院系的师生比差异最为明显，说明各院系中学生、教师的比例不是特别合理。另外，教授的情况因为北京大学缺少数据，只能同清华大学、交通大学进行比较。复旦相对于清华而言，各院系教授的数量分布差异比清华、交大明显，而在教授与学生的师生比上，各院系的分布差不如清华突出，但比交大分布差异大。

下面我们再进行师生比的比较。因为当年复旦与清华相同专业较多，放在后文专门论述。而四校共同拥有的专业只有化学系一个，不便于比较，由此只以复旦、清华、北大三校数据进行分析（见表 8），三校共同专业有四个，虽然总

数并不多,但从中仍可以看出一些端倪。

表8　复旦、清华、北大师生比

	中文系	历史系	化学系	生物系
复旦	1 : 2.7	1 : 3.6	1 : 6	1 : 2.2
清华	1 : 1.9	1 : 2.2	1 : 3.9	1 : 3
北大	1 : 6.4	1 : 6.2	1 : 4.1	1 : 3.2

三校当年仅有的四个相同专业分别为中文系、历史系、化学系和生物系。其中,复旦大学生物系的师生比最高,化学系的师生比最低。清华大学在中文系的师生比最高。北京大学生物系的师生比最低。

复旦与清华相同专业在四校之中最多。因此将当年复旦、清华相同专业的师生比单独进行比较。

表9　复旦、清华师生比

	复旦	清华
中文系	1 : 2.7	1 : 1.9
外文系	1 : 2.9	1 : 4.9
历史系	1 : 3.6	1 : 2.2
化学系	1 : 6	1 : 3.9
生物系	1 : 2.2	1 : 3
土木系	1 : 4.6	1 : 6.6
政治系	1 : 7.4	1 : 3.1
经济系	1 : 7.7	1 : 11.5
社会系	1 : 4	1 : 3.9

同年,复旦大学与清华大学的相同专业较多,达到9个。在这9个专业当中,复旦大学师生比高于清华大学的有经济系、土木系、生物系与外文系。而清华大学师生比更胜一筹的是中文系、历史系、化学系、政治系和社会系。由此制成图1,可以更加清晰地表达。

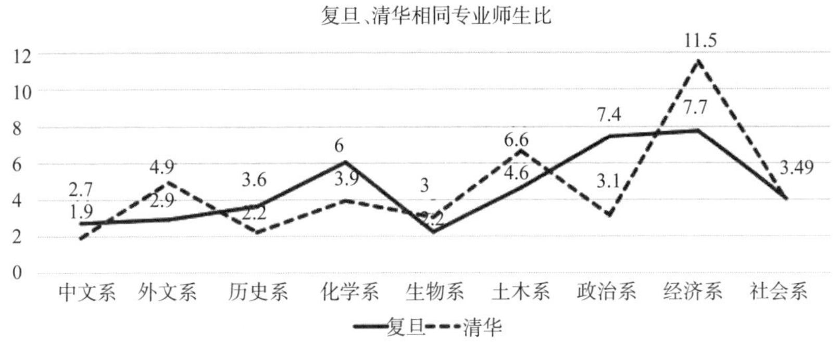

图 1　1950 年复旦、清华相同专业师生比

上文所列诸多数据与表格所能反映的信息十分丰富，本文仅分析了最为直接与基本的几项数据表现，更多的解读仍然还需进一步的挖掘。但综和以上三个部分的分析，我们有理由也有依据进行如下总结。复旦大学与清华、北大、交大进行对比，我们可以发现，复旦大学在 1950 年上半年学校教育尤其是在师生比与标准差方面的诸多特点。其中很有意思的现象是复旦大学在学生与教师数量标准差均最低的情况下，师生比一项的标准差竟然为三校中最高。足见当年复旦大学各专业之间学生、教师人数虽然相对均匀，但院系之间的师资情况的分派却相差较大。这一特点值得我们去进一步探究原因，也应该引起现今学校全面规划与教育科研发展计划者的重视。

另外，值得我们注意的是，1950 年复旦大学的土木系与生物系的实力突出，在教授人数与学生人数以及师生比方面，均超过同时期的清华与北京大学、交通大学。外文系、中文系等文科专业方面，从师生比情况可以看出，师资力量在当时十分强大，教授人数占据教师总数的将近 1/3，这一传统仍然在一定程度上保存至今。

四、总结

学生、教师的人数与相关的师资参数是评价一所大学教学、科研水平状况的基础性数据，可以较为客观地反映大学的实际情况，同时也是一个能够量化的指标性数据，值得进行深入的挖掘与分析。同时，在现有的校史与高等教育史研究中，各自表述的倾向还比较严重，这会使某些研究者将共性当特性。原因就在于研究者更多专注于一校一时的情况，而对他校他时以及整体教育程度与水平没有一个很好的理解。故此，急需开展比较研究法，让高教史研究不再局限于一隅,进而拓宽研究视野。只有这样,才能在整体中更好地认识自身,得出独到而更为准确的历史结论。

从上面四校的比较分析来看,复旦大学在中华人民共和国成立初期至院系调整之前的师生情况及师生比有其自身的特点,相较于同时期清华大学、北京大学和交通大学而言,在以下两个方面尤其需要注意。首先,复旦大学在学生与教师数量标准差均最低的情况下,师生比一项的标准差竟然为四校中最高。足见当年复旦大学各专业之间学生、教师人数虽然相对均匀,但院系之间的师资情况却相差较大。其次,复旦大学个别专业的师资情况突出,是当年学校的强势学科与特色专业,值得我们注意。尤其是文科的整体实力较强,生物系与土木系的师资强大。具体的院系情况、学术特色与学人传承有待进一步的研究。

对校史数据的量化工作只是研究校史的一个方法与切入点,计量史学中"没有人"的倾向在20世纪70年代便已经被提出,也受到了各方面的批评。我们所做的校史数据的比较研究与分析,距离计量史学自然还有一定的距离,但是其中"不见人"的情况确实也客观存在。毕竟只把学生与教师的数量放在一起比较,忽视了各个高校之间及高校内部各院系之间人与人水平高低的区别、研究特色的差异,这种不足是我们的研究所不能回避的。我们的数据整理与分析工作只是一个开始,希望通过这样的整理,我们能从中找到因之前枯燥的数字而被湮没的一些值得关注的现象,这可能才是本项研究更深意义上的价值所在。

第二篇

中国现代大学学科的历史变迁

名、实之间的调适：从南洋公学师范院再探清末师范教育“以日为师”问题

上海交通大学党史校史研究室　胡端

摘要：自甲午战争后至近代新学制确立之前，国内教育界一度掀起“以日为师”的热潮，尤其作为“群学之基”的师范教育，更在很大程度上移植于日本的兴学经验。在此背景下，首开近代师范教育先河的南洋公学师范院，自然也难摆脱“日式经验”的覆盖。不同的是，南洋公学师范院的“日式经验”并非被动而得，而是创办者盛宣怀依靠中日两方人脉主动撷取的。同时，由于对师范教育本土性办学定位的考虑以及个人“西学观”的偏向，盛宣怀对“日式经验”在名、实之间作了相当程度的损益与调适，形成了本土色彩、日本元素、欧美背景混杂并存的状态。这也是整个清末教育转型期新旧杂糅、中西交汇的复杂反映。

关键词：南洋公学师范院；日本元素；汲取；损益；盛宣怀

甲午战败后，清廷朝野上下出现了从抵制日本到“以日为师”的态势转变，不仅在政制改革上主张效法日本，实行宪政，而且在“兴学育才”上也疾呼“师事日本”。约从1898年前后开始，一直到20世纪前10年，无论是出洋考察学校、学制课程制定，还是派遣留学生、延聘教习等各方面，基本都取径于日本。关于这一点，学界似乎早已公认。如汪向荣先生就认为19世纪末20世纪初的10年间，“中国新教育的发展，几完全和日本有牵连，或者说是借助于日本的；有人说，那是日本型的教育，或者也不过分”①。美籍学者任达也认为，在1898—1907年中日关系富有成效和相对和谐的“黄金十年”② 中，中国的教育改革是以日本为模式的。

---

① 汪向荣：《日本教习》，北京：生活·读书·新知三联书店，1988年版，第151页。

② [美]任达著，李仲贤译：《新政革命与日本——中国，1898—1912》，南京：江苏人民出版社，1998年版，第7页。

在“以日为师”的大背景下,作为推动近代一切教育之本的师范教育自然也不例外地带上了浓厚的“日本元素”。舒新城较早注意到“日本速成师范与中国师范教育”之密切关系,并拟专章研究,惜未付诸实践。之后,国内外不少学者都通过研究表明清末师范教育深受日本的刺激与影响,甚至有“清末的师范教育是在日本教习手中成长起来的”,是“日本教习的时代”,是“日本模式的师范教育”的说法[①]。

然而,既有研究大多是从上层的兴学体制与政策、日本教习与留日学生统计等宏观层面论述如何受惠于日本的情况,且研究时段多停留在1902年学制系统正式确立之后,对于1897—1902年师范教育萌芽期[②]师范学堂如何“以日为师”的个案考察尚不多见。此外,既有研究虽对近代师范教育中的“日本经验”皆持肯定结论,但这种对外来元素的仿习究竟是盲目照搬、食洋不化,还是兼顾国情、变通损益?所谓“日本模式的师范教育”的说法是否全能适用于中国不同区域、不同性质的新兴师范学堂的创设?诸如此类论题尚需更坚实深入的微观实证研究。

一、受到梁启超“日本师范论”的认知影响

1896年盛宣怀在筹建南洋公学之初,无论是先纳入规划的师范院及附属外院,还是稍晚建成的中院、上院,其实最初在整体设计上都有“师法日本”之意。这可从公学最早的筹备章程《南洋公学纲领》[③]中管窥一二。该《纲领》第五条开宗明义地指出:“环海各邦,与我同文同教,而能善学西人,日起有功者,莫若日本。中国兴学,宜取法于东,阶级略同,途轨径捷。”[④]接着,《纲领》又不惜篇幅

① 具体参见黄士嘉《清末师范教育的萌芽(1897—1911)》,载《近代中国》第115期,(1996年1月);[日]阿部洋著,李季湄摘译:《中国的近代教育与明治日本》,东京:东京福村出版株式会社,1990年版;李杰泉:《日本对晚清师范教育的影响》,载蒋永敬等编:《近百年中日关系论文集》,台北:台湾中华民国史料研究中心,1992年版。

② 舒新城:《中国近代师范教育小史》,载《中华教育界》,1926,15(11)。

③ 《南洋公学纲领》(以下简称《纲领》)拟成于1896年8月,共17条,详细规定了校名由来、经费来源、办学宗旨、学制等各个方面,成为南洋公学1898年制订正式章程的脚本。该《纲领》1896年原件目前见于上海图书馆藏盛宣怀档案(以下简称“盛档”)中。1897年,该《纲领》又以“南洋公学章程”之名陆续刊于《萃报》《集成报》《实学报》,内容与1896年《纲领》相比,条目字句虽略有增删,但改动不大,可视为同期文献。笔者在行文中对1896、1897年版的《南洋公学纲领》或《南洋公学章程》都有引用。

④ 盛宣怀:《南洋公学纲领》(光绪二十二年七月初三日,1896年8月11日),盛档:044964-2。

地介绍了日本中小学的授课科目，以及大学的法、理、文三部建制。最后指出："今中国既非一蹴可及，不得不择要施教。中院教科，大纲略从日本，大院则以法理为大端，而损益变通之，条列细目，统归课程。"①

但在谈及师范院时，早期《纲领》或《章程》在行文中却没有如中院、大院（上院）那样将"师法日本"之意说得那么显露：

> 西国各处学堂教习，皆出于师范学堂，日本亦有师范学校，中国儒生尚多守先之学，遴选教习，尤患乏材。现就公学内设立师范院，先选高才生三十人，延德望素著、学有本原、通知中外时事者教督之。一二年后，南北洋学堂教习，皆于是取资，庶无谬种流传之病②。

这段文字只是将日本设有师范学校作为南洋公学设立师范院的例证与背景，表面上似乎看不出师范院的"建置构想"是缘始于日本。然而，就在1896年底至1897年初师范院的规划筹备进一步深化，亟待方略指导之际，维新派主将梁启超在上海《时务报》上发表了一篇带有浓厚"日本元素"的教育专论——《论师范》，成为国人在甲午战后理性认识层面上正式探讨师范教育之嚆矢，而它正恰逢时机地影响到南洋公学师范院的筹设。

梁启超所撰《论师范》一文，起篇便援引日本明治兴学时师范学校先行的佳例，呼吁国内倡行"师范教育"之必要：

> 善矣哉！日人之兴学也。明治八年，国中普设大学校，而三年以前，为师范学校以先之。师范学校与小学校并立，小学校之教习，即师范学校之生徒也。数年以后，小学之生徒，升为中学、大学之生徒，小学之教习，即可升为中学、大学之教习。故师范学校立，而群学之基悉定……故欲改革旧习，兴智学，必以立师范学堂为第一义③。

在梁启超看来，日人兴学对中国最可取之处，首先便是作为"群学之基"的师范学校先于大、中学而设立。即以师范教育的先行领衔普通教育的发展。他主张中国"立师范学堂为兴学第一义"的理念，与后来1902年日本教育家日户胜郎对京师大学堂总教习吴汝伦所陈述的观点如出一辙："清国教育下手之第

① 盛宣怀：《南洋公学纲领》（光绪二十二年七月初三日，1896年8月11日），盛档：044964-2。

② 《南洋公学章程》，载《萃报》1897年第2期，第7~8页；又见《集成报》1897年第12册，第6~7页。

③ 梁启超：《饮冰室合集·文集》第1册，北京：中华书局，1989年版，第34~37页。

一着,莫不急于先起师范学校,以造就各省小学校、国民教育之教员,养成教员者,是教育上最先最大之急务也。"[①]可见,梁启超当时虽还未走出国门,却已较准确地洞见到中国兴教立学所能从日本方面汲取的最益经验。那么,对梁启超基于日本经验而提出的"师范为'群学之基''立学第一义'"的说法,正在筹设南洋公学师范院的盛宣怀到底有无吸取呢?目前尚无直接确凿的史料能够证实。但从梁启超与盛宣怀当时的私谊交往,以及两人在"师范教育"认知上的相似度来推断,盛宣怀创办师范院很有可能受到了梁启超《师范论》的影响。

首先来看1896—1897年戊戌之前梁、盛两人的交谊情况,这在学界以往的研究中较少述及。其实,在1896年梁启超与汪康年、黄遵宪等在上海创办《时务报》并担任主笔的一年中,因其文采超卓,销行风靡而声名大振,不少官僚士绅、名流达贵都对之钦慕赞赏,极欲延引他为幕宾。这其中就包括时任大理寺卿的盛宣怀。1897年5月,盛宣怀曾以大理寺卿的身份与直隶总督王文韶、湖广总督张之洞曾连衔向光绪帝奏保梁启超,"有旨交铁路大臣差遣"[②]。梁启超在《三十自述》中称他事先不知道此事,后虽"以不愿被人差遣辞之",但对盛、张等心存感激。

不止如此,1897年11月梁启超在汉口还曾与盛宣怀有过通信,内容是梁受上海电报局总办经元善委托向盛宣怀说项,请求盛从汉口给上海的郑观应、严作霖、陈季同、施则敬等官绅发电报,请他们支持经元善在上海创办女学堂。从信函中对盛宣怀的款款言词中,明显可知两人交谊熟稔。兹简录部分内容如下。

杏荪太常先生足下:

在沪侍教,领益无量。初谓追随同舟,得以畅聆雅训,嗣因事濡滞,良用怅怅,抵汉曾晋谒两次,未获奉颜色为歉。敬有请者,超濒行,承经莲山太守谆谆委属,令在舟中晤公时,恳请由汉发一电,与施、严、唐、郑诸公,请协同提倡女学堂事,此后又复有函有电来(电乃镇江接者),属务请公竭力提倡,以助厥成云云……[③]

---

① 吴汝伦:《日户胜郎来书》,《东游丛录》,见王宝平主编:《晚清中国人日本考察记集成:教育考察记(上)》,杭州:杭州大学出版社,1999年,第359页。

② 梁启超:《梁启超自述(1873—1929年)》,人民日报出版社,2011年版,第39页。

③ 王尔敏,陈善伟:《近代名人手札真迹——盛宣怀珍藏书牍初编》,香港:香港中文大学出版社,1987年,第1624~1625页。

如这封信的开头所说，“在沪侍教，领益无量，追随同舟，畅聆雅训”等语，可知1896—1897年梁启超在上海主笔《时务报》期间，与盛宣怀早已有所交往，梁启超既能答应经元善代为向盛宣怀说情，足可见他与盛之间的关系较为厚密。因此，1896年年底1897年年初盛宣怀筹设南洋公学师范院期间适逢梁启超《论师范》一文问世，极有可能将之作为理论参考。同时，在当时国内师范教育尚无任何前人经验可循的情况下，盛宣怀还有可能与熟悉日人办学概略的梁启超多有直接的交流与沟通。

再来看盛、梁二人在“师范”认知上的共通之处。1898年以后，即南洋公学师范院建成一年之后，盛宣怀阐述的“师范教育”理念与梁启超十分类似：他也将“师范”定位为各色学堂开设之“源”“基”“钜”。“盖不导其源，则流不可得而清也；不正其基，则构不可得而固也。”“师道立则善人多，故西国学堂必探源于师范；蒙养正则圣功始，故西国学程必植基于小学。”[①]“国家以人才为本，人才以学校为基，而非先教师范无以为异时各学校之钜。”[②]

如果说盛宣怀筹设师范学堂的构想没有开宗明义地显露出“日本经验”的话，那么1897年南洋公学外院的创设则完全是吸收日本师范教育“元素”之举。盛宣怀本人径称是“复仿日本师范学校有附属小学校之法，别选年十岁内外至十七八岁止，聪颖幼童一百二十名，设一外院学堂，令师范生分班教之”[③]，使其“且学且教，规矩准绳，无不中度”[④]。

这种“师范学校有附属小学校之法”，与梁启超1896年年底在《论师范》中所提及的日本“师范学校与小学校并立，小学校之教习，即师范学校之生徒也”的启示如出一辙。然而，它虽然正确地强调了师范教育的基础地位，但由于此时梁启超还缺乏高等师范教育和寻常师范教育垂直学制的概念，故所论尚存误区：实则梁启超是主张将来的大学堂、中学堂的教习都可以从同级的师范学校毕业生中择优选任[⑤]。所以他说：

---

① 盛宣怀：《筹集商捐开办南洋公学折》（1898年6月12日），见《愚斋存稿》，1939年思补楼刻本（以下简称《愚斋存稿》），第2卷，第20页。

② 盛宣怀：《请将何嗣焜学行宣付史馆立传折》（1901年11月），见《愚斋存稿》，第6卷，第3页。

③ 盛宣怀：《筹集商捐开办南洋公学折》（1898年6月12日），见《愚斋存稿》，第2卷，第20页。

④ 《南洋公学章程》，载《萃报》，1897年第2期，第8页。

⑤ 郑师渠：《论京师大学堂师范馆》，载《北京师范大学学报》（人文社会科学版），2002（5）。

> 自京师及省府州县皆设小学,而辅之以师范学堂。以师范学堂之生徒,为小学之教习,而别设师范学堂之教习,使课之教术,即以小学堂生徒之成就,验师范学堂生徒之成就。三年之后,其可以中教习之选者,每县必有一人。于是荟而大试之,择其优异者为大学堂中学堂总教习,其稍次者为分教习,或小学堂教习……十年之间,奇才异能,遍行省矣[①]。

不过,师范生充任外院即小学堂的教习,所造成的结果是师范生在"且学且教"的制度下难以身心二用。"在师范生,分任外院管理事务,无形中也受了束缚。加以功课逐渐繁重,事务也日见复杂,往往不能完成自己应做的功课。"[②]而且,因无高一级师范学堂可供升学,"迨(光绪)二十九年春开学,师范生均就事不到校,因即裁撤,并未举行毕业"[③]。这反映了仅有初级师范学堂,而缺乏高等师范与之衔接所必然出现的困窘,说明此时的梁启超因尚未迈出国门,对日本及西方师范教育的理解多有隔膜。

二、课程与教材"参酌东法试办"

从1897年南洋公学师范院创办伊始,直至1903年被裁撤的六年中,整个国家层面的统一学制尚未颁行,国内同期又无前人兴办师范的实践经验可供参照,因此,其师范教育的关键环节如课程设置、教科书配置等方面只得依靠自身摸索。这种自行摸索,实际上主要还是参酌了日式教育经验。据1897年《南洋公学章程》云:"日本学校规则,及授读之书,皆由文部省查验,酌定颁行,故教无歧途,学归一轨,但其初亦屡试屡改,然后定为令式。今公学课程,皆拟参酌东法试办。"[④]此处所说的仿效日本的"公学课程"主要是指最先成立的师范院及外院。那么,日本当时的师范教育在课程设置上又是什么结构呢?

先看梁启超1896年年底发表的《论师范》一文中首次对日本师范课目的介绍:"日本寻常师范学校之制,(日本凡学校皆分两种:高等,寻常。)其所教者有十七事:一修身,二教育,三国语,(谓日本文语)四汉文,五史志,六地理,七数学,八物理化学(兼声光热力),九博物(指全体学,动植物学),十习字,十一图

---

① 梁启超:《论师范》,载《时务报》第十五册,1896年12月25日。

② 薛明剑:《南洋公学创办史事纪略》,见无锡市史志办公室编:《薛明剑文集上》,北京:当代中国出版社,2005年版,第585页。

③ 朱有瓛:《中国近代学制史料》第一辑(下册),上海:华东师范大学出版社,1987年版,第526、547页。

④ 《南洋公学章程》,载《集成报》1897年第12册,第6页。

画,十二音乐,十三体操,十四西文,十五农业,十六商业,十七工艺。”[①] 又据 1899 年浙江候补知县张大镛等人赴日考察各类学校的记录,可知日本府县级的寻常师范学校与府县以上的高等师范学校在课程种类的设定上诸多雷同,具体参见表 1 所示。

表 1　1899 年日本寻常、高级二级师范学校课程种类

日本师范学校类别	分科	课程种类															
寻常师范学校	普通	修身	教育	国语	汉文	历史	地理	数学	物理	化学	博物	习字	图画	音乐	体操		
	专门	农业	手工	英语													
高级师范学校	文科	伦理	教育学	国语	汉文	英语	历史	地理	哲学	经济学	体操	德育	习字				
	理科	伦理	教育学	国语	英语	数学	物理	化学	植物	动物	地学	生理	农业	手工	图画	体操	德育

资料来源　张大镛:《日本各校纪略》,见王宝平主编:《晚清中国人日本考察记集成:教育考察记(上)》,杭州:杭州大学出版社,1999 年版,第 27~28 页。

就日本寻常师范学校的课目类别来说,张大镛的亲历考察与梁启超的间接译介基本吻合,共有十七门课程。除了商业一门不重合外,剩余十六门课程的表述是一致的。至于日本高级师范学校的课目,总体上看并未超出寻常师范学校所设定的名目种类,只不过具体到内部的文理两科有所区别。如文科削减了图画、音乐、体操三门程度浅显的美体课程,以及数学、博物两门理科课程,增加了哲学(即性理之学)、经济学(即理财)、德育三门程度较高的西式课程。而理科的课目,除了将寻常师范学校中的博物课分解为动物课与植物课外,其他则基本与之保持一致。因此,统合寻常、高级二级师范的共同课目类别,可知修身(伦理)、教育学、国语(日文)、汉文、历史、地理(地学)、数学、物理、化学、动物、植物、生理、英语共十三门课目便是当时日本文部省为师范系统厘定的主体课程。

虽然日本师范课程在当时已经目张纲举,学归一轨,“但其起初亦屡试屡改,然后定为令式”,因此,盛宣怀认为大凡教学之法,必须“大含细入,非经历

① 梁启超:《饮冰室合集·文集》第 1 册,北京:中华书局,1989 年版,第 37 页。

试,其层累曲折之利弊,未可骤明"[①]。尤其是将别国课程移植到我国,"必历试而后能周匝",注重在实践中变通、修正,最终臻于完善,使之与我国教育现状相宜。遵此原则,师范院及附属外院课程,在设立之初都"由总教习与华洋教习逐一考核,实可循行,再将课程节目,厘为定式"[②]。

南洋公学师范院于1897年3月正式开学后,暂定课程有"算学、英文、法文、中文等"[③],具体授课时间是"上午习算学,下午治舆地,夜习西文"[④]。可见,师范院一开始尚不敢大范围地开授上述所列的十三门师范主体课程,而是尝试性地先开授几门程度稍浅的西学课程。至于中文一门为何不编进正式课程进行修习,乃是由于南洋公学招收师范生时,"以中学、西学、西文兼通者为上,通中学、西学不通西文者次之,徒通西文,不通中学者不取"[⑤]。故"来学者皆一时俊彦,于国学上素具根底,故国学并不上课"[⑥]。而是将之作为"自修"性质的课目,依据各师范生的兴趣与根基,让他们任选经史子集,自行研究。"遇有疑义或心得,摘记在笔记簿上,每逢星期日,汇呈总教习阅看。"[⑦] 颇有沿袭古代书院制度之遗风。

随着师范生基础日厚,中西文教习日益聘齐,师范院开设的课程数量与类型便开始增多。主要有数学、物理、化学、实验、科学教育、动植物、生理、地理、矿物、历史等必修或选修课程,这就基本与以上所述的日本师范学校开授的十三门课如出一辙。而这种做法也正好应和了梁启超在《论师范》中对日本寻常师范学校十七门课程"请略依其制而损益之"的呼吁。

这些课程若按内容可划分为中课、西课、教课三类,按照学习方式则可分为自修、选修、必修三类。具体分类情况参见表2所示。

---

① 《南洋公学章程》,《集成报》1897年第12册,第6页。

② 《南洋公学章程》,《集成报》1897年第12册,第6页。

③ 无锡市史志办公室:《薛明剑文集(上)》,第582页。

④ 王尔敏,陈善伟:《近代名人手札真迹——盛宣怀珍藏书牍初编》,第2册,香港:香港中文大学出版社,1987年,第456页。

⑤ 《京外近事:师范学堂》,《知新报》,1897年第6期,第5页。

⑥ 《杨耀文记各院(班)概括》,朱有瓛:《中国近代学制史料》第1辑(下册),上海:华东师范大学出版社,1987年版,第526页。

⑦ 无锡市史志办公室:《薛明剑文集(上)》,第582~583页。

表 2　南洋公学师范院课程设置大体情况

课目	内容、门类	课程分类	修习方式
国文	经、史、子、集	中课	自修
外国语	英文、法文、日文	西课	任选一门修习
数学	分算学、整数,含笔算数学、代数备旨、形学备旨、八线备旨等		必修
物理及实验			
化学及实验			
科学教育			选修
历史	欧洲史		
动植物			
矿物			
生理			
地理			
教育实习	中院、外院中西课程教学	教课	

资料来源:《杨耀文记各院(班)概括》,见朱有瓛:《中国近代学制史料》第一辑(下册),上海:华东师范大学出版社,1987 年版,第 526 页。

从表 2 中所列的课目类别来看,师范院虽然基本包罗了"日式经验"的十三门主体师范课,但当这些课程真正化为课堂教学行为时却"大打折扣"。如科学教育、动植物、矿物、生理、地理诸课,只是略微购备各种博物、标本、图表、模型、地图、地球仪等物件,"未全部列入正式课程"。而对于列入课程教学的数学、理化实验等课,师范生绝大多数都只能是蜻蜓点水,浅尝辄止,谈不上深修精研。如数学在内容上虽分"笔算数学、代数备旨、形学备旨、八线备旨,而以勾股六术为八线之参考,然皆不克竟业,大抵习至代数为止……能始终竟业,完全习毕八线者,仅张景良一人"[①]。至于理化实验课,也只是由教员上课时"酌量情形,为之表演",所置应用仪器,更是以简单者居多。再如外国语课程,虽然有英、法、日三门可供选其一,但根据交通大学档案馆现存 1899—1901 年间"师范班西课月考分数单"显示,只有学生的英文成绩见载。可见,当时法、日两门语言课程鲜有学生问津,绝大多数均选习英文。以上种种迹象,已经较明显地透露出当时南洋公学师范院在课程设置上虽宣称"参酌东法试办",但只是虚有日本之形,

① 《杨耀文记各院(班)概括》,朱有瓛:《中国近代学制史料》第一辑(下册),华东师范大学出版社 1987 年版,第 526 页。

因袭日本之名而已。

再来看师范院生使用之教科书,除了国文一门直接取自于中国传统典籍外,数学、格致(物理、化学)课目之教材则由师范院教习陈伯涵、黄国英翻译英文著作所得。其中,陈伯涵系1886年福州船政学堂驾驶专业毕业生,曾被派赴英国格林威治海军学院等校留学三年,精熟英文、算学,其为师范生译著的教科书是《代数设问译稿》;黄国英则是基督教卫理宗"美以美会"创办的南京汇文书院毕业生,英文功底自然不俗,其为师范生编译的教材是《化学课本译稿》。如果说这两位教习为师范生译述数学、化学教科书依靠的是西学教育背景,那么师范生在附属外院实习教课所使用的教材则主要来自于翻译日本原著。

1899年,承命负责编译教科书的师范生白作霖曾苦述在吾国传统典籍掌故中难以择取合适内容以编纂教材。"即以历史论,寻常鉴略,其篇页繁重,已较外国中学校课本为烦。且昔人编书,大半为考试词章,摭取故实起见,一恒事传为美谈,一恒言为隽语,于政教进步,彼此关系,反无所问,头绪繁而时日费,无一适用。"[①] 而反观邻国日本当时所编之课本,内容宏富新颖,结构紧凑饱满,逻辑井然,颇合认知规律。以政治学课程内容为例:"其序由历史为之基,自古而迄最近,乃终以文明史、社会学使其融化事实;次乃及国家国法等学;再次各国法制;而本邦宪法、行政等,以公法法理等学辅焉;终之以统计、美辞、论理诸学,以要其成。"[②]

基于此,白作霖主张以日本各学课本作为选译之对象,"不必悉仿其程,要可略师其意",此法得到南洋公学总理何嗣焜的首肯。1900—1902年间,盛宣怀也曾委托当时的驻日使臣李盛铎、蔡钧两人代为搜集日本各官立学校内务细则诸书,其中就包括日译本的教科书。特别是1901年替代外院成为师范生教学实习场所的附属高等小学成立后,盛氏还多次敦请驻日本横滨总领事王丰镐代为采介日本寻常、高等师范学校与小学校的章程、教科书等,以供公学编纂教科书、安排课程参考。王丰镐曾于1902年2月致函盛宣怀,向他开呈所查考采译的日本寻常、高等二级师范学校及附小章程。章程中"备详各项教科书目,并载

---

① 白作霖:《编译教科书的意见》(1899年),见《交通大学校史》撰写组编:《交通大学校史资料选编(1896—1927)》第一卷,西安:西安交通大学出版社,1986年版,第61页。

② 白作霖:《谈课程内容之编写》(1898年),见《交通大学校史资料选编(1896—1927)》第一卷,第55页。

明某书若干价，某处书林可购，一目了然”[①]，他建议盛氏将章程饬送南洋公学译书院，以便对各色名目的日本教科书“何者应买，何者应译”进行详考。

据1901年12月师范院译述本《统合教授法》后附“南洋公学师范院编译图籍广告”显示，当时已印已发售9种教科书，已成未印5种，计有14种。已印已发售的9种为附小学生授课之书目中，明显来自于翻译日本编著的几近一半：

《心算教授法》，日本金泽长吉原著，董懋堂口述、朱念椿笔译；

《物算教科书（二本）》，日本文学社编纂，董懋堂口述、朱念椿笔译；

《笔算教科书（二本）》，日本文学社编纂，董懋堂口述、朱念椿笔译；

《统合教授法（上下卷）》，日本樋口勘次郎原著，董懋堂译，1901年商务印书馆代印[②]。

当时南洋公学译述这些日本教科书，主要以师范院学生为主力军，董懋堂就是师范生编译日书的典型代表。另外，从1899—1903年任教于公学外院的师范生张相文的年谱中，可以看出师范院学生在外院、附小进行教学实习的过程中确系使用了日人编纂的教科书。如张相文在1900年这样记载：“仍教读于南洋公学，留学班升外院乙班……所教者为国文选读，如三通序、日本国志序、文章轨范、那珂通世之支那通史、桑原骘藏之东洋史要等。”[③]此处提及的《支那通史》与《东洋史要》两部从日本引进之书便是当时学术界、教育界、出版界极负盛名、影响甚巨的历史教科书。日本学者实藤惠秀还认为《东洋史要》应该是中国人最早的一部汉译日文教科书[④]。至于《支那通史》，1899年罗振玉主持的上海东文学社认为它“体例精善，于历代政令、风俗、建制沿革考证详核，洵为至美至善之作”[⑤]，决定将之重刻，以为各省学堂教科之用。由此可见，在当时全国学制尚未颁行，教科书配置无所依凭的情况下，南洋公学师范院明显参照“日式经验”。诚如师范生陈懋治所言：“余监南洋公学小学，定科目、编课本，教授管理俱规仿日本。时钦定章程未颁，不知者皆谓为戾。世所相推许者，一二朋辈究

① 王丰镐：《采译日本教科书目》，光绪二十八年一月（1902年2月—1902年3月），盛档：070444。

② 《南洋公学师范院编译图籍广告》，载南洋公学师范院译述《统合教授法》（1901年12月排印本）。

③ 张星烺：《泗阳张沌谷居士年谱》，载《地学杂志》，1933（2），第12页。

④ [日]实藤惠秀著，谭汝谦，林启彦译：《中国人留学日本史》，北京：生活·读书·新知三联书店，1983年版，第216页。

⑤ 《石印支那通史广告》，载《申报》1899年7月1日。

心教育者而已。”①

三、一大损益:教习的“非日本化”背景

已故学者汪向荣先生曾指出,自1902年始,“不但作为中央最高师资培训机构的京师大学堂师范馆是委托日本教习经营的,就是其他各省、地方的师范学堂,只要有条件能聘到日本教习,也都是由他们担任总教习,实际上是委托日本教习经营的。”② 美籍学者任达在《新政革命与日本——中国,1898—1912》一书中也指出,约1901年至1910年间雇用过日本教习的中国师范学堂共有32所,从地域上看遍布华北、华南与东北,其中7所由日本人任总教习③。南京的三江师范学堂则完全依赖日本人。然而,在32所或多或少充斥着日本教习的师范学堂中,上海地区却只有龙门师范学堂列名其中,而向以“东法”为据的南洋公学师范院却没有被纳入。1897—1902年南洋公学师范院师资情况见表3。

表3 1897—1902年南洋公学师范院师资情况

姓名	籍贯	来公学前的教育及任职背景	担任课程	任职时间
张焕纶	上海	上海龙门书院肄业,近代最早的新式小学——正蒙书院(后改为梅溪书院、梅溪学堂)的创始者	国学	1897—1898
颜明庆	上海	1896年圣约翰书院第二届“正馆”(也叫正科、特班)唯一一名毕业生	英文	1897—1898
陆之平	山东	毕业于美国长老会传教士狄考文创办的山东登州文会馆,为狄考文的得意门生	算学 格致	1897—1902
李维格	苏州	格致书院肄业,自费留学英国,曾任驻英、美、日等国公使馆翻译,后入湖广总督张之洞幕,历任汉阳铁厂总翻译、上海《时务报》西文主笔、长沙时务学堂西文总教习等职	英文	1898—1899
伍光建	新会	1881年考入天津北洋水师学堂,毕业后奉派英国格林威治海军大学、伦敦大学深造,习物理数学,转习文学,回国后任天津水师学堂助教	英文	1899—1902
张在新	上海	梅溪学堂肄业	法文	1897
朱树人	上海	梅溪学堂肄业	法文	1897

① 陈懋治:《〈小学唱歌教授法〉序》,见[日]石原重雄著、沈心工译:《小学唱歌教授法》,文明书局,1905年印行。

② 汪向荣:《日本教习》,北京:生活·读书·新知三联书店,1988年版,第166页。

③ [美]任达著,李仲贤译:《新政革命与日本——中国,1898—1912年》,南京:江苏人民出版社1998年版,第107页。

续表

姓名	籍贯	来公学前的教育及任职背景	担任课程	任职时间
栗林孝太郎	日本	不详	日文	约 1899
薛来西	美国	哥伦比亚大学政治学博士，美以美会传教士	英文	1899—1902
勒芬迩	美国	耶鲁大学历史学硕士，美以美会传教士	外国史地	1899—1902
陈伯涵	闽侯	福州船政学堂第四届驾驶专业，1889 年赴英国格林威治海军大学、迈尼外尔和金士哥利哥士书院学习水师兵船、算学、物理等	数学	1897—1902
潘　绅	上海	圣约翰书院肄业，中华圣公会牧师、骨干成员	数学	1898—1902
黄国英	香山	南京汇文书院肄业	化学	不详

资料来源　王宗光主编：《上海交通大学史》第一卷《南洋公学》（1896—1905 年），上海：上海交通大学出版社 2011 年版，第 70 页。

细究师范院诸教习的教育背景与身份，可将他们归为三种来历。① 1897—1898 年师范院成立之初总教习张焕纶引进的梅溪学堂“旧生徒”。其中，最具代表性的莫过于张在新与朱树人，前者为张焕纶之子；后者为张氏在梅溪学堂之旧生。两人皆厚植根底，兼通外国文字，因此被总教习提拔为师范生之学长。不过，他们是在师范院尚未聘定专门教授英、法语的教习之际，暂且兼任，不久便退出教岗。②以基督教美以美会传教士出身的美国教习，或是毕业于美籍人士主导的教会学校的华人教习，如美国基督教长老会、圣公会、美以美会等教派创设的登州文会馆、圣约翰书院、汇文书院。前者如薛来西、勒芬迩，后者如陆之平、颜明庆、潘绅、黄国英。这类教习在师范院乃至整个公学早期都占据主导地位，不仅执教时限较长，而且还兼任公学其他事务或教学任务。③洋务运动时期派赴出洋学习“军工技艺”的早期留学生，如李维格、伍光建、陈伯涵。与前两类教习不同，这三人是通过正式留洋而获取的欧美教育背景，虽不是专习师范，但却开启了南洋公学此后聘任本国留学生充当教习之先例，实有分夺西人专擅中国教育主权的意味。

诚如上述，南洋公学师范院存续期间所延聘的教习，主要以西方教会与西洋留学教育背景为主，带有浓厚的“欧美色彩”。至于当时遐迩遍布的日本教习，却很少在公学内见及，仅有一位教日语的东洋教习见诸记载。据师范生吴稚晖 1899 年 11 月 14 日在日记中写道：“现东人栗林孝太郎译东书，兼教东文，午后到堂。”[①] 又据师范生张相文自称:“是年(1899 年),从日人栗林孝太郎学日文。”[②] 由此可知,栗林孝太郎确曾担任过师范生的日文教习。

若要深究当时师范院教习“日本背景”微弱的现象,恐怕与公学一开始便引入以监院福开森[③] 为纽带的美籍教习以及一批深具教会学校背景的华人教习有关。作为南洋公学早期西学教育实际主持者,福开森最大的建树之一就是积极从美国国内或在华教会学校中遴选引荐西学教习来公学任教,形成一支稳定优异的西学教师队伍。薛来西、勒芬迩二人之所以能来公学出任师范教习,完全是福开森居中荐聘。这在 1899 年 8 月的公学总理何嗣焜致盛宣怀的信中有明确反映:“前在美国访延薛、勒两教习已到,初三日拟上谒,何时可接见,乞示知,当属福开森带领前来。”[④] 至于教会学堂背景浓厚的陆、颜、潘、黄四人来校任教是否跟福开森的引介有关,目前尚未有确实的史料予以佐证,但从黄国英的汇文书院背景以及福氏与在华各教会学校校长之间彼此互通的人脉网络[⑤] 中,可以隐约看出他们的到来应与福开森有一定渊源。

1898 年 4 月,华总教习张焕纶“不获其行志”托疾辞职后,福开森所引荐的西学教习及他们的教学活动,逐渐占据师资主导,并推动西学呈大举扩张之势,以至于公学高层产生了对过分倚重西学的不满。1901 年,南洋公学总理沈曾植在给好友丁立钧的信中就不无忧虑地表达了对福开森全面推崇西学的看法:

---

① 吴稚晖:《南洋公学记事稿》,见黄昌勇等编:《老交大的故事》,南京:江苏文艺出版社,1998 年版,第 39 页。

② 张星烺:《泗阳张沌谷居士年谱》,载《地学杂志》,1933(2),第 11 页。

③ 福开森,(1866—1945),中文名福茂生,美国马萨诸塞州人。1886 年毕业于波士顿大学。1888 年,他以基督教卫理宗美以美会传教士的身份被派到南京传教。1888 年,美以美会在南京创办汇文书院,福开森被聘为首任院长。在福开森前后任职汇文书院的 9 年中,他负责规划建筑校园,初设立圣道馆、博物馆(即文理科),后增设医学馆、附属中学,使汇文书院初具规模。该书院 1910 年与南京基督书院、益智书院合并,组建金陵大学。1897 年,他受盛宣怀之聘,辞去汇文书院院长,出任南洋公学监院。

④ 王尔敏,吴伦,霓虹霞合编:《盛宣怀实业朋僚函稿》(上册),北京:中央研究院近代史研究所,1997 年版,第 478 页。

⑤ 这种互通相应的人脉关系可从 1900 年福开森与当时圣约翰书院院长卜舫济、广学会总理李提摩太共同筹设“华人公众书院”(即后来的工部局华童公学)中看出。1900 年 3 月 3 日《申报》载:“上海教会诸善士公举李提摩太、福开森、卜舫济三先生创设华人公众书院,并商请郑陶斋、唐杰臣、陈辉庭三观察、施子英太守及诸大商人集商捐银,为造书院之费。”福开森、李提摩太、卜舫济三人还共同订立书院章程十条,以为行则。可见,福开森监理南洋公学期间,与当时在华教会学校校长与著名传教士多有往来,彼此熟识。

> 总之断断不可皆西文，断断不可延洋教习。算学、化学、理财、兵学、教育学，译本精深，尽有过于学堂西文之本。由此成学者，于通译即为见短，于治干实甚见优，将来学堂储备人才，期以任内政，非皆以任翻译也，何所为而废本国文字，强学他国文字乎？日本学堂专以译本为课程，西语、西文别为专门之学；埃及则专以各国语言文字教。一兴一亡，断可识矣。千万留意，千万留意①。

沈曾植认为从培养实用人才的角度，没有必要全用英文授课，应像日本那样选用好的译本教授即可。如果全盘西化，则有可能像埃及那样导致亡国灭种。沈曾植之论，虽不免有些危言耸听，但至少表明当时南洋公学确实存在西学向中学"争地盘"的升势倾向。更为重要的是，这种西文授课的做法颇为盛宣怀所看重，且带有排他性，不允许东文染指，改弦更张。1903 年师范院接近停办之际，公学总办张鹤龄准备援照京师大学堂之例，延订日本教习，一改公学多年西文授课的做法，改用日语讲授。盛宣怀当即加以制止，他指出：

> 公学与大学堂情形不能尽同，大学堂向用东文教习，公学则自创办至今日，自普通至专门，悉系西教习授课，学生所造各有深浅，而于西文则已历程途，于东文则未窥门径，若一旦舍西就东，另其尽弃数年之学从事东文，窃恐其途阮纡，其势不能②。

在这股强劲的西文授课传统的阻挡之下，操持东文的日本教习自然很难插足渗入。

四、师范生"和而不同"的留日背景

20 世纪最初 10 年间，中国知识界蔚成了近代留学史上极盛的留日热潮。据统计，1896—1911 年间中国留日人数当在 4 万至 5 万余人③。从留学科别上看，这群留日大军中"学习速成科的即占百分之六十，习普通科的占百分之三十，在学这些速成科的之中，又以学法政、师范的为最多"④。据日本文部省统计，

---

① 许全胜编著:《沈曾植年谱长编》，北京：中华书局 2007 年版，第 247 页。

② 盛宣怀:《致张晓圃函》（光绪二十九年，1903 年），盛档：053770，转引自王宗光主编:《上海交通大学史》第一卷《南洋公学》（1896—1905 年），第 335 页。

③ 魏善玲:《清末出国留学生的结构分析（1896—1911）》，《历史档案》2013 年第 2 期。

④ 胡光麃:《大世纪观变集》第 2 册，《中国现代化的历程》，台北：台北联经出版事业公司，1992 年版，第 72 页。

清末留日学生毕业于私立大学法政一科的,约计 1 364 人,比起清末全部各科历来公私费游学美国的学生至 1910 年止的总和 600 多人尚要多两倍有余[①];而 1906 年以前,留日学师范的也占相当比例。单 1903 年 4 月至 1904 年 10 月的 18 个月中,留日学生中毕业于各类师范学校者占总毕业人数的 44.1%,应该说,直至 1907 年以前,这个比例是大致保持下来的[②]。因此,“法政热”与“师范热”是晚清留日大潮的一个鲜明特点。

这一特点在南洋公学师范生上表露无遗。1898 年 8 月,两江总督刘坤一接到清廷“遴选生徒游学日本”的上谕后,饬令上海的江南制造局总办林志道与盛宣怀尽快接洽,询问“南洋公学各堂学生能否选派”[③]。盛宣怀获知后,立即责成公学总理何嗣焜就师范院、中院内挑选合格学生数名留学日本。不久,何嗣焜向盛宣怀推荐师范院、中院“年少质颖,志趣远大,中学已有根柢,英文亦颇精进者六人”[④]赴日游学,计划学法律、政治两科。其中,师范院学生有两名:“雷奋,年二十岁,江苏松江府华亭县附生,习英文;章宗祥,年二十一岁,浙江湖州府乌程县禀生,习英文。”[⑤]同期留日的学生还有来自湖广总督张之洞设立的湖北武备学堂、湖北自强学堂,刘坤一主持下的江南水师学堂、江南储材学堂、上海广方言馆共 40 人,在盛宣怀挚友、日本驻沪总领事小田切万寿之助的照料下,于 1899 年 1 月登船“萨摩丸”启程赴日。

师范生雷奋、章宗祥抵日后,先进入“专在教养清国学生,务使学生从速讲习我语言,谙熟我风俗,并修普通各科之学”[⑥]为宗旨的预备学校——日华学堂,将原先坚实的英语根底从速转化为日文背景,以便为日后投考高等专门学校和帝国大学打下基础。1899 年 9 月,雷、章二人于日华学堂肄业,即升入日本颇负盛名的高等院校攻读专门学科。章宗祥入东京帝国大学,专攻外交、法律,后又

---

① 胡光麃:《大世纪观变集》第 2 册,《中国现代化的历程》,台北:台北联经出版事业公司,1992 年版,第 72 页。

② 陈学恂:《中国教育史研究·近代分卷》,上海:华东师范大学出版社, 2009 年版,第 123 页。

③ 《南洋大臣刘坤一电谕制造局林道台》(1898 年 8 月 19 日),西安交通大学档案馆藏,档号:2310。

④ 何梅生:《公学第一次选派六名学生留日呈盛宣怀》,(1898 年),《交通大学校史资料选编(1896—1927)》第一卷,西安:西安交通大学出版社,1986 年版,第 59~60 页。

⑤ 何梅生:《公学第一次选派六名学生留日呈盛宣怀》,(1898 年),《交通大学校史资料选编(1896—1927)》第一卷,第 60 页。

⑥ 《日华学堂章程要览》,西安交通大学档案馆藏,档号:2310。

转学明治大学，获法学士学位，1903 年归国后任职于商部，并担任法律馆纂修等职；雷奋则转入早稻田大学（时名“东京专门学校”），攻读政治、法律、理财等专业，1902 年获毕业文凭后回国，在南洋公学译书院从事翻译工作。

从雷、章的留日略历可以看出，他们以师范生的身份或背景赴日后，并无顺沿原有的知识结构进入日本高等师范学校深造，以成师资，而是汲汲于热门的法政之学，学成归国后所从事的职业与师范教育基本无关。因此，他们可视为南洋公学留日师范生中典型的“改行者”。属于“改行者”的师范生不乏其人。据笔者查考，包括雷奋与章宗祥在内，南洋公学师范生中具有留日背景的总计 22 人，已略超当时师范生总人数的 1/4，而 22 名留日师范生中，转行肄习“政学”的有章宗祥、范源濂、张一鹏、夏循垍、孟森、杨志洵、汪有龄 7 人，占到 1/3。与雷、章二人不同的是，这些人大多不是在师范院就读时由公学选派留日，而是在肄业后通过自费或其他资助方式东渡留学的。南洋公学留日师范生转习法政者见表 4 所示。

表 4　南洋公学留日师范生转习法政者一览

姓名	籍贯	就读时间	留日时间、因由及费别	留日学校及专长
范源濂	湖南湘阴	1899 年 6 月—1900 年 1 月	1900 年 7 月应梁启超函召，又得到唐才常资助，遂东渡日本求学	先入东京大同高等学校习日语，旋转学东亚商业学校，后入东京宏文学院速成师范科，专习教育学，毕业后考入东京法政大学
张一鹏	江苏吴县	1897 年 4 月—1897 年 10 月	1906 年左右北洋奏派官绅五十人官费留学日本	东京法政大学成科，学习法政
夏循垍	浙江杭州	1899 年 5 月—1899 年 5 月	1899 年 5 月自费赴日	东京法学院，专攻法政
孟森	江苏武进	1898 年 3 月—1899 年 7 月	1906 年 3 月自费赴日	东京法政大学，专攻法政
杨志洵	江苏无锡	1897 年 4 月—1898 年 7 月	1902 年自费赴日	东京法政大学，学习法政
汪有龄	浙江杭州	1897 年 5 月—1897 年 6 月	1897 年 11 月以浙江蚕学馆官派生赴日学习蚕业技术，后改学政法	日本法政大学法律速成科学习

资料来源　房兆楹辑：《清末民初洋学学生题名录初辑》，中央研究院近代史研究所史料丛刊 1962 年版，第 1、5 页。王宗光主编：《上海交通大学史（第一卷 1896—1905 年）》，上海：上海交通大学出版社，2011 年版，第 73 页。

当然，更多的师范生还是抱定奉献新式教育事业之志，肄业前后争相赴日，或就读于风靡一时的速成师范科，接受近代教育理论的专门训练，或考察借鉴东瀛教育之长,回国后或创办或供职于各省的中小学堂,抑或译介新式教材教法,成为现代化师资队伍与教育行政管理者的主要来源。这在很大程度上可以说是清末师范教育"以日为师"的时代洪流的一种典型折射。参见表5中这些留日师范生中的"兴学典型"。

表5 南洋公学留日师范生中的"兴学典型"

姓名	籍贯	就读时间	留日时间、因由及费别	留日学校及专长
吴敬恒	江苏无锡	1898年6月—1901年6月	1901年5月,由上海文明书局资助学费留日;1902年再次赴日	1901年赴日入东京高等师范学校肄习教育学;1902年赴日入东京宏文学院速成师范科
董瑞椿	江苏吴县	1897年8月—1901年4月	1901年南洋公学总理何嗣焜病故后,有志上进,自费留日深修	东京高等师范学校肄业
王植善	江苏上海	1897年4月—1900年4月	1903年春与公学师范生、务本女塾校长吴馨相约同赴日考察教育	曾在东京宏文学院开设的师范旁听班学习
吴馨	江苏上海	1897年6月—1901年5月	1903年春与王植善同赴日考察教育	曾在东京宏文学院开设的师范旁听班学习
胡雨人	江苏无锡	1898年9月—1901年4月	1902年自费赴日留学	东京宏文学院速成师范科肄业
林康候	江苏上海	1898—1902年	1902年由南洋公学派往日本考察教育事业半年	先入东京宏文学院速成师范科,后转入中国人在日本创办的清华学校
陈懋治	江苏吴县	1897年4月—1902年1月	1904年由南洋公学公派日本游学	学校不祥,肄习商业教授法
沈庆鸿	江苏上海	1897年4月—1903年1月	1902年春经南洋公学特班总教习蔡元培的推荐,被公学派至日本游学	先入东京宏文学院速成师范科,后转入中国人在日本创办的清华学校
陆尔奎	江苏武进	1900年9月—1902年1月	两度被派往日本考察教育	不详
侯鸿鉴	江苏无锡	1897年10月—1898年1月	1902年底受无锡竢实学堂创始人杨模的资助赴日留学	东京宏文学院速成师范科肄业

资料来源:刘真主编:《留学教育——中国留学教育史料》,第1册,国立编译馆,1980年版,第572—582页;王宗光主编:《上海交通大学史(第一卷1896—1905年)》,上海:上海交通大学出版社,2011年版,第73页。

之所以大量出现"名曰师范生,实则习法政"的"转行现象",一方面是法政教育顺应了当时清廷变法图强的形势需求,成为科举废后学生入仕从政的主要渠道,另一方面,也与南洋公学初期始终将办学宗旨定位在培养"政法交涉人才”上密切相关。1898 年《南洋公学章程》明确指出：“其在公学始终卒业者，则以专学政治家之学为断。”[①] 为实现这一人才培养宗旨，盛宣怀在师范院在筹设过程中除了想自主培养合格的教习外，还有借办师范养成“政法交涉”官员的期望。1897 年 4 月 30 日，在公学总理何嗣焜致盛宣怀的一份函件中就道破了这层用意：

> 杏公奉常大人阁下：嗣焜每日八点钟到学堂，下午五点钟回公司。审察此堂（师范学堂）气象，将来或可得二三济时之才。达成馆颇难举行，恐当消纳于师范之中。俟旌节回来，再行详议[②]。

何嗣焜这封信函中所提及的“达成馆”，乃是 1896 年年底盛宣怀效法日本，奏请清廷以他所辖制的轮船招商局及电报局捐费于京师、上海两处开设的育才机构。“取成材之士，专学英语语言文字，专课法律、公法、政治、通商之学，期以三年”[③]，然后让他们出洋留学，以为政法、外交人才之培养。但因后来达成馆之经费被清廷改由户部拨给，且拨款旷日废时，盛宣怀这才将原先为达成馆筹集的经费改用于筹建南洋公学。虽然拟培养政法外交官员的达成馆“颇难举行”，但从“恐当消纳于师范之中”一语看，当时盛、何二人确有师范生也可培养出“政法交涉”之人才的意图。

因此，所谓的师范院也并非纯粹只为造就教育师资而设，用师范生章宗祥的话来说就是：“公学初不以师范相拘束，余习法政，伯哥（章宗元，师范生）则习财政，其后归国任事，即以此为标准。同学中有习农工、专门而改任行政官或外交官者。”[④] 就清末师范教育事业的发轫成长来说，南洋公学不少师范生留日转习政法的热潮，可说是悖逆教育正常演进秩序与规律的特殊现象，同时也表明清末师范教育在“以日为师”方面也存在名实不符的情况。

四、结语

在 1904 年“癸卯学制”正式实施之前的教育萌芽期，首开近代师范教育风

---

① 《南洋公学章程》（1898 年 6 月 12 日），《愚斋存稿》第 2 卷，第 23 页。

② 王尔敏，陈善伟编：《近代名人手札真迹——盛宣怀珍藏书牍初编》，第二册，香港：香港中文大学出版社，1987 年版，第 900~902 页。

③ （清）朱寿朋编，张静庐等点校：《光绪朝东华录》，第 4 册，第 136 卷，北京：中华书局，1958 年版，第 3906~3909 页。

④ 章宗祥：《任阙斋主人自述》，见马玉田，舒乙主编：《文史资料存稿选编 24 教育》，北京：中国文史出版社，2002 年版，第 929 页。

气之先的南洋公学在建置源流、教法教材、学生留学等层面对“日本经验”确有采择效行的痕迹。这一方面是基于晚清蔓延于政学两界“以日为师”的强大社会背景与心理;另一方面则是盛宣怀在筹设经营师范院的过程中所积攒的“日式”人脉资源,包括研究日本师范教育起步很早的梁启超、驻日使臣李盛铎、王丰镐,以及日本友人小田切万寿之助等,为师范教育汲取“日本元素”提供了操作层面的可能性。

然而,师范院的“取法于东”在很大程度上却是“袭其名,师其意”,其变通与损益之处亦占大半成分。这包括两个层面:一是出于本土政情需求的考虑来损益日本师范经验,二是引入带有浓厚“欧美色彩”的教育因子来冲击“日本元素”。前者如师范院的筹设并不纯粹只为培养近代教育师资,还包含了借师范以养成“政法交涉人才”的教育目标。这与盛宣怀本人以及所属的政治集团“洋务自强”的政治目标相一致,但与近代日本师范教育的专业性、职业化格格不入。后者主要表现在师范生的教习配置上直接起用拥有英文背景的西洋教习,排斥日语出身的东文教习。这种“舍东求西”的现象,恐怕与盛宣怀本人的西学观密切相关。

盛宣怀虽主张“中国兴学宜取法于东,阶级略同,途轨径捷”[①],然而他所谓的“取法于东”指的是学习日本在西化过程中的成功之道,并非必须通过日本语言、教师、学校等具体媒介来学习西学。况且,在盛宣怀看来,通过习日而西化毕竟属于间接性的转习,虽有节时省功、收效速显之便,但终究比不上“师法欧美”来得更为直接与开放。1902年盛宣怀曾向京师大学堂管学大臣张百熙表达了其“直面西学”的办学倾向:“论者谓取材日本或较泰西为易,不知求东文,普通亦须二三年,且通商不止一国,何如竟讲西文西学更为直接。”[②]盛宣怀对欧美源流之西学的推重与偏爱,或可在思想脉络上有助于解释南洋公学师范院为何对当时风靡国内的日本教育经验只是有选择性地汲取,而非全盘因袭复制。

---

① 盛宣怀:《南洋公学纲领》(光绪二十二年七月初三日,1896年8月11日),盛档:044964-2。

② 盛宣怀:《致张百熙函》(光绪二十八年,1902年),盛档:044187。

试析民国初期国立东南大学的学科建设

——基于学科规训的视角

南京邮电大学人文与社会科学学院　张雪蓉

摘要：20 世纪 10—20 年代，大批归国留美学生集聚的东南大学，以美国大学学科建设模式为样板，逐渐建立起具有现代意义的学科发展规训体系。学科知识体系、组织结构和学科制度化建设渐趋成熟；大学以发展雄厚的文理基础学科和强大的有特色的应用学科为方向，形成"学术并重"和"人文与科学平衡"的综合性大学学科布局；大学形成以强化本科人才培养质量为特点的制度化教学规训体系、教学科研服务体系、制度化的学术交流体系；科学研究、服务社会开始进入大学，以系科为单位，东南大学率先确立大学教学科研推广"三结合"的职能和使命；大学确立起了学术自治理念和制度化学术自治环境，赋予了学者在学术共同体上的话语权威。在这个学科发展规训体系建构中，教授、科系、图书馆、实验室、推广部、评议会、教授会、学术杂志、学会、会议成为学科发展的关键元素，它使中国大学的学科建设不仅在规模设置上，而且更重要的是理念和制度上，确立起符合学科自身发展逻辑和满足社会发展需求的现代学科发展机制。

关键词：学科规训；民国初期；国立东南大学；学科建设

前言

学科规训（disciplinarity）理论是国外学者基于知识社会学对知识与权力关系的探讨而提出的理论。它从学科字源的探究出发，认为学科最重要的内涵是指知识体系或学术分类，但是学科一词又包含着纪律、约束、训诫、惩罚等意思。对此，福柯从知识社会学的视角首先发掘了学科蕴含的规训意义，认为，"学科是话语生产的一个控制体系”①,“在某种程度上学科使规训成为可能,而规训通过知识而发挥作用,因此,知识生产的发展也就意味着对行为控制的实践的同步发展”②。循着福柯知识社会学的探索路径,华勒斯坦、霍斯金等人正式提出了学科规训理论,明确学科规训的内涵是“一种高度制度化的知识生产形式,通过学术组织和大专院校依据排他性的方式,与其他机构组织成各种学术社群,掌握各种资源和权力,左右着学科发展的方向,这其实是社会控制和规调(regulate)方式的一部分”③。它表明,在一所大学里,学科不仅具有知识体系和学术分类上的知识属性,更是在知识生产过程中,通过组织机构和制度规范,拥有学科规训权力和力量的社会属性,是知识与权力的耦合,从而明确将学科理解为由专门的知识、保护专门知识发展和独立的制度规范、组织机构共同组成的一个完整的体系④。因此,作为一种教育实践方式,学科建设就是围绕学科作为学科的知识体系、组织机构和学科建制的内涵而展开的与之相关的诸如学科发展方向设定、学科设置、学科队伍建设、学科组织结构运行、学科制度建设、学科功能发挥、学科发展环境营造等构成要素的建设,是一个全面、系统的有机整体,影响并决定着学校的发展水平。

民国时期深受美国办学理念影响的国立东南大学以学科为建设单位,从学科使命的确立、学科设置模式的借鉴、人才培养方案的制订、科学研究和社会服务的制度化,学术自治体的构建等方面,强化学科制度建设,取得了卓著的成效。在20世纪初的民国大学中,东南大学各门学科风生水起,充满生机和活力,无论是“云集一时之英才”的师资队伍,还是引领学术前沿的科学研究成果,以及推动教育服务社会的能力和影响上,都堪称民初大学发展的翘楚、大学改革的风向标。基于此,本文拟结合学科规训理论,从全校学科发展的总体战略高度出发,探讨民国时期国立东南大学学科建设的内容和特点,了解和阐释民国时期杰出大学学科发展走向规训化体系的路径,为当前我国高等院校发展一流大学和一流学科提供历史经验。

---

① Michel Foucault, translated by A. M. Sheridan Smith. The Archaeology of Knowledge and Discourse on Language[M]. New York:Pantheon,1972: 224.

② Robin Usher and Richard Edwards. Postmodernism and education[M]. London, New York: Routledge,1994: 179.

③ [美]华勒斯坦等著,刘锋译:《开放社会科学:重建社会科学报告书》,北京:生活·读书·新知三联书店,1997年版,第31页。

④ 李爱民:《从学科规训的视角看我国高等教育管理学科的建设与发展》,载《现代教育科学》,2005(2),8页。

一、学科建设的使命：成为教学、科研与推广的中心

经过南高师不断拓展的学科设置，1921 年国立东南大学正式成立，学校已经成为一所学科齐全的综合性大学，为了明确学科的职责和使命，推动各项教育事业的开展，东南大学重新修订《东南大学组织大纲》，提出“本大学以研究高深学术，培养专业人才，指导社会事业为宗旨”[①]，明确了大学的基本任务应包括：教学、科研和推广，把当时美国最新式的大学教育职能观引进中国大学。在这一办学宗旨的指导下，东南大学一方面提出大学是研究高深学问的地方，提倡知识分子献身于学术的研究，另一方面则倡导知识分子有责任和义务服务于社会。根据这一办学宗旨，各学科仿照美国大学学科建设与发展的做法，将学科教育分解为研究、教学、推广三个部分，在教学之外，进行科学研究与教育推广，从而明确了学科建设和发展的使命是成为教学、科研和推广的中心。为了推进这一办学宗旨的落实，各学科以学科为单位，从教学、科研、服务三个方面细分学科工作计划，如教育科提出“以培养教育人员，研究教育学术，推广教育事业为目的”[②]。工科参考美国工科设置模式，拟出工科工作计划，细分事业范围如下：研究方面，将研究过程学理论、改良工业原料方法器械，解决工程及工业问题，研究国内公用事业之建设；教学方面，分机械工程系、土木工程学系、电机工程学；调查与推广方面，分为编辑工程书报、交通事业、制造事业、工业经济、工程教育现状[③]。农科参照美国农科大学的办学模式，将农科教育分农业研究、农业教学、农业推广三部分。随着 20 年代东南大学仿美办学理念的逐步清晰，为推动学科服务社会机制的运行，各科开始设立推广部，作为负责接洽地方的机构，加强大学教学科研成果的转化、技术人才培训和知识的输送等服务，进一步推动学科建设更加走向满足社会需求的道路，取得良好的社会效益和经济效益。

从学科规训的意义上看，这一学科组织活动范式的建立，是以学科为基础建立起学术活动组织，并承担一定的职责与任务。它表明东南大学通过组织系统的建构和明确组织系统的职责，建立起以学科为功能单位，承担人才培养、科

---

① 《国立东南大学组织大纲》，见《南大百年实录》编辑组编：《南大百年实录》（上卷），南京：南京大学出版社，2002 年版，第 127 页。

② 《教育科概况》，见《南大百年实录》编辑组编：《南大百年实录》（上卷），南京：南京大学出版社，2002 年版，第 192 页。

③ 《南大百年实录》编辑组编：《南大百年实录》（上卷），南京：南京大学出版社，2002 年版，第 195 页。

学研究和服务推广三大具体职能的组织系统。这种以学科为基点,进行知识生产和规范活动,不仅赋予了大学以学科为单位的功能特性,而且由于它确立了制度化的办学宗旨,形成规训的权力,规范了学科活动的内容,从学科建设的指导思想上明确了大学学科建设是围绕全面承担和发挥大学的三大教育职能服务的。

二、学科结构的搭建思路:形成学、术并重,人文与科学平衡的综合发展格局

20 世纪 20 年代,校长郭秉提出的文学、术并重的观念推动了东南大学学科设置朝着综合化的方向发展。由于受到美国现代大学办学模式的影响,郭秉文极力主张一所大学应尽可能做到学理性学科与应用型学科并重,大学的学科设置应该尽可能齐全,形成综合性的规模。本着这样的办学理念,1915 年,郭秉文在进入南高师(东南大学的前身)高层领导位置伊始就精心筹划,“尽最大努力做他想做的事”,即按照美国综合性大学的标准来发展南高师,力谋建立完整的学科体系,使学校发展为一所学科齐全的综合性大学。

大学学科的综合化是 20 世纪 20 年代大学发展的一个重要趋势。考察东南大学学科综合化,体现出以下几个特点。

(1)实行科系制。一个科由若干系组成,东南大学有 5 个科,鼎盛时发展到 6 个。从科的结构和关系来看,文理科为基础学科所在的科,下设国文、英文、哲学、历史、数学、物理、化学、地学、生物和心理 10 个系;另有教育科,下设教育系、心理系和体育系;工科,下设机械工程系,后发展增加土木工程系、电机工程系;农科,下设农艺系、园艺系、畜牧系、病虫害系、农业化学系、生物系;商科,下设会计系、银行系、工商管理系。由于学科的跨学科性质,心理系兼属文理科和教育科,生物系兼属文理科和农科[①]。学科的综合和分化的需要形成了科—系的组织结构,这一学术基层组织和结构,是民国初期东南大学学科存在和发展的“功能单位”。

(2)根据社会需求设科。从实用主义教育理念出发,“应社会需求设科”成为郭秉文学科设置的指导思想,“本校依据智育标准,以适应社会需要为设科主旨。但社会需要随时变更,是所设之科亦因之而异”[②]。从而构成了南高 - 东大学

① 《国立东南大学组织系统表》,见《南大百年实录》编辑组:《南大百年实录》(上卷),南京:南京大学出版社,2002 年版,第 115 页。

② 《代理校长郭秉文关于本校概况报告书》(1918 年 10 月),见《南大百年实录》编辑组:《南大百年实录》(上卷),南京:南京大学出版社,2002 年版,第 56 页。

科设置的特色。1921 年东南大学成立,在南高师的基础上,形成了文理科、工科、商科、农科和教育 5 科 22 系的规模,“寓文理、农、工、商、教育于一体,此种组合为国内所仅见,意义深远”[①]。

(3)基础与应用相统一,人文与科学平衡。东南大学十分重视基础学科的建设,始终将文理基础学科的建设置于核心位置。1921 年东南大学成立时,在原南高师国文部和理化部的基础上设立文理科,1923 年鉴于学科不断发展壮大,东南大学文理分设。文、理科聚集了一批国内最杰出的人文学者和科学家,实力相当雄厚,时誉东南大学“以科学名世”,是“科学的大本营”,但人文学科实力“不亚于北大”[②],形成了科学与人文平衡的学科特色。依托强大的文理科基础实力,东南大学各个应用性学科优势突出。其中,教育科集中了当时国内最权威的教育学专家,是教育科学的大本营,当时国内最前沿的教育试验活动大多出自该校;农科、商科成为当时国内多种农业、商业新兴学科的重要开拓地,几乎覆盖了当时农业与商业领域的所有学科。

三、学科建设的重心:提高本科人才培养质量

从学科建设的指导思想出发,人才培养作为学科存在的基本职能和衡量学科水平的重要标准,毫无疑问成为学科建设的重心和主要内容。20 世纪 20 年代东南大学始终将提高人才培养质量作为学科建设的重心,坚持将通专结合作为本科生人才培养的目标,推行主辅修结合的选课制度,提倡师生共同研究和服务社会活动,将教育的优质资源与学生的知识结构拓展、学术研究能力训练结合起来,形成独特的优质人才培养模式。

(1)实行主辅修制,提高学生的综合素质。主辅修制是东南大学形成制度化人才培养体系的重要课程改革举措。它将学生的本科四年课程分为三大类:公共必修科、主辅系必选科和随意选科。学生在大学一年级结束后进行分系,本科学生可以在各系中选择一系作为修课的主业,按照所属专业规定的课程的统一规定进行必修科学习,同时安排一定的选修科目,供学生自由选择。在主业之外,学生根据自己的能力、爱好和特长自主选择一个系作为自己的辅系。对辅系的要求是学生修满的学分数不得少于 15 学分,至多 30 学分,在这两种

① 《茅以升等 7 教授致东南大学教授会、评议会函》(1923 年 3 月),见朱斐主编:《东南大学史》(第 1 卷),南京:东南大学出版社,1991 年版,第 118 页。

② 王成圣:《中国哲人郭秉文》,《郭秉文先生纪念集》,台北:台湾中华学术院,1971 年版。

规定外,学生还可以跨科、跨系随意修课[1]。东南大学推行主辅修制,重视在课程设置上发展学生的人文素养与科学素养,综合能力与专业能力,从教学制度上保证了博专结合人才的培养。

(2)提倡师生合作研究,重视培养本科生的科研能力。本科生参与科研训练是培养学术研究兴趣,提高人才培养质量的基本途径,也是凸显学科优势和特色所在。为了培养学生专心于学术研究的习惯,南高师—东南大学对本科生的学术研究作出了要求。南高师时即规定各部、专修科每一学年都要研究一次[2],学生在本科阶段可以依据兴趣,选择研究课题,在老师的指导下从事研究。这一人才培养机制,促进科研与本科教育的互动,训练和提高了学生对学术研究的兴趣和能力。

(3)强化课外活动,发展学生学术研究的兴趣和能力。20世纪10—20年代,东南大学重视学生自动能力的培养,鼓励学生在课外积极开展各种社团活动。学生自治会以"砥砺道德,研究学艺,修炼才识"为宗旨,自行组织了许多学术社团,创办刊物,开展各种以学生名义举办的学术活动,成绩十分显著。如当时以学生名义创办起来的刊物《数理化杂志》《工学丛刊》《史地学报》《文哲学报》《教育汇刊》《农业丛刊》《体育季刊》《国学丛刊》等,质量甚高,在国内学术界颇具影响,甚至吸引了许多著名学者参与撰稿。校园学术活动的活跃,扩大了学生的视野,发展了学生学术研究的兴趣和能力。

(4)开展社会实践活动,培养学生实际应用能力。20世纪10—20年代,经济的快速发展急需大量应用型人才投身于工商业发展。为保证学生在进入社会之前,有机会接触到工程实践,积累实际工作的经历,东南大学各科重视学生实践动手能力的培养。依据学科特性和要求,各科通过创办校外实践基地,创新实践教学模式等途径,形成了课内与课外结合的教学体系。如工科设立生利工场、艺徒学校,理化系设立物理仪器小工场、化验部,农科开办各类试验场,供学生实习操作。当时学生通过跟随教师深入生产实践的第一线,开展技术指导、技术培训、技术咨询和生产,在做中学,学中做,理论联系实际,课程实践不仅加深了学生对理论知识的理解,丰富了学生的生活体验,训练了动手操作、解决实际问题的能力,还服务了社会。

---

① 张雪蓉:《美国影响与中国大学变革(1915—1927)——以国立东南大学为研究中心》,北京:华龄出版社,2006年版,第120~125页。

② 《代理校长郭秉文关于本校概况报告书》,见《南大百年实录》编辑组编:《南大百年实录》(上卷),南京:南京大学出版社,2002年版,第57页。

大学作为教育的制度性场所，尤其是近代以来作为知识生产的主要制度性场所，其主要的特征就在于对知识生产的规范化，产生具有强制性的规训权力以造就个人，个人获得知识的同时必然伴随着接受一种方式的控制[①]。20世纪20年代的东南大学在人才培养的实践过程中，注重文理渗透和基础拓展，强调跨学科知识结构和教学、科研与服务三位一体相结合，逐步形成一套卓越的人才培养模式。这一培养模式的确立，学科得以依靠同一的培养方式，通过规训的力量，加强对学生个体的形塑，从而发挥了学科垄断知识生产和人才培养的功能。另一方面，学生个体在进入东南大学学习的过程中，必然受到学科培养模式这一规训力量的规范和约束，形成带有共性的东南大学学人行为和思维习惯，并在其日后的发展中受益终身。

四、确立科学研究在学科建设中的重要地位

科研水平是检验一所大学学科实力最重要的因素。20世纪初，北大在蔡元培的革新下，提出“大学是研究高深学问的机关”，教师的首要任务是自由地从事学问的研究，这一大学理念深刻影响了20世纪初中国大学精神和制度的构建。为了鼓励大学教师从事高深学问的研究，保证科学研究在大学中的地位，东南大学通过学科制度建设，对教师的科研任务作出了明确的规定，将学术研究直接列入教师的任务中去，推动科学研究的制度化和各科科研重点和特色的形成。该校科学研究特别重视理论联系实际，将科研与解决实际问题相结合，形成了该校科学研究的一大特色。

在这一学科建制中，各科必须根据学科的特点，制订翔实的研究计划，作为教师的工作任务。如教育科提出以研究教育学术为内容，在全国范围内开展了影响很大的智力测验工作，并与国内其他大学、教育机关合办中华教育改进社，出版《新教育》杂志，作为探讨中国教育问题的重要场地。工科列出研究工程学理论、改良工业原料方法器械、解决工程及工业问题和研究国内公用事业之建设等为研究任务[②]。农科提出要研究中国农业上存在的问题，用科学的方法逐步加以改良和解决。为使学术研究常态化，农科主任邹秉文教授对此项工作给予了高度的重视，他专门制定了《农科教职员章程》，对教员的研究任务作了规定。

① 彭静雯：《高等工程教育改革：对学科规训的突围》，北京：社会科学文献出版社，2014年版，第7页。

② 《南大百年实录》编辑组：《南大百年实录》（上卷），南京：南京大学出版社，2002年版，第195页。

如第2条:"所有本科教员无论教务事务如何繁忙,均须各就所长进行一种或多种的农业研究。"每学期每位教师都呈报本学期教学、科研、服务任务书[①]。为推进农科研究,农科制订《农科事业报告会章程》,实行报告会制度,定期举行学术报告会,由科内教师学术演讲,汇报研究情况[②]。20年代后期,随着研究职能在大学的确立,满足科学研究的需要,东南大学各类以学科为类别的学术期刊、学术社团、学会,纷纷出现,吸引了师生的共同参与,密切了学人之间的学术交流,形成了学术研究的浓厚气氛。在此基础上,1918年北大率先成立研究所,北师大在1920年也开办教育研究科,招收本科毕业学生,东南大学也在1924年设立了国学院,作为该校国文学系学生毕业后深造之所,开始研究生的招生和培养工作。

从学科规训的视角上看,教师工作任务的规定,明确了教师的职业身份及其所承担科研的任务,对民初近代学科规训制度的生成产生了重要的影响。首先,学科规训促成了以学科为中心的研究范式和研究制度的形成;其次,顺应学术研究和学术交流的需要,学会、专业期刊、会议的出现,成为学术研究走向专业化和组织化的重要表征,推动了知识的生产和创新。

五、营造学科发展的学术环境

良好的学术环境和氛围是推动学术进步、学科发展的基本条件。"大学中的学科建设作为一种办学行为,其任务不仅是提高各门学科的水平,还包括优化学校的学科结构,营造学术发展的环境等,而这一切都是为了大学更好地履行职能服务的"[③]。对于一所大学来说,学科环境的营造一方面体现在管理制度层面上,另一方面体现在学科文化氛围的营造上。20世纪10—20年代,校长郭秉文以其非凡的才能,招揽了一批优秀的学者到东南大学任教。然而如何营造良好的学术生长环境以留住人才又是一个关键,郭秉文为此投入了最大的心力。

第一,建立学术自治的学科管理体制,确保学术自由。20世纪20年代,随着各科学科作为功能单位的建立,教授治校作为大学的理念,影响着大学内部的学术管理体系。围绕学科知识生产和人才培养,大学成立"评议会""教授

① 《农科教职员章程》,《农科教员本学期担任之钟点及职务》,中国第二历史档案馆藏缩微胶片,全宗号648,卷宗号389,《农科教学问题》内。

② 《南京农业大学史志》(内部发行),南京农业大学,1994年,第141页。

③ 冯向东:《学科、专业建设与人才培养》,载《高等教育研究》,2002(5)。

会”等学术组织，作为学术生长的制度性保障，确保大学学术自由和学术自治免受行政干预。1921 年东南大学正式成立，即制定和颁布《国立东南大学组织大纲》[①]，这个组织大纲形成了以校长领导下的“三会制”，即评议会、教授会、行政委员会的行政组合，同时增设校董事会制。

在这个管理体制中，由教授组成的评议会和教授会，拥有学科管理的主导权。举凡学校重大事项，包括学校的教育方针、学校的各项建设、系科的增减等均由评议会讨论决定。由教授组成的校级教授会和各系教授会，负责指导全校和各系的教学工作，议决本科教学方针，规定本科发展事业，编定课程，向评议会建议系科的增废，议决授予名誉学位，规定学生成绩标准等本科重要事项，教授拥有学术的自由，有资格决定应开设什么课程及如何授课。各系主任由教授担任，形成以教授为主导的制度化的学术自治学科管理模式。这种学术权力的运作与行使方式，赋予了以学术为业的职业性知识分子学术话语权威的制度保障空间，确保了大学的学术性和自治性，在组织制度层面有利于形成大学学术发展的氛围和环境。

第二，建设尽可能完备的教学科研设施。郭秉文主张“师资与设备的平衡”，将完善教学科研基础设施作为校长分内的大事来抓，先后建起中国大学最早的科学馆，修建东南大学图书馆、学生宿舍、农场、气象台、生物实验馆等基础设施，为教师从事教学科研提供了制度性的保障。

第三，营造学术自由的学科交流氛围。学术自由是学术创新的保障，郭秉文执掌东大 10 年，从三个方面积极营造学术自由的气氛。①创立学术交流的平台。20 世纪 20 年代东南大学首创暑期学校，作为学术交流的平台，每逢暑期，聘请海内外著名学者到东大自由讲学，形成学术交流的盛会。②创办各科学术社团和刊物。为了推动学术气氛的形成，东南大学鼓励各科师生组建学术社团和学会，举办各种学术研讨会、学术报告会，并竞相出版各种学术刊物。多学科的学术社团和学术刊物如《国学丛刊》《农业丛刊》《学衡》《史地学报》《新教育》等等，成为各个学科的国内学术前沿阵地，在国内产生重要的学术影响。③派教师出国参加国际性学术会议。尽管 20 世纪 20 年代中国科学研究刚刚起步，但是与国际的接轨并不落后，中国科学社积极派代表参加国际性学术会议，这些代表多集中于东南大学。如 1926 年 8 月，科学社曾派张景钺参加在美国召开的国际植物学会议。1926 年 10 月泛太平洋科学会议召开，中国科学社

① 《国立东南大学组织大纲》，见《南大百年实录》编辑组：《南大百年实录》（上卷），第 127 页。

派出包括竺可桢、陈焕庸、胡先骕、任鸿隽等东南大学为主要成员的12位代表与会。“可以说,20年代的南高、东大已然成为我国进行国际学术交流的一个重要窗口,是中西文化交流的热点所在。”[①]这一时期,东南大浓厚的学术研究气氛,和活跃的学术交流,使它当之无愧成为当时国内外最有影响力的学术中心之一。而对于学科建设的意义来说,随着学科的设立,学会、学术期刊的创办,学术交流的开展,近代大学的学术研究逐渐走向制度化、规范化。

六、结论

大学学科建设的过程,是学科形成知识体系和走向制度化的规训过程。中国现代大学学科发端于晚清,发展与形成初步的制度化规训体系始于民国初期。20世纪10—20年代,大批留美学生学成归国与新的大学教育变革的探索,直接促成中国大学办学模式的美国化趋向。以集聚留美学者著称的东南大学,通过推广美国办学模式,建立起知识学术发展的样式和功能,逐步推动中国大学学科组织和学科文化走向充分的制度化,初步建立起现代意义上的学科发展的规训体系。以民初东南大学的实践作为经验实例,展现了民初大学学科走向制度化体系的建设图景。大学以发展雄厚的文理基础学科和强大的有特色的应用学科为方向,形成“学术并重”和“人文与科学平衡”的综合性大学学科布局。学系作为教学行政单位,负责各学科的教学管理,形成制度性的学校—科—系的教学管理组织;随着科系制的确立,教学制度采用主辅修制,突出文理沟通,学科交叉,制度化的教学规训体系渐趋完备,大学建立起以通识教育为基础的通专结合的人才培养模式,培养了一大批基础扎实、学识广博的优秀本科毕业生。人才培养的制度化伴随着研究、服务的制度化,大学注重图书、仪器设备的配置,建立起按学科分类的图书收藏制度、博物馆藏制度和实验室制度,教学科研条件得到很大的改善。科学研究、服务社会开始进入大学,以系科为单位,大学明确了教学科研推广的职能和使命。师生依照学科建立各种学术社团、协会,创办的学术期刊、开展的学术交流和讲座,学术社团、期刊、交流“构成了学科话语生产的一个控制体系”[②],促进了知识分子职业的认同和学科领域的群体“知识消费活动”,形成学术交流的制度化规训体系。大学确立起了学术自治理念和制度化学术自治环境,赋予了学者在学术共同体上的话语权威,这是

① 王德滋主编:《南京大学百年史》,南京:南京大学出版社2002年版,第114页

② [法]米歇尔·福柯著,谢强、马月等译:《知识考古学》,北京:生活·读书·新知三联书店,1998年版,第233页。

学科制度化规训体系最终完成的一个标志。

在这个学科规训发展体系的建构过程中，教授、学系、图书馆、实验室、推广部、评议会、教授会、学术杂志、学会、会议成为关键元素，它使中国大学的学科建设不仅在规模设置上，而且更重要的是理念和制度规训上，确立起与国际接轨的真正意义上的现代学科发展机制，“学科制度进入中国现代大学有其积极意涵，它推动了中国现代学术的形成，并促进学术的独立”[①]。20 世纪 20 年代，东南大学正是通过制度化学科发展体系的建构，形成职业化的现代学者共同体，开展人才培养、科学研究和服务社会工作。在学科发展体系所发挥的能量和制度性保障下，20 世纪 20 年代东南大学学术活跃，办学成绩显著，杰出的高水平学科、杰出的学科带头人和学术骨干、杰出的研究成果、活跃的学术交流，使它成为 20 世纪 20 年代中国现代大学的最杰出的代表。

---

① 李春萍：《学科制度下中国学术的演变：以北大为例》北京大学 2001 年博士论文，第 10 页。

谈谈20世纪30年代的“法学院之王”

武汉大学档案馆　涂上飙　徐兴沛　罗伟昌

摘要：1922年颁布新的学制以后，欧美教育模式开始在中国生根发芽。学院制取代了科门制。在以学院构建为主体的大学建设中，20世纪30年代全国产生了一批一流学院，其中武大的法学院与北大的文学院、清华的理学院、交大的工学院、金陵大学的农学院并称为大学中的“学院之王”。武大的法学院之所以有“法学院之王”的称号，一是它有一批一流的学者，二是有一批丰硕的学术成果。“法学院之王”称号的获得，对学校今后的发展以及得到国际、国内的认可都产生了深远影响。

关键词：20世纪30年代；学院之王；武汉大学；历史影响

1927年南京国民政府建立后，国家取得了形式上的统一。政治逐步趋于稳定，经济不断得到发展。到1937年，国家的各个方面都得到长足进步，成为民国时期的“黄金十年”。此时的高等教育也得到大发展。政府通过整顿学风、落实经费、限制滥设、整顿院系、调整课程、充实设备、注重实科、取缔宗教宣传、增进教学效能等措施，使大学不断成长壮大，出现了一批有影响力的国立、省立和私立大学。在这些大学中，由于效仿欧美模式，“学院制”普遍盛行，出现了一批实力强劲的学院。当时，有人认为北大的文学院、清华的理学院、交大的工学院、金陵大学的农学院以及武大的法学院，是国内最有地位者，被称为大学中的“学院之王”。

一、“法学院之王”的基本情况

（一）大学学院制的发展

20世纪30年代，大学里普遍实行学院制。作为一种大学内部的管理模式，学院制起源于中世纪的欧洲。中国大学是移植西方的结果，学院制在移植、借鉴西方大学过程中逐步发展,最后成为民国大学的一种主要的管理模式。

1. 科门制的演变

中国大学的内部组织结构,晚清时期是移植于日本的科、门结构。京师同文馆、广方言馆等在开办时,内部设置是科;1895年天津开办的北洋西学学堂,其头等学堂设置是门;京师大学堂开办时,打算设立十科,即天学、地学、道学、政学、文学、武学、农学、工学、医学、商学等10科,科下设门。

1902年,清政府制定《钦定大学堂章程》(壬寅学制),将大学堂分为大学院、大学专门科、大学预备科3级。大学专门科分为7科,即政治、文学、格致、农业、工艺、商务、医术。1904年,清政府颁布《奏定大学堂章程》(癸卯学制),大学堂分为8科,即经学、法政、文学、医科、格致、农科、工科、商科,对应的科下分别设11、2、3、2、6、4、9、3门。

民国初年,政府颁布《大学令》,规定大学分文、理、法、商、医、农、工等科,去掉了晚清的经科。以文、理二科为主,文科兼设法、商二科,理科兼设医、农、工三科,或其中的二科、一科者,才能称为大学。1913年的《大学规程》重申大学设7科,对应科下设立4、9、3、6、2、4、11门。1917年,北洋政府颁布的《修正大学令》,降低了大学的设置标准,大学设置二科,设置一科者称为某科大学,如商科大学、法科大学等。1924年,北洋政府教育部颁布《国立大学校条例》,规定国立大学校分文、理、法、商、医、农、工等科,得设立一科或数科,各科分设各学系,正式废门改系。由学习日本模式向欧美模式转变。

2. 学院制的产生

在北洋政府颁布《国立大学校条例》以前,蔡元培校长即在北大开始"废门改系",紧接着各大学也开始"废门改系"。1927年南京国民政府建立后,蔡元培主张推行大学院制,在全国推行大学区制,在大学内部推行学院制。国立中山大学、国立中央大学、国立浙江大学、国立武汉大学等都在大学内部建立学院制。

1929年7月,国民政府颁布《大学组织法》,规定大学分文、理、法、教育、农、工、商、医各学院。有三学院以上者,始得称学院。不符合条件者称为独立学院。各大学或独立学院得分若干学系。《大学组织法》的颁布,将大学、学院、系的组织模式定型,以后的大学都按这一模式设置。1948年颁布的《大学法》,规定师范学院单独设立,也可以附设在大学内,基本上没有改变大学的三级组织结构模式。1948年有31所国立大学,全部是学院制模式。据1948年出版的《第二次中国教育年鉴》,当时国立大学的学院数如表1所示。

表1　1948年各国立大学的学院数

校名	学院	学院数量
国立中央大学	文、理、法、师范、农、工、医	7
国立政治大学	文、法、政治、经济	4
国立北京大学	文、理、法、农、工、医	6
国立清华大学	文、理、法、农、工	5
国立中山大学	文理、法、师范、农、工、医	6
国立西北大学	文、理、法、医	4
国立同济大学	文理、法、工、医	4
国立交通大学	理、工、管理	3
国立复旦大学	文、理、法、农、商	5
国立暨南大学	文、理、法、商	4
国立浙江大学	文理、法、师范、农、工、医	6
国立英士大学	文理、法、农、工	4
国立安徽大学	文、理、法、农	4
国立中正大学	文法、理、农、工	4
国立湖南大学	文、理、法、工、商	5
国立武汉大学	文、理、法、工、农、医	6
国立重庆大学	文、理、法、工、商、医	6
国立四川大学	文、理、法、师范、农、工	6
国立南开大学	文、法、工、商	4
国立北洋大学	理、工	2
国立山东大学	文、理、农、工、医	5
国立河南大学	文、理、法、农、工、医	6
国立山西大学	文、法、工、医	4
国立兰州大学	文、理、法、医	4
国立厦门大学	文、理工、法、商	4
国立广西大学	文、法商、理、工、农	5
国立贵州大学	文、理、农、工、法、商	6
国立云南大学	文法、理、农、工、医	5
国立东北大学	文、理、法、工、农	5
国立长春大学	文、理、法、农、工、医	6
国立台湾大学	文、理、法、农、工、医	6

（二）“法学院”的基本情况

国立武汉大学初创时，根据王世杰校长的意思，要将武汉大学办成一所拥有文、法、理、工、农、医6个学院，具有崇高理想、规模可达万人的综合大学。现在校门牌坊背面书有“文、法、理、工、农、医”六个字，即代表的是文学院、法学院、理学院、工学院、农学院和医学院。

1928年新大学组建时，设有3个学院，即文学院、社会科学院和理工学院。社会科学院设政治经济学系。1929年4月，王世杰被任命为武汉大学校长。他上任后，将社会科学院更名为法学院，并在法学院增设法律学系和商学系。1930年，法学院的政治经济系分为政治学和经济学两系。1932年9月，法学院所属的商学系又并入经济学系。

在法学院的建立和发展过程中，皮宗石（1929—1932）、杨端六（1933—1936）、刘秉麟（1937—1938）先后任院长。法律学的系主任，先后为燕树棠（1930）、王世杰（1930—1931）、皮宗石（1932—1933）、周鲠生（1933—1938）。经济系的主任先后为皮宗石（1930—1931）、任凯南（1932—1936）、陶因（1937—1938）。政治学系的主任先后为周鲠生（1930—1934）、时昭瀛（1935）、刘迺诚（1936—1938）。

作为一个人才培养单位，法学院在20世纪30年代培养了一批法律专门人才。1930—1938年的招生情况见表2所示。

表2 国立武汉大学法学院1930—1938年招生情况

系 / 人数 / 年度	法学系	政治学系	经济学系	商学系
1930	27	18	25	1
1931	30	10	36	7
1932	14	8	23	
1933	8	4	20	
1934	6	8	28	
1935	12	10	37	
1936	9	10	38	
1938	17	21	53	

学校在培养本科人才的同时，还招收了研究生。1931年学校决定创办大学

研究院，1934年通过了《法科、工科研究所组织章程》，1935年法科、工科研究所成立。法科研究所下设经济学部，任凯南为学部主任。1930年法学院招收3名研究生，他们分别是：李谋盛，湖南湘乡人，时年25岁，入学前为武汉大学政治系学生，入学后进入行政门学习；刘涤源，湖南湘乡人，时年25岁，入学前为武汉大学经济系学生，入学后进入财政金融门学习；刘恃读，入学前为武汉大学政治系学生，入学后进入行政门学习。

二、成为“学院之王”的原因探析

（一）有一批一流的学者

武大的法学院在当时国内具有很高地位，一度被称为“法学院之王”，这与学院有一批一流学者不无关系。此时的三位院长都是鼎鼎有名的学人。不仅有海外留学的经历，而且很早就成就了功名。

首任院长皮宗石是研究财政学的经济学家，湖南人，早年加入同盟会，留学日本。辛亥革命后，与同乡周鲠生、杨端六、李剑农、任凯南等在汉口创办《民国日报》，宣传民主革命思想。后转赴英国伦敦大学攻读经济学。学成后应蔡元培的邀请，到北大任教授并兼图书馆馆长，与王世杰、周鲠生等并称北大法学院的台柱教授。1928年，皮宗石到武大任教授，兼任社会科学院院长，后又任法学院院长、教务长。1936年回湘担任湖南大学校长。

法学院的第二任院长是著名的货币金融学家杨端六。湖南长沙人，留学英国，专攻货币银行学，1920年回国，到上海商务印书馆工作。1921年，哲学家罗素到长沙演讲，杨端六担任翻译。1921年，筹备建立新会计制度，他担任商务印书馆会计科长。1928年，中央研究院社会科学研究所成立，他出任所长并任研究员。1930年5月他受聘为武大法学院经济系教授，讲授货币与银行、会计学、企业管理学等课程，1932年至1936年担任法学院院长。1932年至1937年他兼任国民党中央军事委员会审计厅厅长。20世纪40年代为教育部部聘教授。他著述甚丰，其主要著作有《商业管理》《六十五年来中国国际贸易统计》《货币与银行》《清代货币金融史稿》等。其夫人袁昌英是“五四”后成名的女作家之一，早年留学英国，攻读英国文学，获爱丁堡大学文学硕士学位，受聘为文学院外文系教授，与苏雪林、凌叔华等一起并称为“珞珈三女杰”。其儿子杨弘远是著名生物学家、院士，武大生命科学院教授。

法学院的第三任院长刘秉麟，生于湖南长沙，是著名财政学家。他毕业于英国伦敦大学经济学院研究生班、德国柏林大学经济系研究员班，1932年任学校经济系教授，1937年任法学院院长,后担任过代理校长。20世纪40年代为教育部部聘教授。出版有《各国社会运动史》《世界各国无产阶级政党史》《李嘉图经济学说及传记》《亚当·斯密经济学说及传记》《李士特经济学说及传记》等专著。

除了三位院长外,法律、经济和政治三系的系主任也是响当当的人物。

法律系第一任系主任为燕树棠,是著名国际法学家,留学美国,获耶鲁大学法学博士学位。回国后任北大法学院教授，1928年到武大任法学院教授,后又任北大法学院教授、西南联大法律系主任，1948年任司法部大法官。后又第二次回学校任教直到去世。

第二任系主任为王世杰。王世杰曾就读于北洋大学。辛亥革命爆发后,他回武昌参加革命,任鄂军都督府秘书。“二次革命”失败后,他赴欧洲留学，1917年获英国伦敦大学政治经济学士学位,不久转赴法国，1920年获法国巴黎大学法学博士学位。1920年冬回国,任北京大学教授兼法律系主任。1927年6月任南京国民政府法制局局长。1929年5月至1933年5月任国立武汉大学校长。后历任国民政府教育部长、军事委员会参事室主任、国民党中央宣传部部长、中央设计局秘书长、外交部长。1948年3月当选中央研究院院士。1949年去台湾,任“总统府秘书长”“行政院政务委员”“中央研究院院长”“总统府资政”等职。著有《比较宪法》《宪法原理》《中国奴婢制度》《王世杰先生论著选集》,主编《故宫名画300种》《艺苑遗珍》等。

第三任系主任为周鲠生。1906年赴日本早稻田大学留学,并参加同盟会。1913年赴欧洲留学,先后获英国爱丁堡大学政治学硕士学位和法国巴黎大学法学博士学位。1921年回国后,历任上海商务印书馆经济部主任,北京大学、东南大学教授兼政治系主任。1928年7月任国立武汉大学筹委会委员。1929年9月至1939年6月,任国立武汉大学教授兼政治系、法律系主任,法科研究所所长,教务长。后赴美国从事讲学和研究。1945年7月回国,任国立武汉大学校长,直到新中国成立。1948年当选为中央研究院院士。中华人民共和国成立后,曾任中南军政委员会委员兼文教部副主任、外交部顾问等职。著有《国际法》《近代欧洲外交史》《近代欧洲政治史》《不平等条约10讲》《现代国际法问题》《国际政治概论》等。

经济学系应该说在法学院中是整体实力最强的。前面说的三任院长都是出身经济系,实力强且名气大。经济系的系主任除了皮宗石外,任凯南和陶因两任系主任也是非常有名的教授。

任凯南,字拱辰,湖南湘阴人(今汨罗市),近代著名教育家、经济学家。曾官费留学日本,入早稻田大学学习。辛亥革命后,在汉口与皮宗石、周鲠生、李剑农等创办《民国日报》。后成为官费留英生,入英国伦敦大学政治经济学院学习,获博士学位。来武大前曾任省立湖南大学校长。1928 年 8 月,成为国立武汉大学筹备委员会委员。1932 年 10 月,出任武大经济系主任, 1935 年兼任武大法科研究所经济学科主任。1937 年 7 月,回改建后的湖南大学任教务长兼经济系主任。一生精研西洋经济史和西洋经济思想史,融汇中西,成一家之言,在武汉大学时期,其声名远播,被经济学界誉为“南任(凯南)北马(寅初)”。

陶因,号環中,安徽舒城人。毕业于日本帝国大学。后又在德国获得法兰克福大学经济学博士学位。1928 年任广东中山大学教授。1929 年到安徽大学任教,担任法学院院长。1930 年 9 月到武汉大学经济学系,被聘为教授。1936 年被任命为经济学系主任。1946 年初,教育部决定重建安徽大学,后被任命为安徽大学校长。陶因也是我国经济学泰斗之一,有“南陶北马”之说。主要著作有《经济学史》《经济学大纲》等。

政治学系的主任除了周鲠生是全国闻名的大家外,时昭瀛、刘迺诚两位在业内也是耳熟能详的人物。

时昭瀛,湖北枝江人,外交家,汉学家。清华大学政治系毕业,美国明尼苏达大学学士,美国哈佛大学研究院硕士。回国后,任《中央日报(英文)》总编辑、中央大学外语系副教授、国立武汉大学法学院教授等职,曾为蒋介石讲述国际法纲要,担任过中华民国外交部次长。著有《近世中国外交史》《中国外交史研究》等。

刘迺诚,号笃生,安徽巢县人,伦敦大学博士,柏林市政学院卒业,柏林大学、巴黎大学研究员, 1932 年 9 月到校任教。其《比较政治制度(英法美)》(上卷)、《比较政治制度(德俄意)》(中卷)及《比较市政学》(上卷)等著作,都是当时影响很大且有分量的专著。

(二)有一批丰硕的学术成果

此时的法学院之所以有“学院之王”的美名,一是有上面一批响当当的学人,二与这批学人都有丰硕的学术成果有关。

王世杰是被公认的宪法权威,其《比较宪法》是当时高校法学专业必用的大学教材。周鲠生、燕树棠在当时是国际法的两根台柱子。周鲠生的《国际法》是世界国际法学中自成一派的法学著作,在国际法学界具有权威地位,也是当时解决国际争端必看的理论指导书。刘迺诚是当时政治学界颇有名望的人物,他的《比较政治制度》(上、中、下卷)可以说是一套鸿篇巨制,通过对英、法、美、德、俄、意等主要资本主义国家政治制度的比较,为当时的政治建设提供理论借鉴,也是高校政治学专业的重要参考书。

经济学领域,名家繁多。杨端六、刘秉麟、任凯南、陶因等都是该领域红遍中国的人物。经济学教授杨端六不仅著作多,而且关于中国金融、币制和税制等方面研究的论文也颇丰,深受国内外同行学者的好评。他的《六十五年来中国贸易统计》一书,成为中国第一部国际贸易资料集,填补了当时中国对外贸易研究的空白,成为重要的外贸参考书,也是宏观管理外贸的依据,至今仍受到重视。他的著作《货币与银行》于1930年出版后,一直作为教科书,以后每年修订,列入商务印书馆的"大学丛书"再版多次,20世纪40年代大多数大学经济系都用它作为教材。他第一次把现代会计原理和商业活动有必要采用的现代会计方法介绍给中国商界,被称为"中国商业会计学的奠基人"。他的《工商组织与管理》,不是专门谈科学管理的著作,而是全面介绍了工商企业的组织与管理。因此,有人评价杨端六是20世纪上半叶中国管理科学化的重要先驱者之一。

除了上面所说以外,20世纪30年代法学院的教授们出版了不少研究成果。据不完全统计,有如下一些成果。

经济学著作有:杨哲明的《市政工程ABC》,王昌华的《检查实务》,杨端六《六十五年来中国国际贸易统计》《会计学:官厅会计》《会计学:官厅会计、票据制度、分店会计》,彭迪先《近代资本主义进化论》,陶因《经济学大纲》《外界赠阅期刊一览表》《农业政策》,谢举荣《现贴问题》,朱祖晦《国际贸易市政计划》《经济选读(一)》《经济学英文选读》《统计学入门》《人口统计新论》《三十年之汉口外汇拨数》《会计名词中英文对照表》《人口统计新论》,李剑农《中国经济史(古代之部)》,刘秉麟《近代中国财政史》《现代中国财政史》《近代中国财政经济》《银行学纲要》《财政学目录》《财政学大纲》《中国古代财政小史》《经济学》《经济学原理》《分配论》《公民经济》《亚当·斯密》《理嘉图》《李士特》《俄罗斯经济状况》《凡系主义》,任凯南《经济思想史》。

政治学著作有:刘秉麟《各国社会运动史》《社会运动史》《世界各国无产政党史》,郑孝齐《各国社会运动史》《近代中国政治史》,李剑农《政治学概论》,张有桐《社会学原理》《社会学纲要》《社会学》,刘迺城《政治思想史》《比较政治制度(英法美)》(上卷)、《比较政治制度(德俄意)》(中卷),张百高《晚近社会学之主要趋势》,樊德芬《英国首相制与美国总统制之比较研究》《英国工党世界和平政策》。

法学著作有:吴岐《劳工法》《劳工法讲义》,葛扬焕《刑法分则讲义》,蒋思道《刑法总则》《行政法》《新〈刑法〉之理论的基础》《刑事诉讼法讲义》;刘经旺《海商法》《票据法》《保险法讲义》《债编各论》《公司法讲义》《保险法》《债编各论讲义》《票据法》,胡元义《民法继承》,周鲠生《条约之国际的效力》《国际法大纲》《国际组织的发达》《国联的前途》,孙芳《民法总则》,吴学义《权利妨害与权利的滥用》《法学纲要》《破产法讲义》《民事诉讼法讲义》《民事诉讼法》《民法概要》《法院组织法》《劳工法》《中国民法总论》,陶天南《行政法讲义》《法律哲学》《国际私法》,周新民《物权法要论》,张熙存《继承法讲义》,李浩培《国际私法》。

以上统计,非全部,依据所能见到的材料统计,仅仅涉及著作中的一部分,不包括论文。

三、"法学院之王"的历史影响

武大法学院的发展,对武大的发展产生了多方面的影响。

(一)因法学院的影响,带动学校获得国际国内的认可

在国民政府发展的"黄金十年",国立武汉大学经过调整、整合,逐步发展壮大,成为武大历史上发展最快的时段之一。截至1936年,学校已有文(中国文学系、外国文学系、哲学教育系、史学系),法(法律学系、政治学系、经济学系),理(数学系、物理学系、化学系、生物学系),工(土木工程学系、机械工程学系),农(农艺系)5学院14学系。五大学院尤其以法学院实力最强。学校因有法学院的王世杰、周鲠生、燕树棠、杨端六、刘秉麟、任凯南、陶因等一批名教授的影响,名气不断扩大,在20世纪30年代与国立中央大学、国立北京大学、国立清华大学、国立浙江大学并誉为"民国五大名校"。

抗日战争全面爆发以后,武汉大学与全国众多高校一样迁往内地办学,千余名师生以空前的爱国热情迁往四川乐山。在这里,教授们尤其是法学院的刘秉麟、周鲠生、李浩培、刘迺诚、陶因、杨瑞六等名家在此任教。他们以无私奉献的精神,始终屹立讲坛,培养了一批又一批社会所需要的人才。在这里,为推进内地的社会教育,他们进行了抗日宣传、民众教育、学术介绍、经济调查、法律咨询等活动。在学术讲演中,燕树棠、刘秉麟等名家纷纷登上社会讲台。杨端六还开办几期短训学校,办起了商业簿记补习班,为平民增加商业知识。法学院

的教师们在勤勉教书、笃实育人的同时。学术研究笔耕不辍，杨端六的《货币与银行》、刘迺诚的《比较政治制度》等著作，都是勤勉治学的结晶。因学术地位的提高和社会声誉的大涨，学校与当时的国立中央大学、国立西南联大和国立浙江大学一道，被世人并誉为“抗战四大名校”。

1946 年，学校从乐山迁回珞珈山以后，法学院以其高质量的人才培养优势得到国际的认可。1948 年 2 月 20 日，教育部国际文化教育事业处函告学校：英国牛津大学已认可武大本科毕业生在牛津之研究生地位。即武大的毕业生凭学习成绩即可申请攻读牛津大学的研究生。享有同等待遇的还有北大、清华、南开、中央（大学）、浙大及私立北平协和医学院等六所院校。

（二）法学院成为全国师资力量最为强大者

抗战期间，虽然物资供应不足，师生们缺衣少食，但法学院的一批学人坚守学术阵地，取得了令人瞩目的成绩。在教育部进行的两批部聘教授的评选中，武汉大学法学院的周鲠生、杨端六、刘秉麟当选。部聘教授是指由国家教育部直接聘任的教授，是当时中国教育界的最高荣誉，有人称之为“教授中的教授”。它是抗战时期国民政府教育部实施的尊师重教、稳定队伍的一项重要举措。

部聘教授的推荐和评选，由教育部指定吴俊升、傅斯年、吴稚晖、竺可桢等 30 余人组成的教育部学术审议委员会负责。经过研究，委员会制定出了《教育部设置部聘教授办法》。参加部聘教授的评选须具备下列条件：“在国立大学或独立学院任教授 10 年以上；教学确有成绩，声誉卓著；对于所任学科有专门著作，且具有特殊贡献。部聘教授须由教育部提经学术审议委员会全体会议出席委员 2/3 以上表决通过。”

部聘教授名额定为 30 人。每学科 1 人。这些学科包括三民主义、经学、中国文学、英国文学、史学、哲学、教育、艺术、数学、物理、化学、生物、地质、地理、气象、心理、法律、政治、经济、社会、商学、农学、林学、土木水利、电机、机械航空、矿冶、生理解剖、内科医学、外科医学等，每科以设 1 人为原则，“宁缺毋滥”。实际上，三民主义、艺术、气象、商学以及外科医学因未有人选而取消而将内科医学一科改称医学，经学与中国文学归并为中国文学科。裁并结果，最后剩下 24 科。于是，将各科设置名额重新进行分配：中国文学、史学、数学、物理、化学、生物等 6 个基础学科各设 2 人，其余 18 科各设 1 人，总人数则不变，仍为 30 人。

部聘教授的推选共进行了两批。第一批在 1942 年 8 月。该批全国符合条件的候选人总数为156人。各科人数:中国和英国文学各9人、史学6人、哲学6人、教育9人、数学14人、物理6人、化学13人、生物14人、心理7人、地理2人、法律6人、经济4人、社会学2人、农学9人,林学5人、土木水利9人、机械航空4人,电机4人,矿冶3人、医科6人、生理解剖4人。最后经学术审议会临时常务会议表决,共有30人入选。他们是杨树达、黎锦熙、吴宓、陈寅恪、萧一山、汤用彤、孟宪承、苏步青、吴有训、饶毓泰、曾昭抡、王琎、张景钺、艾伟、洪式闾、蔡翘等。武汉大学的周鲠生、杨端六当选。

第二批部聘教授推选在1943年12月。计有中国文学胡小石(光炜)、外国文学楼光来、历史柳诒徵、哲学冯友兰、教育常导直、数学何鲁、物理胡刚复、政治萧公权、法律戴修瓒、经济刘秉麟、农学邓植仪、工科刘仙洲、化学高济宇、医科梁伯强、艺术徐悲鸿共15人。除胡光炜外,其余都是以推荐票数第一位者当选。武汉大学的刘秉麟当选。

部聘教授人数的人员分布情况如下所述。

国立中央大学13人:徐悲鸿(艺术)、胡小石(国学)、楼光来(外文)、柳诒徵(历史)、艾伟(心理)、孙本文(社会)、戴修瓒(法律)、高济宇(化学)、胡焕庸(地理)、蔡翘(生理)、梁希(林学)、吴有训(物理)、常导直(教育)。

西南联合大学9人:陈寅恪(历史)、汤用彤(哲学)、吴宓(外文)、饶毓泰(物理)、曾昭抡(化学)、张景钺(生物)、刘仙洲(机械)、庄前鼎(机械)、冯友兰(哲学)。

国立浙江大学4人:苏步青(数学)、王琎(化学)、胡刚复(物理)、吴耕民(农学)。

国立武汉大学3人:刘秉麟(经济)、杨端六(经济)、周鲠生(法律)。

国立中山大学2人:邓植仪(农学)、梁伯强(医科)。

国立四川大学2人:胡元义(法律)、萧公权(政治)。

国立重庆大学2人:何杰(地质)、何鲁(数学)。

秉志(生物,无单位)。

国立西北大学1人:萧一山(历史)。

国立中央研究院1人:李四光(地质)。

国立交通大学1人:茅以升(土木)。

国立西北师范学院1人:黎锦熙(国文)。

国立湖南大学1人:杨树达(国文)。

大同大学1人:胡敦复(数学)。

国立江苏医学院1人:洪式闾(病理)。

国立西北工学院1人:余谦六(电机)。

湖南国立师范学院1人:孟宪承(教育)。

从上可以看出,武大入选的三位教授全部来自法学院,它从一个侧面反映了学校的法学和经济学科的实力和科学研究水平。

(三)周鲠生因实力地位突出而成为武大的执掌者

法学院的周鲠生因资历深厚,学问突出而在20世纪40年代后期成为武大校长。他在其治校的几年里,对武大的发展作出了重大贡献。

首先,对学院进行了恢复和增设。学校西迁时,教育部命令农学院并入中央大学农学院,仅设有文、法、理、工四大学院。1946年5月,他领导恢复了农学院,叶雅各担任筹备主任。1947年,农学院大楼(现工学部办公楼)竣工。1948年,又增设了园艺和农业化学两系。1946年10月,他主持设立了医学院。医学院分解剖学、生理学、生物化学、药理学、细菌免疫学、寄生虫学、病理学、内科、外科、妇产科、小儿科、眼科、耳鼻喉科、精神病学、牙科、放射学、麻醉学、社会医学等19个学科,学习年限为7年,1947年开始招生。至1948年,学校设有6院20个学系,是民国武汉大学规模最大、学科最为齐全的时期。最终实现了大学初创时期王世杰校长提出的建立六大学院的构想。

其次,调整充实了研究机构及负责人员。研究机构主要有:文科研究所(刘永济)、法科研究所(刘秉麟)、工科研究所(余炽昌)、文科研究所文史学部(李剑农)、法科研究所政治学部(刘廼诚)、法科研究所经济学部(杨端六)、理科研究所理化学部(邬保良)、工科研究所土木工程学部(俞忽)、工科研究所电机工程学部(文斗)。1947年5月,根据教育部的训令,他又改原有的4所11部为8所,分别为中国文学研究所、历史研究所、政治研究所、经济研究所、物理研究所、化学研究所、土木工程研究所、电机工程研究所。当时全国设有研究所的高等院校达33家。国立大学研究所的设置情况是:中央大学26个,清华大学23个,北京大学15个,中山大学10个,浙江大学9个,台湾大学、武汉大学8个,南开、同济、厦门、四川、重庆、东北等大学各2个,交通、复旦、湖南、贵州、政治、山东等大学各一个。武汉大学与台湾大学处于并列第6位。

再次,开展大学为改造社会服务。如在医学院开展华中区域流行病症及寄生虫问题的研究;在农学院开展粟米遗传性的研究和水稻优良品种的选育,并与湖北省农垦处合作,共同建设磨山合作农场。大力开展大学文化的服务,组织学术文化演讲委员会,在武汉推广学术文化服务。向社会公开讲授包括社会、自然、应用科学、文艺及时事等问题。吴于廑、张培刚、高尚荫、查谦、陈华癸等名家为大家作学术演讲。

最后,他注重学校发展的质量。大师是学校发展的一个必备的要素,他在任内曾大力延聘名师。他们有"联合国教育文化组织中国委员会"委员候选人桂质廷、国内外享有盛誉的查谦、中央政府大法官燕树棠、荣获美国哈佛大学"威尔士奖金"的张培刚、桃李满天下的张珽等。此外,还有李剑农、方壮猷、刘永济、刘博平、黄焯、刘秉麟、曾昭安、邬保良、高尚荫、叶雅各、袁昌英等知名教授。

人才培养的质量是大学生存发展的生命线。他狠抓人才培养的各个环节,如严格必修和选修课的划分、注重基础课的设置、增强课程设置的计划性和系统性以及增加课程数量等。大学的科学研究是大学发展壮大的核心竞争力之一,他特别重视大学的科学研究功能。为此,他恢复了以前因为经费困难已经停办的《文哲季刊》《社会科学季刊》《理科季刊》《工科丛刊》等刊物,为学术成果的产出通过平台。他还鼓励开展各种专题研究,当时不少教授都出版有学术专著。他一生出版有《国际法》《近代欧洲外交史》《近代欧洲政治史》《不平等条约 10 讲》《现代国际法问题》《国际政治概论》等十余种专著。除他之外,李剑农的《中国经济史稿》、刘迺诚的《比较政治制度》、方壮猷的《中国社会史》等都是当时很有影响的著作。

抗战前清华大学工程学的发展进程及其历史影响

清华大学校史馆/校史室　李珍

摘要：抗战前清华历经清华学堂、清华学校及国立清华大学三个时期，其工程学在外部社会环境和内部条件的交互促动下发生了系列深刻变革，逐步由最初零散的科目设置发展至系统化的院系创办，无论是教学科研的基础设施建设与成果，还是师资队伍、人才培养的数量与质量等均取得了重要进展。抗战前清华工程学从量到质的跃变，不仅推动了学校学科体系的整体发展，而且对国内工程教育、工程实业、科技进步及科学民主化进程等产生了深刻影响，在推动中国近现代社会的转型中扮演着重要角色。

关键词：清华大学；工程学；演进历程；发展特征；历史影响

清华大学工程学虽起步较晚，但由于其拥有充裕的经费、雄厚的师资力量、优秀的生源等，至抗战前已从最初零散的课程设置逐步演进为系统化的院系创办，以严谨的科学性和高度的社会责任感著称，在教学模式、师资队伍、基础设施及人才培养等方面均取得了突出成就，有力促进了国内工程教育、工程实业的大发展，并对科技进步、科学民主化进程等产生了深刻影响，在推动中国近现代社会的转型中扮演了十分重要的角色。

一、抗战前清华工程学的发展历程

抗战前清华历经清华学堂、清华学校及国立清华大学等不同阶段的转变，逐步由一所留美预备学校发展为国内著名的高等学府，其工程学也随着社会进步及学校自身的发展进行了相应的调整和完善。

(一)清华学堂时期工程学的萌生

清华原是利用美国退还的部分超收庚款建立的一所留美预备学校。1900年八国联军攻陷北京,次年清政府被迫签订了丧权辱国的《辛丑条约》,其中美国按比例分得2 400万余美元,而实际损失仅1 100多万美元。后经中国驻美公使梁诚的多方交涉,美国政府于1908年决定退还中国部分超收赔款,用于选派赴美留学生,目的主要在于培养一批亲美的中国领袖人才,扩大其在华利益。次年美国正式退款,清政府成立游美学务处负责选派留学生等事务,并积极筹办游美肄业馆供学生出洋前进行短期学习。1909年9月28日,清政府批准将西直门外成府东北清华园赏拨作为建馆用地。但后因前两批赴美留学生未能按原定名额计划完成及外务部、学部在招生问题上意见相左等原因,筹建中的游美肄业馆被改建为清华学堂,于1911年4月开学。当时学堂设有中等科和高等科(共8年),学科分十大类别,其中即包括手工,尽管所占比例较小(体育手工合计8学分[①]),但这为清华学校时期工程学的发展提供了良好开端。

(二)清华学校时期工程学系的成立

辛亥革命爆发后清华学堂一度停课,1912年5月重新开学,10月改名清华学校。清华学校早期仍主要培养留美预备生,工程学方面开设有手工、用器画等课程[②]。随着国内教育形势的迅速发展,1916年周诒春校长向外务部呈文提出改办大学计划,很快获外交部批准,随后他即进行了课程改革、教员选聘及建筑设备购置等工作。周诒春认为,"中国之基本问题在经济匮乏,引起政治不安,解决之道,在发展经济。在一般教育上应重视实业教育,培养聪明独立而对社会有用的公民"[③]。但客观而言,这一时期清华工程学课程的设置规模还相对较小,如工艺技术仅占高等科必修课程的2.1%[④]。

1918年周诒春辞职,此后清华学校虽曾拟设工程科,但因人事更迭频繁而未能实现,直至曹云祥出任校长后才得以具体实施。1925年5月清华学校正式

---

① 《清华学堂章程》(宣统三年正月),清华大学校史研究室:《清华大学史料选编(第一卷)》,北京:清华大学出版社,1991年,第147页。

② 《北京清华学校近章》,清华大学校史研究室:《清华大学史料选编(第一卷)》,北京:清华大学出版社,1991年,第160~164页。

③ 苏云峰:《从清华学堂到清华大学1911—1929:近代中国高等教育研究》,北京:生活·读书·新知三联书店,2001年,第15页。

④ 苏云峰:《从清华学堂到清华大学1911—1929:近代中国高等教育研究》,北京:生活·读书·新知三联书店,2001年,第166~167页。

成立大学部，后由于普通科存在培养目标不明确等问题遭到师生抵制。1926年，清华学校决定提前建系，工程学系随之成立，时设土木、机械及电机三科，并在课程设置、基础设施添设等方面拟定了详细计划。但由于经费等原因，1927年刚刚起步的工程学系三科被合并为"实用工程科"。尽管清华学校时期工程学系并没有完全实现预期目标，但总体而言，它的建立为当时社会工业建设培养了急需的实用工程人才，为工程学科及工程教育作出了有益的探索和尝试。

（三）国立清华大学初期工学院的创办

1928年6月国民政府北伐胜利，8月清华学校更名为"国立清华大学"。受当时经费及学生数量的影响，清华各学系内容均不甚充实，因此罗家伦执校后即对之进行整改，其中工程学系改为市政工程系①。但该年冬，市政工程系却遭清华董事会议决裁撤②。这一消息传出后立即引发广大师生的极力反对，并为之奔波呼吁，经多方努力，最终工程系得以复兴③，为集中精力及适应社会发展之需要，专办土木系，附属理学院④。

20世纪30年代后，随着社会发展对理、工、农等应用学科的需求，国民政府颁布了一系列高教政策要求大学教育偏重实科。根据形势的发展，国立清华大学在吴南轩上任时即有意举办工学院，"后因驱吴而此举不克实现，该系同学改院之动机，遂于是起"⑤。1932年1月工程学系召开全体同学大会商讨成立工学院⑥，当月校评议会议决"本大学应于下学年添设机械工程学系及电机工程学系，并即以该两系及现有之土木工程学系合组为工学院，至所有应行筹备事宜由校长组织委员会主持之"⑦。随后，时任校长梅贻琦向教育部提出呈请，于2月28日获批并成立了工学院筹备委员会⑧。该年暑假，工学院开始招生并正式宣告成立，由梅贻琦兼任院长，顾毓琇、庄前鼎、施嘉炀分别担任电机系、机械系、土

---

① 《整理校务之经过及计划（罗校长上董事会之报告）》，载《国立清华大学校刊》，第12期，1928年11月23日。

② 夏坚白：《土木工程系的过去和现在》，载《国立清华大学二十周年纪念刊》，1931年。

③ 夏坚白：《土木工程系的过去和现在》，载《国立清华大学二十周年纪念刊》，1931年。

④ 《国立清华大学规程》，载《国立清华大学校刊》，第80期，1929年6月14日。

⑤ 炎炎：《土木工程系改院运动之经过》，载《清华周刊》，第37卷第1期，1932年2月27日。

⑥ 《工程学系全体同学大会消息》，载《国立清华大学校刊》，第356号，1932年1月11日。

⑦ 《评议会第二十一次会议记录》，载《国立清华大学校刊》，第365号，1932年2月5日。

⑧ 《工学院筹备委员会成立消息》，载《国立清华大学校刊》，第376号，1932年3月2日。

木系主任。

二、抗战前清华工程学的发展特征

抗战前清华工程学在内外诸多因素的促动下,学科发展不断趋于完善,在教学模式、基础设施、师资队伍及人才培养等方面均呈现出极强的系统性和前瞻性等。

(一)教学模式由完全仿效逐步本土化

清华建校之初原是一所留美预备学校,因此其早期的教育方针、课程设置等均仿效美国。随着国内高等教育形势的变化,到了清华学校中后期,出于长远发展的考虑逐步改办大学,工程学也由最初零散的课程设置渐成体系,开始探索具有自身特色的办学模式。如1927年时任教务主任梅贻琦所言:

> 清华学校自民国前一年开办以来,至民国十四年夏间,系专为预备学生留美而设,至是年秋,始设大学部,其教育方针为之一变。……工程学系之组织,亦有与外间不同者。盖今日社会上所需要之工程人才,不贵乎专技之长,而以普通基本的工程训练为最有用。是以本校设立工程系之始,即以此为原则①。

可以说,工程学系的课程规划已具有较好的系统性和科学性,如先进行高等数学、化学等基础课的学习,及画法几何等基础课程的训练,为后期专业课程的深入学习铺平道路;同时,即使在专业课程中也非常注重工程学知识的交叉学习等。但遗憾的是,因经费所限,1927年冬机械、土木、电机被合并为实用工程科,主要培养实用工程人才,原定的课程计划也未能如期贯彻。

国立清华大学初期,罗家伦、梅贻琦等校长以及工学院教师等多有留美经历,他们在汲取西方办学理念的基础上对工学院的教学模式加以调整。如梅贻琦提出:“至于工学院各系的政策,我们应当注重基本知识。训练不可太窄,应使学生有基本技能,而可以随机应用。此类人才,亦就是最近我国工业界所需要的。”② 这一办学理念在课程设置中得到了具体体现,其中工学院的课程,总体上是按照下述原则来编制的:

> 一年级课程,大致为自然科学、国文、外语和经济学概论。二年级课程

① 梅贻琦:《清华学校的教育方针》,载《清华周刊》,第28卷第14号,1927年12月23日。

② 《国立清华大学校刊》,第379号,1932年3月9日。

则多系一般工程学的基本训练，如测量、静力学和动力学、材料力学等。三年级开始接触本学科专业的一般科目，如土木系的给水工程、铁路及道路工程，机械系的机械设计原理、内燃机，电机系的电工原理、电报电话学等。四年级则进一步将学生按上述不同专业方向分组，进行更有针对性的专业教育①。

除理论课程外，工学院各系均非常重视实验课程，如“土木工程系有3门实验，8门设计；机械系（含航空工程）有18门实验课程，6门设计课程；电机系有15门实验及4门设计课”②。由此可见，国立清华大学工学院的课程设置目标突破了清华学校时期培养实用工程人才的局限，特别注重学生的通才教育，既注重提高学生人文社科与科学技术的综合素质，又全面夯实学生理工类课程中基础科学、技术科学及工程应用技术知识。

（二）教学与科研条件不断改善

清华学堂及清华学校早期开设有一些手工、用器画等工程学课程，但仪器设备方面相对不足，1916年周诒春提出改办大学获批后即进行馆舍及设备的增添。1925年清华学校改手工教室为工艺馆，馆中分三部分，楼上是画法几何和器械画，楼下是铁工木工③。后在国民政府提倡实科政策的推动下，国立清华大学等高校投入了较大经费用于扩充理工科设备。如罗家伦上任之初就曾上报董事会：“留美预备时代的清华学校的设备，万不足以供国立最高学府的清华大学的应用。最显著的，就是图书仪器两项。……况且明年市政工程和地理两系就要正式开办，清华关于这两系的设备图书，尤须注意。目前此项设备，最低限度当为十万元。”④

这一时期，清华工程系设备较之国内其他工科院校已逐渐占据优势。当时的国立清华大学校刊曾记曰：“我校虽非专科工业学校，然因以前当局之注重工程科，设备上早驾乎唐山，北洋，及工大之上。”⑤清华成立工学院后，为响应政府

---

① 陈超群：《清华大学工学院的创建》，清华大学硕士学位论文，2005年，第21页。

② 苏云峰：《从清华学堂到清华大学1928—1937：近代中国高等教育研究》，北京：生活·读书·新知三联书店，2001年，第64页。

③ 雍光：《清华生活一瞥》，载《清华周刊》，第28卷14号，1927年12月23日。

④ 《整理校务之经过及计划（罗校长上董事会之报告）》，《国立清华大学校刊》，第12期，1928年11月23日。

⑤ 《北洋学生来校实习》，载《国立清华大学校刊》，第51期，1929年3月15日。

发展实用科学的号召和社会的需求,更是把相当一部分经费用于实验设备、图书资料的购买之上。如1932年12月曾对上年通过的建筑计划进行改订,其中“添建工学院及设备费60万元”①。至1936年,清华工学院设备“有土木工程馆、机械工程馆、电机工程馆、水力实验馆、航空工程馆,以及一切教学应用之仪器、机械,大体均甚完备”②。而且,“实验室大都是用当时最新式的仪器设备装备起来的。其中,土木系的水力实验室是仿照德国类似实验室建造的,它的水力机械设备,与当时美国一般大学相比,也有过之而无不及。机械系的热力工程实验室设有发电能力为二百千瓦的小型火力发电厂,这在当时也是少见的。这些实验室的物质条件不仅能满足一般的测试、分析之需,而且可资某些前沿性课题的技术机理研究之用”③。

(三)师资队伍规模与结构逐步优化

师资队伍是办好大学的核心要素之一。清华学堂及清华学校早期所聘请教师多为美国教员。曹云祥任职后为筹设大学部开始增聘中国教员,这一时期清华早期留美生纷纷回母校任教,如工程学系由周永德担任系主任,所聘教授还有笪远纶、潘文焕、钱昌祚、罗邦杰等,他们不仅成为工程学系课程开设的重要师资力量,而且将美国的工程教育模式应用其中,为清华工程教育及工程学科的建设与发展作出了有益尝试④。国立清华大学时期,罗家伦、梅贻琦均十分重视师资,相继聘请了卢恩绪、庄前鼎、刘仙洲、顾毓琇、章名涛等海外留学生及国内资历较高的专家学者,以及冯·卡门(Theodore VonKarman)、华敦德(F.L.Wattendorf)、维纳(Norbert Wiener)、王尔兹(K.L.Wildes)等国外知名学者来校任教或讲学。据统计,1928年至1937年曾在清华工科院系任教的约60人⑤,其中以教授、助教人数居多。这些教师大多理论基础雄厚、专业知识广博精深,“又都在外国研究多年,对于欧美的工程学识,各有特长与心得,是以现在之清华工学院,在这半封建半殖民地的国里说起来虽不敢说是全国首屈一指,

---

① 清华大学校史研究室:《清华大学一百年》,北京:清华大学出版社,2011年,第75页。

② 梅贻琦:《五年来清华发展之概况》,载《清华周刊》向导专号,1936年6月27日。

③ 史贵全:《中国近代工程教育研究》,上海:上海交通大学出版社,2004年,第244页。

④ 刘继青:《清华大学早期工程教育的发展及其外来影响》,载《高等工程教育研究》,2011(1)。

⑤ 苏云峰:《清华大学师生名录资料汇编:1927—1949》,台北:中央研究院近代史研究所,2004年,第13~115页。

至少也是后起之秀吧"[①]。

（四）由选派留学生向人才自主培养转变

1935 年清华校庆时顾毓琇曾在所作纪念文章中提出："清华的生命，实在应该从 1909 年派遣学生赴美留学算起，至今已经有二十六年。而这第一批留学生里，便有学工程的（现在本校的梅校长，便是其中的一位），所以清华的工程人才，亦可以追溯到二十六年以前。"[②] 据统计，1909 年至 1929 年间清华选派的赴美留学生中有 400 余人选习工程学，所占比例最大，约 31%。1925 年，清华学校正式成立大学部并招收了历史上第一届学生，其中工程方面有翟鹤程、庄秉钧、夏坚白、孟广喆、吴景祥等[③]。1928 年罗家伦出任国立清华大学校长后，将工程系改为市政工程系，时有学生 13 人[④]，但不久遭董事会裁撤，"在校的部分二、三年级学生分别转学到上海交通大学和唐山交通大学"[⑤]。董事会的这一决策遭到广大师生的强烈反对，后经多方努力重又恢复，专办土木工程系，1929 年有在校学生 37 人，1931 年增至 107 人[⑥]。随着学生人数的不断扩充，国立清华大学于 1932 年成立工学院，该年在校学生共计 220 人[⑦]。自 1933 年起，国民政府颁布政策对文法院系招生进行了严格限制，同时学生出于未来就业考虑亦多选择工程专业。如 1935 年国立清华大学"录取学生 318 人，工学院占 45%，理学院 38%，文学院 11%，法学院仅 6%"，1936 年在校学生人数"理工二学院相若，文学院第三，法学院殿后"[⑧]。国立清华大学初期对于学生的培养要求十分严格，尤其是理工学院淘汰率较高，如 1929 年工学院淘汰率达 67.5%、1930 年达 56.1%、1931

---

① 古城：《谈谈清华的工学院》，《清华副刊》，第 44 卷第 8 期，1936 年 5 月 30 日。

② 顾毓琇：《清华的工程人才——为清华二十四周年纪念作》，见清华大学校史研究室：《清华大学史料选编（第二卷）》（上），北京：清华大学出版社，1991 年，第 243 页。

③ 《国立清华大学第一级毕业生一览》，见《国立清华大学历届毕业生一览》，1939 年，第 6 页。

④ 苏云峰：《从清华学堂到清华大学 1928—1937：近代中国高等教育研究》，北京：生活·读书·新知三联书店，2001 年，第 138 页。

⑤ 方惠坚、张思敬：《清华大学志》（下册），北京：清华大学出版社，2001 年，第 16 页。

⑥ 苏云峰：《从清华学堂到清华大学 1928—1937：近代中国高等教育研究》，北京：生活·读书·新知三联书店，2001 年，第 138 页。

⑦ 《民国二十一至二十二年度在校学生统计表》，载《国立清华大学校刊》，第 447 号，1932 年 10 月 21 日。

⑧ 苏云峰：《从清华学堂到清华大学 1928—1937：近代中国高等教育研究》，北京：生活·读书·新知三联书店，2001 年，第 137 页。

年达59.4%等[①]。据统计,自1929年至1937年工学院毕业学生约260人[②],虽然人数相对不多,但由此可以表明清华已经完成了由培养留美预备生向人才自主培养的转型。

三、抗战前清华工程学的历史影响

抗战前清华工程学的创建与发展,不仅促进了学校自身学科及国内高校工程学科的拓展,而且其培养的大批优秀人才在社会经济、政治、教育、文化等各个领域作出了突出贡献,对国家进步和社会发展产生了深刻影响。

(一)补充了国内工程教育的师资力量

清华学堂及清华学校时期曾选派了大批赴美留学生,其中以选习工程学人数最多,涉及土木、机械、化学、电气、采矿冶金等诸多专业。清华庚款留学生学成归国后多从事教育工作,除任教于清华外,还分布于圣约翰大学、北洋大学、唐山交通大学、厦门大学、浙江大学、中央大学、东北大学等。他们积极创办和开设工科院系,除担任行政领导职务外,还亲自从事相关的教学与科研活动,有力地推动了我国近代高等工程教育的发展。例如,梁思成在东北大学创办了建筑系,庄前鼎、顾毓琇分别创建了清华机械工程学系和电机工程学系,茅以升、侯德榜在中国桥梁工程学、化学工程方面取得了卓越成就。清华学校后期正式设立了工程学系,开始自主培养学生,至抗战前为社会培养了大批优秀人才,其中许多进入高等院校任教,如夏坚白曾任教同济大学、武汉大学,王柢任教唐山铁道学院,方福森任教南京工学院,徐芝纶任教华东水利学院等,不少担任校长、院长、主任等职务,在国内工程教育的发展中发挥了重要作用。

(二)有力促进了国内工程实业的发展

除教育事业外,清华庚款留学生在国内工程实业领域也业绩斐然。如吴玉麟在发电输电方面成绩突出,周仁归国后曾创办大效机器厂、钢铁试验场及玻璃试验场等,胡博渊对国内矿业开发作出了很大贡献,茅以升主持修建了钱塘江大桥、武汉长江大桥,汪胡桢领导了治淮疏运等多项水利工程建设等。国立清华大学成立后至抗战前所培养的工科人才中,有不少在水电、道路工程、机械工程、造船工程、汽车制造等领域担任重要职务,大大推动了我国工程实业的发

---

① 清华大学校史编写组:《清华大学校史稿》,北京:中华书局,1981年,第128页。

② 苏云峰:《从清华学堂到清华大学1928—1937:近代中国高等教育研究》,北京:生活·读书·新知三联书店,2001年,第151页。

展。例如,黄京群曾任交通部公路总局工程师等职,在钱塘江大桥和滇缅公路建设中解决了施工难题;邹承曾为高雄港务局副处长、副总工程师,长期从事港口建设;谭葆泰曾参与黄河治理,任联合国亚洲经济委员会远东防洪局水资源开发处处长;吕凤章曾成立纺织、毛纺、机械、面粉、酒精、煤矿、运输等10余厂矿。

(三)掀起了国内工业的科学化运动

清华庚款留学生在学习美国先进工业技术的同时,亦逐步认识到科学研究对实业发展的重要性,他们回国后力倡工业技术研究,推动了工业的科学化运动。例如,茅以升在东南大学最早开展土力学研究,周先庚、陈立进行了工业心理的研究等①;吕彦直融汇东西方建筑技术与艺术,设计了中山陵及中山纪念堂,在国内建筑界影响深远;周仁从美国引进电弧场,在国内最早进行电力炼钢,研制出了抗热压玻璃和光学玻璃;侯德榜通过探索英美等国的苏维尔制碱技术,创立了侯氏制碱法。此外,清华庚款留学生还创建了一些学术团体及相关学术刊物,如中国科学社、中国工程学会、中国化学工程学会等,为向国内传播西方先进科研方法、研究成果及资讯提供了媒介,有效推动和加快了国内科学研究的发展进程。20世纪30年代后,国立清华大学响应国民政府发展实业的要求,成立了工学院,使相关研究工作取得了很大进展。理论研究方面,如机械系王士倬、土木系蔡方荫、电机系章名涛、顾毓琇等都发表了高水平的学术论文,其中部分获得中国工程学会年会奖项;应用研究方面,进行了防毒面具、离心力双吸式打水机、航空风洞等的开发及设计等。国立清华大学初期工学院所取得的研究成果无疑对我国科技发展产生了深远的影响。

(四)加速了中国社会的科学民主化进程

清华庚款留学生赴美后,不仅目睹了中西方物质生活方面的差异,而且在思想意识领域亦历经了一场剧变。如任之恭回忆:

> 我第一次到美国,开始于1926年,我在麻省理工学院和哈佛持续读了7年书,这使我第一次直接接触西方文化。来自一个有丰富文化遗产而社会和政治结构却极其脆弱的国家,我对西方的哲学和政治制度特别感兴趣。"五四"运动之后,我在中国听到许多这方面的事情,来美国后,我被实

① 刘丽洁:《论近代留学生对中国高等教育的作用及影响》,山东大学硕士学位论文,2008年,第28页。

际亲眼看到的关于社会与政治的观念深深地感动了。我钦佩大多数民主理想与制度、司法体制和美国政府的预算平衡结构——这个国家最好地体现了林肯著名的宣言所说的“民有、民治、民享”的政府的各个方面[①]。

巨大的反差和强烈的对比,令这些身负国耻的庚款留学生内心更加激发起强烈的爱国情怀和神圣的历史使命感,即使身在国外亦密切关注国内政治形势的发展。如中国正当权益在巴黎和会上的失败激起了爱国人士的强烈愤慨,茅以升、顾毓琇等纷纷组织学生运动、撰写文章以声援国内人民斗争。学成归国后,虽然清华庚款留学生直接进入政界的人数相对较少,但他们之中不少在各自领域内担任着重要领导职务,如侯德榜为永利碱厂技师长兼制造部部长,利家和为武汉长江大桥工程局主任工程师,赵凤恩为北京铁路局基建处副处长及科技研究总工程师等[②]。这些学子将西方的民主思想融入其管理理念、管理模式之中,对中国的民主化进程产生了良好的推动作用。此外,不少工程留学生回国后运用所学科技知识以各种方式积极加入爱国运动,如杨锦魁曾冒巨大危险在自己开办的工厂为前线制造炸药,顾谷成参与建设滇缅空军基地,吴承洛进行防毒面具研制,另有鲍国宝、高惜冰、王崇植等亦为抗战提供了大量军需物资,他们为民族的解放和人民的幸福作出了无私奉献。

综上所述,清华自建校伊始至抗战前,其工程学的发展过程不仅再现了清华学科的自我发展轨迹,同时也是中国近代高等工程教育发展的缩影,真切翔实地从多个维度提供了令人深思和探究的视角。通过梳理抗战前清华工程学的演进历程,结合时代背景对其发展特征及历史影响进行深入剖析,从其演进脉络中抽取中国近代工程教育衍生及演变规律,不仅有助于正确认识工程教育与社会发展的相互关系及其在近代社会中的重要地位,而且对于促进今后我国高等工程教育的进一步发展亦具有重要的参考价值和现实意义。

---

① 任之恭:《一位华裔物理学家的回忆录》,范岱年等译,太原:山西高校联合出版社,1992年,第160~161页。

② 苏云峰:《从清华学堂到清华大学1928—1937:近代中国高等教育研究》,北京:生活·读书·新知三联书店,2001年,第228~236页。

民国时期我国高等农业教育的开放办学实践

——以国立西北农林专科学校及国立西北农学院为例

西北农林科技大学档案馆　杨恒　王文慧

摘要：作为民国时期西北地区唯一的一所国立高等农业学府，国立西北农林专科学校和国立西北农学院（统称西农）的开放办学主要体现在两个方面：一是以国际化的视野，开展学校筹备、基础设施建设、图书仪器设备采购、教师队伍建设、动植物种质资源搜集、学术交流、学生生产实习与理论比武渠道拓展、体育交流等；二是以复兴农业、建设农村为己任，面向基层，进行农业科技推广实践。

关键词：农业；高等教育；开放办学；民国时期

在战火不断、灾害连年的20世纪30—40年代，在开发西北、建设西北、兴学兴农的呼吁中，国立西北农林专科学校和国立西北农学院（统称西农）扎根西北农村小镇，以国际化的视野，践行开放办学的理念，使学校在短短的15年，一跃成为当时国内高等农业院校中学科门类最为齐备的大学及国内具有研究生招生资格的26所公立院校之[①]，为西农的可持续发展铸就了深基伟业。

一、聘任具有国际视野的筹备员，为学校学科发展奠基领航

学科是实现学校功能的最基本单元，学科建设是学校的龙头工作。西北农林专科学校（西北农林科技大学前身）在筹备之初，筹委会就面向海内外聘请了6位既有国际视野又备实践经验的博学之士担纲西北农林专科学校各专业的筹备员，为西农的学科建设拓荒领航、筑基铺路。1933年，学校筹委会分别聘任获得慕尼黑大学林学博士学位的德国专家戈特里布·芬次尔为学校森林组筹备员

① 西北农林科技大学档案馆. 寻踪西农 [M]. 陕西杨凌：西北农林科技大学出版社，2013：44.

兼林场主任，主持筹建眉县试验林场；聘任留德林学专家齐敬鑫为学校筹备员，负责学校森林组和咸阳、武功试验林场筹建；聘任留美农艺专家郝钦铭为学校农艺筹备员，负责学校农艺组和农场筹建；聘任留法园艺专家郭须静为学校园艺场筹备员，负责学校园艺组和园艺场筹建；聘任留美畜牧专家许振英为学校筹备员，负责关于畜牧筹备一切事宜；聘任留德水利专家李仪祉为学校水利组主任，负责制定水利组学科发展规划和人才引进并主讲"农田水利学"和"制图学"等课程。

二、广开思路，开展基础设施建设与图书、仪器设备采购工作

建校初期，学校筹备处采用招标及选派专业技术人员到全国各地考察、学习等措施，博采众长，开展学校的基础设施建设。1935 年，学校筹委会聘定美国加福利尼大学土木科硕士尤和慈为学校副工程师，专职负责学校大楼工程建设，并委派副工程师尤和慈赴南京、上海、汉口、北平、青岛等处考察高校体育场、图书馆等建筑设备及校景布置事宜，派校医刘瑞来赴南京、定县等处考察卫生事宜。学校大楼的建筑曾在上海各大报纸发布招标广告，最后，学校在投标的六家公司中选择了标的最低且具有丰富施工经验的建业营造厂为学校大楼的建筑施工单位。

学校面向国内外开展教学仪器及设备的采购工作。1936 年，学校在天津兴华公司和天津礼和洋行，定购生物、土壤、化学、物理研究室仪器、测量仪器等，在上海伊默克公司定购化学药品，在上海怡和洋行定购抽水机等水利设施，在上海水明昌木器厂定购校具，在上海定购畜种及用具，在唐山启新厂定购化学、土壤各室研究及试验用具，在南京订购学生课桌椅等。1937 年，学校在美国苏兰园定购压棉机等设备，在德国柏林 Franz Bergmann und Paul Altmann 公司定购玻盂等仪器，在德国柏林 H.Hauptner 公司定购温度表等实验仪器，在柏林专科学校克尔巴母厂定购实验仪器。

学校通过国内外定购及呼吁捐赠等措施，购置图书资料。经过学校图书购置委员会的多方筹措，到 1937 年，学校共购置中、日文图书 26 749 册，西文图书达到 3 259 册，杂志 154 种，共计 30 162 册。1939 年学校购进全套《国闻周刊》《东方杂志》及《万有文库》（第一、二集）、《四部丛刊》《四部备要》各 1 部。除购进图书外，学校还倡导、呼吁国内外各界人士及学校教师向图书馆捐赠图书。1945 年学校接受国外赠送图书 3 批。据可查史料，我国著名历史学家、文学家、教育家傅斯年教授，我国著名历史学家、历史地理学家顾颉刚教授，我校校长辛

树帜教授，我国著名植物生理学家、我校石声汉教授等都先后向学校图书馆捐赠图书。

三、“派出去”与“请进来”双轮驱动，打造高素质教学队伍

学校筹委会常务委员戴季陶在《与子元先生论本校用人施教方针书》中提出，“学校自身之建设，其最重要基础，则不外乎两事：一曰如何延揽基本之人才，二曰如何培养基本之人才”。从国立西北农林专科学校到国立西北农学院的十五年间，选聘大师、名师到学校任教，鼓励、支持教师外出进修学习是学校办学的突出特点。

1936 年 7 月，获得伦敦大学植物生理哲学博士学位的石声汉一回到南京，就被我校抢先聘为植物生理学教授。1937 年，水利专家沙玉清先生赴英、法、荷、德、意等国考察水利期间，辛树帜校长就去函盛情邀请他来校担任水利组教授。同年，学校聘任“中央地质调查所”德国土壤学权威施特雷默河（H. Stremme）教授的得意门生——德国柏林大学土壤学博士周昌芸为本校教授。1939 年，学校聘任获得美国哥伦比亚大学教育学硕士和康奈尔大学农业经济学博士学位回国的王德崇为本校教授，讲授“农场管理学”。1946 年，聘任美籍学者黄吴雪莉（英文名字为 Shiley Wood）为本校外语系副教授，聘任在美国密歇根州立农学院留学的黄元波任学校畜牧兽医系副教授。1948 年学校聘任国内第一代土壤科学贤才侯光炯为本校教授等等。依据档案史料统计，1933—1949 年，在国立西北农林专科学校和国立西北农学院先后任教的有教授 178 名、副教授 76 名[①]，其中有 92 人曾在国外留学，有 21 人获得博士学位，9 人获得硕士学位[②]。

为了提高教师的业务水平，学校对于在校教师进行研究、考察作出以下规定：“教授、副教授连续在本校服务一到五年者，得离校考察或研究一年，仍支原薪。其到国外考察或者研究者，本校按其原薪数目再补助三分之一，以资鼓励。如不愿考察或研究者，得休息一年，但只能支原薪三分之二。”1934 年 8 月，学校派翁德齐、沈学年赴美国考察学习，1935 年 10 月回国后，翁德齐任本校农场主任，沈学年任农场技师。1937 年 7 月，学校选派前筹备处职员王嘉乐、朱立夫、

① 《西北农业大学校史》编辑委员会. 西北农业大学校（1994—1999）[M]. 西安：陕西人民出版社，2001：343-357.

② 关联芳. 西北农业大学校（1934—1984）[M]. 西安：陕西人民出版社，1986：37.

李晓仁、郝青尘四人赴国外留学①。1944年10月20日,学校选派农艺系副教授顾元亮到国外学习。1943年10月,学校让贾成章教授在国内进修。1943年9月19日,学校决定派畜牧兽医系畜牧组教授兼主任王栋赴美研究草原管理。1943年12月1日,学校决定派遣农田水利系副教授陈明绍赴印度达达公司从事农田水利研究工作。1944年7月26日,学校派虞宏正教授赴剑桥大学和美国进修考察。1944年10月至1945年7月,学校派章文才教授赴美国加利福尼亚大学学习,考察美国战时农业生产。1944年12月1日,学校选派畜牧兽医系兽医组教授兼代理主任吴信法赴美研究。1945年学校派青年教师崔堉溪赴美国艾瓦州农业和机械工艺学院畜牧系留学,1947年回国后任学校畜牧系副教授兼主任。1948年,学校青年教师吕忠恕到美国威斯康星大学学习。

四、全方位开展学术交流,不断扩大学校的影响力

邀请外国专家来校讲学,参加外国专家举办的培训班,接待中美农业技术合作团来校考察、交流,向国内外积极推介学校的优秀科研成果,向国外积极推介学校的学术刊物和教学与管理方式,拓展学生生产实习与理论比武渠道是民国时期学校对外学术交流的主要形式。这些对外学术交流活动,一方面拓展了学校教师、学生的国际视野,升华了学生的理论水平,丰富了学生的实践技能。另一方面,让世界了解了学校,扩大了学校的影响力。

(1)创造机会,让师生亲耳聆听国外专家讲课。1935年5月上旬,意大利水利专家沃摩度博士来校讲学。1942年,美国草原管理专家蒋森教授来校讲学,并与本校王栋等教授就我国草原问题进行了深入探讨。1943年,英籍专家柏威德来学校讲授农作物病虫害防治。同年,美国畜牧专家费理朴来华主办家畜育种技术训练班,介绍人工授精技术。本校郑子九学成后,回学校讲授人工授精技术,从此陕西武功地区开始使用人工授精方法给家畜配种。

(2)热情迎接中美农业技术合作团。1946年8月24日,中美农业技术合作团来学校考察、交流②。合作团成员有中美农业技术合作团团长、加利福尼亚大学副校长兼该校农学院院长赫契生博士,美国副团长、美国农业部远东科科长穆懿尔博士,伊利诺斯大学农业经济系主任葛轼博士,园艺学家、美国农业部植物工业局坚果树研究组组长柯籁先生,秘书艾罗西(女),中国副团长、中央农业实验所副所长沈宗瀚先生,中国农民银行设计委员罗万森先生,经济部植物

---

① 校闻.教育部批准本校职员留学[J].西北农专周刊,1937,2(2):12.

② 校闻.中美农业技术合作团莅陕[J].国立西北农学院院刊,1946,5:5.

油料厂工程师刘瑚先生，农林部参事叶谦吉先生。合作团先后参观了学校内部各事业单位，农、园、林、牧各场及农林部农业推广繁殖站，在学校图书馆与师生举行讨论会，参与讨论的师生达500余人。合作团对学校宏大的规模与切实的工作给予高度赞扬，并对师生提出的各项实际问题，均由各团员予以满意答复。美方团长赫契对我国农业研究、教育、推广提出了如下建议：①农业推广与农村贷款工作，应有密切联系；②试验与研究工作，应与农业教育团体合作；③推广方式应趋于农民自助；④农业教育推广合作，应为农民利益着想。合作团返回南京以后，起草报告，建议国民政府“把武功列为全国九大农业建设中心之一”。合作团来校前还参观了本校斗口农场。

（3）面向国内外积极推介学校的优秀科研成果。1942年8月1日，规模盛大的“中国工程师学会暨各专门学科联合年会”在甘肃兰州召开。大会由会长翁文灏主持。学校派沙玉清、陈明绍、陈椿庭、余恒睦三人参会并向大会提交学术论文6篇。其中沙玉清教授的《黄土及黄水之认识》和《大禹治水之科学精神——黄河治本探讨》两篇论文，被评为优秀论文。会上，沙玉清教授还就发展井灌的意义和利益作了详细发言[①]。1946年，学校王绶教授培育的改良“金大332”大豆，产量超过普通农家品种40%以上，在南京附近及成都平原大面积推广。他育成的大麦品种，被美国学者定名为“王氏大麦”在美国推广，并列入“1945年美国与加拿大大麦分类”中，成为美国的著名品种之一[②]。

（4）面向国外积极推介学校的学术刊物和教学与管理方式。1939年3月30日，受德国塔兰提世界林业研究所之邀请，学校给贵所邮寄本校刊物《西北农林》第一期和第二期各一份。1939年2月28日，受美国纽约华美协进社之邀请，学校给该协进社邮寄本校刊物《西北农林》第一期和第二期各一份。1939年4月25日，受印度国际大学中国学院之邀请，学校给该学院邮寄本校刊物《西北农林》第一期和第二期各一份。1939年12月8日，美国内政部教育司司长爱培尔博士来函索要学校组织大纲及学则草案各一份。1946年之后，学校以主办的《昆虫学通讯》《中国之昆虫》等昆虫方面的刊物，与英、美、日、意大利等国的学者广泛交流。

（5）拓展学生生产实习渠道。1936年，学校利用暑假，组织水利组三年级学生在天津第一水工试验厂实习，组织学生分赴华山及周至楼观台进行植物学

① 吕卫东. 永远激扬的心弦[M]. 杨凌：西北农林科技大学出版社，2014：39-43.

② 《西北农林科技大学史稿》编审委员会. 西北农林科技大学史稿[M]. 杨凌：西北农林科技大学出版社，2014：28-29.

实习。1942 年,学校经过多方争取与协调,促成了本校农田水利系学生李翰如、余恒睦等赴英国实习。1946 年学校农业经济系老师带领学生,选定武功、高陵、渭南、宝鸡、南郑等五县为代表,进行陕西农业经济调查,调查内容分土地制度、农业经营及农村金融与合作三部分。选定渭南、大荔、泾阳、礼泉、凤翔及南郑等 6 区 24 个县为代表,进行陕西食粮调查及农家调查,粮食调查包括粮食的生产、运销、消费及粮价的变动。选定兴平、临潼、华阴三县,进行农家经济状况及农产成本调查。

(6)积极参与理论比武。抗日战争时期,国民政府教育部举办大学生抗战建国论文比赛,学校组织师生充分准备,积极参与,本校李翰如同学一举获得全国第二名的好成绩。1946 年,学校精心准备全国高等学校学生统一考试。本校农业经济系和农业经济专修科成绩突出,经在重庆复试,前三名都是本校学生。这些令人瞩目的突出成绩,使当时的教育界不得不对这个地处西北且刚成立不久的学校刮目相看。学校非常重视留学考试工作。本校李翰如同学参加留学考试,投考两处均被录取。1946 年,学校公费、自费、保送留学考试校友被录取者达 13 名,其中园艺系有董新民(公)、吕忠恕、刘振亚、傅望衡,农经系有安希伋、张庆统、徐禾夫、白德修,农艺系有雷清荣,森林系有王业遽,畜牧系有黄兆华,兽医系有谢铮铭,水利系有黄荣翰(保送)①。这些成绩的取得,足见学校本科教育的扎实功底。

五、重视体育交流,展现诚朴勇毅的精神风貌

学校非常重视体育教学与体育交流。学校筹备委员会常务委员戴季陶在建设西北专门教育之初期计划中特别强调:“体育之奖励,特为必要。其利益不仅在于强健身体,而尤足以养成自爱与合群之学风。球类之运动,尤为有益,不可忘也。”学校认为:“体育课是训练学生整个机体生活的重要科目,同时也是学校所注意的延续民族生命的重要途径。”同时,学校倡导学生积极参与区域性、全国性的各种体育赛事。通过体育交流,展现学校诚朴勇毅的精神风貌与更快、更高、更强的理想追求。

1934 年 11 月 1 日 ~4 日,陕西省教育厅主办的陕西省第一届运动会暨华北运动会预选会在西安新城大操场(今西安新城广场)举行。比赛项目以华北运动会项目为准。全省 34 个单位的 460 名选手参赛。每天观众约有 4 万人。学校水利组 7 名学生参加了本届运动会,其中本校学生田兴禾获得了代表陕西省

① 校闻. 金榜题名 [J]. 国立西北农学院院刊,1947,6:11.

参加第十八届华北运动会的参赛资格。

1935 年，西安春季球类比赛，学校水利组排球队荣获冠军。同年 9 月，本校学生周重光等 10 人赴西安参加全国运动会预选会。同年 10 月 18、19 日两天，学校举行秋季运动会，为即将召开的第二届全省运动会做准备。

1948 年，学校一名运动员作为陕西省代表团成员，参加了在上海举行的全国运动会短跑项目。

每年学校都要定期举行春季运动会和春季越野赛跑，为学校系组之间的体育交流搭建平台。

六、多渠道开展动、植物种质资源交流，为学校科研教学奠定深基伟业

“未建系组，先办场站；未开课程，先抓科研”是学校创办初期的办学方针。种质资源是农林院校从事科学研究工作的最基本素材。学校以动、植物种质资源搜集作为学校科学研究工作的开端，面向国内外，通过多种渠道，广泛搜集动、植物种质资源。

1934 年，学校从英国引进巴克夏猪试养。1937 年，学校通过中华平民教育促进会引进美国莎能奶山羊品种。从 1937 年起，学校由刘荫武教授主持多次引进瑞士莎能羊。1938 年，学校农艺系蚕桑研究室搜集保育 40 余份陕西家蚕地方品种。1943 年，经过本校沙凤苞教授的多方努力，从新疆引进良马 20 匹。

1934 年，学校在陕、甘、宁、青、察采集小麦单穗 32 042 个。1935 年，学校开始引种潘西维尔世界小麦 1 219 种，中国小麦 1 972 种。1940 年，学校在关中 27 县大规模采集小麦单穗，并在学校农场、陕西农业改进所大荔农场和泾阳金陵大学西北农事试验场进行分区试验。1946 年，学校引进美国冬小麦 28 个，春小麦 11 个。

1935 年，学校园艺场为将来扩充起见，特向英、美、德、法、日、意、丹、荷等国各苗圃及种苗公司征集各种花卉、蔬菜、瓜果的种子及苗木等。同年，学校引进了美国马铃薯品种“西北沃”。该品种高产优质，经繁殖试验，1943 年在西安、武功等地推广均获得成功。同年 10 月，学校园艺组向上海市立园林场及总理陵园、河南大学农学院等处征集秋菊多种，以供繁殖。

1935 年 9 月，学校芬次尔、白阴元两位老师赴甘、青一带调查森林，采集标本。计采集标本 1 100 余种。1936 年 4 月，学校从上海采集刺柏约百余株。1937 年，学校从太白山采集野生苗木 5 000 株，植于二道原苗圃，建立起初具规

模的植物园。1937年3月25日,学校向列宁农学研究院植物工业研究所征集十字花科的鞑靼两节荠、板蓝、白芥、篱边大蒜芥,野麻科的剃刀草,莎草科的白毛羊胡子草,豆科的染料木、田箐,锦葵科的秋葵、欧亚花葵、裂叶花葵、马络葵、白背黄花稔,茄科的假酸浆,木犀科的白木樨草、黄木樨草,蝶形花科的鹰爪豆,禾本科的针茅,萝藦科的白前等27种植物种子。

这些种质资源的搜集到位,为学校科学研究的开展奠定了基础,为学校学生实习、实验创造了条件,提供了方便。也孕育了我校后来"碧蚂一号""碧蚂二号""西农莎能奶山羊"等一大批重大科研成果的诞生。

1937年3月25日,我校受邀给列宁农学研究院植物工业研究所赠送桑科的大麻、锦葵科的苘麻种子各一包。同年12月11日,我校受邀给列宁农学研究院植物工业研究所赠送茄子种子7包。

七、面向基层,广泛开展科技推广工作

学校在建校初期就致力于推动复兴农业,建设农村,重视农业科研成果的应用和农业技术的推广。

(1)充分利用学校的教育资源,开展教育普及。一是到附近各村堡调查失学儿童情况,劝告失学者到西农附属小学上学,仅1936年入学者达60余人。二是训练合作社社员。学校利用农暇,在姚安、大庄、烧台、绛帐、杏林、毕公六镇举办扶武农民合作训练班,训练科目有合作常识、合作簿记、合作法规、农业常识、社会常识。第一期训练班于1938年1月3日分别在张家岗本校及杜家坡农艺场训练,各合作社社员前来受训者极为踊跃[①]。1940年,学校对杨陵镇等社17个合作社理监事130人进行农村合作社记账专题培训。三是成立民众学校。1935年,学校农村事务处组织学生分赴附近农村,成立民众学校10余处。1940年12月份学校在武功县杜家坡学校农场举办农民夜校5次,夜校由学校农场主任主办,农场全体职工参与,附近农民和农场工人100余人参加。四是开办青年阅览室。1940年,由校领导和四名教授在学校南门外发起、成立了青年阅览室,学校附近青年、农工商各界人士均可自由阅览。五是办壁报简报。1940年,学校在校本部、高职校、附小、车站开办壁报简报。简报由各系教授主编,各系学生参编。凡到车站及来院参观者均可阅读。

(2)深入开展生产和技术指导。指导张家岗社、西魏店社等20余社推广学校选育的小麦品种"武功27号"。指导董家庄和半个城信用合作社、穆家寨

① 校闻.本校第一期农民合作训练班开课情形[J].西北农专周刊,1938,10(2):6.

稻莲合作社、徐家湾生产合作社推广“斯字棉四号”。在武功全县进行麦棉生产教育，参加农民共计147 971人。指导20多个合作社开展小麦黑穗病防治。在大庄镇合作社6处指导合作社轮作耕种及施肥改良法。在武功杨陵、大庄两镇，指导合作社养猪防瘟共计12社，在武功、眉县进行牛瘟防疫示范与推广，武功县计763次，眉县350次。指导柴家嘴合作社和川口合作社引导漆水开渠灌溉①。在陕西宝鸡等47个县开展粮食增产工作巡回服务，农艺系教师、学生及高职2年级全部学生共118人参与其中。学校推广处还为农民编辑出版了《田间选种法》《治蝗浅说》《造林浅说》《植棉浅说》《防除绵虫浅说》等通俗读物。

（3）举办农产展览会，构建产销对接及互相学习平台 。1941年2月27日至3月1日，由农艺系5名教授组织、农艺系全体学生参与的农产展览会，在武功县杜家坡学校农场举办，附近农民1 000余人参加了农产展览会。1947年2月4日~6日，由学校推广处与西北区推广繁殖站及西北役畜改良繁殖场合办的农产展览会，在学校附小举办。展览会邀请了武功、周至、扶风、兴平、乾县、眉县等6县农民约万余人参加，共收集农、园、牧、林等产品及农村副业、农家工艺产品944件，同时，还陈列了学校的标本、图表、种畜及优良的农、园品种和农具、仪器等910件，供农民观摩评比。农民选送之农产品及役畜经本会聘请专家分别评定优劣，优者给予奖励，计获特等奖者3名，甲等奖者12名，乙等奖29名，丙等奖26名，丁等奖35名，戊等奖50名，共155名。

（4）指导合作社造林，改善农业生态环境。在20世纪20—30年代，西北数年之旱灾，皆因砍伐林木之故，提倡造林，实为当务之急。1935年春，学校农村事务处和学校森林组自备造林苗木三万株，分发各村堡合作社社员择地种植，并号召每社自置苗圃一亩，邀请学校森林组派员前往指导苗床建设、选种、催芽、播种、苗期管理等工作。1936年春，学校要求每名社员植树20株，方准借款，计各社植树者，达40余处②。1940年，学校在武功县各社，开展奖励良好合作社植树运动，受奖励的合作社计有30社，共计发放奖励苗木2 100株，其中优等社500株，甲等社300株，乙等社100株，丙等社50株。

---

① 宋介民. 本院农业推广处农村合作组织工作之过去与将来[J]. 西北农报创刊号，1946，9：60.

② 农村事务处年来促进各地农村合作事业之概况暨复兴西北农村意见书[J]. 西北农林创刊号，1936，7，10.

八、结束语

日往月来,时移世易,开放办学理念是一代代西农人不变的追求。历经 80 年的发展,学校在多学科综合发展的学科体系以及多层次的人才培养体系构建跨学科的研究平台和科技创新团队建设、纵向、横向和国际合作研究以大学为依托的农业科技推广模式建立等方面不断探索与创新,抢抓国家“985 工程”建设、“211 工程”建设以及“高等学校创新能力提升计划”等机遇,正在向产学研紧密结合、特色鲜明的世界一流农业大学迈进。

东北大学工学院述略

东北大学档案馆　徐广　陈均

摘要:全文从历史沿革、师资配备、招生规模、办学宗旨及特色四个方面梳理了东北大学工学院的15年的办学历史,厘清了东北大学工学院合并进入国立西北工学院之前的重要细节。

关键词:东北大学;工学院;国立西北工学院

东北大学工学院自1923年建立,至1938年并入国立西北工学院,合计存在15年时间。作为东北大学办学宗旨的践行者,工学院以其鲜明的特色在东北大学的校史乃至中国近现代的教育史上都留下了深深的印记。

一、工学院的沿革

20世纪20年代的中国东北,列强肆虐,民生凋敝。时任奉天省教育厅厅长谢荫昌于1921年向张作霖提出创办大学的建议:“略谓东西洋各国所以号称文明,主要在于学术发达;他们农有农学,工有工学,商有商学;此外,物理学、生物学、机械学也无一不备;就是政治、法律也有长足进步。欲使东北富强,不受外人侵略,必须兴办大学教育,培养各方面人才,今天看来,这是大当务之急。”[①] 同年10月29日,奉天省议会正式向张作霖提交了题为“联合黑古两省创办东北大学,以储人才而兴教育”的议案。此议案得到了张作霖的大力支持,并任命奉天省代省长王永江筹办东北大学。

1922年8月25日,东北大学筹备委员会在奉天省公署正式成立。筹备委员会成立后,制定了《东北大学规程草案》。12月,张作霖发布委任令,委任莫贵恒、汪兆璠、吴家象分别筹备东北大学理工科、文法科和干事部。

1923年4月23日,奉天省长公署颁发“东北大学之章”,标志着东北大学

① 转引自东北大学校史志编研室:《东北大学校志》第一卷,沈阳:东北大学出版社,2008年版,第1页。

的正式建立。从学校的筹备到正式建立,工科或者工学院都是学校重点建设的方向之一。

1921年奉天省长公署制定的《东北大学组织大纲》规定,工科分为六个学系:土木学系、机械学系、电气工学系、采矿学系、冶金学系、建筑学系,学系总数在六科当中最多(文、法、理、工、农、商)。

1922年东北大学筹备委员会制定的《东北大学规程草案》中,工科分为七个学系:土木学系、机械学系、电气工学系、采矿学系、冶金学系、建筑学系、工业化学系。相比《东北大学组织大纲》多出了工业化学系,学系总数在六科中仍然最多。

1926年《东北大学组织大纲》,规定工科暂分八系:土木学系、河海工学系、建筑学系、机械学系、电工学系、采冶学系(采矿、冶金合并)、工艺化学系、纺织学系。较之1922年的《东北大学规程草案》,合并了采矿学系和冶金学系,增加了河海工学系和纺织学系。学系总数与文科相同,在六科当中仍然最多。

1928年下半年,国民政府教育部面向全国各大学发出实行"学院制"通令,规定"凡称大学者,必须具备三个以上的学院,而其中必须有理工科之一,不然一律称学院,不得称为大学"。根据这一精神,东北大学于1929年1月开始实行学院制,高惜冰任工学院院长。此时,工学院共有机械学系、电工学系、土木学系、采冶学系、建筑系、纺织学系,一共6个系招生。与1926年相比,没有开设河海工学系与工艺化学系。

1929年12月,理学院与工学院合并,改称理工学院。孙国封、杨毓桢先后任理工学院院长。

"九一八"事变之后,东北大学师生背井离乡,迁往北平,经费无着。因此,需要实验设备最多、经费最巨的工学院逐渐缩减甚至停办各系。1932年,采冶学系停办;1933年,建筑学系停办;1934年,东北大学工学院纺织学系停办;1935年,机械学系停办。到1938年7月并入国立西北工学院时,只剩下电工学系、土木学系。时任工学院院长为王文华,代理院长为王际强。

1938年7月,按照国民政府教育部的训令,东北工学院并入西北工学院,原北洋工学院院长李书田担任筹备委员会主任,东北工学院院长王文华担任筹备委员。同时,教育部训令还附有《国立西北联合大学工学院与国立东北大学工学院及私立焦作工作学院合并改组为国立西北工学院办法》,其中第五条规定:

> 国立西北联合大学工学院、国立东北大学工学院及焦作工学院三院学生完全并入国立西北工学院,其中东北大学工学院学生仍给伙食费,其他

两院之战区学生准与贷金。

第六条规定：

国立西北联大工学院及国立东北大学专属于工学院之一切设备用具及学生成绩有关文卷各项，均归国立西北工学院接收。焦作工学院之设备用具归国立工学院借用①。

经过3个月的筹备，新组建的西北工学院在1938年的11月12日举行了开学典礼，12月12日正式上课。至此，国立东北大学再也没有工学院建制，只剩下文、法、理学院。

二、工学院的师资

1929年实行学院制之前，东北大学的统计资料中，将教师分列在文法、理工两个科目中，其中文法科有教师25人，理工科有教师33人。理工科师资中，主任教授有庄长恭（化学）、冯祖荀（数学）、张翼军（电工）、张泽熙（土木）。

1929—1930年，统计资料中各个学院的师资分列，其中文学院教师28人，法学院教师19人，理学院教师37人，工学院教师33人。其中工学院的师资阵容"豪华"，主任教授有高惜冰（纺织）、刘仙洲（机械）、冯简（无线电）、梁思成（建筑）、关承烈（土木）、薛桂轮（采冶）等人。

1930—1931年，理学院和工学院合并成理工学院，该时期理工学院师资多达106人，可以说是阵容庞大、明星荟萃，冯祖荀（数学）、何育杰（物理）、丁绪宝（物理）、庄长恭（化学）、刘崇乐（生物）、刘仙洲（机械）、潘承孝（机械）、冯简（无线电）、张佶（纺织）、梁思成（建筑）、张泽熙（土木）等齐聚东大，使东北大学工学院师资队伍阵容达到建校以来的顶峰。

"九·八"事变后，东大工学院迅速萎缩，人才流失。1937年时，文学院教师35人，法学院41人，工学院19人。虽然土木工程系还存在，但是师资团队已经乏善可陈，仅有卫梓松一人担纲而已。

三、工学院的招生

从1929年东北大学第一届学生，到1938年合并进入西北工学院之前，工学院的毕业生规模如表1所示（注：18年级意指民国十八年即1929年的毕业

① 《国立西北联合大学工学院与国立东北大学工学院及私立焦作工作学院合并改组为国立西北工学院办法》，陕西省档案馆藏，档号：61—2—1。

生,下同)。

表1 东北大学工学院各年级毕业人数统计表

	18年级	19年级	20年级	21年级	22年级	23年级	24年级	25年级	26年级	27年级
机械学系	20		21		30	30	22			
电工学系	16		22		25	27	22		19	32
土木学系	20	22		25	31	58	40		26	29
采冶学系		22		20		23				
建筑学系				15	13	14				
纺织学系				13	13	20				

可以看出,电工学系、土木学系是工学院中招生时间最早、招生持续时间最长的学系。1929—1938年工学院共毕业学生702人,其中电工系共毕业173人,土木系毕业253人,两系共毕业426人,占学院毕业生总数的60.6%。1928—1930年工学院的招生规模达到峰值,但"九一八"事变之后,工学院规模急剧缩小,许多系已经停止招生。工学院与其他学院毕业人生的比较,参见表2。

表2 东北大学文、法、理、工学院毕业生统计表(截至1938年)

文学院		法学院		理学院		工学院	
外国语言文学系	161	法律学系	152	数学系	25	机械学系	123
中国文学系	173	政治学系	258	物理学系	55	电工学系	173
哲学系	73	经济学系	334	化学系	102	土木学系	253
史学系	15	法律专修科	65	天文系	22	采冶学系	65
女子家政系	76	政治经济专修科	66	生物系	11	建筑学系	42
史地学系	37	边政学系	172			纺织学系	46
合计	535		1 047		215		702

从表2可以看出,工学院的总体规模仅次于法学院的;从系别来说,工学院的电工学系和土木学系是工学院规模最大的两个系,与法学院的政治学系、经济学系以及文学院的中国文学系并驾齐驱。

四、工学院在东北大学的地位及其特色

上文三个部分分别梳理、分析了工学院的沿革、师资和学生规模,不难看

出，不管是从顶层设计还是从实际运行方面，工学院都是东北大学最重要的学院。而工学院实力最强、规模最大的两个学系并入西北工学院，是东北大学为西北工学院作出的贡献之一。

不仅如此，工学院还有如下两个特色，是东北大学办学宗旨的最佳体现。

（一）以培养实用人才为宗旨

东北大学建校的宗旨从根本上说就是“培养实用人才，建设新东北，以促进国家的现代化，消弭邻邦的野心”。培养实用人才，促进国家现代化，就离不开自然科学与工程科学，因此，工学院才成为东北大学办学的重点。自然科学与工程科学知识的传授与学习，理所当然需要先进的仪器实验设备和实习条件。因此，东北大学格外重视实验室建设和东北大学工程的建设。

早在建校之初，王永江校长就花重金从德国购买新型机器设备，创办东北大学工厂，为学生学习、实习创造优越的验设备环境。张学良兼任东北大学校长后，进一步阐释了东北大学办工厂的目的：“大学设工科，于是需要工厂。工厂为学者实验而设，诚以工科所肄习者，固实验之科学不徒恃理论也。”正如《东北大学工厂组织章程》所示：“本厂以巩固大学基础启发工艺兼供东北大学学生实习为宗旨。”

1924 年，建设东北大学工厂的各项事宜开始运作。1925 年 5 月，奉天省署划拨北陵长宁寺附近 210 亩土地开始建设工厂。1926 年 4 月，原动、铸工、修机各厂及办公楼相继建成，各厂设备安装完毕，投入生产。东北大学工厂的营业范围广泛，技术先进，可以制造和修理各种铁路客、货车辆，各种铜、铁工具，普通日用器具，铁路机车及其附属品，各种工作机械，各种木类家具，铁路应用各种工具，可进行各种暖气材料的生产及安装，可实施土木建筑工程。

实验设备方面，“九一八”事变之前，理工农各学科的实验及其设备，已经初具规模。就工学院所属实验室而言，机械工学系的实验室有机械实验室、锻炼及翻砂室、木工室，电工实验室有电量测定室、电机实验室、无线电实验室、电话电报实验室，土木工程学系的实验室有土木材料实验室、三合土实验室、大路材料实验室，采冶学系的实验室有地质实验室、地质陈列室。纺织学系有纺织厂作为实验室，纺织厂耗资 30 余万银元，是我国第一所训练纺织人才的基地，下设棉纺部、毛纺部、针织部、染部等试验部门。

（二）鲜明的爱国特色

爱国是东北大学的传统，而工学院的学生在历次爱国主义运动中，又走在了最前列,最典型的就是"一二·九"运动和纪念"一二·九"运动一周年的示威游行。

1935年12月8日晚,北平学联在清华大学召开了各校代表会议,决定12月9日发动各校学生到中南海请愿和举行示威游行,除此之外,还决定城内由东大带头,城外的清华、燕大由西直门进城与东大会合,组成西路纵队的主力,沿途再发动尚未行动起来的学校。参加学联会议的东大代表郑鸿轩、邹鲁风回校后,向宋黎、关山复、韩永赞、林铎等十多位同学进行了传达。12月9日,利用早饭时间,在东大北校餐厅,由王一伦和胡焜等同学传达了北平学联关于举行请愿的决定,号召同学们参加和平请愿。流亡到北平的东大师生始终怀有打倒日本帝国主义、收复被侵占的东北锦绣河山的强烈愿望。因此到场的300多名学生,完全拥护北平学联的决定,当场推选宋黎担任东大请愿队伍指挥部的总指挥。

北平警察当局事先听到了学生要请愿游行的消息,清晨就下了戒严令。清华、燕大的学生由于西直门被军警关闭已无法进城。东大学子作为西路纵队的唯一主力,高举着"东北大学学生请愿团"的大旗,4个人一排,手挽着手,高呼着"打倒日本帝国主义"等为国民政府所禁止的口号,冲出被军警包围的校门,走上西直门大街。先是机警地避开了军警在新街口一带设置的封锁线,从北沟沿到护国寺,转向西四北大街,行进到西四牌楼以北时,遭到二三百名手持棍棒、大刀的武装警察阻击。同学们与军警展开了英勇的搏斗,冲破了这道封锁线后,从府右街跑步前进,于上午10时许到达新华门前。这时,中国大学等10多所学校也先后到达,合计约一两千人。

何应钦不仅不接见请愿学生代表,还下令紧闭新华门,并在门前排列着警车队和架着机关枪的摩托车,如临大敌。在请愿不成的情况下,东大指挥部主动邀请各校代表共同研究决定进行示威游行。由于东大人数多、队伍整齐,被推举担任整个游行队伍的指挥学校,宋黎担任总指挥;并决定先去西直门迎接清华、燕大队伍入城,然后由西单到东单,再到天安门举行学生大会。游行示威开始后,东大队伍始终走在最前列。

1936年2月,东北大学工学院和补习班搬迁到西安,成立了东北大学西安分校。由于东北大学工学院的学生在"一二·九"运动中经受了锻炼,加上西安分校工学院院长金锡如心向革命,对学运给予大力支持,所以,东北大学西安分校又成为西北学运中的一支骨干力量。

"一二·九"运动一周年前夕,西安学联决定以纪念"一二·九"运动一周年为名，举行各校学生和市民群众参加的请愿游行。这次示威游行，把有斗争经验的东北大学工学院的学生排在了队伍的最前列。请愿队伍先后到西北剿总、陕西省政府、西北绥靖公署等单位请愿，由于既没有见到张学良，也没有见到杨虎城，游行队伍决定到临潼向蒋介石请愿。就在游行队伍即将和蒋介石卫队发生冲突的关键时刻，张学良驱车赶到。面对学生们的抗日要求，张学良对学生承诺：一星期之内，用事实答复大家的要求。三天之后，爆发了震惊中外的西安事变。纪念“一二·九”运动一周年的游行示威也成为西安事变的导火索。

在东北大学工学院存在的15年时间里，其强烈的爱国主义特色非常明显，涌现出一系列可歌可泣的英雄人物和爱国事迹。佟彦博就是其优秀的代表人物。

佟彦博，1928年考入东北大学机械学系。“九一八”事变后，随学校一起流亡到北平，民族危亡的加剧和家乡的沦丧，激发了他的报国之志。他放弃了出国深造的机会，依然投笔从戎，考入了中国空军。1935年毕业后，留校任教官。历任中国空军分队长、中队长、大队长等职务。1937年4月，被调到被称为“国宝”的马丁轰炸机队。抗战全面爆发后，多次奉命出征，战果颇丰。

卢沟桥事变后，日军凭借空中优势，对我国狂轰滥炸，无数同胞死于日军的轰炸之中，举国同胞纷纷要求政府“以血还血”，建议出动空军轰炸日本本土。经国民政府最高当局决定，派空军远征日本，不投炸弹而投纸弹（宣传单），并制定了“空军对帝国内地袭击计划”。1938年5月19日，佟彦博和徐焕升分别驾驶两架马丁重型轰炸机远征日本本土，实行“人道远征”空袭。两架轰炸机顺利抵达目的地，投下了数百万张传单，这是有史以来日本本地第一次被外国飞机袭击。佟彦博的壮举，打破了日本自吹“绝无外患之忧”的狂言，极大地鼓舞了全国人民抗战到底的斗志。5月20日，武汉召开群众大会，向佟彦博、徐焕升等人致敬，湖北省民众后援会向两位英雄赠送了“威震东瀛”的锦旗。5月22日，中共及八路军驻武汉办事处代表王明、周恩来、吴玉章、罗炳辉等前往国民政府空军政治部，向佟彦博等赠送了“德威并用、智勇双全”的锦旗，并盛赞佟彦博是“抗日英雄，爱国英雄”。

东北大学工学院带着爱国主义的底色并入西北工学院，也极大充实和丰富了西北工学院的爱国传统和文化内涵。

五、后话

1946年，抗日战争胜利，国立东北大学迁回沈阳，伪奉天工业大学和伪奉天农业大学被接收、合并进入东北大学,东北大学重新有了工学院。

1949年2月,国立东北大学在北平解体。按照中共中央东北局大学委员会、东北行政委员会教育部发布《对于在平东北各校学生处理办法的规定》,以国立东北大学工学院为基础,成立了沈阳工学院。1950年8月,沈阳工学院、抚顺矿专、鞍山工专合组为东北工学院。

1952年院系调整,东北工学院地质系调入长春地质学院,物理系调入东北师范大学,化工系土木系调入大连工学院,数学系调入东北人民大学。同时,大连工学院的冶金系机电系调入东北工学院,哈尔滨工业大学的采矿系冶金系调入东北工学院。1956年院系调整,建筑系调入西安建筑冶金学院。经过两次大规模的调整,东北工学院—东北大学形成了目前的工科学科布局。

复旦大学生命科学学院创建述略

复旦大学校史研究室　钱益民

摘要：本文是大学院系史个案专题研究。以复旦大学生命学院为案例，叙述了该学院创建的背景和曲折发展经过，分析了成立该学院对复旦和全国高校生命科学学科的意义，最后得出若干启示。

关键词：复旦；生物系；生命学院；谈家桢

20 世纪 80 年代初，生命科学飞速发展。世界各发达国家已纷纷将生命科学列为科学技术的优先发展对象。这不仅是因为生命科学已出现了生物工程等服务国民经济的新领域，更重要的是，生命现象是物质运动的高级形式，在物理学、化学等运动规律已获得比较透彻的研究基础上，生命运动必然会越来越引起各个科学的关注。这是科学发展的必然趋势。生命本质和生命活动规律不断被揭示，必将引起整个科学技术的变革，加快人类对未知世界的探索步伐，并对经济和社会产生难以估量的影响。"生命科学时代"已经初露端倪。

为了迎接生命科学时代的到来，世界各国均采取措施加强生命科学的研究。以美国为例，1981—1982 年美国联邦政府对大学基础研究的年度拨款中，科学技术领域被列为首位的是生命科学的研究和开发，约占总投资的 54%。美国大学博士点的科学家人数以及博士后研究人员的数量，也以生命科学居多。美国科学院是一个包含自然科学和社会科学各学科的综合性荣誉学术机构，从 1985 年公布的 1 384 名院士名单分类统计，其中从事生命科学的院士（包括医学在内）约占总数的 48.8%。而美国科学院院报刊载的学术论文，绝大多数为生物科学的内容，根据该刊物 1985 年 1~8 月（共 16 期）的统计，生物科学竟占 98%。其他发达国家也有类似的情况。上述情况表明，发达国家特别是美国，正在大力从事生命科学研究，为生命科学时代的到来做好准备。

1952 年院系调整后，复旦大学生物系逐步发展成 9 个专业，即动物学、人体及动物生理学、植物学、植物生理学、微生物学、遗传学、人类学、生物化学和生物物理学,学科门类之全居全国之首。1961年成立遗传学研究所,谈家桢兼任所长,这是我国第一个孟德尔-摩尔根遗传学原理指导下的遗传学教学研究机构。1978年王鸣岐重新担任生物系主任。1982—1986年,苏德明当选生物系主任。1983年遗传研究所与遗传教研组以及微生物学教研组一部分教师联合成立生物工程系,李致勋任系主任。1984年建成全国首个国家重点实验室——遗传工程国家重点实验室,教育部任命盛祖嘉为实验室主任。

鉴于生命科学迅猛发展,日益成为自然科学领域的主流,谈家桢审时度势,大力呼吁复旦大学依托原有生物系、生物工程系和遗传研究所、遗传工程国家重点实验室和病毒研究室,在全国率先成立了生命科学学院,为生命科学在中国的腾飞鸣锣开道。

一、遗传学科的发展与成立生命科学学院的倡议

回顾生命科学学院的创设过程,与遗传学的发展息息相关,与谈家桢高瞻远瞩的战略谋划密不可分。

(一)遗传学科的发展

遗传学是研究生物遗传和变异的学科。从20世纪50年代开始,遗传学已被公认是探索生命本质的前沿学科,是生物学中进展最迅速的领域,也是使生物学研究深入到分子水平的主要奠基学科之一。

"文革"结束后,谈家桢着手恢复重建遗传所,重点开展如下四方面工作。

一是确定研究方向。遗传所原来基本处于细胞研究水平,真正的遗传学研究没有人做,大多数人开展米丘林遗传学研究。谈家桢提出,复旦一定要把摩尔根遗传学搞上去,全国只有复旦遗传所能担此重任。经过讨论,谈家桢首先确立遗传和遗传工程作为遗传所重建后的发展方向。

二是组建研究队伍。协调各方力量,从生物系等单位调入李致勋、李育阳、郑兆鑫、李谐勋、王顺德、彭秀玲等从事分子、生化方面研究的人员,打破遗传所都搞细胞的框架,后又从校外调回任大明,充实了人员队伍。

三是将研究队伍的骨干送到国外培养,尽快缩短和国外前沿的差距。"文革"后,谈家桢是第一批出国考察的科学家,考察中和国外学界老朋友取得联系,开始筹划派人到美国、日本、欧洲进修,抓紧时间培养人才,把"文革"失掉的时间补回来。随即派赵寿元、李育阳、任大明等到美国,郑兆鑫到瑞士,柴建华到德国,庚镇城到日本。他们将先进的科学理念和实验技术带回国内,回国后成为遗传学科骨干,为复旦遗传学发展打下了基础。

四是立足复旦、辐射全国，举办分子遗传学讨论班。出国的只能是少数人，那国内怎么办？当时就采取“走出去，请进来”的办法。1978 年，在谈家桢的极力推动下，复旦大学遗传所举办了分子遗传学讨论班，邀请美国科学院院士、著名分子遗传学家邦纳（J.Bonner）教授和夫人，加州大学工学院高级研究员吴仲蓉博士和夫人汪黔生来讲学。讨论班分 18 次讲了 15 个专题，我国著名遗传学家谈家桢、沈善炯、施履吉等也作了专题报告。来自全国 37 所高校和 40 个科研机构、医院的 250 余人参加了讨论班。学员中很多日后成了国内从事遗传工程研究的骨干。这次讨论班促进了“文革”后我国生命科学领域、尤其是遗传学与国际的接轨，为国内遗传学向分子水平的跨越作出了较大的贡献。

遗传所初具规模后，谈家桢开始更长远的规划。1983 年他在参加国家科技发展长远规划时，建议在当前国家财力还十分有限的条件下，选择一些基础较好的科研单位和大专院校，投资建设国家重点实验室。他提出，建设国家重点实验室，一要开放，建设一家，服务全国，设立基金，供外单位科技人员申请；二要设立独立的学术委员会，请非建设单位的专家参与；三要定期评审，择优给予不同数额的资金支持。这个建议得到国家计委的支持。国家教委根据生物工程技术发展规划的 6 个方面选择了 6 个点，作为教委系统国家重点实验室的选项。复旦大学的遗传工程入选。后来，国家计委在此基础上遴选了一批生物技术领域的国家重点实验室。复旦大学遗传工程国家重点实验室是全国第一个建设的国家重点实验室，这给复旦遗传学大发展创造了极好的机遇。

与欧美、日本等世界主流生命科学界交流中，谈家桢等注意到，传统的学科门类太细，不利于学科发展；遗传学只有和生命科学其他二级学科相互交叉、相互支撑，才能彼此形成良性互动。为此，谈家桢开始筹划成立生命科学学院，进一步整合生命科学的相关力量，凝聚学术方向，积极应对国际生命科学快速发展的挑战。

（二）成立生命科学学院的倡议

1985 年 12 月 21 日，创建生命科学学院迈出了第一个脚步——学院首次筹备会在谈家桢办公室召开。前来参会的校领导带来一个好消息，校方已经决定为学院建造大楼，建筑面积 22 000 平方米。由于当年复旦基建总投资只有 1 个亿，所以只能先建 12 000 平方米。谈家桢提出了学院整体设想。他说：

> 生命科学作为重点是基于迎接生命科学时代的到来这个大前提。以美国为例，美国对生命科学的投资比物理多 40 倍。50% 的美国科学院院

士是搞生命科学的。要加强神经生物学、人体科学等前沿科学的研究力量。生命科学学院可设五系、一所、二室、一中心,即遗传学与遗传工程系、环境与资源生物学系、生物化学与分子生物学系、微生物与微生物工程系、生理学与生物物理学系,遗传所,病毒研究室和人类学研究室,测试中心的生物部分属生命科学学院管理。废除教研组,成立课题组,加强实验室,建造动物房,增加外文原版资料,继续办技术人员训练班,培养实验技术员。加强基础课。生命科学要运用到新技术中去……

谈家桢的发言是一份具体而微的学院方略,与会者均表示赞同。这次会议给学院定下了基调。随即由李致勋起草《关于成立生命科学学院的报告》,由当时生物系副系主任罗祖玉修改后报谢希德校长。

二、生命科学学院的成立

成立学院,生物系绝大多数教师都表示支持。但出乎意料的是,遗传所里却传来反对声音。他们的顾虑是,成立学院后会影响该所的独立性。为此,谢希德校长在校长办公室召开遗传所部分教师座谈会,让大家充分发表意见。谈家桢在会上再次说明建立生命学院的必要性,大家思想仍然没有统一。但筹建工作并没有因此停止。

(一)向国家教委提交报告并获批

1986年2月8日,学校向当时的国家教委提交《复旦大学关于成立生命科学学院的报告》。报告详细汇报复旦建立生命科学学院的目的、意义、计划及当前工作。在阐明“当今世界各发达国家已纷纷将生命科学列为科学技术的优先发展战略”后,报告指出,“现代生命科学是一个多学科综合的研究领域”,而复旦是一所综合性大学,学科门类齐全。目前,校内从事生命科学研究和开发的,不仅有生物系、生物工程系、遗传研究所等生物学科,而且在物理学、化学、电子工程、计算机科学、新材料科学以及数学力学、环境经济等学科中,也有不少同志正在从事有关生命科学的研究,或对于生命科学有浓厚兴趣。因此,如果组织得当,充分发挥综合大学各学科间的横向联系,组织各学科向生命科学渗透,那么,复旦生命科学的发展定能走在全国各大学的前列。目前,复旦成立生命科学学院的条件已经成熟,如果国家教委批准复旦成立生命科学学院计划,复旦的生命科学一定可以在较短时间里,为科学技术和国民经济的发展作出更多贡献。报告第二部分提出了成立生命科学学院的计划,即在原有的基础上,考虑学科发展的特色与需要，发挥复旦多学科的优势，逐步成立五个系，设立一个研究所及若干研究室（组）。报告完整地体现了谈家桢的思想。但时隔许久，未见批复。

在谈家桢等复旦生物系同仁的极力争取下①，国家教委终于在同年3月28日发出《同意复旦大学设立生命科学学院的批复》。批复指出，考虑当前、今后科学技术发展趋势以及复旦大学现有的条件，为“加强生命科学各有关系科间的联系、沟通与协作”，同意复旦设立生命科学学院。但是，生命科学学院“不作为一级行政组织实体”，其主要任务是在校长领导下“负责协调、组织有关系科、专业的教学、科研工作”。设立生命科学学院所需要的条件和人员编制等不另行增加，在原计划规模内由学校统一安排。一般的行政管理工作仍由学校有关职能部门负责。设立生命科学学院后拟增设的新专业，仍需按有关规定逐一另报国家教委审批。也就是说，国家教委只同意复旦设立虚体、而不是实体性的生命科学学院，不给人员编制，不给新设专业的权力。

（二）全国高校首家生命科学学院成立

20世纪80年代是复旦很重要的高教改革时期。1983年创建全国第一个技术科学学院，1984年成立研究生院，1985年成立经济学院，1986年成立生命科学学院，1988年成立新闻学院等机构。这些学院有的是单一系科升格而成，有的则整合了多个系科所，实际情况各异，学术传统也很不一样，因此学院架构或虚或实，都在实践和完善中。学院如雨后春笋般出现，突破了原有“学校—系”的大学纵向格局，中间产生了“学院”这一层组织。学院的成长，势必彻底动

① 争取国家教委的批复不是一帆风顺的。据参加学院筹建的李致勋回忆，复旦提交报告后，国家教委在很长一段时间内没有批复。按照当时的惯例，如果国家教委没有批复，就算是默认。但谢希德校长坚持一定要有国家教委批文，要有正式手续。由于等不到上级批复，谈家桢很着急，就乘他在开“两会”的空当，让李致勋陪他到国家教委询问原委。不巧，国家教委副主任朱开轩正在开会。等了半小时，会议还没有结束。谈家桢就直接到会议室去找朱开轩。会议只得提前结束。谈家桢说明来意。但复旦提交的报告，对方遍找无着落。经查询，发现复旦提交的报告已经转到中宣部。国家教委就开了介绍信，由李致勋去中宣部，把申请报告取回。中宣部答复，建立学院的事，现在都不批了。国家教委鉴于谈家桢的坚持，在第二天临时召开相关司局负责人会议，听取谈家桢关于成立复旦生命科学学院必要性的说明，终于获得国家教委的批准。但国家教委说明，学院成立后不给编制、不给钱，而且声明：只此一家，下不为例。就这样，批复总算下来了。事后来看，当时国家教委要钱没钱，要人没人，的确有难处，因为钱是经委管的，编制是人事部管的。资料出自《李致勋访谈》，2015年9月18日，上海闵行李宅。

摇“系”的功能。那么,“系”还有存在的必要吗?如果有,那么院与系的关系怎么处理?学院又怎么管理和运营?这就触及了1952年院系调整以来形成的以教学管理为主要内容的相对单一的大学治理架构,催生了大学治理机制的调整和改革。大学教育是一个整体,学院的创设,必将导致大学的教学、科研、管理等等领域全方位革新。

国家教委批复并没有给予学院人才财力的支持,再次引发复旦生物系内部的反对意见[①]。好在校领导表示全力支持,复旦要独立思考,支持生命科学学院边探索边实践,创造自己的经验。学院可以摸索一段时间后,再订出“工作条例”。当务之急是要整合好生物系、生物工程系及遗传所的师资力量,在教学、科研和管理工作上打破原来的条条框框。这个没有成功的先例可借鉴。谈家桢的态度很积极:国家教委对成立学院已经“基本冻结”的情况下,“特别批复同意复旦”,实际上是要复旦自己创造条件,可以“把人才问题先考虑起来”,其他问题再慢慢解决。整个大气候对复旦成立生命科学学院非常有利,国内外高度关注,校领导也很支持[②],因此“只能向前,不能退后”。遗传所和生物系同人不该辜负校领导的厚望,应该向前看,“把遗传学基础提高一步,把生命科学提高一层楼”。

1986年4月17日,我国高校中第一个生命科学学院成立。谢希德宣布谈家桢任院长,生物系主任苏德明、生物工程系主任李致勋任副院长。上海市副市长刘振元、市人大常委会副主任舒文、名誉校长苏步青、校党委书记林克到会讲了话。著名生物学家、复旦生物系老校友冯德培、朱鹤年也出席了会议。谈家桢院长在会上畅谈了世界科学发展大势和复旦成立生命科学学院的意义。生命科学学院成立一周后的4月23日,77岁的谈家桢就风尘仆仆赴美国华盛顿,再次为生命科学学院的后续发展向美国主流生命科学界招揽人才、争取资

---

① 国家教委批复终于来了,但在生物系班子里又冒出不同意见。在批复下来后举行的几次筹备会议上,有的同志就认为,国家教委批复生命学院不是实体,这样的体制是“没有用的”,“要建院就要实的”。当时参加学院筹备的校领导明确表态,“不要被国家教委的批复所束缚”,复旦“要独立思考,干我们的。”“院领导受校长委托,校长任命院长副院长,不需要经国家教委批准”。参加筹备的校领导提出,学院可以“摸索一段时候后,再订出工作条例”。事实证明,学院正是顺着这个思路,逐渐完善体制机制,订出了工作条例,逐渐发展成为具有行政功能的实体性二级学院。

② 学校先后派邹剑秋、强连庆两位副校长作为顾问,全程参与生命科学学院的筹建。谢希德校长计划向美国争取基金,用于生命科学大楼的建设。事后由于复杂的原因,向美国争取到的基金全部用于复旦美国研究中心大楼的建设。

源。谈家桢此行的直接目的是应邀出席美国科学院年会,并接受美国科学院外籍院士证书,他成为当时中国大陆唯一的美国科学院外籍院士。

生命科学学院成为复旦大学继技术科学学院、管理学院、经济学院之后的第四个二级学院,丰富了复旦的学科生态。复旦成立生命科学学院的消息,《人民日报》(海外版)、《文汇报》和中央台都作了报道,社会影响很大,也引起了国外的重视。复旦在全国第一个成立生命科学学院,带动了全国大学成立生命科学学院的热潮。

三、成立学院成为生命科学发展的新起点

学院领导班子认定,新成立的学院不是教研组的"简单拼合",更不是单位的"升级",而是一个发展生命科学的"新起点"。学院的架子搭起来后,接下来的硬件和软件建设工作千头万绪。复旦给国家教委的《关于成立生命科学学院的报告》中,关于生命科学大楼的基本建设分二期。第一期工程为生物工程大楼,面积 12 000 平方米,争取 1988 年上半年投入使用,二期工程为 10 000 平方米。后因建筑材料价格飞涨,只建成了一期的一半,即 6 000 平方米的大楼,二期没有动工。这就是今天的遗传学楼。建成后安排了遗传学的教学空间和部分科研空间。此外还要建设一个标准的实验动物房(包括昆虫饲养)和植物园(包括试验农田和暖房)。

国家资金投入不足,学院转而争取社会支持。校友林辉实向学院捐资,创设"复旦神经生物学讲座",历时十多年,先后邀请 150 多位国内外著名专家作学术报告,编印演讲集(《复旦神经生物学讲座》)万余册,赠送国内同行,为推动我国神经科学的发展作出很大贡献。同时,林辉实还在生命科学学院资助了"立人实验室", 20 世纪 90 年代末又捐资修缮生物楼,为表彰他的善举,大楼命名为"立人生物楼"。

基于当时的情况,学院成立后分两步走,先抓教学和人才培养,"订出教学计划,确定全院公共基础课,研究加强基础教学(包括实验)的措施。从全局出发向全校开放,组织系际科研协作,共同承担国家重点科技任务或协作任务"。第二步再妥善解决党务、行政、工会等事务。

(一)教学改革的顶层设计

复旦生物学科历来重视教学。1979 年教育部召开全国理科教材修订会议,复旦派出了刘祖洞(遗传学)、李君缨(微生物)、顾其敏(生物化学)、薛应龙(植物生理学)以及王鸣岐、忻介六等教授,当时是理科生物学教材编写组里面最强

大的阵容。高度重视教材建设,为“文革”后本校恢复人才培养工作打下了良好基础,对兄弟高校的生物学人才培养也发挥了辐射作用。

生命科学院学院成立后的半年内是个过渡阶段。先从教学入手,抓基础课教学,提出要在两年内实现基础课的统一。这其中关键一步是院内重构教学组织,取消原有教研组(室),不设专业。教研组是学习前苏联的产物,长期以来逐渐变成系下面的一级行政组织,到了20世纪80年代,教研室在教学上已经无法适应拓宽专业口径、扩大知识面、突破专业教学的要求,在科研上也无法适应按照科学技术发展相互渗透的要求。

学院通过教学改革的顶层设计,改革本科生培养方案,整合原有的优质教学师资,鼓励名教授上基础课,为全院本科生开设通用的基础课:动物学、植物学、微生物学、生物化学、细胞生物学、遗传学等①,这也是90年代复旦本科生培养“宽口径、厚基础、重能力、求创新”12字方针的雏形。通过教学实践,有几门课程建成了全国有影响的课程,如周德庆的微生物学,刘祖洞领衔的遗传学。学院积极组织力量编写教材,如周德庆主编的《微生物学教程》获国家教委普通高校优秀教材一等奖,刘祖洞领衔主编的《遗传学》荣获国家教育部优秀教材一等奖。

(二)获得多项“863项目”资助

教学资源实现共享相对容易,但取消教研组后,研究将按照课题组进行,科研力量的整合和科研合作要复杂得多。

学院成立前夕遇到了一个机遇,即为应对美国星球大战计划,1986年3月邓小平批示启动“863计划”。谈家桢参加“863计划”专家组讨论。会议确定了生物技术、航天、新能源、新材料等7个方面,国家计划资助100亿元,生物技术摆在第一位,资助17亿元。这是国家首次在战略层面将生物技术放在突出的位置重点发展。谈家桢任生物技术组长,会议讨论决定支持农业生物技术、基因工程药物、基因治疗、转基因动物、单克隆抗体、人类基因组和水稻基因组等研究方向。

会后,新成立的生命科学学院积极组织相关教授参加“863项目”的申报,获得多项资助。这些项目的实施,为后来复旦在全国领先的几项研究打下坚实基础:①郑兆鑫等获得国内首个猪口蹄疫基因工程疫苗兽药证书;②李育阳等研制成功酵母高表达天然干扰素,后获得新药批件并投产;③赵寿元、李昌本等

① 1997年以后在这六门基础课基础上又加了生理学,全院通用基础课变成七门。

研发的肿瘤坏死因子(TNF)获得国家一类新药证书;④薛京伦、卢大儒等开展了世界首例血友病B的基因治疗研究,获得国家技术发明二等奖。这些课题的组织和开展大力提升了复旦遗传工程在全国的学术影响力。

(三)推动国家自然科学基金体制的改革

除了促成"863计划"重点支持生物技术的发展外,谈家桢代表复旦还推动了国家自然科学基金会的体制改革。原先国家自然科学基金会隶属中国科学院,在评审过程中,基金大部分在科学院内部消化。大学尽管申请人很多,但得到的基金却不多。而大量的基础研究人员在大学和地方研究机构。这种体制制约了我国科研发展。谈家桢多次向中央有关部委反映,并通过民盟中央把报告转交给党中央国务院。最终国家采纳谈家桢的意见,将自然基金会独立,并加以调整和改组。现在申请自然科学基金,高校得益不少[①]。复旦生命科学学院的盛祖嘉担任自然科学基金会首届生物学部主任,在自然基金的评审中提出并坚持了"公平、公正、公开"原则。

四、逐步完善学院体制机制

经过近一年的实践,生命科学学院体制在探索中不断完善,虚体逐步向实体过渡。

(一)新的学院体制架构

根据《关于成立生命科学学院的报告》,学院将原来9个专业重新整合为5个系:

(1)遗传学和遗传工程系(由生物工程系改名);

(2)微生物学和微生物工程系(以原生物系微生物专业及病毒研究室为基础);

(3)生物化学与分子生物学系(以原生物系生化专业为基础),这前三个系主要以这些学科为基础,以发展有关的生物工程技术为方向;

(4)生理学与生物物理学系(以部分原生物系生物物理及生理学专业为基础),以神经生物学与生物膜等为主要发展方向。

(5)环境与资源生物学系(包括原动物学、昆虫学、植物学专业),以宏观生物学为发展方向。

---

① 关于谈家桢对自然科学基金体制改革的贡献,尚待仔细考订,这是另一个重要的话题,拟专文论述。

学院继续保留遗传学研究所,以分子遗传学和遗传工程为方向。保留病毒学研究室,以病毒分子生物学为发展方向。以原生物系人类学教研组为基础,成立人类学研究室,以应用人类学为发展方向。以生物物理教研室部分教师为基础,成立细胞生物学研究室,发展方向待定①。

配套设施还包括:建设一个符合科学标准的实验动物房(包括昆虫饲养)和植物园(包括试验农田和暖房)。统一图书资料室,充实生命科学图书资料,增订原版杂志。加强与校测试中心的联系,逐步充实生物大分子测试的条件。

1986 年国庆前后,学院召开全院教职员工大会。会上宣布,即日起原各系、所、室"一律停止执行其一切职能",同时"新设院属各级机构立即执行其职能"。

原先的生物系是以教学为主,科研比较少,而遗传所以科研为主。系、所力量不均衡。学院的成立,打破了生物系和遗传所原有的框架,实现了优势互补。设立课题组和研究室,一方面不放松教学,另一方面对教师的科研工作提出了更高要求,为后来学院科研能力的大提升打下了良好的基础。

成立学院,调整和重组学科布局,使之适应现代生命科学和生物技术发展的趋势,对学院后来的学科发展至关重要。将原来的 9 个专业整合为 5 个系,促进了二级学科间的交叉和融合。其中最大的变化是建立环境与资源生物学系,它涉及动物学、昆虫学和植物学等多个教研室的合并,不仅加强了这几个传统学科间的合作交流,同时拓宽了学科面,为后来生物多样性研究所的建立打下基础,也为复旦生态学的兴起埋下伏笔。

受 20 世纪 80 年代中期出国潮影响,生物系和遗传所师资流失严重。与此同时,一批老教授逐渐退休,生物学科面临人才断档。学院成立后加强了师资队伍建设,吸引人才回国。这一时期第一位从国外回来的黄伟达,不久即被委以重任。90 年代中期又有唐克轩、蒯本科回国发展,充实了学术队伍。

(二)学院工作条例的颁布

全院教职员工大会后一个月,生命科学学院于 11 月 16 日制定《生命科学学院工作条例》。条例明确生命科学学院的性质,是在校长领导下,为适应现代生命科学技术的发展和教育体制改革的需要而建立的校内"教学、科研与行政组织"。学院的性质在国家教委批复的基础上增加了"行政"二字。学院的基本

---

① 生命科学学院成立后的很长一段时间内,人类学研究室和细胞生物学研究室因没有合适的学科带头人,没有成立起来。

任务,是在校党委和校长的领导下,对院内各系所“实行直接的领导和协调”,以提高教学质量和科研水平,全面负责学院所属各系(所)承担的教学、科研的管理和服务,负责财务、人事、行政管理及对内对外的各项事务。工作条例规定学院的具体职责如下所述。

第一,根据学校的总体规划,对学院的发展方向、内部管理体制、系和所的学科建设等重大问题,制订出相应的规划,对基本建设问题提出实施方案,统一向学校提出建议;对所属各系(所)的工作计划进行审核、检查并给予指导和帮助;经校长同意后,有权制订和实施旨在提高工作效率和调动教职工积极性的各项改革方案和措施。

第二,审定学院各系(所)本科生及研究生培养的教学计划,统一组织安排全院基础课程,指导和协助各系(所)组织好教学计划的实施;根据学校事业发展的情况及下拨的招生数,院内可以有计划地协调招生比例,统一拟定招生计划,包括接受委托办学和计划外的各种层次的人才培养;帮助各系研究并采取提高教学质量的各项措施,提高一类课程的比例,加强实践环节等,特别是加强公共基础课及实验室建设。

第三,根据“科学技术要面向经济建设”和“继续重视基础研究”的方针,遵照学校的规划,确定学院的科研方向和重点项目,确保国家重点攻关任务的完成;可以以学院的名义承接某些跨系科的重大研究课题,组织好院内外科研协作和协调工作;加强横向联系,支持和鼓励教师积极参加应用和开发研究;组织对学院内重大科研成果的评估;会同科研处审定各系(所)的科研计划。

第四,对学院内各系(所)领导班子的配备、调整和考核,向学校提出意见和建议;在规定的限额内,任免院内科级干部,并报人事处备案。指导各系(所)按学校规定做好编制内教职工的聘任和选留工作;负责审查各系(所)提出的教职工职务拟聘的名单。

第五,统一管理和订购院内各系(所)有关图书和资料。

第六,按财务制度,自行支配每年由财务处拨给的办公费和由教务处、研究生院拨给的业务费;自行支配从院属各系(所)的经费中提成的2%的经费。

第七,凡只与学院本身有关的事务学院有权对外联系,可与校外有关单位建立和发展协作关系,并报校长批准,在校长授权下学院可与国外学术团体及有关单位开展学术交流和技术协作。学院应主动配合学校各职能部门工作,提供信息,提出建议,抄送有关报告和计划。

此外,工作条例还明确了生命科学学院的组织机构。经校长办公会议讨论,条例于1987年1月20日试行。

五系一所成立后,又经过半年的磨合,学院各项规章制度逐步建立和完善,体制分工和领导关系也逐步清晰。

(三)领导关系和体制分工的厘定

在学院实体化过程中的老大难问题是,遗传所具有独立的行政功能,与原来生物系始终是“两张皮”。作为过渡,先由原有两个办公室,分别负责五系一所的日常行政事务。这种体制维持了一段时间。生物系党总支和生物工程系党总支并存,也维持了一段时间。

为了落实民主办院,学院在成立一周年前后的1987年3月5日,向学校上报院务委员会及各分委员会名单。半年后的9月7日,学院向校长递交《关于生命科学学院体制分工和校、院、系、所领导关系的报告》。报告明确了体制与分工。谈家桢院长全面负责。苏德明、李致勋、刘文龙三位副院长分管教学与外事、科学研究与开发、行政与人事。原先生物系和遗传所党总支合并,成立学院党总支。院务委员会下设三个分委员会,分管并执行学校布置的和院办公会议决定的各项工作和任务。原先两个行政办公室合并,成立院办公室。学术委员会和学位委员会待定。五个系主任、遗传研究所、遗传工程国家重点实验室、病毒学研究室主任也分别任命。

至此,生命科学学院的行政、党务终于实现统一。此时,距离生命科学学院成立已经一年有半。

(四)生命科学学院真正成为一个实体

经过一年半的实践,学院初步建立了规章制度,明确了体制分工和领导关系,教学、行政和党务实现了统一,但实际上学院还不完全是一个实体。

首任院长谈家桢(1986—1990)任期满后,苏德明、李育阳先后出任院长。第四任院长毛裕民任内(1996—2003),学院真正成为一个很有执行力的实体学院。2003年金力出任院长,生命科学学院的国际化程度迈入了新阶段,金力本人也当选院士。实现了谈家桢“生命科学学院内要出院士”的愿望。

毛裕民之所以能够实现学院的实体化,因为他既是院长,又是遗传工程国家重点实验室主任,同时又是遗传所所长,所以遗传所的事他也有决定权。他任内推行的若干管理政策,从根本上解决了遗传所和生物系实质性融合的问题。首先,把遗传所实行的“实验用房有偿使用”政策推广到生物系。这个政策规定:退休教师实验室要交还学院;分配给教师的实验室大小是可变的,滚动的，不是说给你这个房间，永远是你的，而是根据你的科研项目，根据你招收研究生的人数和你的科研贡献分配。这是一个很重要的资源使用政策。其次，制定了生命科学学院教职工的工作考核机制，制定并推行一个标准。刚推行的时候大家曾调侃：“大学教授还要计工分？”“当时的模式就是计工分，你上了多少课，带了几个研究生，发表几篇文章，影响因子多少，申请几个国家项目，拿了多少经费，甚至学院的社会工作你承担了多少，等等都折算成分数，算得比较细。”但是很快大家都接受了，都觉得这套模式比较公平，谁干谁不干看得清楚。时间进入 1997 年，生命科学学院成立十年之后，学院真正成为一个实体，系的职能调整为系内的教学安排、学术交流及研究生培养，对本学科的发展和人才引进向学院提出建议，学院开始真正发挥它的功能，经常性地组织一些教学和科研活动。

五、启示

从 1986 年成立至今，生命科学学院成立 30 年了。而立之年的复旦生命科学学院正在一步步地接近世界一流的目标。从当年国家教委批复的虚体，到逐步过渡到实体性学院，期间经历的过程，在折射出国家高等教育政策演变轨迹的同时，也可以总结出几点启示。

(一)要在全国首创一个新兴的科学事业，离不开战略科学家

如果没有谈家桢，很难想象复旦能在全国首创生命科学学院。战略科学家站得高，看得远，能指出学科发展的宏观走向。谈家桢极力倡导要从传统的“生物学”发展到现代的“生命科学”，这不是两个名词间字面意思的变迁，而是内涵上的质变。生命科学是一门多学科结合的全新的大科学，是一个多学科高度融合交叉的新领域，它的内涵远比传统生物学丰富。生命科学给人们指出了人类认知的新方向，将更深刻地阐明生命的特征，揭示生命的奥秘。随着生物技术的发展，它将有利于人们进一步利用和改造生物，满足人类多方面的需求，造福于人类。中国要创建世界一流大学，离不开这样的战略科学家，需要产生这样的科学家。

(二)人才培养是大学永恒的使命

成立学院以后，撤销教研室，打破原先教研室固化的教学体系，打通基础课，整合优质的教学师资，鼓励名教授上基础课，建设全国有影响力的品牌课程，“宽口径，厚基础”的理念有利青年才俊的成长。“文革”后的 1977、1978、

1979级,一直到20世纪80年代末,生命科学学院本科生素质极好,高考分数名列全国前茅,加上学院对他们的精心培养,所以一批优秀校友脱颖而出,其中出了多位院士,如张亚平38岁就评上院士,是当年最年轻的新晋院士。我们欣喜地看到,遗传学课程由刘祖洞到赵寿元,现在又在全国教学名师乔守怡手中发扬光大。这就提醒我们,在建设研究型大学的今天,不能丢掉培养人才这个大学的核心使命。

(三)面向前沿、服务国家战略是大学科研的指南针

改革开放后,谈家桢高瞻远瞩,瞄准遗传学的发展前沿进行战略布局,使得我们的研究很快与国际接轨,同时积极向国家建言献策,并积极参与国家的科技规划、国家重点实验室建设"863项目"实施、基金委的体制改革,为国家的科技发展贡献复旦的智慧,不仅大力促进了国家相关工作的进步,而且为复旦的发展赢得了先机。在国际生命科学快速发展、国家倡导创新驱动发展的今天,复旦能做什么,做了什么,如何做得更好,是否聚焦了科学的前沿,是否与国家的战略需求吻合,是亟待回答的问题。

(四)院系二级管理对高校的发展至关重要

从系到院,是对学科发展、科研整合、队伍建设、人才培养、行政管理的制度再造。学院为系科提供了规范的行政管理,解除了后者在科研、人才、后勤等方面的瓶颈。缩短了基础教学与前沿科研间的距离,提升了人才培养质量,更有利于拔尖创新人才的涌现。也促进了相关领域交叉学科和前沿课题的生成。

回顾生命科学学院成立30年历史,学院真正实体化,是靠强化管理逐步实现的。而只有实体化,才能实现成立学院的初衷。近20年来,生命科学学院积极探索制度创新和机制改革,在学校的政策框架下积极尝试。如在全校理科院系中较早实现实验室滚动使用。实验室管理使有限的资源得到合理运用。推行新的岗位聘任标准,推行PI制度。金力和马红两任院长花大力气狠抓人才引进,为大科研项目的组织打下了基础,这些年生命科学学院科研成绩显著。诸如此类实质性的管理能力建设,是学院成立初期所不具备的,是后人比前人做得实的地方。所以,管理出效益,各个学院充满活力,复旦就充满了活力。在学校推行二级管理的过程中,如何简政放权,如何进一步激活院系的办学活力,是接下来要面对的难题,有待后人破解。

参考资料:

[1] 复旦大学档案馆,生命科学学院,案卷号 131。

[2] 程极济:《复旦大学生命科学学院分志》(1949—1988),1993 年 10 月,内部资料。

[3] 赵功民:《谈家桢与遗传学》,南宁:广西科学技术出版社,1996 年。

[4] 复旦大学生命科学学院编印:《复旦神经生物学讲座》(十周年庆祝特刊),1995 年。

[5] 李致勋访谈,2015 年 9 月 18 日,上海闵行李宅。

[6] 程极济访谈,2015 年 10 月 4 日,复旦第七宿舍程宅。

[7] 刘文龙访谈,2015 年 10 月 5 日,复旦第三宿舍刘宅。

[8] 叶敬仲访谈,2015 年 10 月 8 日,立人生物楼 116。

[9] 陈永青访谈,2015 年 10 月 8 日,立人生物楼 116。

[10] 陈浩明访谈,2015 年 10 月 8 日,复旦大学档案馆。

[11] 乔守怡访谈,2015 年 11 月 1 日,立人生物楼 103。

高校人文社会科学如何建设“世界一流”

——以中国人民大学为样本的研究

中国人民大学　郑水泉　楚艳红

摘要：本文结合人民大学及其前身时期的贡献和经验，分析这了所以人文社会科学为主的大学建设“世界一流”的必要性和可行性，强调了国情、文化和社会主义方向等要素，以期为当下高校人文社会科学建设“双一流”提供可行性路径和参考。

关键词：人民大学；人文社科；世界一流

2016年5月17日，习近平同志在哲学社会科学工作座谈会上发表重要讲话，深刻阐述了哲学社会科学的历史地位和时代价值，对加快构建中国特色哲学社会科学体系作出部署。此前，国务院印发了《统筹推进世界一流大学和一流学科建设总体方案》（国发〔2015〕64号）（本文中简称《“双一流”总体方案》），明确了未来三四十年内建设世界一流大学和一流学科的目标要求、任务和保障措施。从构建中国特色哲学社会科学体系的重大部署到建设“双一流”总体方案，均提出了明确的任务要求，为以人文社会科学为主的大学指出了未来发展的目标和方向。

一、中国人文社会科学建设“双一流”的必要性

要深刻领会和把握“双一流”建设的内涵和实质，笔者认为，首先要澄清两种关于“双一流”大学建设的认识。首先，“一流大学”的标准并非是西方世界的，不能简单笼统断言西方大学就一定优于中国的大学。其次，“一流学科”并非完全等同于理工学科，人文社会科学是软科学，是建设世界一流不可忽视的“软实力”，是建设“一流学科”的重要部分。当前，中国以人文社会科学为主的大学建设“世界一流”既是时代赋予的使命，也是国内社会经济发展和国际秩序

重建的迫切需求。

(一)中国发展的经验呼唤人文社会科学进行阐释和总结

中国经济经过60多年的发展,特别是改革开放30多年来的发展,经济总量排名已跃居全球第二,国际上需要中国作为一个大国发出自己的声音,人文社会科学要为中国在国际舞台上发声提供学理支持。中国特色社会主义实践不仅反映了中国社会的发展特征,也反映了人类社会发展规律,中国实践成果既体现了中国人民的智慧,也丰富了人类社会发展经验。人文社会科学通过中国自身问题的创造性解决和经验理论的系统性总结,一定可以为世界人文社科理论发展作出独特贡献。

(二)中国面临的课题亟须人文社会科学作出回应和解答

人文社会科学建设"世界一流"是中国自身经济社会发展的需要。社会大变革的时代,一定是哲学社会科学大发展的时代。当前中国正经历着我国历史上最为广泛而深刻的社会变革,也正在进行着人类历史上最为宏大而独特的实践创新。随着经济日益发展,政治、社会、文化和生态等方面的问题也逐渐凸显出来,一些问题在西方社会找不到原型,也有一些问题看似与西方社会的问题相同,但也不可能完全照搬西方理论,而是需要利用西方理论结合国情和实际来进行回应和解答。正如习近平总书记指出:"这是一个需要理论而且一定能够产生理论的时代,这是一个需要思想而且一定能够产生思想的时代。"

(三)世界秩序重建需要中国人文社会学科承担责任

当前世界经济发展到关键当口,面临着各种挑战,需要像中国这样的大国参与规划发展的可能性路径,并给出治理建议和具体方案。政治上,国际秩序的重建也需要人文社会科学为主的大学提供智库支持。2013年8月起,中国人民大学连续举办三届研讨会,发布了全球首份G20智库共同声明,建立了全球首个"G20智库年会机制"。人民大学重阳金融研究院被认定为G20智库峰会(T20)牵头智库、"一带一路"常务理事。2016年的杭州G20峰会从提出承办的意向到主题的选择、会议方案的确定,人民大学全程参与,作出了特殊贡献。

中国的社会发展特别是改革开放30多年的伟大实践证明了中国道路的正确性,用中国话语体系去阐释中国道路,用中国理论解决中国问题,用中国人文社会科学更好地在国际舞台发出中国声音,这都离不开我们自己的思想、自己的学术、自己的价值导向,这也是中国大学所要承担的责任和使命。

二、中国高校人文社会科学创建"双一流"的可行性路径和特殊性

中国特色和"世界一流"是统一的,"双一流"总体方案中有10处提到了"中国特色"。如何把"世界一流"与"中国特色"统一起来是创建"双一流"的重大课题,需要在实践中不断进行探索。要在坚持社会主义的办学方向的前提下,把我们党创办高等教育的模式和经验与西方大学有益的管理方式和机制结合起来,把西方学术追求真理的精神和中国本土的家国情怀结合起来,把学习理论知识和解决实际问题结合起来,把办好世界一流大学与办人民满意的大学、让大学惠及民众、造福社会结合起来,在实践中逐渐摸索出一条适合中国大学建设"世界一流"人文社会科学的发展道路。

(一)要立足中国实际,回答解决中国问题

要以我们正在做的事情为中心,解决实际问题。理论联系实际的精神是人民大学从陕北公学至今一直保持的优良传统。当年,毛泽东同志为陕北公学题词"不但要有革命热忱,而且要有实际精神"。几代人大人践行这一传统,关注现实,关注社会,关注国计民生。陕公同学毕业直接奔赴前线,担负起国家兴亡的责任;华北大学的学生直接参与土地革命,到田间地头做工作;50年代,人大与各有关业务部门以互助合作的方式建立起各种联系,业务部门给予很多资料和实践机会,教师和学生则通过有意识地到厂矿、企业中进行实践,形成了一批理论联系实际的成果,用以指导实践。

在建国初期,吴玉章校长强调:"我们在领导思想上不但是强调系统地学习苏联先进的经验,而且还强调系统地和密切地注意中国各方面的实际问题,并从实际出发规定我们的教学计划,教学内容以及各种教学制度等。"复校后,在改革开放及建设社会主义市场经济的大背景下,作为一所以人文社会科学为主的大学,学校坚持"科学研究为社会主义现代化服务"这一根本原则,多层次、多方面、多角度地研究经济、政治、文化、社会、国际等重大理论和现实问题,为党和国家的科学决策服务,为国家经济社会发展提供理论保障和智力支持。

(二)要传承和弘扬中国文化,增强文化自信

"'双一流'总体方案"中先后4次提及"优秀传统文化"。构建中国特色哲学社会科学,一是要体现继承性、民族性。坚定中国特色社会主义道路自信、理论自信、制度自信,说到底是要坚定文化自信,文化自信是更基本、更深沉、更持久的力量。著名学者庞朴在《传统文化与文化传统》中指出:"经过了一个多世

纪的代价巨大的社会实验，中国人终于懂得了一个真理：未来的陷阱原来不是过去，倒是对过去的不屑一顾。需要的不是同过去的一切彻底决裂，而应该妥善地利用过去，在过去这块既定的地基上构筑未来大厦。”大学作为先进文化传播之地，要对传统文化进行创造性转化和创新性发展，凝聚和形成中国人文社会科学的学问和学派，让有益的中华文化发挥作用，推动社会的进步，增进国家和人民的福祉。

同时，我们要清醒地意识到，深层文化传统和文化基因的作用不可忽视。中国的问题都具有中国传统文化和近现代发展过程中所埋下的深层次根源。因此，中国的大学，尤其是培养未来接班人和为社会提供先进文化的人文社会科学在创建“世界一流”时，一定要清醒认识当前的国情，深刻把握所处时代的特征，深刻把握转型期所带来的巨大冲突和矛盾的根源所在，深刻把握我们的文化传统和每个人身上的文化基因、价值取向和行为方式等，因为这些都无疑成为影响每一个中国人、影响中国人这个群体和整个中国社会未来发展进程的不容忽视的因子。中国传统文化十分强调道德修养和道德教化，通过弘扬优秀的传统文化，进一步强化立德树人，进一步培育社会主义核心价值观。在这方面，中国人民大学在新世纪初倡导国学，弘扬传统文化，成立了新中国第一家国学院，探索和积累了一定的经验。

（三）要学人所长，创造性地借鉴和发展西方大学的先进办学经验

研究中国大学的人文社会科学，需要有一个更宽广的视角，需要放到全世界和自身历史中去考察。大学治理没有放之于四海皆准的统一标准和模式，正如 20 世纪 50 年代初人大若完全照搬苏联大学的方法行不通一样，今天办大学也不能完全照搬西方英美大学的管理模式。在有利于国家安全和社会发展前提下，在有利于效率和公平的前提下，正如“双一流”总体方案中所提到的，探索吸收国外一些管理模式、激励机制、评价体系等具体方法和技术，引进一些业务素质强、道德操守好的师资。

在具体操作过程中，一定要注意创造性地进行应用和发展。当年人大在学习苏联经验过程中纠正教条主义的萌芽，反复强调“教学与实际联系，苏联经验与中国情况相结合”的原则。创立了很多像教研室制度、习明纳尔等一样务实管用的方法。其中，“教研室”由成仿吾校长反复推敲得来，体现出集体教学、研究的意思。当时，人大教师在苏联专家的指导下，克服语言障碍，充分发挥教研室集体力量改进教学方法，教师们讨论讲稿并互相听课。在讲课前组织讲稿讨

论,目的在于通过讨论大体上统一讲授内容,弄清若干不够明确的问题。互相听课则有利于提高教学质量和艺术。这种教研室制度所包含的要求,在今天仍有重要意义。在学习西方的过程中,我们要像当年人大学习和实行教研室制度一样,把每一项制度研究明白、认真消化,并结合中国实际进行创造和应用,做到中西古今融会贯通,抑扬取舍恰到好处。

(四)要加强党的领导,坚持社会主义办学方向

陕北公学时期,党团由中共中央宣传部和组织部领导,是学校最高领导机构。华北联合大学的体制是党团(党组)领导下的校长负责制,由成仿吾任校长兼党团(党组)书记。新中国成立初期,中共在接管与改造旧大学的过程中,并未立即在接管的大学中实行党的领导,1950年教育部颁布了《高等学校暂行规程》,规定当时的大学实行的是校(院)长负责制[①]。中国人民大学延续前身时期的体制,在成立之初即建立了党组领导下的校长负责制,这也是中国高等教育管理体制方面的创新。1956年,人大的党组领导下的校长负责制被中央采纳作为高校的领导管理体制,我国高校开始实行党委领导下的校务委员会(校长)负责制。1989年以后,全面推行高校党委领导下的校长负责制[②]。这是我们社会主义大学的特点也是优势,是坚持社会主义办学方向的保障机制。

当前,办好中国特色社会主义大学是高校建设的根本目标。在建设社会主义大学方面,人民大学积累了宝贵经验。人大是新中国推行平民教育第一校。1949年12月召开的第一次全国教育会议明确提出:“教育必须为国家建设服务,学校必须为工农开门”。50年代初期的几年中,人民大学学生中的革命干部与产业工人数量保持在70%以上。为了增强工农干部与产业工人学习的便利,本科在不降低教学计划的原则下,在招生条件和具体教学措施上,尽量予以照顾;此外,特别设立了预科,以后又接办工农速成中学(后成为人大附中),作为文化水平特低的工农分子进入高等学校的预备阶段。针对当时教育资源有限、社会需求大的实际情况,当时,学校还探索创办了新中国的函授教育。今天,在社会主义市场经济条件下,如何加强党对高校的领导,同时进一步增强社会主义大学的优越性,让更多更好的高等教育惠及百姓人家子女,这也是需要进一步探讨的问题。在这一方面,新的探索和努力也在取得一定成效,据统计,中国

---

① 参见《高等学校暂行规定》,《人民教育》第1卷,第5期

② 中共中央、国务院:《关于教育工作的指示》,见《中国教育年鉴》(1949—1981),北京:中国大百科全书出版社,1984年版,第689页

人民大学 2016 年新生近六成来自中西部地区。

（五）要扎根于祖国和人民，担负起时代赋予的使命

中国的大学的发展不能脱离和背离国家的需要，而是要切实担负起国家和民族的前途和命运。回顾人大历史，毛泽东曾为陕北公学题词：

> 要造就一大批人，这些人是革命的先锋队。这些人具有政治远见。这些人充满着斗争精神和牺牲精神。这些人是胸怀坦白的，忠诚的，积极的与正直的。这些人不谋私利，唯一的为着民族与社会的解放。这些人不怕困难，在困难面前总是坚定的，勇敢向前的。这些人不是狂妄分子，也不是风头主义者，而是脚踏实地富于实际精神的人们。中国要有一大群这样的先锋分子，中国革命的任务就能够顺利地解决。

两年后，毛泽东送给即将开赴前线的华北联合大学的学员"临别赠言"："陕公是民族统一战线的缩影，是中国进步的缩影，有陕公，中国就不会亡。"可见，这所学校是为了社会解放和建设新中国新社会而存在的。

当前，在我们国家现有的管理体制和机制下，大学不会再像中世纪遗世孤立的象牙塔拥有自己的特权。同样，我们的大学也与美国那种围绕资本运转和完全面向社会的实用主义大学不同。在前文中，在对中国人民大学校史进行剖析过程中发现，中国大学所承担的责任和使命，是与世界上其他国家和民族中的大学有所差异的。中国大学中有着一种忧国忧民的家国情怀和责任担当。这既有来自中国古代文人和士大夫的理想人格方面的因素，也来自当下国家对高等教育的关注和厚重期望。当年，人大校友胡福明以一篇《实践是检验真理的唯一标准》掀起了改革开放前夕的真理标准大讨论，而 90 年代初陈锡添校友以一篇《东方风来满眼春》为加快改革开放的步伐作出了贡献。从 1986 年"中南海讲法第一人"孙国华教授为胡耀邦等领导人讲授"马克思主义法的作用"开始，开启了人民大学教授为中央领导同志讲课的历史。进入新世纪后，学校先后有十余人为中央领导授课。学校各种研究报告和政策建议无数次得到中央领导和有关部委负责人的好评和批示。

作为新中国第一所新型大学，一所以人文社会科学为主的大学，中国人民大学的发展历史说明，在中国如果强调象牙塔和绝对真理，那对人文社会科学来说，不但有曲高和寡之嫌，而且有可能有逃避责任和不愿直面现实去解决国家和人民所亟待解决的问题之嫌。

一言以蔽之,中国人文社会科学必须在社会主义的大方向下,在多种外来理论的参照系中,深挖自己的文化传统、回应现实提出的各种问题,有所甄别和取舍地借鉴西方人文社会科学研究的有益方法和手段,在不断破解时代所提出的课题和克服困难的过程中踏踏实实走中国人文社会科学自己的道路。能够把中国的人文社会科学研究好、把中国问题说明白、阐释好的大学,就是中国人文社会科学领域最好的大学,就是“世界一流”的大学。

认清形势，抢抓机遇，以一流学科建设推动高校全面发展

——广西师范学院学科建设的回顾与反思

广西师范学院校史办公室　张再林

摘要：广西师范学院从1999年开始独立招收和培养研究生，十几年来，经过不懈努力，学科建设取得了显著的成绩，规模发展实现重大突破，成功实现跨越式发展，促进了学校办学水平和办学层次的提高。但也还存在着学科建设层次不高，结构存在缺陷，学科优势不足，特色不鲜明，影响力较弱，高水平学科带头人缺乏，学科队伍整体素质不够高等诸多问题。在当下国内大学"双一流"建设的背景下，应从学校发展的战略高度认识学科建设工作的重要地位，认清形势，抢抓机遇，以一流学科建设推动学校全面发展。

关键词：广西师范学院；学科建设；一流学科；回顾；反思

广西师范学院坐落于广西壮族自治区首府南宁市，前身为创办于1953年的广西教师进修学院，1978年12月经国务院批准，成为自治区属全日制普通本科师范院校。1998年，经国务院学位委员会批准，成为硕士学位授权单位，2013年，获批为广西新增博士学位授予单位立项建设单位。在六十多年的办学历程中，广西师院始终坚持以学科为基础，抓住学科建设这一龙头，促进和推动学校的全面建设和发展。

一、广西师院学科建设工作的简要回顾

广西师院从1999年开始独立招收和培养研究生，十几年来，经过不懈努力，学科建设取得了显著的成绩，规模发展实现重大突破，成功实现跨越式发展，促进了学校办学水平和办学层次的提高。

一是学位授权点学科发展迅速,学科综合实力明显增强。经1998年全国第七次学位授权审核,师院成为新增硕士学位授权单位,并设文艺学以及地图学与地理信息系统两个硕士授权点;在2000年第八次、2002年第九次学位授权审核中,又增加了中国古代文学、有机化学等8个硕士授权点;2004年获得开展在职人员以同等学力申请硕士学位工作单位资格;在2005年的第十次学位授权审核中取得可喜成绩,新增课程与教学论、计算机应用技术等21个硕士授权点。2011年新增马克思主义理论、中国语言文学等11个一级学科硕士学位授权点。2013年获广西新增博士学位授予立项建设单位,地理学、化学、教育学3个一级学科为授权点建设学科,数学、马克思主义理论、社会学3个一级学科为支撑学科。

目前,师院拥有11个一级学科硕士学位授权点,涵盖43个二级学科硕士学位授权点,4个硕士专业学位授权点。学科专业涵盖哲学、经济学、法学、教育学、文学、历史学、理学、工学、管理学、艺术学等10个学科门类,呈现出覆盖面较广、布局合理、支撑点较强的良好发展局面。

二是学科队伍建设初见成效。师院现有专任教师854人,其中有正高职称的149人,有博士学位的194人;享受国务院政府特殊津贴专家2人、全国"五一"劳动奖章获得者1人,教育部"新世纪优秀人才支持计划"1人,广西"五一"劳动奖章获得者3人,全国师德先进个人1人,广西优秀专家1人,广西"新世纪十百千人才工程"第二层次人选5人,广西文化名家暨"四个一批"人才2人,广西青年科技奖1人,八桂名师2人,广西高校教学名师3人,广西高校卓越学者1人,广西高校思想政治理论课教学名师1人,广西百名中青年骨干教师资助计划4人,广西高校优秀人才支持计划资助16人,广西高校青年骨干教师培养计划13人,广西高等学校优秀中青年骨干教师培养工程7人;有广西高校人才小高地创新团队4个、自治区级教学团队5个、自治区级教师教育学科教学团队4个,自治区级创新创业教学团队1个。师资队伍的学历、职称、年龄结构趋向合理,实力不断增强。

在多年的工作实践中,我们清醒地认识到,要做好学科建设工作,须做到以下"四个必须"。

首先,必须提高认识、加强领导。学科建设是学校各项工作的龙头,涉及学术队伍、科学研究、办学条件和经费投入等各个方面,必须提高认识、加强领导、全员参与。为了加强领导,师院成立了以书记、校长为组长,分管副校长为副组长的学位授权点学科建设领导小组,定期或不定期召开会议,听取有关学科建设的情况汇报，研究处理学科建设工作中存在的问题，有效地促进了学科建设的发展。

其次，必须精心组织、扎实推进。学科建设不是一项单纯孤立的工作，而是一项系统工程。它的有效运行需要各个方面的相互配合协调发展。精心组织，扎实推进，引入责任机制，认真落实各个环节，从而保证学科建设工作的高效运行。

再次，必须明确方向，强化优势。选择合适、恰当的研究方向是决定学科建设成效的一个关键性因素。研究方向的选择必须以学科传统为基础，发挥学科的长处，凸显学科特色，突出学科重点，不断强化优势，扩大学科影响。

最后，必须加大投入，加强建设。经费投入和基本建设是学科建设成败的关键，师院在学科建设过程中，以经费落实为突破口，采取分类建设、重点扶持的做法，保证了资金的使用效益。在具体建设过程中，十分重视学科带头人的培养和师资队伍建设，通过多种途径，积极引进高层次人才，培养中青年学科带头人和学术骨干，资助他们参加国内外重要学术会议，资助他们在高水平、高级别的刊物和出版社发表论文和出版专著。邀请各学科的著名专家、教授来校授课、讲学，给省部级科研项目、研究生创新计划项目等进行经费资助或经费配套，以及购买图书资料和添置大批仪器设备等等。这些基本建设有效地提高了学校学科发展的整体水平，学科平台效应不断凸显。

二、广西师院学科建设工作的反思

师院的学科建设虽然取得了较大的成绩，但这只是从自身发展来看的，即只是通过纵向比较来看的；而如果从横向比较和内涵进行分析，仍存在不少问题和较大差距，需要正视和加以解决。

首先，学科建设层次不高，结构存在缺陷。师院虽然在 2013 年获批为广西新增博士学位授予立项建设单位，但目前仍没有真正获得博士点，这说明学科建设的层次还不够高。此外，一级学科建设也缺乏宽厚的学科支撑体系，上档次、上水平较为困难；学科建设力量、方向分散，各学科之间缺乏交叉、渗透、融合，新兴边缘学科和与当前国家和地区经济建设与社会发展需要紧密结合的学科少；尽管学科门类相对齐全，但分布不平衡，在学科结构中，文强、理弱、工更弱的现象明显，学位点学科结构存在明显的不合理，有较大的缺陷。总体而言，师院的学科建设还处在不断发展的初期阶段，与区内外同类兄弟院校相比，还存在着较大差距。

其次,学科优势不足,特色不鲜明,影响力较弱。目前,师院某些学科虽有一定优势,但仅仅是相对优势,在全国甚至在区内,具有绝对优势的学科极少。具体表现为:一是师院参与全国各类,特别是国家级学术评审的专家和享受国家级学术称号的专家甚少;二是在全国有影响的标志性成果、项目不多;三在全国有影响的大师级学科带头人乏人。可以说,这已成为师院提高学科建设水平,争取博士授权单位和博士点,进一步提高办学层次的瓶颈。

再次,高水平的学科带头人缺乏,学科队伍整体素质不够高。高素质、高水平的学科人才队伍是学科建设的关键。师院的学科梯队建设得到较大的发展,但整体质量仍然不高,具体表现在:一是学科梯队中具有高学历和正高职称的人员所占比例偏低;二是学科梯队结构不合理,梯队人员相对集中在一些传统的基础学科和教育学科,而一些新兴的、交叉的应用学科,则相对缺乏;三是学科梯队科研水平偏低。承担国家级课题及在国内外一流刊物上发表成果的人员比例偏低,一些梯队人员的教育观念落后,学术观点陈旧老化,创新能力不足。

三、认清形势,抢抓机遇,以一流学科建设推动师院全面发展

充分认清我国大学学科建设面临的形势与机遇,对于进一步明确今后一个时期内学科建设的目标定位和发展方向至关重要。

我国大学学科的发展是与国家的阶段性发展目标和社会经济发展水平相联系的,在发展的过程中也借鉴了国外学科建设的成功经验。当前,我国提出了全面建成小康社会,实现中华民族伟大复兴的宏伟目标,教育部又进一步提出了建设"一流大学、一流学科"的规划,这对国内大学的学科建设无形中提出了新的更高要求。而要搞好学科建设,首先要深刻理解和充分认识学科建设的意义、内涵以及学科建设与研究生教育之间的关系。

学科是承载高校人才培养、科技创新和社会服务功能的平台,是高校建设的核心与龙头。学科建设是高校的一项综合性、长期性、根本性的战略任务,是学校办学水平、办学特色、学术水准和综合实力的重要标志。大学学科建设,主要包括学科结构和布局、学科方向、学术梯队、研究基地、科学研究、学术环境、学位授予、人才培养等基本要素。其中学科结构和布局、学科方向是学科建设定向选择的依据,学科带头人、学术梯队建设是学科建设的关键,研究基地是学科建设的依托,科学研究是学科建设的主要载体,学术环境是学科建设的保障,学位授权是学科建设的标志,人才培养和服务社会是学科建设的最终目的。总

之,要遵循学科建设的规律,围绕学校的办学定位和目标,站在一个新的起点上,进一步调整和优化学科结构和布局,切实加强学科内涵建设,为学科建设的健康有序发展打造宽厚坚实的平台。具体而言,要着力做好以下四个方面的工作。

第一,要转变观念,加大投入。建设一流学科是我们全面建成小康社会,实现两个一百年奋斗目标的必然要求。要转变观念,提高认识,顺应社会的发展趋势,大力发展我院的学科建设,实现我院向多科性、教学型的地方性大学转型。学校和系(院)要高度重视和支持学科建设工作,加大投入,创造条件,加快学科建设的步伐。

第二,要科学规划,加强管理。推动重心下移,加强管理,建立健全学校、院(系)两级管理的研究生管理体制,明确界定研究生院管理职责,扩大院(系)管理的自主权,为院(系)配备高素质专职管理干部,切实落实学科带头人负责制。

第三,要积极探索学科建设的新思路。一是要做好学科规划,形成一个层次分明的学科体系。学科规划应从三个层面来进行:第一层面就是要求各院(系)都要制订自己的学科发展计划,在此基础上产生学校的规划;第二层面是学校的重点学科建设一定要有特色,有优势,有带动全局的战略作用;第三个层面就是建立在学校重点学科和重点学科群基础上的“重中之重”项目,包括省部共建重点实验室以及自治区重点学科、重点实验室等。二是要把握学科发展前沿,瞄准社会发展趋势,凝练学科发展方向,促进学科交叉,突出学科优势和特色,提高学科的社会服务能力。三是要使学科的结构趋于相对平衡。师院目前是人文社会科学的学科专业多,理工类学科专业少,今后要在加强人文社会科学类学科专业的同时,重点建设理科类学科,兼顾工科类学科。根据学科的发展趋势和社会的需求,还要大力培植交叉学科和新兴学科,使学科专业结构逐步趋向合理。四是要加强学科的检查和评估,从制度上避免重申报、轻建设的现象,强化学科建设的过程管理,明确建设目标,定期进行考核和评估,建立竞争激励机制,加强学科建设的宏观调控。

第四,要实施人才强校战略,加强高水平学科队伍建设。一是要进一步加大高层次人才,特别是“八桂学者”“邕江学者”以及学科带头人的引进和培养力度。采取引进人才和引进智力相结合的方法,引进和培养一批在区内外有影响的中青年学术骨干,对不同层次的人才形成有效的激励、考核机制,创造有利于创新人才脱颖而出的学术氛围。二是要进一步提高学科队伍水平,推行学科带头人负责制,按需设岗,动态管理,强化岗位意识。学科建设的一个标志性成果即是培养和造就一批学科领域的权威专家,造就和培养一批学术大师、宗师,在一些学科研究领域取得相当的发言权、话语权。学界一提起某些学科的研究历史和发展现状,就会想到某所高校的专家,不能忽略和无视你的研究成果,都必须参考你、请教你,最好能听听你的意见,不然就不放心,甚至于就会走弯路。高校的学科应该在学术上独树一帜,成为一个绕不过去的存在,要有相当的权威性。学校的学科建设达到这个水平,大概就能算是"一流学科"了。

总之,建设一流学科,要从学校发展的战略高度认识学科建设工作的重要地位,不断深化改革,加强平台建设,扩大规模,优化布局,紧紧围绕学校的办学定位和发展目标,顺应我国高等教育的发展趋势,以学科建设为龙头,以教学科研为核心,以保证质量为前提,以教育创新为动力,以构建一个层次、类型、结构与布局合理的学科体系为目标,加强人才队伍建设,改善学科建设条件,开创学科建设工作的新局面,以一流学科建设推动学校全面发展。

第三篇

校史编研与史料述评

高校校史研究思路探讨

——以《广东工业专科学校校史考(1910—1952)》一书写作为例

华南理工大学校史研究所 陈国坚 吕晓芹

摘要:党的十八大以来,党和国家将大学文化建设提升到一个新的历史高度,在全社会对校园文化建设给予重视的大环境下,作为大学文化建设重要组成部分的校史文化显得尤为重要,现实境况却是高校的校史研究工作要纳入学校重要的议事行程,还是困难重重。这里既有校史学科"偏冷",受众面较窄,未能给学校带来显而易见的社会效应等现实困境,也有校史研究者本身理念与研究思路偏颇的问题。历史是过去的现实,现实是未来的历史,治史既需要宏观,也需要中观、微观,既要把握学校的历史现实,也要将之置于社会历史的大环境之下,才能实现过去、现在与未来的对话,如何实现"对话"是当今每个校史研究者在新的时代环境下必须面对的问题。

关键词:校史研究;现实困境;研究思路

校史研究是院校研究的一部分,是一所学校发展轨迹的真实记录,是大学精神的展现。党的十八大以来,党和国家将大学文化建设提升到一个新的历史高度,作为大学文化建设重要组成部分的校史就显得尤为重要。校史研究不仅仅是为了回眸逝去的历史,更为观照今日。唐太宗李世民曾说:"夫以铜为镜,可以正衣冠;以古为镜,可以知兴替;以人为镜,可以明得失。"[①] 意大利著名的历史学家克罗齐曾认为:"假如真是一种历史,亦即,假如具有某种意义而不是一种空洞的回声,就也是当代的,和当代史没有任何区别。"[②] 感受历史,是为了更好地认识自己以及选择或调整前进的方向。当前,校史研究在部分高校的地位

① [后晋]刘煦.[宋]欧阳修.[宋]宋祁:《旧唐书·魏徵》,北京:中华书局,1997:2545。

② [意]贝奈戴托·克罗齐:《历史学的理论和实际》,北京:商务印书馆,2009:13。

却颇为尴尬，虽是学校各类庆典日必须进行的工作，却尚未纳入学校重要的议事行程，这里既有高校自身转型发展，校史学科“偏冷”，未能给学校带来显而易见的社会效应等现实困境，也有校史研究者本身理念与研究思路偏颇的问题。

一、高校校史研究的现状

高校校史研究本质上属高校历史文化建设的基础性工作，自然与“短、平、快”一类项目不可同日而语，短期抑或四五年间，甚至更长时间都难有大成效，这是一种常态。除此之外，高校校史研究还存在文献资料不足、学校领导对史实价值认知不同、校史成果难以发表等现实问题。

（一）研究文献资料不足

中国现代意义上的大学起源于清末民初，多所高校已过百年或近百年，学校初建时期由于记述粗略或资料保存不完善等原因导致研究资料缺乏，其表现有以下两方面。

一是校史本身的研究资料较少。以我校即将出版的《广东工业专科学校校史考（1910—1952）》一书为例，广东工业专科学校是华南理工大学的四所办学基础院校之一，其前身是广东省立第一甲种工业学校。此前，这所学校的相关史实受到重视。为还原历史的真实面貌，在无人提示、无人提供完整、具体、系统的史料的情形下，校史所的同志在自主搜集、整理文献史料 12 年的基础上，才动手写作，以后又边写边搜集，至今已坚持了 27 年，才形成 65 万字的编著。

二是校史研究资料缺乏完整性。众多民国时期的地方旧籍、报刊，作数字化及其公益化处理之后，所提供的电子数据还常欠完整。如广东档案馆的很多文献档案资料，由于电子化处理耗时甚久，所需的部分至今还不能利用；可以查阅的过刊文章，不少未随附关于该刊由何人或何方所辑的版权信息页，当然也没有对文章作者的单位或身份有所注明，甚至，一些地方刊物如《广东公报》《广东教育公报》等，相关资料往往只有片言只语或一鳞半爪。又如当年，各省大都有工艺局、甲工与工专之设。众多作者叙事过程中，绝大部分都自觉地使用本地、本埠人所熟悉的工艺局、甲工、工专之谓，而略去地名前缀。因此，研究者事先对广东工艺局、甲工及工专的相关人与事没有基本了解甚至完全不熟悉，很多资料在使用效果上就将事倍功半。

（二）对校史史实价值的认知不同

对于一所学校漫长的历史，学校的不同领导或亲历其中的人对其价值的认知并不相同,而学校领导的建议往往对校史研究者有着较大的影响。以《广东工业专科学校校史考(1910—1952)》书稿写作过程为例,2001年11月16日,约3 000字的首份工专史考,曾分别呈送当时学校两位一把手;此书的阶段成果与主要参考文献于2002年送当时学校党委书记审阅;写作期间,还于2003年7月16日以"建校时间考究工作进展汇报"为题,书面报告进度,但未得到学校领导的批示;再后来有校领导明确提出,工专历史离我们太遥远,不必搞它了。从2001年至2009年约8年时间,工专史主要撰写者所能参加到的宣传、研讨学校校园文化、人文精神以及党建与思想政治等方面的活动里,除了他个人独力宣传甲工、工专革命史外,学校基本上不提及这一段历史,或者仅仅以"一所专科学校"一语蔽之,这些都在一定程度上影响了校史研究的推进。

(三)校史成果难以发表

校史是大学文化的一部分,虽可以增加学校的知名度和美誉度,但由于一所学校历史范围的相对狭窄,且相对琐碎、细微,其研究成果只属于"一个学校的精彩",很难普及精英阶层,更难惠及大众,因此成果难以发表,在现实情况下,学校所推行的晋级、升职评价办法,在客观上并不完全或者根本不会支持这类研究。在"墙内难开花墙外也不香"的现实境况下,校史研究还存在因学校领导人注意力的改变而改变、因人事变迁而起落的人治等状况,这些都是校史研究工作面临的困境,这也说明高校在培育创新精神、扶持原创性工作方面的学术"生态环境"上,还需要较长的路要走。

二、高校校史研究思路存在的误区

20世纪80年代以来,许多高校有了编写校史的雅兴。校方每有重大的校庆活动时,总是组织相关部门及人员搜集老照片,查阅旧档案,整理学校沿革,叙述风云历史人物,已形成了一套既定程序,但从目前已出版的校史研究丛书来看,不少校史研究存在编写体例较为单一、直接套用教育史的叙事结构、研究内容缺乏创新等问题,这都说明校史研究的水平还需要提高,校史研究的思路还需要改进。具体说来,当前的高校校史研究思路,可能存在以下三个误区。

(一)高校校史研究定位单一,缺少多元化研究

高校校史包罗万象,绝不仅仅是简单记录一个学校的成长经历。从根本上说,校史是国史的一部分。一所学校的成长历程涵盖范围广阔,可以包括教育史、社会史、革命史、文化史直至中共党史等多个层次,如果仅仅是将高校校史

等同于高校的教育发展史就有失偏颇,也很难引起其他学科研究者的关注。以华南理工大学的校史研究为例,从教育史的角度看,华南理工大学办学源头院校之一的广东工业专科学校,历经工艺局的初等职业教育,甲种工业学校的中等工业教育,广东工业专科学校的专科到本科层次的工程教育。就教育史而论,它是广东近现代工业教育与工程教育的一个缩影,是一本完整而系统的工程教育历史"教科书";从社会史的角度来看,高校是社会的缩影。学校的发展离不开外部社会的影响,学校内部所发生的很多事件也是社会的风向标,如目前所知的广东工艺局与巴拿马太平洋万国博览会交往历史,不仅仅说明,广东工艺局所教授的织工、染色、藤器等课程方面以及艺徒的技艺,具有一定水平,其教学成果为社会所认可,也反映出了当时以袁世凯为首领的北京政府练兵兴政,有其封建专制的一面,但也有向世界新兴的海洋经济开放的一面。从革命史的角度来看,高校特别是部分老校,往往是历史上培育革命烈士的摇篮,存留诸多革命英雄人物的历史足迹。在广东工艺局办学基础上扩充而成的广东省立第一甲种工业学校以及其后的省立工业专门学校卓然独立,事功显赫。当中一批师生先后参与组织、领导广东"五四"运动中的学生运动、投身参与创建广东党组织、共青团,参与领导广东工农青年运动,并在斗争中涌现出以杨匏安、阮啸仙、刘尔崧、周其鉴、张善铭、黄学增、周文雍等为代表的英雄群体,推动和改变历史。这些英雄人物的事迹也成为华南理工大学历史文化的一部分,并且是学校历史文化的重要组成部分。这些英雄事迹放在社会上,他们所彰显的理想、情操与奋斗精神,和别的英雄人物一样,在今天的社会主义核心价值观的层面上占主导地位。

(二)高校校史研究囿于前人定论,缺少质疑精神

高校校史研究需要肯定,也需要质疑,但质疑并非怀疑一切,而是要在科学精神的基础上质疑。著名作家梁晓声曾认为:"在大学里,质疑是最应该被允许的。但同时也不能忘记,肯定同样是大学之所以受到尊敬的学府特征。人类数千年文明进程所积累的宝贵知识和宝贵思想,首先是在大学里经历肯定、否定、否定之否定,于是再次被肯定的过程。"① 有些校史研究者往往拘泥于已有的定论,不敢打破历史局限,这里面既有对过去历史不熟悉、掌握资料较少的原因,也有自身服从权威,缺乏应有的学术创新勇气抑或缺乏应有的"学术好奇心"。

如华南理工大学组建于 1952 年,1952 年建校办学之论,于几十年间在认识

① 梁晓声. 论大学 [N]. 光明日报,2006-09-02(3)。

轨道上已形成巨大历史惯性或惰性。但华南理工大学的办学源头并非始于1952年,也并非始于1934年中山大学迁移到石牌校区的时间, 1910年的广东工艺局至少可以算作其源之一脉。寻找学校办学历史源头的起因,就是质疑学校办学史。因为质疑已有的结论,在文献资料积累的基础上,拓宽历史视野,不再平视而是去俯视1952年命名组建时段或者所谓1934年等自设的历史局限,自此开展了由工专所开创的百年办学发展史的研究,拓展了学校办学的历史跨度,丰富了学校的办学历史、中共党团建设史和革命史。

(三)高校校史研究重出身门第,缺少平等包容意识

学术本应是"言之有理,持之有据",只要"有理有据",即可根据事实讲话。但校史研究有自己的特殊性,盖因中国近现代意义上的高校在形成之初,就承担了救亡图存、保家卫国的历史重任,中华人民共和国成立后,高等教育政策几经变迁,导致中国大多数高校都经历了分分合合的过程。如华南理工大学至少由3区7省18所院校工科方面的学院、系科、专业组建而成,由于学术流派丰厚多异,原先各独立来源之嫡出或嫡系,传衍至今,交锋与交融,血统早已混乱,相通而化一,此乃势所必然,这也是学校文化提升的一种表现。这些组建基础院校各有优势,平等相携,并不存在太阳与月亮谁照亮谁的关系。以华南理工大学组建基础院校之一的广东工业专科学校与中山大学为例,这两所学校系世交,广东工业专科学校蕴藏着深厚的办学史和革命史,后与中山大学缔结姻缘,继为姻亲,终作故友,亦即亲戚故旧。华南理工大学与中山大学相携相成,彼此历史渊源颇深,但不等同于一脉相传,即非同源一脉或者同根同源。

三、高校校史研究思路剖析

校史作为一所学校文化精神的映照和风格特色的集中体现,不仅展示的是校史的广度和深度,更是国家历史文化长河的一部分,以校史研究揭示中国教育文化史的多重性和复杂性,追寻过去、揭示未来,可为学校以及整个国家教育的发展达到以管窥豹、以小见大、以微知著的效果。由此,高校"治史"既需要把握过去的历史事实,也需要将之置于社会历史的大环境之下,在研究思路上既要宏观,也要中观、微观,才能实现现实与历史的对话。

(一)高校校史研究首要应在挖掘史料,而非创新观点

校史研究是历史研究的一部分,历史研究无止境,如著名文化学者冯骥才之言:"糊涂的往往是现实,清楚的必定是历史……历史是健忘的。如果它还没

有记起,我们有责任提醒它。"① 亦如俄罗斯社会大学校长、科学院院士茹科夫所言:"历史是任何一个民族的主要财富,而真实性是历史学者义不容辞的责任。"② 我校办学基础院校之一的工专,校史久远厚重,残篇断简较多,再加上历史的复杂与多样性,执笔者的写作立场、对历史解释角度、方式等的限制,作为校史研究者目前所做的只能是阶段性的事实整理、归纳、描述与解释性工作,为人们提供研究的基础。以中共党史、社会、政治、经济、教育、文化、新闻、档案等学科视角考察,以口述史、文集、书信、日记等资料性体裁作科学的比勘互证,对问题纵横提升或挪移,从中抽提出理论命题,深入阐释,形成新认识、新观点,尚待来日。

(二)沉潜于文献资料的搜集,为重要或决定性问题突破创造条件

校史研究离不开各类资料的搜集,如与学校自身办学相关的办学思想、教育思想、办学章程、教学大纲和教学计划、师资队伍建设、教材图书实验室实习场地等方面的建设、体现校风教风学风等方面的校歌、校徽以及校刊等,与革命史相关的展现师生风貌的言论、斗争足迹,敌我双方与同盟者以及社会其他人士的相关评论、敌我双方从中央到地方的相关文献资料等,宏观统揽,让人与事尽收一处。古人云:"积土成山,风雨兴焉;积水成渊,蛟龙生焉。"③ 能兴风雨、生蛟龙的前提是积土、积水,史料大量搜集、整理是校史研究的第一步,只要在史料大量占有的基础上,才能有效地写作。校史研究的主证或依据,是历史文件与文献;书信、日记与回忆录,作为旁证与补充;档案、民国时期报纸作参考;后人所撰史稿、论著则可供作考察、引证。文献资料的充分收集,还可以达到以细节为"特写镜头",让读者走近历史,增加文章可读性的效果。

(三)具备"坐冷板凳"的持之以恒精神,是校史研究的基本素质

学术研究是一份"苦"差事,它需要研究者自身耐得住寂寞,坐得住冷板凳。校史研究又属于"特冷"的学科,囿于学科特点,研究者往往辛勤耕耘几年都难以有显著的成果。这种情况下,校史研究者要始终坚持自己的学术追求,无论社会怎么变革、环境怎样变化,都要按照自身选定的领域与课题稳步前进,不为功名利禄所驱使、不为世风所动摇,需要的是就是持之以恒的学术定力。持之以恒是个"苦活",需要耐寂寞、守清贫,以学术为生命、为志业,为事功,真正做

① 冯骥才:《文化发掘老夫子出土——为朋弟抱打不平》,北京:西苑出版社,2001:21。

② 茹科夫:《对俄罗斯一些重大历史问题的反思》,新华文摘,2011(14):138。

③ [唐]杨倞:《荀子》,上海:上海古籍出版社,2010:3。

到平淡为学、力行恒久。

（四）扬弃非此即彼的绝对评价方式，坚持历史和价值标准的统一

高校校史研究过程中总会涉及现行的政策、健在的人物等，由于历史文化本身具备的多重性和多元性，在评价学校的人和物方面不能采取非此即彼的绝对思维方式，而应采取客观公正的评价态度，不能完全将政治的评价标准应用于教育文化范畴。如中国近代历史上的著名人物袁世凯，从政治的角度来看，他经常被认为是“窃国大盗”，但这并非意味着他对中国的近代化发展毫无贡献，相反，他主政北京政府期间，积极“启发文化、扩张贸易”，为中国的对外贸易发展作出了较大的贡献。袁世凯的行为既表明了以袁世凯为首领的北京政府练兵兴政，有其封建专制的一面，也须肯定其有向世界新兴的海洋经济开放的一面。

（五）多学科研究方法相互使用，增加校史研究的广度和深度

高校校史研究方法不能仅从历史学、教育学的视角，而应根据研究的主题从社会学、经济学、文化学等多个角度，运用多学科的研究方法，使校史研究在深度和广度上都有突破，这种突破不是对学校办学发展史的根本性改变或推翻，而是对其充实与完善，以帮助人们建立比较完整的学校历史观。在《广东工业专科学校校史考（1910—1952）》一书中，其革命史研究部分有意识地借助了概念史研究方法，如通过展现同时代人的晚年追忆，得知在广东国民党右派追随蒋介石发动广东“四一五”反革命政变当日，烈士刘尔崧是有机会逃脱敌人追捕的，但其坚守岗位沉着地要求身边的同志临机处变，最大限度地减少革命的损失。失去逃脱先机的刘尔崧当日便身陷囹圄，不久即就义，进而使读者认识像刘尔崧这批英雄群体人物的精神风貌。多学科研究方法的使用为党史研究赋予了新意，正如党史研究专家郭若平所认为的：“以概念史研究反观中共党史研究，许多有价值的问题便会浮现……党史一旦被理解为历史叙事（本来就当如此理解），表达或阐释这种叙事的各种概念便内在地储存着相应的社会事实经验；另一视角的论证同样成立，党史叙事需要借助概念才能被表达、被解释，概念之所以具备这种功能，是因为此时的概念早已摄取了事实经验的意义，并以这种概念意义赋予党史叙事以相应内涵。”[①]

① 郭若平：《概念史与中共党史研究的新视野》，载《中共党史研究》，2013（5），第21页。

高校口述史八问

中南财经政法大学　徐警武　谢朝霞

摘要：本文探讨了高校口述史理论与实践中的基本问题，包括定义、内涵、成果、意义、真实性、程序、方法等八个方面内容。认为高校口述史并不是简单的“你讲我记”，单纯的史料收集，它与教育回忆录、自传、叙事相区别，遵循特定程序，是一种新的校史研究方法。高校口述史积累了三类成果，发挥着“存史、资政、育人”的传统功能及拓展口述者生命的特殊价值，有助于不断趋近历史真实，促进对历史真实的多元丰富认知和理解。高校口述史的有效方法有焦点事件（人物）法、相关人物访谈法、“过程－事件分析法”、注释法等。文章最后对完善高校口述史提出了具体工作建议。

关键词：高校；口述史；问题分析

伴随着社会和学界口述史的多年持续火热，近年来，在高校文化建设中，各种形式和类型的口述史项目和成果也如雨后春笋般出现，呈现繁荣之势。但“外导而生”的高校口述史并未表现出承先启后、后来居上的态势，依旧呈现出社会口述史多年发展的沉疴痼疾：理论零散薄弱，概念滥用误用，操作方法与技术不规范严谨等。这些都需要考镜源流，辨章学术，澄清错讹，吸取教训，不断在完善规范中提升工作水平和研究质量。本文选择“高校口述史”理论与实践中的八个典型的基本问题，一一分析阐述和建议，以期促进方兴未艾的高校口述史良性发展。

一、何谓高校口述史

有人认为口述史就是口述的历史，只是把对当事人的访谈转换成文字。这种看法过于简单，口述史有一系列过程，包括口述者和访谈者、研究者之间的合作，还有对口述资料的校正，从而形成口述史料等。要想全面地认识高校口述史，应该首先从口述史的定义开始。

怎样定义口述史是一个非常复杂的问题，长期未得到解决，但这又是运用口述史进行校史研究的时候首先面临的问题。美国历史学家唐纳德·里奇在他的口述史专著《大家来做口述历史》中这样定义："口述历史是以录音访谈的方式搜集口传记忆以及具有历史意义的个人观点。"同时，他也说："口述历史是一块极富创造力与活动力的园地，无法以单一的定义来界定、掌握。"英国的保尔·汤普逊认为，"口述历史是关于人们生活的询问和调查，包含着对他们口头故事的记录"。国内学术界也有不一样的定义，美国口述历史教育家协会杨祥银在其专著《与历史对话——口述史学的理论与实践》中认为："口述历史是通过传统的笔录或者录音和录影等现代技术手段的使用，记录历史事件的当事人或者目击者的回忆而保存的口述凭证。"北京市社会科学院历史研究所的钟少华认为："口述历史是受访者与历史工作者合作的产物，利用人类特有的语言，利用科技设备，双方合作谈话的录音都是口述史料，将录音整理成文字稿，再经研究加工，可以写成各种口述历史专著。"

由此可见，现在学术界对口述史的定义并没有统一，而是有两种趋势：一种偏向于口述史料，另一种偏向于口述史料的加工上升到口述历史。本文更为认可学者左玉河的观点，即口述史料只是一种通过记录保存下来的关于历史的材料，是口述历史的初级阶段，也是极其重要的一个组成部分。"口述史是研究者基于对受访者访谈的口述史料，并结合文献资料，经过一定稽核的史实记录，对其生平或某一相关事件进行研究，是对口述史料的加工、整理和提升，而不是访谈史料的复原。"[①]这里强调的是对口述史料要结合文献资料进行对比、核查，纠正不正确的地方，使其有更高的研究价值。它是一个去伪存真、去粗取精的过程。口述史通过历史事件的亲历者和见证者的回忆、述说，力图重现历史真相，可以让我们进一步了解过去的社会生活、人际交往的整体面貌。"口述史不但丰富了历史学的研究方法，而且极大地拓展了整个人文社会科学的研究领域，在政治、军事、外事、经济、文化等许多领域都涌现出一批优秀的研究成果。"[②]

依据口述史的定义，可以将高校口述史概括为，主要是指通过关键事件对相关人员或者专门针对关键人物进行提纲式访谈，整理所得录音或者录像，结合文献资料进行一定的稽核，使校史得以重现的史实记录，最后进行相关校史

---

① 左玉河：《热点透视与学科建设：近年来的中国口述历史研究》，载《中华文化论坛》，2011(1)，第37~45页。

② 郑刚，余子侠：《高等教育口述史研究的实践与发展路向》，载《高等教育研究》，2015,(8)，第56~61页。

方面的深入研究。简而言之,高校口述史是以回忆访谈录音为主获得史料,并进一步核实、加工、整理、研究、提升的校史研究和高等教育史研究,是与传统文献史料法相区别的一种新的历史研究方法与途径。

二、教育回忆录、自传、叙事研究是教育口述史吗

当前回忆录、访谈录、自传、叙事研究等流行,其中大多被冠以“口述史”的名号,由于定义不清,这些概念混淆滥用,误为一谈。虽然它们有很多相似之处,如都是由当事人述说自己的经历,依赖人的回忆,最后公开发表,但是相互之间有本质区别。

第一,教育口述史与教育回忆录、教育自传的区别。所谓回忆录、自传,大都是以时间为主线,是个人对自己人生经历的回顾、对成长经验的总结,是回忆者单方面作用的成果。而教育口述史是访谈者和回忆者两方面共同作用而形成的研究成果,口述者在这个过程中既是主体也是客体。在访谈者事先准备的访谈提纲的指引下,口述者需对自己的人生经历进行回忆和述说。同时,这些回忆作为访谈者进行研究的资料,经过稽核加以研究,整理成最终成果。教育口述史可以时间为顺序进行访谈,也可以事件、主题等为线索,还可以同时进行多个人物的口述。此外,教育回忆录、教育自传多以自己或周围人的经历为主,文献里收录的回忆部分又很少关注精英人物和重大事件以外的内容,这与口述史不受任何限制的研究范围相比明显局限,通常高校口述史的访谈对象是多元丰富的,除校领导、知名教授等,范围更广的教职工、学生和校友等历史事件的在场者、见证人都可。

第二,教育口述史与教育叙事研究的区别。从研究主体来看,口述史包括两个主体,即访谈者和受访者;而教育叙事研究往往只有单一主体,大多是教师对自己教学方法的反思性研究。从研究内容来看,教育口述史的首要目标是确保研究内容的真实性;教育叙事研究的事件有真实客观的,也有主观想象的,都以能更好进行教学为目标。从研究方法来看,口述史必须以访谈为主要形式进行,并且事先都拟好提纲;教育叙事研究可以进行访谈,也可以运用其他方式。例如,电影《放牛班的春天》是一个典型的教育叙事研究案例,电影里的故事并不是真实发生,为了表达教育应该以人的尊严基础、追求人的个性发展和自由发展这一基本内涵,采用了电影的方式,叙述了马修老师在“水池底部”学校和问题学生的一系列与音乐有关的温馨有爱的故事。可以看到,教育叙事研究是为了表达一定主题而采用多种形式讲述故事,让受众感受和领悟其中的意思,

会用到口述这种形式，但并不局限于此。

三、高校口述史有何成果

近年来，高校口述史发展迅速，积累了一些成果，大致可以分为以下三类。

（一）以人物为核心的高校口述史

口述史成果以人物为中心，即对老教师、老校友进行系统的口述访谈。利用口述史形式进行校史深度研究，可以展示校史人物丰富多彩的人生经验，勾勒出立体饱满的人物形象，还能挖掘校史事件的细节，总结大学办学的经验得失，追溯大学精神的来源，展现最接近事实的校史。如复旦大学2005年出版的《复旦改变人生》和2012年出版的《师道——口述历史中的名师文化》、北京语言大学2008年起陆续出版的“北语名师对外汉语教学口述史系列丛书”、广西师范大学2011年出版的《大学里的作家梦——独秀作家群访谈》，北京大学2012年出版的《记忆——北大考古口述史》、上海交通大学2012年出版的《上海交通大学校史研究口述系列——思源·往事》和2013年出版的《上海交通大学校史研究口述系列第二辑——思源·起航》等，华东师范大学2015年出版的《丽娃记忆：华东师大口述实录》。

（二）以事件为核心的高校口述史

口述史成果以史事为中心，是针对校史中的重大专题、事件或尚未考究的疑问，请知情人士口述，然后总结每个人口述的内容，围绕专题和事件来撰写文章。如华中农业大学自2006年起在校报开辟“口述校史”“归国教授纪事”等栏目，刊发一系列口述校史专题文章，展示了风靡一时的露天电影场、1977年恢复高考等难忘的集体记忆。清华大学2011年出版的《清华记忆》集结了30余位80岁以上的老校友口述访谈，这些人分别经历了国立清华大学、西南联大、新清华等不同发展阶段，从中能了解清华自建校以来的风雨历程。另外，还以“百年清华人与中华民族振兴”为主题组织学生开展口述史访谈活动，并于2014年出版了《清华口述史》。华东理工大学于2012年在新闻网开辟“口述校史”栏目，众多师生共同回忆了建校之初的学校食堂、车队、财务工作、学生摄影小组、师生住房条件、后勤保障以及困难时期的校园生活等情况。

（三）其他题材的成果

传统载体的报刊、书籍、广播、电视已不能完全满足日新月异的大众需求，与互联网、手机等新媒体的结合是信息传播的强大趋势。因此,很多高校在进行口述史项目时结合实际需要采用了多种形式的传播途径。

(1)正式出版的著作。如华中科技大学2005年出版的《口述历史——华中科技大学女博导之流金岁月》、北京大学2008年出版的《学路回望——北京大学外国语言文学学科史访谈录》、中国人民大学2010年出版的《求是园名家自述》、北京师范大学2012年出版的《讲述——北京师范大学大师名家口述史》、江苏科技大学2013年出版的《记忆:江苏科技大学口述史料》等。这类正式出版物集文化性、研究性于一体,文字优美,行云流水,具有较高的传阅性。

(2)在校报、校刊或学校新闻网开辟口述校史栏目,刊载相关文章。如,华中师范大学2013年在网上开辟"口述校史"主页,邀请该校的老教师、老校友、在岗的优秀教师以及图书管理员、宿舍管理员等口述校史。以校报、校刊或网络为载体,不仅能最大限度地吸纳学校每个人来进行口述史,还能面向更大范围的受众,形象直观地展现校史细节和大学精神。

(3)开设口述校史课程,教授口述史理论方法,以及使用口述校史的音频或视频资料传播校史文化,使师生更加形象地了解校史。如温州大学就有专门开设口述史的专业课,向学生讲授口述史的基本概念、基本理论、基本程序与方法以及具体案例分析等等。

虽然高校口述史取得了很多成就,但是存在一些问题。从以上成就来看,大多数高校的成果都是出版的口述史书籍,较少涉及其他多形式、深层次的成果,例如电影和视频、校史馆的专题展览、文化保护和遗产计划、流动/语音导览、广播节目、为师生提供的教育资料,包括表演、歌剧、喜剧在内的戏剧作品等。研究高校口述史已有的出版物,可以发现,多数高校开展口述史项目时间较短,理论和经验不足,导致成果内容的质量不高,精品极少,多是将录音转化为文字后进行综合,直接出版,缺乏深入的研究,仅是口述史料的简单堆砌,流于一般性采访报道整理,或是校庆和人物纪念的应景式作品。

上述问题的原因除了高校口述史开展时间不长,经验不足之外,还因为口述史一般要求基础性前期研究和选题策划,专业性的采编和摄录的项目团队,以及后期繁复的史料整理、研究等,诸如选题、背景交代、旁白注释、考证考据、关系图谱、人物事件评论等都须研究,在口述前、中、后积淀资料,这必须由多部门、多学科的团队制作,有专门的人、财、物投入,但实际上这些协调性的工作机制并未建立起来。高水准的口述校史作品还涉及工作量认定、课题资助、作品署名权等一系列问题,这些问题尚且还未引起关注和谈论,也就无法吸引甚至是阻碍着专业力量的进入。

四、为什么要做高校口述史

由于传统校史工作基础的薄弱以及自身局限，如“脸谱化”“空洞化”的内容形式，参与者的狭隘有限，上层史、精英史的对象化倾向，都抑制着校史“存史、资政、育人”功能的有效发挥。而口述校史能利用其“多元、丰富、全面”的优势，克服传统校史的不足，发动“大家来做口述史”“来做大家的口述史”，彰显校史工作特别的意义和价值。

（一）抢救和保存鲜活的校史资料

口述史首先就是史料，而口述史的兴起和发展在于历史抢救、文化传承的时迫势需。在高教界，由于复杂的历史原因，随着一些耄耋教授、文化名宿的衰老和逝去，许多有价值和意义的历史记忆断层、消亡，令人扼腕痛惜。吸取历史教训，许多高校开始有意识、有计划地访谈老教授、老校友，以抢救和保存宝贵的校史资源。作为口述史成果形式的笔录、文章、著作、声像、照片，以及征集到的实物、资料、文物等都极大丰富了校史、档案，也成为大学文化建设的资源库。前述高校口述史的成果，很多就是校方抢救、挖掘校史和文化资源的项目成果。

事实上，我国高等教育已有120年的发展历程，越来越多的历史题材需要“抢救式”挖掘、整理、储存和记忆。比如民国时期的大学创立与发展、抗日战争时期的院校内迁、新中国成立初期的思想改造、院校调整以及学习前苏联教育经验、“大跃进”时期高教管理体制的调整、“文革”时期教育的停滞、真理标准问题的讨论、高考的恢复、20世纪80年代高等教育改革的探索以及世纪之交的高教体制改革等重大历史事件。“高校作为人才培养和科学研究的专门机构，聚集了一大批知识分子，在这些事件的关键时期起到了重要作用，开展口述校史可以更好地保存这些历史，为后人留下宝贵的资料与经验教训。”① 除了这些重大事件，每所大学都有其自身的发展轨迹，比如大学的成立及合并、院系的发展、学科的壮大等，通常这些事件和人物都需要系统性的访谈，进行深层次的抢救挖掘，因此都是每所大学值得深入研究的宝贵财富。

（二）补充和丰富历史细节

以档案为代表的文献资料是我们现阶段进行校史和教育史研究的主要来

---

① 付春梅，梁敬芝，万静：《浅谈我国高校校史研究发展趋势——以中国人民大学校史研究为例》，载《中国高教研究》，2009（3）。

源与依据,但仅从现有文献资料入手,我们无法得知高等教育改革及教育政策执行的具体过程,无法得知高校发展阶段的种种细节。唐德刚的《张学良口述历史》认为:“张氏口述,随兴而谈,随兴而至流于细碎,却兴趣盎然,更注重在不经意间,好比在历史的铁屋子里,开出一扇狭窄的天窗,露出来的,是遍寻史书也不能得的真实。”阿根廷的博尔赫斯在《诗艺》一书中认为:“用笔墨书写就好比用‘白开水’来写作,因为文字无法自我辩护。因此,口语的语言——‘也就是活生生的知识,是有灵魂的。’——会比书写的文字来得优越,而书写的文字不过就是字面的意象而已。用笔墨书写的文字无法解释,也只有相信的人才不会要它们解释。”

我们可以发现:“出色的大师们都不写作,而只喜欢口述。无论是荷马史诗,还是苏格拉底、孔子或释迦牟尼,他们流传下来的著作全都是口述的,原因是什么呢?我想是因为语言一旦写成文字,就被文字所固定了,只有口述的时候,语言是鲜活的。当一句话说出来时,下一句话就像一只脚迈出去了,下一只脚迈向哪里还是可以选择的。但是成了文字之后就没有选择了,只能这一步在这儿,下一步在那儿。”由此可见,口述史可以补充、复活历史的细节。同时,由于战争、社会变革、自然灾害等原因而造成的文献资料和实物史料缺失、断档,使得高等教育史研究中还存在着大量无文字资料的空白地带。例如,民国时期、改革开放前,尤其是“文革”期间,由于年代比较久远,调整变化的纷繁复杂,不间断政治运动的“人为切割”,都对档案的形成及保存产生了非常严重的影响。相对而言,亲历者的记忆可能更加真实、详细,因为他们往往是历史事件的见证者或参与者,有身处其中的切实感受,其所述的内容在很大程度上能真实地再现历史。因此,口述史既可以弥补文献资料的不足,为某些领域的研究开创新的视角,还可以佐证文献资料,最大限度地还原历史事实并进行解读,为校史研究提供丰富的细节,使之更为直观和生动。

(三)充分发挥校史的“资政”功能

诚如前述,古人云,以史为鉴,读史明智。历史是一面镜子,可以照见过去,了解当代,也可以透视未来。历史总是惊人的相似,现在遇到的问题,很有可能以前就有类似问题出现过,可以总结以前的经验对现在起到参考作用。还有很多历史教训,如果深入学习,就可以尽可能地规避这些问题的出现。因此了解过去的历史尤其是历史的细节,将对学校办学、管理有着至关重要的作用。口述史包含口述者回忆办学以及自身成长的经验教训,尤其是事件发生的始末细节，具体翔实、生动形象，相信后来者更能学习和继承学校的历史文化、精神。例如某高校口述资料生动丰富地讲述1957年“教育大革命”时期，学校提出一学期“万篇论文百本书”的科研“大跃进”目标，其法律系1957年级三大班80余位同学利用课余时间，苦战三天写出的432篇论文，引起其他专业纷纷仿效。这种严重违背教育规律的事情如今看来“荒唐不已”，其历史教训足以为戒。又例如，该高校在1959—1961三年严重困难时期，师生员工体质普遍下降，“抓生活，保健康”成了学校党委这一时期的重点工作，主要采取了调整教学计划，减少生产劳动时间；抓好伙食，建立副产品生产基地，加强食堂的管理工作；加强思想政治工作；校领导亲自到学生宿舍厕所查看学生粪便，提出“政治上食堂、干部下伙房”的督导措施等，使全校大多数师生平安度过这段困难时期，全校师生感情得到空前的凝聚[①]。这些史实至今温暖人心，滋润大学文化，启迪学校管理者应以人为本，关爱师生，深入一线，务实有为。

（四）充分发挥校史的“育人”功能

“口述历史欢迎学界中人，也不排斥外行生手，任何人经由口述历史课程、研习营或手册的专业训练，都能进行有用的口述历史收集。”[②] 前文中提到，高等教育重大事件的经历者大多步入晚年，因此时间紧迫，最好是能同时采访多人，这就需要大量的工作人员，可以进行协助性访谈、访谈资料的整理等等。基于以上两个原因，对口述史和校史研究感兴趣的、经过专业培训的高校学生和教师不失为一个最佳选择对象。同时，师生在对老教师们进行访谈的过程中，像是把教室搬到了课外，把教科书换成了老教师们自身的人生经历，形成了一种全新的教育模式，在这个过程中能学到很多课堂上学不到的人生感悟和道理，对学校的历史、对中国近现代的历史能有更加深切的体验。尤其是这些人通过演讲、论文或其他方式生动地转述、宣传相信都能很好地起到校史育人的作用。

传统主流校史研究的不足之一是重“编”轻“研”，重“基于文献的校史”轻“口述校史”，重“正面”轻“负面”，重“校史”轻“社会史”[③]，口述校史则能较好地综合解决上述问题。基于文献的校史通常是学校发展的大致脉络，且正式可靠，可以让师生对学校的发展过程有框架性的认知，可是这样的校史显得枯燥

---

① 刘可风：《中南财经政法大学校史》，湖北：湖北人民出版社，2008:135-138.

② 唐纳德·里奇：《大家来做口述历史》，王芝芝，姚力，译.北京：当代中国出版社，2006:10.

③ 梁卿：《校史编研中的“四重”“四轻”及矫正对策》，载《教学与管理》，2008,(31):12-14.

单调,难以吸引师生产生共鸣,校史研究难以达到其教育的初衷。但是,口述校史的内容生动形象、通俗易懂,通常是对校史的细节描述和全景展现,让师生有一种身临其境的真实感和参与感,感受历史人物的意志、情感变化,想历史人物之所想,急历史人物之所急,总结经验教训,真切理解学校今天的来之不易,做到知校、爱校、荣校。相信这种骨骼和血肉的结合,能使校史更加立体和形象,深入人心。

(五)拓展口述者生命价值

我国已进入老龄化社会,相关研究表明,我国老年人中大部分都感到孤独、寂寞,其中多数知识型老年人在身体状况尚可条件下,更为渴望回归社会。高校的大部分退休教师、职工也是如此,迫切希望精神生活的丰富,最大程度地发挥余热。因为退休教师积淀了大量的知识和人生经验,处于思想最成熟、知识结构最完善、人生经验最丰富的时期。同时,由于体力的衰弱和精力的退化,只能借助于语言来引起别人的注意力,因此都有倾诉的需求,以得到心理上的满足。已有相关临床研究证明,经历过口述史的老年人比其他人在社会参与感、社会生活满意度等方面指数更高,因为这是一个老年人不断自我认可的过程。所以,相对于赋闲在家、含饴弄孙,如果把这些空闲时间系统利用起来进行高校口述史的研究,无疑对他们有更大的精神慰藉,是“老有所为”的重要体现。口述校史是一个系统的工程,时间跨度较长,口述者不仅要花时间系统回忆以往,还要有条理地讲述给访谈者,同时,他们也可以收集整理资料、访问故地等,这样的话,口述者退休后还能继续对学校和教育事业的发展作出新贡献,充分调动和发挥了老教师的积极性。因此,口述史活动可以丰富老教工、校友的精神世界,拓展他们的生命价值,也是进行口述校史研究的“活水源头”。

五、高校口述史可信吗

现实中对高校口述史最多的质疑和诟病是其真实性问题。正如傅光明所说:“口述史往往只是一个个圈套,陈述者已经按照自己的想象和主观意愿重新组合、编排、过滤了历史。”口述史主要依靠人的记忆,受访者在回顾过去的时候,无论他的记忆如何鲜明和生动,都不可避免地受到各种因素的影响,导致记忆被一定程度的扭曲或虚构。

对口述者而言,记忆的可靠程度确实受到很多因素的影响。他们在回忆的过程中,无论主观上是多么趋向于再现历史真实,但在客观上,受记忆规律的制约,受个人情绪、情感以及后来经历的影响,回忆在很大程度上存在着残缺、变形的可能性。此外，可能碍于种种原因而有意避开敏感的话题，或出于个人利害关系而有意遮掩事实，甚至文过饰非，歪曲事实，即口述者根本就无意于提供最真实的历史记忆。实际上，当口述史真正走向成熟时，这一缺点恰恰是口述史的优点所在。正如意大利学者阿利桑乔·波特利认为“口述资料是可信的，只不过这是一种特殊的可信性；它的意义不在于与事实相符合，‘错误的’叙述可能在心理上是‘真实的’”。口述历史不仅要尽量客观地描述历史，而且更要发挥记忆的主观性特质，即从历史当事人或者目击者的口中得出对过去更深层次的认识，那就是在历史背后的当事人是怎么看待历史的，这在一定程度上能够诠释意大利历史学家克罗齐所说的“一切真历史都是当代史”这句史学名言。英国的历史学家科林伍德认为：“对历史学来说，所要发现的对象并不是单纯的事件，而是其中所要发现的思想……发现了那种思想就已经是理解了它。在历史学家已经确定了事实之后，并没有再进一步去探讨它们的原因这一过程，当他知道发生了什么的时候，他就已经知道它何以发生了。”[①] 换句话说，历史事件是过去人们思想所表现的行动，只有了解了事实背后的思想，才能算是真正了解了历史，而知道发生了什么情况，就意味着知道了发生情况的原因。

口述史的价值不仅在于再现历史真实，还在于重构历史意识。不仅在于描述历史，还在于解释历史。不仅在于佐证与补充旧有的书面文献资料，还在于发掘新史料。正因为如此，我们可以从社会心理学和人类学的角度，寻找处理记忆偏差的有效方法，分析产生记忆偏差的原因，解释此记忆偏差背后所揭示的历史意识，使主观非真实转化为客观真实。这有赖于口述史学者整体理论水平的提高，他们在口述史的整个流程上，从访谈对象的确定，到访谈过程的参控，再到访谈资料的整理与分析，对口述史的真实性有着重大的责任。

无论文献，还是口述，都没有绝对的真实性，也不能说谁在历史研究中更有优势。它们都是历史的产物，只有互为印证，互为补充，才有可能更接近历史本来的真实。历史本身在它瞬间发生了之后便不存在了，历史事件的具体场景、人物对话都无法再现，因此，历史是不可能完全真实的。进一步说，即便以上都可以再现，历史也会涉及对人物动机和目的的猜测，这样，大家还是会得出迥异的结论。历史都是建构的，每个人由于学识、能力、年龄阶段的不同，对历史都有不同的看法，没有一个人是完全地还原历史，只是每一个人都在无限接近历史，而口述史收集了不同人的看法，也是接近历史的一种有效途径。所以，历史

---

① （英）柯林武德（R.G.Collingwood）著；何兆武，张文杰译：《历史的观念》，北京：中国社会科学出版社，1989 年，第 242 页。

不应当仅仅是史学家独坐书斋,自我陶醉于翻阅史著检索卡片的精神活动,而应当努力去寻找构建起一个崭新的“活着的”世界。例如,传统历史研究中,会查看过去的报纸,报导的内容就一定都可靠吗?报纸受当时社会潮流的影响,也是不完全可信的。因此,在了解历史时,应该保持清醒的态度,利用包括口述史料、文献资料在内的各种形式的历史资料尽可能地还原历史。

六、高校口述史是简单的“你讲我写”吗

张学良当年找唐德刚先生做自己的口述史,唐先生认为口述史很复杂,“牵涉之广,问题之多,作者受苦之大,非身当其冲的过来人不知也”①,因此以此事很复杂、耗时长、规模大等理由推脱。但是张学良认为写本“回忆录”这种小书没那么困难,正如他一再说的,“我讲你写”就成了。高校口述史真的只是简单地“你讲我写”吗?

高校口述史谈何容易!它并不是简单地你讲我写,需要双方的高度配合和默契。当事人的访谈,极容易出现以自我为中心,自我夸大,记忆错误和不真实,漫无中心等问题,因此比一般文献研究更为艰难。作为一种科学研究方法,口述史应当有一套严格的操作程序和学术规范,这是进行科学研究的重要技术保障。当前高校口述史尚处于起步阶段,规范操作,明确程序对于推动研究的深入和丰富学科理论都有重要意义。

在口述史开始前,选定合适的访谈者将对整个研究过程起着至关重要的作用。访谈者是整个访谈过程的引导者、开展者和控制者,能同时具有历史、教育方面的双重素养是最好的选择,有采访经验更是锦上添花。他不仅是一位知识渊博的研究者,而且要做一个耐心细致的聆听者,同时要做到不偏听偏信。“必须具有相关领域的丰富知识,特别是要熟谙与访谈有关的各种资料及其出处。”② 在访谈之前,访谈者必须经过充分的准备,然后向受访者提出问题并且以录音或录影的形式记录下整个过程。正因为如此,整个的访谈过程,都必须有严谨的计划和严格的程序。更为重要的是,在整个口述访谈中,访谈者也并不只是做单纯的记录工作,他是口述史过程的组织者和引导者。怎样来口述?访谈者应有明确的主题和明晰的主线,并据此对口述者加以引导,目的就是要从口述者那里挖掘到大量且可信的口述史料。由此可见,选定了好的访谈者,就

① 唐德刚:《张学良口述历史》,山西:山西人民出版社,2013年。

② 何品:《美国哥伦比亚大学口述史研究管窥》,载《档案与史学》,2004,(1):第85-87页。

可以开展后面的工作了。在高校口述史的访谈中,可以选定校史馆工作人员或者有口述史兴趣的教师、学生进行相关的培训和实践,使其具有相当的专业素养和能力,成立专门的口述史课题项目组,组织人员从事访谈工作。

(一)筹备工作阶段

(1)经费预算。口述史的费用支出主要包括装备器材、差旅费、交通费、餐饮费、抄本制作、索引和目录的编制、影印、通讯、感谢礼品等。在工作开展前,应该根据工作的进程,进行详细的经费预算,以保证口述工作的顺利开展。

(2)熟悉相关资料。这包括受访者的背景资料,主要是家庭、教育、工作、主要成就与挫折等,同时还包括已有的文献资料,即当时的历史背景和社会环境,可以通过现有文献的阅读,资料收集越全面、完整越好。可以有目的和有针对性地进一步挖掘资料,为访谈做好最充分的准备工作。在访谈过程中,如果受访者出现常识性错误,还应进行引导,也可以在受访者遗漏或者记忆不全的情况下进行提醒。例如,受访者由于年月久远的原因不能清晰回记历史人物的名字,这时如果访谈者可以适时提醒:“记得学校合并时,我们开了一个会让我印象深刻,当时的院长叫……”“当时的院长应该是张三,对吗?”相信这样,不仅能让访谈顺利继续下去,还能增加彼此的信任。

(3)拟定访谈计划。主要包括访谈目的、访谈重点、访谈范围和问题、时间和地点、访谈过程中可能出现的问题及对策,这些也应提前与受访者商量,结合受访者的意见,经过修改最终形成成熟的访谈计划。还可以告知受访者,让其事先准备相关的照片、歌曲或者其他物件,提前进行相关的回忆,访谈才能抓住重点并有序开展。其中,最重要的就是访谈问题的准备,一般来说,多准备些问题总是有备无患,可以得到尽可能多的口述资料。此外,应尽量避免准备是非题,最好是引导式或者启发式问题。例如,“您是在武汉上大学的吗?”受访者可能只回答“是”,这样就得不到想要的答案,不如换成“您上大学时候的武汉是什么样子的呢?”相信这样,会勾起受访者更多的回忆。又例如,“您认为学校当时的决策对吗?”受访者可能回答“对”或者“不对”,不如换成“您对学校当时的决策有什么看法?”这样,受访者可以畅谈自己对该事件的态度,而不限于绝对的对错判断。

(4)访谈场景的选择。通常可选的场景包括受访者的家中、办公室、安静的咖啡馆、学校风景优美的角落等。场景的选择最重要的是安静和舒服,让受访者不受束缚地作详细的回忆。为了更好地帮助受访者回忆,在条件允许的条件下,还可以搭建符合历史背景的室内场景,以引导口述者"身临其境",睹物思人,触景生情。例如,需要受访者回忆学校、院系创立时的情景,由于年代太久远,为了勾起受访者的记忆,可以搭建临时性或永久性的场景作为访谈工作室,在室内摆放成立时期的照片、工作与生活用品等等。

(二)正式访谈阶段

(1)正式访谈前的准备。主要指在访谈提纲的问题开始前,访谈者和受访者双方都到达访谈地点后这一段时间。这段时间非常重要,不要一见面就直接进入访谈,没有情感沟通的访谈不可能顺利进行下去。在这段时间,双方可以先平复情绪,听一听音乐或者看看照片,也可寒暄一下,淡淡生活、工作中的事情,建立双方基本的信任,使受访者感到惬意,然后在询问受访者的意见后,打开设备,正式开始访谈。

(2)倾听与提问。访谈者首先就是一个很好的倾听者,在访谈过程中,"需要访谈者仔细地、全神贯注地倾听受访者的叙述,记住受访者所说的大概意思,而且要作出适当的反应"①。当然,作出反应不能是跟着受访者的叙述不停地"是、是、是……""对、对、对……"或者"真的吗?"这样不仅影响录音效果,而且可能在无形中干扰受访者的叙述。在引导式提问中,注意一次只提一个问题,并且要运用多种方式得到尽可能详细的回答,访谈者要勇于追根究底,追寻历史的真相。

(3)不合作的受访者。顺利的访谈,不仅需要会倾听的访谈者,更需要积极配合、提供可靠回忆资料的受访者,大多数的受访者都是友好和合作的,但是也有部分受访者由于保护隐私、性格保守、交流习惯等原因,在访谈过程中不是非常配合。可以看出不合作者主要是情感上的顾虑,可能表现出对访谈者的不信任,为了争取不合作的受访者,使其积极配合,访谈者应展示证明口述访谈身份的合法性证件,证明自身专业实力的研究成果,同时承诺保护隐私。也可以提前邀请受访者信任的朋友和师生,和该受访者进行沟通,使其认识到口述史的意义和目的。在具体的访谈中,可以先提问受访者感兴趣的话题,例如其学科专业、工作成就、社会声誉影响等,争取充分的信任,顺利推进访谈的深入。

(4)不利情况的处理。例如,对于回答过于简短的情况,应及时转换提问方式或者转移话题。对于轻微离题的情况,访谈者应该时刻关注,在恰当的时间

---

① 杨祥银:《与历史对话——口述史学的理论与实践》,北京:中国社会科学出版社,2004年第61页。

点将焦点迁移回主题，注意语气的自然，不能影响受访者的心情。

（5）感谢礼品的赠送。在正式访谈结束后，应将提前准备好的感谢礼品赠送给受访者，以表达对受访者的感谢。礼品不需要特别贵重，但应精心准备，具有特色，符合口述者身份，以充分表达敬重感谢之意为宜。此外，应告知事后将赠予受访者抄本或者研究成果，以表达对受访者的尊重。

（三）口述资料的整理、保存和研究

（1）口述资料的整理和保存。访谈结束后，应及时对录音进行抄录整理，访谈者应该结合史实进行核实和校对，修改常识性错误的地方，并请受访者审查，结合受访者的意见，最后形成忠实于受访者口述的录音抄本。并且根据实际情况，对抄本和录音带进行编码保存，这样将来的研究者和一般读者都可以方便地找到自己需要的资料，以形成最终多种形式的研究成果。

（2）口述史的研究。进行到上一步，还只能说是口述史料的完成，要对口述史料进行整理，加以利用，形成专著等研究成果才算是高校口述史的最终环节。由于口述史料量大且不适合每个读者去翻阅，形成专著面向大众将是最好的选择，也达到了校史资政、育人的作用。

七、高校口述史有哪些有效方法

应用下列四种方法，可以有效解决前述高校口述史的真实性、选题策划难、研究不足等实践问题。当然，运用这些方法需要深厚的研究素养和久久为功的积淀，体现着高校口述史工作的深度和艰辛。

（1）在确定口述史选题的时候，可以采用“焦点人物法”和“焦点事件法”。焦点人物法是针对杰出的老教师、老干部、老校友、老职工进行的人物访谈，主要是本人的口述，视情况可以加入相关人物的辅助口述。这些人物熟悉大学的情况，能讲述其中的细节，甚至是鲜为人知的情况，展现更为全面的校史，也可以使师生学习到口述者丰富的人生经验和独特的人格魅力。例如，北京师范大学近年来在校报开辟“讲述”专栏，刊载该校十余位名师的口述史料，并于2012年9月汇编成书，正式出版《讲述：北京师范大学大师名家口述史》。书中，顾明远先生用口述的方式回顾了自己的一生，其中在北师大创建教育管理学院、特殊教育专业的详细过程得以展现在读者面前，为什么要创建、如何创建、后期如何发展都被立体呈现出来，体现了北师大老一辈人对时代的思考、对学生不分区别的关爱。值得注意的是北师大是最早创建教育管理学院和特殊教育本科

专业的高校,走在教育的前沿,体现了北师大人求真创新、兼济天下的校园精神。

不同的人在同一事件中的地位和经历也不同,对同一事件的看法也不尽相同。焦点事件法是指针对某一个重大事件或者某一重要时期,对经历过该事件的人进行口述访谈,能够让不同的人贡献出不同的立场和见解,让历史更真实、更完整地呈现。例如,广西师范大学自2007年12月启动“口述历史”项目以来,针对一些重大事件和尚有疑问的校史问题,采访了数十位老校长、老教师和老校友,并结合该校档案馆和广西壮族自治区档案馆的档案资料进行深度编研,对于1959年时任中共中央委员、共青团中央第一书记的胡耀邦来校视察一事,校史工作人员请当时参与接待的教师和聆听讲座的学生分别口述,参与接待的教师能口述整个事件的来龙去脉,而参与聆听报告的学生只能口述胡耀邦讲话时的现场情状,这正好可以从不同角度还原更加全面的史实,相信这一事件都已成为他们有关母校的共同记忆,并且被一代代师生传扬下去。

(2)在保证访谈内容的真实性上,除了后期根据文献资料进行校正以外,也可以在访谈过程中采用方法尽量减少口述者的不真实口述资料的出现。为了尽量避免口述者不讲真话或者不善言辞,可以采取的方法是“相关人物访谈法”,即对两个及两个以上相关的人同时进行访谈,类似于座谈会,由于多人在场,这些人对口述者事迹大体了解,因此口述者尽量会讲实话。另外,如果是对焦点人物的访谈,这种方法也可以让访谈者从不同视角更加全面地了解口述者;如果是焦点事件的访谈,也可以全面展现事件的发展过程和得到不同的见解。例如,在口述者家中对口述者进行访谈时,发现口述者的口述不太真实时,可以将口述者的爱人或者孩子拉进访谈,对两个或者三个人同时进行访谈,已达到互动效果,约束口述者的不真实口述行为,全面展现口述者的过去的事迹。

(3)尤其在开展大型且复杂的高校口述史时,可以运用“过程－事件分析法”。这是属于研究性访谈的一种,即以口头对话形式,将受访者的口述资料整理成客观公正的事实材料并对其进行分析研究,从而解决所要研究的问题的一种社会学研究方法,尤其常用于比较复杂的问题,即需要向不同类型的人了解不同类型的材料。该方法有利于帮助传统的口述史研究以及个案访谈法更好地处理社会宏观结构层面的问题,揭示存在于宏观社会现象中微观行动层面。因此,在开展高校口述史时,不仅要关注事件本身,还要事件背后的社会制度、关系和结构,即对高校发生的事情放在当时的社会大背景进行研究,对不同层次、不同类型、不同视角的人进行口述访谈,在这种情况下,访谈对象就不局限于校内，适量增加校外人的访谈相信会让口述史料更接近历史真相。

（4）为了更加丰富地还原历史，给读者展现事件的来龙去脉，帮助读者更好地理解，应在校正环节对访谈中出现的某些人物和事件加上注释，也可以给口述者的与史实不符的非记忆性错误的口述资料保留原话，进行注解，可以是文献资料，也可以基于笔者个人理解似的评论或研究，即“注释法”，形式上包括脚注、旁注、尾注等三类。“口述史是研究者对口述史料的加工、整理、研究和提升，而不是访谈史料的简单复原，应该有脚注（人物、事件、书目等知识性说明），有旁注（对主述资料的校正或置疑，或其他文献资料的补充），也有尾注（编者评述、图例或附录、参考资料等）。”[①] 王书君著作的《张学良世纪传奇》就是一个很好的注释研究例证。该书将张学良本人的口述原文放在文中，在口述史料下方用不同字体加以注释，或是补充史料解释原委，或是援引史料考证真伪，或是展开叙述历史背景和人物关系图谱。例如，张学良说到小时候惹恼开蒙塾师后就换了位白永贞先生，作者就在这里插了一小段注释：“白永贞，辽阳人，字佩珩，清季拔贡，学品端方，颇有文名。他给张学良讲授‘四书’、‘五经’和古典文学，为张学良奠定了旧文学的底子。”[②] 一方面，是对白永贞的一个简单介绍，使读者可以有更深刻的认识，另一方面这位老师的学问、人品之高也证明了张学良父母对孩子教育的重视。

八、如何完善高校口述史工作

高校口述史是一项复杂的工作，需要人力、物力、财力的支持，不是一朝一夕能完成的，也不是一人一力能进行的。针对以上方法和程序，提出下列完善建议。

（1）充分做好访谈前的准备工作。这是搜集、整理口述史料的基础和关键环节，决定着口述史研究的质量。“访谈准备工作包括对访谈主题及具体问题的设计与论证，对相关文献史实的查阅和理解，对受访者个人经历、思想特点、个性特征的了解和熟悉，对访谈时间、地点和场合的安排等。”[③] 明确访谈问题是做好访谈准备工作的关键。毕竟口述史研究是严谨的历史研究，既涉及复杂的专业知识背景，又涉及受访者的人生经历、情感态度等。只有做好充分的准备，

---

① 李小江：《让女人自己说话：独立的历程》，上海：三联书店，2003 年，第 10 页。

② 王书君：《张学良世纪传奇》，山东：山东友谊出版社，2002 年，第 15 页。

③ 郑刚，余子侠：《高等教育口述史研究的实践与发展路向》，载《高等教育研究》，2015（8）：第 56~61 页。

访谈者才能有针对性地提出问题并不断地追问,控制访谈进程和氛围,引导和激发受访者口述的欲望,从而挖掘更多有价值、深层次的资料。

(2)提高访谈人员口述史方面的专业访谈技能和编辑能力。一个优秀的访谈者不仅能和受访者形成良好的沟通关系,而且能够控制访谈进度和轻重问题,在关键时刻和意外情况发生时处理得当,得到自己想要的甚至是意想不到的线索、史料。在正式访谈之前,访谈者要给受访者一定的思考和准备时间,这样受访者在正式访谈中才能提供全面、详细的资料;拟定的访谈提纲要围绕主题、由浅入深、层层相扣,既要严肃的问题,又要有活泼的问题。正式访谈过程中,要先和受访者建立信任关系,掌控全场,控制进度,尽可能引导受访者和挖掘史料,但不要轻易打断、肯定或否定受访者的正常描述,在出现偏差的时候要及时拉回主题,碰到有意义的话题要善于追问;如果碰到不愿意吐露心声的受访者或者得到简单肤浅的答案,要善于运用多种手段,改善困境。访谈结束后,应及时整理录音或录像,既要忠实原意,更要结合文献资料核查正误,编辑形成可信、耐读的文章。

(3)提升校史研究人员的法律知识和道德水平。口述史涉及访谈者和受访者两者的利益,形成的成果凝结了双方的心血和精力,是双方的原创性创作。因此在口述史开启前应就所有权等问题达成书面协议,明确双方的利益和权利义务,避免不必要的纠纷。除此之外,研究人员要注意史德意识的培养。“史德要素主要包括:①为社会服务的职业责任和理想;②对史学职业责任的自觉意识、道德信念和行为道德评价标准;③尊重历史、独立思考、实事求是和坚持真理的精神,以及精深的业务水平;④尊重同行劳动成果,形成良好的行业交流与合作风气;⑤正确的义利观。”[①] 在口述校史中,访谈者对受访者应提前告知法律方面的细节,尊重受访者,珍惜受访者的信任,并且在最后表示一定的感谢。同时,应诚实、客观、完整地记录资料,忠于历史、忠于受访者。另外,由于历史等原因,某些口述资料应当先作为史料保存,日后再解密使用,也是尊重受访者的表现。

(4)建立科学高效的口述校史工作机制。高校口述史的长远发展不能仅仅满足“抢救式”、校庆“应景式”的一时项目之需,应从学校文化建设和校友工作发展的高度长远谋划,建立协调、专业、高效的工作机制。首先,协调配合学校宣传、档案、校史、离退休、新闻采编、相关院系等部门和机构,组成大制作团队,搭建采访背景,配备专业设备,高效专业地工作,充分利用好高校学科众多、人

---

① 长弓,乐水:《伦理学视野下的“史德”概观》,载《安徽史学》,1996(2),第5~6页。

力雄厚的条件和力量。其次,“开门办史”,拟定口述校史的课题,纳入学校科研项目中,认定口述项目工作量和作品署名权等,吸引和支持全校教师参与校史研究,多出有价值的精品。再次,将口述校史与学校学科建设、校史馆博物馆、校史文物资料征集、校友文化、校史教育、学生社团、离退休工作等项目有机结合起来,赋予文化内涵和教育内涵,融入学校的中心工作中,实现可持续发展。

地方新建本科院校校史研究的意义和起步

唐山学院　华玉　杜宇　郭树清

摘要:全国有700余所2000年以来由高等专科学校升格的新建本科院校,其中有近300所地方政府举办的地方新建本科院校。这些高校办学历史少则30年,多则50年以上,见证了我国改革开放以来乃至半个多世纪以来的城市发展和高等教育发展。这些高校的发展历史也是中国大学发展史不可忽略的组成部分,其校史和办学特色值得深入挖掘和认真研究。因此,地方新建本科院校应当提高认识,做好校史研究的起步工作。

关键词:地方新建本科院校;校史研究;意义;起步

一、新建本科院校的发展和作用

据2015年全国教育统计公报数据,全国共有普通本科院校1 219所。其中,2000年以来升本或合并升本的院校约超过700所。这700余所新建本科院校中,约300多所是各省市或行业举办的新建本科院校,包括约100多所地级市学院、近百所地方师范学院,还有数十所地方举办的工程科技类、文理类、经济类学院及一些部属行业性学院等;此外,还有民办本科院校约416所(含独立学院275所)。

新建本科院校已成为我国高等教育的重要组成部分,在推进我国高等教育大众化、地方化、多样化进程方面的作用日益显现,并促使区域高等教育布局结构更趋合理,有利于实现人才结构更加多样化的目标。仅从河北省看,新建本科院校就已占到全省本科院校的三分之一,多数已成为万人大学。这些年来,新建本科院校充满活力地较快发展,对于我国高等教育改革与创新、培养本科应用型人才,以及推动地级市高等教育发展和所在区域社会经济发展发挥着生力军作用。新建本科院校的发展,也将为我国高等教育的发展史书写重要的篇章[①]。

二、地方新建本科院校及其校史研究的意义

这里所说的地方新建本科院校，主要是指全国各省、市政府举办的200多所新建本科院校。它们虽然举办本科教育时间较短，但是其升本前的专科院校往往是很有历史的。这些院校办学少则30多年，多则50年以上，事实上凡1966年“文革”前建校的现在均已超过50年办学历史。下面以2000年至2007年期间升本（现已有10年以上本科办学历史）的80所地级市学院为例，考察其建校时间，如表1。其中对于合并升本的院校，建校时间取合并院校中最早的建校年份；对于从中等学校发展起来的高校，建校时间列出其开始举办高等教育的时间和开办中等教育的时间（数据来源为各校官网及百度百科）。

表1　2000—2007年80所地方新建本科院校（地级市学院）升本与建校时间

省份	学院名称	所在城市	升本时间	建校时间
浙江	嘉兴学院	嘉兴	2000年	1914年
	台州学院	台州	2002年	1978年
	丽水学院	丽水	2004年	1907年
福建	闽江学院	福州	2002年	1958年
	莆田学院	莆田	2002年	1985年
	三明学院	三明	2004年	1977年；1903年
	龙岩学院	龙岩	2004年	1958年
	武夷学院	南平	2007年	1958年
广东	惠州学院	惠州	2000年	1946年
	茂名学院	茂名	2000年	1954年 更名为“广东石油化工学院”
	肇庆学院	肇庆	2000年	1970年
	韶关学院	韶关	2000年	1958年
	嘉应学院	嘉应	2000年	1913年
辽宁	辽东学院	丹东	2003年	1978年

① 华玉，李兵，赵国英：《地方新建本科院校发展概论》，北京：光明日报出版社，2010年。

续表

省份	学院名称	所在城市	升本时间	建校时间
山东	潍坊学院	潍坊	2000年	1951年
	泰山学院	泰山	2002年	1971年
	德州学院	德州	2000年	1958年
	菏泽学院	菏泽	2004年	1958年
	枣庄学院	枣庄	2004年	1958年
	滨州学院	滨州	2004年	1984年
	济宁学院	济宁	2007年	1951年
河北	唐山学院	唐山	2002年	1956年
	邢台学院	邢台	2002年	1984年;1910年
	邯郸学院	邯郸	2004年	1982年;1905年
	衡水学院	衡水	2004年	1978年;1923年
	石家庄学院	石家庄	2004年	1958年
	保定学院	保定	2007年	1978年;1904年
山西	运城学院	运城	2002年	1978年
	晋中学院	晋中	2004年	1958年
	长治学院	长治	2004年	1958年
内蒙古	赤峰学院	赤峰	2003年	1957年
	呼伦贝尔学院	呼伦贝尔	2003年	1977年
江西	宜春学院	宜春	2000年	1958年
	九江学院	九江	2002年	1958年
海南	琼州学院	五指山	2006年	1958年
湖北	襄樊学院	襄樊	1998年	1958年 更名为“湖北文理学院”
	孝感学院	孝感	2000年	1943年 更名为“湖北工程学院”
湖南	邵阳学院	邵阳	2002年	1958年
	怀化学院	怀化	2002年	1958年
	湘南学院	郴州	2003年	1958年
	长沙学院	长沙	2004年	1970年
新疆	昌吉学院	昌吉	2001年	1959年

续表

省份	学院名称	所在城市	升本时间	建校时间
黑龙江	哈尔滨学院	哈尔滨	2000 年	1978 年
	绥化学院	绥化	2004 年	1978 年
	黑河学院	黑河	2004 年	1958 年
广西	河池学院	宜州	2003 年	1958 年
	百色学院	百色	2006 年	1958 年
	钦州学院	钦州	2006 年	1977 年
	梧州学院	梧州	2006 年	1985 年
	贺州学院	贺州	2006 年	1943 年
四川	宜宾学院	宜宾	2001 年	1978 年
	攀枝花学院	攀枝花	2001 年	1983 年
	西昌学院	西昌	2003 年	1977 年;1939 年
	成都学院(大学)	成都	2003 年	1978 年
贵州	贵阳学院	贵阳	2004 年	1978 年
	毕节学院	毕节	2005 年	1958 年 更名为“贵州工程应用技术学院”
	安顺学院	安顺	2006 年	1958 年
	凯里学院	凯里	2006 年	1958 年
	铜仁学院	铜仁	2006 年	1978 年
甘肃	河西学院	张掖	2001 年	1941 年
	陇东学院	庆阳	2003 年	1978 年
云南	大理学院	大理	2001 年	1978 年
	红河学院	蒙自	2003 年	1978 年
	昆明学院	昆明	2007 年	1978 年
陕西	榆林学院	榆林	2003 年	1958 年
	安康学院	安康	2006 年	1958 年
	商洛学院	商洛	2006 年	1976 年

续表

省份	学院名称	所在城市	升本时间	建校时间
安徽	皖西学院	六安	2000 年	1958 年
	合肥学院	合肥	2002 年	1980 年
	巢湖学院	巢湖	2002 年	1977 年
	黄山学院	黄山	2002 年	1978 年
	铜陵学院	铜陵	2002 年	1978 年
	宿州学院	宿州	2004 年	1977 年;1949 年
	滁州学院	滁州	2004 年	1980 年;1950 年
	蚌埠学院	蚌埠	2007 年	1976 年
	池州学院	池州	2007 年	1977 年
河南	许昌学院	许昌	2002 年	1959 年
	黄淮学院	驻马店	2004 年	1975 年;1973 年
	平顶山学院	平顶山	2004 年	1977 年
	新乡学院	新乡	2007 年	1958 年;1949 年

从表 1 可以看出,以上 80 所地级市学院,约 42 所建校已在 50 年以上,其余也都在 30 年以上,它们见证了我国改革开放以来乃至半个多世纪以来的城市发展史和高等教育发展史。因此,从宏观上看,研究中国高等教育史和高校校史,如果忽视了地方新建本科院校这个群体,那将是不完整的。从微观上看,如果这些高校自身长期忽视校史和校史研究,将有可能导致渐渐地迷失自我、迷失传统,从而迷失未来,影响学校的可持续发展。

三、地方新建本科院校校史研究的特点

(1)地方新建本科院校的办学历史与新中国高等教育改革发展进程特别是改革开放以后的发展政策及导向密切相关。这些院校大多经历了如“大跃进”时期的开办创业,“文革”时期的停滞,改革开放初期雨后春笋般的大发展,此后在一轮又一轮调整、改革之中不断提升,进入新世纪以来实现向本科层次的跨越等历程。

(2)地方新建本科院校一般实施省市共建、以省为主或以市为主的管理体制,这一管理体制是跨世纪以来我国在高等教育地方化背景下进行的高校管理体制改革的新尝试。这些地方新建本科院校办学历史与所在省市的经济社会发展历程密切相关,可以说是与所在城市和区域同呼吸共命运。因此,研究这

些高校的校史，必须与研究其相依的城市发展史结合起来。

（3）这些高校虽然举办本科教育的时间不算长，但是其举办高等专科教育或职业教育的历史并不短，且大多曾是其中佼佼者，还有一些从举办中等教育起步的百年老校。它们也曾有过波澜起伏的奋斗历程、骄人的办学业绩、师生引以为傲的代表人物和历史积淀形成的办学特色与文化传统，这些都是学校宝贵的精神财富，也是中国大学文化的不可忽略的组成部分，是很值得深入挖掘和认真研究的。

四、地方新建本科院校校史研究的起步

（一）提升重视程度

地方新建本科院校举办本科教育的时间相对较短，正处在成长期，建设、转型和发展任务较重。因此学校各个层面的主要注意力和精力都在解决现实发展问题中，在未来发展的目标中，而对校史、档案工作往往关注不多。例如，一些地方新建本科院校官网的学校简介中不提何年建校，或只提 20 世纪前叶最早办学年份（大多是从中等教育开始），或另写历史沿革；不少地方新建本科院校尚无专门的校史研究机构和人员，档案收集和管理均不够规范和及时，年鉴编纂工作跟不上，更缺乏系统、有分量的校史研究项目和成果。这些现象如任其继续下去，其危害在于学校的宝贵记忆将逐渐在不经意中丢失，学校的真实历史和优良传统不能得到及时的总结和弘扬，对师生的教育缺乏校本素材；学校虽然表面上发展很快，但难以形成为世人称道、为社会所尊崇的大学品质，难以形成强大的凝聚力和有特色的文化底蕴，难以正确认识以史为鉴和面向未来的关系，在改革创新和发展进程中缺乏持久的精神动力。因此，地方新建本科院校在成长进程中要防止只顾眼前发展，应提高认识，深刻理解校史研究和宣传教育的现实意义与长远意义，重视校史，珍视校史，加强校史的收集、挖掘和研究。

（二）落实机构人员与投入

学校要在机构人员精简且并不超职数及编制要求的前提下，结合发展实际，落实校史研究的专门（挂靠）机构和必要的专兼职人员。地方新建本科院校一般机构编制都比较紧，校史研究机构可以和宣传部门或校史馆、档案管理部门等合署办公，选配人员时亦可综合考虑。校史研究人员应当具备良好专业素养，对学校有深入了解和深厚感情；有校史研究的志趣和敬业精神，耐得住寂

寞,工作细致,勤于钻研。学校应因时制宜,落实初创时的基础投入和稳定增长的年度经费投入,并保障相关人员队伍的培训提升,鼓励校史研究的相关课题立项和优秀成果产出。

(三)做好基础工作

在校史研究方面,国内知名大学已有很多好的经验、方法与成果,地方新建本科院校应当认真学习和借鉴。校史研究与档案管理关系密切,而不少地方新建本科院校的档案收集管理工作还比较薄弱,因此要首先加强档案建设管理工作,规范管理,注重积累,并注重年鉴、校志的及时编纂。尤其是建校已超过50年的老校,更要增强校史研究的敏锐性,及时对重要历史资料进行抢救性挖掘和整理。

(四)加强宣传教育和成果运用

搞好校史研究不仅需要学校层面的高度重视、有效组织和专门的研究力量,更需要广大师生的积极参与和社会的广泛关注。因此,地方新建本科院校要加强对师生的校史教育,要加强学校光荣历史的宣传力度,充分运用新媒体,如微信、微博等现代信息传播手段广泛宣传校史、讲述学校故事。校史研究人员要积极运用研究成果服务学校现实发展,助力学校科学决策,大力弘扬学校优秀传统和精神文化,不断加强学校的精神文明建设,增强文化发展实力。

东亚同文书院(大学)研究综述

西安交通大学档案馆　张小亚

摘要:东亚同文书院(大学)是一所由日本人创办的在近代中国大地存在了46年的特殊学校。近年来,中日学者的研究逐渐揭开其神秘面纱。本文从东亚同文书院的简介入手,对学者们的研究成果分为综合、大旅行和专题三大类进行列表综述,以期为后续研究提供借鉴和帮助。最后,提出三个值得进一步探讨的问题:该书院办学性质、近代中国研究以及日本对外学习传统。

关键词:东亚同文书院(大学);文献综述;问题

一、东亚同文书院简介

(一)产生的社会背景

明治维新后,日本逐渐崛起,成为亚洲强国。在垄断资本无限扩张本性的驱使下,日本最终走上军国主义道路,将贪婪的目光瞄向了近邻中国。19世纪中叶至20世纪初,清政府腐败无能,饱受西方列强的欺凌,使中国步入半封建半殖民地社会,积贫积弱的国力使日本有了可乘之机。日本为实现其吞并中国、统一亚洲的野心,处心积虑地为侵华开始一系列的前期准备工作。在中国开办学堂,学习中国文化,了解中国国情,为日后侵华储备人才成为其中要务之一。

(二)创办情况

1900年5月,由日本贵族院议长近卫笃麿发起,日本所谓的民间组织"东亚同文会"在中国南京创办了同文书院,初始名为"南京同文书院"。其办学宗旨为"学习了解中国国情和政治经济文化,加强中日贸易交流"。同年8月,受义和团运动影响,该书院被迫迁往上海,改称"东亚同文书院"。其主管机构——

“东亚同文会”是1898年11月由东亚会和同文会两个团体合并组建而成的,从1899年开始,它每年从外务省机密费中获得4万日元,为其办学提供了经费支持。东亚同文会主要成员犬养毅、岸田吟香、近卫笃麿、近卫文麿,大内畅三等均为日本政界名流,后来大多兼任东亚同文书院要职。

东亚同文书院以研究中国国情为专务,课程设置主要以中国历史、地理、文学以及数理化等社会和自然科学为主。1900—1920年书院只招收日本各府县选拔的学生,每年招收人数大约50~100人左右。科目有政治科、商务科和农工科,修业年限为3年,课程均与中国经济和商业有关。1920年9月起增设中华学生部,招收中国学生,设商务科,修业年限为4年。1931年抗战爆发,中华部停止招生。1939年经日本外务省批准,该书院升格为大学。

(三)办学特色:“大旅行”

该书院除了要求学习书本知识外,最大办学特色是十分重视对中国现状的实地调查活动。在华46年期间培养近5 000名毕业生,历届毕业生最后一学期或学年的社会实践活动(即日本教育现存的修学旅行科目)遍及中国除西藏以外的所有地域,考察内容涉及中国各地的政治、经济、商业、历史、地理、文化、交通、风俗等方方面面,他们将考察报告汇总整理,直接提供给日本政界和军界,成为侵华的重要情报来源。书院毕业生中,大部分人直接或间接地参与了日本侵华战争。

该书院校舍迁往上海后校址几经迁徙。最初设在退省路(1900年8月—1901年4月),后迁往高昌庙桂墅里(1901年5月—1913年7月),又迁于赫司克而路(1913年—1917年),最后迁往徐家汇虹桥路(1917年4月—1937年9月)。淞沪会战爆发,虹桥路校舍被战火焚烧化为灰烬,书院被迫回到日本长崎,假校舍一段时间。抗战期间,交通大学内迁重庆,书院侵占交通大学校园继续办学(1938年4月—1945年9月),直至1945年日本战败投降,同文书院被迫关闭。

(四)“延续”:与日本爱知大学一脉相承

该书院在中国关闭后,由于该校校友会——沪友会的积极运作以及东亚同文会的大力支持,已返回日本的原书院教职员工和少数日本在海外的留学生于1946年11月在日本爱知县丰桥市,组建了现在的爱知大学。1947年接收的3万册东亚同文书院藏书亦成为当时爱知大学图书馆的馆藏主体。另外,东亚同文书院学生成绩单等一部分原始档案也被该校教职员秘运回国,亦藏于爱知大学图书馆。因此，东亚同文书院被爱知大学称作为自己的“亲生父母”，也就是说，爱知大学是东亚同文书院在日本本土的延续和发展。爱知大学成为日本本土研究中国问题最强大的学术重镇与这段历史密不可分。

二、近年来东亚同文书院研究概述、参考文献及分析

近年来中日两国许多学者都在研究东亚同文书院。依据研究的内容，笔者将这些成果分为以下三类（见表1）。

表1　有关“东亚同文书院”主要研究成果汇总表（截至2014年12月）

序号	时间	学者/机构	论文/著作	主要内容	研究类别	所载刊物/出版社	参考史料、档案
1	1990	蔡茂堂	《关于东亚同文书院的一鳞半爪》	反映该书院的一个侧面历史状况	综合	《徐汇文史资料选辑》（1990,5）	未注明
2	1995	苏智良	《上海东亚同文书院述论》	从同文会与该书院的缘起，到该书院各个时期发展的情况作了详细的论述，阐述了其历史地位与作用	综合	《档案与史学》1995（5），39~45页	作者在日本搜集到的相关资料，如《爱知大学国际问题研究既要》《东亚同文书院大学史》等
3	2004	周德喜	《东亚同文书院始末》	论述了东亚同文会与该书院的关系以及书院从建立到关闭的来龙去脉	综合	《兰州大学学报》（社科版）2004（5）	中日两国相关文献
4	2006	周德喜	《东亚同文书院研究》	系统地还原了该书院在中国成立的社会背景以及书院的建制、招生、课程设置、师生情况、教学设施、财政支持，日常活动和校址变迁等历史	综合	南开大学博士论文2006	中日两国相关文献
5	2000	东亚同文书院纪念中心	展览馆、研究	展示校史，举办讲座，研究校史，定期出版相关研究刊物	综合	校史展览，市民休闲教育基地、该书院校史的研究机构	位于日本爱知县丰桥市的爱知大学校内。主要为文书类原始档案资料校史展览

续表

序号	时间	学者/机构	论文/著作	主要内容	研究类别	所载刊物/出版社	参考史料、档案
6	1989	藤田佳久[日本]	《关于东亚同文书院学生的中国调查路线》	介绍该书院学生毕业实习——对中国进行实地考察调查的路线	大旅行		日本爱知大学东亚同文书院研究中心
7	2000	冯天瑜	《东亚同文书院的中国大旅行调查》	介绍1901—1945年间该书院的特色教育——约五千名左右学生对中国除西藏以外所有地域进行调查(即大旅行)的情况	大旅行	《文史知识》2000(1)95~98页	主要以日本所存的东亚同文书院大旅行资料为主
8	2000	沪友会	《上海东亚同文书院大旅行记录》	详细记载了该书院学生包括对晋、蒙、蜀、滇、陕、甘、宁、青、新、香港、北海等中国地域的九次大旅行的具体细节和调查记录	大旅行	商务印书馆,2000年	藏于日本爱知大学的该书院1935年前学生大旅行原始档案资料
9	2001	薄井由[日本]	《东亚同文书院大旅行研究》	全书比较系统地分析了该书院学生在对中国进行考察的所谓大旅行情况,并作出评价	大旅行	上海书店出版社,2001,1	藏于日本爱知大学以及复旦大学图书馆等机构的相关档案资料
10	2012	冯天瑜 刘柏林 李少军	《东亚同文书院中国调查资料选译》(上、中、下册)	20世纪初至20世纪40年代中国各地的山川形势、交通、地理、民生、经济、政治、风俗等方面全记录	大旅行	社会科学文献出版社,2012,11	来自日本和中国的有关大旅行资料
11	1997	单冠初	《试论东亚同文书院的政治特点——兼与西方在华教会大学比较》	通过比较,阐述该书院独特的办学性质	专题	《档案与史学》1997	办学目的、性质研究

续表

序号	时间	学者/机构	论文/著作	主要内容	研究类别	所载刊物/出版社	参考史料、档案
12	1998	房建昌	《东亚同文书院(大学)档案的发现与价值》	首次披露并详细介绍在北京图书馆柏林寺古籍分馆里的上千卷东亚同文书院原始档案资料,并对其价值做了评价	专题	《档案与史学》1998(5),52~59页	1936—1945年间该大学校务以及大旅行稿原始档案资料,藏于北京图书馆柏林寺分馆
13	2002	赵文远	《上海东亚同文书院与近代日本侵华活动》	论述了该书院学生利用假期大旅行条件为日本政府收集中国情报,毕业生服务于侵华活动的侵华本质	专题	《史学月刊》2002(9),52~53页	办学性质探讨
14	2011	苏维	《东亚同文书院藏书考述》	系统考述藏于南京图书馆的该书院1946年关闭时移交的珍贵图书资料	专题	《科技情报开发与经济》2011(27),72~74页	藏于南京图书馆的大约10万册该书院藏书。
15	2006	上海交通大学校史研究室课题组	《上海交大与财团法人霞山会关系资料选辑》	追踪交通大学与东亚同文书院的历史关系,回顾改革开放以来上海交大与日本的霞山会的交流与合作,促进中日友好往来	专题	非正式出版物	上海交大档案馆、校史研究室保存或收集的该书院部分文书档案,报摘文献,校友访谈记录等。
16	2009	又吉盛清[日本]	《中国上海东亚同文书院和冲绳》	介绍了近代中国上海与东亚同文书院以及日本冲绳三者之间息息相关的联系与交往情况	专题	《河北师范大学学报》2009(9),43~46页	相关文献
17	2014	张小亚	《西安交大所藏日本东亚同文书院档案》	介绍一批藏在西安交大档案馆的东亚同文书院珍贵图片和文档资料	专题	《历史档案》2014(4),125~127页	素材来源于西安交大档案馆所藏该书院的珍贵图片档案和文书资料

(一)该书院校史概况及综合研究

介绍该书院校史概况及进行综合研究的主要有:苏智良的论文《上海东亚同文书院论述》,其参考文献为作者在日本留学期间收集到的相关资料;2006年周德喜的博士论文《东亚同文书院研究》,较系统全面地论述该书院建立的时代背景以及书院建制、管理体制、经费来源、招生、课程设置、师生情况、教学、实践、校址变迁等历史面貌,其参考资料多为中日两国已有研究成果;还有该书院的校友会——日本沪友会编辑出版的一系列的关于书院校史的书籍刊物,以及日本爱知大学东亚同文书院研究中心的研究刊物。

(二)针对该书院"引以为荣"的最具特色的毕业生大旅行研究

大旅行是该书院每期毕业生对中国各地的实地考察活动,大旅行涉及700多条路线,这些路线遍及西藏以外中国其他各省份。这方面最具代表性的研究成果有:日本学者藤田佳久1989年出版的著作《关于东亚同文书院学生的中国调查路线》、2000年沪友会出版的专著《上海东亚同文书院大旅行将记录》、中国学者冯天瑜《东亚同文书院中的中国大旅行调查》。有关大旅行研究的专著,有社会科学文献出版社的《东亚同文书院中国调查资料选译》(上、中、下册);还有商务印书馆出版的日本留学生薄井由的专著《东亚同文书院大旅行研究》,比较系统地介绍分析了该书院学生对中国进行考察的具体情况,并作出评价。

(三)关于该书院专题及相关研究

相关研究涉及的内容包括书院的时代背景、办学性质探讨、其图书和档案的归宿及价值、相关的资料选辑编撰、专门纪念研究中心等。有日本学者又吉盛清撰写、中国学者陈君等翻译的论文《中国上海东亚同文书院和冲绳》;赵文远发表的《上海东亚同文书院与近代日本侵华活动》;2011年苏维发表的《东亚同文书院藏书考述》,依据的素材是藏于南京图书馆的10万余该书院藏书;房建昌发表的《东亚同文书院(大学)档案的发现与价值》,依据的素材是藏于北京图书馆柏林寺分馆的该书院校务以及大旅行原始档案文书资料;上海交通大学校史研究室课题组编写的非正式出版物《上海交大与财团法人霞山会关系资料选辑》,主要依据素材是上海交大档案馆、上海交大校史研究室保存或收集的该书院部分文书档案、报摘文献和校友访谈记录等;最后还有专门研究东亚同文书院历史的机构——日本爱知大学东亚同文书院纪念中心,该中心位于日本爱知县丰桥市的爱知大学校内,是一个集校史展览、开发研究和市民休闲等诸多功能为一体的综合研究中心,主要展览素材和研究对象为东亚同文书院保存在爱知大学的原始档案资料。

三、进一步值得探讨的问题

（一）中日两国学者关于该书院办学目标、学校性质的观点上仍然存在分歧

在世界高等教育史上，东亚同文书院是一所非常特殊的大学，它由日本人创建，招收本国优秀青年入学，校址却在异国他乡的中国，学习的课程也以中国文化知识为主，在中国建校长达 46 年。1945 年在中国关闭后，在日本国形成爱知大学，目前以研究中国问题著称。其办学的目标和性质何在？目前有三种观点：其一，大部分日本学者认为该书院就是一间为增进中日文化交流而创办的普通大学；其二，大部分中国学者将它定性为打着学习中国文化的幌子，实际是为侵华做情报储备和培养侵华人才，是日本政府蓄谋已久设置的采集中国情报信息和培养侵华精英的机构；第三种，部分中日学者认为，该书院前期主要以学习中国传统文化知识为主，后期逐渐演变为侵华机构。综合分析大量原始档案资料、实物和众多研究成果，笔者支持第二种观点。

（二）客观上，研究东亚同文书院历史是认识了解近代中国文化和国情的一个重要窗口

东亚同文书院师生在 1900 至 1945 年间的大旅行实践活动——即对中国各地（西藏除外）进行有组织、大规模系统实地考察，形成了记载清末至民国时期中国社会的“百科全书”，囊括中国社会人文地理、风土人情、社会生活、历史建筑等系统翔实的调研报告和珍贵图片。比如，20 世纪 20 年代，即有东亚同文书院毕业生对陕西省西安碑林著名的“大秦景教流行中国碑”做过非常详细的考察记录。有学者认为其考察之深入和涉及面之广泛，在一定层面上远远超出了同期中国人对其进行的研究。笔者在十多年的历史档案查阅经历中，接待过建筑史学、冶矿、城市规划等领域的许多学者来馆查阅东亚同文书院档案资料，足以说明东亚同文书院及其史料的学术和社会价值。因此，随着史料的进一步被挖掘，有关东亚同文书院的研究将会不断深入，其研究成果将在诸多领域中服务于学术研究和中国社会发展建设。

（三）在研究东亚同文书院历史的过程中，日本人持续深入学习中国文化的精神应该引起我们的足够重视

自隋唐时代日本向中国派出遣唐使学习中国社会文化以来，持续地虚心向中国和西方国家学习，吸收国外优秀文化、社会管理经验，从而强大自己。东亚

同文书院的设立,将这种深入、彻底、全面、系统地学习中国文化的特点发挥到了极致。时至今日,以泱泱大国自居的普通中国人,我们向日本学习的态度以及对日本的认识深度,依然乏善可陈。从近年来的中国人一边盲目跟风叫嚣“抵制”日货,一边疯狂去日本扫货的社会现象可见一斑。“师夷长技以制夷”,“向对手学习”依然任重而道远。

参考资料:

[1] http://www.aichi_u.ac.jp/profile/15.html: 日本爱知大学东亚同文书院纪念中心。

[2] 《交通大学校史》编写组. 交通大学校史(1896—1949)[M]. 上海:上海教育出版社 1986,1:324-33.

[3] 霍有光,南洋公学—交通大学年谱(1896—1949)[M]. 西安:陕西人民出版社,2002:463.

[4] 东亚同文会,编,胡锡年,译. 对华回忆录 [M]. 北京:商务印书馆,1959,469-473.

[5] 西安交通大学档案馆馆藏“东亚同文书院”专辑,档号 SX-12-1,2;ZLH89~91.

西北联大与西南联大历史叙事方式的传播效果评析

北京师范大学校史研究室　魏书亮

摘要：西北联大与西南联大是抗日战争时期组建的两个相似度高却命运迥异的办学联合体。与西南联大的"蜚声中外"不同，西北联大即使今天仍"需要诉说"。声名的背后不能排除因历史叙事方式不同所造成的传播影响力的差异，"贡献强调"与"传奇塑造"，"共识凝聚"与"精神感召"，"骨干大学倡导"与"名人校友说法"，"析实明理"与"故事叙述"，以前者为基础的后者有着更为显著的传播效果。以两所联大为参照，高校校史工作应提倡"独特性凸显""局外人研究"和"细节性讲述"等叙事方式。

关键词：西北联大；西南联大；校史叙事；传播影响力

西北联大和西南联大是抗日战争时期的一对孪生办学联合体，作为国民政府战时高等教育资源转移和布局调整的两个标杆，其不同的历史命运也在某种程度上影响和塑造了今天的中国高等教育。历史是可资借鉴的资源，是我们更好前行的镜子。今天，西北联大和西南联大的历史价值已无可置疑，何以一个"蜚声中外"，一个"几近湮没"？何以一个被誉为"不朽的传奇"[①]，一个呼吁"历史需要诉说"[②]？声名的背后有两所联大历史形象的光环效应，也有因叙事方式不同所产生的传播影响力方面的差异。

一、抗战催生的孪生办学联合体

组建西北联大和西南联大，是国民政府对于平津地区流亡高校的战时处置

① [美]易社强著，饶佳荣译：《战争与革命中的西南联大》，北京：九州出版社，2012年，第323页。

② 刘海峰：《历史需要诉说：西北联大的命运与意义》，载《高等教育研究》，2013(9)。

措施。抗战初期,两所联大不仅相伴而生,受施的政策也对称而行,无论是官方的文件还是学界的论议,对二者也常常相提并论。

1937年,抗日战争全面爆发,作为全国高教中心的北平和天津最先沦陷,平津高校校舍房屋多被日军、伪政府强占,图书、设备流失和损毁惨重,人员四处流散。由于"平津专科以上教职员学生为数极众,势非借读办法所可完全救济",1937年9月10日,"为使优良教授得以继续服务,并使学生完成学业,且隐为内地高等教育扩大规模起见"[①],国民政府"以北京大学、清华大学、南开大学和中央研究院的师资设备为基干,成立长沙临时大学。以北平大学、北平师范大学、北洋工学院和北平研究院等院校为基干,设立西安临时大学"[②]。这是二校并称的开始。

1938年4月,西安临时大学、长沙临时大学分别改称为"国立西北联合大学"和"国立西南联合大学"。给出的理由,前者是"发展西北高等教育,提高边省文化",后者是"发展西南高等教育,推进边疆文化"[③]。当然,"临时"改为"联合",不只是名称上的差异。设立临时大学旨在收容流亡师生,为国家保存办学的根基。临时大学是几所高校的集合体,参与各校自行其政,聚合办学。联合大学则强调合组基础上的调整,是几所高校的统一体,是整合的办学实体,对外一个声音,校政一视同仁。联合大学的体制也隐含"内部整合"和"外部分化"的可能,使得国民政府完全可以"稳定办学秩序""国家战时需要"等名义,对其校务进行干预、对其组织进行重整。这是两个孪生办学联合体之所以有不同命运走向的制度基因。

两所联大抗战初期的历史记忆,相比全国各校,相互之间也有着最大的相似性。其组成各校的师生员工都经历了流离失所和辗转曲折,都有"暂栖""再迁"和"徒步跋涉"的体验,都有"筹备委员会""常务委员会""校务委员会"的协商议事机制,都有"抱团取暖""巧妇难为""共克时艰"的家长里短,也都有"抗战建国"的旨志、"抗战必胜"的信念和"誓复家园"的情结。它们的校徽、校训和校歌,也同样体现了各自在文化整合上和精神重建上的努力。

---

① 中国第二历史档案馆编:《中华民国史档案资料汇编》,第5辑第2编,教育1册,南京:江苏古籍出版社,1997年,第8页。

② 教育部.第16696号令.1937-09-10.

③ 中国第二历史档案馆编:《中华民国史档案资料汇编》,见《教育部拟定之平津沪地区专科以上学校整理方案》,第五辑第2编,教育1册,南京:江苏古籍出版社,1997年,第11页。

两所联大的综合实力难分伯仲,战时曾一西一南双峰并峙。西南联大的组建骨干校中,北京大学长期执学界的牛耳;清华大学是后起的黑马,发展势头强劲;南开大学则是全国最好的私立大学。“全校共有 5 个院, 26 个系, 两个专修科(电讯和师范)和一个先修班, 迄 1946 年 7 月 31 日联大结束为止, 9 年之中,先后在联大执教的教授 290 余人,副教授 48 人。前后在校学生约 8 000 人, 毕业生有 3 800 人。”① 西北联大的组建骨干校中,北平师范大学是全国高等师范教育的旗舰,北洋工学院的工科水平领全国之先,北平大学则是全国规模最大的综合性大学。西北联大组建初期就有 6 院 23 系,在全国高校中学科最为齐全,规模也最大。截至 1946 年,分立各校合计有 505 名教授、1 489 名员工、9 257 名毕业生②。

两所联大对于中国高等教育的发展均有着持久的影响力和重要的启示意义。西南联大被誉为中国教育史上的奇迹,认为其“创造了战时联合办学的典范”③,其成功实践能够“为当前与今后的高等教育体制深化改革和发展提供借鉴”④。西北联大“将高等教育体系系统植入西北,奠定了西北高等教育的基础”⑤,以西北联大为纽带的高校群体是今天中国建设高等教育强国的重要组成力量。

两所联大有着不同的命运。西南联大坚持到抗战以后,除 1938 年组建的师范学院留在昆明外,全部返回平津,发展成为今天的北京大学、清华大学、南开大学和留守西南的云南师范大学。其声名远播,但分支不盛。西北联大很快被国民政府改组,连同河北女子师范学院、东北大学工学院、河南焦作工学院、西北农林专科学校一起合并重组,分立为国立西北大学、国立西北师范学院、国立西北工学院、国立西北农学院、国立西北医学院等五校。抗战结束后,一部分在西北扎根,一部分回原址复原,现已花开四处,枝叶繁茂。今天,与西北联大有直接源流关系的高校分处全国 6 个省和 2 个直辖市,知名高校达 20 余所之

---

① 西南联合大学北京校友会编:《国立西南联合大学校史》,北京:北京大学出版社,2006 年,前言第 3 页。

② 姚远:《国立西北联合大学的分合及其历史意义》,载《西北大学学报》(哲学社会科学版),2012(3)。

③ 西南联合大学北京校友会编:《国立西南联合大学校史》,北京:北京大学出版社,2006 年,前言第 2 页。

④ 朱光亚:《关于西南联合大学》,载《云南师范大学学报》,2002(7)。

⑤ 方光华:《为什么要纪念西北联大》,载《西北大学学报》(哲学社会科学版),2012(5)。

多,然西北原有家园被弃,声名一度湮灭。

二、两种历史叙事方式的对比

在中国现时的学术关注中,以一所大学的历史为对象的研究,除为主体大学所倡导和推行外,自发和自觉的研究还不多见。西南联合大学和西北联合大学尽管存在时间短暂,却是明显的例外。本文拟将相关信息粗分为主题类研究、关联性涉及和宣传型推介三种类别,对两所联大的历史叙事方式进行对比分析。主题类研究选取中国知网(CNKI)和校史类著作为信息源,其中,CNKI的选材,以篇名为检索项,分别以“西北联合大学”“西北联大”和“西南联合大学”“西南联大”为检索词;校史类著作(含史料汇编)选材,分别以“西北联合大学”“西北联大”和“西南联合大学”“西南联大”为主题词(或含其专题)。关联性涉及以百度搜索为信息源,分别以“西北联合大学”“西北联大”和“西南联合大学”“西南联大”为关键词进行搜索,或涉及两所联大“人物”“事件”的文章和著作。宣传型推介专指宣传片、展览馆、纪录片或专题的文艺片。需要说明的是,三者的区分是相对的,其中主题类研究是后两者的基础,关联性涉及也可能将其他两者涵盖其中。

(一)“贡献强调”与“传奇塑造”

西北联大与西南联大以专题研究的形式进入人们的视野,是20世纪的80年代。一批历史悠久的知名高校纷纷编写了校史。北京大学、清华大学、南开大学、云南师范大学等高校在其校史中对西南联大的经历都有专章的叙述。北京师范大学、天津大学、西北大学、西北师范大学等高校在其校史中对西北联大的岁月也都有专题的叙事。对比一下CNKI最早收录的关于两所联大的主题类研究文章,1982年闻山的《梦魂深处是春城——怀念西南联大和我的老师》,是一篇“一二·一”运动的回忆文章,通过对闻一多、吴晗等联大教师和李鲁连等牺牲同学形象的回忆,借史感时,是一种典型的围绕人物史说西南联大的叙事方式①。1998年陈显远的《西北联大发掘张骞墓始末》,作为关于西北联大最早的主题类研究文章,描述的是西北联大发掘张骞墓的经过,以及发掘验证和取得的成果,旨在彰显西北联大的作用和贡献②。

这种叙事方式对今后的研究无疑有着启蒙性和示范性的作用。统计CNKI

① 闻山.梦魂深处是春城——怀念西南联大和我的老师[J].当代.1982(06).

② 陈显远.西北联大发掘张骞墓始末[J].文博.1998.8.

截至2016年5月选录的主题类研究文章,西南联大对单个或若干个人物进行叙述的文章,或者围绕单个或若干个人物叙述事件的文章达196篇,占全部993篇总篇数的近20%。西北联大的此类文章占比为6/116。CNKI截至2016年5月选录的强调西北联大作用和贡献的文章,以及通过事件彰显西北联大作用和贡献的文章之比为42/116,超过36%。西南联大这个数字是117/993,不足12%。在强调贡献上,直到2010年,"还没有一篇专门研究西北联大的较全面的学术性文章出现"①,但自2012年始,关于西北联大的研究文章呈现喷发之势。方光华在《我们为什么纪念西北联大》一文中,从"西北联大对西北高等教育生长的推动作用""西北联大的办学理念和文化传统""西北联大的教育成就""西北联大体现的民族精神"四个方面,对西北联大的历史地位和现实影响进行了系统阐释②。由此,"由贡献引入"或"以贡献作结",成了西北联大研究的普遍叙事方式,而在彰显西北联大作用和贡献的表述上,大致并未超出方光华的分析框架。旨在推动西北联大研究、精神传承和创新大学文化的"西北联大与中国高等教育发展论坛",已连续成功举办四届,其主题分别是"西北联大与中国高等教育发展""纪念西北联大汉中办学75周年""历史经验与时代使命""兴学强国与西北抗战办学",也希望通过展示西北联大的贡献,来彰显西北联大的历史地位与现实启示。20世纪90年代以来,关于西南联大的研究一直热度不减,涉及主题涵盖"杰出人物""大学制度""人才培养""联大精神""办学实践"等多个方面③。近30年来,中国高等教育几乎每个热点话题和重大举措,西南联大的研究都有所回应,其中不乏"教授治校""诺奖产生""学术休假""现代大学制度""文化自觉""科教融合""大学合并""通识教育""创新型人才培养""世界一流大学建设"等话题,西南联大被塑 造成为中国大学改革可

① 李巧宁,陈海儒《关于"国立西北联合大学"研究的现状及分析》,载《陕西理工学院学报》(哲学社会科学版),2011(5)。

② 方光华:《我们为什么纪念西北联大》载《西北大学学报》(哲学社会科学版),2012(5)。

③ 伊继东,冯用军:《中国西南联大研究三十年(1978—2008)——一种词频计量分析》,载《清华大学学报》(哲学社会科学版),2009(7)。

以效仿的“模版”,成为了“奇迹”[①]和“典范”[②]。这种叙事更广泛地分布于西南联大“关联性涉及”信息和“宣传型推介”信息中。

(二)“共识凝聚”与“精神感召”

共识是形象得以成型的前提,精神感召力是形象影响力得以发挥的最终根据。西南联大在存续9年的时间里,自始至终保持了组织机构的稳定性和办学的连续性[③]。参与组建西南联大的各高校,对这段校史的认识高度一致。西北联大的情况则复杂得多,参与组建并延续至今的各主干校[④],在对西安临时大学的认同上并无异议。由于西安临时大学迁址汉中并改名西北联合大学后,很快遭到改组,在1年零4个月的时间里先后一分为五,分出各校又与西迁他校和西北学校进行了不同形式的重组,加之战后西迁高校驻守西北与回归复校呈东西分流格局,由此形成了今天西北多校和东部几校错综复杂的学脉关系,这是各校对西北联大源流关系认识出现较大分歧的重要原因[⑤]。

今天以西北联大(含西安临时大学)为联结的众多高校,普遍在做重述西北联大经历的尝试。姚远主张“将西北联大母体与其子体,作为一个分而有合的

---

① 在截至2016年5月的CNKI选录的西南联大主题类研究文章中,标题中直接以“奇迹”“传奇”“奇葩”作为描述词的,旧有16篇之多。代表性的有:吴洪成,于洋:《创造中国现代高等教育奇迹的西南联合大学:理念、措施及启示》,载《黑龙江高教研究》,2010(7);雷颐:《西南联大传奇的秘密》,载《中国新闻周刊》2006(10)。

② 说明:在截至2016年5月的CNKI选录的西南联大主题类研究文章中,标题中直接以“典范”作为描述词的有4篇。如:姚加惠,张亚群:《“强强联合”的成功典范——西南联大管理模式及其成因探析》,载《现代教育科学》,2004(3)。冷书君:《大学内涵式建设需要学术权力回归——基于国立西南联合大学“教授治校”的成功典范分析》,载《学园》2012(10)。而标题中明确示以“启示”的价值和作用的,有87篇之多。

③ 西南联合大学北京校友会编《国立西南联合大学校史》指出:“西南联大(包括其前身,长沙临大)成立于1937年8月。抗战期为8年。联大则在抗战胜利后一年,1946年,才告结束;三校于是年秋季才各自返平津复校。”

④ 说明:它们包括:抗战胜利后回归平津、河北,发展为今天的北京师范大学、天津大学、河北师范大学;西迁后常驻西北发展为今天的西北大学、西北农林科技大学、西北工业大学,以及西安交通大学医学部。

⑤ 在校史叙事上,与西北联大存在源流关系的西北高校,更注重以西北联大为起始,或者以从西北联大的分出的初始校为母体;与西北联大有关联的东部高校,则视西安临时大学、西北联合大学为一段经历。另一方面,不同的西北高校和东部高校,也有不同的叙事方式,如西北有高校有将校史上溯,以平津为发源地的倾向;东部有的高校将校史分述,视西北经历为抗战服务,视西北有学脉关系的高校为兄弟校或母体分支校。

共同体”，在研究时限的确定上，“上限为1937年9月10日国立西安临时大学——国立西北联合大学成立，下限为1946年底其子体各校在平、津、冀、镐各地相继复校”[①]。这代表着扩大西北联大关联校群体，同时也争取对西北联大最大历史共识的一种努力。与西北联大一直寻求共识不同，关于西南联大的研究自始至终都注重对其精神和文化的阐释和弘扬[②]。在西南联大“关联性涉及”信息和“宣传型推介”信息中，围绕联大精神、联大文化、联大校训、联大校歌的内容更多。“民主堡垒”“独立精神”“自由思想”“教授治校”“通识教育”等理念，以西南联大为载体在学界和大众中传播开来，并发挥出广泛而强大的感召力。西北联大的研究，虽然也重视联大精神和文化传统的研究和弘扬[③]，但因量少且在西北联大关联校的共同体中还未形成高度的共识，加之其“关联性涉及”信息和“宣传型推介”信息，离打造出“西北联大的精神品牌”的希望还有相当的距离，其影响力也大打折扣。

（三）“骨干大学倡导”与“名人校友说法”

西北联大与西南联大都是联合办学体，在历史叙事上，有着多主体叙事的共同特点。应该看到，在中国当下的学术体制和环境中，两所联大能够成为研究热点，单靠学者个体的自发研究很难达成，加之涉及的大学多，有组织的推动是需要的。对比CNKI两所联大的主题类研究论文，1982年至1994年间关于西南联大的35篇论文中，登载于《云南师范大学学报》（哲学社会科学版）的就达26篇，西南联大能有今天的影响力，与西南联大有着源流关系的云南师范大学的早期倡导功不可没。CNKI关于西北联大的主题类研究文章，从1989年至2011年12年间仅有9篇，而2012年以来有了飞速的增长，4年5个月的时间里达到107篇。究其原因，2012年由《光明日报》、中国高等教育学会与西北大

① 姚远：《国立西北联合大学的分合及其历史意义》，载《西北大学学报》（哲学社会科学版）. 2012(3)。

② CNKI截止于2016年5月选录的主题类研究文章中，含“精神”标题的论文达76篇，含“文化”标题的论文达95篇，以西南联大“纪念碑”为研究对象的论文达10篇，以西南联大“校训”为研究对象的论文达5篇，以西南联大“校歌”为研究对象的论文达10篇。

③ 代表性的有以下文章。方光华：《西北联大的文化传统》，载《教育》2012（12）；李家俊：《西北联大与“兴学强国”精神》，载《光明日报》，2013-01-09；陈一军：《西北联大与西南联大校歌之解绎》，载《陕西理工学院学报》（社会科学版）；张亚群：《西北联合大学的民族精神解读》，载《西北大学学报》（哲学社会科学版），2014（7）；梁严冰，方光华：《西北联大的民族主义与民主观念》，载《高等教育研究》，2014（1）。

学、北京师范大学、天津大学、西安交通大学、西北工业大学、西北农林科技大学、西北师范大学、河北师范大学等 8 所与西北联合大学有直接传承关系的高校共同发起主办的“西北联大与中国高等教育发展论坛”,直接推动和带动了关于西北联大的研究。该论坛一年一度,已连续举办 4 届,每届都有论文结集[①]。在西南联大的研究上,除云南师范大学的推动外,国立西南联合大学校友会的工作更有成效。它不仅组织编辑了《国立西南联合大学校史资料》,而且编写出版了《国立西南联合大学校史》。在它的带动下,一批西南联大的名人校友,如陈岱荪、汪曾祺、王瑶、汤用彤、杨武之、朱光亚、杨振宁、何兆武、任继愈、潘际銮等通过回忆、纪念文章等形式,来记载西北联大的人和事,史述、史论西南联大的办学实际。还有一些西南联大的校友,如冯友兰、吴宓、蒋梦麟等,所做的日记,推出的专著,也扩大了西南联大的研究范围,有利于提升西南联大研究的水平[②]。名人叙事自然会有名人效应,这种效应一方面增加了“叙事”信息本身的传播力,另一方面也通过名人放大了西南联大的综合影响力。在这个方面,西北联大与西南联大相比,显然是难与其匹的。今天,西北联大校友们存世的已非常稀少,依靠校友的力量来弥补这方面的不足几无可能,这是非常可惜的。

(四)“析实明理”与“故事叙述”

今天的校史研究有着多样化的成果表现形式,西南联大可作为例证[③]。与西南联大研究成果的丰富性相比,西北联大的研究要单薄和单调得多。梳理 CNKI 西北联大选录的主题类研究论文,期刊类有 85 篇,这些研究大都依据中

---

① 西北联大论坛最初由西北联合大学的主要承继者西北大学牵头联络,并率先承办。虽后分别由陕西理工大学(位于西北联大办学所在地区汉中市)、西北师范大学、天津大学承办第二届、第三届、第四届论坛,2016 年的第五届论坛将由北京师范大学承办。

② 蒋梦麟的自传体作品《西潮》《新潮》,在台湾有着经久的影响力,其中有关于西南联大的大量记述。冯友兰的《三松堂自序》,其中关于西南联大校政的描写,对于西南联大纪念碑文的叙事,在学界经常被引用。《吴宓日记》被誉为“20 世纪中国学术史、教育史的珍贵记录”,吴宓作为西南联大办学的见证人之一,该日记对于西南联大研究的史料价值可谓“难得”。

③ 国内大学校史的研究,能够深耕细作且成果丰硕的,西南联大是代表。目前,研究西南联大的博士论文已有四篇,硕士论文数以百计,发表的学术论文数以千计。专门的校史专著有两部,分别是(美)易社强著的《战争与革命中的西南联大》、西南联合大学北京校友会编的《国立西南联合大学校史》,关联性的专著数以实计。宣介类的信息更是不可记数,如关于西南联大的纪录片已有几部,像《西南联大八年记》《西南联大启示录》等。此外,云南师范大学还建有“西南联大博物馆”。

国第二历史档案馆藏"教育部"档案、台湾"教育部"档案，陕西省档案馆藏《国立西北大学档案》和西南联大校刊等史料来开展论证分析或者进行场景复原①。除此之外，则主要是借助报纸和电视所做的有组织的"宣传型推介"。以西北联大为主题词所进行的"百度"搜索的相关结果仅有22万条(截至2016年7月19日)，相对于西南联大的427万条，这个数字要小得多。抗战结束，西北联大在汉中的办学遗址被弃置，几近湮灭，这使得西北联大缺少了"家园"。虽然，西北联大论坛的承办校也做了其他方面的努力，如对纪录片、电影拍摄的支持，但影响都很有限。时至今日，在西北联大的历史叙事里，起主导作用的还是"析实明理"的言说方式。与西北联大的研究相对照，西南联大常常给人一种"有故事"的印象，以《战争与革命中的西南联大》为例，著者走访了众多的分散于中国大陆、中国台湾以及美国的西南联大校友，叙事精详，颇能给读者以"回到历史现场"②之感。关联性的代表著作还有，鹿桥的小说《未央歌》，让人看到了西南联大中的爱情和浪漫；岳南的史诗巨著《南渡北归》叙述了"流亡西南的知识分子的学术追求、思想变化与不同的人生遭际"③；陈平原著的《抗战烽火中的中国大学》，对西南联大教授群体的诗词唱有精彩的评析。以"西南联大故事"为主题词所进行的"百度"搜索的相关结果就有160万(截止于2016年7月19日)。故事叙事使得西南联大变得形象丰满和内涵生动，这样的信息更易于传播，并能吸引公众，西南联大能够"家喻户晓"，"故事叙述"的叙事方式起了关键作用。

三、两种叙事方式对于校史工作的启示

对于地位独特、历史悠久的知名大学来说，校史工作受到重视并成立专门机构来开展，有着日益的普遍性。一个学校的历史，不仅需要研究和宣传，而且还是一个大学文化和传统的载体、师生和校友的精神纽带、人才培养可资凭借的资源，并最终体现为一个大学的综合软实力。从这个意义上来说，一个学校的校史工作，需要在影响力的提升上下工夫。

(一)学校历史形象的打造要避免同质化的比附，尽可能凸显其独特性的一面

对于大学的历史形象塑造和推介来说，同质化的比较有其必要性，但独特

---

① 2012年，西北大学西北联大研究所对西北联大的主要史料进行了汇编，出版了《西北联大史料汇编》，为开展西北联大研究提供了较充实的史料基础。

② 饶佳荣：《战争与革命中的西南联大》，载《文艺报》，2010-10-29，第7版。

③ 岳南：《南渡北归》，见封皮书评。

性的彰显才更有利于形成品牌,放大其影响力。在西北联大的研究上,当前还存在与西南联大简单比附的情况,这种策略在开展研究的初期无可厚非,正如刘海峰教授所说的:“历史容易将同类事件中相对次要的部分遗忘。历史就像一位老练的编辑,往往突出同类事件中最重要的部分,次要的部分或者被舍去,或者有意无意被遗忘。”[①] 简单的比附和同质化的比较,常常要冒被“无意识遗忘”的风险。西北联大的历史命运恰恰在一定程度上证明了这一点。目前,西北联大的研究也不断在强调其“对于高等教育全国布局的影响”“扎根西北的本土化适应”“体现和弘扬民族精神”的一面,表现为一种避免追随、彰显独特的一种努力。

(二)校史研究虽然主要由校方来主导,但也要鼓励局外人的研究

官方修史是中国的一个悠久传统,一个大学的历史书写由校方来掌控是中国高校的通例。关于西南联大的研究正在突破这一局限,《战争与革命中的西南联大》提供了一个局外人且还是域外人的一个研究视角。随着高等教育研究队伍的扩大,特别是获取档案材料的便利化,局外人的参与将不可避免。校史研究需要多种视角、多个坐标,要听得进杂音,受得了“亮短”和“揭丑”,这是形成生态良好的校史书写环境,为中国高等教育健康发展提供资治性史实所应付出的成本。从这个意义上来说,将西南联大塑造成“传奇”和“典范”去维护,以及拿“西南联大”的成功来惋惜、指责“西北联大”的命运,似乎都值得去推敲。

(三)校史不仅需要呈现大事和大师,也需要讲述“故事”和“细节”

无论是校史书写还是校史展示和宣传,我们都注意抓大放小,注意通过裁剪枝叶来着眼根本。一个大学的校史叙事,大师和大事往往成为重点,普通师生和事件情节则容易受到忽视。事实上,这是背离主流、失去血肉的短视之举。没有故事的历史是产生不了共鸣的,没有细节的真实也是遭人怀疑的。西南联大的诉说方式值得取法。今天的校史研究,通史性的著作虽不可缺少,但专题性的深入研究,故事性的叙事方式更要提倡。校史叙事既需要“析实明理”性的严肃,同样也需要纪闻、图说、史话等类的通俗。

---

① 刘海峰. 西北联合大学的命运. 中国教育报 [N]. 2012 年 5 月 7 日, 第 5 版.

医疗救援 光芒永存

——记《上海救援唐山地震——上海中医药大学分卷》成书始末

上海中医药大学党史校史办公室　刘红菊

摘要：40 年前，唐山一震，损失惨重。在灾难发生的第一时间，上海开展全方位援助。作为医疗救援单位之一，上海中医学院先后派出 4 批共计 300 多人次的医疗救援队。队员们克服个人困难，前往救灾，短则数天，长则 2 年。本文回顾了编撰此书的大背景和历史意义；介绍了编撰工作如何在多单位参与下通力合作；具体介绍了口述采访、史料汇编、队员名录、照片展示四部分是如何开展的；纵向按照大学本部和 7 家附属医院展开。目前图书编撰仍在进行中，2016 年末出版。

关键词：地震；医疗救援；口述史料；影像

一、唐山一震，医疗救援首当其冲

40 年前的 1976 年，一场 7.8 级地震瞬间摧毁了尚处于“文革”中的唐山市，造成 24 万多人死亡，16 万多人受伤。正是来自全国各地的支援才有了新唐山，而上海是救援力度最大的城市。从救援到重建，上海人民全方位的支持功不可没。其中，医疗救援冲在最前线。据统计，上海卫生系统先后派出了 56 支医疗救援队赶往灾区。其中上海中医学院以及三家附属医院（曙光医院、龙华医院、岳阳医院）作为其中的一支医疗队伍，先后派出 4 批近 300 人次奔赴救援。加上三所非直属附属医院（市中西医结合医院、市第七人民医院、普陀医院）派出的 85 名医疗队员，上海中医药大学系统共计有 381 人次参与了唐山救援。从第一批队员于 1976 年 7 月 28 日出发，到最后一批 1977 年 8 月返回，队员们经历了生与死的考验，有许多难忘的瞬间、动人的故事留存在这些队员心中。

据队员们回忆：第一批出发的队伍，从接到通知到出发不足 24 小时，队员们舍弃个人、家庭困难,义无反顾奔赴灾区,在随时还有余震发生的现场,冒着生命危险救死扶伤,在医疗设施简陋的情况下,克服重重困难,风餐露宿,献血、饿肚子、不分昼夜,个人安危抛在一边,只为将伤亡损失最小化。在那个非常时刻,在救援的最前沿,医生这一职业展现出最本真的光芒,温暖至今。

二、抢救史料,责无旁贷

40 年的岁月一晃而过,救援队员中的一些人已经永远离开了我们;一些人年事已高,生活不能自理;最年轻的队员也都退休了。在前期的信息收集阶段,得知这些医疗队员的近况,更使我们感到时间的紧迫,工作的必要。然而,伤感的事情不时在发生,一位老师的采访刚开头,几天后,传来他身患绝症的消息,叫人不忍打扰;有一位老师在采访阶段离世,令人唏嘘!

生命的可贵在于它只有一次,当死亡的威胁突如其来,活着是唯一的愿望,有医生在,就意味着生命的希望。在采访中,能深深地感受到当年的唐山市民对上海医生的信任、依赖,医患关系的高度融洽。编撰这本书,不仅仅是记录历史,我们希望医学工作者读到其中的某些片段,能有所思考,能有一些启示,并将这些思考、启示自觉转化到当前的医疗实践中。

作为一所医学院校,培养学生仅仅掌握医学技术是远远不够的,一名医学生必须心中有爱、勇于奉献才担得起医生的称谓。希望医学生们在一段段往事的叙述中,明白这样的道理:灾难面前,医务工作者责无旁贷,用精湛的医术和满腔的爱心救治生命是医生的天职。前辈们用行为诠释了什么是崇高的人道主义精神,让未来的医生对自己身上将要担负的责任有更具体感性的认识。

天灾固然可怕,但是在灾难来临之时,中华儿女表现出的万众一心、同仇敌忾的精气神则是可歌可泣。回顾过去,让我们看清前进的方向;总结历史,坚定我们前行的步伐。为了 40 年前医疗队员们的奔赴,为了弘扬大灾面前的民族精神,为了表达我们崇高的敬意,抢救整理唐山地震医疗救援史料,刻不容缓。

三、开展工作,部署有方

2015 年年末,我们正式启动《上海救援唐山地震——上海中医药大学分卷》编撰工作。摆在我们面前的工作是有意义的,但是收集整理 40 年的往事并不是一件易事,更何况此事的发生正值我们国家比较特殊的年代呢!

首先,本项工作得到了中共上海市委党史研究室的大力支持。在工作开展过程中,当遭遇到困难与障碍时,研究室都及时协助处理。其次,该课题的负责人、上海社会科学院历史研究所金大陆教授给予了具体而中肯的指导，他带领部分课题小组成员，亲自来大学指导，提供采访提纲，认真细致的指点、热心及时的联络，使我们的工作不但开展顺利，并借助媒体的报道在上海乃至全国部分媒体上得到传播，引起较大的社会反响。

大学领导高度重视这项工作，副校长何星海具体部署安排，召开大学层面的动员会，召集团委、附属医院党委书记、党办主任参加，将任务分解布置。他还亲自联系当年的医疗队员，并带队采访。他利用自己在大学工作 30 多年的经验，对采访中的一些模糊细节都一一指正。学校的施建蓉副书记、张智强书记也对此事非常支持，邀请唐山地震医疗救援队队员代表参加建校 60 周年纪念大会，接受全校师生的赞誉和表彰。

各医院党委在第一时间制订工作计划，任务落实到科室，明确成员分工，多次召开座谈会，或多人一起采访，或单独采访，不但完成了高质量的采访稿，还征集到不少珍贵的照片、实物。不少医院的医疗队员还自发组成微信群，相互提供资料，并制作成微视频。在 2016 年度中的建党纪念大会、教师节、精神文明大会、新职工培训、校庆等活动中，各单位均展出这段史料视频、图片展等，在整个大学系统营造宣传氛围。

我们有一支 10 多人的采访队伍，有专业医生，有在校学生，他们在医疗队员事迹精神鼓舞下，倾情投入，利用周末、寒暑假，现场采访，访后整理，资料收集，任劳任怨。他们说：在采访中，我们和队员一起重温 40 年前的奔赴，一起激动、一起哽咽流泪，前辈们至今无悔当年的付出，并充满了对祖国、对人民的热爱，对党、国家集中资源办大事信心满满。每完成一次采访，我们的内心就被震撼一次，愈发感受到作为一名医务工作者的沉甸甸的担子，让我们的思想接受理想信念的洗礼。

四、克服困难，有收获有惊喜

我们的整理工作横向分为四个方面：口述采访、史料汇编、队员名录、照片展示；纵向分为 7 条线，按照大学本部和 7 家附属医院（实际有 6 家医院）展开。

访谈医疗队员是最主要也是最核心的一项工作，毕竟时隔多年，要唤起他们的记忆有一定困难。虽然有事先列好的采访提纲，可是他们对此事的第一反应是时隔多年，记不清了，采访就算了。怎么办？接到这个情况反映，我们就建议各单位先召开一次或多次座谈会，请大家畅所欲言，组织者先收集共性资料信息，再仔细观察，筛选出表达能力强、回忆内容相对较多的队员，再个别访谈。

访谈稿整理出来后,再请他们确认、补充。最终我们整理出采访稿20篇。在采访中发现,每个队员都有不一样的回忆,每个人的回忆都有亮点,因此,我们又决定启动第二批采访工作,目前采访还在进行中。其中,大学原副校长童瑶老师和中药学院郭忻老师,拿到采访提纲后,按捺不住对往事的回忆,欣然提笔,一气呵成,完成了自述稿。

能否查询到当年的有关史料,我们心中无底,也是抱着试试看的心态,在学校的档案系统中输入"唐山地震"等关键词,竟然查询到了一本100多页、尘封了40年的《上海中医学院唐山地震医疗队名单、总结、简报》资料,呈现在我们面前,内容也较为全面,有"抗震救灾情况",有"上海赴唐山地区抗震救灾医疗队中医系统全体队员回沪汇报",有"上海支唐临时医院情况反映",有学校参与筹建的"第二抗震医院业务组工作汇报"等,有赴唐山医疗队名册,"迁西抗震救灾临时医院上海医疗队名单"等。不过,各附属医院档案史料少,甚至一点都没有,令我们有些遗憾。

值得一提的是岳阳医院,神奇地找到了当年医院珍藏的"关于医疗队赴唐山地区抗震救灾工作汇报"50多页。1976年唐山地震发生时,岳阳医院才建院半年,医疗队伍还未完全齐备。然而,医院还是派出了医疗骨干前往灾区,并保存有相关档案,这出乎我们的意料。翻阅一页页档案,手写的笔墨经过岁月的磨炼,不少都泛黄模糊了,通过仔细辨认、阅读,我们筛选出清晰度较高的档案呈献给读者。

学校还珍藏了50多幅珍贵的老照片,由于当时客观条件和社会因素,这些照片绝大多数都是医疗队员们离沪和返沪时的照片,而真正反映救灾现场的照片少之又少,这不能不说是一大遗憾,幸好有部分队员提供了一些场景照片,弥补了一些缺憾。还找到一些队员们保存的当年的抗震救灾纪念章、水杯等部分实物,为我们下一步举办展览提供了素材。

整理医疗队员名单是一项即枯燥又重要的工作。本着不遗漏每一个队员名字的原则,开始名单汇总梳理。这离不开档案室老师牵头,1976年还是手写的年代,档案室的赵老师利用他专业优势和"人头熟"的特点,即便是遇到无法辨认或者不认识的名字,他总能想尽办法确认名单上的每一个人名。本来我们以为学校总共就派出了100多人,经过细致认真的梳理,最后统计出,学校先后派出了近300人的医疗救援队伍。有了初步名单,我们又结合各附属医院报送的名单重新对比,确认,将四批队员按照出发顺序排列,再次反馈医院补充队员个人资料,终于得到一份全面详细的医疗队员名单了。

唐山地震发生之时的 1976 年 7 月，当时的上海中医学院只有 3 所附属医院，最年轻的附属岳阳医院仅成立不到半年，医院各项建设才处于起步阶段，接到上级通知，岳阳医院在医院医疗人员紧张的情况下，还是抽调出了骨伤科、外科、麻醉等医生和护理人员前往灾区。本来这部书计划收录曙光、龙华、岳阳 3 所附属医院和大学本部的资料。工作开展中，大家感觉到，学校经过 60 年发展，目前已经有 7 所附属医院，另外 4 所医院是否当年也派出了医疗队呢？如果有，没有理由置之不理。经了解，4 所医院中有 3 所医院参与了医疗救援。普陀人民医院在地震发生第一时间就派出医疗队，上海市中西医结合医院（虹口区中心医院）医生抢救出埋在瓦砾下 7 天 7 夜的小明明的故事，感人至深；上海市第七人民医院在救灾后期派出 5 位医生前往，这些历史值得我们记录。因此，书稿最终包括了 6 家医院的资料，全面收录大学系统所有参加医疗救援的队员名单，充分表达编撰者对医疗队员的敬畏。

五、编撰感言

历经近一年的努力，我们终于向队员们、读者交出了一份作业。每次重读这些文字，都禁不住的眼眶湿润，一次次被这些朴实无华的文字感动，庆幸自己参与了这么有意义的工作，觉得自己做了一件大好事。但同时我们也深知，由于时间和人力有限，不敢保证收集到的史料是非常全面的，呈现的采访文稿远远不能尽诉每一位队员的经历和思想，收集的老照片和史料还有缺失，也许队员名单还存在字迹辨识之误等等……但是，完成胜于完美，带着敬意和责任去完成这份作业，让队员们有欣慰的笑容，让读者能感受到医疗队员们以国家利益与人民健康为重，舍小家顾大家的大爱精神，那我们的心愿也就满足了。

医疗队员对我们说，这项工作实现了他们 40 年来的夙愿，记载了他们人生中一段光辉的青春岁月，见证了他们为国家、为人民无私奉献的一腔热血。也许本书出版后，会再次勾起医疗队员们更多的回忆，那么，我们期待下次再版时能整理出更多更精彩的采访稿、回忆录，收集到更多有意义的史料、照片。

刍议志书编纂与档案史料的筛选鉴定

——以《贵州师范大学志》为例

贵州师范大学档案馆　姜萍 杨彦勋 杨棉月

摘要:编修志书需要大量真实可靠的资料,诸如档案、图书、报刊、实物等。其中,档案的作用最大。在志书编纂过程中,能否拥有真实、可靠的档案史料决定着志书最终的质量的优劣。因此,在志书编纂中,要对收集到的档案史料进行筛选和鉴定,以保证所用档案史料的真实、可靠,进而保证所编志书的真实、可靠。本文以《贵州师范大学志》的编纂为例,就其编纂过程中如何开展档案史料筛选和鉴定进行简单的论述。

关键词:志书;校志;档案史料;筛选;鉴定

编史修志在我国具有悠久的历史,一部好的志书不仅具有保存地方文献、提供决策支持的功能,而且还具有充当乡土教材、提供科研资料的重要作用。在贵州师范大学建校70周年到来之际,为更好地总结70年来学校在办学过程中的经验与教训,推动学校更好更快地发展,学校组织编纂《贵州师范大学志》。鉴于档案史料在志书编纂中的基础作用,即所用档案史料的真实、客观将最终决定志书质量的优劣。因此,在《贵州师范大学志》编纂过程中,编者十分重视档案的收集、筛选、鉴定,在保证所用档案史料真实、客观的基础上,确保《贵州师范大学志》的真实、客观。

档案是作为组织或个人在以往的社会实践活动中直接形成的清晰的、确定的、完整的原始记录,具有历史再现性、知识性、信息性、政治性、文化性、社会性、教育性、价值性等特点。但是,由于档案记载者所处时代、经历、立场和意识的局限,其所记内容难免会出现错误或失实。为此,在进行《贵州师范大学志》编撰之前,编者对收集到的档案都要进行筛选、鉴定,"去伪存真"。同时,志书编纂也要求编者要敢于"直书",对史实的记录遵循客观、真实、准确的原则。有鉴于此，在《贵州师范大学志》的编纂过程中，编者对收集到所有档案进行严格筛选与鉴定，借此保证《贵州师范大学志》的客观、真实、准确。

一、档案史料的收集

档案史料收集是按照档案史料形成的规律，把分散在各机关、部门、个人手中和散失在社会上的档案史料，集中到机关档案史料室和国家档案史料馆进行科学管理的一项基础性业务工作。

（一）史料收集的途径

由于档案史料类别和来源的多样，在进行《贵州师范大学志》编纂之前，编者遵照多渠道、多方式收集档案史料的原则积极进行档案史料收集，以便尽可能多地占有档案史料资源。如赴各级各类档案馆、图书馆、博物馆查找、复制相关档案史料及图书、报刊，通过开展口述校史，邀请曾经在学校学习、工作、生活过的知情人员追溯学校办学历史。这项工作不仅填补馆藏档案的空白，还进一步对相关档案史料进行印证，为编修史志提供可靠依据。

需要说明的是，在收集到的各种档案史料资料中，利用最为便捷的莫过于与所编志书相关的史书。如在《贵州师范大学志》之前，学校先后三次编辑《贵州师范大学校史》。但是，由于史书重在论述，“论叙结合”；志书重在记述，“述而不作”。因此，在各个时期的校史中，受历史与现实的局限，难免出现一些与史实不符、表述不客观等问题，导致校史内容在某个历史时期出现失真与断档。有鉴于此，在《贵州师范大学志》编纂过程中，编者一方面以上述校史为主要线索，开展史料收集工作；另一方面以上述校史为主要底本，考订收集到的史料的正误真伪。

（二）编写资料长编

由于收集到的档案资料呈现零散性，为方便进行筛选与鉴定，还需要将收集到的史料“依次排列”，即汇编长编。如宋司马光在编订《资治通鉴》时，“先成‘长编’，然后删定成书”。所谓资料长编，就是把所收集到的分散的原始资料，按照志书篇目要求，经过筛选、编排和鉴别，依年月日的顺序，尽量以采录原文的办法，整理而成资料稿本。编纂资料长编，首先要确定校志的篇目和结构，以便于编纂校志及评审校志时查阅、使用；其次根据篇目要求，收集对应的文件资料，按照原文内容和格式一一著录，并注明资料形成的时间、原因、作者及出处；最后，将收集到的原始资料进行分类整理，按时间顺序排列，并归入所属篇章节目。作为编撰志书的基础,汇编长编是其中一个重要环节。在编纂《贵州师范大学志》的过程中,编者也首先开展了《贵州师范大学志长编》的汇编工作,将收集到的档案史料"按次排列",为下一步开展档案史料筛选与鉴定提供坚实的基础。

二、档案史料的筛选与鉴定

校志的真实、客观与否主要取决于所用档案史料是否真实、客观。因此,在校志编纂过程中,对于所选用档案史料要确保其内容的真实性、客观性,即内容是发生过的、有据可查的,其描述是客观的。只有这样才能保证校志的真实、客观、严谨。

(一)档案史料的筛选标准

根据档案史料载体的不同,档案史料大致可分为四类:纸质档案史料、声像档案史料、实物档案史料及口述档案史料。不同载体的档案史料由于形成方式不同,其记载信息在真实、客观程度上也存在差异。其中,纸质档案史料、口述档案史料受记录者或讲述者个人影响较大,更容易出现失真的现象;声像档案史料及实物档案史料由于受记录者的影响较少,真实性相对较高。因此,在校志编纂过程中要对收集到的档案史料进行筛选。其选用标准有六个方面:一是能反映记述主体的发展轨迹、兴衰起伏的全过程的资料,包括该事物发生时的背景资料;二是能反映记述主体时代特点、地方特点的资料;三是能反映记述主体的典型资料、对比资料、深层次资料;四是能反映重要人物活动的资料;五是能反映成功经验和失败教训的正反两方面的资料;六是具有存史价值的图表、照片、音像资料。

(二)档案史料的筛选鉴定

在进行校志编纂时由于所用档案史料来源多样,其中不乏"失真"档案史料,如果不加鉴别地加以使用,就会影响到校志的最终质量。特别是在利用已有校史(志)时,必须对其内容进行重新考证,避免出现以讹传讹的现象。因此,必须对所用档案史料进行鉴定。具体方法如下所述。

1. 认真区别档案与书刊

档案作为个人与社会组织以往社会活动的原始记录,由于其类别的不同,其真实、可靠性也存在差异。但相较于书刊来说,其真实、可靠性较高,特别是档案中诸如"训令""代电""密呈""密报"等公文的真实、可靠性更高。因此,在《贵州师范大学志》编纂过程中，编者就同一问题的不同表述，尤其是档案记载与书刊描述不同时，更加倾向于对档案记载，特别是公文记载的采用。

如国立贵阳师范学院附属中学和附属小学的成立时间，在 1948 年 1 月出版的《国立贵阳师范学院特刊》中“本院附属中学之创立，始于民国三十一年秋季”，“本院附小乃民国三十一年四月八日奉部令准予成立，由俞署芳任校长”。在 1948 年 10 月出版《国立贵阳师范学院院闻周报七周年院庆特刊》沿用《国立贵阳师范学院特刊》中的说法：“本院附属中学创立于民国卅一年秋季”。但是，在贵州省档案史料馆查找到的《国立贵阳师范学院概况表》中，附中的成立时间是 1942 年 4 月 8 日，附小的成立时间是 1942 年 7 月。此外，在贵州师范大学档案史料馆民国档案史料里查找到 1945 年 1 月齐泮林院长呈请教育部核拨附属小学经费的报告中提到：“属院附属小学于民国三十一年秋季奉令设立，该年度曾奉核拨经常费。”对于以上不同说法，编者积极考证，认为《国立贵阳师范学院特刊》与《国立贵阳师范学院院闻周报七周年院庆特刊》都出自后人之手，而《国立贵阳师范学院概况表》与齐泮林院长呈请教育部的报告都是当时的公文，后者比前者的可信度更高。因此，在《贵州师范大学志》中采用了后者的提法。

2. 认真考证描述不一的材料

由于历史的原因，许多问题保存下来的档案史料材料是不完整的，在一个问题上有多种说法的情况下，究竟哪一种描述更符合实际，怎样判定其是非真假，必须持格外慎重的态度。在尚未占有充分、真实、可靠史料的情况下，不能轻下断语。如果档案不足，还应找其他史料印证，避免造成史实上的错误。如国立贵阳师范学院第四任院长曾景贩卖私盐事件。在《贵州师范大学四十年校史》中有这样的描述，“曾景因贩卖私盐被教育部撤职”。在《贵州师范大学六十年校史》中沿用了四十年校史的说法。但是，在现有档案史料中并没有找到曾景曾参与此事的记载。此外，在相关档案史料中有关于其延聘师资、扩大招生范围等方面的记载，而在不同时期校史中却无相关描述。因此，在《贵州师范大学志》中不但不能采用上述两种校史中关于“曾景院长贩卖私盐”的描述，反而应该增加其在延聘师资、扩大招生范围等方面描述。

3. 对当代的档案史料也要采取审慎态度

中华人民共和国成立后，档案史料文件记载的事实基本上是真实可信的，但也存在由于历史原因造成的不实材料。如“大跃进”“人民公社化时期”上报的许多浮夸数字，“文化大革命”期间制造的许多冤、假、错案材料，各种政治运动材料中“左”的观点等都有许多不真实的内容。因此，我们在使用这些档案史料材料时,都要进行分析鉴别,最好是对实地实事调查核实,以取得准确资料,而不能有意回避。如在学校过去校史中对“文革”期间学校负责人的记述相对单薄,在时间上缺少连续性,很多校领导都没有记述,致使学校领导任职在诸多年份上出现空白。在本次档案史料收集过程中,编者发现了诸如田君亮、王林岗、王永新等人的任职文件,极大地填补了学校历届领导人的空白。此外,还发现在一些档案史料中有关于任命王林岗担任代理党委书记的记载,而此前各时期校史中对此事均无描述。编者本着对历史负责的态度,多次到贵州省省委宣传部及省档案馆查询档案,根据档案记载对该问题进行审慎处理。由于没有查阅到任职文件,在本次修志中就没有将王林岗担任代理党委书记写入校志。

三、结语

志书具有“存史、资政、教化”三大基本功能。但是,一部志书能否发挥上述三大基本功能,取决于其所用档案史料的真实、客观、准确。编者本着“对历史负责、为现实服务、替未来着想”的原则,首先通过多种渠道、多种方式收集档案史料,并汇编《贵州师范大学志长编》;其次对收集到的档案史料进行严格的筛选与鉴定,确保所用档案史料的客观、真实。总之,在《贵州师范大学志》的编纂过程中,对于档案史料的收集、筛选、鉴定都是为确保《贵州师范大学志》能够真实、客观、准确地反映学校 70 年的发展历程,能够经得起历史的考验。

参考文献

[1] 王素香,范晓萍. 浅谈地方志与档案的关系 [J]. 黑龙江档案,2010(2).
[2] 李晓旭. 地方志与档案 [J]. 兰台世界,2002(7).
[3] 陈其弟. 地方志与档案 [J]. 档案与建设,2000(6).
[4] 邓明. 修志与档案 [J]. 档案,2008(6).
[5] 李伟. 浅谈如何利用档案编修方志 [J]. 航空档案,2004(10).

合并高校校史编研体系架构探讨

——以成都大学校史编研体系为例

成都大学档案馆　郑典宜

摘要:本文通过分析合并高校组织具有文化多样性、资源特殊性、学科融合性等特征以及对校史编研带来的难点和问题,在坚持高校校史编研尊重历史、尊重科学、实事求是的原则下,还需要探索这些原则下的实践性意义,结合合并高校的组织学科特性,提出在综合型校史编研的同时,以学科融合发展为主线,按照学科发展历史脉络编研学科专门型校史,研究办学内在本质和规律,将校史编研原则性与实践性有效结合,使校史工作能更好地为学校建设和发展服务。

关键词:合并高校;组织特征;校史

从 1992 年开始我国高等教育管理体制改革以"共建、调整、合作、合并"为行动指针,以调整、合并为实质内容,以学科融合和提高办学效益为根本,到 2003 年共有 788 所高校参与了合并,组建成 318 所高等学校①,但直到 2007 年,高校合并也还在悄然进行。合并高校组织成为中国高校组织中一个特有组成部分。随着时间推移,合并后的高校组织不仅要在机构人事、教育资源整合、扩大办学规模,更需要学科优势互补,实现学科融合与生长,更需要观念和文化融合,凝练办学特色,最终促进合并高校组织的可持续发展。

与此同时,在近十余年来,高校校史编研工作随着高校组织的发展而与时俱进,逐步从"梳理性"向"研究性"转型,从注重追溯历史长短(建校时间)向注重办学规律研究变化。作为合并高校组织,如何在坚持尊重历史、尊重科学、实事求是的原则下,构建校史编研架构体系,使校史编研既能客观呈现办学历史,又能科学分析办学内在本质和规律,更能凝练办学特色,弘扬大学文化和精神

---

① 刘继荣:《高等学校合并重组的理论与实证研究》,浙江大学博士学位论文,2003 年。

传统,积极探索合并高校校史编研工作规律,是拓展与深化校史工作的必然要求。

一、合并高校组织特性

(一)高校组织特性

高校是进行高等教育的社会组织,具有区别于其他组织的特性,即复杂性、多样性、统一性、学科性、开放性、矛盾性等多种特性。其中尤为突出的是高校组织的复杂性、统一性、学科性。

首先,高校组织的复杂性是因为高校是对科学和知识进行选择、保存、传递、批判和创新的机构,是以极为复杂的科学劳动、智力劳动为主要活动的组织。其次,高校结构复杂,其组织本身就是围绕学科组织及其发展进行的集劳动分工、信念形成、权责分配于一体的、有科层性质的、庞大的综合机构,其组织成员不仅数量众多,其成员还是具有独立个性、思想和多维价值取向的群体所构成,成员具有复杂性。最后,高校组织环境复杂在于作为一种高度社会化的组织,社会资源(资金、物资、学生等)的稀缺性,迫使高校要适应社会环境以求生存与发展,而社会环境对大学的制约和要求并非单一,大学所处环境的必然是复杂的。多样性和统一性也是大学组织最基本的特性。高校是集人才培养、科学研究和社会服务、文化传承创新等四大职能于一身的组织,这种多样性与统一性是其他任何社会组织所不具备的特性。高校组织的学科性,学科是大学承载教学、科研和社会服务的基本单元,学科组织界定为大学基层学术组织,是"大学的细胞"。学科水平决定一所学校的层次,学科结构决定一所学校的类型。学校的学科成长过程,即是学校的发展过程。学科的组织形态是学校结构的基础,是学科而不是单位把学者们组织在了一起。自中世纪以来,高校以学科为基础的组织结构特点并没有多少改变,其原因正是因为学科组织特性是高校办学本质规律的体现①。任何一所高校都是以学科发展为主导,基于学科内涵建构课程,其学科组织和结构,学科资源与配置、学科运行机制与模式成为高校整体发展的核心与方向,学科特性成为学校组织的区别于其他社会组织的根本特性。

(二)合并高校组织特性

合并高校组织除具有高校组织的一般特性外,因其合并单位、形式、时期差

① 宣勇:《论大学学科组织》,载《科技与教育》,2002(5)。

异，尤其是历经多次、多重合并高校组织，则更是具有多重复杂性、文化多样性、资源特殊性和学科融合性。

以成都大学合并为例，学校创建于 1978 年，是一所在改革开放中成长起来的地方综合性大学，是成都市人民政府主办的唯一一所全日制普通本科院校，实行“省市共建、以市为主”的办学体制。同许多新建本科院校一样，获取教育资源优势不足，办学受限。为增强学校实力，2006 年 4 月，经省政府批准，原成都教育学院、成都幼儿师范学校和成都卫生学校整建制并入成都大学。2010 年，成都市政府同意将具有百年历史的成都铁路中心医院成建制归成都大学为学校附属医院，为学校医学学科发展提供更多的资源和支持。2013 年，同意中国医药集团总公司将持有的四川抗菌素工业研究所全部国有产权无偿划转给学校。四川抗菌素工业研究所是我国重要的国家级药物研究机构之一，有着五十余年历史。

纵观学校合并历程，可以看到合并单位的复杂多样性。一是组织机构的复杂多样性。在合并单位中，不仅有学校，也有医院，更有研发机构，其组织属性各不相同。二是合并单位层次复杂多样，并入的既有中等专业教育，更有研究生教育层次。三是办学历史长短具有复杂性，成都教育学院系由原成都师范学校等三所学校组成，成都师范学校起源于 1904 年的淑行女塾；而成都铁路中心医院源起 1901 年法国天主教传教士杜昂先生创办的圣修医院，是成都最早开办的医院之一，历经清末、民国、抗战时期，并存续至今。各个并入单位的历史迥异，一如众流汇归学校，集成优势，壮大发展。四是组织成员的复杂性，多个单位的并入，教工人数骤增，其学缘、地缘结构形成五湖四海。

多重合并高校组织具有文化多元性。从成都大学合并单位来看，既有传承百年，以“教人求真，学做真人”的师范教育理念，也有“团结、仁爱、奋进、创新”的医院组织文化，更有学校办学中凝聚“求真务实、自强不息”的成大精神。

多重合并高校资源的特殊性。以成都大学为例，其整合资源的层次上既有地方政府调配的地方资源，也有国家调配的国有资产资源（四川抗菌素工业研究所）；从资源类型来看，既有单纯的教育资源，也有其他资源（医疗资源）。从学校资产资源的组成是单一来源和单一类型。成都大学有别于一般形式上的学校资源整合，其资源特殊性可见一斑。

学科融合性是合并高校区别于其他高校的又一组织特性。因为学科融合是合并高校的根本目的与行动的起点[①]。从目前我国合并高校的情况来看，只有

① 庞青山，曾山金：《学科融合：高校合并的高层目标》，载《高等教育研究》，1999(4)。

实现学科融合,方能有效地促进教育质量和办学效益的提高。从宏观层面来看,国家对现有高校的结构、布局进行调整,组建适合国情的综合性、多学科和单科型大学。从微观层面,一所合并高校要实现内涵发展,要以学科融合产生新的学科生长点,从而带动整个学校学科建设的发展,方能有效地促进教育质量和办学效益的提高。以成都大学为例,学校合并后分期分层,多次进行学科归并与融合,并以此为原则进行学院结构调整,不断整合学科资源,促进学科融合,增强学科实力。

二、合并高校校史编研的难点与问题

高校合并历程客观存在着复杂性、多元性和特殊性。随着学校持续发展,合并高校不仅是在组织机构、人员、办学资源方面进行实质性融合,更需要合并高校组织文化上的融合,因此合并高校不得不面对由此带来是校史编研的问题和困难。

难点之一是如何处理好并入单位历史长于主体单位历史的关系,如何历史溯源。如上所述,并入单位历史最久远的在 1901 年,而主体单位成都大学成立于 1978 年,是建校历史最近的。按照实事求是原则,尊重历史,编研成都大学校史时确认以 1978 年为建校时间,但是并入单位的悠久历史却不可忽视。

难点之二是如何处理好不同办学层次的并入单位的历史编研。即是合并组织的主干体与支干的关系处理中,虽并入单位在并入前不是进行高等教育活动的,经历合并后其组织最终归属于高校组织,这种情况下,作为学校校史编研体系,如何将其纳入而不显突兀与失调?如何彰显其悠久的历史文化内涵,而不与高校校史基本原则相冲突?这也是不得不慎重思考、探索与研究的问题。

难点之三,如何在纷繁复杂的组织合并过程中,厘清合并高校组织发展规律,如何通过挖掘各并入单位长期积淀的文化底蕴,并通过史料的编研,整合形成高校新的组织文化,并以形成学校全新的校史文化纽带,不断推进学校组织文化的转型和实质性融合。这是一项长期而艰巨的任务和目标。

三、合并高校校史编研的原则与体系架构探索

(一)合并高校校史编研的原则

面对合并高校实际,本着实事求是、尊重历史、尊重科学的态度,方能求真、求是、求实,探循学校自身的历史发展规律,形成具有自身特色的校史文化。

求真原则,即探求事物本来面目,把握事物本质及规律,慎思求真,是每所

大学应有精神与品格。校史编研求真就是还原历史事实,追溯而不牵强拉长历史,即承认并入单位的客观历史事实,客观再现并入单位的发展史实。

求是原则,指研究事物自身属性,分析事物内在特征,客观看待事物价值,明辨求是。合并高校组织在遵循基本史实的基础上,探索和研究影响学校组织发展的关键因素,理顺办学思想在历史进程中的变化,梳理高校组织办学过程中的学科建设与发展脉络,回答高校校史和改变多数高校校史编而有余、研而不足的状况,增强校史的学术性,做到人文与学术有机统一,才是史学。

求实原则,就是求真与务实,原则性与实践性的协调。合校学校校史编研尊重历史而不能消灭历史, 实事求是原则下还必须要有实践性意义。合并高校校史编研应在原多个合并单位历史中发掘其历史文化精髓,认真系统地梳理其重要而独特的贡献,办学思想的进步与演变历程,以期对未来办学产生启示。因此,合并高校校史编研,以务实的态度,就是既不因尊重历史原则而裹足不前,也不因承认历史而牵强附会,而是寻求校史编研的实践性价值与意义。

(二)合并高校校史编研的体系架构探讨

自 2006 年成都大学四校合并,转眼之间已是十年,如驹过隙。合并后学校规模快速扩大,学科结构调整充实,办学层次提升,学校发展变化最大的十年。学校 2008 年起开展校史编研,成都大学发展为主体编研,在其中合并单位历史简略提及。随着合并时间推移,开展合并单位史料编研已日显必要。

作为合并高校校史编研体系,一是要考虑前述种种因素,二是校史既是回顾历史,也是着眼未来,合并学校目的是通过学科融合,增强学科实力,提高教育质量和办学效益;第三,大学是围绕着高深知识而进行的学科和专业活动的组织,学科特性是高校办学的根本,任何一门学科都有从产生、成长到成熟的生命周期,是需要在长期的办学过程中逐渐发展形成,不论高校组织发展哪个历史时期,高校的发展都是基于学科及其相应的学科组织,来构建相应的院系、专业,在不同的办学阶段,无论哪种类型的高校办学都是紧密围绕学科内涵加以展开,围绕学科进行资源配置、围绕学科建立有效运行机制,以学科发展为中心建立教育教学模式。因此,以学科发展为主线来梳理高校组织的发展历史,尤其是对合并高校有着复杂来源的情形下不失为具有实践性、操作性的校史编研方法和思路。再者,也充分考虑合并高校校史编研工作的持续性、发展性、深入性,因此,对成都大学校史编研体系定位为校史系列丛书,即以综合型和专门型史料编研为主要类型,即综合型编研是以成都大学校史为主体的综合史料编研,起始时间仍然坚持以成都大学创办之时(即1978年起),全面梳理、分析研究从建校以来的发展状况、办学发展历程,办学优势和特色,办学经验和教训,编撰成都大学校史。另一方面,学校作为综合性大学,学科门类齐全,涵盖工学、文学、教育学、艺术学、管理学、经济学、法学、理学、医学、农学等学科门类。其中以医学、教育学(师范教)、药学等学科发展历史长久,学科建设发展态势良好。按照总体架构,分步进行的原则,先期选择医学教育、师范教育发展史专门型史料编研。这就是从学科融合的视角,记载和分析研究医学教育、师范教育起源发生、发展到日渐成熟的历程。

从学校医学教育历程来看,早在1947年圣修医院就开办了仁爱高级护士职业学校,开启了护理教育,1952年四川省成都卫生学校创建,1978年成都大学开办医学本科专业,2012年学校申报的临床医学本科专业正式获教育部审核通过,开始招生。以医学教育教学的发展历程为主线来开展校史编研,而不仅以圣修医院历史久远去追溯,重点在于分析研究医学学科发展规律,对未来医学教育发展以帮助和启示。同理,教育学专门史料编研是以淑行女塾为师范教育的起源,历经女子师范、男子师范、中等师范、高等师范阶段,在不同历史阶段又经历着多次合并、重组、更名、迁址,因此以教育学学科为主线,梳理其学科不同组织形态、特征,反映教育学学科的发展与兴衰,相较于单一去罗列历次组织变更史料编研,是更为有效地探寻学科成长发展规律。

“历史学的终极目标不是知晓过去而是理解现在”[①],探讨合并高校校史编研方法和路径,使校史工作更好地服务现实,服务学校未来发展。

① 张世轶:《大学校史研究问题刍议》,载《沧桑》,2014(1)。

集体记忆视域下的高校民主党派历史构建研究

成都大学档案馆　马英杰

摘要：高校是民主党派成员重要的聚集地，高校民主党派是对外服务国家与地方，对内服务学校改革、建设和发展的一支非常重要的力量。但目前有关高校民主党派历史研究与开发的成果几乎没有。集体记忆理论为高校民主党派历史构建提供了新的思路。以集体记忆为新路径，根据群体认同和校园文化建设的需要重建面向全体成员的广泛、全面共享、有群体自我特征的集体记忆；而这样的集体记忆需要建立以档案资源为主要来源，新闻报道、口述历史、象征性实物、纪念活动以及长期以来形成的观念、行为、习惯等其他资源为重要补充的内容丰富、形式多样、特色突出的记忆资源库；而将记忆凝聚在"记忆场所"又无不建立在科学、合理、有效的管理模式的基础上。记忆构建、资源建设、管理提升三者环环相扣，缺一不可。

关键词：集体记忆；民主党派；高等学校校史

民主党派作为爱国统一战线的一个重要组成部分，在我国社会主义现代化建设中积极投身社会实践和国家建设，服务社会，发挥参政议政、民主监督职能，维护公平正义，为我国经济持续快速发展，社会稳定与全面进步作出了重要贡献。而民主党派因成员主要以中高级职称的知识分子为主，作为科技精英和文化精英荟萃的地方，高校成为民主党派成员重要的聚集地，而高校民主党派成为对外服务国家与地方，对内服务学校改革、建设和发展的一支非常重要的力量。对其历史的研究不仅是校史编纂的需要，还是地方高等教育史、政党史的重要补充，是高校校园文化培育和建设的重要组成部分。而目前高校民主党派历史研究非常薄弱。笔者分别在读秀、中国知网以"民主党派"和"高校"作为主题进行图书和论文检索，均主要从高校民主党派组织建设、思想政治工作、民主党派作用、参政议政能力等方面进行探讨，而有关高校民主党派历史研究与开发的成果则没有。究其原因，无不与重视程度不够、管理不规范、相关材料散失、历史开发手段陈旧、宣传效果不佳等有关。笔者试从集体记忆的视角来分析和解决高校民主党派历史研究与构建问题。

集体记忆的概念最早由法国社会学家哈布瓦赫在其论著《记忆的社会框架》中引入,随后哈布瓦赫出版《论集体记忆》专门对集体记忆作进一步阐释。他认为,人们的记忆是外在唤起的。"人们通常正是在社会之中才获得了他们的记忆的。也正是在社会中,他们才能进行回忆、识别和对记忆加以定位","我生活其中的群体、社会以及时代精神氛围,能否提供给我唤起、重建、叙述记忆的方法,是否鼓励我进行某种特定形式的回忆,才是至关重要的"①。这个唤起、定位、重建、叙述记忆的社会框架,就是所谓"集体记忆"。而在高校民主党派历史研究中引入集体记忆概念,可以通过构建集体记忆以及确立记忆形式,增强学校党派、团体、成员的凝聚力和认同感,服务校园文化建设,培育大学文化精神,促进高校内涵提升与发展。

一、以集体记忆为新路径,增强成员认同感

集体记忆理论认为,"记忆事实上是以系统的形式出现的"②,记忆和记忆常常以各种模式进行组合,重建起记忆联合体,而记忆联合起来的诸种模式,源自人们联合起来的各类方式。"只有把记忆定位在相应的群体思想中时,我们才能理解发生在个体思想中的每一段记忆。"③ 集体记忆为个体记忆提供以事实、材料、制度、行为等为基础构建的群体认知、情感取向的框架,个体在特定环境和意义框架下,受集体记忆的影响,其思想向群体认同的价值观和情感取向发展,从而指引成员的行为,并借用认同、情感力量来凝聚和团结群体成员,使成员对群体有深度的认同和归属感④。在高校民主党派史的研究和构建过程中,根据群体认同和校园文化建设的需要而选择性地重建和强化集体记忆,将极大地促进成员强化群体身份,积极主动地参与认知、评价、认同、接受、维护民主党派展现的文化特色和氛围,进而融入高校的大学精神培育和构建当中。笔者认为以集体记忆为手段,增强成员认同感,可以从以下几方面入手。

---

① [法]哈布瓦赫:《论集体记忆》,上海:上海人民出版社,2002年,第68~69页。

② [法]哈布瓦赫:《论集体记忆》,上海:上海人民出版社,2002年,第93页。

③ [法]哈布瓦赫:《论集体记忆》,上海:上海人民出版社,2002年,第93页。

④ 陶东风:《记忆是一种文化建构——哈布瓦赫〈论集体记忆〉》,载《中国图书评论》,2010(9),第72~73页。

（一）构建广泛而可共享的记忆

“任何社会秩序下的参与者必须具有一个共同的记忆。对于过去社会的记忆在何种程度上有分歧，其成员就在何种程度上不能共享经验或者设想。”[①] 如果共享的经验和对过去设想的认知程度低，则结果将直接导致成员的归属感低，因此应面向全体成员构建广泛的、可以全面共享的集体记忆。在民主党派校史工作中，研究选题不能仅仅聚焦于重要领导的工作活动，校领导对民主党派工作支持，国家、省市政协委员、名人的活动，还需关注一般普通成员的经历。比如民主党派成员在教学方式和模式的讨论与改进，坚守岗位服务学校发展，民主党派组织建设形成的共同习惯和制度等。笔者所在的高校是一所“文革”结束后最早恢复创办的地方高等院校，办学历史不长，在艰苦的创业与办学过程中，学校民主党派始终与全体师生同舟共济，在关系学校存亡发展的关键时刻，始终能看到民主党派的身影，他们热爱学校，热爱学生和岗位，艰苦奋斗，不断拼搏。而要展现这样的集体记忆和文化内涵，在材料和内容的收集研究上就需要深度化、细微化。通过面向全体成员及其相关者广泛收集教育教学、科研、服务、参政议政等各方面活动的材料，建立起容纳了所有人在内的口述档案，让所有人能看到自己的身影，也能从其他人的叙述中唤起个人的回忆，使每个人都能感受到为学校发展添砖加瓦、奉献力量的荣誉感和归属感。而这种精神和方式正是校园文化建设非常重要的、宝贵的组成部分。

（二）构建有群体自我意识的记忆

通过集体记忆理论来增强群体认同感还体现在构建起“我们”的记忆。“我们是什么?”“我们所指哪些人?”“我们为什么宣称‘我们’?”“我们如何知道和区分‘我们’?”“我们与你们、他们不同!”通过解决这一系列与认同有关的问题，可以构建起属于该群体独有的记忆和印象[②]。这些记忆和印象是界定该群体区别于其他群体的重要依据，进而也是影响群体认知和归属的关键因素。高校民主党派与其他组织里的民主党派相比，有其自身的特点，它应该为高等教育服务，与高校里的其他团体、机构相比，它需要凝智聚力，建言献策和民主监督。

在高校民主党派历史研究与构建中，要挖掘深层次的心理边界和群体特

① ［美］保罗·康纳顿:《社会如何记忆（导论）》，上海：上海人民出版社，2002 年，第 3 页。

② 艾娟，汪新建:《集体记忆：研究群体认同的新路径》，载《新疆社会科学》，2011(2)，第 121~126 页。

征,才能让成员从内心增强对一个党派、对一个学校的认同感。以高校民盟组织为例,根据新时期各民主党派各自发展对象范围界定,民盟以从事文化教育以及科学技术等工作的知识分子为主,其优势和特色就体现在教育和科技领域。在民盟组织的历史研究中,深挖其长期形成的观念、习惯、传统、制度,突出展现其在教育和科技方面参政议政、服务社会、服务地方、服务学校发展的历史记忆,进而培养和形成组织归属感。成都大学民盟支部长期以来坚持以教育服务成都,自 1985 年第一代盟员开始创办成都社会大学,为高考落榜学生提供高等教育机会起,积极支持成都社会大学办学,成为成大民盟成员所特有的光荣传统,其中蕴含的"捧一颗心来,不带半根草去"的办学奉献精神成为这一群体的共识和内涵符号。

(三)构建可靠真实的记忆

上述构建广泛而可共享的记忆、有群体自我意识的记忆都应该在构建可靠真实记忆的前提下进行。集体记忆理论会让校史研究从新的思路、视角去分析与思考,从而关注到以前可能忽视的、遗忘的历史部分,但并非构建虚假的历史记忆。因此,重构高校民主党派历史时,要保证史料来源的真实,注意对史料内容真伪进行判断,在叙述表达过程中,虽然要顾及可读性,但应以尊重史料,尊重历史客观性为原则。

二、以集体记忆构建为新思路,开展记忆资源建设

过去的记忆虽然可以唤起,但人们想重建的记忆可能因"过去"未能及时固化到各种介质或记忆"过去"的介质消失而永远无法弥补[①]。为了守护、传承记忆,必须重视记忆资源的建设,构建起载体形式多样、内容丰富生动的记忆资源库。

(一)主力资源:档案资源

档案是人们在社会实践活动中直接形成的具有清晰、确定的原始记录作用的固化信息[②]。它反映了历史活动的原始面貌,"被视为一种延展人类交流时空范围的重要手段,与其他交流手段(如口头表达和传统仪式)一起,帮助信息传统,从而维持记忆的世代相传"[③]。档案形成特征和本质属性决定了它是建构集

① 冯惠玲:《档案记忆观、资源观与"中国记忆"数字资源建设》,载《档案学通讯》,2012(3),第 4 页。

② 冯惠玲,张辑哲:《档案学概论》,北京:中国人民大学出版社,2004 年,第 5 页。

③ Kenneth E. Foote.To remember and forget: Archives, memory and culture[J].American Archivist,1990,53(3): 378-392.

体记忆重要且不可替代的要素，因此，集体记忆资源建设的一个重要组成部分就是档案资源建设。

但从笔者对各类高校的网上调研结果看，目前，高校民主党派档案资源建设还非常薄弱。在《高等学校档案管理办法》中对于高校民主党派档案的归档范围仅仅涉及了民主党派的各种会议文件、会议记录及纪要、工作计划、总结和上级机关与学校的管理文件材料[①]。而到具体的高校时，情况更不容乐观。以“985 高校”为例，笔者逐一对各高校档案归档范围进行查阅，以希望从中了解目前高校档案机构保管民主党派档案的情况。在这 39 所我国最具代表性的一流高校中，关于民主党派材料的归档范围则非常简略。其中至少有 8 所高校（有些高校在网上无法查到归档范围）仅仅只有“各民主党派成员和负责人名册及有关材料”及“本校各级人大代表、政协委员名单（册）及审批材料”这两项，至少 14 所高校在此两项的基础只有增加 1 至 2 项其他。明确将在校的全国、省、市人大代表、政协委员提交的议案及答复纳入高校档案馆归档范围的，根据网络调研的结果，则只有一所高校。

高校民主党派档案材料收集不齐全，无论是从资源数量还是质量上，都将严重制约校史研究和集体记忆构建。建立起门类齐全、内容丰富、特色明显的档案资源库是开展深度研究的基础。在优化档案资源结构上，需进行以下几方面的工作。

一是扩展收集范围，以组织为单位，收集有关组织形成、建设、发展、壮大以及业务运行活动的材料，例如各民主党派日常运行活动产生的文件、简报，组织建设过程中形成的组织沿革、规章制度汇编、思想交流与理论研究材料、宣传册与出版物，调研活动、团体表彰、先进事迹等形成的所有声像、实物、纸质记录。

二是以个人为单位，加大力度收集群体成员的档案材料。成员入该党派时的形成材料，入该党派后参政议政，进行社会服务、教学科研、国内外学术交流和合作等活动中的大量原始材料，例如调研报告、提案（特别是关系学校发展的提案）、专著及原稿、日记、教学模式与改进方案、学术交流讲稿及成果等，都是档案资源库收集的范围。

三是以重大事件、重要共同活动、重要转折点为单位，以事情发展和演变各阶段为轴，重点收集反映民主党派及其成员态度、行为的档案材料，还原重要时刻民主党派对学校历史发展的所作的努力、贡献与影响。

---

① 中华人民共和国教育部令（第 27 号），2008-09-12，http://www.gov.cn/flfg/2008-09/12/content_1093980.htm

(二)重要补充:其他记忆资源

集体记忆的内容是丰富多彩的,除了大量在当时社会活动中直接形成的“自我记录”以外,其他的反映历史活动的信息资源也是集体记忆构建的材料。例如新闻报道、口述历史等都是记忆资源的组成部分。新闻报道、口述历史与档案相比,可以从另外的视角对历史上发生的事情进行叙述和补充。以我校民盟小组改建为支部一事为例,在现存档案里关于该历史事件描述只有民盟成都市委的一份正式发文,而在采访当年民盟小组盟员时,则获得民盟小组成员如何争取民盟成都市委同意和支持背后的故事,将口述历史与档案相结合,使历史记忆更为立体、完整。

除新闻报道、口述历史之外,人们长期以来形成的观念、传统、制度,约定而成的行为及方式,具有象征意义的历史建筑物、物件、纪念庆祝活动都凝聚着“过去”的记忆,直接反映了人们过去集体记忆构建的情况。将这些记忆形式通过文字叙述、追踪录音录像、拍照等各种方式进行留存,将成为现在以及将来集体记忆构建的重要史料基础和支撑。

三、以“记忆场所”建立为契机,提升管理水平

法国著名史学家皮埃尔·诺拉认为,可以通过“记忆场所”来留住“残存”的群体记忆,找回正在失去的记忆,找回群体的认同感和归属感。他的“记忆场所”概念一方面指诸如档案馆、图书馆、博物馆等有实体空间的场所,另一方面则是指凝聚集体记忆的纪念性活动、朝圣活动、周年庆典、教材、自传作品、制度等抽象意义的场所[①],这些“记忆场所”里寓居着记忆,但记忆不会自发主动聚集在“记忆场所”,而须人们有意而为之,因此“记忆场所”的形成深受外界环境和人们活动的影响[②]。

建立起传承记忆和文化的“记忆场所”的关键在于人们建立科学、有效的管理运行机制和规范,维持和守护“记忆场所”,使记忆中每个不可替代的部分都能进入“记忆场所”,永远不会消失。高校民主党派因过去缺乏留存历史记忆的意识与责任感,组织建设不到位,工作程序和管理方法不规范,很多珍贵的

---

① [法]皮埃尔·诺拉:《记忆之场 法国国民意识的文化社会史》,南京:南京大学出版社,2015年,第10页。

② [法]皮埃尔·诺拉:《记忆之场 法国国民意识的文化社会史》,南京:南京大学出版社,2015年,第11页。

材料或分散在个人手上逐渐消失，或杂乱堆积无从查起[①]。集体记忆的构建对于每个高校而言还需从管理入手，提升管理水平，从而为“记忆场所”建立扫清障碍。

一是培养和形成记忆留存意识。大力宣传和解释“记忆场所”概念和思路，突出强调集体记忆构建对于学校校园文化建设和软实力提升的重要性，自上而下提高全体成员的保存意识，形成良好的收藏习惯，同时在配套的制度、管理流程进行补充、确立与完善。并通过追踪校园新闻网，与校园科研管理系统、教学管理系统等对接，从中挖掘信息和寻找收集线索，及时上门收集，并提供便捷的利用渠道。通过提供利用便捷、内容多元、涉及人事物广泛、特色明显的集体记忆资源库给广大民主党派成员，使其感受到集体记忆构建的必要性和重要性，从内心深处认可，进而在平时有意识地保存可能成为“集体记忆”的材料，从而在全校形成“集体记忆”构建的思想氛围。

二是将构建“记忆场所”融入校园文化建设。高校民主党派及成员精神与文化是大学文化内涵的重要组成部分，高校民主的党派历史和记忆的构建也是校园文化建设的重要任务。大力开发与挖掘高校民主党派历史，除了将历史搬进学校校史馆、档案馆，面向广大师生开放展览，更为重要的是，从人们观念、行为上进行影响。例如将民主党派成员的先进事迹、教学科研成果进行宣讲、推广，将民主党派与中共的长期互动与实践探索以制度形式进行固化，将民主党派与学校发展紧密联系以纪录片、电视节目、网站推送等形式进行传播，以象征性建筑物、物件等方式进行展现。

三是确立管理组织体系。建立传承高校民主党派记忆的“记忆场所”涉及档案馆、校史馆、各民主党派组织、统战部门、宣传部门等，每个学校机构设置也有所差别。记忆场所的建立是一项系统工程，不能各自为政，分别办理，必须统筹规划，统一组织和协调。笔者认为，应由校领导出面牵头与协调，而档案馆或者校史馆（很多高校的校史馆隶属于档案馆）专职于档案、校史资源的收集、管理与利用开发，在集体记忆构建上有很多经验和基础，因此，以他们作为信息交流和共享的枢纽，各民主党派为“记忆”收集据点，宣传、统战部门在业务上协助，从而形成保障“记忆场所”项目顺利开展的管理组织体系。

集体记忆视域下构建高校民主党派历史，在于关注到人们可能遗忘的记忆。从全新的视角为高校民主党派构建起具有广泛认同感和归属感的集体记

① 李长春，梁淑萍，李超：《新时期民主党派档案工作探讨》，载《北京档案》，2009(10)，第29页。

忆,而这样的集体记忆需要以内容丰富、形式多样、特色突出的史料资源为基础,大量记忆素材和信息资源的获得,又无不与科学、合理、有效的管理模式有关系。可见,构建高校民主党派集体记忆既是对历史研究提出了更高的要求,更是提升现有管理水平的重要机遇。

“双一流”建设背景下高校档案馆定位与功能研究

山东大学档案馆　赵爱国　樊树娟

摘要：推进一流大学和一流学科建设是国家作出的重大战略决策。随着社会信息化的发展，高校档案工作作为学校管理不可或缺的基础性和条件性工作，更成为学校运行和学校治理的基本要素和基础支撑之一，成为促进一流大学和一流学科建设的重要影响因子。高校档案馆应该明确目标、定位，认真研究高校档案馆在一流大学和一流学科建设中的特殊意义，充分发挥高校档案馆功能，为一流大学和一流学科建设服务。

关键词：一流大学；高校档案馆；定位；功能

一、我国一流大学的建设历程

1998年，建设世界一流大学正式被纳入中央政府的议事日程。2003年，北京大学、清华大学等首批列入国家“985工程”建设计划的九所高校共同发起了“一流大学建设系列研讨会”，每年召开一次，共同探讨如何建设具有中国特色的一流大学等问题。总的来说，我国建设一流大学的政策和实践经历了“重点大学建设”—“国家重点建设项目”—“211工程”—“985工程”—“2011计划”—“双一流建设”六个不同的发展阶段。我们认为，实际上我国重点大学建设的思路从20世纪50年代初开始的高校调整就已经看出端倪，调整既有学科布局的设计，也有建设重点高校和重点学科的考虑。例如山东大学工学院、农学院、医学院和政治系、艺术系先后调出，在全国各地与其他院校合并组成新的大学。同时接收齐鲁大学的中文、历史两个学科。取消院级建制，设中文、历史、数学、生物、海洋等九个系和医学院，山东大学成为以文、理为主的综合性大学。经过一段时间的积淀逐步形成了“文史见长”和数理化生等优势学科的办学特色。

一流大学的标准或者说究竟什么是一流大学?理论上实践上都有不同的认识。目前社会最为关注的是各种大学排行榜,影响比较大的、国际上公认的有:上海交通大学世界一流大学研究中心研究发布的世界大学学术排名(ARWU)、国际高等教育研究机构 Quacquarelli Symonds 发布的 QS 世界大学排名和《泰晤士高等教育》(Times Higher Education)发布的 THE 世界大学排名,根据选取具体指标的不同,排行榜的类型不同、影响力不同,而且排行榜的类型还在不断增加,国内也有专门的综合性排行榜和专业性排行榜及地区性排行榜。而且不同的学校有可能出于不同考虑,会更多地关注和宣传对自己有利的排行榜。不管是何种排行榜,其基础数据都是来自于档案或以具有档案性质的文献数据,主要涉及科研(论文、著作、经费)、师资队伍、学生培养质量(杰出校友)、社会贡献、同行评议等问题。

我国的一流大学建设模式与世界众多一流大学宏观上相比有很多共性。世界一流大学的共性体现在多个方面,如都是研究型大学,有若干学科处于世界先进水平,取得众多有世界影响力的科学文化创新成果,拥有国际一流水平的学术研究人员,具有较强的社会开放性和广泛的国际交往,具有先进的教育理念和优良的大学精神①。这些已经成为衡量一所大学是否迈入世界一流大学行列的基本标准。国内许多高校在综合改革中提出,中国的一流大学建设应该实现世界一流、中国特色和本校风格的有机统一②,在各方面达到一流大学外在标准的同时,要更加注重自身内涵的发展,形神并举,形成自己的特色。高校档案馆对于学校办学优势和特色形成过程的记录和保存无疑具有特殊意义。

二、高校档案馆在一流大学建设中的定位

"档案工作是不可或缺的基础性工作,是社会运行和国家治理的基本要素和基础支撑之一,像毛细血管一样分布到国家和社会的各个领域,并以前所未有的深度和广度,支撑、影响和改变着经济发展、社会运行和人民生活,推动社会管理创新,促进国家治理体系和治理能力的现代化"③。在一流大学建设中,档

① 刘承功:《探索一流大学建设的中国模式——"一流大学建设研讨会(2010)"综述》,载《复旦教育论坛》,2010(6)。

② 李立国:《一流大学建设视野下的高校综合改革》,载《国家教育行政学院学报》,2016(2)。

③ 杨冬全:《做好新形势下档案工作、建设档案强国的纲领性指导文献——学习〈关于加强和改进新形势下档案工作的意见〉体会》,2014(5)。

案馆定位必须明晰，确定其功能实现的途径，这样才能真正发挥作用。高校档案馆是高校整个治理过程必不可少的一个组成部分，机构性质（教育部直属高校）一般为正处级直属单位。如山东大学档案工作实行较为完善的三级管理体制：学校档案管理委员会、档案馆、全校专兼职档案管理队伍，在1985年就建立了学校档案管理委员会，后在全国高校广为推广。档案管理委员会负责研究、决定学校档案工作的大政方针，宏观把握全校档案工作。

随着高校综合改革的不断深化，高校档案馆的职能已不再局限于保管和利用档案资料为学校发展做幕后工作的范畴，而是在发挥传统功能的基础上，不断开拓着新的发展领域。在“双一流”建设背景下，高校档案馆的角色更加具有多元性，从功能上可以划分为两大类型，即现实功能与历史功能。国家把综合档案馆定位为“五位一体”，是爱国主义教育基地、档案安全保管基地、档案利用服务中心、政府信息公开中心、电子文件管理中心。从管理职能和定位分析，高校档案馆与综合性档案馆有所不同，这种不同更多的是体现在管理和服务对象的范围上，而具体的“五位一体”的工作内容则基本一致。现实功能主要体现在高校治理过程中的功能，历史功能主要体现在学校历史发掘和文化传承方面。具体来说，高校档案馆在推动学科建设和学术研究、辅助教学和人才培养、构建和传播独特的校园文化、促进国内和国际交往等方面都发挥着非常重要的作用。

（一）推动学科建设和学术研究

高校档案馆在推动学科建设和学术研究方面的作用主要体现在学科建设档案和科研档案的管理和信息服务方面。

学科是学校发挥教学、科学研究和社会服务、文化传承四大功能的基本平台。学科建设和学术研究水平是高校办学水平和综合实力的主要体现，也是高校建设一流大学的重要基础[①]。在一流大学评价指标中，学科也是最重要的指标。学科建设档案系统记载着学科的形成和发展历程，通过档案信息开发来系统梳理学科建设发展历史与现状，能够总结出学科建设过程中的经验与教训，为改进学科发展中的不足和打造优势学科提供有价值的参考信息。在一流大学建设目标的引导下，高校学科建设档案的内容越来越丰富，学科建设管理部门也更加重视与学科建设发展相关的档案材料的形成和归档工作，高校档案馆

① 吴慰慈：《加强学科建设提高研究生教育质量——“图书馆、情报与档案管理”学科研究生教育工作探析》，载《图书馆论坛》，2006(6)。

在学科建设档案管理和信息开发方面大有可为。

科研档案一直是高校档案馆中极为重要的档案资源,它记录了高校各类科研活动的过程和成果,是开展学术研究的重要基础和前提。任何学术研究都离不开对前人研究成果的继承与借鉴,学者们利用科研档案可以了解某专业领域的研究进展与已有成果,进而在此基础上开展创新性的研究[①]。然而,科研档案因涉及知识产权保护等问题,高校档案馆在信息开放利用方面比较谨慎,导致科研档案的利用率较低。为使档案更好地服务于学术研究,科研档案管理必须开放思想,突破各种限制,尽可能地提高档案信息的开放性和共享性。高校档案馆在加强科研档案管理制度建设、拓宽科研档案利用途径、保障科研人员权益等方面的职责任重而道远。

教育部为了推动一流大学建设一直在推动学科建设和学科评估。2016年暑假前刚刚进行完还没有公布评估结果的学科评估工作,是对师资队伍与资源、人才培养质量、科学研究、社会服务与学科声誉贡献等各项指标进行分类细化的基础上进行的。如师资队伍要求具体到每一个教师的具体情况、科研成果不仅要求论文目录,还要求代表性论文及影响因子,优秀学生不仅要提供具体单位还要求提供联系方式,社会贡献要提供具体的典型案例,这些信息的基本依据和来源还是档案数据。

(二)辅助教学和人才培养

人才培养是高校最基本也是最核心的职能,一流大学的内涵不仅在于科研探索,更在于能承担起为社会发展培育"中流砥柱"人才的重任。教育部2003年确定了"五年一轮"的普通高等学校本科教学评估制度。2011年出台了"五位一体"(包括自我评估、院校评估、专业认证及评估、状态数据常态监测、国际评估)的评估制度。"五位一体"的本科教学评估制度具有普适性,可以作为我国整个高等教育体系的评估制度框架[②]。在"五位一体"的评估框架中虽然没有专门提到高校档案的问题,但是参加过评估的高校同人都很清楚文件档案的重要性,高校档案馆和院系等保存的档案是最基本的评估依据。

高校档案馆是高校培养综合型人才的重要教学辅助性单位,其教育辅助功能体现在辅助教学活动和学术研究、校史与校园文化传播、人文素质教育等多

---

① 王晓玲:《高校科研档案管理的现实思考》,载《档案管理》,2012(2)。

② 李亚东:《评价资源整合:构建中国特色质量保障体系》,载《中国高等教育》,2015(11)。

个方面，在丰富学生知识结构、提高学术研究创新能力和人文素养等方面具有很好的补充作用。高校各类教学活动产生的教学档案记录着高校在招生、专业设置、教学计划制定与实施、学生学习情况以及毕业情况等详细信息，对这类档案的充分开发与利用有助于促进教学改革，帮助教师丰富教学内容并提高教学水平，从而推动高校整体教学质量的提升。

高校档案馆不仅是教学信息资源的提供者，也是面向学生开展档案教育的主体。因而，在一流大学建设过程中，高校应将档案意识教育纳入通识教育体系，使学生通过理论学习和查档实践掌握基本的档案知识和档案利用方法。山东大学档案馆在辅助教学和开展档案教育方面已经采取了一系列措施，在积极开展教学档案提供利用工作的同时，每年面向全校各单位开展档案知识和档案工作方法培训，为学生提供 40 余个勤工助学岗位。山东大学档案馆与档案学专业合作申请了大学生创新创业基地，在教学实践中探索新的专业人才培养模式，并在教学实践经验的基础上提出了基于"2+1"培养模式的创新创业教育基地建设目标，即以课堂教学和实践教学为基点，依托山东大学历史文化学院和山东大学档案馆，在课堂教学和实践教学过程中同时渗透创新创业教育，致力于培养具有扎实理论基础和实践创新能力的复合型创新人才。以山东大学档案馆为主要实践基地，充分利用各类馆藏档案资源，结合档案事业发展新需求，开设现代文件档案管理、档案数字化建设、企业档案管理、电子文件管理系统设计等专业实践课程。聘请档案业务专家担任合作实践导师，指导学生进行实践操作，将理论应用于实践，提高学生的实际操作能力，提升专业技能。学校每年给予 10 万元的经费支持，而且取得了很好的前期成果，在高校档案馆工作中具有一定的创新意义。

（三）构建和传播独特的校园文化

世界一流大学之所以能成为一流，更多的是一种文化积淀，从本质上来看是有其独特的精神①。大学精神和校园文化是一流大学软实力的重要体现。中国的一流大学建设除了应注重大学自治和学术自由以外，还应该注重文化自觉的培养②。校园文化建设是高校文化自觉形成的关键。

① 张晓鹏：《大学排名与世界一流大学建设——第一届"世界一流大学"国际研讨会述评》，载《复旦教育论坛》，2005(4)。

② 刘承功：《探索一流大学建设的中国模式——"一流大学建设研讨会（2010）"综述》，载《复旦教育论坛》，2010(6)。

档案是高校历史文化的记录者和传承者,是高校文化资产的重要组成部分,更是推进校园文化建设的重要信息资源。高校档案馆作为集中保管全校档案信息资源的机构,承担着大学文化传承与创新的重要职责,在打造高校记忆资源库、构建独特校园文化和培养高校文化自觉方面发挥着非常重要的作用。如山东大学是中国最早的按照大学章程办学的大学,山东大学档案馆保存的1901年的《山东大学堂暂行章程》等历史档案很好地诠释了山大的办学宗旨和大学精神形成的根源。"为天下储人才,为国家图富强"的办学宗旨高度概括了大学的使命。山东大学堂章程被光绪皇帝御批要各地创办大学堂时参照。档案文献也证明了山东大学按照章程办学的传统一直影响到当代。

从建校至今积累的丰富档案资源在各个方面展现着山大悠久的历史画卷,构成了山大记忆和校园文化的源泉。在推进一流大学建设过程中,山大档案馆积极推动档案文化融入校园文化建设,通过开展专题档案编研、校史展览和档案文化宣传教育等特色文化活动,构建特色校园文化,传播山大精神。特别是在每年新生开学之际,档案馆都会通过主题展览或组织师生参观校史馆的方式宣传山大历史和山大精神,引导师生在了解校史的基础上快速培养起对校园文化的认同感,鼓励他们积极地参与到校园文化建设中,通过人人参与,在全校范围内形成高度的文化自觉,进而提高学校的文化软实力。

山东大学传统优势学科的形成是有非常深厚的历史积淀的。文史见长,海洋学科、生物学科等学科发展突出,历史上的两次辉煌是山东大学重返青岛的重要理由。档案文献不仅在感情层面更在学术传承上提供了依据。在青岛校区校园文化建设和首批新生开学筹备和开学典礼中,档案馆、校史办发挥了不可替代的作用。道路和楼宇的命名、校园文化氛围的营造都充分体现了历史档案的特殊意义和档案馆的特殊作用。目前正在使用的两个主要教学办公区分别以山东大学在青岛(当时的国立青岛大学)的首任校长杨振声、新中国山东大学的首任校长华岗的名字命名为"振声苑"和"华岗苑",命名仪式由档案馆、校史办筹办,老校长的亲属也由档案馆负责邀请和陪同,华岗校长的亲属表示还要向学校捐献华岗校长的遗物。学校的两个书院分别以闻一多、沈从文的名字命名为"一多书院"和"从文书院"。"山东大学在青岛"的校史展受到高度关注,山东省委书记姜异康、常务副省长孙伟分别参观了展览,网上展览的点击率过千条,山东大学校史档案微信公众号的点击率进入档案公众微信号排行榜前十。山东电视台、青岛电视台对展览都有报道,青岛人民广播电台做了近两个小时的现场专题节目。青岛校区的六个学院分别组织学生参观校史馆,接受校史校情教育。

（四）促进国内与国际交往

对外交往特别是国际交往是一流大学走向世界和提升国际影响力的重要途径。档案是高校对外交往历史的最好见证，也是高校加强对外交往的一个桥梁。高校档案馆馆藏的外事档案记录着高校开展国际教育和国际交流合作的发展历程，如国外专家学者来访、教师出国考察访问、与国外高校合作科研项目以及外国留学生材料等，合作发展类档案则记录着高校与社会其他单位在学术研究、科研成果推广及产业发展等方面的交流合作信息。在一流大学建设背景下，高校纷纷采取了一系列引进来与走出去的相关举措，与国内外高校广泛建立友好合作关系，并不断加深交流合作的广度和深度。因此产生的档案信息内容和形式更加丰富，为高校档案馆促进对外交往功能的发挥提供了更好的资源条件。档案馆可以挖掘利用多样化的档案资源开展交流合作档案专题编研，展现学校在国内与国际交往合作方面的丰富成果，或开发与赠送档案特色文化纪念品来加深与交流合作对象之间的情感，特别是加深与世界各地友好学校和校友之间的联系，为高校发展引进更高水平的研究人才和研究项目，进而提高高校在国际上的影响力与知名度。

三、充分发挥高校档案馆在一流大学建设中的功能

高校档案馆在一流大学建设中要充分发挥自身的功能，首先要树立问题导向意识，善于分析学校档案工作面临的环境和存在的问题。档案是高校最有价值的信息资产之一，是学校核心信息资源。在建设一流大学背景下，高校的办学规模、教学质量、学术研究水平和人才培养层次不断提高，产生的档案信息呈现出数量巨大、内容丰富、形式和载体多样等特征。档案工作如何发挥好自身角色功能，在信息化背景下实现档案信息资源的增值服务，有力推进高校建设一流大学目标的实现，是高校档案馆在新的社会发展形势下面临的巨大挑战。

（一）围绕一流大学建设的中心工作，加强档案资源建设

档案工作的重心宏观上就是加强档案资源体系建设、档案服务体系建设和档案安全体系建设，简称“三个体系建设”。加强档案资源体系建设是三个体系建设的基础。档案资源建设是高校档案馆工作的重中之重，也是档案工作服务于一流大学建设的基础。一流大学的档案馆需要有一流的档案资源建设能力，通过档案资源内容整合、资源结构优化和特色资源建设将档案馆职能从单纯的

档案保管者、提供利用者上升到高校治理的参与者、记忆网络构建者和高校文化传承者的高度。

要加强档案资源建设理论的研究和应用。在资源内容整合方面,不断拓宽档案收集范围和渠道。一方面要加强校内档案资源收集的前端控制,从源头上确保档案的齐全完整和规范整理;另一方面要重视跨区域和跨机构的档案资源共建,通过档案征集工作整合社会机构及个人手中的档案资源,特别是高校在历史发展过程中遗留在不同地方的历史档案,逐渐形成档案信息资源体系。如哈佛大学档案馆在档案资源建设方面采用的捐赠策略在很大程度上弥补了官方收集政策未能顾及的历史细节①,为我国高校档案资源建设提供了很好的实践范例。

在资源结构优化方面,高校档案馆要顺应信息社会背景下档案资源内容和形态多样化的发展趋势,着重加强各类数字档案资源建设。在互联网环境中,高校档案馆可以将国外的"参与式"档案资源建设实践②纳入档案资源建设中,鼓励校内各单位、校外社会组织、学校师生及校友、社会个人等通过各种方式参与到高校档案资源体系建设中,推动其由档案信息利用者向档案资源建设者角色的转变,使档案馆档案资源结构得以不断丰富和优化。

"学科水平是一所大学核心竞争力的集中体现,学科特色是一所大学最根本的特色。从一定意义上来说,一所大学综合实力的排名实质上是学科排名的排名。没有一流学科,就没有一流大学"③。特色档案资源最能展现高校历史文化特色,学校历史档案、重大活动档案、名人名师档案、重点学科建设档案、学生档案等都是具有本校特色的档案资源。国外很多一流大学档案馆如哈佛大学档案馆无不重视特色档案资源建设工作,利用学校在教学科研和文化实践活动中形成的珍贵教学档案、科研档案、名师手记等打造特色馆藏,提升高校文化内涵和社会影响力。

(二)围绕一流大学建设,提高档案信息开发与服务水平

高校档案馆要坚持重点突出,围绕中心工作,积极为一流大学建设提供档案服务,提升服务的主动性、针对性和效率。习近平总书记提出的"全民共享、

① 明月:《哈佛大学档案馆的多元角色研究》,载《档案管理》,2016(2)。

② 加小双,安小米:《数字档案资源建设中的参与式图景》,载《档案学研究》,2016(2)。

③ 唐景莉:《坚持立德树人办好中国特色社会主义大学——访教育部党组副书记、副部长杜玉波》,载《中国高等教育研究》,2016(10)。

全面共享、共建共享、渐进共享”的观念,对高校档案服务体系建设具有重要指导意义。档案信息开发与服务是实现档案价值的主要方式,也是高校档案馆服务于一流大学建设职能的主要实现途径。开展档案编研、举办档案展览、发行档案文化产品等都是高校档案馆开发档案信息资源的重要方式,很多高校在这方面已经取得了很多成果。在一流大学建设背景下,高校的社会开放性不断提高,档案信息资源社会价值的实现以及社会化服务成为高校档案工作发展的必然趋势。而传统的档案信息开发与服务方式已不能满足高校档案资源社会化共享的需求。打造一流的档案信息开发与服务不能仅仅依靠档案馆一己之力,档案馆既要立足馆藏优势打造档案精品,更要突破界限,积极拓展档案信息开发渠道,寻求与图书馆、博物馆、社会机构以及校内外媒体平台的广泛合作,协同开发档案资源,力求实现档案资源品牌开发和档案信息社会化共享的常态化。尤其要重视一流学科档案信息的深度发掘和提供。通过梳理一流学科的发展历史分析学科发展的传统和特色,不仅要明确一流学科发展的“然”,更要发掘其“所以然”,以史为鉴,可以总结许多有益的经验。可以通过学科档案数据的发掘,提供相应的信息汇编,也可以开展学科名家的研究、学科项目汇编等工作。

中国人民大学冯惠玲教授提出了“信息资源综合贡献力”思想。信息资源可以在政治、经济、社会、科技、文化诸多领域发挥作用力,对国家经济社会发展具有“不可替代的、全方位的、综合性的价值与作用”。高校档案馆工作也应该善于利用信息化技术,不断提升服务效率与综合贡献力。

信息网络技术的快速发展为高校档案馆创新档案信息服务方式提供了很好的平台。我国大多数高校档案馆都拥有自己的网站,主要用来介绍馆藏、档案管理制度、档案借阅流程等。随着移动互联网平台的盛行,很多高校档案馆陆续开通了微博、微信公众号,向用户远程推送档案馆工作动态和馆藏资源信息。同济大学档案馆、中南大学档案馆等充分利用网络平台优势,实现了档案信息的远程查询与利用,使用户足不出户便可以获取所需档案信息。从被动向主动服务转变和以用户需求为中心的服务理念在高校档案工作中得到了很好的实践。

(三)全方位保障一流大学建设过程中的档案信息安全

档案信息安全一直以来都是高校档案馆非常重视的问题。一流大学的档案馆必须拥有全方位的档案信息安全保障措施。档案实体安全保障是基础,库房安全保障措施要全面及时,做好“八防”,避免重大事故对档案资源的损害;档案内容安全方面,档案馆要对档案资源内容进行鉴定,对涉密档案和部分涉及知识产权保护的科研档案等要单独保存,规范管理,谨慎开放利用;在数字档案信息安全方面,档案管理系统的安全稳定尤为重要。随着高校信息化改革的深入,电子文件数量不断增加,档案管理系统在档案工作中不可或缺,信息系统的安全性也成为高校档案馆乃至整个高校越来越重视的问题,从数据的安全获取到系统的安全访问再到信息的安全输送,每一个环节都不容忽视。

(四)以人为本,打造专业化档案工作人员队伍

高校档案工作具有很强的专业性和研究性,必须具有创新观念,研究性地开展工作。一流大学和一流学科建设需要一流的管理和服务人员队伍,高校档案工作更是如此,加强专业化档案工作人员队伍建设对于提高档案管理和服务水平具有极为重要的作用。高校档案馆需要有一支管理型、技术型、服务型、研究型相结合的创新团队,优化人才结构,融合档案人才、计算机人才、信息管理和教育管理等专门人才的专业优势[①]。20 世纪 30 年代以来,我国档案管理高等教育发展越来越成熟,学历教育层次和人才培养质量都不断提高,为我国档案事业发展输送了大量的专业人才。在一流大学建设背景下,很多高校档案馆在引进人才时更加注重人才的专业知识积累和综合能力,并对引进人员学历层次有了更高的要求。同时也对现有档案工作人员的继续教育和培训给予了更大程度的重视,通过鼓励学历深造和外出学习培训等各种方式提高档案人员的专业知识含量、业务能力、信息技术应用能力和职业素养等。

山东大学致力于研究性创新性地开展档案工作,运用多种方式提高档案人员的专业能力,鼓励档案人员参加专业培训、申报科研项目,参与创新创业基地建设,收到了很好的效果。近几年新引进的档案工作人员大都是档案专业和计算机专业出身,学历也都在硕士以上,同时鼓励所有工作人员不断进行专业学习、学术研究和对外学习交流,有效地改善了人才的知识结构、学历结构、年龄结构和业务能力,为打造一支一流的档案管理人员队伍奠定了良好的基础。

---

① 王玉斌:《高校档案馆科学定位研究》,2009(1)。

第四篇

“互联网+”背景下的校史文化传播

思维转向与协同创新：“互联网 +”理念下校史研究的发展趋向

浙江师范大学档案馆　易涛

摘要：在“互联网 +”理念下，如何将互联网信息技术合理应用于史料搜集、文献整理、成果传播等校史研究领域，切实提高校史研究水平是极具现实意义的理论思考。本文从“互联网 +”与校史研究的关系着手，对比传统史学研究，探讨校史研究需要关注“互联网 +”的必然性，以及在在“互联网 +”理念下校史研究呈现的未来发展趋势。“互联网 +”理念下的校史研究，材料来源更加多元，史料获取更加便捷，成果展现更加多样，研究模式更加开放和注重协同，研究思维更具双向性和创新性。

关键词：互联网 +；校史研究；协同创新；思维转向

2015 年，李克强总理在全国两会的政府工作报告中首次提出“互联网 +”行动计划，让“互联网 +”概念“走红”并广为人知。随后，2015 年 7 月国务院印发《关于积极推进“互联网 +”行动的指导意见》，2016 年两会政府工作报告中李克强总理再次多处提及“互联网 +”概念，让这一理念受到前所未有的关注。有关“互联网 +”的研究文献俯拾皆是，相关解读亦是众说纷纭，但是总体而言，所谓“互联网 +”，“是指以互联网为主的新一代信息技术（包括移动互联网、云计算、物联网、大数据等）在经济、社会生活各部门的扩散、应用与深度融合的过程，这将对人类经济社会产生巨大、深远而广泛的影响。‘互联网 +’的本质是传统产业的在线化、数据化”[①]。

校史是一所学校建立、发展、壮大轨迹的历史记录，是学校办学经验、精神风貌、校园文化的历史积淀。有学校就有校史，但是真正意义上对其进行考证、

① 宁家骏：《“互联网 +”行动计划的实施背景、内涵及主要内容》，载《电子政务》，2015（6），第 32 页。

分析和提炼的校史研究却在近些年才初具形态。从性质上讲,校史研究是“教育史、学术史、文化史、思想史等的重要交叉地带”①,是历史学和教育学等学科都在关注的研究领域。同时,因为学校档案是校史研究最为重要的素材来源之一,因而,实际工作中校史研究工作往往与档案工作保持着密切的关联。随着校史研究在资政、存史和育人等方面的作用不断凸显,必将迎来更好的发展前景。

“互联网 +”概念虽发轫于经济学领域,“+”的研究范围却已涉及教育、医疗、服务、农业等多种行业。可是,即便在这种时代氛围下,提出“互联网 + 校史研究”的观点却仍然难免令人生疑,有生搬硬套、追求时髦之嫌。传统的史学研究往往给人一种埋首故纸、皓首穷经的印象,似乎与互联网相隔甚远没有交集,因而少有人将“互联网”与史学研究结合在一起进行思考。但是,计算机及网络信息的发展,对于校史研究在素材收集、资料检索、史实考证及成果传播等多个方面的影响却是客观存在的。2015 年 8 月召开的第 22 次世界历史大会将“历史学的数字化转向”作为主要议题之一,也体现了国际史学界对于互联网和数字资源的高度关注。正如山东大学教授王育济所言,“虽然类似课题中国史学界也有讨论,但几乎不可能郑重其事地上升为国家历史学会的主题”,“若再进一步对比一下各国同行围绕着‘历史学的数字化转向’将要在大会上讨论的具体问题,如‘维基解密时代的文献记录’‘互联网内容与史料思想’‘作为文献来源的社交媒体’‘网页收藏:一种新的文献库’‘数字化历史学与著者之权利’,等等,就不得不承认,我们在这一领域的研究有些滞后。就中国史学家而言,很难设想会将‘社交媒体’‘网页收藏’作为‘文献库’予以讨论,但接触到外国同行的这一议题后,我们又不得不承认这一课题的巨大价值与潜力”②。不管我们是否愿意面对,互联网都正在悄然影响和改变着校史研究的方方面面,本文以“互联网 +”为视角,探寻在此环境下校史研究正在发生的一些变化。

一、材料来源的多元性

我国史学研究历来重视材料的搜集和掌握,常以占用尽可能多的历史文献作为得出结论的前提,占用绝大多数史料就可以下基本结论,而没有看到重要

① 付春梅,梁敬芝,万静:《浅谈我国高校校史研究发展趋势》,载《中国高教研究》,2009(3),第 86 页。

② 王玉济:《关于“历史学的数字化转向”》,载《光明日报》,2015 年 8 月 23 日,第 6 版。

史料,则只能就事论事、就书论书,这样的研究也难以产生影响。因此,当兰克史学传入国内以后,受到了很多史家的尊崇和推广。傅斯年承袭兰克史学的治史态度,提倡“史学即史料学”,认为“只要把材料整理好,则事实自然显明了。一分材料出一分货,十分材料出十分货,没有材料便不出货”,在治学上要求“上穷碧落下黄泉,动手动脚找东西”。这种观点将史料之于史学研究的价值上升到了一个新的高度,也极大地推动了史料搜寻工作的开展。在资料来源上,传统校史研究大多依赖于学校年鉴、档案史料以及其他材料中的相关发现,材料来源及表现形式比较单一。同时,由于我国档案归档中长期存在的只重视“红头文件”问题,导致可供校史研究的素材集中于学校办学中的各种官方“大事”,内容上也较为单一。

王加丰将互联网资料分为三种类型,即“有相应的实物形态存在”,“一些产生时以实物形态存在,但很少有人专门加以保存,上网后却可能长期留存下来的资料”和“只以各种电子文档形式存在的资料”,并且认为“网上资料不是历史资料的全部,某种意义上也不是最重要的历史资料,但其作为史料的价值是不可否定的”①。互联网资料来源的多元性,一方面让校史研究史料的获取途径和文献形式更加丰富。校史研究可以从网页、博客、微博、微信等多种网络媒介中搜寻文字、图片、数据、视频等各种形态的史料信息。另一方面,校史研究史料的内容信息也从单一的官方视角转向对一般校友、普通民众的关注,平民化倾向愈发明显,让校史研究的成果能够更加贴近民众还原真实。可供校史研究的史料不再只是那些经过官方“选择”的统一材料,校友在博客上的回忆录,论坛上的各种讨论都成为一种可供参阅的校史史料。

二、史料获取的便捷性

传统史学研究的基础,就是要尽可能搜集与主题有关的历史资料。这包含两个方面的内容,一是找寻切合主题的史料;二是对搜集到的史料“寻章摘句”,找寻与研究主题相关的记载。囿于文献载体的形式,无论是金石、简帛还是纸张,文献副本的数量和传播范围都较为有限,很难“飞入寻常百姓家”。1915年,文渊阁《四库全书》搬运至北京京师图书馆。陈垣每天租一架驴车到图书馆阅读《四库全书》,十年每日往返,才成就其学术的渊博高深。名人找寻史料尚且不易,对于并非“显学”的校史研究,其难度可想而知。即使有幸能够掌握相关的史料,但是在“边阅读相关史籍,边作史料卡片”的传统治学模式下,“掌握

① 王加丰:《互联网资料的史料价值》,载《史学理论研究》,2011(4),第11页。

与研究主题相关的‘所有史料’并‘竭泽而渔’,也永远只是一种奢望”[①]。

上述两个方面,互联网时代都为其提供了几乎是革命性的研究手段。首先,更多的史料开始以数字形式在互联网上存储和传播。一方面是传统信息的数字化。为了尽享数字信息的传播和利用之便,越来越多的史料信息通过扫描、拍照等方式进行数字化。“截至2012年3月,经谷歌扫描和数字化的图书已达2000万种”[②]。很多高校的校报、年鉴和校史,则已经进行了数字化加工,有的甚至可以在互联网上公开提供使用。另一方面,单纯的数字信息正以几何级的数量在不断增加和更新。特别是随着互联网交互功能的增强和交互方式的增多,“自媒体”人人参与的模式下,互联网的信息数量更是迎来了爆发式的增长。以学校官方微信为例,它既可以传播学校发展中的大事信息,同时也可以展现师生、校友以及社会人士对它的讨论和评价,其平实、生动的特性是校史研究中不可缺少的素材。

其次,检索技术的发展让史料整理的效率不断提高。利用互联网检索,人们不仅可以找到所需的史料信息,还可以迅速编制成各种个性化的专题数据库。从专题查询到全文检索,从文本匹配到图形搜索,从专业检索语词到智能联想推荐,互联网信息检索的效率和准确度正不断提高。有位学者研究中国古代的“矫制”,用传统方法查找资料,辛辛苦苦干了一个多月。文章写成后,请一位懂电脑的同行提意见,那位先生上网检索“矫制”,几分钟就检索完了。一对照,手工翻书比电脑查找还少找了一条资料[③]。

三、成果展现的多样性

与传统史学不同,互联网时代,校史研究成果的展现途径和手段可以更加多样。首先,校史研究的成果可以更及时地进行发布和更便捷地传播。相较于纸质印刷或正式出版,在互联网上发布相关成果的程序更为简单,及时性特征也就更加突出。网站、博客等方式可以按照与纸质版式相同的方式来呈现,QQ、微信等带有信息提醒和推送功能的媒介,其及时性优势则更加明显。在成果传播方面,传统信息传送以纸质的书籍和报刊为主,其流通与储存都有一定局限。

---

① 包伟民:《论当前计算机信息技术对传统历史学的影响》,载《杭州大学学报》,1998(4),第5页。

② 周兵:《历史学与新媒体:数字史学刍议》,载《甘肃社会科学》,2013(5),第63页。

③ 王文涛:《怎样利用数字资料研究中国古代史》,载《历史教学(下半月刊)》,2003(5),第66页。

而利用互联网信息技术,校史研究的成果传播可以更加快捷、方便、廉价,更容易扩大研究成果的影响力。

其次,校史研究的成果可以更加形象地展现,同时具有更好的交互性。正如包伟民所言:“史学其实是一个十分适合以多媒体技术来表现的对象,因为人类的历史是形象的,是如此的丰富多彩”①。纸质载体时代,形象表现史学研究成果的愿望很难实现,不仅方法有限,而且价格不菲。互联网时代,随着信息技术的不断发展,形象展现史学成果成为一种可能。例如,很多高校现在不仅拥有实体的校史馆,而且建有更加立体形象的网上校史馆。有些校史专题展出,在实体场馆布展一段时间后,可以同步在网上永久呈现。利用互联网的交互性特征,校史研究成果可以在著者和读者之间架起一座桥梁,让读者的反馈意见更加及时的为著者所获知,不断促进研究成果的深化。

四、研究模式的开放性和协同性

我国的史学研究历史悠久,大师荟萃,成果颇丰,但是一直以来史学研究都属于小众行为,而兴起不久的校史研究则影响力更为有限。互联网时代,由于检索技术的发展和网络资料的丰富,让“过去一些机构和个人借助资料便利而取得的学术优势,可能遭到削弱,甚至颠覆。那些原来远离资料和信息中心的人,现在也能接触和利用同样的资料,于是就可能从原来的知识的接受者变成知识生产者”②,“那种以掌握史料多寡作为衡量史家能力高低的时代已一去不复返”③。传统的史学研究得以向公众史学的方向发展,史学研究的人员和成果也将不断地丰富。最典型的例子莫过于“当年明月”的《明朝那些事儿》。曾经作为普通公务员的“当年明月”因为《明朝那些事儿》在网络连载之后一举成名,进一步推出的纸质图书,成为近30年来最畅销的史学读本。无数个“当年明月”凭借着互联网技术的便利,正在发挥着比“职业历史学家”更大的影响力。

在这种环境下,校史研究也呈现出前所未有的开放性。这种开放性首先表现在研究者与史料之间,不再有空间的阻隔;研究者与研究者之间,也不再有身份的差异。对校史研究感兴趣的人都可以参与其中,校友关于某一人物或事件

① 包伟民:《论当前计算机信息技术对传统历史学的影响》,载《杭州大学学报》,1998(4),第3页。

② 李剑阁:《网络史学的神话与实际》,载《史学理论研究》,2011(4),第4页。

③ 李华瑞:《近三十年来国内宋史研究方向博士学位论文选题取向分析与思考》,载《历史教学(下半月刊)》,2009(6),第77页。

的追忆,应该也是广义范畴上的一种校史研究形式,这对于扩大校史研究的影响无疑是大有裨益的。其次,这种开放性也推动了校史研究手段的不断进步。技术不断革新是互联网环境的一个显著特征,基于这种开放性思路,校史研究需要关注新出现的各种技术手段,根据自身需要来加以合理运用。例如,利用QQ、微信、远程视频等手段来丰富校史口述采访的交流形式,提高采访工作的效率。

整合协同、有机融合、跨界连接是"互联网+"的重要理念之一。因此,互联网时代校史研究还应当具备协同合作的工作理念。经过近些年的努力,校史研究在学校基本大事和主要人物的研究方面取得了诸多成果。校史研究想要进一步拓展空间,获得更大的发展,无疑需要校史研究机构和研究人员的协同合作。这种协同合作首先是研究方法和研究体会的一种交流,需要发挥校史研究学会的平台作用,加强校史研究人员之间的互动和交流。其次,在校史研究内容上,不同学校之间可以针对相关区域、人物、事件进行协同研究。例如,有关学校建筑和校园景致方面的研究,已有《燕园建筑》《武汉大学早期建筑》《钟灵毓秀——国立中山大学石牌校园》《华南理工大学人文建筑之旅》等多本书籍正式出版,但是如果想做全国范围内有关这一话题的深入探讨,就需要相关院校的协作互助。又如,盛宣怀一生与我国早期高等教育事业息息相关,现在的天津大学、上海交通大学、西安交通大学、大连海事大学、上海海事大学等学校都与其有着直接的关联,只有这些学校互通有无才能尽可能地掌握有关研究史料,丰富研究成果。

五、研究思维的双向性和创新性

互联网时代,不仅为校史研究者提供了更多先进的信息技术,更为重要的是,为校史研究的思维转变和成果创新提供了可能。互联网时代的校史研究可以实现从"一意求之"到"无意求之"的研究路径转变。传统的史学研究,人们习惯于直线式思考,是以 A → B → C → D → E 的顺序依次排下去的逻辑,我们通常会顺着这些线条来收集史料和思考。这种"一意求之"的单向研究路径,"每当我们将零星的断片(即史料)按照一定规则重新排列、组合以后,都会有一种豁然开朗的感觉,因为我们从中发现了那些资料在原有脉络之中难以解读出的字面之外的第二甚至第三重含义,以及它们之间的各种内在关联,我们对这些含义和关联作进一步的分析或综合,往往会有新的发现和解读,这就是人文学术研究的一般过程"[①]。校史研究亦是如此,需从客观实际出发,搜集大量的校

① 史睿:《论中国古籍的数字化与人文学术研究》,载《北京图书馆馆刊》1999(2),第30页。

史材料，将此作为研究的起点，然后遵循传统的逻辑规则，沿着归一的或单一的方向进行严谨周密的推理论证，最后揭示客观事物的本质及其规律。演绎思维逻辑清晰，程序严谨，往往结果也令人信服。但是，只是沿着一条固定的思路走下去，也容易使我们的思考受拘泥、被定型、受限制。

互联网时代，可以使用模糊查询或渐进式查询的方法搜集有关校史资料，从而实现研究路径向“无意求之”的改变。“无意求之”的研究路径，使校史研究在进行分析之前，可以先进行假设，“以果为始”，以最终的结果作为思考的开始，以最初需要的数据或者信息为这个循环思维的终点，使胡适先生“大胆设想，小心求证”的方法成为可能。“无意求之”的研究路径，可以在研究中多思路地进行思考，不断探索其他的可能性，从内心深处把齿轮从单数变成复数，从而把自己从一个问题的解决者转变为多问题的解决者[①]，也使校史研究中的“意外收获”和成果创新变为可能。但是，这种方法往往是主题先行，即先有题目再去论证，容易造成伪命题的出现。在互联网时代，可以兼用上述两种思维，相向思考，势必有益于学术创新。

诚然，在倡导将“互联网 +”理念融入校史研究的同时，我们也必须认识到其目前存在的诸多问题。互联网让校史研究资源获得了空前的增加，但是对于网上资源的鉴定却也成为一门新的课题，如何确定其准确性、真实性和完整性是史料利用的前提。互联网检索技术让史料的整理和归置变得容易，但是“以检索代替研究”“以粘贴伪装学问”的乱象也是校史研究中需要提前预防的问题。在技术层面，数字史料信息的稳定性还有待提高，需要更好地解决技术更新换代与兼容性的问题。在法律上，虚拟网络中的学术规范有待进一步加强，知识产权意识与法规也尚待完善。但是这一切都不能阻挡互联网走向校史研究的脚步，校史研究的学人只有合理地利用互联网时代的各种信息工具，才能将校史研究进一步的推向深入。

---

① 贾文龙:《数字时代对史学研究模式的影响》2016 年 9 月 2 日，http://www.guoxue.com/?p=14741.

浅谈“互联网+”时代校史研究发展趋向

河南大学档案馆/校史馆　王学春

摘要:校史研究的任务之一就是揭示学校发展进步的规律,并在其中得到启迪。每所学校的演变都在探索中国高校发展的研究中扮演着自己的角色,折射出中国高等教育的发展规律。当今“互联网+”背景下的校史研究使区域性合作成为可能,即:注重校史资源库的共建共享,方便借鉴已有的研究成果,拥有适合本身研究氛围的虚拟空间,依托互联网建设区域高校存史资政联盟等,总之,“互联网+”让校史研究更有意义。

关键词:校史研究;区域合作;互联网+;机制建设

在2015年的政府工作报告里,李克强总理提出了新时期“互联网+”的概念。所谓“互联网+”在政府工作报告里边指的是一个“行动”,并不是按一个名词对待的,也就是说要通过这个行动改造传统的制造业,升级我国经济,提升我国经济,是和新常态相呼应的。随后《国务院关于积极推进“互联网+”行动的指导意见》中也进一步指出:“互联网+”是把互联网的创新成果与经济社会各领域深度融合,推动技术进步、效率提升和组织变革,提升实体经济创新力和生产力,形成更广泛的以互联网为基础设施和创新要素的经济社会发展新形态。其核心与关键就是“跨界融合,连接一切”,这不仅促成了众多行业的转型发展,还有利于提高人们的生活水平,充分体现“以人为本”的思想。

“互联网+”背景下“连接一切”,让以往远隔千山万水的人们可以足不出户相互交流成为可能。当今云计算、大数据、物联网等信息技术的普及,对于国内校史研究者而言,带来了新的挑战与发展机遇。特别是使校史研究的区域性合作成为可能,并呈现出新的发展趋向。

一、校史研究者越来越注重校史资源库的共建共享

“互联网+”时代,社会高速发展,科学技术日益发达,信息流通量加快,促

使人们之间的信息交流也越来越密切,越来越方便,大数据就在这个高科技的时代诞生了。最早提出“大数据”这个概念的是全球知名咨询公司“麦肯锡”,它是这样来描述的:“数据,已经渗透到当今每一个行业和业务职能领域,成为重要的生产因素。人们对于海量数据的挖掘和运用,预示着新一波生产率增长和消费者盈余浪潮的到来。”互联网信息技术在社会各个行业的运用,使得大数据的发展而引起更多人的关注。“互联网 +”时代下海量信息的出现,以及校史研究者与爱好者对校史资源信息的需求量也在不断地变化,这就时刻在提醒着研究者,传统模式下的校史资源信息很难继续满足新时期用户深入研究过程中继续增长的资源信息需求。可以说在“互联网 +”环境下,强大的校史信息资源数据库是校史研究进一步走向深入的史料与资源基础。

也许以往校史研究的任务,就是针对一个个单体的学校,努力还原其发展的历史进程,从而揭示学校发展进步的规律,汲取其经验教训,在其中得到启迪。但是,到最后会发现校史档案史料的保存与收集,是个艰辛而漫长的过程,甚至有些信息并不是刻意收集就如愿的,但是有些稀见的资料反而是偶然间的惊喜发现。这就说明校史资源的碎片化信息在不断增多,也逐渐引起人们的重视,随着网络资源的丰富,校史资源也是一个渐进式发现的过程。特别是互联网和微媒体的完善,国内互联网用户数量与日俱增,且增长速度不断加快。用户的增多势必会带来网络信息的增多。

近百年现代大学的发展演变,虽然千变万化,分分合合,但其价值观是趋同的,其人员是有联系的。民国期间甚至是当今社会大学教师的流动性也是从不间断的,即便是从学子到教授的演变,其随身所带的校史元素都是研究者眼中不可或缺的珍贵资源。随着互联网的广泛应用,社交媒体的不断更新,很多以往不被重视的校史资源信息会在电视台的新闻报道、微博头条、微信公众号里出现。而这些在微博、微信等微媒体中传播的校史资源信息也是大数据时代校史资源库的一个组成部分。社会大众在网络中对某一校史事件的评论和后续报道,也会对这一事件的信息资源进行完善、丰富及补充,这对真实反映事件有着举足轻重的作用。哪怕是非关键性的人物在网络中发布一些与自身相关的内容,也许就是“踏破铁鞋无觅处,网络得来省工夫”的小概率事件。所以,这些碎片化信息都会随时随地地产生,要具有识别判断的眼光和准确搜寻的抓手。

在“互联网 +”时代,校史研究者都会自然接受“我为人人,人人为我”的理念,积极主动地、自觉地投入校史资源大数据的建设中去。有时候“大数据”不仅仅是众多数据的集中,大数据将会带给我们三个颠覆性观念转变:是全部数据,而不是随机采样;是大体方向,而不是精确制导;是相关关系,而不是因果关系。具体而言,不是随机样本,而是全体数据:是指在大数据时代,我们可以分析更多的数据,有时候甚至可以处理和某个特别现象相关的所有数据,而不再依赖于随机采样(随机采样,以前我们通常把这看成是理所应当的限制,但高性能的数字技术让我们意识到,这其实是一种人为限制)。不是精确性,而是混杂性:是指研究数据如此之多,以至于我们不再热衷于追求精确度,之前需要分析的数据很少,所以我们必须尽可能精确地量化我们的记录,随着规模的扩大,对精确度的痴迷将减弱,拥有了大数据,我们不再需要对一个现象刨根问底,只要掌握了大体的发展方向即可,适当忽略微观层面上的精确度,会让我们在宏观层面拥有更好的洞察力。不是因果关系,而是相关关系:是说我们不再热衷于找因果关系,寻找因果关系是人类长久以来的习惯,在大数据时代,我们无须再紧盯事物之间的因果关系,而应该寻找事物之间的相关关系,相关关系也许不能准确地告诉我们某件事情为何会发生,但是它会提醒我们这件事情正在发生[①]。

"互联网+"背景下,方便的联络平台与丰富的相关信息资源促使校史研究者会越来越注重校史资源库的共建共享。这是新时期校史研究者的一种梦想与追求,是影响到我们生活、工作与思维的大变革,也是这个时代赋予我们的一项使命。

二、校史研究者方便地借鉴已有研究成果

近年来,党和国家领导高度重视地方史志的编修工作,习近平总书记强调"要高度重视修史修志",李克强总理提出"修志问道,以启未来"[②]。都对地方志工作提出了新的更高的要求。国务院办公厅也印发了《全国地方志事业发展规划纲要(2015—2020年)》的文件,这是地方志事业发展的顶层设计,具有非常重要的意义。中国历史上本来就有"盛世修志"的文化传统,因而,校史研究工作逐渐得到有关部门的普遍重视,不断完善着传统的校史研究机制,也收到了不少显而易见的成绩。20世纪80年代以来,校史研究成果逐年增加,从出版形式上看,由原先的内部油印本逐渐转向铅字印刷内部资料本,再到正式出版的学术性专著。从内容上看,校史研究成果逐渐从评功摆好的总结,演变成对学

① [英]维克托·迈尔-舍恩伯格,肯尼思·库克耶著,盛杨燕、周涛译:《译大数据时代》,杭州:浙江人民出版社,2013年版。

② 王伟光:《盛世修志助力中国梦》,载《人民日报》,2015年9月10日,第10版。

校发展进程中的学术传承进行发掘与梳理，努力揭示办学规律。

现代高等教育在中国虽然只有一百多年的历史，但是其演变发展的过程却充满了曲折与艰辛。虽然，高校也向自然界其他事物一样都有其生生灭灭的生长规律，就决定了很多大学的演变过程并不是单纯的有始有终模式，其纯洁的与外界少有联系的状况是罕见的，多多少少都有与其他高校衍生出千丝万缕的联系甚至是更替，不管是历史遗留下来的高校，还是经过合并而成的大学，几乎都可以找到其萌发的多个源头。既如此，相互之间校史研究成果的借鉴，显得更为直接与合理。这里所谓的借鉴，主要是指借鉴校史研究角度思路、方法及技巧，同时也要借鉴其具体的研究成果内容等。

研究成果的相互借鉴，在“互联网+”时代成为轻而易举的事情，以往信息传播速度很受限制，现在就比较便捷了。比如对于同一件事物的认识，可能会因为观察角度的不同和切入点的差异而得出相左的结论，也算是比较正常和容易理解。缺少了相互借鉴的渠道，可能会在一个相当长的时间段里，自说自话，针对相左的观点，都会认为是别人的研究出现盲点，掌握一手资料不足，给受众及社会带来误导，一旦先入为主，要想改变、更正就需要花费更大的精力和物力来正本清源。在现代信息通信技术飞速发展的环境下，关联的高校之间，或者校史研究者之间会有机会争取到大块的磨合时间，相互砥砺、相互补充完善，在达成共识的情况下，理顺基本的事实真相，加深相互交往与信任，认同传承、统一口径，谨慎地给出结论。校史研究者及校史爱好者之间形成一种心平气和、相互理解、相互包容、证据说话、以理服人的氛围，校史研究成果的借鉴才有坚实的基础。

三、校史研究者拥有适合本身研究氛围的虚拟空间

校史研究者在其研究过程中，有时也需要一种相近的研究氛围来感染自己。这个研究氛围其实就是指围绕或归属于一特定根源的有特色的高度个体化的气氛。作为校史研究者，其高度个性化的气氛，往往希望能将对同一话题感兴趣的研究者聚集在一起，营造一个适合研究者激活潜力、开阔视野的小环境。传统时期要想实现这一梦想，受到的限制性条件比较多，而在“互联网+”时代，这些设想，可以通过打造虚拟空间来实现。虚拟空间的本义是：用特殊的软硬件技术，把一台计算机主机分成一台台“虚拟”的主机，每一台虚拟主机都具有独立的域名和 IP 地址（或共享的 IP 地址），具有完整的 Internet 服务器功能。其人文解释，也就是其延伸意义，则可以认为虚拟空间是指人类思维得以

储存的重要的空间组成部分。其空间的大小既决定着人类想象力的多与少,又同时决定着因为虚拟空间在思维空间中占有率过大而最终导致想法与客观现实相脱离的现象。

理想的研究者虚拟空间,并非一般意义上的社交平台,虽然,成员之间的交流在空间里畅通无阻,但还是有较大的区别的。首先,这个虚拟空间是一个生长着的有机体,校史研究信息经过这里的流转之后,在空间的活化机制激发下,可能会生成新的信息形态甚至是创新的资源。其次,校史研究者的虚拟空间是一个开放的实验室,通过人机交流、头脑风暴等方式可以使得新思维、新想法在这里融合、分化、重组、升华。再次,虚拟空间最大的财富不是校史信息,不是文献资源,而是怀有相近思维情怀的人才聚集点。围绕这些人形成适合这个空间生长的机制,表现出一种勃发的张力,吸引更多的同好、聚合相似的思维等等。

可以设想,校史研究虚拟空间一定是围绕校史这个关键词聚合起来的一群人,因为有了共同的话题,虽然远隔万里,对于形成校史研究的区域合作机制提供了客观便利。在这个空间里人们可以自由交流,将感兴趣的校史资料进行兴趣小组式的梳理,不仅仅便于校史研究者通过网络进行沟通,因为大家都可以自由参与,反而可以借此建立起来理性的信息发布机制。这是因为每个个体所掌握的材料都有可能存在缺失,发布非理性的结论是要承担一定风险的。

四、校史研究依托"互联网+"构建区域"存史、资政"联盟

其实,校史研究者是许多怀有使命感的人组成的一个聚合体,校史研究的过程,也许正是在打捞湮灭在历史长河中的担当。"在互联网上,所有成功的商业模式不仅仅是面对'客户',而更多地则是在考虑'用户',这就是用户至上的思维。"[①] 从这个角度来观察,这段话似乎也适用于校史研究领域,因为不管是校史资源库的建设也好,校史研究者聚合体的形成也罢,在新时期的校史研究道路上,其身份毫无疑问地既是建设者又是用户的一分子,也还会面对更为广泛的用户。这个所谓广泛的用户一方面是校史资源的利用者,另一方面也是校史研究成果的利用者甚至是鉴定者。校史研究成果是给用户来使用的,是我们最为主要的服务对象,同时,他们也是校史研究的支持者、主导者,因此,在校史研究过程中,用户至上的思维是必需的。

或许是研究成果不够丰满,或许是研究者群体人微言轻,校史研究成果不

① 余来文等著:《联网思维:云计算、物联网、大数据》,北京:经济管理出版社,2014年版,第2页。

为用户重视或者不被参考,无疑是一种智力浪费。在现实生活中,确实还存在着校史研究者各自为战、缺少话语权等现象,但是应该看到其使命是光荣的,他们由共同的经验而产生着共同的诉求,那就是:传承文明、记录历史、弘扬文化、服务社会、借史鉴今、启迪后人。传承中华文明、发掘历史智慧的重要载体,真正发挥好存史、育人、资政的作用,是校史研究者的责任与义务。

在具体工作层面,做好用户服务也需要进一步打好基础,做好编修工作,在区域服务联盟的框架里,信息互通,联合攻关,取长补短,互利互惠,去解决针对单个高校而言难度较大的问题,取得好的社会效益。因此,区域“存史、资政”联盟的意义,就在于为着共同的诉求而结合,并体现在联盟可以在行业指导与引领、协调区域联合服务等方面作出贡献。

某种意义上讲,一个社会里关注历史发展脉络的人,几乎可以比喻为关注星空的人。黑格尔曾经说过,一个民族有一些关注星空的人,他们才有希望。时间是历史的审判者,昨天对于今天是历史的过去;明天对于今天是历史的未来。社会已经进入“互联网 +”时代,新时期的校史研究工作者应该充满信心,勇于面对,经受住挑战的考验,去把握自身发展的有机遇。特别是在当今 "互联网 +" 背景下,借助网络互通的优势,促成校史研究的区域性合作机制,在校史研究者之间达成共识,更加重视涵盖全国高校的“校史资源库”的共建共享,在思想意识、技术手段、工作方式上拥有适合校史研究氛围的虚拟空间,方便校史研究者发表自己的成果、借鉴他人的经验,完善行业评价机制,提高研究成果转化速度,完成依托互联网建成区域高校存史资政联盟等工作,那么,在校史研究区域合作领域一定会有理想的市场发展空间,取得较好的工作成绩,校史研究也才更有意义。

“互联网 +”时代下的大学校史文化建设探索与研究

西安交通大学档案馆　洪楠

摘要：学生是随着互联网在中国的发展成长起来的一代，他们接受信息的方式已经与上一代人相比，已经发生了翻天覆地的变化。本文以分析大学文化建设内涵为基础，阐述了校史文化建设的定义。我们以西安交通大学为个案，对大学校史文化建设现状进行调查，发现师生普遍对校史文化表现出浓厚的兴趣，但了解渠道不畅。最后提出了在互联网 + 时代背景下大学校史文化建设的几条探索实践建议。

关键词：互联网；大学文化；校史文化；调研

“文化是民族的血脉，是人民的精神家园。全面建成小康社会，实现中华民族伟大复兴，必须推动社会主义文化大发展大繁荣提高国家文化软实力，发挥文化引领风尚、教育人民、服务社会、推动发展的作用。”① 位于文化制高点的高校在实现文化内涵建设时，如何提升高校的文化实力，加强高校核心竞争力和科学发展成为迫切的时代需求。校史文化是高校文化实力的重要组成部分。在进行文化内涵建设时，高校必须努力构建具有高等学校自身特点的校史文化氛围。在“互联网 +”时代背景下，校史文化参与者积极拓宽弘扬校史文化的渠道和方式，充分发挥校史文化在文化内涵建设工作中的重要作用。

① 2012 年 11 月 8 日中国共产党第十八次代表大会报告《坚定不移沿着中国特色社会主义道路前进，为全面建成小康社会而奋斗》。

一、大学校史文化内涵建设分析

（一）概念

大学文化内涵的建设是高校文化实力的体现和表现，是指高校在长期办学过程中创造、形成的超越物质存在的文化凝聚力、文化影响力和文化感召力。它既包括了学校文化的氛围和环境，也包括了学校自身的教学思想方针政策以及具有自身的办学特点，是高校在长期自身建设和高速发展中凝聚成的精神力。

大学的“校史文化”并不能简单地等同于“校史”，高校校史文化的核心在于“文化”二字，在校史文化这一概念中，“校史”二字的意义更多的在于修饰和限定“文化”。正如我们在各类文史学研究中所定位的历史与文化的辩证关系，一些在历史中传承，并且在传承中形成历史的有形或无形的东西形成了文化的雏形，这些雏形通过或长或短的时间与历史积淀成为了某种文化，这些文化便是构成文明的基础。因此，在高校的现实工作中，“校史文化”的涵盖远远要比“校史”广泛得多。可以这样讲，在大学文化的众多载体和元素中，以校史为载体的部分就是校史文化。以在校师生、海内外校友和社会各界人士为主要受众，以学校的校史为依托，在校内外进行的大学文化建设活动都可定义为校史文化建设。

（二）西安交通大学校史文化建设概述

以西安交通大学为例，学校不但重视校史文化在学校建设中的突出作用，也很重视校史文化建设，成立了校史与大学文化研究中心，同时也更加注重档案资料的开发利用，组建了专兼职结合的校史研究团队。随之建设了西安交通大学校史网站，发挥互联网在信息传播中的巨大优势，宣传学校校史文化建设，将校史文化与学校文化内涵建设紧密结合起来。此外，研究中心还将校史细分为学科史、院系史、部门史、口述史、人物史和回忆录等几大部分，将校史文化的研究分层次、分主题进行划分，使得校史文化建设工作乃至学校文化内涵建设工作能够快速有序地开展。并在交通大学建校 120 周年暨迁校 60 周年大庆之际，推出了“校史故事 365”“兴学强国 120 年”等重要校史主题文化活动，出版了一系列校史文化作品，有将校史文化工作与学校整体发展和建设工作融合起来，在凝聚人心、宣传校史文化方面取得了良好的社会反响。西安交通大学作为西部地区人才聚集和人才培养的基地，承担着人才培养、知识贡献和社会服务的重要任务。弘扬校史文化,把高校的命运同国家的建设事业紧密结合,始终坚持恪守科学、优秀的办学理念和办学经验,增强校史文化的凝聚力、教育力和影响力,从而推动校园文化建设,不断提升高校文化实力。

二、高校校史文化建设现状调查研究

为了进一步了解和加强西安交通大学校史文化建设工作,为校史文化研究提供理论依据和数据支撑,探索校史文化建设中遇到的问题,以及对校史文化建设工作提供具有建设性的意见和建议,随之笔者对在校师生关于校史文化建设的现状进行了问卷调查。

调查采取发放问卷和现场提问方式,重点在于了解广大师生对学校校史文化建设工作的了解程度,对开展的校史文化建设活动的评价,以及对校史文化建设的意见和建议,此次调查共进行了 300 人次,获得反馈 296 人次。经过统计分析,较为客观地反映了当前西安交通大学师生对于校史文化建设的认知状况。

(一)对校史文化建设工作的了解程度

我们对调研对象提出了“对学校的历史了解多少,是否知道学校有哪些校史文化建设或相关活动”的问题,在收到的反馈中,有 23% 的人对于学校的历史以及校史文化建设这类的活动根本不了解,有 45% 的人有一些了解,有 20% 的人了解,而非常了解的人只占总比例的 12%。

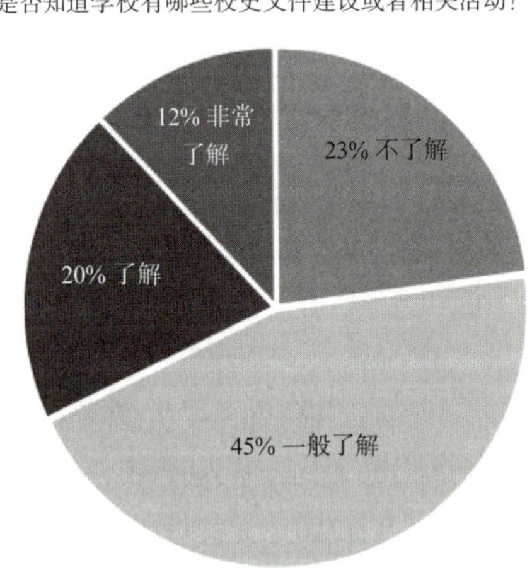

（二）对开展校史文化建设活动的评价

学生对于学校进行的校史文化建设活动的评价中，对于学校的校史文化建设非常认同的师生占了调研人数的19%，觉得学校一直在进行校史文化建设活动的师生占32%，觉得校史文化建设工作只是偶尔听说的占了18%，完全不了解校史文化建设工作的师生占了全部人数的31%。从这个调研结果可以看到，学校在校史文化建设宣传、多层次进行校史文化建设工作方面还需要多下工夫，从教育、宣传、制度等方面入手，进一步加强学校师生对校史文化建设工作的认知和了解。

对开展的校史文化建设活动的评价

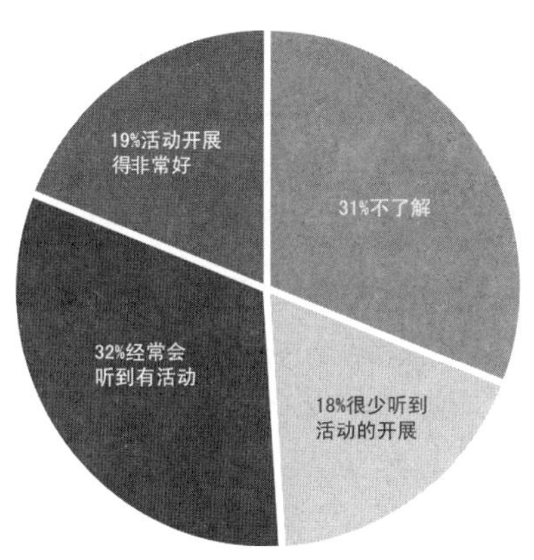

（三）高校校史文化建设中的问题和成因

经过调查分析，我们发现在我校的校史文化建设中存在问题主要有两方面：一是广大师生对于校史文化建设的了解和认知程度比较低，在网络上没有便捷的渠道和方式去了解；二是很多师生对于校史文化建设的兴趣浓厚，希望学习和了解的意愿非常强烈。广大师生对校史文化建设的关注，对于校史文化建设工作来说是一个良好的契机。参与校史工作研究的人员，应该借此机会，从详细规划入手，积极挖掘校史文化中的精华和师生感兴趣的内容，并在推介形式上注重受众的接受模式，将校史文化建设融入到学校日常发展工作中来，全面提高学校文化内涵建设。

原因分析：青年学生是随着互联网在中国的发展成长起来的一代，他们接受信息的方式已经与上一代人相比，已经发生了翻天覆地的变化。云计算、移动互联网、大数据等互联网新技术进一步带动了数字化校园、智慧化校园的进一步大发展，而校史和大学文化建设的宣传推介主要还延续以前出版物、不可移动的图文展览等传统模式，因而相对滞后于大学中的其他信息化建的步伐，远远无法满足青年学生对校史文化知识信息的获取、参与、交流和互动的需求特点。比如，在调研中我们发现，青年学生希望增加学习了解校史文化的机会，更愿意通过互联网以及移动终端展示平台，为他们提供思想丰富、内容生动和形式活泼新颖的校史文化知识信息服务。

三、“互联网 +”时代下开展校史文化建设工作研究

（一）弘扬校史文化、立足育人实际，营造良好的校史文化氛围

交通大学的历史，与中华人民共和国成立初期第一个五年计划中西部工业建设规划和人才需求密不可分。交通大学 1896 年以南洋公学之名创建于上海，为近代中国新学勃兴之嚆矢，不久即成为海外享有盛誉，国内具有领衔地位，理、工、管三足鼎立，起点高、基础厚、要求严、重实践的一座工业大学。1921 年命名交通大学后声誉尤著，是一大批杰出科学家读书与成长的摇篮。百余年来，学校亦曾走出为数众多、影响深远的时代巨子。1956 年，由杰出的教育家彭康率领，交通大学内迁西安，恰逢新中国实施第一个和第二个五年计划期间，在大西北黄土地永久地扎下根来，以承担国家赋予的重要使命。这是我国调整工业建设布局、文化发展布局、高等学校布局的一项重大决策，是新中国知识界开创未来的一次伟大行军。

如今，学校经历 120 年风雨，在互联网技术发展迅猛的当下，开始了“十三五”规划发展新历程。在新的形势下，学校的校史文化建设任务变得更加紧迫。在长期办学历史实践中，西安交通大学的广大师生员工在教学、科研与生产服务中培育出具有我校特点的优良校风、教风和学风和“精勤求学、敦笃励志、果毅力行、忠恕任事”的校训，以及历届名师风范都为提高师资素质、引领良好教风提供裨益借鉴。弘扬校史文化，传承科学严谨、创新合作、乐于奉献的师风，严于修身、勤于治学、爱生如子的教风，勤思好学、快乐向上、求实探究的学风，健康文明、和谐有序、科学发展的校风，形成平等、民主、宽松、自由、创新的学术环境，才能使一代代高校学子在良好的校园氛围中成长成才，始终引领面向现代化、面向世界、面向未来的社会主义先进文化。

（二）“互联网 +”时代下，校史文化建设的探索与实践

首先，加强大学文化理论研究，在实践中全面提升高校校史文化层次。在

现在互联网大发展的背景下，高校的各项工作都需要进行进一步创新和发展，高校文化实力的提升在这样的情况下更需要得到进一步的重视，文化内涵建设和文化实力体现在互联网的冲击下，外延越来越广，内涵越来越深，更需要我们从高校的实际出发，将互联网发展和弘扬校史文化工作有机结合，进一步站在历史发展的高度，坚持立足教书育人的实际，满足高校人才培养的需要，创建优越的文化环境，将弘扬校史文化作为高校文化内涵建设的重中之重，加强理论研究，在实践中全面提升高校校史文化层次。

其次，加强“以史育人”理念，提升大学文化软实力。一所大学的成果与声望、办学风格与校园文化，与它的历史是分不开的。大学校史是大学传统的积淀、大学精神的承载、大学文化的映照。重视校史研究，将其纳入大学文化和校园精神文明建设的重要组成部分，传递“以史育人”理念，倡导从丰富的历史中汲取营养、用传统文化教育青年，有助于培养具有中国传统文化底蕴的创新型人才，助推中国特色的世界一流大学建设。

最后，校史文化建设应该与时俱进，牢牢抓住互联网飞速发展背景下的新生代大学生群体信息交流的时代特点。广大师生作为推动社会发展的生力军，其整体素质状况直接决定中华民族的发展情况，决定着我国伟大复兴事业的成败荣辱。弘扬优秀校史文化，以大学生成长成才为主题，充分利用校园文化活动群众性、广泛性、参与性、互动性的特点，营造积极向上的校园文化氛围，开展丰富多彩的校园文化活动。对于校史文化建设，除了传统的宣介模式外，还可以有计划地逐步建设专门以校史文化和学校档案为主要内容的自媒体以及具有参与互动性的应用软件、虚拟社区等等，尽可能囊括校内外史学研究方面的学者和其他感兴趣且并积极参与的人员，努力构建高品位、多层次、全方位的校园文化信息平台和渠道，以帮助大学生树立正确的世界观、人生观、价值观为导向，使大学生在校园活动中提升综合素质，实现全面发展。

（三）校史文化建设方面专门人才和多元化人才培养的探索

人才匮乏一直是制约高校校史文化建设事业发展的一个重要因素，没有人的主观能动性，再好的载体建设计划都会陷于空谈。因此，对于高校来说，要加强校史文化建设聚集和培养一批此方面的专门人才至关重要。一方面，对校史专业知识型人才的引进培养；另一方面，对多元人才的重视和引进。近年来，高校校史博物馆建设、校史文化网络化推介工作需求日益增多，对于美术编辑、新闻学、计算机软件等与新媒体相关方面专业人才在其中发挥着重要作用。

参考文献:

[1] 王小明. 育人为本突出多元——华东师范大学和谐校园建设的实践与体会 [N]. 中国教育报,2007-03-14:3.

[2] 顾秉林. 建设创新文化造就创新人才——在第五次一流大学建设研讨会上的发言 [J]. 高等教育研究,2008(1):22-27.

[3] 沈小红. 当代大学生人文素养的缺失与重建 [J]. 高教论坛,2008(9).

[4] 陈冲,杨延圣."中国梦"引领下的中国特色高校校园文化建设 [J]. 思想政治工作研究,2013(8):31.

[5] 黄宁 . 关于当前高校校园文化建设的思考 [J]. 思想政治教育研究,2006(2):39.

[6] 王少安. 试析大学文化的内涵、特色和功能 [J]. 中国高教研究,2008(5):66.

[7] 彭宗德. 大学物质文化建设 [J]. 黑龙江社会科学,2008(1):191.

[8] 张明. 基于核心竞争力的大学文化载体建设研究 [J]. 黑龙江教育(高教研究与评估),2013(5):03.

网络强国战略视阈下校史文化的新媒体传播探析

——以上海交通大学两则校史新闻传播为例

上海交通大学党史校史研究室　徐骞

摘要：大力实施网络强国战略、发展繁荣积极向上的网络文化，是"十三五"规划战略体系的重中之重。高等学校的校史文化是高校的宝贵财富资源，其积极、健康的价值取向与社会主义核心价值观十分契合，理应成为网络文化的重要组成部分。本文以上海交通大学两则校史新闻的传播为例，从内容、形式、渠道等三方面进行探析，探索其成功的因素，以期对校史文化的新媒体宣传提供有益借鉴。

关键词：网络强国战略；校史文化；新媒体传播

当今世界，"互联网＋"的浪潮不断席卷而来，云计算与大数据的思维不断涌入人们的视线，从网络大国迈向网络强国，实施网络强国的战略目标成为我国亟待破解的难题。习近平在第二届世界互联网大会开幕式上的讲话中提到："'十三五'时期，中国将大力实施网络强国战略、国家大数据战略、'互联网＋'行动计划，发展积极向上的网络文化，拓展网络经济空间，促进互联网和经济社会融合发展。"①

实施网络强国战略，离不开网络文化的根基支撑。"十三五"规划建议指出："牢牢把握正确舆论导向，健全社会舆情引导机制，传播正能量。加强网上思想文化阵地建设，实施网络内容建设工程，发展积极向上的网络文化，净化网

① 中华人民共和国主席习近平：《在第二届世界互联网大会开幕式上的讲话》，载《人民日报》，2015年12月17日，第2版。

络环境。"[①]高等学校的校史文化是高校发展历程中积累的宝贵财富资源,其所倡导的积极、健康的价值取向与社会主义核心价值观十分契合。因此,在网络强国战略的视阈下,在新媒体深深改变着人们思维方式、价值观念的背景下,高校校史文化理应成为网络文化的重要组成部分,打造网络空间软实力,繁荣和发展网络文化,让以大学精神和文化传统为底蕴的网络文化根植网络强国。

案例回顾

2015年1月4日,上海交大研究生会官方微信发布了一条名为《穿越回民国,你考得上交大吗？0分负分来挑战!》的微信,短短几个小时,浏览量迅速攀升,在稍后的几天内,新华网、新浪网、腾讯网、网易新闻中心相继转载,《新民晚报》《青年报》《无锡日报》等传统报纸媒体刊登头条。其中,澎湃新闻专门派记者到上海交通大学党史校史研究室作进一步的专访,并在其报纸上用了一个版面做宣传报道,传播面之大、信息影响之广可谓空前高涨。

2016年3月9日,上海交通大学研究生会微博发了一组名为"同一地点,交大女生再现20世纪30年代学姐的合影"的照片,几天的时间,浏览量超过几十万,《人民日报》、头条新闻、人民网、《Vista看天下》《东方早报》、新华视点、央视网等官方微博相继转载,腾讯网首页、新浪网首页大幅刊登。随后,上海交通大学将微博内容进一步加工,以《百廿交大,多少人曾爱慕你年轻时的容颜》为题发表在官方微信上,截至4月18日,点击量超过21万,交大教师、学生、校友朋友圈不断刷屏,澎湃新闻亦派出记者对照片进行了探访。

两则校史新闻的"井喷式""病毒式"传播,让校史与新媒体的结合空前成功。以往提到历史,总是被人敬而远之、束之高阁,普通大众会觉得离它实在太遥远,在校学生也会因为对历史枯燥乏味的偏见而不爱学历史。这两则校史新闻的广泛传播引起了我们的思考,究竟是什么原因让本来受众面很小的校史能够走进大众的视野？究竟是什么引起了各界人士对校史的浓厚兴趣？本文将从以下几个方面进行研究探析。

一、内容为王——富有价值的信息,关注情感渗透

首先,从以上两则校史新闻的选题来看,颇具考究。第一则《南洋记忆|穿越回民国,你考得上交大吗？0分负分来挑战!》主要是交通大学历年入学试题

① 《中共中央关于制定国民经济和社会发展第十三个五年规划的建议》,载《人民日报》,2015年11月4日,第1版。

的精选，这属于档案揭秘类话题。档案揭秘类话题，将档案的真实性与揭秘性完美结合，往往能够引起受众的关注，满足他们的猎奇和窥探心里。虽然受众因其不同的人生观、价值观、受教育程度、从事职业等，心理需求会千差万别，但是猎奇心理却是大部分受众所共有的。马斯洛认为，人和动物都有积极探索环境的需要，凡是不熟悉的、罕见的、反常的或比较奇异的事物或观念，人会表现出好奇感，并会有急于探求答案的冲动。这期老交大的入学试题，相较于现如今的大学入学考试，内容千差万别，寓教于乐、出其不意的考试题目，渗透着复杂的解题思路和过程，由此在猎奇上做足了文章，满足了受众追求新奇的心理期望。

与第一则档案揭秘类话题不同，第二则《百廿交大，多少人曾爱慕你年轻时的容颜》的微信话题走的是情感共鸣路线。马斯洛认为人生而具有渴望情感交流的需求，这则微信主题涉及历代交大人的母校情愫，涉及不同年代的交大人隔空对话之间的校友情谊，以及120年风雨兼程中，老建筑散发出的历史人文气息，诠释了大学中最美好的青春与年华，最古老的文明与积淀，这种“以情动人”的情感流淌与宣扬，宛如人性深处飘出的悠扬乐歌，直击受众内心。让受众从简单的情感认知，即感受和理解照片中同学们的感情，到感情移入，即沉醉于其中的情感、体验到同学们的感受，从而激发受众的情感共鸣。这种情感共鸣在留言中得到了有效的表达，例如“看这种老照片，满满的感动。年月退去，精神传承”“看到这个帖子，勾起对那个古老庙门内许多‘院、馆、斋’的无限怀想。”“母校，离别您已有21年了，想念和你度过的美好时光。”“交大，说不尽的情怀。”……甚至有网友赋诗：“四月雨，十月梧，最忆往日潇潇竹，天涯云飞瀑；新人物，旧人图，泉流涓涓归宗入，南洋公学故。”

其次，这两则校史新闻所包含的信息量大、具有延续性，并富含价值。校史微博、微信的新闻宣传成功与否，关键在于内容，传播形式再新颖、运营模式再科学，如果没有合理完整丰富的内容支撑，都不会有很好的效果。新闻好听耐听的前提是“干货多”，有信息、有内容才能服人。第一则交大入学试题的微信，从内容上说，不仅包含了数学、国文、英语、物理、化学、生物等多学科试卷，而且时间跨度从20世纪30年代到50年代，还揭秘了当年钱学森在交大的试卷、成绩册与毕业证书，这些丰富的信息，比例分配得当，成为吸人眼球的焦点。

此外，微信所包含的信息量之大，并不局限于一篇微信之中，更可贵的是其内容具有延续性。正如前面提到那样，澎湃新闻记者从此篇微信出发，继续就当年交大入学之难的原因、交大各学科所占比例等内容做了深入探讨，成为澎湃新闻的“文化课”。第二则校史新闻的延续性,体现在老照片背后的故事,澎湃新闻以一则《“120 岁交大老照片”刷了屏,照片背后的故事刷了心》为题,就照片中盛宣怀等人物,中院、上院、执信西斋等建筑,足球队的队服和战绩,交大第一批女生等为切入点,讲了一系列感人至深的故事,将“穿越照”的内容丰富起来,也进一步加深了受众对交大校史文化的了解与认同。此外,两则校史微信展出的老档案、老照片,是校史档案人员经过历年苦心搜集与精心保存,才得以公众于世,内容本身就是交大 120 年最宝贵的财富,其具备展览、观赏价值的同时,更有其丰富的史料价值,在让受众大饱眼福之外,亦为那些对其感兴趣的人士进行史料研究提供了思路和平台,从而进一步将校史文化的宣传发扬光大。

再次,两则校史微信架起了受众与校史之间的桥梁,“通古今”的同时,亦“接地气”。原本,躲在书斋里面的校史与刷屏看手机的受众,看似并没有什么交集,然而,一条微信将历史信息跟现今社会联系在一起,跟受众的生活联系在一起,从而激发了受众主动了解的兴趣,这对于校史文化传播而言,是一件功德无量的事情。试问,在学校栉风沐雨洗礼下的芸芸众生,谁没有几次“饱含痛苦”的考试经历,只要说起高考、入学考试、期末考试,其中的坎坷波折便如滔滔江水,绵延不绝。第一则校史微信,将三四十年代的入学考题公布于众,受众在看到“奇葩”的考试题目、“惨不忍睹”的考试通过率时,不禁回忆起自己当时的考试情景,“不相上下”者唏嘘不已、感慨良多,“不可同日而语”者暗自庆幸、并勾起一些恻隐之心,有挑战者跃跃欲试、提供解题方法,有正在备战考试者忧心忡忡、恐与其处境一致,也有教育者通过此微信感慨中国教育的历史变迁……总而言之,此则微信与受众的考试生活紧紧相连,走进了不同受众的回忆与现实中。第二则校史微信“隔空对话”的照片,简洁明了的将历史与现实联系在一起,老校友抚今追昔,回忆起当时在校的学习生活,很想再回到红砖青瓦的老房子里聆听先生的教诲;年轻的学子走过那些坐落在校园里面的老建筑,就会想起那两张鲜明的对比照,想着几十年前的今天,也许有一位同样优秀的交大人从这里走过,岁月的更迭如此神奇,更会让他们珍惜眼前,奋发图强;其他受众也会因为交大有着如此深厚的历史底蕴,而想着来上海旅游又多了一个参观去处,以及以后是否能加入照片中的大家庭,成为一个交大人。

二、创造趣味——增强感知愉悦性,从“有趣”到“有效”

信息爆炸的时代,人们静下心阅读时间越来越有限,基本上是利用“碎片化"的空闲时间。那么什么样的信息才能成为受众选择性略读的"宠儿"呢？肖爽在研究用户对移动广告的采纳行为时认为，信息内容的娱乐性对受众接受移动广告的态度有显著的影响作用[①]。与移动广告有着相似之处的两则校史微信，便通过提升受众的感知愉悦性，增强新闻的趣味性，让人们在轻松的状态下获得信息，从而引发了受众的兴趣。

最简洁、抢眼、奇妙、有趣的新闻标题，是引起受众共鸣、"抓"住读者眼球的制胜法宝。第一则校史新闻的标题《南洋记忆 | 穿越回民国，你考得上交大吗？0分负分来挑战！》，这里用了一个当下非常流行的网络词"穿越"，为什么"穿越"如此流行？从科学上讲，穿越的可能性并没有得到证实，但艺术作品中，穿越满足了受众放松自我的心理需求，从"不可能"到"可能"，受众总希望自己能够在其中得到"角色扮演"，从而得到精神的抚慰和心理的满足。于是在快节奏生活中的人们，看到"穿越"一词，都会眼睛一亮，探个究竟。

与此同时，这个标题用了一个疑问句，告诉受众这件事的主题，却不告诉读者这件事的内容，勾起了受众的好奇心和求知欲；还有一个祈使句，"0分""负分""挑战"，都带有一丝丝"挑衅"的气氛在其中。这种带有强烈情感色彩的标点符号，冲击着读者的视线与内心，在好奇之余，大部分读者更想"试试水"。此外，在不断的传播中，这个微信标题也出现了变化，例如《英语翻译〈桃花源记〉，民国时期的自主招生题你会吗？》《"惨绝人寰"的民国时期交大试题：你考得上吗？》《钱学森考交大时题有多难？网友看罢纷纷自嘲我等纯学渣》《穿越回民国，你考得上大学么？且看钱学森是怎么答题的》。英语翻译《桃花源记》，给受众的是一种非常新奇的考试体验；"惨绝人寰"一词，一语道破考题的异常难度，俏皮、诙谐而紧贴内容实际；从网友留言中提取出来的"学渣"，则趣味性十足，由此可见，受众不仅对有趣的新闻感兴趣，其自身的反馈也倾向娱乐化，从而倒逼微信新闻的趣味性发展趋势；钱学森名字出现在标题中的两个例子，除了用了疑问的句式，更多的是利用名人效应，名人具有较强的话题性，其号召力、影响力本身就是加速传播的一种方式，用钱学森作为新闻标题，促发了受众的偶像崇拜心理，从而加速了校史微信的传播。

第二则校史新闻标题《百廿交大，多少人曾爱慕你年轻时的容颜》，这个标题最明显的特点就是用了水木年华《一生有你》的一句歌词，耳熟能详，朗朗上口。邓利平学者认为："从审美角度来看，读者的新闻美感，除了新闻的内容撩

---

① 冯旭艳：《消费者对微信营销的接受意愿影响因素研究》，北京邮电大学，2015年。

人心弦,就是来自于新闻的语言文字表达。”他认为,“标题具有审美功能”[1]。这种带有些许文学艺术元素在其中的歌词,典雅耐读,极具艺术欣赏性,简单的文字中隐藏着岁月变迁的无奈感,却有饱含历史抚恤的沧桑之美,极易让人沉醉其中。此外,除了标题之美,第二则校史新闻的美还体现在照片的艺术性处理。先说在老照片的挑选上,完好无缺,没有破损与污渍,像素清晰,主人公形态各异,却都积极向上、充满朝气,是一个时代的象征;现今的照片,颜色和谐鲜艳,主人公年轻靓丽,拍照技术上乘,整体风格让人感觉十分舒适;两组照片的对比,给人以强大的视觉冲击力,同样的神情与姿势,又不会让人有“出戏”“违和”之感。在这个万众读图的时代,“充分发挥图片的视觉效应,用图片来吸引公众的‘眼球’,‘吊’住读者的‘胃口’”[2],是唯一的答案。穿越的“时空照”,其形式牢牢地满足了受众简单化接受心理,其艺术化的美感则营造出和谐、健康的氛围,让受众流连忘返。

此外,创造趣味还体现在故事化的情结之中。中国是一个盛产故事的国度,“讲故事、听故事”,作为一种喜闻乐见的消遣方式,可谓老少皆宜。第一则校史微信,从开头就讲了一个钱学森考进交大的故事,尤其是那份名扬海外的水力学试卷,其中的故事版本颇多,事情的来龙去脉到底如何,成为受众关注的焦点。与此同时,此则微信的可圈可点之处,是运用了大量的口述资料。“现在的读者,不喜欢那种激情澎湃的宏大叙述,而喜欢扎扎实实的个案梳理……以朴实的语言说清事件的真相,尊重和恢复历史的本来面目,更能为读者接受。”[3]微信中以章燕翼、张光斗、戴逸、徐芑南、田正平、傅景常等老校友第一人称的回忆切入,其对当时考试场景真实、形象、生动、深刻的再现,让观众切身体会到了历史的真实感和厚重感,把一个历史局部抽出、透视、放大的故事化表现,与受众的审美趣味相互浸润,满足了不同文化层次的受众去接受信息,进而赢得了受众的喜欢。

三、渠道制胜——“全媒体”融合,产生平台叠加效应

在介绍了校史微信内容和形式对其传播的加速效应之后,我们再来了解一下新媒体平台对校史内容扩散的意义。

从信源出发,我们可以看到,第一则校史新闻选用的是“上海交大研究生会

---

① 雷跃捷,辛欣:《网络新闻传播概论》,北京:北京广播学院出版社,2001年。

② [法]弗伦德:《摄影与社会》,杭州:浙江摄影出版社,1989年,第124页。

③ 丁东:《口述历史为什么受欢迎》,载《中国图书商报》,2005年6月17日。

官方微信”，注册于 2014 年 6 月的上海交通大学研究生会官方微信平台，主体依托于上海交通大学，2015 年 9 月完成认证，立足于研究生视角，定期发布校园动态；第二则校史新闻选用的是“上海交通大学官方微信”，注册于 2013 年 4 月，2015 年 4 月完成认证，是“图、文、影、音”并茂的高教信源、时政平台、微型课堂。那么，作为以校史内容为主体的微信，为何没有直接发布在校史研究机构的官方微信上呢？实际上，上海交通大学党史校史研究室与档案馆合署的官方微信“上海交大档案馆”于 2014 年 4 月注册，但由于某些原因，并未经过认证，虽然也经各方努力，做过微信平台的推广活动，但粉丝量“屈指可数”。所以，为了扩大影响面，从 2014 年 9 月，党史校史研究室便与“上海交通大学官方微信”和“上海交大研究生会官方微信”合作，通过平台借用、将“走出去”战略实施于校史内容的推广，得到了非常好的效果。

表 1 的数据来源于中国首个两微一端新媒体大数据平台——新媒体指数平台，该平台权威度高，其中的由阅读指数和点赞指数构成的微信传播指数（WeChat Communication Index，WCI），即通过微信公众号推送文章的传播度、覆盖度及账号的成熟度和影响力，来反映微信整体热度和公众号的发展走势，更为科学。上表数据选取的时间段是 2016 年 3 月 1 日 ~3 月 31 日，以一个月为跨度，我们可以看到“上海交通大学”WCI 的 1024 点，可谓效果非常突出，作为一个学生微信平台，“上海交大研究生会”WCI 的 589 点，也可喜可贺。因此，选取这两个受众关注热度极高的平台作为首发，是一种十分有效的方式。

表 1　微信公众号阅读推广 WCI 统计

公众号	发布（次数 / 文章数）	总阅读数	最高阅读数	平均阅读数	总点赞数	WCI	等价活跃粉丝
上海交通大学 Love_SJTU	31/78	138.8 万 +	21.5 万 +	17 799	19 029	1 024	21 万
上海交大研究生会 sjtugraduate	31/95	146856	12916	1 546	1 545	589	22 000

此外，选择两个校方的官方微信，还有另一个原因。霍夫兰的“可信性效果”理论认为，信源的可信度效果越高，其说服效果越大；可信度越低，说服效果越小①。而可信性又取决于传播者的信誉和专业权威性。作为学校的官方微信，“上海交通大学”和“上海交大研究生会”的信誉和权威性，不言而喻，当受众对

① 郭庆光：《传播学教程》，北京：中国人民大学出版社，2011 年，第 183 页。

其产生了明显的感知可靠性之后,对其发布的信息也容易采纳和接受。同时,从表上可以看出,“上海交通大学”的等价活跃粉丝21万,“上海交大研究生会”的等价活跃粉丝22 000,这些用户包括在校学生、毕业校友、社会人士等,从使用与满足理论来分析,他们与订阅号之间并不是简单的“订阅者”与“被订阅方”的关系,而是存在着需求的满足的心理上行为,无论是母校情结,还是媒体关注,无论是对大学的向往与追求,还是一代代更替的在校生对学校的认同,他们对订阅号的忠诚度都有增无减,这种强用户黏度足以能吸引住用户并能使用户留住,因此对其信息的传播颇为有益。

除了信源的可信性,微信中“朋友圈”的“强关系”纽带也增加了校史微信的人际关系分享式传播。微信中的“朋友圈”功能,是以个人为中心向外“生成”的社会链,美国著名社会学家马克·格拉诺维特(Mark Granovetter)于1974年提出了“强弱关系理论”。他认为,在社会生活中与自己交往密切的亲朋好友、同事、同学等构成一个强有力的社会链——强关系,而强关系通常代表着朋友之间由于具有相似的态度,而具有高度的互动[①]。微信的朋友圈就是基于强关系链接的产物,当有师生、校友出于兴趣或某种特定动机将此校史微信转发至朋友圈中,他的同事、同学便通过他的朋友圈获取到微信信息内容,基于强社会关系下熟知和了解,他们对信息的采纳和接受会相对容易,又由于他们与交大的亲缘关系可能性较大、文化认同感强,进而前一分钟还是微信信息的受众,下一分钟就使得他在自己的网络社交圈中成为一个信息的传播者,随机形成了网络上的一个裂变传播区间。

此外,从两则校史微信的扩散可以看出,虽然他们都诞生于新媒体,但传播的范围覆盖了新媒体和传统媒体,这种“全媒体”的融合,产生了平台叠加效应,实现了1+1>2的效果。第一则校史新闻在微信上刊登后,《新民晚报》、大学生面试、中国人民大学天地人大BBS站相继转载,新华网、新浪网、腾讯网、网易新闻中心等嗅觉灵敏的专业新闻网站先后进行了报道,当校史微信席卷网络世界时,鉴于新媒体愈来愈强的议程设置能力,《青年报》《无锡日报》等传统媒体也开始纷纷跟进报道;第二则校史新闻在微博上发布后,迅速登上了《人民日报》、头条新闻、央视网等官方微博,微信发布后,网易新闻、搜孤网、腾讯网、上海热线相继转载,随即进入传统媒体,《东方早报》的“文化”版面大幅刊登。新媒体时代的一个特征就是提供免费平台,两则校史微信的发布者利用了他人免费的

---

① [美]马克·格兰诺维特:《镶嵌—社会网与经济行动》,北京:社会科学文献出版社,2007年,第7页。

信息发布渠道和资源,便将信息广而告之,这种线上线下共同推进、零成本发布与传播,成为信息迅速扩散的又一制胜法宝。

四、结语

疑今者察之古,不知来者视之往。习近平总书记曾多次强调,历史是最好的教科书,是最好的老师,可以把历史智慧告诉人们,可以启迪后人。当“历史热”的现今社会与网络强国的战略新形势邂逅之时,亦应是校史文化与新媒体“水乳交融”之日。高等学校的校史档案研究部门应扎扎实实做好档案的征集、保管工作,深入研究有价值、有内涵、饱含人文精神的校史文化内容,用情感共鸣、价值共鸣去建立受众的文化共同体;提高“微意识”、增强“微行动”,与学校的宣传部门强强联合,利用“强用户黏度”的官方微信、微博等新媒体平台,将校史内容以一种有趣、愉悦、唯美的,图、文、声并茂的,受众更容易接受的形式展现出来,通过“全媒体”的叠加效应,将校史文化的育人功能发扬光大,将大学精神的深厚底蕴代代相传。

参考文献

[1] 中华人民共和国主席习近平. 在第二届世界互联网大会开幕式上的讲话 [N]. 人民日报,2015-12-17:02.

[2] 中共中央关于制定国民经济和社会发展第十三个五年规划的建议 [N]. 人民日报,2015-11-04:01.

[3] 冯旭艳. 消费者对微信营销的接受意愿影响因素研究 [D]. 北京邮电大学,2015.

[4] 雷跃捷,辛欣. 网络新闻传播概论 [M]. 北京:北京广播学院出版社,2001

[5] [法] 弗伦德. 摄影与社会 [M]. 杭州:浙江摄影出版社,1989:124.

[6] 丁东. 口述历史为什么受欢迎 [N]. 中国图书商报,2005-06-17.

[7] 郭庆光. 传播学教程 [M]. 北京:中国人民大学出版社,2011:183.

[8] [美] 马克·格兰诺维特. 镶嵌—社会网与经济行动 [M]. 北京:社会科学文献出版社,2007:67.

“互联网 +”背景下厦门大学校史工作初探

厦门大学档案馆　刘珊珊　吴爱华　薛小勤

摘要：“互联网 +”即互联网 + 各个传统行业，也就是利用信息通信技术以及互联网平台与其他行业进行融合，这将给校史工作带来信息传播速度变快、承载媒介电子化、新兴技术渗入等方面的影响。本文介绍了厦门大学校史工作目前正在运作开展的内容，如网上展馆、微信公众号、资料数字化等；对于今后“互联网 +”背景下工作的开展，笔者认为可以从校史专门网站建设、校史手机App 软件推广、校史资料全面数字化、加强馆际合作等方面来推进。希望本文能给“互联网 +”背景下的高校校史工作提供参考与借鉴。

关键词：互联网；厦门大学；校史工作

一、“互联网 +”与校史工作

（一）什么是“互联网 +”

从字面上解释，“互联网 +”就是“互联网 + 各个传统行业”，但这并不是简单的两者相加，而是利用信息通信技术以及互联网平台，让互联网与传统行业进行深度融合，创造新的发展生态。例如，第二次工业革命中，电力让很多行业发生翻天覆地的变化，互联网也会像电力一样，作为一种工具，大幅度提高每一个行业的效率[①]。

随着“互联网 +”时代的到来，人们的工作和生活方式都有了不少改变，人与人之间的距离由于看不见的互联网连接沟通而变得更贴近。“互联网 +”赋予了互联网新的内涵，它的用户群体也在不断扩大，人们开始尝试通过互联网思维来解决实践问题，提升工作效率。可以预见，“互联网 +”将越来越多地融入我们的工作生活中，高校校史工作也应紧跟时代步伐，在“互联网 +”背景下，

① 王勇民：《“互联网 +”给高校教学带来的影响》，载《科教导刊》（下旬），2015(12)。

结合新兴的信息传递方式，拓展校史工作的信息服务范围，实现与“互联网 +”的合作创新发展。

（二）“互联网 +”对校史工作的影响

“互联网 +”与大多数行业深度融合后的集中体现，就是它能显著的提高效率，加快信息的流通与分享。这一特点可能会对校史工作带来以下影响。

1. 校史资料来源范围广，传播速度快

互联网是一张看不见的网，贯通全球各处，它不论与哪个行业结合，都会对该行业的信息传播速度带来革命性的变化。当互联网与校史工作结合之后，便会更直观地把过去、现在和将来的高校发展资料及进程一起摆在人们的眼前，供读者和编者使用加工。在互联网上，每一个人都是校史资料的使用者，也有可能是校史资料点点滴滴的编写者。校史工作可以借助数据库、信息挖掘等网络技术，在互联网中获得自己所需的信息。

2. 数字化范围扩大，纸质媒介将被逐渐取代

随着互联网及其附加产业越来越多地渗入到我们的生活中，校史资料的信息无法仅仅停留在纸质载体，使用者将对电子书籍、网页等等有更多需求，需要更大范围的数字化、网络化才能满足时代的发展。电子书、电子图片或者音像视频，都会慢慢成为主流的校史资料保存形式。

3. 更多互联网技术的渗入

由于校史资料的记录和传递更多地以电子信息的形式出现，这就需要更加高效、快捷和便利的技术来支持，所以需要使用互联网新式的处理技术，让校史工作在互联网信息的海洋中获取、筛选和加工有用信息。

二、互联网背景下厦门大学校史网上工作

（一）网上展馆的设置

目前，厦门大学的学校主页已经设置了“网上展馆”的浏览选项，访客可以在网上对校园内的展馆进行网上浏览。已经开放网上浏览的展馆包括厦门大学校史馆、鲁迅纪念馆、人类博物馆等六座展馆。

其中，厦门大学校史馆建于 2006 年厦门大学 85 周年校庆之际，主要展示了学校自创办之初至今 95 年来的办学历程和取得的跨越式发展成果。全馆共有 6 个展厅，按时间顺序排布，展示内容涵盖了历任校长介绍、著名校友介绍、各时期办学经历及教学科研等方方面面的获奖成果等，其中有许多珍贵的老照

片以及校友捐赠的历史实物资料。而网上展馆中的校史展览馆,也和校史馆的实体展览一一对应,在网上浏览时,图片和文字可以根据需要放大或缩小,网站中设有视频资料和其他校史相关的文字资料,给读者带来更多便利。

网上展馆是利用网络技术和数据库资源建设的新式展示手段,具有随时、随地、即时共享的特点,打破了时间和地域上的限制。网上展馆的开放,可以高效地传播和普及校史及学校相关资讯,让远在异国他乡的校友或对厦大校史有需求的群体方便快捷地获得信息。

(二)微信公众号的推广

在网络科技飞速发展的时代,微信已经成为人手必备的聊天社交软件,而"公众号"作为应运而生的时代新宠,在推广和交流信息中起到了不可忽视的作用。厦门大学则使用公众号,进行校史方面资讯的传播和推广。

微信公众号一般会采用生动或平实的语言,加以图片或视频短片,对校史中某一深刻历史事件进行回顾和宣传,激发阅读者的兴趣,从而达到宣传和普及的目的。

微信公众号可以拥有一批固定的用户群,形成网络信息传播的纽带,在传播信息和提供服务的同时,分享学校历史的点滴,使校史轶事广为流传。

(三)网上校史资料的采集

为了更方便快捷的收集校史资料,校史研究室还开发了网上校史数据系统。该系统使用的是 WEB 信息挖掘技术中的"垂直搜索"。垂直搜索技术,是深度地对某一行业的专业搜索引擎,也是对网页库中的某类专门的信息的一次整合。它可以定向分字段抽取出满足需要的数据,进行处理后再以约定的形式返回给用户。其中垂直信息抽取技术的应用研究更具有意义,垂直信息搜索是面向特定用户群的信息抽取技术,用于提供信息推荐,抽取结果供用户查询或其他应用程序进行后期利用,该技术具有更加广泛的应用价值[①]。

网上校史数据系统,可以通过关键字的设定,自动将网页中需要的信息准确地抽取出来,而后工作人员再根据需求对获取的信息进行二次筛选,选择更符合要求的资料整理为校史资料,以备查阅。

① 赵秋菊:《Web 信息抓取技术研究及在教学中的应用》,载《电子技术与软件工程》,2015(14)。

(四)部分校史书籍的数字化

将校史书籍数字化后储存在互联网中,可以让查阅者实现足不出户在家阅读的美梦。目前校史馆已有一部分书籍实现了网络数字化,阅读时只需点击相应的书本,使用鼠标就可以翻页以及放大缩小文字,这在很大程度上为读者提供了便利。

三、厦门大学校史工作应如何更好地与互联网结合

(一)校史网站建设

由于组织架构的局限,目前厦门大学的校史资料在网络上分布较为零散,还没有一个完整的网络资源平台供校史工作者使用。这就需要搭建一个专门的校史工作资源平台,把与学校有关的方方面面校史资料囊括其中。比如,建设一个“厦门大学校史”的网站平台,提供影像资料、图片资料、出版书籍等校史相关内容的网络展览或者查询。也可以设置用户权限,比如学生使用学号登录网站,可以查询到更具体的、与校友更密切相关的校史资料。

(二)手机 App 软件的推广

随着互联网技术的发展,手机也成为信息交流中不可缺少的一个环节,与前文提到的微信公众号类似,手机 App 软件的应用也会越来越普及。如果可能的话,可以设计开发一款厦门大学校史相关的 App 软件,不仅能为有固定需求的群体提供可靠的资料信息来源,也能在提供更准确、全面服务的同时,增加与使用者的互动。例如,厦门大学网上展馆开发的 App 软件,就使展馆与手机结合,只需扫一扫,不管走到哪都可以在手机中畅快浏览馆藏。

(三)了解读者或使用者的需求

互联网与校史工作结合之后产生的又一规律变化,就是对使用群体,包括在校师生、查阅者、游客等人群的需求变得可知。上文提到的微信公众号、手机 App 软件等新兴媒体,正是由于其新颖性、互动性、体验性、便捷性、信息量大等优点获得了大多数人的青睐。互联网时代即是数据的时代,校史工作也可以通过大数据技术,对受众人群的阅读偏好、历史兴趣等方面进行数据分析,能够明确大众的需求,使校史工作开展得更有针对性,同时增强与使用者的互动和沟通,最大限度地发挥校史的作用。

（四）校史相关书籍的数字化

校史工作也应重视资源数字化工作，把更多已出版的校史书籍、校友捐赠品等纸质和实物资料编入数据库中，并进行高效管理，从而更好地满足互联网时代的发展需求。信息资源被转化成数字化形态，并保存在专门的服务器上，使用者可以经由互联网途径以实现对此类信息资源的实时在线访问。

（五）增进馆际交流

互联网时代，不仅仅是用户和网络的互联，也包括了各种网络平台之间的互动联系。校史工作应充分意识到外部资源的重要性，并加以高效利用。例如，通过与当地博物馆、纪念馆等相关单位建立网络关联，实现资源网络共享，从而赋予自身以更为理想的竞争优势。要注意对外部资源进行梳理和整合，使外部资源能够成为自身馆藏的一部分，为保持持久竞争力奠定坚实基础。与此同时，也需重视和兄弟院校的馆际交流工作，将不同区位的高校校史工作有机连接到一起，把各自拥有的信息资源有机整合到一起，从而构成一个拥有良好共享性特点的信息资源网络体系，进而帮助各高校校史工作拥有更全面的信息资源①。

三、结语

在“互联网 +”背景下，越来越多的新兴网络科技将与各个专业领域融合，发挥出更大的力量。相信厦门大学的校史工作也会紧跟时代的步伐，恪守“自强不息，止于至善”的校训，为厦门大学校园文化的传承添砖加瓦。

---

① 罗绘秀：《“互联网 +”时代高校图书馆的发展策略》，载《图书馆学刊》，2015（11）。

“互联网 +”时代下“后发型”高校校史研究的机遇分析

——以四川卫生康复职业学院校史研究为例

四川卫生康复职业学院　罗智凯　马应安

摘要:大学文化是推动高校改革发展的不竭动力,校史则是大学文化的最初根源和重要载体。本文以四川卫生康复职业学院校史研究工作为例,通过分析起步较晚的“后发型”高校开展校史研究所具有的优势和劣势,阐述了“互联网 +”给“后发型”高校校史研究工作带来的机遇,并将四川卫生康复职业学院利用“互联网 +”的具体做法进行详细叙述,以期为同类高校的校史研究提供参考和借鉴。

关键词:“互联网 +”;“后发型”高校;校史研究

一、引言

“后发型”本来是社会学当中的一个术语,是用于形容现代化起步较晚的国家,与“早发型”国家相对应,最早使用与之相近的名词——“后来者”的是美国社会学家列维。本文生造“后发型”高校一词,主要用于指代那些创建较迟、“升格”较晚、发展较缓的高校。此类高校的整个历史一般较短,有些高校建校时间虽然较长,但是真正成为大学的历史却很短,校史研究起步相对较晚。

大学文化是人类先进文化的重要组成部分和大学核心竞争力之所在,对学生培养具有精神品行的引领功能、价值观的导向功能、理想人格的规范型定位功能、“教与学场域”的构建及营造功能。校史作为校园文化的基础构成,真实记录着学校建立、发展、壮大的历史足迹,承载着丰富确凿的大学文化内容,蕴含着大学发展规律和文化理念,不断启人所知,生成新的大学精神和大学理念。

因此,校史研究可以为大学文化的形成、积淀、发展和创新提供宝贵资源,大学文化则是推动高校改革发展的不竭动力。对于“后发型”高校而言,“互联网+”时代的到来无疑是停在校史研究工作面前最为快捷的一趟列车。

二、“后发型”高校开展校史研究的优势与劣势

(一)“后发型”高校开展校史研究的优势

1. 重视校史研究,发力快而有力

自1984年原教育部办公厅发出“编写校史是总结办学经验,对师生进行爱国主义教育的良好机会,是一项有承前启后意义的研究工作”以来,国内许多知名高校纷纷开始组织人员编修校史,取得可观成绩,为“后发型”高校树立了典型。“后发型”高校也意识到要想在高等教育蓬勃发展,竞争日趋激烈的环境中占有一席之地,就必须深度挖掘校史,为学校的可持续发展提供精神动力。

我院领导在由中专“升格”为学院之初就认识到校史研究工作的重要性,着手准备编纂校史的相关工作,并于2014年7月成立了以学院主要领导为主任的校志编纂委员会,撰写了校志编纂方案和编纂提纲。2015年8月,聘请了曾参与《自贡市志》撰写工作的方志编写专家一名,作为学院院志编纂的外聘专家,参与院志编纂工作。同时,成立校志办作为校志编委会的下设机构,安排专人作为校志办工作人员,负责院志编纂的相关具体工作。一年来,校志办先后采访学院离退休老教师等相关人员20余名;查阅学院档案室、附属医院档案室、自贡市档案馆等资料室近千卷档案,形成扫描图片、复印资料等2万余张。目前已结束“死档案”查阅阶段,正在进行资料整理、形成长卷等工作。

与此同时,我院还将校史馆的建设提上日程,并与校史研究工作一起被写入《四川卫生康复职业学院“十三”事业发展规划》中,提出“构建以学院精神、校训、办学理念为核心的价值体系。结合社会主义核心价值观的培育,深入挖掘和传承学院百年文化积淀,通过征集院歌、员工培训、专题讲座、专栏展示、建设校史陈列馆、开展院史院志编纂等工作,积极培育以学院精神、校训、办学理念、校风、教风、学风等为载体的学院文化。铸造特色鲜明的学院文化体系”。学院的校史研究虽然起步较晚,但是由于学院领导重视,又恰逢学院100周年校庆即将来临,所以能够在短时间内取得较快发展。

2. 有丰富的校史研究成果可借鉴

有人曾以“大学校史”为书名在读秀学术搜索数据库进行检索,共搜到相关中文图书308种;以“大学校史”为主题,时间界限定为1984年1月至2014年

6月，在中国学术期刊网络出版总库等进行综合检索，共查阅相关文献196篇。还有人曾在中国新方志数据库(万方)、国家图书馆等平台的检索上搜索到校志297种，涉及高等学校(港澳台除外)263所(部分高校出版了一种以上的校志)。由此看来，自20世纪80年代以来，全国掀起了编写校史、校志的浪潮，编写出大量优质的校志、校史等反映高校历史沿革的著作与文献研究，为“后发型”高校校史研究工作提供了可以借鉴的丰富成果。

我院在校史研究和院志编纂工作过程中，先后调阅了《自贡市第一人民医院院志(草案)》，借阅了自贡市职业技术学院、重庆医科大学、泸州医学院、川北医学院、成都学院、上海交通大学、浙江大学等中职学校、本科学院的校(院)史和年鉴，学习和参考了其他兄弟院校的修史成果与经验，使得我院校史研究工作能够在遵循科学研究规律和保持规范学术行为的良好环境中顺利而健康地进行。

3. 校史研究过程中有捷径可寻

与其他“早发型”高校相比，我院校史研究工作几乎是从零开始，走了不少弯路，费了许多功夫，曾因写史还是修志讨论数次，院志编纂提纲经十余次大大小小会议反复讨论，历时1个多月，经过8次修改，才最终确定。为实现早日编写出一部合格、真实的院志，2015年11月，学院派出两名老师到云南昆明参加了全国高等院校年鉴与校史(志)编纂培训研讨班，学习了大学史志编写基础知识，并以此为平台，接触到了中国高等教育学会校史研究分会的专家同人。在专家们的帮助下，我院向中国高等教育学会校史研究分会提出入会申请，于2016年3月成功入会，成为全国第一个加入该会的高职院校，为我院院志编纂和校史研究工作提供了强有力的保障。

今年5月底，我们有幸邀请到上海交通大学校史研究室欧七斤副主任和浙江大学校史研究室张淑锵主任两位专家来我院举行“校史研究与展览”学术讲座。两位专家就校史编纂与研究工作和校史馆建设两个方面开展讲座，一位专家详细地讲解了校史做什么、怎么做和有何用，阐述了校史研究的意义，介绍了上海交大启动校史工程的原因、指导思想与顶层设计、推进过程及结果、校史研究与校园文化建设等；另一位专家则从校史馆的地位与价值、定位与原则、流程与特点三个方面对校史馆的建设展开论述，并以校史馆建设主办方团队为视角，提出了几点建议，强调务必要做好校史馆筹建方案、设计方案和展览大纲“三个关键文本”以及扮演好决策者、组织者、协作者、编创者和采集者“五个关键角色”等。二位专家的到来，为提高我院修志工作的科学性和学术性，建成富有百年医学特色的校史馆提供了有力指导,同时也为两所附属医院编写院志拓展了思路。

4. 可以大量运用新技术,提高研究效率

20世纪80年代初,电脑、网络技术等还未普及,第一批开展校史研究工作的高校在材料搜集和整理中基本上是依靠人工处理,工作量特别大。“后发型”高校校史研究工作开始起步时正处于科技日新月异、互联网技术大显神通之时,电脑技术和软件技术得到广泛运用,大大提高了校史研究工作的效率。

我院在启动校史研究和校志编纂工作时,学院给予了大量后勤保障与技术支持,配齐了电话、电脑、网络、扫描传真机、录音笔、摄像机、移动硬盘、U盘等,安排计算机专业老师对校志编写工作人员进行文字、图像和声频等技术处理培训,工作效率得到极大提高。例如,在人物专访和口述史获得的过程中,我们使用录音笔、专业的摄像机,留下当事人或口述人的录音和录像资料;利用网络搜索,查阅网站,浏览了大量参考信息,搜到了一些与学院相关的老照片和文字记载,尽管有些还未经证实,但仍为我们提供了一些线索;得益于网络通讯技术的发展,使我们能在瞬间分享自己所查阅到的信息和材料,并能在短时间之内获得他人的帮助,让校史研究参与者不用见面开会,就能随时随地上网共享信息,参与讨论。

(二)“后发型”高校开展校史研究的劣势

1. 校史研究极易被“忽视化”和“边缘化”

“后发型”高校由于成为大学的时间较短,高校办学经验不足,学校的各方面建设和发展都比较缺人、财、物,很少有专门从事校史研究工作的常设机构,大多数都是临时抽调一些人员,以项目制形式组成校史研究团队。当某项与校史有关的项目或课题完成以后,这个临时小组就处于“解体”状态。即便是学校领导层有人能认识到校史研究工作的重要性,但考虑学校发展现状,很难获得领导集体的一致意见。相比之下,学校更愿意将人、财、物投入到那些更容易出成果的地方,比如改善办学条件的硬件设施等。

校史研究是史学研究的一部分,必须尊重客观历史和事实,要遵循史学的研究规律,运用科学的研究方法,是一项需要长期专注和投入的科研事业,见效较慢,工作较为枯燥,一般人特别是年轻人不愿意从事该项工作。所以,即便是学校领导非常重视校史研究工作,也会出现找不到合适人选的现象。

我院在2014年就成立了校志编纂委员会,下设校志编纂办公室,列入办公室工作人员名单的有18人，但负责具体工作的实际上只有4人。这4人中只有1名全职人员，且属于年龄较大的退休人员，其他3人都是年轻教师，均有繁重的教学任务，属于兼职校史研究人员。直到2015年8月，学院正式将校志编写以课题项目方式抛出来，校志编写才有单独的预算经费，校史研究工作的推进速度得以加快。

2. 研究时间不足，准备不充分，容易急于求成

“后发型”高校处于迅速发展的扩张时期，急于将各项工作铺开，极力追求短平快发展，尽快缩短与其他高校的差距。所以，这类高校一方面借助校庆契机，开展校史研究工作；另一方面则带有行政指令，必须在规定的时间内完成某项校史研究工作，往往导致时间紧、任务重，准备不充分。

我院于1918年建校，历史近百年，但直到2012年学院才从中专升为大专，进入高校序列。成立校志编纂委员会时，学院成为大学才两年，对以前的历史只有大致的梳理，缺乏深入的挖掘和广泛的查证工作，也没有形成专门的校史研究著作。虽然学院领导再三强调，开展校史研究是为了更加清晰地了解我们学院的前世今生，为学院未来可持续发展奠定坚实的文化基础，但作为校志办工作人员，大家都在争分夺秒，努力争取在建校100周年能编出一部合格的院志。

3. 研究机构不健全，人员不专业，质量参差不齐

对于国内一些知名的“211”“985”院校而言，成立专门机构和组织人员开展校史研究工作不是一件难事，如清华大学在修志过程中，由党委书记担任校志领导小组组长，校志编写组人员则由专职的校史研究室人员组成，共有74个单位230余人参加了此项工作，960余人次查阅了8500多卷次档案[①]；上海交通大学成立的“校志工作领导小组”也是由党委书记任组长，并举办了6次修志业务培训班，共有400余人次参加培训。即便如此，单独设立校史研究机构的高校在全国也不多，大多是在档案馆下的一个分支，有的是校长办公室下的一个分支，有的甚至没有分支，由档案馆或者校长办公室直接安排工作人员开展工作，人员也是临时上阵，尚未形成稳定的工作队伍。

“后发型”高校一般都是地方所属的高校，单是在财政支持上就比那些部属、省属重点高校少了一大截，能够组织力量开展校史研究工作都实属不易，愿意设立专门校史研究机构，配备专业的研究人员，长期从事校史研究工作已非

① 方惠坚，张思敬:《清华大学志》，北京：清华大学出版社，2001年版，编后记：第940页。

常鲜见。所以,在人财物比较紧缺的情况下,长期投入见效慢的校史研究工作,很少有“后发型”高校愿意做,或者即便想做也做不到。我院虽然已经有了相对健全的校史研究机构,经费也得到了一定保障,但还是存在人员不够专业、绝大部分都是教学岗位教师兼职校志办工作人员等问题。

三、“互联网+”为“后发型”高校校史研究带来新契机

(一)开通了借鉴其他院校校史研究成果的信息高速路

国内许多知名院校都开设有专门的校史专题网站,访问者不仅能查到该校编写校史的进展情况,还能查看其校史研究的学术成果和相关材料。对于“后发型”高校而言,上网搜索这些拥有校史专题网站的高校,不仅能学到他们开展校史研究工作中的规范化流程与制度,还能随时了解其研究成果,为本校的校史研究工作提供思路和参考性范本。

我院在修志之初,就意识到必须借鉴其他高校校史研究成果和方法,先后查阅了四川大学网上校史展览馆、上海交通大学校史博物馆、同济大学校史馆等国内知名大学的校史研究专题网站,同时也搜索了部分医学院校的网上校史馆,拓展了我院校史研究工作的视野。

(二)便捷了与其他高校进行校史研究学术交流的途径

对于校史研究几乎为零基础的“后发型”高校,与其他高校进行校史研究学术交流就显得尤为重要,可获取大量的直接经验,避免走许多弯路。传统的学术交流就是大家围在一起,就某个主题展开讨论,发表观点,时间长、耗费大,而且自中央“八项规定”出台以后,各大高校都在严格控制各类会议举办,贯彻中央“精简会议”精神和“厉行勤俭节约”之风。

“互联网+”时代,学术交流已经不再囿于传统的方式,而是以方便、快捷、低成本和个性化等优势,被大家广泛接受。除了国内早已存在的一些专业的学术交流平台以外,社交网络的兴起似乎更受欢迎,大量社交软件的诞生也使得通讯更加即时、信息传送速度更快、信息传送量急剧增加,给学术交流带来便利。我院在校史研究中非常重视与外界同行专家的学术交流,利用社交软件长期与上海交大、浙江大学等高校校史研究专家保持联系,得到他们的热心帮助和悉心指点,这种点对点交流在某种程度上比圆桌交流更加深入和具有针对性。

（三）拓宽了校史研究材料搜集的渠道，扩大了宣传影响力

以往的校史研究中，通常是需要大量人力到处搜集相关资料，有时可能会为了一个线索而亲自前往证实，加大了人力成本和时间成本，而互联网视频通讯技术则可以轻而易举地解决该问题；当有大量珍贵的照片、文字等校史材料散落在离退休教职工或者校友或者其他人手中，对持有人来说具有非同意义的纪念价值，校史研究者要想获得这些资料原件的难度非常大，而且资料数量也非常庞大，比较可取的方法就是让持有者用高清照相机拍照，再通过网络将照片传给校史研究者。另外，在校史研究工作中，可以利用基于网络的社交软件、自媒体、官方网站等对校史研究工作进行广泛宣传、动员和材料收集，让更多人了解和参与进来，扩大校史工作的影响力，拓宽史料征集范围，获得更为丰富的校史资料和线索。

我院在开展校史研究时，积极加强对外宣传，营造修志氛围。校志办除了每个月在退休教职工聚会上进行推介与专访外，还在《川康学院》上开辟专栏，每期发表文章，充分借助学院院报、官网、官微、系部二级网站等现代媒介发表新闻稿件。此外，校志办还开辟了校史资料征集专用邮箱，与多名知情人和线索人保持 QQ 联系和邮件来往，收到了大量图片与文字资料。

（四）加快了对获得材料的处理速度，尽可能保证资料原始、真实

数码技术和网络技术相结合大大提升了对校史材料处理的速度和保持原样的真实度，这是以往的校史研究条件无法企及的。很难想象，如果在堆积如山的史料当中去逐字逐句抄录有用信息，再通过人脑博闻强记，整理成校史，其工作量和耗时度就会使人望而却步。所以，在“互联网 +”时代，只要将纸质资料或者图片转成电子资料或图片，处理起来就容易得多，而这些就要依靠互联网技术和一些专业的识别软件。

我院在征集史料的过程中就特别强调尽量提供电子稿件或图片，但有些老教师不会使用电脑和网络，加上一些个人笔记、日记等原始资料，数量相当庞大。所以，校志办就对征集到的图片资料用扫描仪进行高清彩图扫描，最大限度保持照片的原样；运用图文识别软件对查阅到的档案照片进行文字识别，极大地缩短查阅档案的时间，提高了工作效率。最终将所有搜集到的材料都转化成照片、文字等电子资料，加上录音和录像总共有 100G 之多。若这些材料完全依靠人工处理，其工作量和耗时量将无法想象。

四、结语

对于“后发型”高校而言,校史研究工作起步晚有有利的一面,也有不利的一面。一方面,“后发型”高校校史研究存在经验不足、时间准备不充分、研究机构不健全、人员不专业等诸多不利因素;另一方面,由于可借鉴其他高校校史研究的成果与经验、运用新技术提高研究效率,加上自身重视校史研究等有利条件,在一定程度上弥补了“后发型”高校在校史研究中的先天不足。“互联网+”为“后发型”高校在校史研究过程中开通了一条信息高速路:一是使其能在短时间内大量借鉴其他院校校史研究成果;二是在与其他高校进行校史研究学术交流时能畅通无阻;三是拓宽了校史研究材料搜集的渠道,扩大了宣传影响力;四是加快了对获得材料的处理速度,尽可能保持资料的原始和真实。总之,只要搭上“互联网+”这趟快车,“后发型”高校在校史研究工作中就有可能迅速缩短差距、实现超越,并能有所作为。

“互联网 +”时代的大学校史文化培育和传播路径研究

湖北汽车工业学院　吴顺仙

摘要：“互联网 +”是当今时代的显著特征，它强有力地改变着人类的生产方式、生活方式和思维方式，对当今政治、经济、文化、社会生活等各方面产生重大影响。在网络新媒体应用最活跃领域的高等学校，互联网对师生的思想和行为产生了深远影响，同时也给高校校史文化培育和传播工作带来了新的机遇与挑战。本文基于“互联网 +”时代校史文化育人的新视角，对“互联网 +”背景下校史文化建设的重要意义、校史文化传播的基本特征和校史文化育人的路径等方面做了一些思考和探索。

关键词：“互联网 +”；校史文化；培育与传播

校园文化是以社会先进文化为主导，以师生文化活动为主体，以校园精神为底蕴，由校园中所有成员在长期的办学过程中共同创造而形成的学校物质文明和精神文明的总和。作为大学自身特有的文化现象，校史文化既囊括了大学人自身的奋斗历史，也孕育着大学未来发展的精神力量。充分利用“互联网 +”的平台优势，从全新的育人视角出发，更好地为大学校史文化建设服务，创新富有时代特征的大学校史文化培育和传播工作模式，是高校校史文化育人工作的崭新课题和必然选择，是高校全面推进培育和践行社会主义核心价值观的必然要求。

一、“互联网 +”为大学校史文化培育和传播提供了新机遇

校史文化作为大学宝贵的文化资源，是校园文化的核心组成部分，在校园文化建设中具有传承、凝聚作用。“互联网 +”为大学校史文化培育和传播注入了新的理念、拓展了新的内容、激发了新的活力，对校史文化的建设具有重要的

意义。

(一)"互联网+"为校史文化培育注入了新理念

"互联网+"是社会经济发展中的一种新形态,这种形态呈现出"网状遍布"的态势。互联网深深影响着社会生活的诸多方面与领域,在大学校园更是以一种直观的文化价值形态来进行展示。"互联网+"强调开放、包容、共赢、合作。在"互联网+"背景下,开展大学校史文化建设要结合自身高校的特点,融入"互联网+"的特点,适应时代发展的潮流。传统的校史文化建设强调学校的文化精神,而"互联网+"背景下的校史文化建设,在注重学校文化精神的前提下,应该强调互联网思维,注重融合、连接、人文的文化特征,突破学校的"围墙",才能更好地融入社会的发展趋势。

(二)"互联网+"激发了校史文化育人的新活力

校史文化建设是高校校园文化的重要方面,是培养学生树立正确的价值观、世界观以及形成创新精神、创新意识的重要手段与途径。传统的校史文化建设主要包括制度文化、物质文化、精神文化、行为文化等多个方面。"互联网+"背景下,拓宽了校史文化建设的内容。"互联网+"时代不仅对人才的培养与教育提出了新的要求,更重要的是开拓了学生的视野,改变了学生接收信息、传递信息的方式,改变了学生的消费习惯、生活习惯。在"互联网+"的背景下开展大学校史文化建设和培育工作,有诸多可以研究的方面与内容。

(三)"互联网+"拓展了校史文化传播的新途径

"互联网+"的到来,打破了校园的"围墙",使得高校这样一个"小社会"更好地融入充满协同、连接的"地球村",形成了一个"大社会"的环境,在该环境下消除了地域的差距,使得人与人之间的交流更加顺畅,交流的平台与方式越来越丰富与多样。在这个过程中,高校将"互联网+"融入到大学校史文化建设中,既丰富了校史文化建设的内涵,也拓宽了校史文化的传播途径,使大学校史文化更具活力。

二、"互联网+"背景下大学校史文化传播的基本特征

"互联网+"改变了传统的媒体环境,促使传统的校史文化传播渠道和传播过程发生了变化。与传统媒体环境相比,基于"互联网+"背景下的大学校史文化传播呈现出质的差别的特征。

（一）校史文化传播方式更具即时性和双向交互性

传播速度快、交互性强，是网络新媒体技术最突出的特征之一。网络新媒体开辟的对话平台，可以营造一种一对一、一对多、多对多的信息对话的意境，促进校史文化传播者与受传者在自由式的沟通中不知不觉地受到校史文化信息的熏陶感染。在传统校史文化传播过程中，大学的相关管理部门扮演着“把关人”的角色，把持着大大小小有关校史文化信息流动的“关口”，无论是富含校史文化的知识性信息传授，各项活动的开展，还是典型人物的塑造以及校园环境的创设，管理者是绝对的主体，而师生只能是被施控的客体。整个传播呈现出一种单向的线性传播过程，传播者与受传者之间直接的接触和交流概率不大，受传者的反馈也较零散和滞后，缺乏实时性和直接性。网络环境下的大学校史文化传播可以发挥强大的交互功能，互动与对等成为其主要特征和突出优势。在互联网的传播模式中，广大师生可主动以留言、评论的方式向传播者提出个人的信息需求、观点及建议，及时交流、积极反馈。同时，校史文化管理部门可利用网络获取他们的需求、意见和感受，以此为基础及时改进校史文化传播行为、调整校史文化传播内容。

（二）校史文化传播范围更加广泛普及和开放

传统媒体环境下的校史文化传播在吸引广大师生方面往往处于被动地位，有校园情结和感兴趣的学生会主动学习和了解校史、寻访校友、参与活动、接受感染和熏陶，但是对于相当多的师生来说，很难达到有效传播目的。对于学校理念性的政策解读，或校园事迹的宣传也更多停留在部分师生群体中。对于社会大众而言，其对校史文化的关注更是知之甚少。网络环境下的校史文化传播范围由相对封闭的小众向整体开放的大众转向，更趋广泛普及性。一方面，数字化的校史文化信息，占用空间小，易保存，而且不再受时间、地域、存储空间等因素的限制，传播迅速，还可以通过链接等方式全方位展示相关内容。广大师生对于各种校园活动的举办，校园典型的宣传，不仅在参与度上效能大大提升，活动的后续影响力也可以通过新媒体持续发力。另一方面，新媒体被广泛使用，广大师生无论在课堂上、在宿舍还是在图书馆，他们都可以通过微博、微信、飞信、QQ等途径随时随地接受信息服务，填补了他们对于校史文化传播可能出现的离散时空，通过非连续、间歇和零散的时间与空间来吸引受传者的注意力，以获得校史文化传播的最佳效果。

(三)校史文化传播呈现方式更具多样融合性

传统的大学校史文化信息包括文字、符号、图形、照片、录音等形态，主要通过报纸、广播、电视等媒体进行传播。在网络新媒体环境下，大学校史文化信息以文本、图片、音频、视频、动画等多媒体形态出现，通过电脑、电视机、手机将大学校史文化的信息与资源充分集成在一起，将各种信息节点与各种媒介互联，使师生可以在任何地方使用任何终端进入新媒体网络，根据个人所需去获取信息与资源。通过校园主流网站上对校园事迹进行追踪报道、设置专栏对校史文化的沉淀与发展进行梳理、对学校进行宣传的校史文化网络精品、各大重要典礼的影像资源等均是校史文化得以传播的重要形式。这些形式最大不同在于传统媒体的各种信息表现形式得以在新的媒体平台上走向融合，而其可视性，从而提升校史文化的传播效果。

三、“互联网+”背景下大学校史文化育人的路径创新

校史文化的培育需要一个挖掘、积累、和传播的过程，校史文化育人也有着多种方式，如校史馆是校史文化缩影的展示，以历史资料、珍贵的档案为基础，用图片、文字、多媒体等方式将学校的历史浓缩展示；校史公开课，由专门的教师团队对校史有一个系统的全面的展示。校史文化会在多种展现形式中，得到深入探索和研究，不断丰富起来并深入人心。“互联网+”背景下，大学校史文化育人应适应时代的变化，转变工作思路，创新工作模式，丰富校史文化内容，注重“互联网+”校史文化培育的精神引导，拓展传播的形式和载体，进一步提高校史文化育人的有效性。

(一)转变校史文化育人的工作思路

“互联网+”为校史文化的培育提供了广阔的平台与技术支持。高校应该充分利用“互联网+”的优势，尤其是一些新媒体技术，实现各类信息的碰撞与交流。同时，在校史文化建设中，要完善制度工作，制定符合自身学校的校史文化培育体系，改变传统的工作思路，从全员育人、深度育人的角度来开展校史文化培育工作，要将一个个单独的活动根据特色连成一条线，再根据校史文化的侧重点将一条线拉成教育面，将素质教育、知识教育、价值教育等多方面联系起来，最终形成多维度的校史文化建设和培育的工作体系。

（二）创新校史文化育的工作模式

“互联网+”体现的是一种新的经济发展状态，它依靠互联网技术，可以将互联网与传统的产业，如农业、交通、医疗、金融等进行联合，从而通过优化生产要素、重构商业模式、更新业务体系来实现经济的转型与升级。因此，高校管理者和史志工作者要利用互联网技术、运用互联网思维，将互联网与校史文化建设工作联系起来，对传统校史文化建设的工作模式进行改造、转型与升级。加强校园网络文化建设，将校史文化建设的重点向互联网转移，从工作结构、工作内容、工作形式等方面逐一调整，重构校史文化培育工作的新格局，打造新的校史文化建设工作体系，将“互联网+”的开放性、时代性、创新性等特点与校史文化培育工作相结合，在制度上保证“互联网+”时代背景下校史文化建设的安全，营造积极向上的校史文化氛围。

（三）注重校史文化育人的精神引导

精神引导是大学校史文化培育工作中的重中之重，占据着重要的地位与作用。缺乏精神引导是当前很多高校校史文化建设的薄弱环节，容易被忽视。“互联网+”的快速发展是一把“双刃剑”，它改变了人们接受信息、传递信息的方式，使人们方便快捷地获取各种信息与资源，但是它同时充斥着大量的负面信息，各种信息传播平台、软件充斥着大学生的生活和学习，传播的内容包括政治、经济、社会、道德、科技等等方面，这些都在潜移默化中影响着大学生的世界观、人生观、价值观。而在大学阶段，大学生的思想还未完全成熟，对社会的了解有限，这无疑会给大学生带来思想上的诱惑、困惑。因此，作为高校校园文化建设重要组成部分的校史文化，同样要注重对大学生的思想进行引导，帮助他们树立正确的人生观、世界观、价值观。

（四）丰富校史文化内容，提高校史文化传播的有效性

传播效果是传播内容作用于人类心理系统的结果，传播的内容是生产传播效果的原材料。校史编研是高校校史文化建设工作的一项重要内容，大学史志工作者要深入挖掘校史的教育资源，丰富校史文化传播内容，首先应形成适于新媒体环境下传播的校史文化内容。这就要求改变传统的校志或校史修撰时重“编”轻“写”的做法，不是仅满足于历史事件的简单罗列与堆砌，而是力求形成品质优良而易于近人的校史文化产品。学校应积极采取行动，全面整合资源，加强对校史的研究整理，并将相关研究成果固化为文字、音像、图片等可触

可感的有形文化产品。特别是在校史文化图书编撰方面,强调要统筹兼顾人文性、史料性、实效性和可读性,在选题立意上力求体现学校鲜明的地域风格特征和办学特色与传统,以期用厚重的历史传统与大学精神感召人、引领人、启发人;在布局谋篇上力求做到题材选取精准、结构新颖独特、表现形式生动,以期更好地贴近读者、引起共鸣。

(五)完善校园网络基础设施和网络信息平台建设

网络等基础设施是在"互联网+"背景下开展校史文化建设的基础与前提。要在教室、宿舍等公共场所实现WIFI全面覆盖,为开展校史文化建设奠定坚实的网络基础。当前,校园网是很多学校用来服务老师、学生的一个平台,在校园网内可以了解当前学校的动态、新闻以及一些办公业务都可以在校园网内进行处理。随着现如今网络技术的发展以及移动终端的流行,很多人都习惯在移动终端如手机、平板电脑等接受信息、处理信息。因此,要加快校园网络信息平台的建设,满足新时代师生的需求。在校园网建设上要与时俱进,充分利用新媒体的优势,搭建一个新媒体宣传平台,比如说开发一款校园网App或者在微信等聊天软件中创建一个公众号,方便大家及时了解学校的动态。要充分利用好"互联网+"的开放性、包容性等特点,利用网络的优势,在学校范围内加强各个部门、加强与学生之间的交流,实时掌握学生的思想动态,传播积极向上的内容。

总之,充分利用"互联网+"平台的优势和特征,利用新媒体形式和载体的多样性,进一步加强校史文化的培育和传播工作,提高校史文化育人的有效性和主动性,增强对广大师生的教育和引导,对大学校园文化建设具有重要的现实意义。根据党中央的有关文化大繁荣的战略部署,随着网络信息技术的不断发展,校史文化培育和传播应该充分发挥新媒体的力量,解放思想,开拓进取,积极创新,继续探索传播工作的新方法、新路径,以切实促进校史文化育人效果的全面提升。

参考文献

[1] 冯刚,柯进文. 高校校园文化研究[M]. 北京:中国书籍出版社,2011:2-4,7

[2] 叶明,魏小平. 自媒体环境下大学文化建设的创新路径研究[J]. 西安交通大学学报(社会科学版),2015(2):124-128.

[3] 郝晓玲. 关于大学文化建设的实践反思[J]. 黑龙江高教研究,2011(9).

[4] 黄滨. "互联网+"背景下的高校校园创业文化建设[J]. 高校辅导员学刊,2015(06):

56-59.

[5] 吴旻瑜,刘欢,任友群.“互联网 +”校园:高校智慧校园建设的新阶段 [J]. 远程教育杂志,2015(04):8-13.

[6] 方若石. 信息网络化背景下大学文化建设刍议 [J]. 现代远距离教育,2013(5):55-60.

[7] 孙雷. 国外大学文化建设的特点及其借鉴意义 [J]. 东北大学学报(社会科学版),2008(6):520-524.

“从文化输入”到“文化输出”

——关于校史研究与建设“双一流”大学文化的思考

同济大学校史馆　周黎萍　张 静

摘要:世界一流大学和一流学科的建设离不开世界一流的大学文化,校史研究作为校园文化建设的一个重要内容,也是校园文化建设的重要支撑。在全球化背景下,“双一流大学”文化建设完成从“文化输入”到“文化输出”的转型,是当前校史研究需要思考的问题所在。本论文主要以同济大学为例,通过对“西学东渐”与“文化输入”的历史分析,以及对“中国崛起”与“文化输出”的现状概括,从校史研究在学术文化和学科文化建设中的作用、校史展览的多种呈现模式、校史研究的跨部门跨校跨国合作、校史资源的共享平台建设四个方面就如何加强校史研究与建设“双一流”大学文化建设进行探讨。

关键词:文化输入;文化输出;双一流;大学文化;校史研究

随着我国经济的发展、政治地位的提高,“中国崛起”正被世界所关注,与之相应的,我国高等教育的发展也被世界所瞩目。经过一个世纪的发展,一些历史悠久的高校相继举行了百年校庆,由最初在“西学东渐”思潮中为传播新知而建立的“专门学堂”,逐步发展成拥有多校区、多学科的现代综合性大学。就我国高等教育发展历史而言,虽然在初创期大多沿袭欧美或日本等发达资本主义国家的教育模式,但在新中国成立后,尤其是改革开放以来,经过社会主义教育的不断探索与改革,我国高等教育形成了具有社会主义特色和风格的独特的现代化大学。

2016 年 2 月,教育部印发《教育部 2016 年工作要点》的通知,要求加快世界一流大学和一流学科建设。世界一流大学和一流学科的建设离不开世界一流大学文化的智造。在全球一体化的背景下,建设一流大学文化的一个重要方面,就是如何引导与推进不同政治背景、不同社会体制、不同学术风格的大学文化之间的对话与融合,如何在全球化的"趋同"发展中,做到个性化的"存异"。也就是说,我们建设有社会主义特色的一流大学文化,既不是新中国成立前的全盘西化,也不是新中国成立初期的全盘苏联化,而应该是自主、自立、自信、自强地实现我国教育事业的"中国梦",将具有中国特色的社会主义教育制度和教育文化展示给世界,介绍我国在高等教育发展和改革中的经验和教训。因此,当前我们建设世界一流大学文化的重中之举,就是要完成大学文化建设从过去"文化输入"到如今"文化输出"的过渡与转型。校史研究作为校园文化建设的一个重要内容,也是校园文化建设的重要支撑,如何通过校史研究,推动与促进"双一流"大学文化建设从"文化输入"到"文化输出"的转型,是我们每一个校史研究者需要思考的问题。

一、"西学东渐"与"文化输入"

(一)我国现代高等大学的创办与西方文化的移植

1840 年的鸦片战争,打破了国人"天朝上国"的美梦。在逐步沦为半殖民地半封建社会的过程中,我国的有志之士逐渐意识到,必须向西方学习,才能"师夷之长技以制夷",近现代化的浪潮悄然而起。在文化教育方面,以办新式学堂、兴学育才为主要体现。从晚清到民国创办的各种新式学堂,奠定了我国高等教育的基础。这些新式学堂,或政府主办或国人自办,或由国外教会大学创办或由国外政府直接参与,无论哪种办学方式,基本都体现了西方文化强势输入的特点。

当时国人办学,大多以"兴学救国"为目的和宗旨,在教育理念、教学方式上效仿西方模式,或由外国教员担任教师,或习西方文化课程,往往都伴随着西方文化的传播和移植。例如天津大学的前身"北洋大学堂",按照美国近代模式办学。北京大学的前身"京师大学堂",在章程中明确其办学方针是"中学为体,西学为用"。清华大学的前身"清华学堂",是用美国退还的一部分庚子赔款办起来的留美预备学校,所有教学都照美国学堂,相当于美国中学和大学一、二年级水平。由政府主持或者国人自办的这些大学,无一不以学习西方国家的语言文字、历史文化、政治制度等当时中国社会所急需的内容为宗旨,体现了西方文化的强势输入。

而另外一些由教会创办的大学,或由外国政府直接主办的大学,其"文化输入"的特点则更加鲜明。如圣约翰大学,是中国近代最著名的大学之一,也是在华办学时间最长的教会学校之一,更是中国首个全英语授课的大学,有"东方哈佛”和“外交人才养成所”之雅称,创下了民国教育的多项第一。但在1952年的院校调整中,这些教会大学逐渐融入其他大学,它们的名字也成为历史。外国政府在中国办学,以同济大学为例,其前身为“德文医学堂”和“德文工学堂”,两校合称“同济德文医工学堂”。在医学堂的创办中,德国科佩尔基金会、促进在华德国文化工作委员会、普鲁士文化部、外交部、财政部为学校的筹建和运作以及教学楼的建设提供了资金。工学堂的建设资金由德国-亚洲协会下属的“在华建立德国工科学校联合会”的执行委员会负责,成员单位包括德国工业企业、银行界、教育界、普鲁士文化部、外交部、海军部、普鲁士工商部等。他们都有一个共同目的,那就是为中国培养杰出的医生和工程师,使他们乃至同济成为中德“特殊文化的载体”,“使德国人的观念在技术领域里渗入到中国人的才智中,为接受我们的工业产品创造条件”。由此可见,这类学校的创办其“文化输入”的特征也就异常鲜明。

(二)“文化输入”背景下的校园文化

正因为我国高等教育初创期的特殊历史背景,在我国高等教育发展早期,校园文化主要体现为对以现代科学和现代文明为主要核心的西方发达资本主义文化的传播和吸收。在学校文化的各个方面,如学术文化、制度文化、建筑文化、体育文化等,都散发着浓郁的西方文化气息。

以同济大学为例。在学术出版方面,新中国成立前的历史刊物现存有篇目为120余种,有实物的为102种[①]。这些历史出版物是当时校园文化的丰富表现。作为一所以“德意志国之文明,灌输以饷我中国”[②]为背景创办的高校,德国学术和文化精神在同济历史出版物中有非常集中的表现。同济是当时全国唯一一所出版德文年刊和中德双语纪念刊的高校,德文出版物的比例极大。《德文月刊》《德文入门》《德文读本汉释》等都是学习德文的权威书刊,是中德文化对话的直接载体。尤其是《德文月刊》作为当时唯一一本德文课外阅读刊物,具有广泛的社会影响。还有《同济医学月刊》是中德两国“勉于合作精神,以求集群策合群力,得最佳之研究结果”[③]的产物,致力于两种学术文化的对话与统一。另外,中德政府还将同济作为两国文化教育交往的窗口。同济的校庆和各种纪

① 朱大章,周黎萍:《同济历史出版物的文化精神》,载《同济大学学报》(人文社科版),2015年第2期。

② 蒋元庆:《序一》,见《德华医工高等专门学校同学录》,上海,1915年,第45页。

③ [德]柏德:《序言》,载《同济医学月刊》,1925年第一卷,第5页。

念活动,德国大使、驻上海领事纷纷出席,是国家级外事活动;以欧特曼、史图博等为代表的德籍教授是将德国学术和德国文化引入同济的文化使者;同济还是中国留德学生的大阵营,是德国文化传播的一个中心。同济出版物深受德国学术和德国文化熏陶的特征,正是当时"文化输入"时代背景下对校园文化重要影响的体现。

又比如在校园建筑方面。校园建筑不仅是作为物质空间而存在,更是一种文化精神的传播和延续。1907 年同济创办时,最初是租用白克路(今凤阳路)对面两栋仿欧洲风格的小楼作为校舍。1908 年,在宝昌路西购地自建,到 1916 年底,第一次大规模的校舍建设基本完成,校内建筑包括门房、工科讲堂、钟楼、宿舍、运动场等,规模宏大,蔚为大观。以工科讲堂为例,图纸由来自德国洋行的德国建筑工程师卡尔·培台克绘制,模型由工厂监督制定,构架完全仿自普鲁士皇家机械学校,有造型独特的拱形门廊、形状各异的玻璃门窗以及清晰可见的马赛克地坪。1995 年 12 月出版的《德国杂志》第 6 期,在《建筑,德国在中国的明显影响》一文中,将这幢大楼作为中国普鲁士风格建筑的标志。不仅仅是单体建筑的形态上,在整个校园的修建过程中,无论是管理团队、运作模式、建造资金的来源,还是建筑设计的风格、建筑功能的划分,都体现了鲜明的德国文化色彩,是德国文化在中国输出与移植的物化。

二、"中国崛起"与"文化输出"

(一)"中国崛起"与建设"双一流"大学

改革开放以来,中国经济迅速发展。经过几十年的厚积薄发,国际地位日益提高,已然跻身世界强国之林。西方国家通过政治、经济、科技、教育、文化交流等各种方式,重新认识了中国。中华文明和中国文化向世界输出的呼声越来越高。

事实上,"文化输出"的呼声早在西方文明输入的高潮期就已提出。在 1921 年,时任北京大学校长的蔡元培先生便提出了"文明输出"。他说:"我们一方面注意西方文明的输入,一方面也应该注意将我国固有文明输出。"[①] 2011 年,北京大学教授、著名学者王岳川的《文化输出——王岳川访谈录》一书出版,对文化输出的概念和内涵进行了系统整理。他在书中提及他提出"文化输出"

---

① 蔡元培:《北大 1921 年开学式演说词》,见中国蔡元培研究会编:《蔡元培文集》,第四卷,杭州:浙江教育出版社,1997 年版,第 423 页。

是受到了宗白华先生“开窗拿来和开门走去”的思想和季羡林先生文化“送出主义”思想的启发。宗白华是同济校友，20世纪初在同济学习德文后留学德国。他在30年代曾说：“当时的中国是风雨如磐的神州，就像一座坟墓一样，必须开窗让西方的欧风美雨吹进来，使我们文明僵化的程度减低。”到了20世纪末他又说：“我们应该开门，让中华民族经过一个世纪西学的碰撞整合后的新文明走出国门。”近年来，“文化输出”成为我国文化教育和国际交流的主要方向。经过一个世纪的积累与沉淀，我们的文化发展，真正走到了从鲁迅的“拿来主义”到新世纪中国文化的“输出主义”的时候了。2011年10月审议通过的《中共中央关于深化文化体制改革、推动社会主义文化大发展大繁荣若干重大问题的决定》，提出“增强国家文化软实力、中华文化国际影响力要求更加紧迫”。

文化输出的一个重要支撑在于教育。2015年10月24日，国务院印发《统筹推进世界一流大学和一流学科建设总体方案》(以下简称《总体方案》)，自2016年起针对大学以及学科建设明确提出了“双一流”的任务要求。《总体方案》围绕“中国特色，世界一流”的核心要求，从建设、改革两方面进行了统筹。在5项建设任务中，除了师资队伍建设、创新人才培养、科学研究水平提升、推进成果转化外，还有一个重要内容就是传承创新优秀文化，要“加强大学文化建设，把社会主义核心价值观融入教育教学全过程，发挥中华优秀传统文化的教化育人作用”。建设既要有“中国特色”，又要是“世界一流”的现代化大学，必然要有世界一流文化，必然要有能够体现人类文明和社会进步的学术文化，有能够体现本国特色和深厚底蕴的国家民族文化，有能体现学校发展历史和凝聚学校发展精神的校园文化。

(二)“文化输出”背景下的校园文化

现代大学承担着“人才培养、科学研究、社会服务、文化传承与创新”的四大使命，是一个国家的精神象牙塔和民族文化名片，是文化交流的重要窗口和文化交往的重要对象。美国、英国、德国等发达国家的大学正是通过向世界输出科技理念、创新技术、文学思想、艺术形式等多种方式，潜移默化地为城市、国家乃至世界提供文化发展的原动力。我们建设双一流大学，也要为中国特色社会主义文化提供原动力，为中国特色社会主义文化的输出提供支持。

19世纪末20世纪初，西方文化的输入以外语语言学校的创办、留洋学生的传导等方式进行。而当前，中国特色的社会主义“文化输出”在教育教学上的一个重要表现就是海外孔子学院的盛行和海外留学生队伍的日益庞大。

近年来,我国学习德国的歌德学院和英国文化委员会,在全世界近百个国家和地区成立了“孔子学院”400余所,致力于增进世界各国人民对中国语言文化的了解,加强中国与世界各国教育文化的交流合作,发展中外之间的友好关系,从而促进世界多元文化发展。全国“985”“211”高校几乎都与国外高校或机构合作设立了多所孔子学院。目前同济大学与海外大学、教育机构合作设立有4所孔子学院、2个孔子课堂。这些孔子学院充分利用高校自身的师资和学科优势,开展丰富多彩的教学和文化活动,逐步形成了各具特色的办学模式。在境外开办的孔子学院,可以说是我国传统文化在国外的移植和复制,在某种程度上,也是中国不同校园文化在境外的映射。

与孔子学院相比,来华留学生也是学习和传播中国文化的重要载体。在建设“双一流大学”与“文化输出”的背景下,留学生培养在学校发展中占据着越来越大比重,也发挥着越来越重要的作用。来中国的留学生,不仅仅是学习语言,更是要将在中国所接受的知识和文化回国后传播给自己的国人,成为两国文化交流的使者和代表人物。这就要求我们势必要在建设双一流大学校园文化的过程中,积极营造和建设具有不同校园特色的留学生文化。

无论是孔子学院,还是留学生校园文化的营造,都是基于语言基础的人才培养和文化交流。如果说这都只是当前“文化输出”背景下建设双一流大学校园文化的外在体现,那么建设双一流大学校园文化的根本还在于大学核心文化的树立,即学术文化和学科文化以及能够体现一所大学历史底蕴和独特个性的精神文化的传播,即基于全球文明和科技发展的学术文化和科技文化的建设,基于学校发展历史和未来发展定位的核心价值和精神文化内涵。建设双一流大学的校园文化,应该是基于一流学科的一流学术文化,基于中国特色的独特校园文化,基于全球视野的当代中国文化,这是我们校园文化建设的核心,是既能够传承历史,又能够启示未来,并且还能体现出不同大学不同风格的文化特质的核心所在。这应该是我们思考建设双一流大学文化的重点,也是我们校史研究需主动积极参与建设的一个重要方向。

三、校史研究与建设“双一流”大学文化的探索与思考

(一)探索校史研究在学术文化和学科文化建设中的作用

大学的核心功能在于育人,一流大学的核心竞争力更在于学科。如何发挥校史研究在学术文化和文科文化建设中的作用,发挥校史为学校中心工作服务,为学校学科发展和人才培养服务,是我们在双一流大学文化建设过程中,尤

其是探索校史研究新的发展路径时值得思考的问题。

传统的校史写作,大多将研究视角聚焦于校史人物和校史事件,主要工作多为大事记的梳理、大学史的写作、学校档案以及校史资料的研究整理、重要人物或者重要事件的研究,对学科发展的研究较少涉及。其中的原因有很多,既有校史研究在学科划分上的特殊性,也有各个学校校史研究机构和学科所在院系相对疏离等客观条件的制约。事实上,学科史的写作离不开校史研究的大背景,校史研究也绕不过学科史的发展。局限于校史写作的学科发展史,很难对学科发展有清晰准确的论断,也就触及学科发展的深度。而单纯的学科史又很难在整个社会背景和学校发展的历史下拓展开来,显得过于专业化,可读性受到一定影响。因此,两者之间的合作就显得非常有必要。

同济大学校史馆曾经在这方面做过一番尝试。2014 年,值学校土木工程学科百年庆典之际,档案馆、校史馆主动同土木工程学院、交通运输工程学院联络,共同主办了"百年土木、继往开来——同济大学土木系科百年发展图片展"。在展览筹备过程中,校史研究人员同两个学院组成的团队,一起深入发掘、讨论土木学科的发展特点,总结经验,最后用 100 块展板、1 000 余张照片,真实生动地再现了土木系科走过的百年历程和取得的重大办学成就,在校内外产生了很大影响,这应该是校史研究主动服务学科发展的一个示例。但由于时间以及其他条件的限制,这次合作没来得及出版更好的研究成果,留有很大遗憾。

(二)探索校史展览的多种呈现模式

随着各个学校百年校庆的到来,很多高校纷纷建立了校史馆,以图文并茂的形式展示了大学的百年发展历程,成为新世纪以来大学文化建设的一个重要内容。各个大学的校史馆,虽然建筑面积各不相同,展示风格迥异,但其展示方式和功能则大同小异。例如同济大学校史馆,有独立的建筑,于 2007 年 5 月同济大学百年华诞之际建成并投入使用。最初展示内容主要为中文,只有标题采用了英语翻译。此后,随着学校的发展,尤其是对外交流与国际合作的需要,2012 年将展示语言变成了中、德、英三种,日常接待讲解提供中、英、德、日四种语言。这种变化,既符合同济创校时不同于其他高校以德语为主要教学语言的传统,也符合学校提出的"以可持续发展为导向的世界一流大学"的定位。近年来,学校校史馆的接待参观人数逐年上升。2013 年,校史馆接待参观个人计 20 882 人次,团队共 1 906 批;2014 年,校史馆接待参观个人计 20 008 人次,团队共 2 187 批;2015 年,校史馆接待参观个人计 27 801 人次,其中外国来宾

3 861 人次。校史馆俨然已成为学校对外交流与国际合作的一个重要环节，这对我们校史研究和校史展览提出了新要求。

并且，随着学校规模的不断扩大，各高校纷纷建立了分校区，有些高校在分校区也建立了校史馆。不仅如此，20 世纪 30—40 年代受抗日战争影响，北京、上海、广州等沿海地区的高校曾内迁办学，很多高校在内迁时期的办学旧址仍保存完好，这些办学旧址，本身就是学校历史的一部分，如果可以合理利用起来对相应时段的校史进行展示，在某种程度上还原了当时的人与物，会给参观者带来强大的冲击力和震撼力。同济大学曾于 1941 年迁至四川李庄，在李庄度过了相对平静的 5 年，李庄五年在同济历史上是非常重要的 5 年，李庄也一直是同济人感激怀念的“第二故乡”。2014 年档案馆、校史馆配合李庄当地政府，在李庄禹王宫、东岳庙办学旧址布置了同济在李庄办学历程和发展情况的展览。这些场馆，完全可以作为同济校史的分馆，如今既是李庄文化的一部分，也是同济进行爱国爱校教育的一个重要基地，这些恍如情景复原般的校史展示，深深地震撼着每一位参观者。

除了传统的文字加图片的展示形式，多媒体技术的运用也越来越常见。其他还有微信公众号、微博公众号的运营，都为校史在信息化时代的展示提供了基础。同济大学在 2014 年举办土木系科百年发展图片展时，利用现代信息技术，通过参观者扫描展板上的二维码，即可在手机或者电脑上看到展览的全部内容，并可以通过微信、微博等电子媒体进行转发。这种将实物展板和电子展示相结合的方式，不仅扩大了展示的空间和范围，而且增加了展览方式，因而受到广泛好评。

（三）探索校史研究的跨部门、跨校、跨国合作

知识无国界，教育更是需要开放的视野。我国高等教育无论在初创期还是如今飞速发展阶段，都处于开放的国际环境中。校史研究要服务于双一流大学校园文化的建设，应该要跨出仅限于“一校之史”的拘囿中，敢于不坐“冷板凳”，以更加广阔的视角，以更加积极的姿态，探索跨部门、跨校乃至跨国界的合作研究。

2014 年出版的《上海高校建筑文化》，应该是一次跨校合作的示范。这本书通过对上海高校优秀历史建筑背后文化内涵的挖掘，让更多师生和社会人士了解上海高校的历史文化，进一步增强上海高校的文化辐射力。除了这种围绕同一个校史研究主题的跨校合作外，还应该探索更加深入的合作研究机制。以

院系调整为例,新中国成立初期的全国高校院系调整,是建立新中国高等教育制度的起点,几乎涉及所有高校。关于院系调整的研究,应该建立起多校合作的研究平台。如同济大学的院系调整,涉及复旦大学、上海交通大学、华东师范大学、华中科技大学同济医学院、武汉大学测绘学院等高校。随着院系之间的调整,大量师生员工合并或调出,各种文件、图书、仪器相应作出调配。涉及的人事繁杂,其中的过程亦十分复杂,单靠一校的资源和研究力量,难免有限,在资源共享和自由学术探讨的基础上,建立一个合作研究的平台,集多校之力,共同厘清梳理这段对新中国的高等教育产生了重要影响的历史事件,显得尤为重要。

另一方面,随着国际交流的深入,人才流动非常频繁,尤其是顶尖学科以及一些顶尖学者同国外高校和文化界有着千丝万缕的联系,因而,在“文化输出”的背景下,开展跨国界的合作研究也同样重要。以同济大学为例,德研所李乐曾教授长期与德国各种档案馆、图书馆以及文化机构进行合作研究,多次采访同济创校时期的相关人物,在此基础上写作出版了《对德交往中的同济大学》,这本书是研究同济创校和20世纪初期中德文化交往的一部力作,受到国内外学术界的一致好评。也正是基于这种合作平台的建立,同济大学校史馆、档案馆近年来同德国有关方面合作,举办了“纪念埃里希·宝隆逝世100周年图片展”和“欧根·弗雷格勒中国影像展”,这些展览同时在校内及德国展出,促进了同济校园文化的发展。

(四)探索校史资源的共享平台建设

校园文化的建设与发展,离不开校园文化资源的积累。现今高校资源大多集中在档案馆、校史馆、博物馆、图书馆等机构以及校办、党办、宣传部等部门,关于校园文化资源的整合已经成为研究的热点问题。从校史研究的角度出发,校史资源的整合主要涉及几个方面。

首先是校史与党史、学院史等相关资源的整合。有些高校的党史、校史和年鉴都是同一个部门负责,这方面的资源整合受影响很小。而大多数学校都是党办负责党史资源,校办负责年鉴的统稿和撰写,很多学院还有自己的院史馆,各种校史资源的搜集和整理途径各不相同。在这种模式下,如何利用信息化的便捷,在史料的搜集和信息的处理过程中,建立起多部门、多学院集成的校史资源共享平台,这也值得我们思考。

其次是校史资源与档案资源的整合。一些高校是档案馆、校史馆合署,有的学校是档案馆、校史馆分属不同部门。高校档案馆作为高等院校重要的信息机构，保存着丰富的高校发展历史的档案，其中包括历史文件、照片，甚至实物资料，很多原始的文本资料都已经进行了数字化，为研究利用提供了便捷条件。这些丰富的历史文献资料有必要进行开发整理，并对外宣传和展示。而如何实现保管、展示与研究、利用的成功结合，使资源效用得到最大化发挥，也是我们应该思考的问题。

还有跟图书馆资源的整合，高校图书馆作为长期对高校内师生进行信息服务的机构，能够将档案馆所整理的信息进行数字化加工并加以宣传，有效地扩大宣传范围。由高校档案馆和图书馆协作共建的高校校史资料库，将对培养高校广大师生的校园情怀具有重要意义

其他还有各种网络资源和媒体资源的整合。校园网上的新闻、各个学院以及各研究所网站上的重要事件和重要人物，这些内容是否可以纳入一个强大的数据系统内，进行分析、归类，乃至筛选，以信息化的手段进行处理，也是可以思考的方向。除了校内平台以外，如何通过国内合作与国际交流，建立一个校外的资源共享平台也是我们应该探讨的方向所在。

让大学校史研究服务一流大学建设

大连理工大学史志编研室　杨春平

摘要：大学校史，蕴含着宝贵的精神财富，它滋养、培育了大学师生员工。校史研究，可以增进爱校情怀，使大学校史的“存史、资政、教育、育人”的功能，得到进一步彰显，也是推进一流大学建设的重要资源。校史研究的使命，应该有：资政教育、弘扬文化、探寻规律、促进发展。正确的历史观是一流大学建设的力量。一流大学要符合大学本源、遵循教育规律、富有大学精神。建设一流大学，可以借鉴世界一流大学建设的路径，更要构建现代大学治理体系。

关键词：历史观；校史研究；大学文化；大学精神；一流大学

习近平同志在《致第二十二届国际历史科学大会的贺信》中指出：“历史研究是一切社会科学的基础，承担着‘究天人之际，通古今之变’的使命。”“重视历史、研究历史、借鉴历史，可以给人类带来很多了解昨天、把握今天、开创明天的智慧。”一所大学的历史，是这所大学师生员工及校友共有的精神家园。大学校史蕴含着宝贵的精神财富，它滋养、培育了大学师生员工。研究大学校史，可以增进爱校情怀，使大学校史“存史、资政、教育、育人”的功能得到进一步彰显。一所大学的历史是这所大学的宝贵财富，是推进一流大学建设的重要资源。

一、校史研究的使命

习近平总书记在《致第二十二届国际历史科学大会的贺信》中，指出了历史研究的重要性，“是一切社会科学的基础”，需要全社会关注和重视；提出了历史研究的使命，“究天人之际，通古今之变”；指明了历史研究的正确方向，“借鉴历史，给人类提供了了解昨天、把握今天、开创明天的智慧”。校史研究要为一流大学建设服务，校史研究的使命，应该有：资政教育、弘扬文化、探寻规律、促进发展。

(1)资政教育。校史研究的使命之一是资政教育。《资治通鉴》的目的是

“鉴前世之兴衰，考当今之得失，嘉善矜恶，取是舍非”，以供当政者治理国家参考。从《春秋》到“二十四史”都具有资政功能。

（2）弘扬文化。文化对人类社会发展的作用日益显得重要，文化是人类认识世界、改造世界的独特方式，文化对社会、政治、经济的影响也愈加深刻，文化不仅积淀着一个国家和民族过去的全部文化创造和文明成果，而且蕴含着它走向未来的可持续发展的文化基因。文化是一定的人群在特定环境下的一种生活方式。文化具有民族性、继承性、传播性、时代性等特性，对一个民族乃至整个人类有着长期的、潜移默化的影响。文化是人类的精神食粮，一个民族的文化决定了这个民族的民族精神，起着基础和支柱的作用。文化首先是一种生活方式，同时也决定了这个民族的生产方式、社会习俗甚至国家的政治制度和经济制度。大学是具有独特文化资源优势的社会组织，弘扬文化是大学的重要职能。

（3）探寻规律。只有研究大学发展规律，校史研究才能真正给大学带来了解昨天、把握今天、开创明天的智慧。这也是校史研究必须承担的使命，这有助于大学的发展、建设。

（4）促进发展。历史常常能为后人提供“见贤思齐”的坐标，以史为鉴，服务当前，以史经世。校史研究要有助于大学的发展，要为一流大学建设服务。

二、从校史中学习什么

历史是人类最好的老师，这是因为今天是从昨天发展而来。连续性是历史的最大特点之一，历史不能割裂，也不允许割裂。人类的历史严格地说就是一部在前人实践的基础上不断推进的历史，这是因为历史忠实地记录下走过的足迹，是前人各种知识、经验和智慧的总汇。

在大学历史研究中，可以以史为鉴，学习历史思维的方法，传承大学文化。

（1）以史为鉴。习近平总书记说：“治理国家和社会，今天遇到的很多事情都可以在历史上找到影子，历史上发生过的很多事情也都可以作为今天的镜鉴。”人们记录历史，研究历史，不是为发思古幽情。司马迁说写史是“述往事，思来者”，“以史为鉴，可以明得失”。无论过去还是现在，特别是在全面深化改革的今天，一流大学建设，想把事业推向前进，必须回望历史。只有深刻总结过去，才能成功开辟未来。

（2）历史思维。历史思维应有历史的观点、整体的观点、发展的观点。校史资料丰富繁杂，不懂历史思维，没有掌握科学的方法，就会迷失在资料与细节中。因此,研究校史,首先要学方法论,学会运用历史思维,掌握历史的辩证法。用历史的观点看问题,就是不能局限于一时一事,不能基于个别时期的历史现象作出长期的历史结论;就是对研究对象进行长期冷静观察、深入分析。用整体的观点看问题,就是不能见孤木以为森林,不能用局部代替整体,更不能用个别代替全局。用发展的观点看问题,就是不能把研究对象静止化,要善于从纷繁变幻的现象中探索变化原因、变化规律、变化本质。

(3)文化传承。校史蕴藏着大学的文化基因。大学文化是大学在自身发展过程中不断创造和传承,渐渐积累起来的物质成果和精神成果的总和,是大学生存与发展的支撑力和内驱力,是大学对外展示形象、提升品牌,对内凝聚人心、振奋精神,构建共同价值观的重要载体。大学文化具有鲜明的个性特征和稳定性、持续性、继承性,是办好大学重要的精神资源和无形资产。大学文化主要包括物质文化、精神文化、制度文化、行为文化等。大学文化是大学精神的体现,当大学精神存在于大学师生心灵深处而成为文化自觉并影响个体行为与内在机理时,大学的文化之树才能生机盎然、枝繁叶茂。

三、正确的历史观是一流大学建设的力量

历史是人类把握今天、创造明天的向导,是国家、民族安身立命的基础。一个国家和民族,如果历史被抹杀、割裂,势必会失去存在的根基。只有坚持正确的历史观,才能增强民族的自信心、凝聚力,才能不断把事业推向前进。正确的历史观是一流大学建设的力量。

(1)历史性原则。习近平总书记强调:“不能用今天的时代条件、发展水平、认识水平去衡量和要求前人,不能苛求前人干出只有后人才能干出的业绩来。”人类历史处于永恒的发展之中,一切历史事物都处于某一具体的历史发展阶段,都是特定历史条件下的产物。因此,对于具体的历史事物,只有从特定的历史条件、历史背景出发,将其“提到一定的历史范围之内”,对具体问题进行具体分析,才能够完成对它的历史认识。马克思主义认为,判断历史活动家的功绩,不是根据历史活动家有没有提供现代所要求的东西,而是根据他们比他们的前辈提供了多少新的东西,为后人和未来社会提供了他们的前辈所没有提供的基础和条件。

(2)辩证法思维。历史往往是纷繁复杂的,它有现象与本质之分,而历史现象又有真相、表象和假象之别。考察人类历史,要坚持普遍联系的观点和发展的观点,注意把握人类历史发展中的一切现象和过程,及其在时间和空间上的

相互联系和相互作用,注意把握历史发展的整体。历史研究不能仅限于观察、描述现象,更不能为现象尤其是假象所迷惑,要深入到现象背后去把握本质。历史的真实与真实的历史相统一,历史的人物与人物的历史相结合。

(3)从历史中把握未来。习近平总书记指出:“中国有着5000多年连续发展的文明史,观察历史的中国是观察当代的中国的一个重要角度。不了解中国历史和文化,尤其是不了解近代以来的中国历史和文化,就很难全面把握当代中国的社会状况,很难全面把握当代中国人民的抱负和梦想,很难全面把握中国人民选择的发展道路。”这三个“很难全面把握”,说明了学习历史知识在科学、全面、准确解释当代中国发展道路上的重大意义。习近平总书记在《致第二十二届国际历史科学大会的贺信中》特别强调:“每个国家、每个民族都有自己的发展历程,应该尊重彼此的选择,加深彼此的了解,以利于共同创造人类更加美好的未来。”这体现了他对历史发展的统一性与多样性的科学认识。今天我们走中国特色社会主义道路,实现中华民族伟大复兴的中国梦,离不开对中华民族历史发展道路的正确理解与认识。一流大学建设也要有正确的历史观。

四、让校史研究服务一流大学建设

历史是传统文化的重要内容,是民族安身立命的精神家园。历史是总结昨天的记录,又是把握今天、创造明天的向导。研究大学校史可以继承和弘扬一所大学的优良传统和作风。大学校史,蕴含着宝贵的精神财富,它滋养、培育了大学师生员工。接受大学校史积淀凝练的珍贵财富,可以使师生员工丰富知识、积累经验、增益智慧。所以要重视大学校史,从大学校史中汲取宝贵财富,服务一流大学建设。

国务院发布的《统筹推进世界一流大学和一流学科建设总体方案》,为我国建成高等教育强国明确了任务路径。如何落实这一重大战略决策,如何建设世界一流大学和一流学科,对中国大学来说,可谓任务紧迫,形势严峻,亟待探索。一流大学和一流学科,不仅要在国际认可的排名体系中处于前列,还要有关注世界、关注人类、关注未来的高度和视野,要对国家和民族的发展、对人类的文明进步作出创造性贡献。一流大学应该做到:符合大学本源,遵循教育规律,具有大学精神。

(1)一流大学要符合大学本源。有人曾解读大学(university)一词派生于宇宙(universe),强调大学与其他教育机构的差异在于其综合性。实际上,大学一词来自拉丁语(universitas),其原始含义是师生共同体,指师生一起探索真理、传播知识的学术机构。因此,一流大学应是一流师生的学术共同体,以培养学术造诣高深、道德高尚的人才为宗旨。如果没有对探索真理和传播知识的追求,大学就会脱离其本源,更无法成为一流。作为师生共同体,大学的第一功能是人才培养,其他功能则由人才培养延展而来,必须与人才培养互利,并服务于人才培养。大学一定要守住自身的育人使命。一位大学校长提出:一流本科教育是一流大学的底色,没有本科教育水平的提升,就很难实现建设世界一流大学的目标。

(2)一流大学要遵循教育规律。教育发展规律表明,高等教育具有上层建筑属性,其发展受经济基础制约。因此,发展中国家建设世界一流大学的道路更为艰辛。但从上层建筑对经济基础的反作用看,高等教育可以适度超前发展,进而引领科技、经济和社会发展。教育发展规律还揭示,大学是一个长周期、慢变量支配的复杂动态系统。这就要求我们推进世界一流大学和一流学科建设,必须坚持"小步慢跑、细水长流";也必须认识到搞急功近利、疾风骤雨般的"大跃进",会破坏大学的学术生态,欲速不达。大学的各项发展要以规律为遵循,以追求一流教育为重点。

(3)一流大学要有大学精神。比起世界一流大学,我们欠缺的不仅是物质条件,而且是大学精神。大学的使命主要有:守卫文明、人文化成、引领文化、价值批判。大学是具有独特文化资源优势的社会组织,一流大学要有大学精神。大学在实现中华民族伟大复兴的中国梦中,应成为先进文化的开拓者、倡导者、领航者和示范者,应成为推动社会和谐、引领社会风尚的文化圣地和精神家园。作为具有独特精神文化品格的大学,承担着引领整个社会精神层次提升、推动人类文明进步的重要使命,大学精神的弘扬和升华,将引领民族精神的提升和社会的进步。

(4)一流大学建设的路径借鉴。世界一流大学建设的基本路径:以一流学科建设为龙头,带动学科生态集聚;以一流师资建设为抓手,助推创新人才培养;以重大课题攻关为契机,引领创新平台建设;以高端智库建设为端口,促进优质社会服务。哈佛等世界一流大学路径选择的成功经验:改造老式大学,使经典焕然一新;抢抓宝贵机遇,实现跨越式发展;创特色独辟蹊径,实现追赶式崛起。我国高校建设世界一流大学的路径参考:抢抓机遇,超常跨越;秉承传统,追求卓越;异军突起,重点突破;固强扶弱,问鼎一流;别具一格,彰显特色。构建现代大学治理体系。坚持"党委领导,校长负责,教授治学,民主管理",强化学术委员会、教师职称评定委员会等学术机构的权力,增强作为实际办学主体的院系的独立性和自主权。高校要深入推进依法治校，自身应做到自主发展、自我约束，以大学章程建设为依托，着力构建与现代大学制度相适应的制度体系；完善广大师生通过教代会、学代会，参与民主管理的体系和机制；要树立“学院办大学”的理念，进一步扩大学院办学自主权；理顺政府、社会和学校的关系，实现治理结构和治理能力的现代化。

一所大学的历史，是这所大学师生员工及校友共有的精神家园。研究校史，继承和发扬大学的优良传统和精神成果，可以提高师生员工的历史素质和精神修养，增强学校的软实力，这也是大学建设的一个重要方面。校史具有“存史、资政、育人”的功能。研究大学校史，可以增进爱校情怀，使“存史、资政、育人”的功能得到进一步彰显，从校史中汲取治校治教的经验。一所大学的历史是这所大学的宝贵财富，是推进大学建设的重要资源。发挥大学校史资政的作用，最为重要的一个方面，就是要从校史中汲取治校治教的经验，把大学建设得更好，让校史研究服务一流大学建设。

参考文献：

[1] 高翔. 从历史中学什么 [N]. 人民日报，2015-03-04(7).

[2] 弓圆. 构建现代大学治理体系 [N]. 光明日报，2015-11-03(13).

[3] 李祖超 马陆亭. 世界一流大学有何建设路径可寻 [N]. 光明日报，2016-01-09(09).

[4] 朱绍侯. 历史研究的使命 [N]. 人民日报，2016-05-31(7).

唐山学院的办学历程与大学文化

唐山学院　郭树清　杜宇　华玉

摘要：唐山学院是唐山市一所市属普通本科学校，在历史上曾称为唐山职业大学、唐山大学、唐山高等专科学校，唐山本地人习惯称她为"唐山大学"。学校作为一所新建地方普通本科院校，为唐山及周边培养了大批应用型人才。回顾其办学历程，总结其办学文化，对唐山学院"十三五"期间确立新的办学目标、形成新的办学理念、树立优良校风，仍然具有重要的思想理论意义和现实价值。

关键词：唐山学院；办学历程；大学文化

唐山学院地处河北省唐山市，1956年诞生在原唐山铁道学院（今西南交通大学）院内。经过60年的风雨洗礼，学校已经成为一所以工科为主，工、经、管、文、法、艺协调发展的多学科应用型大学，成为唐山及周边地区重要的人才培养基地、科学研究基地和先进文化传播基地，培养了数以万计的志士才俊，积淀了广博厚实的文化底蕴，凝练了"诚信奋斗为人，严谨求实为学"的校训，铸就了"自强不息，敢为人先"唐山学院精神。回顾其办学历程，总结其办学文化，对建设崭新唐山学院具有重要的现实指导意义。

一、唐山学院的办学历程

纵观唐山学院整个办学历史，可以梳理为唐山业余工学院、唐山大学、唐山高等专科学校、唐山学院四个时期。

（一）筚路蓝缕，艰苦创业的唐山业余工学院时期（1956—1969）

1956年春，为响应党中央"向科学文化进军"的号召，唐山市第一届党代会决定成立"唐山工业夜大学"，校址位于唐山铁道学院院内，当时是河北省唯一的工科业余高等院校。1957年经国家教育部批准该校更名为唐山业余工学院，院长由唐山铁道学院院长兼任。学校设有建筑系、机械系、机电系，其中机械制造工艺及设备、工业与民用建筑、铁道运输机械、铁路建筑4个专业为本科专业。1959年开始建系，共有建筑系、机械系、机电系3个系。1966年受到“文化大革命”影响，学校停止招生，并于1969年停办[①]。

（二）重整旗鼓，奋起直追的唐山大学时期（1980—1991）

1978年随着改革开放政策的实行，唐山市经济得到调整与恢复并进入快速发展时期，对工业人才的需求急剧增长，高等教育也应运逐渐发展壮大。1979年10月，遵照河北省人民政府关于恢复唐山市业余工学院的指示，唐山市业余工学院于1980年8月在河北矿冶学院（今华北理工大学）院内恢复招生。1983年3月，国家开始大力倡导兴办职业教育。经河北省政府批准，成立唐山职业大学。次年唐山职业大学和唐山业余工学院（唐山业余工学院1989年改名为唐山职工大学）合为一体，实行联合办学，1985年更名为唐山大学[②]。1985年西南交通大学（原唐山铁道学院，1972年内迁至四川峨眉）为智力支持唐山在唐山大学内建立西南交通大学唐山分校，这样就形成了唐山大学、西南交通大学唐山分校和唐山业余工学院“三校一体”的联合办学体制。

（三）承前启后，蓬勃发展的唐山高等专科学校时期（1992—2001）

20世纪90年代，国家开始大力发展普通高等专科教育，唐山大学经过改善办学条件和提高办学水平，通过原国家教委的评估验收，1992年7月经原国家教委评估批准，更名为唐山高等专科学校，进入全国普教系列。困扰学校的生源和毕业分配问题得以解决，学校进入历史发展快车道。1996年，学校与西南交通大学开始联办本科专业，深化名校带动的办学策略。同年学校招收工业与民用建筑专业本科生30人，就读于唐山高等专科学校院内，由双方共同培养，拉开了改建本科院校的序幕。

（四）励精图治，再创辉煌的唐山学院时期（2002—2016）

世纪之交，为了适应科学技术和知识经济蓬勃发展的需求，加快推进高等教育大众化进程，中央政府调整了高等教育发展政策，由此唐山教育进入跨越

① 华玉，范红辉，李亚平：《唐山高等教育百年发展回顾与展望》，载《唐山学院学报》，2012（6）。

② 华玉，范红辉，李亚平：《唐山高等教育百年发展回顾与展望》，载《唐山学院学报》，2012（6）。

式发展阶段[①]。唐山市急需高层次的管理人才和高层次工业专门人才。市委市政府决定在唐山市将专科院校升格或改组为本科院校。2002年3月,经国家教育部批准,唐山高等专科学校、西南交通大学唐山分校、唐山职工大学三校实质合并组建本科层次的普通高等学校——唐山学院,实行省市共建,以市为主的办学体制。同年6月,经河北省教育厅批准原唐山建材工业学校实质性并入唐山学院,唐山学院初步成为以工为主,工、经、管、文、法、艺等多学科协调发展的全日制本科院校。2014年12月,经河北省人民政府批准,河北科技大学唐山分院实质性并入唐山学院。2015年,经唐山市人民政府批准,唐山市对外经济贸易学校实质性并入唐山学院。

二、唐山学院的大学文化

(一)传承经典,名校带动的发展理念

1. 系出名门,一脉相承

唐山学院出身名门,是西南交通大学西迁后留在唐山的根脉,两校的历史可谓源远流长、一脉相承。唐山学院的前身之一——唐山职工大学(曾用名"唐山工业夜大学",教育部备案名称为"唐山市业余工学院")1956年就诞生在唐山铁道学院(今西南交通大学)院内,唐山铁道学院院长兼任学校校长,实行"一个班子,两块牌子"的办学体制。因此唐山学院和西南交通大学最初就结下了不解之缘,其历史是一脉相承的,也为后来双方联合办学提供了契机、揭开了序幕。

2. 大胆尝试,创办分校

唐山大学在办学初期,办学基础和师资非常薄弱。曾经的唐山铁道学院虽早已迁往四川并更名为西南交通大学,但还有上百名教职工留守唐山,其中有很多教学经验丰富的老教授和一些教学管理人员。为了发挥这些智力资源优势,提高唐山高等教育质量, 1985年5月西南交通大学在唐山建立分校。从此形成了以唐山大学为主体、唐山业余工学院和西南交通大学唐山分校"三位一体"的联合办学体制,掀开了唐山大学实行名校带动策略的第一页。

西南交通大学教师们先进的教学理念和高水平的教学,以及严谨治学的工作精神都潜移默化地影响着唐山大学的教师。由此唐山大学办学基础得到巩

① 华玉,范红辉,李亚平:《唐山高等教育百年发展回顾与展望》,载《唐山学院学报》,2012(6)。

固,教学管理逐步规划,教师素质得到提升[①]。1992 年 7 月,经国家教委审核批准,唐山大学更名为唐山高等专科学校,顺利进入全国普教系列,唐山学院名校带动策略初见成效。

3. 精诚合作,联办本科

根据唐山经济社会发展和人才需求的现状,1996 年 5 月适逢西南交通大学百年校庆,经唐山市政府牵头,学校经过不懈努力、多次争取和西南交通大学就联合培养本科生达成协议,西南交通大学同意自 1996 年开始联合招收少量本科生。为加强本科教学的规范化管理,确保本科教育的教学水平和教学质量,西南交通大学在 1999 年 5 月成立了“西南交通大学唐山分校专家组”。专家组每年定期来校,认真督导教学和学校管理。专家组的成立为唐山大学顺利升本奠定了基础,书写了唐山学院实行名校带动策略浓墨重彩的新篇章。时至今日,已延续到第六届的专家组在指导唐山学院的教学建设和管理方面继续发挥着重要作用[②]。

4. 功成名就,再接再厉

为了提高学校的办学层次,为唐山市培养较高层次人才,带动唐山高等教育进一步发展,1999 年 10 月前后,唐山高等专科学校向唐山市教委和西南交通大学先后呈报了多份重要文件,提出提升办学层次是大势所趋。经过河北省院校设置评议委员会专家组来校考查论证并上报国家教委,2002 年 3 月教育部批复同意三校合并成唐山学院,揭开了学校改革与发展的新篇章,这也向双方交出了唐山学院名校带动策略的满意答卷。唐山学院升本以来,仍然继续实行名校带动战略。2010 年 4 月成立西南交通大学唐山研究院,开展和唐山学院更高层次合作,继续为新唐山的发展积极提供人才智力支持。2010 年 10 月,两校又建立了硕士研究生联合培养基地。2016 年 6 月,双方正式签署了《西南交通大学扶持唐山学院合作项目计划》,标志着唐山学院名校带动战略跨入历史新纪元。

(二)依靠唐山,服务唐山的育人宗旨

1. 立足唐山,培养应急人才为目的

唐山市历史上就是京津冀工业重镇,急需工业人才, 1956 年成立唐山业余

---

① 邹艳梅,魏占学,华玉:《西南交通大学唐山分校的办学历程及历史贡献》,载《唐山学院学报》,2014(4)。

② 邹艳梅,魏占学,华玉:《西南交通大学唐山分校的办学历程及历史贡献》,载《唐山学院学报》,2014(4)。

工学院,培养工科人才。学校成立之初就是唐山市政府和唐山铁道学院联合创办的。改革开放后唐山经济迅速发展,唐山市委市政府决心建立一所自己的大学——唐山大学。因而学校始终坚持为唐山经济建设和社会发展服务的办学宗旨,调整和增加专业设置,走多渠道、多层次、多形式的办学之路。

2. 采取校企联合、厂校协作的办学方式

学校牢记所应承担的社会责任,始终坚持立足唐山、融入唐山、服务唐山的办学宗旨,学校注重和企业密切联系和结合,采取校企联合、厂校协作的办学方式。早在1987年前后,学校先后与唐山钢铁公司、唐山碱厂等企业签订了定向培养大专生的协议;与唐山市冶金矿山机械厂、唐山市自行车总厂协作开办机械制造专业①。除了校企合作,学校还注重建立校外实习基地,加强厂校协作,建立长期稳定、专业对口的厂校协作关系,签订一系列厂校互利互惠的协议。学校曾与唐山市矿务局、唐山市冀东水泥厂等企业,以及市建委等相关政府主管部门建立了密切的联系②。总之,通过校企合作、联合办学的办学形式,学校的专业知识弥补了企业理论知识的欠缺,又为企业培养了实用型人才;学校扩大了实训基地,改善了办学条件,明确了专业布局,提高了教学质量。

3. 根据实际需求,灵活调整专业学科设置

围绕专业设置,学校注重立足唐山,与唐山经济结构和产业结构相适应,尽力做到与唐山经济建设和社会发展同步。突出学校的地方性、应用性,并突出工科特色。学校起步时的机械制造工艺及设备、工业与民用建筑、企业管理、工业电气自动化、硅酸盐工程等专业都是适应唐山社会和经济需求而设置的。20世纪90年代初,随着唐山社会主义市场经济和高新技术的发展,学校又新增机电一体化、计算机应用、市场营销、公共关系等热门专业,使学校的办学能够更好地适应唐山主导产业和经济社会发展的需要③。2002年升本以来,学校对接京津冀协同发展经济主导产业和战略性新兴产业,开设了建筑电气与智能化、轨道交通信号与控制、物流管理、物联网工程等专业,以主动适应唐山区域产业结构调整与优化升级对人才培养的要求。

① 邹艳梅,魏占学,华玉:《唐山学院办学传统与办学特色的形成研究——唐山大学办学历史时期的考察》,载《唐山学院学报》,2016(1)。

② 邹艳梅,魏占学,华玉:《唐山学院办学传统与办学特色的形成研究——唐山大学办学历史时期的考察》,载《唐山学院学报》,2016(1)。

③ 华玉,彭震,魏占学:《周瑞同志的历史贡献及对唐山学院优良传统形成的影响》,载《唐山学院学报》,2013(3)。

（三）“从严治校、从严执教”的管理文化

1.“从严、求实、进取、团结”的八字校风

早在唐山市业余工学院时期学校就形成了“自强不息、科学治学、从严治校、求实精神”。唐山大学继承了唐山业余工学院的优良传统并发扬光大。到1986年学校开始形成“从严、求实、进取、团结”的八字校风。此后，学校一直强调要认真宣传、贯彻落实这八字校风，并以八字校风为指导，不断加强师生思想政治工作。

2.“从严治校，从严执教”的两严方针

唐山大学建校初期正是国家高等教育体制改革逐步深入的时期，地方大学生毕业开始实行不包分配、择优推荐的政策，迫使学校树立强烈的竞争意识。学校从1987年开始实行严格的考试和留、降级制度，也就是“见二留级，见三令退”的学籍管理制度[①]。“从严治校，从严执教”的两严方针在学校的办学实践中逐步形成。

3.“诚信奋斗为人，严谨求真为学”的校训

在严格落实八字方针和两严方针的同时，学校又逐步形成“诚信奋斗为人，严谨求真为学”校训。正是由于学校管理严格，学校领导廉洁求实，广大教职工团结向上、奋发图强，学生勤勉好学、诚信为人，学校生源质量逐年上升，学生毕业走向良好，学校蒸蒸日上，并连续22年被评为河北省“精神文明单位”[②]。

（四）“自强不息、敢为人先”的精神风貌

回首唐山学院的办学历史，从筚路蓝缕的唐山市业余工学院，历经“文革”中被迫停办，唐山大学时期的重整旗鼓，唐山高等专科学校时期的蓬勃发展，最后到唐山学院时期的累累硕果。除了各级党委政府的支持和西南交通大学的援助外，唐山学院在60年奋斗历程中形成了“自强不息、敢为人先”的精神风貌，从历届班子和干部队伍可见一斑。

1. 创业时期身先士卒、恪尽职守的奉献精神

唐山学院人永远记着学校创业时期的一些老领导和老教师。在学校建立之初，办学条件十分困难，在1983年前一直借用其他学校的校舍，学校没有固定的办学场所，只有几名工作人员，但这些同志大多一专多能，工作热情非常

① 邹艳梅，魏占学，华玉：《唐山学院办学传统与办学特色的形成研究——唐山大学办学历史时期的考察》，载《唐山学院学报》，2016(1)。

② 郭树清：《唐山学院的精神底蕴》，载《唐山学院学报》，2016(29)，增刊。

高,不怕苦和累。一些学校元老为了改善办学条件,不辞辛苦地奔走在多个部门之间,学校从理工大学的简易房到唐山电视大学,再到五家庄校区、华岩路南校区、北校区,无不记载着他们忙碌的身影。为了学校的生存发展,他们带领全校努力探索并逐步形成独具特色的办学模式。他们严于律己、淡泊名利、恪尽职守、鞠躬尽瘁。这些老领导和老教师给唐山学院留下了宝贵的精神财富,是全体师生行动的楷模。

2. 学校探索时期敢为人先、坚毅果断的开拓精神

唐山大学初建时期师资严重匮乏,领导班子成员带队不辞劳苦,三上峨眉山,协商与西南交通大学联合办学,最后西南交通大学建立唐山分校,成功招收专科生,学校开始探索与名校联合办学,实行名校带动的创新之路。为了满足唐山地区对高层次人才的迫切需求,学校领导班子远见卓识又开始酝酿组建本科院校。在唐山市政府支持和参与下几次前往西南交通大学协商,为此领导成员又多次奔波于西南交通大学、教育部、铁道部等部门之间,并动员全校上下共同努力,加快基础建设步伐,提升专任教师职称和学历水平,最后西南交通大学同意与当时唐山高等专科学校联办本科。

3. 学校上升时期攻坚克难、永不言输的担当精神

唐山学院历史上经历两次跨越:一次是由地方职业学校(先后称唐山市职业大学、唐山大学)改建为全日制高等专科学校(唐山高等专科学校);另一次是由全日制高等专科学校(唐山高等专科学校)组建为全日制普通高等本科学校(唐山学院)①。每一次跨越都历尽千辛万苦,但学校领导班子和干部队伍锲而不舍、以上率下,带领全校师生不懈努力,终于破茧成蝶,体现了唐院人身上那种深入骨髓的永不服输、愈挫愈勇的顽强毅力和攻坚克难、敢为人先的担当精神。

(五)善于联合、善于包容的大学胸怀

1. 联合办学

1956年唐山业余工学院诞生在唐山铁道学院院内,最早开始和唐山铁道学院实行联合办学;1983年唐山学院的前身之一——唐山职业大学(唐山大学)建立后,与唐山业余工学院两校联合办学;1986年西南交通大学唐山分校成立后,又实行三校联合办学,直到三校合并组建唐山学院,这段历史时期一直实行联合办学体制。干部师资和资源设备共享,各尽其能,取长补短,优势互补。

---

① 郭树清:《唐山学院的精神底蕴》,载《唐山学院学报》,2016(29),增刊。

2. 实质合并

随着唐山市教育资源的优化整合，经河北省人民政府和唐山市人民政府批准，从2002年到2015年，原唐山市建材工业学校、原河北科技大学唐山分院、原唐山市对外经济贸易学校又相继实质性并入唐山学院。唐山学院至此已扩大为6个校区，现有本科专业35个，河北省高等学校本科教育创新高地和省级重点发展学科4个，河北省高校应用技术研发中心2个，唐山市重点实验室4个。新学校的加入促进了优势学科的互补与加强，优化了办学资源和办学效益，为培养新型复合型人才、实现可持续发展奠定了基础。

三、结束语

回顾唐山学院的沧桑60载，学校在艰难中奋进，在奋进中改革，在改革中发展，一路砥砺前行，弦歌不辍。唐山业余工学院曾开创了河北省业余工科高等教育的先河，唐山大学和唐山高等专科学校又为唐山地区培养了大批应急专业人才。升本以来，学校紧密结合地方经济社会发展需要，不断提升人才培养质量、科研水平和服务社会能力，为“科教兴国、科教兴冀、科教兴唐”作出了应有贡献。新的唐山学院必将继承其优良传统，继续沉淀和丰富这些文化底蕴，加强对外合作与交流，不断提高办学质量，为“十三五”期间建设具有显著特色的应用型大学目标而不懈努力。

校史文化与校园空间的文化塑造
——基于西南财经大学校园文化建设的实践

西南财经大学档案馆　张红霞

摘要:大学作为高等教育机构,校园空间被赋予了丰富的文化内涵。营造具有浓郁人文气息与文化特色的校园文化空间,对于提高人才培养质量、推进高校内涵发展、提升高校核心竞争力有着重要作用。当前多校区办学的格局带来了文化传统断裂、文化内涵缺失等问题,师生们失去了与校园进行对话的文化空间。校史是大学文化的根基、大学精神的源泉,将校史文化融入校园文化建设,更容易获得师生的情感认同和文化认同。西南财经大学在新校区校园文化建设中,通过校史研究、建设校史馆、打造文化地标、植物造景营造意象、创作校史剧等途径,激活校史记忆,有效地提升了校园文化的凝聚力和影响力。

关键词:校史;文化传承;文化空间;校园文化建设

一、缺失历史记忆的校园空间

新世纪以来,高等教育蓬勃发展,各高校或旧址扩建,或增建分校,或另于他处建设新校区,或合并高校,形成了多校区办学的格局。如此一来,虽然弥补了高校办学资源和办学空间的不足,但也带来了校园空间文化传统断裂、文化内涵缺失、场所精神缺席①等问题。校园空间作为一种文化场所,兼具物质层面与精神层面的双重意义。于一代代走进大学的学子来说,大学校园在一定意义上,不只是大学生们度过四年青春的一个物理场所,更是承载着自己情感、青春与梦想的精神家园。"记忆是一种文化建构,是人类对过去活动、感受、经验的

① 挪威城市建筑学家诺伯舒兹(Christian Norberg-Schulz)在其著作《场所精神——迈向建筑现象学》中提出了"场所精神"的概念。他将场所精神细化为定向感(orientation)和认同感(identification)。定向感指的是人知道自己所在的位置,辨识空间的能力;认同感建立在定向感的基础上,指人认同自己所认识的空间,并且对其产生了一定的认同感与安全感。

印象累积。”[①] 大学跨越化的发展使得校园发生了记忆危机，如同皮埃尔·诺拉所说：“我们的经历中植根于传统的温暖、习俗的心照不宣和传承的往复回环之中的东西正在被连根拔起。”师生对学校的情感和不同空间尺度的时空延伸密不可分，在缺乏文脉传承和历史轨迹的校园空间内，校园文化氛围稀薄，师生与文化传统、文化精神对话的隐性语境无处探寻。入读新校区的学生感觉自己犹如“拓荒者”，而对于归校的校友来说，重回母校，看着新校区或者不断翻新的老校区，他们感到的是陌生，最想看到的承载了情感和记忆的旧物和场所是缺席的。他们无法凭借不在场的记忆回归自己的精神家园。如何找到回“家”的路，建设师生校友的精神家园，建构文化认同，是高校校园文化建设的必破之题。

二、从历史记忆中寻求文化认同

“每一种社会群体皆有其对应的集体记忆，借此，该群体得以凝聚及延续。”[②] 集体记忆对于群体成员的身份认同有着非常重要的作用，只有在记忆认同的空间里，我们才能够找到精神栖息的家园。大学的校园空间，作为“开展教育教学活动的物质实体承载着、延续着一定的社会文化，达致空间与文化的互生共长———空间既生成了文化，文化也成就了空间”。“校史是大学文化建设的重要组成部分，也是大学文化层次的鲜明体现，更是大学精神凝练的源泉所在。”[③] 每一所大学在长期的历史发展中，都形成了自己独特的历史记忆，深厚的校史文化塑造了不同的大学精神特质，校史文化中丰富的史料、故事、建筑、器物有着大学人共同的集体记忆，更容易获得师生的情感认同和文化认同。

“强化集体记忆和情感认同，个体能够找到自己与他者之间进行文化上的区分，明确自己的文化身份，并以此作为自己的行为规范和准则，增强个体对群体的理解、情感的包容、行为的一致，从而增进群体的凝聚力和向心力。”在校园文化建设中，可以通过重构高校校史记忆，提升大学的文化认同[④]，增强校园文化的凝聚力和归属感。

所谓“文化认同（cultural identity），意指个体对于所属文化以及文化群体内

① 黄羽新：《历史记忆与提升学校文化认同探析》，载《当代广西》，2015(19)。

② 王明珂：《华夏边缘：历史记忆与族群认同》[M]. 台北：允晨文化公司，1997年，第50页。

③ 王宗光主编：《上海交通大学史》，序一，上海：上海交通大学出版社，2016年，第3页。

④ 黄羽新：《历史记忆与提升学校文化认同探析》，载《当代广西》，2015(19)。

化并产生归属感,从而获得保持与创新自身文化的社会心理过程”①。一个共同体有多大的凝聚力,取决于它有没有足够的文化认同。西南财经大学新校区2002年开始建设,2004年投入使用,2008年学校全面搬迁到新建的柳林校区,本硕博均在此就读。如何将新校区建成为设充满文化氛围和校史记忆的交往场所和文化空间,“内聚人心,外树形象”,取得师生的文化认同,成为学校校园文化建设的重要工作。习近平总书记提出“不忘历史才能开辟未来,善于继承才能善于创新”。校史是一所高校发展轨迹的真实记录,是高校传承文化传统加强校园文化建设的最重要的资源。校史文化是大学文化的根基和血脉所在,也是大学精神的源泉,校史文化往往决定着一所大学的历史底蕴和文化内涵。针对新校区缺乏历史沉淀和集体记忆等问题,从校史文化入手,可以彰显校园特色和文化底蕴。为继承和弘扬学校光荣的爱国主义精神传统,传承与创新西财文化,西南财经大学开展追溯校史工作,并以迎接建校90周年校庆为契机,启动建设新校史馆、打造校史剧、建设人文历史景观等重点文化工程,将校史文化融入校园文化建设中。

三、校史文化融入校园文化空间塑造的途径

(一)根植光华情结,深挖史料,开展校史追溯

随着时代发展,大学对自身办学历史的追溯和精神传统的寻根显得越来越重要。西南财经大学的师生校友们有着浓重的“光华”情结,其光华情怀源自光华大学。1925年6月3日,在“五卅”反帝爱国热潮中,上海圣约翰大学的爱国师生脱离该校,拥戴张寿镛先生创办光华大学。1938年光华大学在抗战烽烟中内迁成都,成立光华大学成都分部,1946年更名为成华大学。1952年在全国高等院系调整中,私立成华大学改为公立。至1953年,先后汇聚了西南地区17所院校及财经系科,成了四川财经学院,并发展为后来的西南财经大学。

“光华”是西财师生共有的历史记忆,老校区名称为“光华校区”,校园被称作“光华园”。光华园内有建设于不同时期的光华路、光华会堂、光华楼。而光华村街和光华铁树则是承载着光华大学历史记忆的重要见证。西南财经大学老校光华校区所在的街道名为“光华村街”,其名称就是对光华大学的纪念。是时,谢霖先生受张寿镛先生委托,在成都筹建光华大学成都分部,1938年3月1

① 陆邵明:《拯救记忆场所 建构文化认同》,载《人民日报》2012年4月12日,第23版。

日,在成都王家坝街租赁校舍开学。1939 年元旦移至西郊草堂寺迤西地区的新建校舍,此地由此得名“光华村”,一直沿用至今。“光华村街”承载着一座城市的历史记忆。西南财经大学在温江区筹建新校区后,两校区之间绵延的大道被成都市政府命名为“光华大道”。而被师生们奉为校树的“光华铁树”, 1939 年由光华大学成都分部校长谢霖亲自筹资买来,带领师生种植于光华园,这株铁树树形呈现出奇特的 V 形,是英文 victory 的缩写,师生们借此表达对抗战胜利的渴望和祝愿。这棵树至今依然屹立于光华园的明德楼前,成为西财人坚忍不拔、不屈不挠、勇于拼搏的精神象征。“光华”已经融汇入西财的血脉中,成为西财人饱含深情的历史记忆。

为了丰富和发展“经世济民 孜孜以求”的大学精神,广泛凝聚发展力量,加快学校建设发展,学校本着“尊重历史、符合惯例、体现民意、有益未来”的原则,于 2010 年 9 月,成立校史追溯工作小组,在渝、沪、宁、蓉的档案馆和大学进行深入调研,对学校建校时间进行了深入细致的查考和论证,复制了民国等时期的重要档案物证。很多老校友在得知此消息后,主动送了很多珍贵的老照片和资料过来。他们说:“这些是历史的传承,现在的西南财经大学的师生们,也要把光华大学优秀的传统传承下去。”在广泛征求师生员工和广大校友意见的基础上,学校经研究决定并报教育部备案,将建校时间确定为 1925 年 6 月 3 日光华大学成立之时,校庆日为每年的 6 月 3 日。

(二)建设校史馆,弘扬优良的历史文化传统

校史档案是高校的记忆库,是展示学校办学历程和文化内涵的重要载体,涵盖了学校发展过程中教科研以及管理等各方面的珍贵资料。建设校史馆展成为各个高校展示文化形象、扩大对外宣传的重要窗口。建设校史馆要深入解读学校的历史文化,挖掘出区别于其他高校的独特魅力,凝练出校史展的文化精髓。西南财经大学紧紧抓住 110 周年校庆良好契机,动了新校史馆建设,梳理历史,理清了学校 90 年的展脉络,新校史馆丰富完善 1925—1937 年光华大学(上海)、1938　1946 光华大学成都分部、1946—1952 成华大学期间的档案史料和实物展陈,光荣的革命传统与优良的文化传统,赋予“经世济民孜孜以求”的大学精神以新的内涵。全馆通过油画、浮雕、场景复原、声光电等多种表现手法,烘托学校 90 年来在民族国家历史命运变迁的大背景下的发展历程,传播恢弘大气、底蕴深厚、富有个性的财经高校历史发展形象。作为校庆对外文化宣传的重要组成部分,校史馆成为莅临领导、老校友、广大师生参观的重要场所。

校史馆开放后,也成为领导视察、国际友人来访、校际间参观访问等活动的重要环节。

校史馆积淀着学校深厚的历史传统和文化底蕴,是以史育人实施爱国主义教育的重要基地。在校史馆开展校史校情入校教育成为西财校园文化建设必不可少的一环。对于刚入学的新生和多数刚参加工作的教职工,他们对学校的发展历程和办学理念并不了解,新校史馆建成后,各学院和组织部每年组织新生和刚参加工作的教职工参观校史馆,学生讲解员声情并茂的讲解,每每让师生们感动,增强了他们对西财的归属感、认同感和荣誉感。同时,档案馆专门为毕业生举办专题校史展暨"时光胶囊"活动,所有即将毕业的学生,都可以参加"毕业季·母校情"时光胶囊活动,领取专用信封,写一封信给10年后的自己,并封存于档案馆内,十年后由学生回校起手启封。该活动深受毕业生喜爱,增进了校友对母校的情感认同。

(三)将校史资源融入校园环境文化建设,打造文化地标,加强校园文化认同

文化地标往往是一所大学的"文化名片",大学校园内,地标性的文化建筑设施往往渗透着学校的历史文化元素,有着大学人的集体文化记忆。文化地标反映区域内人群的文化认同,其认同源于"表现了个人或群体对于环境的熟悉感以及作为'局内人'的感知"①。这种认同,"既包括个体对空间环境特质的认同,也包括个体通过对'局内人'身份的彰显而产生了对空间中其他群体的认同",大学作为学术研究与人才培养的高地,师生对文化空间的期待更高。新校区文化建设中,可从校史资源中搜集渗透师生共同情怀的历史文化元素,有意识赋予校园空间以特定的意义,从而"增进办学人文气息,优化办学人文环境"。师生在这样的情境中可以随时随地与历史对话,与大师对话,形成和文化环境的互动,对空间价值的感知可使自己区别于空间之外的人,从而增强了师生的文化认同。

大学文化地标经常表现为体现大学精神和学校特色的历史建筑,或是在学校的发展历程中因重大事件而产生了深远影响的建筑物,或是经过历史积淀形成的优美的自然景观,或是能体现大学独特文化特色的现当代建筑。在新校区文化建设中,可以撷取校史文化中最有特色的建筑在新校区重建。厚重的历史内涵与美丽的文化景观交融共铸,可以传神地展示出学校的文化气质,使师生

① 谢晓如,封丹,朱竑:《对文化微空间的感知与认同研究——以广州太古汇方所文化书店为例》,载《地理学报》,2014(2)。

在新校区也能感受到与老校区相同的亲切感,从而形成师生对新校区的认同感和归属感。例如南开大学在新校区中心教学楼广场敬立汉白玉周恩来雕像,并嵌有周恩来手书的六个金色大字“我是爱南开的”,成为新校区文化地标。西南交通大学肇始于山海关北洋铁路官学堂,是北洋铁路总局办的铁路大学。西南交通大学自创办以来为中国铁路事业培养了不少人才,从一开始的蒸汽机车到内燃机车、电力机车,再到磁悬浮列车,每一次改进都是中国铁路史的里程碑,也是西南交大的新跨越”[①]。为迎接120周年校庆,西南交大突出承载着百年历史和集体记忆的铁路文化元素,建设机车博物园。展示了我国轨道交通的发展进程,成为学校的文化地标与精神殿堂之一,也受到校内外师生的欢迎。

西南财经大学将历史文化与大学精神的元素,融入校园人文景观,打造校园文化地标。柳林校区图书馆前的济民广场是南北轴线与东西轴线的交汇点,是整个校园的中心。为了在校园核心圈层形成系列文化景观的空间组织,以图书馆及其前面的济民广场为核心,以光华大学大西路校门为原型复制光华老校门,以布币和光华校区光华楼造型修建钟楼,以此来体现财经特色和文化传承。历史悠久的大学的历史上都有产生过重要影响的学术大师或者重要的历史事件,可以通过雕塑、碑亭等为师生提供缅怀、追忆的场所。学校在济民广场环立首任光华大学校长张寿镛、《资本论》的首译者陈豹隐教授、光华大学成都分部创始人中国会计师制度拓荒者谢霖教授等雕塑,以大师风范、名师风骨来影响师生。这些举措弘扬校史文化,将老校区引人自豪的、体现学校精神的校园文化在新校区得以充分体现。

(四)接通中华文化,立象尽意,营造历史文化内涵

中国的校园历来有着遥远的“天人合一”思想的回响,从古代的书院,到近代的大学,无不受到中国山水比德以及以象立意的影响。在校园内堆积山林、建湖修池、修建廊亭、种植花木等,会形成清幽的文化意境。在校园种植蕴含着深厚的文化意象的梅、兰、竹、菊、芭蕉、海棠等植物,会让校园充满诗情画意。师生们徜徉于湖畔,流连于廊亭,颐养性情,形成了人际交往的显性空间,而浸润于国人灵魂深处的文化记忆,也形成了师生与中国文化隐性对话的空间,真正达到以文化人,润物无声。尤其当这些山水草木与学校的大师或大事相联系,就会成为校园精神文化的标志。如未名湖之于北大,六朝松之于东南大学,

① 《西南交大机车博物园正式开园 打造文化地标与精神殿堂》,载《西南交通大学学报》(社会科学版),2016(2)。

光华铁树之于西南财经大学。

东南大学梅庵的六朝松,是南京主城最古老的树,相传为六朝时梁武帝亲手所植,名列南京市古树名木"053"号。六朝松承载着东南大学的历史文化,是东大师生心目中的"精神图腾"。东南大学建校百年时,有校友以六朝松作为东南大学的两大标志性的形象之一,制作成纪念卡[①]。东南大学研究生学位证,左手页是一枚淡淡的东大藏书票,底图就是位于东南大学四牌楼校区内已1 400岁高龄的六朝松。光华铁树是西南财经大学文化精神的象征。在柳林校区,济民广场种植者多株V形铁树。在学校的宣传画册上、北大门的雕塑墙上、校史馆的大型校史雕塑上,都有光华铁树的意象。学校的历史文化在新校区的校园文化建设中得到很好的移植和传承,也激发着师生的荣誉感和爱国爱校情感,更容易获得情感认同和文化认同。

(五)创作校史剧,打造校园文化活动精品

校史剧以其深厚的文化内涵、丰富的舞台造型、身边人生动的表演而深受高校师生欢迎。排演高质量的校史剧,融入高校的文化精神,可以让师生置身真实的历史情境,体验高校发展的沧桑历史,体悟大学人的精神担当。南京大学110周年校庆期《蒋公的面子》,切合在校园中流传甚广的一件事——蒋介石邀请南京大学三位教师用餐——这样的一个典型事件作为切面,展现出"知识分子人格的独立——南京大学校史上重要的精神传统"[②],以校史展现大学知识分子的独立思想和自由精神,引发对于当下知识分子境况的思考,也得到了广泛的认可。

西南财经大学为迎接90周年校庆,组织编写了原创三幕校史剧《光华》,让广大师生"不仅要知道我们将去哪里,还得知道我们从哪里来"。剧目以主人公苏清和顾云非的故事为主线,呈现建校、内迁、合并组建以及复校等西财发展史上重要的历史节点和重大事件,诠释薪火相传、一脉相承的光华精神与西财精神,展现了代代西财人力克时艰、兴学报国的时代豪情和光华青年勇于担当、矢志报国的凌云壮志,给师生以深深的震撼和精神洗礼。校史剧现在再学校重大活动和每年新生入校时都要公演,成为深受师生欢迎的文化活动。

① 徐昇:《南京千年六朝松长在东南大学》,载《江南时报》,2014年10月24日。

② 董健:《看南大校庆话剧〈蒋公的面子〉有感》, http://www.xijucn.com/huaju/20121201/42136.html

第五篇

校史人物与历史记忆研究

陈嘉庚与厦门大学第一次学潮

厦门大学校史研究室　林秀莲

摘要: 1924年,厦门大学第一次学潮震惊全国学界,本文略述学潮爆发经过,探讨陈嘉庚处理学潮所秉持的态度,并从对学潮的是非判断、信任校长、明确学校权责、教育救国理念等方面分析其学潮处理方式之背后原因,以及对厦门大学后续发展的影响。

关键词: 陈嘉庚;厦门大学;学潮

在中国期刊网所检索到的相关研究文章中,“学潮”和“学生运动”的含义多相互涵盖,并没有加以区分,有时在同一篇文章中,两者亦交替使用,相互指代[①]。但在厦门大学以往的校史研究著作中,对民国时期“学潮”和“学生运动”名称的使用有着约定俗成的含义,“学潮”特指学生对于校内事务(对人或对事)不满而引发的风潮,“学生运动”则是学生由于对社会、政治、外交等校外事务表达主张而采取的一系列活动。两者的表达方式均包含聚会、罢课、请愿、发表声明等,主要区别在于所反抗的对象不同。私立厦门大学时期,师生曾发起多次爱国民主运动,比如“声援五卅”“五九国耻纪念”“反抗文化侵略”“欢迎北伐军入闽”“纪念四九”等,统称为“学生运动”。而厦门大学两次学潮,则是特指1924年和1927年分别因“反对校方辞退数位教员”“挽留鲁迅”而引发改革校政的风波。本文主要分析陈嘉庚在1924年厦门大学第一次学潮中所秉承的态度,探讨其背后的原因,以及由此对厦门大学后续发展所产生的影响。

一、厦门大学第一次学潮的经过[②]

1924年5月26日,学校秘书黄开宗奉校长面嘱,致函教育科主任欧元怀、

---

① 如姜朝晖:《关于民国时期教育独立论与教育救国论之间关系的探讨》,文中使用“学生运动”“学潮”,所指相同。载《学术论坛》,2008年第5期。

② 本部分据《厦门大学校史资料》第一辑学潮相关内容整理。见黄宗实,郑文贞编:《厦门大学校史资料》(第一辑),厦门:厦门大学出版社,1987年,第249~255页。

商科主任王毓祥、注册课主任傅式说及英文教师林天兰等四人,准予当年8月20日解职。学生获悉后,于27日早晨召开商科、教育科、理科学生联席会议,选举干事21人,与学校交涉。当天下午分派代表面见林文庆校长、校董陈敬贤(陈嘉庚胞弟,其时居住集美),请求收回成命、争取支持,均无果而归。28日,召开全体学生大会,请校长出席并宣布辞退教员理由,林文庆拒不宣布,双方争辩,言词激烈,林文庆愤然退席。随后,学生会以193票对86票通过罢课案。29日起,学生全体罢课,并致电新加坡陈嘉庚。同时,部分教职员相继提出辞职,教职员会也致电陈嘉庚,要求撤换校长。30日,学生邀请各报社、学校及团体代表开会,报告学潮经过、罢课理由。同日,学生再次致电陈嘉庚,并致电北京教育部、上海全国学生联合会及江苏教育会,宣布林文庆及其"亲信教员"罪状,限令出校。校方拟请军警驱逐学生出校,学生探知这一消息,也派出代表分别前往海军司令部和警察厅交涉,军警不愿介入。6月1日上午,教职员召开特别会议,质问解聘教员理由,学生指导委员长周辨明及校秘书黄开宗代表校长出席。学生听闻周辨明在会上扬言"武力解决",追其返校并拥至礼堂诘问,期间,会计主任薛永黍、几位闽籍学生和建筑部主任陈延庭带工人赶来,包围礼堂,打伤学生3人。学生向海军陆战队呼援,陆战队立即开来弹压,事态才被制止。午后,地检厅派员到现场检视验伤,同时将被指控为殴打学生的指使者六人看管起来,警察厅长、思明县知事、地方检察厅长也亲自赶到厦大。

6月2日上午,学生们出发到市内游行,一路分发传单,泣告被殴辱的情况,然后到海军司令部、戒严总司令部、警察厅、思明县等军政官署请愿。周辨明在看到报纸报道后,致函各界,否认曾说要以武力解决。当日,经校方活动,被拘留人员陆续释放。学生在厦门中学招待各界代表,请求给予援助。4日下午,在厦门总商会举行调停会议,厦门、鼓浪屿各界、校方及学生代表莅会者数十人。校方代表披露了一些学校派系斗争的内幕及有关教员的私行,说明辞退的原因,并说明"校长在其职权内有举教员及解约之权力,既履行合同中之条件,也无申说理由之必要"。学生代表李淑珍则在会上详细报告学潮的经过,对林文庆近日发布告命要求全体学生限期离校一事严加痛斥。参加调停会的各校、各界代表接着发表意见,多数支持林文庆,只有二人支持学生,双方争辩激烈无结果。最后推选三路代表,分别去见陈敬贤、厦大学生团及林文庆,征询三方意见进行调解。学生与校方的意见,各趋极端,无法调停。6月6日开始,林文庆采取断然措施,宣布提前放假,限全体学生于五天内离校,又在期满时停水、停电、停膳。6月8日上午,学生被迫聚集在大礼堂,宣誓离校,推举14人为总代表,到上海设立厦大离校学生团总部。200多名师生离开厦门大学，赴上海另立大夏大学。

二、陈嘉庚对厦门大学第一次学潮的处理

如前所述，5月29日，厦门大学学生致电陈嘉庚："嘉庚校董先生钧鉴：林校长倒行逆施，无故辞退四主任，余教员多辞职，学生等罢课请命，余详函。厦门大学学生全体叩。艳。"① 同日，教职员会也致电陈嘉庚，要求撤换校长。6月1日，陈嘉庚复电学生："厦门大学学生全体均悉。余信任校长，无殊集美学校校长，前车可鉴，诸君明白。"复电教员会："任免教员权在校长，余不干涉。"②

1924年6月17日，陈嘉庚在《南洋商报》发表《辟诬》一文，痛斥新加坡《叻报》《新国民日报》"捏造黑白，无中生有"，以厦门学生来电，换成上海特电，并在原电内任意增加激言，欺骗社会，损人名誉，阻碍教育，待派代表前往调查原电稿，才"自认略有增删，请愿更正"。文中盛赞林文庆在南洋事业之成功及才德资望之高，称："南洋数百万华侨中，而能通西洋物质之科学，兼具中国文化之精神者，当首推林文庆博士"。并详述学潮缘由："厦大甫办三年，教员六七十人，难免无程度参差，品流庞杂之患，且多属欧美日留学生，意见分歧，随分党派；而一般无气节者，甚至巴结学生，以固地位。林校长为整顿校风起见，拟乘暑假期间，尽行淘汰。由是彼辈乃利用学生，出头反对，学生复利用报馆，从中煽动，冀得推倒林校长，则彼辈地位自能保全。是以有一部分学生罢课要挟，又利用报馆为之推波助澜，则一部分，变为全部，小风潮，变为大风潮，势固然也。"并表明自己对于学潮的态度："当发生之初，教员学生来电云，林校长无故辞退数教员，故罢课要求。呜呼，为教员者，当具有充分气节。合则留不合则去，庶免恋栈之讥，况更依赖学生，鼓动风潮者乎"。"然今日厦大地位，固与国内他大学不同，任彼辈如何动摇，当局者自有辨明主持，总不能稍移方寸，以遂其奸计"③。

1924年6月23日，陈嘉庚在新加坡华侨中学第三届毕业典礼演讲中再次公开陈述学潮经过及其处理学潮所秉承的宗旨。"厦大因辞退数位教员，致生学生风潮。若质实言之，乃教员之风潮，而非学生风潮也。盖教员以互生意见，

① 黄宗实、郑文贞：《厦门大学校史资料》（第一辑），厦门，厦门大学出版社，1987年，第259页。

② 王增炳：《陈嘉庚教育文集》，福州：福建教育出版社，1989年，第194页。

③ 王增炳：《陈嘉庚教育文集》，福州：福建教育出版社，1989年，第194~195页。

阻碍进行，被林校长辞退。自知少数力薄且不合出首，故唆使激烈学生数人；籍名学生会，散布传单，运动报馆；或投函、或访事、捏造是非、评论攻击，以遂其奸谋；更因欲推倒多数不同意之教员，既乏理由，亦非易事，故移攻校长，以为校长若倒，则被所不满意诸教员，亦必随之而去矣”。“此次之学生因辞教员，而强暴干涉，目的不达，则欲推倒校长。如此，则进退教员之权，可全操之学生矣！试问世界中有此事乎？若学生能一致，董事等亦可破格承认。无如激烈派实估少数，其反对者、中立者、与绝不知其理由者，居大多数”。对于殴打学生原因也做了详细的描述：“闽南教员召集教员会议，有周君痛斥学生之无状，出会后，诸过激学生数十人，大兴问罪之师，围禁数教员，要其详陈无状事实，声言用武。于是建筑部主任陈君延庭忍无可忍，即召工匠数十人救护教员，驱散学生，有不从者，遂生冲突，拘三人于建筑部，以待警察之来者。此所谓殴打学生之原因也。”说明自己刊登《辟诬》广告，目的在于维护厦大之安全，“第一安慰无故被诬之林校长，第二挽留善良之教员，第三爱护良好之学生，俾厦大虽遭风潮，而进行无阻。此为鄙人之唯一宗旨”①。

综上可见，陈嘉庚对于厦门大学第一次学潮，坚定支持校长，复电学生坦言完全信任校长，复电教职员明确任免教员是校长权责。面对报纸添油加醋的报道，他刊文辟谣，利用演讲机会，公开批驳闹事学生及背后主使教员，立场坚定、态度坚决，措施果断，毫无转圜余地。

三、陈嘉庚处理学潮态度的原因探析

早于厦门大学爆发第一次学潮之前，陈嘉庚创办的集美学校于 1920 年、1923 年也曾发生过两起学潮，最终矛头都指向校长叶渊，学生要求撤换、驱逐校长，陈嘉庚当时即强硬表示，“伊等不守校规，要罢便罢，我届期再招新旧生，不患无生可来，设有数百名，何防我之进行”②，全力支持校长，毫不理会学生要求及教育界中“谓甘牺牲千余学生而不肯去一校长”③的诘责，并以强制提前放假方法，平息学潮。所以，陈嘉庚应对厦门大学第一次学潮与之前处理集美学校学潮的态度，是一以贯之的。因此，通过分析陈嘉庚在厦门大学第一次学潮中的态度及其背后原因，可以从中理解其处理学潮所秉承的一贯理念。

---

① 王增炳:《陈嘉庚教育文集》,福州:福建教育出版社,1989 年,第 197~198 页。

② 王增炳:《陈嘉庚教育文集》,福州:福建教育出版社,1989 年,第 343 页。

③ 王增炳:《陈嘉庚教育文集》,福州:福建教育出版社,1989 年,第 192 页。

（一）综合各方信息，陈嘉庚对学潮是非有自己的判断

厦门大学第一次学潮发生时，从留存往来函电中可以看出：陈嘉庚至少从校长林文庆、教员、学生以及校董陈敬贤等几方面获得了有关学潮的一手信息，同时借助国内、南洋报纸长篇累牍的报道，获悉学潮的发酵及进展。所以，他虽然身居南洋，但综合各方信息，对于学潮有全面的了解及自己的是非判断。此次学潮导火索在于校长辞退四位教员，教员、学生方面认为是“校长无故辞退学识兼优之主任四人”[①]，要求校方收回成命；但其实早在学潮之前，被辞退教员中的两人傅式说、欧元怀先后出现在陈嘉庚在与叶渊（集美学校校长）、陈敬贤的来往信函中。信函详述了“傅式说与集美学校教员王愍赌博，王愍在归还赌资时被厦大学生诬为盗窃，并呼警差传打，集美学校师生群情激奋，欲为王愍讨回公道，几使集校、厦大两校交恶”的过程。陈嘉庚并在信函中并表明自己的态度：“王师与张生乃个人私事，余认为无与闻价值。校中他人亦然。”“夫以高等教员之资格而从事赌博，因赌博还款而生出不名誉之事端”[②]，提出“或待到期勿续聘之”的想法。而信函中提交的有关欧元怀的信息，首次出现是在叶渊请辞，并托陈敬贤请林文庆从厦大教员中推荐集校校长接替人选，林文庆当时推荐的教员即是欧元怀，陈嘉庚复函不同意叶渊辞职，且以不了解欧元怀为由不赞成他可为校长人选[③]。越年，陈敬贤在信中谈到：“弟自去冬即闻林校长云欧君（欧元怀）因兼任总务之职，用人行政种种不妥等语”[④]，陈嘉庚还询问欧元怀是否已经离职，陈敬贤在复函中则提及：“弟顺询林校长欧君元怀何时去职，其谓现尚在校未曾辞职……但欧君之举动，乃争权植党。欲看此后如不能改，当有一番之改革云云”[⑤]。可见，辞退傅式说、欧元怀早在陈嘉庚的期待和意料当中。

学潮发生后，陈敬贤复在信函中提及欧元怀鼓动学生闹学潮，“厦大不幸由三数不良教员之作梗愚弄，学生演成罢学。为了局查不良教员，以欧元怀居心最毒。欧因欲排斥刘（树杞）教务主任，于学生及各方面中种种之运动布置，最后以目的难达，移怨林校长，激成此次之祸”。并向陈嘉庚报告了陈延庭事先了解情况的事实：“盖欧之所谋，延庭先生亦与闻知，因延庭亦排斥刘主任之一人，

---

① 黄宗实，郑文贞：《厦门大学校史资料》（第一辑），厦门：厦门大学出版社，1987 年，第 259 页。

② 王增炳：《陈嘉庚教育文集》，福州：福建教育出版社，1989 年，第 358 页。

③ 王增炳：《陈嘉庚教育文集》，福州：福建教育出版社，1989 年，第 344 页。

④ 王增炳：《陈嘉庚教育文集》，福州：福建教育出版社，1989 年，第 476 页。

⑤ 王增炳：《陈嘉庚教育文集》，福州：福建教育出版社，1989 年，第 478 页。

欧于事前盖欲利用延庭能达吾兄之前,曾一次对延庭谓其谋去留,以向各方面布置周妥,独吾兄方面须籍延庭为之。"①

由此,可以推断,陈嘉庚对于林文庆辞退教员的缘由及经过,甚至辞退前的酝酿准备都是了然于胸的,所以,他对于学潮"绝对信任校长,而斥学生和非校长派教职员为非是"②。

(二)对校长的信任

在集美学校和厦门大学校长人选上,陈嘉庚曾经有过深刻的教训。开办之初,集美学校不到两年三易校长,外界颇有讥评,陈嘉庚内心焦灼。根据之前的经验,他认为"集美校长从外省聘来实属错误",因为外省校长聘用教师多从熟悉的地方着手,背井离乡,好教师不易聘请且"多不待期终回去",下定决心"拟待本省有相当人才,然后慎重聘请,否则虽暂时虚位,亦属无妨"③。后适逢叶渊(福建安溪人,北京大学经济系毕业)来厦,经友人介绍认识,陈嘉庚邀请叶渊到集校参观,往返途中促膝谈心,经过一番考察,"已略识其才干,并认其有负责气魄,即聘为校长,校中一切信任办理,余绝不干涉,集美学校从此安定矣"。此后,叶渊掌校长达14年之久,为集美学校的发展作出了重要的贡献。

厦门大学校长的人选,也是颇费一番苦心。首任校长邓萃英并非陈嘉庚心目中的人选,他曾致叶渊信函中透露个中情由:"弟真之不满意于渠(黄琬,厦大筹备委员之一)者。请略举之:聘邓君(邓萃英)未征求同意,且到申运动筹备员,指为弟意"④。可见,聘请邓萃英任校长,陈嘉庚事先并不知情,黄琬却到上海跟筹备委员会说是陈嘉庚的意思,筹备委员会误以为陈嘉庚同意,隧通过了邓萃英任厦门大学校长的决定。陈嘉庚被迫接受,难免心存芥蒂。至厦门大学开校时,邓萃英并未按约定辞去教育部参事一职,更让陈嘉庚不能接受,"迨至月杪邓君接学生无名函,骂他无才学欲做挂名校长,若不自动辞退,不日诸生联名攻击,列首名者即是我。"⑤很快,邓萃英来函辞职。陈嘉庚随即致电新加坡,聘请林文庆出任厦门大学校长。

林文庆与陈嘉庚是一对在新加坡已结交多年的好友,彼此因共识而共事,

① 王增炳:《陈嘉庚教育文集》,福建教育出版社1989年版,第479页。

② 黄宗实、郑文贞:《厦门大学校史资料》第一辑,厦门大学出版社1987年版, 第253页。

③ 王增炳:《陈嘉庚教育文集》,福建教育出版社1989年版,第15-16页。

④ 王增炳:《陈嘉庚教育文集》,福建教育出版社1989年版,第315页。

⑤ 王增炳:《陈嘉庚教育文集》,福州:福建教育出版社,1989年,第23页。

互相造就对方。林文庆试种树胶，陈嘉庚因此获益；陈嘉庚创办厦大，也曾受到林文庆的鼓励。林文庆欣然受陈嘉庚邀请，从医生转变为教育家。尽管两人的教育背景与程度有很大的差距，但对科学精神、儒家思想、健全教育、男女平等、移风易俗、竞争意识等都有共识。陈嘉庚支持林文庆的办学理念，尊重中国固有文化，实践他对林文庆的承诺。在厦大校庆三周年演说时，林文庆特地提起此事："当陈校董在南洋聘予回任校长时，予询以办学宗旨，陈校董答以当注重中国同有之文化。予是以欣然归国，予亦尊重中国之同有文化也。"[①]

从集美学校和厦门大学两校历次校长的更替中，陈嘉庚深受校长频繁变更之苦，在校长遴选上更加慎重，宁缺毋滥。一旦遇上心怡人选，即给予绝对信任和坚定的支持。因为相知相识，以及持有共同的办学理念，林文庆是陈嘉庚认定的厦门大学校长的绝好人选，所以学潮发生时，陈嘉庚同样坚定地表明自己信任、支持校长的态度。

（三）恪守章程，权责分明

厦门大学开校之前，就已经制定了《厦门大学大纲》，并于 1921 年 3 月在上海《民国日报》刊出，其中明确规定董事会与校长的权限，"董事会之义务及权限：（一）筹划本大学经费；（二）保管本大学基金；（三）聘请本大学校长；（四）审定本大学预算；（五）审查本大学决算。""本大学设校长一人，由董事会聘请之，总理全校一切事务。"[②] 陈嘉庚不仅是在厦门大学办学过程中，同样在处理集美学校事务上，他于言行中都恪守董事权责，绝不越界。

如在集校与厦大交恶事件中，叶渊校长曾写信要求陈嘉庚出面主持公道，让林文庆开除傅式说和张姓学生，以平息集校师生怒气。陈嘉庚复函叶渊，说明不可为之原因："弟不过为董事之一。董事之职权为何？弟略能晓得。就是私立之学校，校内之权亦有所属，盖权在校长，非董事或校主可以个人命令妄干校权。设有不愿意事件，只可提出董事会公决。"[③] 他更是写信提醒陈敬贤不可越权干涉校务，陈敬贤复函中表示："云厦大与集校为王、张交涉之事，弟劝林校长辞退傅师与张生有侵越董事之职权等情"，"闻下深自惶颠，再后当加意审慎"[④]。又如，叶渊曾希望集校中学毕业生可以免考直接入读厦大，并请陈嘉庚出

① 周宁主编：《人文国际第 7 辑》，厦门：厦门大学出版社，2013 年，第 7 页。

② 黄宗实，郑文贞：《厦门大学校史资料》（第一辑），厦门：厦门大学出版社，1987 年，第 22 页。

③ 王增炳：《陈嘉庚教育文集》，福州：福建教育出版社，1989 年，第 3587 页。

④ 王增炳：《陈嘉庚教育文集》，福州：福建教育出版社，1989 年，第 478 页。

面说情。陈嘉庚没有同意,回复道:“弟念恐示人以私,或致启厦大教职员之疑念,则关系更大。况权操在林君,林君凡事谦逊,尚多谋诸重要职员,若不作情,则恐对弟不住;如勉从,则纲纪何在?弟反复三思,以为不合干预”[①]。“弟之不合于厦大,亦集校之不敢干先生主权。”[②]从信函中所陈述的这两件事中,陈嘉庚对于校主(校董)与校长权责及分工有着非常明确的认识,他并未因为自己是出资人而对校内事务横加干涉,同时也注意提醒自己的胞弟不能越权。更何况,他始终认为厦门大学与集美学校不同,并不是他私人创办的学校,虽然初期由他一人出资兴办,但他相信厦门大学发展壮大后,会有更多的南洋华侨前来捐资办学,所以,他认为厦门大学以后将是一所“公办大学”(非陈嘉庚一人独资办学),更应该恪守自己校董的权责。

因此,对于因辞退教员而引发的厦门大学第一学潮,陈嘉庚以“任免教员权在校长,余不干涉”复函教职员,明确表明自己虽是校董,但管理学校权责在于则校长,他本人也无权干涉。

(四)教育救国理念是其反对学潮的内因

“今日国势危如累卵,所赖以维持者,唯此方兴之教育与未死之民心耳。”[③]在厦门大学筹备会上,陈嘉庚发出了这般振聋发聩的演讲。近代中国内忧外患,作为侨居海外的“华侨大实业家”,陈嘉庚亲眼目睹了列强与中国国力的悬殊,以及相形之下中国国民的愚昧与教育落后,认为唯有教育,才是挽救国家危亡的根本。“吾国今处列强肘腋之下,成败存亡千钧一发,自非急起力追难逃天演之淘汰。鄙人所以奔走海外,茹苦含辛数十年,身家性命之利害得失,举不足撄吾念虑,独于兴学一事,不惜牺牲金钱竭殚心力而为之,唯日孜孜无敢逸豫者,正为此耳。”[④]怀抱教育救国的理想,从1913年起,他陆续在家乡创办了小学、中学、师范、水产、航海、商科、农林等校,统称为集美学校。1919年,回国筹办厦门大学,在亲拟之厦门大学筹办会通告中,陈嘉庚指出:“专制之积弊未除,共和之建设未备,国民教育未遍,地方实业未兴,此四者欲望其各臻完善,非有

---

① 王增炳:《陈嘉庚教育文集》,福州:福建教育出版社,1989年,第320页。

② 王增炳:《陈嘉庚教育文集》,福州:福建教育出版社,1989年,第359页。

③ 黄宗实,郑文贞:《厦门大学校史资料》(第一辑),厦门:厦门大学出版社,1987年,第17页。

④ 王增炳:《陈嘉庚教育文集》,福州:福建教育出版社1989年,第160页。

高等教育专门学识，不足以躐等而达。”[①] 从中可见，他对于创办厦门大学这所闽省唯一高等学府所寄予的殷切期盼。

正是基于对教育重要性的认识，陈嘉庚认为学生之天职是尊师重道，致力于学业，以期用自己的专业知识报效国家。学生闹学潮以致荒废学业、逾越校规、目无尊长，是不能纵容的。因此，在处理集美学校学潮中，他斥责学生“以罢课为爱国，以不敬为勇敢，既无尊师重傅之念，安能（有）爱家爱国之行”[②]。在《谨告集美学校诸位学生的公开信》中，陈嘉庚提出：

> 礼义廉耻，国之四维。四维不张，人格丧尽，乌能图存？以校中言，尊师重傅，敬长谦恭为之礼，克己守校章，不忘本原为之义；不贪名，不贪功，不出轨道为之廉；寸阴是惜，恐学业无成为之耻。绝未有舍己耘人、无尊无长、倒行逆流而可为之有人格哉。
>
> 且救国不专在武力，亦不属空言，是以亟我血汗财力输办教育，招致同志子弟，造成将来有用之才。
>
> 诸生既不弃而来，应对遵守奉行，方不背余苦衷及诸生父兄之托信。若见异思迁，志趣不同，立可引领而去，各行其是[③]。

对于学生在学潮中的行为加以痛斥，表明自己以实际行动兴办教育，培养有用人才，才是救国之途径，任何不赞成之一理念的人均可以自行离去，绝不挽留。同样，陈嘉庚对于厦门大学在养成专门人才，在改变福建省乃至全国贫穷落后局面所抱有的宏愿，使他对于厦门大学学潮闹事学生给予坚决的批评与否定，面对大批师生的离去毫不挽留，用类似“断臂求生”方法，以期让后继学生认同他和林文庆“教育救国”办学理念，从根本上改变学校的风气。

四、陈嘉庚处理学潮态度对厦门大学后续发展的影响

在学潮中，陈嘉庚坚定地支持林文庆校长，明确学校管理权责完全在于校长，树立校长权威，让师生彻底断绝寻求校主支持的念头，为学潮的平息以及林文庆校长执掌厦门大学长达 16 年奠定了基础。校长的稳固是学校积极发展的基础，陈嘉庚深切意识到，他为维护林文庆校长所做的种种努力，更能使校长与自己同心协力，为学校的发展竭尽全力。“自前年集美两次风潮，敝人受报馆之

① 黄宗实，郑文贞：《厦门大学校史资料》（第一辑），厦门：厦门大学出版社，1987 年，第 16 页。

② 王增炳：《陈嘉庚教育文集》，福州：福建教育出版社，1989 年，第 192 页。

③ 王增炳：《陈嘉庚教育文集》，福州：福建教育出版社，1989 年，第 400 页。

毁骂,屈指难数。然世间事,有欲害之,而反适成之。敝人因维持(护)善人而受骂,则校长之感激愈深,毅力愈固。志同道合,与厦大同休咎,如林校长者,更不忍舍我而去矣。岂不幸哉,岂不幸哉!”[①]

正如陈嘉庚所云,在厦门大学后续的发展中,无论是顺境与逆境,林文庆校长始终与他一起相互信任,勉力支持,直至1937年将学校无偿捐献给国家。陈嘉庚毁家兴学,惨淡经营,独力资助厦门大学十六年,在企业陷入困境,难以为继时,他“宁可变卖大厦,也要支撑厦大”。林文庆校长为了办学,放弃在新加坡已有的实业成就、政治地位和社会影响,潜心谋划,广延名师,大力发展建设学科,添置实验仪器和图书设备,养成校风学风优良,逐渐将厦门大学建设成为国内知名的多科性私立大学。1928年3月,厦门大学获准立案,成为南京政府立案最早的私立大学[②]。至1931年6月,全校共设文、理、法、教育、商5个学院21个系[③]。1931年8月,因受世界经济危机的影响,陈嘉庚公司被迫接受债权银行的条件,改组为股份有限公司。1934年2月,企业收盘,资产消失殆尽。虽然陈嘉庚仍竭力支撑厦大校费,但是厦门大学发展陷入困境之中[④]。为筹措经费,维持学校发展,林文庆赴南洋募捐,向国民政府和福建省政府申请经费补助,争取中华教育基金会、中英庚款董事会支持,并在办学中采用缩减科系办法以图闯过难关。1937年厦门大学改为国立后,林文庆方才告老还乡。即使在离任后,林文庆仍关心厦门大学的发展,他将其在新加坡的一部分土地赠给厦门大学,1989年,后人遵其遗愿,将其在鼓浪屿笔架山5号的故居赠与厦门大学[⑤]。

在厦门大学第一次学潮中,陈嘉庚坚定地站在林文庆校长一边,林文庆因为有陈嘉庚的支持,得以掌校长达十六年,他们齐心协力,互相信任,互相支持,将厦门大学建设成一个校风朴实、学科齐全、图书设备充实、环境优美、在全国有影响的私立大学,为学校的后续发展奠定了坚实的基础。

---

① 王增炳:《陈嘉庚教育文集》,福建教育出版社1989年,第198页。

② 张亚群:《林文庆与厦门大学早期的发展》,载《厦门大学学报》(哲学社会科学版),2011年第2期。

③ 洪永宏:《厦门大学校史第一卷》,厦门:厦门大学出版社,1990年, 第326页。

④ 洪永宏:《厦门大学校史第一卷》,厦门:厦门大学出版社,1990年, 第327页。

⑤ 张亚群:《林文庆与厦门大学早期的发展》,载《厦门大学学报》(哲学社会科学版),2011年第2期。

胡适的一份担保书考

华东师范大学档案馆　汤涛

最近出版的《华东师大档案馆藏名人手札》（华东师范大学出版社 2017 年版），收录一份 1935 年 9 月 24 日胡适亲自作保的书函。担保书是写给时任大夏大学（华东师大前身）教务长鲁继曾先生的。

书函的封口有些破损，信纸略显泛黄，边缘泅有水渍，书信字迹端正隽秀。

担保书不长，兹录全文内容如下。

鲁教务长继曾先生钧鉴：

兹因贵校学生程法正君，于上学期在贵校大学部文学院英文系一年级修业已足一年，本学期该可升入二年级。然今暑以来，家中发生不幸，彼之大弟遭毙，又彼母之痾疾未愈，故须学生法正在家奉待，以顾及家务，恐于最近期内亦不得有暇。故今特具是书，恳请教务长能准学生法正停学本学期，于明春开学时，当决来校报到销假。本学期不能来校受业之苦衷，实属不得意耳。尚请谅誉便妥。耑此，并请教安！

担保书的落款除"学生保证人胡适（代印）"外，还有一位"学生家长程治平"。发函地址是胡万和茶号川沙东门内。

从书函内容归纳，主要关于学生程法正"因顾家事"，即"大弟遭毙，又彼母之痾疾未愈"，须"在家奉待"，特申请休学一学期。

在读完此信后，读者可能和笔者一样，产生两个问题：

第一，胡适与被担保人程法正是什么关系？为何要为他作保？

第二，熟悉胡适笔迹的方家，会发现此函并非胡适亲笔。既非亲笔，为何还要收入《档案馆藏名人手札》？

笔者先回答第一个问题。新生入学或学生重大事项（譬如请病假或休学等）担保人制度是大夏大学的一项硬性规定，按照学校教务处要求，所有入校新生或请假事项，都必须填写担保书，担保人即为家长或监护人，家庭里多为父亲具名。

胡适给程法正作保,他是程法正的家长吗?名人之后出于自我保护和避免麻烦,用化名上学并非鲜见。我们知道,胡适曾育有三子:长子胡祖望,1919年3月出生;次女胡素斐,1920年8月出生,5年后不幸夭折;幼子胡思杜,出生于1921年12月。按照年纪推算,胡适二子在1935年为14岁,即使长子胡祖望才16岁,上大学二年级似乎有些勉强,况且他上的是国立西南联大,与大夏大学无涉。

程法正显然不是胡适子女的化名。其实,从担保书的家长可以看出,程法正真正家长是程治平。程法正是什么人呢?

据华东师大档案馆学籍档案显示:被保证人程法正为安徽绩溪人,1933年9月由大夏大学附中进入大夏大学银行系学习。因对专业无兴趣,一学期后申请转入文学院英文系。之后,再次由英文系转入法学院法律系,1938年9月毕业。

关于程法正与胡适是什么关系,虽然从学籍档案里看不出来,但从相关史料记载发现:程法正为胡适的外甥。笔者从胡适弟子、太平天国史专家罗尔纲回忆里可以找到对证。罗尔纲在《师门五年记·胡适锁记》多次提到胡适与程法正。

第一次是在《蜗居著作》一文中写道:

> 1930年6月初间,我…到了上海胡适的家,给他抄写整理其父《胡铁花先生遗稿》。""胡家这座小洋楼共三层……三楼是胡适两个小儿子胡祖望、胡思杜和侄儿胡思猷、外甥程法正的寝室。思猷、法正都在上海读中学。

在《梅博士拜谢胡博士》一文中,罗尔纲再次提到程法正:

> (1930年)7月的一天,下午2时后,突然听到一阵楼梯急跑声,我正在惊疑间,胡思杜跑入我房间叫:"先生,快下楼,梅兰芳来了!"他把我拉下了楼,胡思猷、程法正、胡祖望、厨子、女佣都早于在客厅后房窥望。

程治平作为程法正的父亲和监护人,完全可以自己署名做担保,为什么要拉上胡适来作为担保人呢?程治平拉上胡适做第一担保人,应该有几层意思。

其一,程治平与胡适都是安徽绩溪人,与胡适家族为姻亲关系。程法正以胡适外甥身份,在入读大夏大学附中时,就寄住在胡适极司斐尔路(今万航渡路)49号一座小洋楼里。陆发春编的《胡适家书》载:1928年2月20日,胡适致函夫人江冬秀。曰："洪安回来，说起你们吃的苦，我很不好过。""祖望寂寞得很，第二天晚上哭了。幸而那天思敬与法正都回来了。法正取入大夏中学，就暂住在我家里，每天早去晚归，祖望晚上也有个伴。"信函中提到的洪安即为程法正的父亲程治平，以洪安行名。从此函可以看出，胡适肯接纳程法正在家里住，是因为程治平是胡适哥哥的女婿，也即为胡适的侄女婿。

其二，程治平虽然在上海浦东川沙镇从事茶叶生意，但毕竟是商人，与教育学术界不搭界。作为颇具名望的胡适，当年在上海担任中国公学校长和光华大学教授期间，与大夏大学负责人建立了良好的关系，多次受大夏校领导之邀到校作报告。档案显示：1925 年 10 月 26 日，受大夏教授王毓祥邀请，胡适来学校大礼堂为 800 多名学生做《怎样去思想》的讲座。不久，大夏副校长欧元怀专程邀请胡适到校做《自省》为主题的演讲。1930 年 11 月，胡适应邀来大夏做《为什么要读书》的讲座。1942 年 6 月，美国费城大学授予大夏外国文学系黄奎元教授荣誉博士，受大夏校长之托，时任美国大使胡适代表领受。

除此之外，胡适的多名亲属都曾就读于华东师大前身大夏大学和圣约翰大学。除了程法正外，他还有三位叔叔分别毕业自大夏和圣约翰大学，胡适的侄子胡思猷和侄媳李庆萱也都毕业于大夏大学。

其三，程法正入校时，读的是银行系，一学期后便要求换专业。大夏大学实现的学分制和效仿牛津、哈佛大学的导师制，转系科甚至校际转学均可实行。虽然换专业是正常的制度安排，但估计也得依靠胡适一定的人面关系。

那么，我们再回答第二个问题。

1930 年，胡适就去了北京，直到 1938 年胡适担任中华民国驻美国大使，就一直在北京工作和生活。1935 年他是如何回到上海出具担保书的呢?

1930 年胡适辞去中国公学校长后，决定北上担任北京大学文学院院长兼中文系主任。胡适去北京，罗尔纲在《师门五年记 胡适琐记》有详细的回忆：

> 1930 年 11 月 28 日，全家从上海迁北平……胡适提了一个大皮箱，我也给他提了一个大皮箱，胡师母脚小，走路已不方便……胡家有侄儿胡思猷、外甥程法正都是年轻力壮的，衣物应该由他们提的，胡适却不要他们送车。

从笔者掌握的史料推断，正是由于胡适与程治平的这份姻亲关系，这份保证书当是应程治平的请求，在胡适的应允和授意下，由程执笔。但由于胡不在上海，无法敲用私章，故用"胡适（代印）"表示。

程治平这样做的目的,就是借助胡适的威望和影响力,以确保孩子能向学校请假成功,以缓解家庭之忧。果然如他们所愿,学校最终同意了程法正的休学请求。休学一个学期之后,即1936年春,程法正重新回到学校。后来他又转了一次专业,1938年夏,他最后取得了大夏大学的法学学士学位。殊为叹息的是,毕业后的第二年,程法正因患肺病不治,不幸早逝。

这份担保函虽非胡适亲笔,至少反映胡适与亲属姻亲之间的融洽关系,反映胡适与大夏大学一段珍贵的交往史,对于胡适研究有其特定意义,故仍不失为一份具有较高史料价值的档案。所以,入选《华东师大档案馆藏名人手札》,也是合乎章法的事。

“奕住”还是“奕柱”？

——黄奕住生平述略兼姓名辨正

复旦大学档案馆　王晴璐

摘要：近代著名华侨黄奕住先生自南洋归国后在祖国的教育、医疗卫生、金融、城市建设等诸多领域作出了卓越的贡献，值得后人永久地铭记与缅怀。然而，由于《申报》《大公报》等近代文献之讹误，黄先生的名字出现了另一种写法，即“黄奕柱”。本文在简要介绍其生平后通过文献与实地调研，判定其姓名的正确写法应为“黄奕住”。

关键词：黄奕住；黄奕柱；姓名；辨正

一

黄奕住先生1868年12月7日出生于福建省南安县的一户贫苦农民家庭，是家中长子，因当时医疗卫生条件落后，婴儿的夭折率很高，他的父亲黄则华非常希望留住这个孩子，故为其取名“奕住”，乳名“阿住”，“奕”是在宗谱中的辈分[①]。黄奕住儿时也上过私塾，但随着弟弟妹妹的相继出生，家中情况愈发紧张，后来甚至出现了断粮的状况，最后，父亲只好忍痛让其辍学。这件事在黄奕住内心留下了很深的伤痛，成为终身的遗憾。正因为深谙失学之苦，事业成功后，黄奕住慷慨出资捐助多所学校，让年轻一辈有机会上学。他后来回忆：

> 吾幼时失学，为大恨事。今于吾父吾母丘墓之乡，吾身数十年经营之地，晚岁游历之区，为青年学子略尽吾情，弥吾阙憾焉[②]。

---

① 参见赵德馨：《黄奕住传》，长沙：湖南人民出版社，1998年，第2页。本生平述略部分主要参考《黄奕住传》及该书附录的黄奕住《自订回国大事记》、黄钦书等《先府君行实》、黄浴沂《先父黄奕住传略》及《回忆录》等，下除引文外，不再逐一说明。

② 黄钦书：《先府君行实》，见赵德馨：《黄奕住传》，长沙：湖南人民出版社，1998年，第373页。

当时,南安一代有从事理发业的传统,黄奕住12岁时也跟随伯父黄伯顺学习理发,学成后成为一名走街串巷的理发匠。在挑着理发担辗转各地的过程中,黄奕住了解到南洋一带很适合从事商业,华人在那里也发展得有声有色,有的甚至成了富豪,就产生了前往南洋开拓事业、改变家庭面貌的念头,他的观点是“彼能往,我亦能往,事在人为耳”。他的志气让父亲十分感动,硬是变卖了家中的一些田产为他筹集了旅费。1885年春,刚过16周岁的黄奕住踏上了前往南洋的海船。

黄奕住首先到达的是新加坡,后又转到印尼的三宝垄市,在三宝垄,他一开始也从事理发业,但没多久就发现理发只是一门小本生意,一辈子只能糊口,要靠理发脱贫致富几乎不可能。于是,他产生了改行做商贩的想法,为表示破釜沉舟的决心,他将所有的理发工具都投入了海中,用借来的五盾作为本钱,开始了全新的行业。

当时,细心的黄奕住发现南洋人有喝咖啡的习惯,于是开始挑担卖咖啡,随着生意的兴旺,资金逐步积累了起来,他便在三宝垄市的中心市场租了一个固定摊位。慢慢地,一个摊位也容纳不下他的生意了,他又租房办起了杂货店,卖咖啡及其他杂货,店名“日兴”。从此,黄奕住的事业更进入上升通道,日兴杂货店逐渐扩大为日兴商行,又因当时三宝垄市是蔗糖的主要集散地,黄奕住也于1895年以后将经营的重点转向了蔗糖。1908年,他40岁时,日兴股份公司成立,注册资本已经达到40万盾。1913年,日兴的资产上升至百万盾,黄奕住也一跃成为印尼爪哇的四大糖商之一。同年第一次世界大战爆发,糖价持续上涨,黄奕住的资产再次增长,终于成为了千万富翁。他本人也逐渐成为三宝垄市的华侨领袖,担任了三宝垄中华会馆财务董事、中华商会副会长等职,并开始扶植南洋的华侨教育,先后捐助三宝垄中华学校、新加坡南洋华侨中学、新加坡爱同学校等。在三宝垄期间,黄奕住还曾接待过孙中山先生,对同盟会的革命活动予以资助。

1919年黄奕住怀着拳拳爱国心,叶落归根,挟巨资回国发展,定居厦门。回国后的黄奕住更是贡献卓著,概括起来,主要有:创办中南银行;投资修建厦门第一条现代马路;成立厦门市自来水公司并任董事长,大大改善了厦门市民的饮用水情况,对鼓浪屿也实现了自来水供应;黄奕住还接办了厦门电话公司,收回鼓浪屿日本人创办的川北电话公司,并实现了厦、鼓之间的通话;另外,在鼓浪屿,他出资兴建了黄家花园与观海别墅。值得一提的是,黄奕住平素为人节俭低调,而他此次建造的黄家花园却由中楼、南楼、北楼三幢别墅组成,之所以规模如此宏大，绝不是为了炫富，而有着借此气势压倒鼓浪屿上外国人建筑的别墅，长中国人志气的良苦用心。现在，黄家花园仍然与菽庄花园一起，是人们到鼓浪屿必游的景点。

黄奕住事业成功后用力最多的就是教育事业，他捐助的学校可以列一串长长的名单。

1920年，黄奕住于故乡南安创办了斗南学校，且实施免费入学，在当时引起了很大的轰动，斗南学校成了南安教育质量最好的学校，培养了大批人才。黄奕住又接办了当时因经费短缺濒临停办的厦门女子师范学校，并改名为厦门慈勤女子中学。“慈勤”是黄奕住母亲的谥号，饱含了他对母亲的深深怀念。后黄萱女士曾就读于此校。大学方面则名单更长，如为厦门大学图书馆捐款三万元用以购买图书设备，为此，1931年厦大建校十周年时，特意在群贤楼建石碑刻铭文致谢，并专门设计了书标。黄奕住还担任了暨南大学校董，捐款筹办了中国第一所商科大学上海商科大学，并担任该校委员，上海商科大学即今上海财经大学的前身。黄奕住还应李登辉校长之请，在复旦大学迁入江湾新校区时捐款一万余元，建造了一座办公楼，即奕住堂（今复旦大学校史馆主体建筑），奕住堂亦成为复旦江湾新校区建立之初的三幢主要建筑之一。他对北京大学、南开大学、岭南大学也予以过捐助。

在医疗卫生和文化教育方面，黄奕住还捐款建立了厦门中山医院、鼓浪屿医院，捐助厦门图书馆，创设鼓浪屿图书馆等。

1945年6月5日，黄奕住先生病逝于上海，享年77岁。在于1943年立下的遗嘱上，他写道：

> 余来自田间，深知社会疾苦。赋性质直，见义思为。生平关于教育、慈善诸端赞助向不后人。亦宜指定的款，俾能继续供（贡）献人群。……余一生勤俭持身，忠厚待人，对于国家社会之事，虽不敢上拟先忧后乐之伦，亦未尝稍忘匹夫有责之义①。

黄奕住对于国家和社会堪称厥功甚伟，但他对自己生平的总结却极其谦和低调，认为尚达不到范仲淹的“先天下之忧而忧，后天下之乐而乐”的境界，只不过是尽了匹夫之责罢了。黄奕住先生的品格值得后人永远的景仰。

---

① 赵德馨：《黄奕住传》，长沙：湖南人民出版社，1998年，第351页。

二

前文已简要介绍黄奕住成就卓著的一生,然而,笔者发现,黄奕住在世时,其姓名却出现了另一种写法,即“黄奕柱”,主要见于《申报》《大公报》及我校历史档案中。如1921年5月13日《申报》刊载之“复旦大学消息”:

该校今又经中南银行总理黄奕柱君筹助一万两,指定独建事务所房屋一座。

1930年5月28日《大公报》刊载之“黄奕柱之子在沪被绑”新闻:

中南银行董事长黄奕柱之子,沁(二十七日)晚六时半,驾自备汽车,行经海格路,被匪绑去,黄两保镖,一死一伤,车夫亦伤。

而我校的历史档案中,1926年《复旦丙寅年鉴》列本校董事部名誉董事,其中黄先生之名作“黄奕柱先生”[①],其后黄先生照片下之说明文字亦然。

另有《本校四十年大事记》“民国八年”条:

始于江湾建屋,简照南兄弟捐建教室,是为简公祠;黄奕柱捐建办公厅,后增两翼为图书馆[②]。

《国立复旦大学一览》“校史”部分:

至民六年改组为大学,规模扩大,负笈来游者日众,李先生乃亲赴南洋各地,募集巨款,拟建新校舍,在江湾陆续购地七十余亩,并得国内热心教育之士,如简照南、黄奕柱先生等,慨助多金,捐建房屋,乃于民九年冬十二月,鸠工兴建,逾年,简公堂,办公室(即今之图书馆)及第一宿舍落成,大学部遂于民十一年春,由徐家汇迁入,其李公祠原址作为中学部校舍……[③]

受以上历史档案影响,我校校史馆门前石碑、校史馆内部展览文字及一系列校史著作如《复旦大学百年志》《复旦上医老校舍寻踪》等均将黄先生之名写作“黄奕柱”。

那么,黄先生的名字究竟是“奕住”还是“奕柱”?为此,笔者进行了文献与

---

① 《复旦丙寅年鉴》,复旦大学档案馆馆藏历史档案,案卷号:2546。

② 《本校四十年大事记》,复旦大学档案馆馆藏历史档案,案卷号17,时间应为民国9年(1920年),原件上有铅笔更正痕迹。

③ 复旦大学编:《国立复旦大学一览》(1947年)。

实地的调查，最终的结论是，正确的写法应为“奕住”，除赵德馨先生的《黄奕住传》[①]外，尚有来自其直系亲属的直接证据数种，分列如下。

第一，1945 年黄奕住先生去世时，其家族机构黄聚德堂载于《申报》上的《讣告》作“奕住”。原文如下：

> 黄钦书、浴沂、友情、天恩、德隆、德心、德坤、世哲、世禧、世华先生尊翁奕住老太爷恸于中华民国三十四年六月五日(农历四月二十五日)午时寿终沪寓正寝，择于六月七日(农历四月二十七日)未时在岳阳路一六八号本寓大殓，谨此报闻[②]。

同样是登载在《申报》上，但由其家族起草的《讣告》不可能将其名字写错，属直接证据。

第二，书有《南安奕住黄先生墓志铭》的黄奕住先生原墓于“文化大革命”中被毁，但墓碑拓片照片得以保存，被收入《厦门墓志铭汇粹》[③]一书，墓志铭中为“奕住”。1979 年黄先生之墓得以重建，为黄奕住先生与其母萧氏、其妻王氏的合葬墓，墓碑上亦作“奕住”。照片由黄奕住先生的曾孙黄骥先生提供。

第三，黄先生的外孙女周菡女士曾写有《我的外公黄奕住》[④]一文，以澄清黄蕙兰为黄仲涵而非黄奕住之女开头，逐段介绍黄奕住先生生平、与女儿黄萱的往事等，文中还附黄奕住独资修建的开元寺东塔纪念碑照片，亦可清晰见到碑文上黄先生之名为“奕住。”同时，在原厦门博物馆馆长何丙仲老先生的大力支持下，笔者有幸与周菡女士通了电话，她再次明确表示正确的是“住”。

另外，旁证还有 1920 年 12 月 15 日《江苏省公报》、1921 年 2 月 26 日《申报》刊载的对黄奕住先生予以表彰的大总统令，均作“奕住”。1921 年 6 月 6 日《申报》刊载的《中南银行创立会纪事》中有黄奕住先生在创立会上的部分演说原文，文中黄先生几次谈到自己，均为“奕住”。

而当年同样受到黄奕住先生捐助的厦门大学，其群贤楼碑文与校史展中均

---

① 赵先生因夫人周秀鸾教授与黄先生外孙女周菡为姨表姐妹，得睹大量黄氏私家档案。该书从正文到书后所附的黄奕住先生亲撰的《民办福建全省铁路股份有限公司缘起》(文末列发起人，含黄本人)、黄先生之子撰写的《先府君行实》《先父黄奕住先生传略》均作“奕住”，从未出现过“奕柱”之名。

② 《申报》，1945 年 6 月 6 日，第一版。

③ 苏大山：《南安奕住黄先生墓志铭》，见何丙仲，吴鹤立编纂：《厦门墓志铭汇粹》，厦门：厦门大学出版社，2011 年，第 347~349 页。

④ 《老照片》(第 45 辑)，济南：山东画报出版社，2006 年，第 44~52 页。

为“奕住”。且在当时厦大所编的《厦门大学中文图书目录》与《黄奕住先生捐赠图书目录》序言中,时任校长林文庆对黄奕住捐赠购书款一事均做了说明:

退隐在厦的有名华侨黄奕住先生,在民国十五六年间,捐助本校图书费三万元,该款所购中西文书籍,均表明黄先生购赠字样,作为永久纪念①。

民国十六年间,黄奕住先生首先同情本校,慨然捐助图书费国币三万元,本校因此获益不少,除设法陆续分购中、西文重要书籍凡七千九百余册外,并就书内各附特别标志,留为永久纪念,此次图书馆同仁,从事编辑图书总目录,同时把黄先生捐款所购书籍,另辑成册,这种饮水思源的工作,的确是少不得的②。

笔者也就黄奕住先生姓名的正确写法求证于鼓浪屿管委会、申遗办,得到的书面答复亦为“奕住”。管委会还将有黄奕住先生之名的鼓浪屿申遗文本慷慨相赠。

综合以上证据,应可判定黄先生之名只有一种正确写法,即“黄奕住”,“奕柱”当为前人笔误。由此,亟盼今人及时更正此误,使先生之名得以归正,使有幸受其厚泽的莘莘学子与普通百姓皆能铭记其正确姓名,饮水思源,此当为感恩前辈的重要之举。

附记:本文的写作获得了原厦门博物馆馆长何丙仲先生、黄奕住先生曾孙黄骥先生、黄奕住先生外孙女周菡女士、鼓浪屿管委会、申遗办的鼎力相助,笔者所在的校档案馆保管利用室为历史资料的查找提供了便利,校史研究室钱益民老师对文章的修订提出了宝贵意见,谨致谢忱。

① 林文庆:《〈厦门大学中文图书目录〉序》,转引自陈文庆:《实业家黄奕住捐助厦大考辨》,载《福建史志》,2013年第6期,第50页。

② 林文庆《〈黄奕住先生捐赠图书目录〉序》,转引自陈文庆:《实业家黄奕住捐助厦大考辨》,载《福建史志》,2013年第6期,第50页。

叶恭绰创办交通大学的"独立""致用"思想之寻踪探源

北京交通大学档案馆　高杰　王瑽

摘要:1921年交通大学的创办,是学校向现代高等教育转型的重要里程碑,也是中国教育史上的一个创举。叶恭绰校长坚持办学独立,在组织管理等方面扩大了学校的自主权;主张学术独立、研究致用,实现了办学宗旨和人才培养的变革,他"独立""致用"的办学思想,贯穿在交通大学的教育创新与改革之中,叶恭绰校长的办学思想,源自他对欧美大学办学模式及其研究机构的考察借鉴,源自他对中国交通事业与交通人才培养状况的深刻认识,源自他对学术独立境界的执着追求和对学术致用社会责任的自觉担当。叶恭绰校长的办学理念与办学实践,对当前高等教育改革和现代大学制度建设仍然具有相当重要的参考价值。

关键词:叶恭绰;交通大学;办学思想;实践

回顾中国高等教育现代化进程,20世纪20年代初期交通大学的组织创建及其运行模式,可称得上是一个典型案例和独特样本。1921年7月,时任北洋政府交通总长叶恭绰将北京铁路管理学校、北京邮电学校、上海工业专门学校、唐山工业专门学校合并,成立统一的交通大学(下设交通大学上海、北京、唐山学校),并亲自兼任校长。交通大学的创办,是学校120年发展史上一个非常重要的里程碑,也是中国教育史上的一个创举。

交通大学为叶恭绰一手创办,1920年12月他提出关于组建交通大学的议案,1921年2月他践行欧美大学办学思想,拟定了《交通大学大纲》,为交通大学各校此后的蓬勃发展打下了坚实的基础。1921年9月10日,叶恭绰在交通大学三校开学当日,亲莅北京学校开学典礼发表讲话,他在讲话中集中阐述了"独立""致用"的办学思想。叶恭绰概括了交通大学的独具一格的办学模式及

其特点:

其创学宗旨为培植技术人才;其已办科目为工程及管理;其教员为鸿儒硕彦;其学生为俊髦优秀;其管理师法欧美;其设备酌和中西;其地点为分散;其精神为团结①。

他认为大学应是培育修养的"适当学府",如同一个由若干要素组成的机体;同时又提出了治学修学的三个准衡:"第一,研求学术当以学术本身为前提,不受外力支配,以达独立境界;第二,人类生存世界贵在贡献,必能尽力致用,方不负一生岁月;第三,学术独立,斯不难应用,学术愈精,应用愈广。"②追求"独立"与"致用",主张办学独立、学术独立、学以致用、贡献社会,乃是叶恭绰在交通大学办学思想的精髓。

一、叶恭绰"独立""致用"思想在交通大学的实践

在叶恭绰校长执掌学校的一年多时间里,学校按照《交通大学大纲》的规定进行教育革新,开展了一系列创新性的办学实践:例如设立了董事会;建立了一校多区、自成体系的办学模式;统一学制、授予学位;增加学额,延聘名师;增设学科,添设讲座;实施"通才教育",教材选用、课程设置各方面均与欧美大学接轨;派遣毕业生出洋留学及实习;制订了职业教育、函授教育计划,等等。其中许多举措颇具远见卓识和首创精神。交通大学由此呈现出一派崭新的气象,实现了向现代高等教育的转型。叶恭绰的办学理念与办学实践互为表里、密切相连,"独立""致用"的办学思想,始终贯穿在交通大学的教育创新与改革之中。

(一)坚持办学独立,在组织管理等方面扩大了学校的自主权

1. 自主设计了一校多区、自成体系的办学模式

叶恭绰根据国外大学设置的经验,在四校之上设立大学,然后分科设校,实施教学。《交通大学大纲》规定,交通大学下设北京、上海、唐山三个学校。北京学校设经济部(学制三年)与专门部(学制三年),经济部设铁路管理科,专门部设铁路管理科、无线电科、有线电科、电信特科(分电报、电话两门);上海学校设理工部,设电气科、机械科、造船科,专门部设电气科、商船科,机械科、邮电科;

① 《交通大学校史》撰写组编:《交通大学校史资料选编 1896—1927》(第1卷),西安:西安交通大学出版社,1986年,第367页。

② 《交通大学校史》撰写组编:《交通大学校史资料选编 1896—1927》(第1卷),西安:西安交通大学出版社,1986年,第366页。

唐山学校设理工部，设土木工科，专门部设土木工科。各校原设学科按上述规定进行了调整。交通大学创立之后，又在上海分校开办了造船及纺织科，在唐山分校开办了市政及营造科，在北京分校开设了商业及银行科。

2. 确立了以董事会为核心的、有较大自主权的管理决策体制

《交通大学大纲》集中体现了教育独立的办学思想，《交通大学大纲》共 14 章，对定名、校址、经费、学制、学程、董事会、校长和主任责权与任用、教职员任用、评议会、行政会、教务会议、教务处、事务处等分章作了规定。叶恭绰效仿欧美高校管理体制，在交通大学实行董事会—校长—主任领导体制，董事会以下设校长和行政会议、评议会，（京、唐、沪）各校设主任，主任以下设教务处、教务会议、事务会议。

董事会作为学校的立法机关和最高权力机关，负责制定教育方针、拟定学制、核定学科等规章、监督财政、推举校长。董事会成员的资格是："有工业或经济专门学术者、富有教育经验者、交通事业成绩卓著者、捐巨款于本大学者"[①]。1921 年 3 月 8 日，根据《交通大学大纲》的规定推定严修、唐文治、张謇、梁士诒、叶恭绰、徐世章、陆梦熊、沈琪、刘成志、邝孙谋、关赓麟、郑洪年、淩鸿勋、孙鸿哲、刘景山、黄蔼如、钟锷等 17 人为第一届董事，组成交通大学董事会。在交通大学存在的一年时间里，董事会发挥了重要作用，决定了人事安排、各校学科设置、经费等学校有关重要事项。交通大学设置董事会，革新了教育管理体制，提高了工作效能，学校有较大的自主权，一定程度上减少了政潮对学校的干扰，保证了改革措施的顺利推进。

3. 筹划解决办学经费和校舍用地问题

办学经费是高等学校生存发展的命脉，校舍和建筑用地关系到大学的招生规模和办学空间。统一的交通大学组建之前，交通部所属四校的办学经费由部内审批划拨。叶恭绰为解决交通大学办学经费不足的问题，苦心筹谋，筹定办学基金，将辛亥革命以前交通银行所欠邮传部的款项，全部充作交通大学的办学专项基金，每年提取七厘的利息给交大，无需再走行政审批程序，只需交通部与交通银行换函确认即可，按此方案，交通大学共筹得办学经费 200 万元。为解决学校扩招、学生住宿空间紧张问题，叶恭绰还设法筹款为上海分校在徐家汇购地 70 余亩，给北京分校拨款 10 万元，改建楼房扩充校舍，为交通大学自主办学提供了保障，为学校发展壮大奠定了坚实的基础。

---

① 《交通大学大纲》，载《江苏教育公报》，1921 年第 4 卷第 3 期，第 4~10 页。

(二)主张学术独立、研究致用,实现了办学宗旨和人才培养的变革

1. 人才培养方向与方式的革新

交通大学组建后,由专门学校步入正规大学阶段,对教学进行了革新。学制由过去的3年改为6年(本科4年,预科2年)。大学经济部、理工部学程四年,毕业合格授予"学士"学位;专门部学程三年,毕业合格授予"业士"学位。学校仿效欧美实行"通才教育",不是仅仅着眼于某一专业的"专识",而是着眼于"通识"的训练,要求学生在自然、社会与人文各方面都具有广泛综合的知识,以便毕业后能够从事更高深、更专门的学问研究。学校彻底走出了近代中国教育"中学为体,西学为用"的樊篱,将人才培养与学术研究相结合,实现了由旧时实业教育向现代高等教育转型。

2. 倡导学术研究与交流,辅助实业发展

交通大学成立之初就制定了创设研究院的计划,以适应国内工业发展的需要。交通大学成立的工业研究所,是中国在工业研究领域最早成立的研究机构。交通大学成立以后,京校学术活动十分活跃,仅1921年10月30日到12月末,来校演讲的中外专家即有8次之多。1921年11月,北京学校10名在校学生发起成立铁路管理学会,叶恭绰、沈琪、关赓麟、俞人凤、胡鸿猷、钟锷被推举为名誉会长,当时入会人员达200余人。当时交通大学所出的月刊,登载了许多有价值的论文,也是出于研究学术、辅助实业的考虑。

3. 拟定交通领域职业教育和函授教育计划

针对当时交通界从业人员基本没受过专业教育的情况,叶恭绰校长曾计划在交通大学三个分校开展职业教育与函授教育,提供短期的交通专业的脱产训练,同时为有志读书而又不能离开工作岗位的员工开设函授教课程,从而提高交通领域员工的素质。当时职业教育所拟培训科目不下50余类,原拟每类招收30余人为一期,3个月毕业,如果此计划得以实施,则每年可造就人才6 000余人;函授教育拟订的方案是编辑函授讲义,实行通信教育,提供廉价适用的课本,提供答疑解惑的便利,这在我国交通界亦属首创。

二、叶恭绰独立、致用办学思想探源

(一)对欧美大学办学模式及其研究机构的考察借鉴

1918年、1919年叶恭绰考察欧美和日本高等教育,对国外大学的组织、课程设置进行了调研,参观了美国密歇根大学、伊利诺伊大学等高校。伊利诺伊

大学是美国最具影响力的公立大学系统之一，包括三个校区，始终致力于“卓越的教育、研究和公众服务”；密歇根大学有三个分校，是美国的“学术重镇”，也是世界上主要的研究型大学之一。叶恭绰借鉴欧美大学“常分科就适宜之地分建”的经验，认为“大学本体为总揽大纲之学府”，“分科乃为实行教授之机关”，有“明晰之组织”及“一贯之方针”[①]。他了解到欧美理工高校非常重视研究工作，“各国实业之振兴，多由国立及私立之研究局、试验所及各学会之协助，故能新理层出、利用日宏。”[②] 另外，据《叶遐菴先生年谱》所载，叶恭绰设置董事会，也是仿效了厦门、东南等大学的办法，当时两所大学已经制定了各自的组织大纲。

（二）对教育与交通关系、对中国交通事业与交通人才培养状况的深刻认识

叶恭绰为中国铁路事业倾尽心力，基于孙中山先生“交通为实业之母，铁道又为交通之母”的实业救国思想，他先后到美、英、法、日等国考察铁路建设，根据国外经验，统一了中国铁路会计制度，推行了铁路负责运输和铁路联合运输，对中国铁路管理的改革作出了重大贡献。他十分重视铁路人才的培养，他任交通部次长期间，就主张对部署几所学校学科设置进行调整和分工，发挥各校专长，提高教育质量。1917 年他将交通传习所改组为北京铁路管理学校与北京邮电学校，并亲任两校总监督，提高了办学水平。

叶恭绰认为交通与教育二者相互倚伏、关系密切。当时中国交通事业发展滞后，其深层原因在于专门人才缺乏、不敷应用；而同为交通部所属的京、沪、唐四校地址分散，缺乏统一组织，学制不统一，学科设置不合理。为统一学制起见，他将交通部所属的四所学校列为大学分科，总其名为“交通大学”。以“交通”二字为大学命名，体现出鲜明的行业特点和突出的办学特色。

（三）对学术独立境界的执着追求，对学术致用社会责任的自觉担当

叶恭绰认为大学不仅是传授知识的场所，也是学术研究的场所，大学应有研究学术、造福社会的使命和担当。“学校之目的在培养人才，而其机能则并足辅佐社会发达。”[③] 比较完善的大学不能放弃责任，故步自封。一方面，学术自有

① 《交通总长叶恭绰拟改组交通教育呈大总统文》（1920 年 12 月 14 日），见《交通大学校史》撰写组编：《交通大学校史资料选编 1896—1927》（第 1 卷），西安：西安交通大学出版社，1986 年，第 346 页。

② 《遐菴年谱》编印会：《叶遐菴先生年谱》，1946 年，第 169 页。

③ 《叶恭绰校长在京校开学典礼上的讲话》（1921 年 9 月 10 日），载《交通大学月刊》，1922 年第 1 期。

其精神与范围,现代大学里学者治学、学生求学都不应受到功名利禄等外界因素的干扰。“求学术造诣之深,必先以学术为独立之事,不受外界之利诱,而后读书真乐。”另一方面,叶恭绰认识到学术独立与致用是无法分开的,“研求学术,在人类之虚欲言之,当独立;而在人类之幸福言之,贵致用也”[①]。砌墙运铁,行车造路,各行各业、万事万物无不蕴含着学问和科学道理。

三、叶恭绰“独立”“致用”办学思想与实践,对当今中国高等教育发展的启示

90多年前叶恭绰校长独立、致用的办学理念与独树一帜、勇于开拓的办学实践,对我们当前高等教育改革和现代大学制度建设仍然具有相当重要的参考价值,能够为高校“双一流”建设带来一些启示和鼓舞。

(一)高等教育发展,必须有稳定的外部环境做前提保障

大学的建设与发展是一项长期而艰巨的任务,高等教育的改革也不是一朝一夕能够完成的。由于直奉战争,政局动荡,交通大学仅存在一年即解体,叶恭绰被通缉流亡日本,《交通大学大纲》被修改,董事会被取消。可见稳定的社会环境是高等教育改革稳步推进和政策保持连续性的重要前提。

(二)创办一流大学,需要高校管理者具有非凡的威望才学、胆识魄力

交通大学的组建以及学校众多教育改革的实施,很大程度上是在叶恭绰校长主导之下完成的。这项事业之所以能够成功,叶恭绰当时主政交通部身份特殊,固然是其中一个重要因素;但同时我们也必须看到,叶恭绰在交通领域和教育界都有着崇高的威望,他当时顶住各方压力,积极筹划,苦心经营,知其不可为而为之,表现出了非凡的胆识魄力。正如凌鸿勋所评价的那样,“盱衡时会,知其不可为而为之”,“伺隙乘时,以求实施其一二”。

(三)建设一流大学,在我大学同人之努力

叶恭绰创建交通大学,师法欧美,以办成世界一流大学为远景目标,他既看到“大学根基初固,应行兴之事不胜枚举”[②],同时也对学校的发展充满信心,认

① 《叶恭绰校长在京校开学典礼上的讲话》,(1921年9月10日),载《交通大学月刊》,1922年第1期。

② 《叶恭绰校长在京校开学典礼上的讲话》,(1921年9月10日),载《交通大学月刊》1922年第1期。

为交通大学“虽因出世甚晚，较之欧美先进相形见绌，然退而言之，彼之秘密我得窥见，彼之失败我未身尝，倘以最新最后之方法猛晋追求，未必无同趋一轨之日，是在我大学同人之努力矣”①。这也启发我们高教同人客观辩证地看待中国高等教育所面临的机遇与挑战，充满十足信心，共同为跻身世界一流大学行列付出百倍努力。

① 《叶恭绰校长在京校开学典礼上的讲话》，（1921 年 9 月 10 日），载《交通大学月刊》1922 年第 1 期。

朱英其人其事及其贡献

——朱英在国立音乐院—国立音专十年间对国乐表演和教学经验的总结与思考

上海音乐学院校史馆 肖阳

摘要：朱英，是目前我国可查史料中在国外登台独奏琵琶之第一人，是促进中西音乐交流的大师，享有琵琶“国手”之美誉；他是我国近代著名的琵琶演奏家（“平湖派”琵琶大师）、音乐教育家、作曲家，在国立音乐院—国立音专（今上海音乐学院前身）任教期间，在国立音乐院—国立音乐专科学校逐步确立了国乐的教育理念与教学体制，培养了丁善德、谭小麟、陈恭则、杨大钧、樊伯炎、程午嘉等一批中国音乐史上著名的音乐家，成为将琵琶引入高等专业音乐学府的重要奠基人。2016年时值上海音乐学院民乐系建系60周年，作者结合校史文献资料整理与研究工作的需要，基于院藏文献，初步整理朱英在国立音乐院—国立音乐专科学校（1927—1937）十年间对国乐表演和教学经验留下的珍贵史料，就其成功培育国乐人才、奠定高等专业国乐教育进行了一定阐释，以表达对先生的深切怀念，为课题的相关研究进一步深入开展，提供一点基础研究。

关键词：朱英；国立音乐院；国立音专；国乐教育

一、朱英十年间的国乐表演与教学（1927—1937）

朱英（1889—1954），字荇菁，原号杏卿，浙江平湖人。1905年起，就读于琵琶名家李芳园的私塾，先随李氏大弟子吴伯钧习琵琶，后因得到李氏赏识被其亲授“琵琶十三套大曲”，成为“平湖派”琵琶[①]在近代最为重要的传人。

① 平湖派琵琶是中国近代音乐史上颇具影响的五大琵琶流派之一，分海派（浦东派）和浙派（平湖派）两种，创始人是浙江平湖李廷森。其传人李芳园整理汇编的《南北派十三套大曲琵琶新谱》，是近代最有影响力的琵琶谱之一。

1914 年,朱英因婚姻关系迁居北京,任职北洋政府,官阶为“荐任职”[①]。业余时间,朱英喜好研习琵琶技艺、整理音律理论,兼涉琴、棋、书法和昆曲演唱等,这些专长使他在北京的一些文艺集会上崭露头角。1921 年 11 月,朱英作为中国派出的赴美国华盛顿太平洋会议代表团第一批随员,在外交场合演奏琵琶,颇受赞誉,后有“国手”之美誉。1922 年,朱英在华盛顿举行音乐会[②],成为目前可查史料中在国外登台独奏琵琶之第一人。1923 年 2 月朱英回国,任教于北京京华美术学校[③],授国乐课程。1927 年 11 月起任教于国立音乐院,为该院琵琶、笛子讲师兼学生宿舍指导员及注册课员。1929 年国立音乐院改组为国立音乐专科学校后,朱英受聘为琵琶专任教员,并一度兼任训育主任,1944 年辞归故里。1946 年任教湖北师范学院艺术系,后任平湖县中学语文教师。50 年代上半叶,被聘为中央民族音乐研究所特约演奏员。1954 年病逝于平湖。

朱英,作为全程见证国乐成为中国高等专业音乐教育大军一份子的亲历者,对国立音乐院—国立音专在初创十年间逐步确立的中国高等专业国乐人才培养体系发挥了重要作用。因此,笔者拟选择朱英在国立音乐院—国立音专任教的前十年(即 1927—1937 年,上海音乐学院的创始人及前贤先辈们为我们的母校从无到有、创下基业的十年),对国乐表演和教学经验进行简要而清晰的梳理、总结与思考,以此作为敬献上海音乐学院 89 周年校庆之礼。

(一)朱英十年间的国乐演出

1927 年 11 月国立音乐院创建之初,刚开设国乐课,拉开国内第一所高等专业音乐学府培养国乐人才的序幕,所以在现存资料内尚未查找到国立音乐院时期有关朱英及其弟子举办国乐演出的信息。自 1930 年 5 月,国立音专正式设置国乐组以后,即可在每年的各类型音乐会上寻找到国乐演出的身影。从笔者

---

① 这是民国时期技术人员任用资格种类的一种,按南京国民政府在 1935 年 11 月公布的《技术人员任用条例》规定,经高等考试、各种技术人员考试及格或与高等考试相当之特种技术人员考试及格者,有荐任职技术人员的任用资格,约相当于现在的专业技术人员考试的中级。

② 《上海音乐志》编辑部编:《上海音乐志》,上海市新闻出版局内部资料,准印证[2001] 第 075 号,第 32 页。

③ 1924 年,国立北京美术专门学校师范系一班毕业生高希舜、王石之、邱石冥、王君异、储小石、谌亚逵六人筹组京华美术专科学校,于 1925 年成立,推举姚茫父为第一任校长,并成立董事会。教务长邱石冥。不久,改名为北京京华美术学院,一直延续到中华人民共和国成立以后,1953 年合并到中央美院。

整理的国立音专历次音乐会的节目单来看,学校有22场音乐会安排了国乐演出,其中1931年11月27日举办的“本校赈灾音乐会”(即四周纪念音乐会)、1933年3月31日举办的“鼓舞敌忾后援音乐会”、1934年5月4日举办的“来宾俄国作曲家Alexandre Tcherepnine”、1934年10月29日举办的“本校教员音乐会”以及1937年4月12日举办的“教育部第二届全国美术展览会邀请本校员生入京举行音乐大会”5场重量级音乐会,校方均安排了朱英亲自登台献演,作品既有传统的琵琶曲《淮阴平楚》《浔阳夜月》,也有其创作的琵琶独奏曲《哀水灾》《淞沪血战》《一个血战的纪念》等新作。

从演出频率来看,1930—1937年,国乐组每年都有登台演出,虽然登台次数无法与钢琴等西乐学科等同,但从国乐组第一次登台亮相的时间、乐曲安排、出场顺序以及演出后收获的反响来看,学校对国乐尽心扶持的良苦用心是显而易见的。譬如,1930年4月3日晚,举办的本校第七次学生演奏会。面上看这只是一次平常的、带有学期汇报考性质的学生演奏会,实际上这是国乐在学校校务会正式议决设组后于校内演出的第一次登台亮相。所以,音乐会上半场的开场曲即是朱英带领众弟子演奏由他创作的丝竹合奏曲,下半场第5个曲目由丁善德弹奏了朱英创作的琵琶独奏《秋宫怨》,从音乐会曲目及其数量的安排可以看出学校对即将成立的国乐组舞台处女秀的重视。针对此次演出,校刊主编青主特意撰文在《音》上称赞:

> 寻常一个学生演奏会的演奏节目,虽然都是很丰富、很复杂,但是这样无所不有的演奏节目,自然是我们独有的。除了西洋音乐之外,还有中国音乐……那天的Program上面是有我们中国人的作品,这是一件多大荣誉的事!我相信凡属关心音乐的中国人都是很希望我们中国现代的作曲家,能够在世界的乐艺界上面,把我们中国的体面树起来的。

同时,青主对于在“音乐幼稚的中国”,能够有朱英指挥的丝竹合奏乐队、富华指挥的管弦乐队和胡周淑安指挥的合唱队,表示很满足,也很期盼国立音乐专科学校的合奏乐队指挥和合唱歌队指挥能有更佳的乐艺作品带给大家享受[①]。

从音乐会的性质来看,在学校的校庆音乐会(如1931年的学校四周纪念音乐会)、专题音乐会(如1933年的鼓舞敌忾后援音乐会)、应邀音乐会(如1934年、1935年受邀赴大夏大学的演出,1937年教育部之邀赴南京的演出)

① 整理自青主发表在《音》第4期上的《国立音乐专科学校第七次学生演奏会》一文。

以及春季音乐大会(1935年、1937年)等学校举办的重大音乐会上都能发现国乐组的节目表演。值得一提的是，1934年5月4日学校举办的“来宾俄国作曲家 Alexandre Tcherepnine”音乐会结束之时，特别安排了朱英先生的琵琶独奏。采莱浦宁(即齐尔品)本人对朱英先生高超的琵琶演奏技艺赞叹不已，评价其为“国手之音，不同凡响，齐氏尤为倾倒”，并建议“我们还是从彻底研究中国原有的音乐入手，以作根据，然后拿西洋音乐的学说作为参考，以谋改进，庶能成为富有东方民族性的独立音乐。”[①] 在接待、举办知名外籍音乐家的音乐会上，校方推出的是国乐组的琵琶演奏，这从另一方面再次印证了前文笔者所述的良苦用心。

从演出形式来看，琵琶独奏是频繁出现于音乐会之上的节目。上文提及校方安排了国乐演出的22场音乐会中，有22个琵琶独奏，演出16首琵琶作品，其中11首为朱英的新创乐曲，如借鉴西乐要素进行的古曲新作《秋宫怨》《长恨曲》《枫桥夜泊》，以国难题材抒发爱国情怀的《五三纪念》《哀水灾》《难忘曲》《淞沪血战》等。这些作品的出现，一定程度上打破了20世纪20—30年代琵琶演奏家们仍以演奏古曲为主的局面，体现了学院一贯坚持的中西并举的教育理念；同时，也从侧面反映出国立音专师生在抗战救亡运动中自觉发挥音乐的爱国功用。

当然，在“五四”新文化运动鼓励提倡新文化、西乐大量涌入的背景下，学校给予国乐的关注与扶持力度无法与同时期的西乐等同，但通过笔者的整理与叙述，可见许多细节之处均彰显出学校在提倡“中西并举”的音乐发展道路上所作出的不懈努力。应该说，国立音专在传承与弘扬中国传统音乐、引领高等专业国乐人才的教育培养方向上，一直在进行着积极地探索与努力。

(二)朱英十年间培养的国乐人才

从目前可查资料来看，1927—1937年十年间，朱英共培养了程午嘉(1927)、蒋风之(1927)、丁善德(1928)、周祖荫(1929)、李德贤(1930)、陈恭则(1930)、陈昭文(1930)、金润之(1930)、熊务民(1930)、袁遐宜(1930)、顾淑型(1931)、陈新鸥(1931)、金俊伯(1931)、倪小迂(1931)、杨金祺(1931)、谭小麟(1931)、李景韩(1932)、胡良秩(1932)、李毓瑾(1932)、陈韶(1933)、陆修棠

① 整理自《采莱浦宁氏演奏会记》《采莱蒲宁(A.Tcherepnine)先生访问记》，载胡祖植主编：《音》，第42-44期合刊之《副刊》(学生自治会编辑)，上海：协进印刷所，1934年3、4、5月号，第5页。

(1933)、吴和庵(1933)、唐智明(1933)、徐同馨(1933)、樊爔(1934)、李梵(1934)、郑秋英(1934)、朱康年(1934)、汪永琛(1936)、曹天漫(1936)、陆钦信(1937)共31名琵琶主科学生,以及贺绿汀、刘雪庵、巫一舟等43名副科选修琵琶的学生。

从主修国乐的学生就读类型来看,琵琶主科学生多以"选科"居多,共15人,占比48%;其次为"特别选科",共9人,占比29%;其余如预科、高中、高中师范科、本科师范、师范科、专修科、补习班等人数都不多,共7人,占比23%。"选科"是学校专门为有音乐天分、受过普通教育,愿意继续深入学习、钻研一门音乐科目的人而设。选习者年龄10~26岁,经入学考试及格可入学。选科的学习制度似现在的选修课,由于没有像其他就读类型严格规定了入学后的修业年限与必修科目,而是依据学生感兴趣的科目进行学习,比较灵活,所以无论哪个年份,学校招收的选科生人数总是最多的。特别选科则是学院为有兴趣深入学习、研究一门音乐,却因年龄、学识等定章所限,无法考入各科班的人而特设。因为不需要考试,也没有国籍、年龄的限制,还有选择教师的自由,所以特别选科基本没有入学门槛,等同于现在许多琴童到音乐学院随专业教师上一对一的私人小课。严谨的教学体系与灵活的育人方法相结合,既彰显出国立音专在国乐人才培养方面的人文关怀,也为朱英能够迎来其音乐教育生涯的高峰创造了必要的条件。

二、朱英教书育人的经验总结与思考

从笔者所整理出的上述学生名单中,我们可以看到像程午嘉、蒋风之、丁善德、陈恭则、谭小麟、陆修棠、陆钦信等一大批在中国现当代国乐发展史上占据着重要地位的国乐大师,以及贺绿汀、刘雪庵、巫一舟等一批有着重要影响力的音乐教育家,均曾就读于国立音乐院—国立音专,并师承朱英。作为一位教师,尤其是首批在中国第一所高等专业音乐学府任教的国乐教师,朱英能在高等专业国乐人才的培养的道路上取得如此丰硕的成果,无疑是值得赞颂的。是哪些核心因素奠定了朱英任职期间,成功育人的原因呢?经多方资料的查找、分析,笔者以为可以从"外因"和"内因"两方面,归纳出以下几点。

(一)国立音乐院—国立音专对国乐教育的重视

1927年,萧友梅博士与蔡元培先生在国立音乐院建院之初即树立"一方输入世界音乐,一方从事整理国乐,期趋向于大同,培植国民美与和的神志及其艺术”[①]的办学宗旨,主张“以西为师创造我们的新音乐”。否则,若只是乐器和曲调等形式上采用了中国音乐的元素,可作品内容无关乎中国国运,则只能被划归为“旧乐”。由此可见,国立音乐院—国立音专施行的国乐教育,定位很明确,是要通过采用科学的方法来保存国粹、发扬国光。

因此,1927年11月国立音乐院创建时,就在选科或副科开设国乐课,聘请平湖派大师朱英教授琵琶、笛子,刘天华的得意门生吴伯超教授二胡;在学院第一批学员里招收、培养了日后成为中国民乐大师的琵琶选科生程午嘉、琵琶专修科生蒋风之;并在第一份校刊《音乐院院刊》的创刊号上特别刊载了钢琴选科生龙同玉[②]撰写的《对于国乐研究整理及教授法之我见》一文。

该文开门见山地介绍了音乐自古以来位列六艺之中的重要地位,但由于历朝历代对音乐的重视不够,没人提倡,社会也不注重对此类人才的培养,所以形成了逐步走向衰败不振的局面。因此,在大学院有意提倡艺术之际,建议在国立音乐院内设一国乐研究会,下设乐典部、乐器部、声乐部,从搜集音乐书籍、研究适用乐器、研究歌曲音韵三方面对我们当下该如何在国立音乐院内整理、研究、教授国乐,提出了具有较为严密的逻辑思考和实施步骤。笔者以为,上述这些有关建院之初国乐的信息,某种程度上可察知国立音乐院提倡的中西乐并举的教育思路,特别是让一个钢琴专业的选科学生在校刊的创刊号上发表一篇1 200余字有关国乐的理论思考文章,或可体味学院创始人对当时虽然未正式设组、却寄予厚望的国乐课所描绘的宏大蓝图。

1929年,国立音专对朱英和吴伯超两位国乐教师的聘任维持不变,但内容有所变化:朱英被聘为琵琶专任教员兼男生宿舍指导员,并担任学校国乐队教练。从朱英受聘国乐队教练的职务,说明当时学校已经成立了国乐队。虽然目前仅有青主发表的一篇乐评中提到1930年4月3日晚的第七次学生演奏会上,朱英有指挥学校丝竹合奏乐队演出,尚未找寻到朱英指导国乐队排练的其

---

① 萧友梅认定的国乐是一种“能表现现代中国人应有之时代精神,思想与情感”的音乐,其要点在于表达“忠、孝、仁、爱、信、义、和平”等中国传统文化中固有的德性,在当时国家面临全面抗战的时代,即“对于敌人如何敌忾同仇,对于政府应如何拥护,对疆场壮士应如何振奋崇敬,对于受难同胞应如何爱护怜恤,凡此种种亦皆现代中国人应有之精神、思想与情绪也”。只有表达了这种精神、思想与情绪的音乐作品,才是萧友梅所引领的国立音乐院以及国立音专所认可的国乐作品,至于如何表现,应顺应时代、潮流以及音乐家个性等需要,毋须拘泥使用何种形式及乐器。

② 龙同玉,女,湖南耒阳人,上海美术专门学校毕业,1927年11月入国立音乐院钢琴选科,1929年9月入师范科,至1930年2月,后休学。主科有和声、钢琴,副科声乐。

他相关资料。但是自1930年2月起,笔者在国立音专的教务会议、校务会议记录中,发现国乐教育在学校教学中开始占据越来越重要的地位——从2月27日学校“第四次教务会议”提出的凡钢琴、理论主科的正科生均须选修一种国乐,且年限不少于一学年;到3月12日“第四次校务会议”提出由朱英、吴伯超起草本校“拟添设国乐组课程及学分分配法”;到3月28日“第五次校务会议”、4月13日的“第六次校务会议”,决定添加国乐组,呈请教育部备案,给予国乐选科生10%的固定名额,并实行国乐选科生减收半费;最终在1930年5月24日,教育部指令(一一〇五号)正式核准修正后的《国立音乐专科学校学则》里,“国乐”作为中国高等专业音乐教育的一个正式专业,得到官方的认可和支持[①]。至此,从新文化运动兴起之初,刘天华、郑觐文等国乐大师一直为之努力的国乐教育,最终在国立音专师生,尤其是朱英的共同努力下,被正式纳入到中国近代高等专业音乐教育体系中。从2月27日开会讨论“提倡国乐办法”,到5月24日教育部认可,前后仅3个月时间,学校就完成了由“国乐课”到“国乐组”的华丽转身,且要求在校各科学生均需选修一门国乐至少一年,同时给予学费免收一半的实惠政策,如此高效且高质的推广,无不说明了当政者及管理者当时对国乐教育的重视。

与此同时,学校主事人萧友梅,也曾在《复兴国乐我见》一文中,具体阐述了其对于在中国第一所高等专业音乐学府里如何有效地开展国乐教育,所设计的三方面训练步骤:其一,要明确国乐的定义,有计划地训练学生认清国乐的内容(思想、情绪、曲意等)、形式(节奏、旋律、和声与曲体等)、演出(乐器与演奏技术等)三个因素,教其如何将形式与演出为国乐的内容服务;其二,要训练学生深切了解我国固有之德性及当下国情,明了现代音乐形式,使之获得演奏乐器或唱歌技术,用以表现其精神、思想与情绪;其三,要训练学生明了现代中国国乐与旧乐的不同,从中搜集资料,启发其创造新国乐[②]。简言之:国立音乐院—国立音专是要在中西并举的指导思想下,在严格规范地教学体系里,有步骤、有计划地培养新时期的国乐学生。

(二)朱英在国乐教育方面作出的不懈努力

1. 符合学校教育理念、与时俱进的中西音乐观

作为学校国乐教学的主力军,朱英,这位从传统琵琶流派里走出的国乐人,

① 整理自国立音专校刊《音》所载相关会议信息。

② 整理自萧友梅的《复兴国乐我见》一文,载陈聆群,洛秦主编:《萧友梅全集》第1卷(文论专著卷),上海:上海音乐学院出版社,2004年,第737页。

音乐观并不保守、落伍。首先,他对于从西方传入中国的音乐学院的办学模式,是极为推崇的。在1928年发行的《音乐院院刊》创刊号上,朱英曾发表了一首他创作的《祝音乐院成立歌》:"开五千年未有之历史,跻亿万里世界之大同。破愚发聋,转俗移风。高歌慷慨,革命成功。壮哉声音,动震西东。幸哉中华,国体光隆。"从其歌词大意中,可以明显感受到朱英对于国立音乐院引领中国高等专业音乐教育的充分认可。其次,在朱英撰写的多篇有关国乐教育的文论中,他也表达了与国立音乐院—国立音专"中西并举"的办学理念高度统一、与时俱进的音乐观。在《整理国乐须从改良曲谱着手》(1930年发表)、《对于整理国乐之零碎商榷》(1930年发表)以及《中国音乐的出路》(1937年发表)等有关国乐发展的论文里,他将国乐与西乐在和声、乐器、曲调组织、声乐唱法等方面存在的差异与差距进行了相对客观地对比,究其缘由进行了举例论证,赞成中国之乐与西洋之乐各具长处,提出:"虽音乐原无国境,然亦应中西并重,不可各存偏见"①。他也认为"国乐至今衰败到极点,若不从速整理,恐有就湮之概"②,"鄙人亦一份子也,向系研究国乐,不得不为国乐界大声疾呼,请大家提倡,从速整理"③。由此可见,朱英是主张学习西方音乐的科学、合理之处,用以改良中国传统音乐,为"迷茫"中的传统音乐开辟一条出路,以期与世界音乐相抗衡,而这与学校主事人萧友梅强调的当代中国音乐的发展方向应当以借鉴西方艺术音乐的形式和技术,来改造中国"旧乐",以"创造新国乐"的办学理念一致,也是符合时代发展需求、顺应潮流的一种音乐观。

2. 处于校务核心圈的行政决策身份

朱英在国立音乐院—国立音专任教国乐期间,一直处于学校行政事务机构的核心圈,在学校的校务会议、教务会议④、事务会议⑤以及训育会议⑥记录上,均有其参会的身影。以校务会议为例:依据学校组织大纲,校务会议的列会者是

---

① 朱英:《中国音乐的出路》,载《音乐月刊》,1937年第1卷第1号,第14页。

② 朱英:《对于整理国乐之零碎商榷》,载《乐艺》,1930年第1卷第3号,第32页。

③ 朱英:《整理国乐须从改良曲谱入手》,载《乐艺》,1930年第1卷第2号,第37页。

④ 教务会议由教务主任召集,出席对象是教务主任、各组主任以及各专任教员,会上多讨论本校教务、审查学生成绩等事宜,必要时可以邀请有关系的教员临时出席。

⑤ 事务会议由事务主任召集,出席对象为事务主任及各事务员,会上讨论本校一切事务,必要时可请训育处各职员出席。

⑥ 训育会议由训育主任召集,出席对象为训育主任、党义教师及各指导员,会上组织讨论本校一切训育事务。1936年9月,因国立音乐专科学校训育主任黄国良有事请辞,朱英也一度兼任训育主任。

校长、事务主任、训育主任及教职员中互选3人,参与讨论、议决学校的组织经费及其关于全校的重要事项。从1930年在校刊《音》第二号上刊载的“校务会议会员选举详志”中可发现,朱英与周淑安、吴伯超3人是通过教员互选,成为票选前三甲,脱颖而出参与到校务事项的讨论之中。“十九年度校务会议委员选举结果”再度显示,朱英、周淑安和吴伯超再度获选前三甲的高票数,连任校务会议委员。与第一次当选“校务会议委员”的不同之处在于,朱英从第一次票选的第三名9票,此次升至13票,与周淑安名列第一当选为校务会议委员。笔者以为,获选投票数的增加,可从侧面说明其各方面的能力得到了更多教师同人的认可,一定程度上比我们现在所熟悉的黄自、查哈罗夫、法利国、易韦斋等知名教授,在当时更有人气。1930年3月12日召开的“第四次校务会议”,朱英与吴伯超均作为校务会议委员的身份出席了此次会议,在这次会议上议决并通过了“本校拟添设国乐组课程及学分分配法”,并获得了执笔制定学校国乐组课程与学分安排的重要使命。

由此可见,身为国乐教师的朱英与吴伯超,能通过此举参与学校重大事项的讨论,无疑为此后国乐在学校的良性发展打下了必要的基础。

3. 依据学校规程制定科学、严格的国乐教育课程体系

因为校务会议赋予的行政职能,我们看到了朱英在中西并举办学思想的指导下,与吴伯超一同制定的严格规范的国乐教育课程体系。以1930年国立音专预科、本科、师范科的国乐课程设置及学分分配为例,其学分总数分别为60、100、100,其中在国文、诗歌、国音、第一外语(英语或法语)、普通乐学、视唱、音乐史概论等14门共同必修科中,可以明显看出学校对国乐学生学习第一外语及国学的重视。对前者的重视,既与学校强调对西方音乐文献、乐谱、唱片的研读有关,也与学校的外籍教师居多有关。所以不论是预科、本科、还是师范科,在共同必修科里,外语的学分是占比最重的,分别为6分、8分、9分,占比27%、67%、30%;对后者的重视,有助于国乐学生在掌握一定中国传统文化知识的基础上,加深对传统国乐作品的理解,因此国文、诗歌与国音课是学分数保持在3.5~4.5分之间,成为继外语课之后第二重要的课程,在共同必修科里占比分别为14%、29%、15%[①]。

具体到朱英教授的国乐组琵琶科的主科学习内容与考试规则,规定国乐组的琵琶科分初级和中级两个级别,各占20个学分,教材内容兼古通今,既有源自李芳园《南北派十三套大曲琵琶新谱》《华秋苹琵琶谱》两本传统琵琶谱的作

① 整理自《国立音乐专科学校一览》(1930年)所载课程设置及学分分配信息。

品，如《浔阳琵琶》《青莲乐府》《淮阴平楚》《平沙落雁》《霓裳曲》等平湖派传统曲目；也有朱英借鉴西乐技法创作的琵琶新曲，如《当仁不让》《一个血战的纪念》等，以及一些选自其他各方琵琶谱的经典作品。其中，初级学生应学各种练习法、若干首中小型乐曲以及 7~8 首琵琶大曲。若学习程度得到级任教员的认可，可请该教员通知教务处，由教务主任及国乐组审查其学分和成绩，若成绩合格即可参加升级考试，考试曲目由级任教员从该生已学过的琵琶大曲里挑选 3~4 首难度较高的作品为备选，正式考试的曲目则由试验委员在考试时临时抽选其中的 1~2 首。中级学生则是在已完成初级考试的基础上再多学习 3~5 首琵琶大曲①。

与此同时，为进一步加强国乐学生对西乐的了解，促进国乐新作的诞生，规定初学各生入学后第一年不分组；以国乐为主科的正科生，必须以钢琴为副科；以理论作曲、钢琴为主科的正科生，亦必须选修一种国乐，至少试学一学年。因此，在理论作曲的主科课程里，开设了“国乐编制法”，培养学生了解新国乐创作的特点，为此后高等专业音乐学府设置民乐作曲学科，打下了一定的基础。

由此可见，朱英借助国立音乐院—国立音专的平台，在中西并举的办学思想指导下，参与建立的严格规范的国乐教育课程体系，无疑为此后民乐专业教育的发展，以及 1956 年上海音乐学院成为国内高等院校中最早设立民乐系，构建含民族音乐理论、民族乐队指导、戏曲音乐及民族器乐演奏四大专业于一体的成建制的民族音乐专业学科，奠定了坚实的基础。

4. 参与主办推广国乐的学术刊物

基于对发展中国新音乐文化的追求与执着，朱英依托学校资源，与国立音专乐艺社的主要成员萧友梅、周淑安、黄自、易韦斋、吴伯超共同发起创办了一本以“培植高尚优美之音乐，凡旧乐的整理，新乐的创作与夫音乐的文学皆属”为宗旨的音乐季刊《乐艺》，为国乐在学术理论方面的建设与发展搭建了一个有效宣传的平台。从 1930 年 4 月 1 日发行的第一卷第一期，至此后共出版的五期所载内容来看，该刊所登载的 91 篇理论研究性文章，关于中国音乐研究的即有 47 篇，占比超过 50%，这些关于中国音乐方向的大量研究和评论性文章，不同程度地反映出对音乐学术的深入探索和积极交流，为当时中国音乐界建立起一个具有全新理念的学术交流环境，推广和传播国乐文化，指出了一个明确的方向。朱英在《乐艺》上发表的含新创国乐曲谱《枫桥夜泊》（附说明）、《海上之

---

① 整理自 1933 年 1 月 17 日上午国立音专召开的“第四十次校务会议”议决的《国乐组课程标准及暂行试验规则》。

夜说明》、琵琶谱《秋宫怨》（附说明），文论《整理国乐须从改良曲谱着手》以及《对于整理国乐之零碎商榷》等在内的9篇文献，也可证明他在弘扬国乐发展、促进国乐学术理论建设的伟大事业上，自觉承担着的历史责任与使命。

5. 积极从事国乐琵琶作品创作活动

在20世纪20—30年代里，朱英算是琵琶演奏家里国乐创作产量最丰盛之人。据《中国琵琶近现代史资料》显示，朱英共创作了含《秋宫怨》《长恨曲》《离别》《五三纪念》《当仁不让》《哀水灾》《难忘曲》《淞沪血战》《秋意》等琵琶独奏曲，《枫桥夜泊》《海上之夜》等民族器乐合奏曲在内的民乐作品18首。从音乐创作来看，他的作品在结构上遵循传统原则，保留了中国传统音乐的多段体结构，并冠以小标题；旋律发展上，吸收西方旋律发展手法，如采用西方的模进概念，而非中国传统曲目中常用的重复；演奏技巧上，大胆运用左手大指和小指，并新增了一些指法，力求充分发挥琵琶本身音色。从音乐题材来看，朱英的作品题材大致分为三类：第一类以古代故事为题材，如《秋宫怨》《长恨曲》及《枫桥夜泊》等；第二类以战争为题材，表现其爱国思想，如《五三纪念》《难忘曲》及《淞沪血战》等，这一类题材在我国近现代传统音乐中较少出现，朱英创作了许多此类题材的作品，并且常常是在战役爆发不久后就进行创作，表现了朱英对国家命运的关注以及拳拳爱国之心；第三类以现实生活为题材，如《哀水灾》及《海上之夜》等，真实地反映那段时期中国社会的动荡与苦难，甚至具有讽刺意味。可以看出，朱英认为音乐应更多的反映现实生活，希望通过他的作品可以起到警示人民的作用，借用廖辅叔先生的评价："通过民族音乐来反映现实生活而且具有积极的批判意义的，朱英应该算是屈指可数的民族音乐家之一。"[①] 这与我国以往民族器乐的题材多以抒发个人情怀为主不同，具有积极、现实的意义。

正是基于上述几点原因，朱英这位来自民间又跻身专业乐坛、享有琵琶"国手"之美誉、参与构建我国第一所高等专业音乐学府国乐科组的国乐大师，以其立足传统、展望世界的开放心态，在中西音乐的调和中，积极适应高等专业音乐学府的规范化教学模式，打破中国传统音乐惯有的"科班式"师徒相授方式；科学借鉴西方作曲、乐理、和声学等音乐知识与创作理念，融入对琵琶演奏指法的改进，融合中西音乐创作观，逐步确立了国乐在国立音乐院—国立音乐专科学校的教育理念与教学体制，培养出丁善德、谭小麟、陈恭则、杨大钧、樊伯炎、程

① 廖辅叔：《悬念琵琶塚——记琵琶大师朱英》，载《中央音乐学院学报》，1991年第3期，第79页。

午嘉等一批中国音乐史上著名的音乐家,成为了将琵琶引入高等专业音乐学府的重要奠基人。

（此文系“2015 年度教育部人文社会科学研究一般项目”《上海音乐学院初创 15 年校史研究（1927—1942）》（15YJC760103）、“2015 年国家社科基金艺术学项目”《百年“海派”传统器乐文化研究》（15BD050）研究成果。）

熊庆来教育思想与云大精神的凝聚

云南大学党史校史研究室　雷文彬

摘要:在云大精神的凝聚中,熊庆来可谓功不可没。他是云南大学第四任校长,任职期限长达12年(1937—1949年),期间正处于抗日战争和解放战争的艰苦岁月,也是云大迎难而上、跨越发展的黄金时代。熊庆来艰苦卓绝、呕心沥血的办学精神、作为杰出教育家的教育思想及其实践,是云大最为宝贵的传统和财富,对于现代大学精神的形成和凝聚发挥了至关重要的作用。

关键词:教育思想;大学精神;熊庆来;云南大学

大学精神是一所学校长期发展、积淀起来的精神文化,是大学的灵魂和核心。云大精神是云南大学建校90年发展历程中逐渐形成的,是云大人在价值取向、思维方式、行为规范等方面所体现的群体意志。斗转星移、人事变迁,一代又一代的云大人所凝聚的云大精神却与校并存,赋予学校无尽的生命活力。

云南大学创立于1922年12月,1923年4月举行了盛大的开学和新校舍奠基典礼,因此,云大将每年的4月20日定为校庆日。云大成立之初,就以"发扬东亚文化,研究西欧学术,造就专门人才"为宗旨,以"自知、自立、正义、力行"为校训,以培养地方人才,服务边疆社会为己任。1937年熊庆来恭敬桑梓,回到云南办学,经过12年的苦心经营,将云南大学从一所边疆大学办成世界知名大学,他的办学思想已成为云大精神的重要元素,由此逐步凝聚起当今云南大学独有的"会泽百家、至公天下"的云大精神。

一、自主办学,教授治校

学校的自主权是治校的前提。熊庆来在接任校长之前会见了时任云南省主席龙云,与他愉快地达成了"约法三章",内容包括:(1)省政府不得干涉大学的教学、人事、行政等方面自主权;(2)校内用人权、行政权由校长处理;(3)学生入学需经考试录取,不得凭条子介绍。

落实学校自主权并不是由校长独断专行，而是借鉴清华大学经验，推行“教授治校”管理体制，校长通过“三会”（校务会、教务会、教授会）实行民主管理。

校务会议是权力机构，审议学校重大事项，如全校预算、院系设立、课程设置、各项规则、学生训育及校长决议事项等。教务会议是落实校务会议有关决议、推行全校教学工作的机构，由校长、教务长及教授、副教授代表组成。教授会是学校的咨询决策机构，以加强教导效力、提高学术水准、增进同人福利为宗旨。在推行“教授治校”过程中，教授会发挥了主导作用。

熊庆来“自主办学、教授治校”的教育思想及其实践，促进了云大精神的形成和凝聚。首先，学校自主权的确立，在较大程度上保持了云大的独立性，排除了地方政府的行政干预，抵制了讲人情、走后门、拉帮结派等社会不良风气侵袭，营造了一个宽松的办学环境。其次，教授治校提高了教授的社会地位，倡导了尊师重教的风尚，教授的独立人格、思想受到应有的尊重，为学术自由、学术民主提供适宜的气候和土壤。

在两个中国之命运的决战时期，云大办学受到政局影响，以教授治校为主要内容的学校自主权受到严重干扰和破坏，教授的地位岌岌可危，进步的师生惨遭迫害。这些，从反面证明熊庆来教育思想的可贵，在争民主、争自由的斗争中，云大精神不但没有泯灭，而且闪耀出熠熠光辉。

二、广揽英才，慎选师资

熊庆来主持云大前，就在清华、北师大等名校高材生中物色教师人选；在南下路经平、津、宁、沪途中，又拜访聘请了一批著名学者。抗战时期，借大批优秀人才云集昆明之机，他以借聘、兼课、讲座等灵活方式引进了大批师资，如史学家顾颉刚、语言学家吕叔湘、森林学家张海秋、数学家华罗庚、国学大师胡小石等。战后，他预见到大批学者复原趋势，竭力挽留专家学者，如刘文典、秦瓒、秦仁昌、王绍曾、纳忠等多人留昆任教。1937 年，云大仅有 11 位专职教授、28 位兼职教授；抗战时期，最高达到 187 位专职教授、40 多位兼职教授；战后到 1949 年，云大还有专兼职教授 140 多位。

熊庆来明确提出：“教师人选以学问品格为标准。”这是唯一的标准而不计其他。他以海纳百川、兼容并包的胸怀，不拘一格，广揽人才，主要遵循以下三条原则。

一是不论政治倾向。熊校长认为，大学是学术教育机关，不应卷入政治斗争，引进人才时从不过问其政治倾向。一些地下共产党员（如楚图南、华岗、周新民、尚越、郭佩珊)和进步民主人士(如费孝通、朱驭欧、秦瓒等),他们虽然政治倾向明显,也予以礼聘任教,爱护有加。当国民党政府疯狂镇压进步师生时,他被迫解聘、开除了一批黑名单上师生,意在警告他们逃离魔爪。当特务将向费孝通教授下手时,他将费孝通藏匿家中,又设法转移到美国大使馆避难。

二是不分学术派别。云大教师中有留学英、美、法、比、瑞的归国学者,有原任教于清华、北大、北师大、中山等名校的名师,他们师承不同,资历各异,观点有别,形成了许多不同的学派,如以留学国家区分的英、美同学会,法、比、瑞友谊会,以及以出版刊物为纽带的“战国策派”等。熊校长一视同仁,在学校中大力培育学术自由的氛围,各种研究会有如雨后春笋,一些学派还有自己的刊物,在相互交流和碰撞中提升了云大的学术水平。

三是不限区域疆界。熊校长对地方人才十分重视,曾聘为云大教授的云南籍学者有方国瑜、徐嘉瑞、楚图南、伍纯武、杨克嵘、杨春洲、饶重庆、张海秋、姜亮夫等10多位。徐嘉瑞才华出众,1937年任云大讲师,云大改为国立后聘任文学系副教授,兼任校长室秘书、文书课课长,1941年晋升教授。1945年,熊校长推荐徐嘉瑞著作参加教育部评奖,推荐书中写道:“查本校文史系主任徐嘉瑞近著《云南农村戏曲史》及历史剧本《台湾》,内容丰富,文笔清新。前书经三四年之采访,整理始成,批评颇有独到之处,不仅关系地方文献,实可补文学史之阙,后书剧情紧张,足以激发爱国之心,际兹台湾收复有望,斯作尤有意义。”熊校长眼光不限于一隅,他面向全国招揽精英,云大教授中95%以上来自其他各省市。

广揽英才的另一面是慎选师资。熊校长多次强调慎选师资问题,认为是提高学校地位的必要措施。他在云大18周年特刊上发表文章,提出推进云大的五个要点,第一条就是“慎行择师资人选”。慎选师资突出一个“慎”字,主要从以下几个方面作出慎重选择。

(1)发挥大师作用。他赞同梅贻琦校长大学必有大师的名言,并注重发挥大师在大学中的导师作用,诚聘国学大师刘文典就是特例。原联大教授刘文典是个颇具争议的人物,因假期应聘到普洱磨黑讲学耽误开课时间而被辞退。熊校长不顾非议致函礼聘,信中说:“常思欲于学术之讲求,开一新风气,必赖大师。有大师而未能久,则影响亦必不深。贤者怀抱绝学,倘能在此初立基础之学府,作一较长时间之讲授,则必于西南文化上成光灿之一页。”刘文典欣然应聘,出任云大文史系教授、文史研究室导师,先后开设文选学、校勘学、先秦诸子研究、大唐西域记研究、庄子研究、淮南子研究、文心雕龙、历代韵文、杜诗研究等十多门课程,培养了许多优秀国学人才。

（2）考察真才实学。熊校长选拔人才十分慎重，往往要多方了解、访谈、试用，非有真才实学者决不滥用。云大附中校长杨春洲推荐楚图南到大学任教，熊校长只同意试用，每周授课三课时，经考查清楚确是难得人才，由讲师逐步升任副教授、教授，后兼任历史系主任。

（3）选拔才俊新秀。熊庆来说："滇中及邻省英俊之壮学者，尽力罗致襄敬，使一方面服务，一方面作研究，以成良好学人，为他日学术上之栋梁。"他面向全国选拔新秀。吴晗 1934 年清华毕业，留校任教员，明史研究硕果累累。熊校长 1937 年借聘他到云大任教，破格聘为教授。云南石屏籍的杨春洲，先后担任云大附中主任、校长，带领一批以云南籍为主的青年教师，培养出大批品学兼优的少年学生，附中学生在抗日爱国运动和民主运动中冲锋在前，校长成为国民党特务的眼中钉。熊校长为保护处于风口浪尖上的杨春洲，1938 年改聘他为化学系教授。熊校长在离京南下前，曾详细了解名校应届毕业生情况，邀请云南籍北师大学生张福华、清华大学学生顾建中到家作客，他们毕业后应约到云大任教，同时从助教起步，1938 年升任讲师，1947 年晋升副教授，后来都成为知名学者教授。熊校长在职期间，先后从联大毕业生中选聘了 20 多人，其中多人后来成为知名教授。

（4）严格职称评审。熊校长主持制订了《教职员资格审查暂行规定》，将教员职称分为教授、副教授、讲师、助教四等，仅举讲师资格，须具："得有硕士或博士学位或同等学历证书成绩优良者"；或"任教四年以上，卓有成绩并有专门著作者"；或"曾任高级中学或同等学校教员五年以上，对所授学科确有所研究，并有专门著作者"；或"对国学有特殊研究及专门著作者"。可见要站上云大讲台确属不易，至于教授、副教授资格要求更严。享誉国际的数学家陈省身、华罗庚 1938 年借聘为讲师；语言学家吕叔湘 1938 年聘为副教授；留法十年的王士魁初到云大时聘为讲师；哲学家冯友兰 1941—1942 年聘为讲师，崭露头角的社会学家费孝通，1938 年年仅 29 岁，以中英庚款助科研人员名义引进云大，当年聘为副教授，直至 1941 年才聘为教授，任社会学系主任。职称评审之严，可见一斑。

"广揽英才"与"慎选师资"相辅相成，促成了云大人才荟萃、名师云集的局面，促进了云大精神的凝聚。

三、敬恭桑梓，建设边疆

熊庆来是走出弥勒竹园坝，到昆明求学，继而公派赴欧留学的著名学者，归国后，他抱着浓厚的桑梓情怀，承诺接任云大校长，这是需要非凡勇气和牺牲精神的。当时他是清华大学数学系教授、系主任、理学院代院长,物质待遇丰厚,由平返昆,无疑放弃优裕的生活;他主持清华数学系时,培养出一批世界知名数学家,教育事业正蒸蒸日上,顺风顺水,而主持云大困难重重,无异逆水行舟;他是享誉国际的数学家,他的研究成果被数学界定义为"熊氏无穷极",而陷于校长的繁重事务无疑会妨碍数学研究的精进。这一切他都作了缜密的思考,作出了义无反顾的抉择。他在云南旅平学会欢送会上说:"我是云南人,从事大学教育,敬恭桑梓,唯办学一途。"他在回顾时也说:"惟以桑梓义务,碍难辞卸,遂凛然受命。"

熊校长把桑梓情怀转化为办学理念和教育思想,并在主持云大的过程中贯彻实施,主要采取了以下措施。

(1)调整薪俸水平。省立云大经费短缺(约国立大学三分之一),教师薪俸偏低,熊校长努力把省立云大提升为国立大学,把薪俸水平提升到与一般国立大学相当,但仍很难办到。他作了一个出人意料的决定,凡云南籍教职员薪俸按七折发放,校长所减最多,其他人也难有异议。云南籍教授、副教授虽极少,但附中教员和云大职员中云南籍人却占大多数,所减薪金为数不菲,其重大意义更在于传递了"敬恭桑梓"的理念,有利于在学生中进行回报桑梓的教育。

(2)扩大招生人数。云南教育落后,报考学子成绩偏低,招生委员会根据实际情况适当调整录取线,大约比联大录取线低 10 至 15 分,使更多的云南学子能接受大学教育。又创办先修班,录取分数接近的学生,通过过渡形式接受大学教育。熊庆来校长在任期间,在校学生人数由原来的 302 人增至 977 人,最多达到 1100 多人。

(3)争取社会赞助。熊庆来说:"非有众多之专家,固不易言教学;而非有充实之设备,亦不易以言研究;非有容量广大之楼舍,不足以应生活与工作之需要。"这一切都需要大量资金,而有限经费都远远满足不了云大发展的需要。校长利用地方优势,以敬恭桑梓为由,争取社会各界赞助。龙云夫人顾映秋捐建女生宿舍,校长亲笔致谢云:"……即请梁恩成先生及林徽因女士共同设计,具有中式建筑优美的兴趣及西洋近代建筑适用之特长,且充分利用本地建筑材料,以求经济。梁氏夫妇苦心经营,将来建筑落成,不仅莘莘学子得沾蔽荫之惠,而营造设计另辟蹊迳,在云南建筑史上亦可放一异彩。估计价值约国币二万五千元……"建筑落成后命名为"映秋院"。地方人士纷纷解囊,卢汉夫人龙泽清捐建女生食堂命名为"泽清堂";巨商董澄农捐赠国币 77 000 元建成医学院细菌学馆,命名为"澄农馆";其后又有几位地方人士捐款建成北门附属医院,供学生实习。

云南地处西南边陲，熊庆来认为，云大应肩负建设边疆的重任。他在《省立云南大学请求设置讲座书》中作了透辟分析："云南幅员广阔，地形复杂，矿产丰富，生物繁滋，其能提供学术上之问题甚多，而为富国之资源至大，且地界英、法两大势力之间，国防上亦占重要之地位。"因此，熊庆来十分重视建设云南、建设边疆，其教育思想主要体现在以下几方面。

（1）研究边疆文化。熊庆来促成西南文化研究室成立，足见其对边疆文化极为重视。他在请求资助的文件中一再强调："西南文化本有悠长之历史，发扬光大，自不容缓。"1941 年云大成立西南文化研究室筹备处，聘请方国瑜为筹备主任，楚图南、费孝通为筹备委员。1942 年西南文化研究室正式成立，方国瑜任主任，姜亮夫、徐嘉瑞、楚方鹏、陶云逵、陈云逵、白寿彝任研究员，还聘请名誉研究员和特约研究员多人。根据研究室概况报告，研究地域"盖以《史记》《汉书》所载之境域为范围，即今之云南全省，贵州、西康二省之大部及其周边之地。"研究项目包括开发、移民、地理改革、民族史、边区人文、边裔等。研究室出版了《滇西经济地理》《滇西边区考察记》《云南农村戏曲史》《明清滇人著述书目》《僰民唱词集》《泐史》《车里宣慰世系考订》《缅甸史纲》《印度美术史》《越南古史及其民族文化之研究》等 10 余种著作，留下一批珍贵文献。

（2）深入社会调查。1939 年，熊庆来聘请吴文藻筹建云大社会学系，并担任主任，后又在呈贡魁阁设立社会学研究室。吴文藻离开云大后，费孝通主持社会学系和社会学研究室。熊校长在向省政府请求补助社会学研究室函中说："目的在养成研究院程度之学术人才，以应将来社会经济建设之需要，更以云南农村、新工业及边疆为研究对象，研究所得可直接供本省建设之参考。"事实上，云大社会学系和社会学研究室也是以此开展教学和学术研究，在短短几年时间里产出了大批有国际影响力的成果，创造了中国社会学历史上辉煌的"魁阁时代"。

（3）开发云南资源。熊校长在接受《云南日报》记者采访时说："本省天然条件优越，如采矿冶金、动植物等，应有专家研究，省大应培养开发资源的人才。"他聘请河南大学教授、植物生态学家严楚江创办植物系，严将自己多年搜集的 300 多种植物标本和数十张解剖切片捐赠植物系。1938 年，教育部为节省开支，决定将云大植物系并入联大。熊校长据理力争，在给高教司司长的长信中提出三点理由：一是"云南地带关系，植物特别发达，当时设立之意在研究地方性各植物，造就师资仅一端耳。"二是"敝校医学院及将来之农学院皆与动植物有关,此时如归并,将来仍需重设,是否更不经济。”三是“本系主任严君(严楚江)工作虽忙,极感兴趣,如归并联大后,联大人才济济,严君又有投置敬之感。当兹国难方殷,人思努力,且严君其平生所集捐之云大,其江南之家已全破,并不之惜,则其努力之心可见,是否应当加以鼓励。”他又于9月12日上书教育部提出更充足的理由:“惟云大植物系设立以来,经省方特别拨款充实,目下设备方面已有显微镜六十余架、切片机二架、标本一千五百四十种、切片一万一千零七十六张,足供全系四年课程之用,而书籍方面亦还在陆续添置之中。如一旦与联大合并,则云大之设备必拨归医学院应用,是则当联大设备尚未运到之时,岂非反使云大植物系学生植物系学生由有设备之院系归入无设备之院系?”植物系不仅保存下来,而且扩充为生物系,又聘请了北大教授崔之兰为生物系教授。生物系进行了棉病研究、蔬菜生长研究、滇池水质及鱼类资源调查等多项科研项目,尤其是秦昌仁教授对蕨类植物的研究为中国蕨类植物学发展作出特殊贡献。

(4)调查国防疆界。1942年5月,日军攻占云南畹町、龙陵、腾冲等地,1944年驻滇西的中国远征军反攻,收复了大片失地。熊校长应教育部之请,由云大组织调查队进行了一次为期半年的边区调查,调查边疆分布、语言种类、史地材料、资源分布、交通运输等情况,为国防划界提供科学根据。调查队途经大理、漾濞、永平、泸水、片马、江心坡、孙布拉蚌、葡萄、察禺、掘罗瓦、盐井、德钦、茨中、叶枝、维西、巨甸、茨开、石鼓、宁蒗、永宁、丽江、鹤庆、剑川、洱源、邓川,不顾长途跋涉的艰辛,终于完成了调查任务,为国防建设作出了贡献。

敬恭桑梓、建设边疆的教育思想必然影响办学方向和培养标,使云大具有边疆大学特色,给云大精神注入了乡土情结。

四、学术兴校,学术兴国

熊庆来认为大学离不开学术,学术是大学的生命。他说:“盖大学,不仅是培养人才之机关,而同时是一学术之源泉。大学之重要,不在其存在,而在其学术的生命与精神。”他进一步把学术研究系于国存亡的高度:“教育乃百年大计,学术是国家灵魂。”并呼吁:“共图延续我国学术之生命,而树立我民族复兴之基础。”

何谓“学术”?按字义理解:学指学问、学识、学理;术指技能、方法、应用。学与术相辅相成,学为源,术为流,术以学为根本,学赖术以致用。近代学术界对学与术却有畸重畸轻之分。蔡元培首倡学术研究和学术民主,使北大成为新文化运动的策源地。但他却认为:“治学者可谓之大学,治术者可谓之高等专门学校。”把高校分为两类,难免有重学轻术之嫌。熊校长大力提倡学术研究,却偏重于学以致用。他在就职宣誓典礼上提出“培养有切实技能人才,以适应国家与地方需要。物质建设以与学术有关系为首要”。

熊庆来“学术兴校、学术兴国”的教育思想,不仅表现于反复强调学术重要性的言行中,而且还贯彻于提升云大学术地位的办学实践之中。

(1)营造学术环境。刚任职熊校长就提出改进云大的五个举措,要点之一是“树立研究风气与培养学术环境”。在日机疯狂空袭昆明形势下,由他主持的校务会议多次讨论防空、疏散、迁校问题,寻求安全、安静的教学环境。熊庆来在论述学术建设的文章中,以欧战为例写道:“欧洲大战时,比法大学在炮弹轰击之下,仍弦歌不绝……法比大战后未及十年即已恢复其繁荣者,虽为工业发达之故,亦未始非其于学术有健全之根基也。”在1949年的一次讲话中还津津乐道:“因时局之剧变,财力艰难,物价狂涨,待遇调整远不能适应需要,同人物质生活每濒绝境,然弦歌从未中辍,而课外之研究工作,继续推动者仍复不少,一般同学在本学期中,读书情绪全佳,清晨傍晚,于田间林下,均时闻吟诵之声,且因外省大学学生,来此寄读者联翩而至,全校学生人数剧增至千五百人,更加厚学校弦诵空气……”由此足见熊校长对营造学术环境何等重视!

(2)培养研究风气。熊庆来在《云大医刊》发刊词中说:“自抗战军兴,专家萃集于昆明,医院机关日见增设,除若干医院外,尚有研究或实验之机构,最著者如中央防疫处,可谓已有医药研究之空气。”在熊校长倡导下,各院系大兴调查研究之风。在学术自由的氛围中,云大教师成立了“民族研究会”“宪政研究会”“文化研究会”等许多学术团体,《中法文化》《战国策》等刊物公开发行;学生中各种读书会纷纷成立,名目繁多的壁报琳琅满目。

(3)提倡学术演讲。熊校长在一些函件中一再说:“提倡学术演讲,是关文化宣导,对于社会进步影响极大”。在他任职期间,到云大演讲的著名学者和社会名人达一百多人。刘文典、冯景兰、费孝通、闻一多、吴晗、陈岱荪、吴大猷等都经常在云大做学术演讲;也有一些来自英国剑桥大学、牛津大学以及印度、越南等国的教授学者到校演讲;美国副总统华莱士以及中国的一些政要名人也曾在云大做过演讲。同时,一些学术演讲还从校内扩展到社会,社会影响极大,从而提升了云南大学的学术地位。

熊庆来学术兴校、学术兴国的教育思想及其实践,极大地提高了云大的学术水平,学术交流与融汇成为云大精神的不竭源泉。

五、科学救国,求新求真

熊庆来怀抱着“科学求国”的理想远渡重洋,学成归国后从事教育工作,担任云大校长时正值抗战时期,他“科学救国”的教育思想进一步深化,认为科学不但可以救国,而且可以富国、强国、兴国。他在《后方文化事业与抗战建国》一文中以普法战争为例:“且科学发明,往往关系之大有为吾人所不能想象者,昔1870年普法之役,法人受创至深,巴斯德氏亲历其役,潜心研究,遂发明微菌之理,其至国富,可以一人之力抵偿赔款,其造福人群,尤为世所艳称……”他在《抗战中后方对于学术建设之责任》一文中进一步论述了科学与战争的关系:“今日之战争,科学之战争也……吾国卫民生存,为国际申正义,而出于抗战之途,所谓‘师直则壮’,士气远胜敌军,然以科学落后之故,新式武器未能自给,致以血肉与敌之利器相周旋,而遭惨痛之牺牲,亦可慨。为今之计,是不可不积极从事科学建设,以图挽救。”

熊校长以科学建设的理念办学,正视现存缺陷,如前文指出:“原西南现有大学,言组织,言设备,无一校可称完善,是宜积极充实,致臻健全。庶将来改造社会、开发资源、便利交通、振兴工农商业等,莫不有赖专才也。”他还以务实的精神提出建议:“于实验科学,教学必不可空缺,抗战期间,因财力之限制,标本仪器常感缺乏。然人力未尽到之处,抑或有之,例如动物植物等标本,就地取材者不少”。他克服重重困难,扩大云大规模,把原来只有文法、理工两个学院的云大,建成拥有文法、理、工、医、农5个学院、18个系、3个专修科、1个专修班、2个研究所、3个研究室、1个实习基地、1个附属医院、1座天文台等院系和机构的综合性大学。

熊校长在云大建设中求新求真。他亲笔写下的《国立云南大学校歌》中唱道:“四时读书好,探研境界更无垠。努力求新,以作我民;努力求真,文明允臻。”认为只有不断追求创新、追求真理,才能使人民振奋、文化繁荣、民族复兴。他求新求真的教育思想贯穿办学过程始终,在云大科学建设中尤为突出。在他执掌云大时期,云大不仅加强了原有的文史、理化、生物、采矿冶金等学科建设,还添设了战时所需的铁道管理、航空工程、机械工程和电讯等专业,为科学救国储备人才和技术力量。

科学救国、求新求真的教育思想及其实践,给云大精神注入了科学精神和探索精神。

六、勤俭持校，高效运作

熊庆来在宣誓典礼大会上发出铮铮誓言：“余决不枉费一钱，枉费一人，并决不营私舞弊及接受贿赂。”校长身体力行勤俭办学，为云大师生作出了榜样。

首先，节约办学开支。他提出改进云大工作的五个重点之一是“撙节非必要开支，以充实各项设备。”在他主持的1944年2月10日的财务会议上就讨论了关于热水供应案、关于电力供应案、关于文具节约案、关于裁减人员案四项提案，并作出决议严格执行。用人是一项最大开支，一方面要引进人才，另一方面切实做到“决不妄用一人”。从他的来往信函中屡见不讲情面用人的情况。李培天介绍的人也婉言谢绝：“承介绍刘君来校，自应尽可能借重，以副台命。惟据经济系主任言，本校会计各课程已有责任教授担任，不复需人如是，所嘱暂难设法，俟以后如有机会，再为注意。”李培天是云南省民政厅厅长，省主席龙云曾饬令他联系教授演讲，与熊校长多有信函往来，尚且不讲情面，其他类似的信件一律秉公办事。

其次，树立勤俭表率。熊校长励精图治，自俸菲薄，多项兼职，如曾兼理学院院长甚至兼任过英语教员等，从不索取分文，而对资助优秀人才却慷慨解囊，如资助严济慈出国深造，因手头拮据，毫不犹豫让夫人卖掉皮袄，夫人求人借款汇出。他提倡勤俭有更深层的意义，他在宣誓会上回答提问时说：“养成勤朴风气，庶学生熏陶出校，可以耐劳而担当重任。”

勤俭办校，以勤为先，重在提高工作效率。熊校长清晨即起，漫步校园，巡查全校每个角落。准时上班，除一日三餐外，一直工作到深夜，可谓日理万机，事必躬亲，处理各种公文，筹划各类会议，亲笔书写信函，从不让该办的事过夜。在他倡导推动下，各部门高效运转。1938年11月25日行政会是有记录的第一次会议，第一条提案就是各课各院办事人员工作效率增进案，作出了规定办公时间、严格考核制度等内容的决议，认真贯彻执行。1937年，熊校长在《军训训词》中说：“甚盼诸君离队后，永远保持着在队时行动敏捷之精神，俾提高时间价值，增进治事效率，促进国家各项发展，从而洗雪国耻，提高国家地位。”这篇训词体现了熊庆来“高速动作”的教育思想，把“提高时间价值，增进治事效率”提高到“洗雪国耻，提高国家地位”的高度来认识其深远意义。当时《云南日报》全发表了这篇训词，产生了广泛的社会影响。

勤俭办学、高效运作的教育思想及其实践，推动了云大的各项工作在高速的轨道上运转，给云大精神注入积极进取、排难而上的元素。

七、会泽百家，至公天下

综上所述，熊庆来的教育思想内涵丰富，体现于办学过程中的方方面面，对云大精神的凝聚产生了深远的影响。然而，什么是云大精神？怎样用简明的语言表达云大精神？这确是一道难题。1998年，云大“VIS”课题组广泛征求答案，应征稿件上百份，从不同的角度体现了云大精神，经反复评审筛选，经济学院会计系1997级学生覃俊概括的“会泽百家，至公天下”成为云大人的共识。

首先，“会泽百家，至公天下”具有深刻的含义，具有丰富的内涵和广泛的外延，体现了云大精神的实质。

“会泽百家”：会，意为会集、会聚、会合，荟与会同音同意，本意草木繁盛，喻义人才荟萃。泽为水流汇聚之地，如洪泽、水乡泽国，又有润泽、惠泽、光泽之意。百家指众多的大家，不同的学派，如战国时期的“百家争鸣”。“会泽百家”意味着流派纷呈的百家兼容并色，融合创新，成果璀璨，泽及后世。“海纳百川，有容乃大。”云南大学之所以成就其大，正是荟萃了众多的大师、大家、专才、学者的结果。

“至公天下”：至，意为达到、及至；公，意为公平、公正、公道、公共，如大公无私。《礼记·礼运》中说：“大道之行也，天下为公。”孙中山先生也把“天下为公”作为追求的目标。“至公天下”既有弘扬正气的品德修养，又有服务桑梓、报效祖国、造福人类的目标追求。

大学是学术机关，大学精神的核心是学术精神。熊庆来对云大学术精神和生命作了详尽的阐释：“其生命系表现于所有之教学工作、研究工作以及师生种种高尚活动。其精神，内则表现于教学之成绩、钻研之结果，与乎德行之砥砺；外则表现于师生对社会之影响，校友对社会国家之努力。”云大精神也可表现内在和外在两个方面。“会泽百家”与“至公天下”密切关联。前者是因，后者是果；前者是矢，后者是的；前者是源，后者是流，源远则流长。

其次，“会泽百家，至公天下”巧妙地将云大两座标志性建筑即会泽院和至公堂结合在一起，使这两大有着历史记忆的建筑成为云大精神的象征。

“会泽院”建于1923年，1924年落成，是拆除原有云南贡院明远楼旧址基础上建盖的一座法式建筑，楼名取自大学创始人唐继尧出生地，他出生云南会泽，人称“会泽唐公”。建造时优选各种建筑材料，水泥、木料等均从国外进口，建造十分坚固、精致，与前面的95级青石台阶浑然一体，显得尤为庄严雄伟，气势磅礴，近百年来一直为云南大学的灵魂建筑。

至公堂为迄今已有 500 年历史的云南贡院中心建筑,建于明弘治三年(1490 年),清康熙三年(1664 年)重建,建筑仿宫殿式,坐北朝南,是科举乡试考场考官们审卷、取士的地方,题名“至公堂”以示公正、公平之意。民族英雄林则徐两度在至公堂主持云贵乡试。云大建校后,将至公堂改建为礼堂。熊庆来掌校时期,一些全国性的学术活动和研讨会在这里举行,许多中外名人、学者在这里作过演讲。闻一多《最后一次的演讲》就在这里发表,他慷慨激昂的声音仍然在这里回荡。

“会泽百家,至公天下”的云大精神也是熊庆来教育思想具体体现。熊庆来在云南的教育实践距今已时隔 70 年之久,但是,他留给云南大学乃至全国高等教育的精神财富历久弥新,在当今云南大学冲刺一流大学、实施“双一流”建设中仍是取之不竭的精神源泉,发挥着重要作用。

参考文献:

[1] 陶李. 云南大学志(第二卷)• 大事记 [M]. 昆明:云南大学出版社,1993.
[2] 刘兴育,熊庆来教育思想与实践探究 [M]. 昆明:云南大学出版社,2010.
[3] 刘兴育,云南大学史料丛书·校长信函卷(1922 年—1949 年)[M]. 昆明:云南大学出版社,2013.
[4] 刘兴育,云南大学史料丛书·会议卷(1922 年—1949 年)[M]. 昆明:云南大学出版社,2010.

浅析熊庆来推动地方大学近代化的探索

——以云南大学为例

云南大学党史校史研究室　卫魏

摘要：1937年，熊庆来接任云南大学校长，开始推进云南大学向近代高等教育体制和办学之道迈进。他在融合西欧国家高等教育理念和借鉴清华办学经验基础上，形成自己对高等教育办学思想的独到见解，通过其在云南大学实施的改革举措体现得淋漓尽致，极大地推动了云南大学的近代化历程，同时也为当时地方大学的近代化之路提供有益借鉴。

关键词：熊庆来；地方大学；近代化；云南大学

熊庆来是中国高等教育近代史上具有重要影响的先驱人物之一。他不但在数学领域名声斐然，相继创办东南大学算学系和清华大学数学系，且胸怀桑梓，1937年放弃清华大学优渥的待遇，接受云南省主席龙云的邀请，回到故里出任云南大学（以下简称"云大"）的第四任校长。熊庆来出任云大校长以后，学习和借鉴西欧的高等教育理念，以清华大学为榜样，在云南积极推行近代大学教育。他励精图治，慧眼独到，以"政府不得干预校务行政"为接任条件之一，通过广聘名师，增设院系，开设专业，提携人才，熊庆来将云大从一个规模小、条件差的简陋地方大学，办成了一所在国内外都有较大影响力的知名大学，并于1946年被英国《不列颠百科全书》列为中国15所世界著名大学之一。

一、熊庆来在云南大学近代化过程中的探索

熊庆来执掌云大之前，我国高等教育已经开始其近代化的发展历程。当时处于政治、经济、文化中心的清华、北大早就拉开近代化的序幕，并且已在"近代化"这一征途中发起了轰轰烈烈的变革，而地处边陲的云南大学则在近代化这一途上尚属空白。因此，熊庆来如何后来者居上，探索云南大学自己的近代化之路，是值得探讨的。

（一）因地制宜，创办适于地方发展的大学

熊庆来初接替云大校长之时，就认识到云南地处边疆，文化落后，经济发展远远落后于当时的中心城市。且云南大学自1922年成立以来，因经费支绌，规模甚小，师资和设备极为缺乏，对云南经济文化发展不能有极大的裨益。因此，在办学定位上，熊庆来果断地摒弃做大、做全及空谈之道，因地制宜，从学校历史及环境需要出发，明确提出云大"所负使命，为培养中学师资，造就地方实际建设人才，并就本省天然物产，加以研究，如采矿、冶金、植物学等，以期慰为西南学术重心"，在培养目标上，熊庆来根据云南金属矿产资源丰富、生物种类繁多的地理优势及少数民族众多、文化多样的文化优势，提倡"就其学校历史及环境需要，将学科集中，设置讲座，提高地位，聘请专家教授负责领导，以期造就专门人才"；在学科建设上，熊庆来从云南医疗卫生、农林落后的实际情况出发，注重聘请医学、农林方面的专家，为筹办医学院、农学院创造了条件。1937年，云大医学院成立，熊庆来在《云大医刊》发刊词中写道："西南山川磅礴，资源丰饶，言建设者，莫不注意其开发问题。然言开发，非有医药上之准备不为功。……云大有见及此，于民国21年，即有医学专科之设，逮二十六年秋，更成立医学院，其目的一方面在培养社会需要之医师，一方面即在为开发西南。"[①] 由此看见，熊庆来因地制宜、谋求云大发展以为云南服务之心，拳拳可表。

（二）倡导大学自治和学术自由

大学自治一直是西方大学的悠久传统，同时也是近代大学的核心理念之一。芝加哥大学校长哈钦斯认为，"失去了大学自治，高等教育就失去了精华"。蔡元培先生在北大掀起改革大潮之时，也明确提出，"教育事业应完全交给教育家，保有独立的资格，毫不受各派政党或各派教会的影响"[②]。熊庆来作为留法归国的有志之士，作为在清华任教过的知名教授，对于大学自治在一所大学的意义，他有着比常人更为深刻的理解。熊庆来之子熊秉群先生曾回忆说："父亲十分反感国民党对学校内部的干涉，他对我们说过，如果让那些'党棍子'（指国民党专做党务的那些人）来办大学，学校就糟了。"因此，当熊庆来决意接受龙云的聘请，接任云大校长一职时，就曾明确提出，校务行政省政府不加干预。龙云同意了他的这种治学理念，这为此后熊庆来在云大励精图治、大力改革奠定了基础。

---

① 熊庆来：《〈云大医刊〉发刊词》，载《云大医刊》，1947年。

② 蔡元培：《教育独立议》，见杨东平：《大学精神》.沈阳：辽海出版社，2000年，第124页。

学术自由与大学自治一样,是西方大学的核心理念之一。布鲁贝克曾言:“大概没有任何打击比压制学术自由更直接指向高等教育的要害了。我们必须不惜一切代价防止这种威胁。”[①] 中国近代大学在发展过程中对西方的学术自由理念进行了成功的借鉴,蔡元培提倡的“兼容并包”之道就是对学术自由中国化的一次成功阐释。熊庆来执掌云大期间,更是把这一治校理念引入云大,字字珠玑地阐明“大学的重要,不在其存在,而在其学术之生命与精神”[②]。学术的生命与精神是什么?熊庆来作过这样的阐释:“其生命系表现于所有之教学工作、研究工作以及师生之种种高尚活动;其精神,内则表现于教学之成绩,钻研之结果,与君德行之砥砺,外则表现于师生对社会之影响,校友对社会国家服务之努力”[③]。因此,熊庆来在聘任师资时,他并不问他们的政治倾向如何,只要有真才实学,他都倍加看重,极力延聘。一些在政治上有明显倾向的地下共产党员如楚图南、徐嘉瑞、华岗(当时化名为林少仆)、尚越、郭佩珊,还有不少对国民党政府不满,要求民主、自由的进步教授,如费孝通、朱驭欧、秦赞、杨春洲等,也有像刘文典这样既对蒋介石不买账,又被列为“责骂鲁迅”的学者,都因为他们有很好的学术造诣,熊庆来便极力聘请他们来云大任教。

(三)改革管理制度,实行教授治校

熊庆来早年留学法国,受当时自由、平等民主思想的影响,他在对云大的教育管理中表现出强烈的民主倾向。熊庆来长校十二年间,并不专权校务,而是建立民主治校的制度平台。他沿袭清华大学校务行政管理体制,推行清华大学校长梅贻琦所倡导的集体领导的民主治校制度,改变了过去集大权于校长一身的做法,在云南大学建立了三会(校务会、教务会、教授会)、三处(教务处、训导处、总务处)、五院(文、理、工、医、农)体制。校务会议的主席是校长,校务会议的职权是审议学校中有关人事、财经经费、建筑等重大事项。下设各种常设委员会如经费稽核委员会、聘任委员会、招生委员会等。校务会议对学校重大问题有审议、议决权。对各常设委员会的委员、主席有任免权,对常设委员会有审议、议决权。审议若发生争议时,校长有最后决定权。校务会议参加者为三大处长、各院院长、会计室主任、各系主任及教授会代表(一般是五人)和与审议事

① (美)布鲁贝克:《高等教育哲学》,杭州:浙江教育出版社,1987年,第55页。

② 熊庆来:《本校之学术生命与精神》,载《云大廿七周年纪念特刊》,1949年,第4~20页。

③ 熊庆来:《本校之学术生命与精神》,载《云大廿七周年纪念特刊》,1949年,第4~20页。

项有关的委员会主席。教务会议由教务长和葛院长、系主任、教授会代表组成。主要研究教学工作，由教务长主持，在教学问题及与教学有关的重要问题上有立法、审议、议决权。教授会由正副教授参加组成，设有常务委员 3 至 11 人，由教授们推选，校长为当然委员。教授会是咨议机构，是以“加强教导效力，提高学术水准，协助学校发展及增进同仁福利为宗旨”[①]。教务会对校务会议、教务会议中与教授们有关的重大问题也有议决权。行政管理机构中教务、训导、总务三大处处长、各院长、系主任都是教授兼任。通过实施教授治校的管理模式，云大原先管理不善的局面得到了改善，教授得以参与到学校的最高决策之中，使教师成为学校管理的主体，充分调动了教师的积极性，提高了行政工作的效率，进而使云大的学术地位和影响力在西南边疆愈发重要。

（四）立足边疆，构建多元化的学科体系

熊庆来接任云大校长之时，正值抗日战争如火如荼，云南省以其丰富的矿产资源和动植物资源，迅速成为当时抗战的大后方基地之一。此种情形，要求作为云南省唯一一所高等学府的云南大学，能够切实建立起本地经济发展需要之学科，以谋求抗战的最终胜利。当云大因办学条件所限制，除了理工学院中的土木工程系和采矿冶金系尚能够满足本地发展需要之外，其他体现云南省特色和能够为云南发展服务的学科体系尚未建立起来。因此，熊庆来接任云大校长之后，便着手对云大的学科体系进行调整和完善。

首先，正式成立医学院；其次，将理工学院分设为工学院与理学院。“理学院即以原设之数理系分为算学系与理化系之外，又以滇省生物繁滋，植物之研究教易而影响影响于学术之进步甚大，特增设植物系，以增加学术地位，奠定发展农林的基础。”1938 年，熊庆来从云南地处边疆，又是抗战后方，自然条件适于农林生产，但又缺乏农林科技人才的实际出发，决定成立农学院，下设森林、农艺二系，以求“培养专门人才，改进农事，以纾民困，而裕国力”[②]。同年 8 月，熊庆来从云南少数民族众多且社会经济文化发展落后的现状着手，支持著名的社会人类学教授吴文藻先生创办社会学系，“以便找出滇边问题之所在，明白滇边问题之困难，了解滇边情形之内容，发为著作以供同人之研究及政府边政经营上之参考”[③]。通过对云大学科体系的调整和完善，云南大学迅速由一个简陋的边

① 丁宝珠：《云南大学志总述》，昆明：云南大学出版社，1993 年，第 45 页。

② 云南省档案馆藏，档号：16-2-63/104。

③ 云南省档案馆藏，档号：16-2-187/2。

陲学校，一跃成为文、法、理、工、医、农门类齐全，在国内外都有较大影响的知名高校，并迅速成为西南学术研究的重心。

二、熊庆来推动云南大学近代化实践的启示

1905年，京师大学堂成立，中国近代高等教育由此拉开序幕。但具体到地方大学的近代化，却又是很多地方需要深入思考的：地方大学的近代化之路究竟该如何走？与国家层面的大学有没有不同之处？他们的出路在哪里？纵观熊庆来在云南大学近代化过程中的实践，我们能看到他坚持创办能够为地方发展服务的大学的努力，对大学发展独立于政治的执着以及对于地方大学学科体系的完善。总结熊庆来校长的实践经验，希冀能够为其他学者提供参考和借鉴。

(一)中国地方大学的发展要能够为地方发展服务

在近代化的征程中，中国社会一直是动荡不安的，战火纷飞直接导致民不聊生，国弱民穷，西方列强对此耻笑不已。因此，怎么样做才能够实现国富民强，一直是教育界有志之士努力的目标。蔡元培曾提出实利主义教育，他认为世界的竞争不仅仅是在武力，更重要是在财力。因此，加强科学技术教育，提高生产力，发展国民经济，富强国家，才能够在世界竞争中生存下来。这其实就是要求大学能够在明确国家实际需要的基础上，结合地方上的地理优势、资源优势、文化优势等，建立与之相适应的学科体系，培养地方发展所需人才，以求促进地方经济发展，最终实现国富民强。熊庆来任云大校长之后，用实际行动对这一理念进行完美的阐释。他通过办学理念、培养目标、学科建设、师资聘任等教育实践活动告诉世人，地方大学的发展前景是与地方的政治、经济、文化密不可分的，只有创办适于地方发展的大学，才能使得一所地方高校在发展中有所涵养。因此，熊庆来在任云大校长期间，以其敏锐的办学主体意识，充分审视云大当时所具备的办学条件、实力、水平，把其放在全国的高校系统中理性地思考与比较，有所为，有所不为，最终使云大成为自己所属的类型、层次中的佼佼者。反观高等教育大众化阶段的今天，某些地方大学无视自身的条件，定位失准，急功近利，盲目追求那些不适合自身特点的目标，使得培养出的人才与社会需要不甚符合，也不能满足当地经济、政治、文化发展之需要，最终造成人才浪费和知识贬值。著名教育学家布鲁贝克曾言："社会需要高深知识才能实现发展目标，用以解决现实问题的学问及人才在大学中孕育是最佳选择。"[①] 两相对比之

① [美]布鲁贝克:《高等教育哲学》,杭州:浙江教育出版社,1987年。

下，今天地方大学需要改进之处良多。

（二）中国地方大学在发展过程中应该保持其独立性

大学自治和学术自由一直是西方大学的核心理念和精神，同时也是牛津、剑桥等知名大学长盛不衰的法宝，熊庆来把这两种理念引入云南大学，反映了他身体力行地把西方大学的办学理念根植到云南的努力。从把“校务行政省政府不得干预”作为其接任校长的条件，到不惧政治色彩延揽名师，再到改革云大原有的管理制度、实行教授治校，熊庆来无一不在向世人阐明：一所地方大学的发展应该保持其独立性，不应受政府及任何法人机构的控制和干预。熊庆来的此种治学理念，从本质上来说，是极为符合教育发展的规律的。因为，教育作为一种上层建筑，必然受社会的政治、经济条件所制约，并服务于经济和政治的发展。但是，教育并不是社会政治经济的附属物，它有自身的发展规律。因此，坚持教育发展的独立性，强调大学自治和学术自由的高等教育理念，是符合教育发展的客观规律的。目前，我国高等教育得到了很大的发展，但受政治体制的影响，大学独立发展的权利受到严重的削弱。虽然政府提出一个新的提法，即“高校办学自主权”或称之为“高校自主办学”，取代以往的“大学自治”和“学术自由”。但是，这种以政府放权为前提的“大学理念”完全是一种中国特色的产物，它有着“大学自治”的某些细节性特征，同时又似乎有着某种“学术自由”的意味。高等教育界的学者曾一针见血地指出，“高校自主办学”相对于“大学自治、学术自由”来讲是打一定折扣的。可即便如此，中国的高等教育近代化在改革开放以后，其发展进程仍然是曲折不平的。从高校办学自主权提出到现在已近 30 年，但是真正问一下大学校长他们有多少办学自主权，恐怕是叹息良多。

（三）地方大学的学科建设应力避重复，重于特色

学科建设是一所大学的基础性工程，其目的是促进学科专业技术水平的发展，支持国家经济建设和促进社会的进步和发展，并根据全国或地方经济建设的发展需要填补或加强目前水平相对较低的空白薄弱学科。由此可见，学科建设的基本原则就是能够适应社会发展的需要，同时还要能够体现国家或地域的特色来。对于地方大学来说，由于其特殊的地缘优势、文化优势及资源优势等因素，在学科建设上更需要适度发展，有所为，有所不为，力求办出地方大学不可替代的学科特色来。熊庆来即是如此。

他本人是学数学出身，又相继在东南大学创办算学系，在清华大学创办数学系，知识宏富，经验过人。按理说他执掌云大以后，大力完善理学院，扩充数

学系，对他来说是轻而易举的事情，同时能够实现地方大学数学教育的近代化，被世人赞誉有加，何乐而不为？但是熊庆来并不作如是想。在他看来，在云大建立起能够体现云南特色的学科体系，以求为地方发展服务，为抗战最终胜利奠定基础，远比虚名重要。为此，熊庆来从云南省动矿藏丰富、植物资源齐全、少数民族众多等地方特色入手，相继创办农学院、工学院、医学院，增设植物系，社会学系，成立西南文化研究室，使云南大学特色学科得以完善，并别具特色，最终获得瞩目成就。1940年10月，比利时驻华大使馆曾函中国外交部"兹为布鲁塞尔《国际大杂志》拟增辟'国际医学要览'一栏，特请将贵国各重要医学院，以及著名教授暨医师(中西医)列单表示"。教育部接函之后，立即致电云大，要求将云大医学院著名教授的名录，函至呈部。由此可见，云大医学院在当时已成为中国的"重要医学院"。云南大学有此成就，与熊庆来根据地方实际需要，坚持打造特色学科不无联系。

"路漫漫其修远兮？吾将上下而求索。"在我国地方大学的近代化过程中，熊庆来是一位不可或缺的重要人物。他一生功勋卓著，在担任云南大学校长期间，他在学校定位、治校理念、管理模式、学科建设等方面的作为，都被时人和世人赞誉有加，并被誉为开地方大学一代新风之大师。熊庆来先生的高等教育思想，曾经对云南大学的发展和我国地方大学的近代化起到了重要作用，即便是今天，对于我们发展地方高等教育仍然具有非同一般的现实意义和借鉴价值。

赵九章与中国科学技术大学

中国科学技术大学档案馆　方黑虎

摘要：赵九章主持创办了中国科学技术大学应用地球物理系，为该系的学科专业设置、师资延聘、招生与学生培养等进行了全面的安排。同时倡议在中国科大创建中国第一所研究生院，为中国科学技术大学的创建与发展作出巨大贡献。

关键词：赵九章；中国科学技术大学；应用地球物理系；教学；研究生院

赵九章，（1907—1968），浙江吴兴人，我国著名地球物理学家，中国科学院学部委员。1933 毕业于清华大学物理系，1938 年获德国柏林大学博士学位，回国后任西南联合大学教授、中央研究院气象研究所所长、中国科学院地球物理所所长、卫星设计院院长等职。他是中国人造卫星事业的倡导者和奠基人之一。

一、创办应用地球物理系

1958 年，中国科学院利用自身的优势，在北京创办了一所培养尖端科学和高新技术学科人才的新型大学——中国科学技术大学。中国科大在筹备之初，拟设立 12 个系，各个系由相应的中科院研究所来负责筹建，其中并无应用地球物理系。当年 7 月，中学生的填报志愿工作已经快结束，赵九章才发现自己所在的地球物理研究所竟然没有建系的任务，于是到中国科学院力争，要求设立第 13 个系——应用地球物理系。中科院同意了赵九章的要求，但是该系的招生问题要他自己解决。从笔者对赵九章的女儿、中国科大 1959 级校友赵理曾的访谈得知，当时赵九章和中科院地球物理所党委书记卫一清同志找到了四川省，直接从四川省调拨了一批学生过来，其中就包括四川省省长李大章的女儿。所以，中国科大 1958 级应用地球物理系同学全是四川人，13 系也叫作“川系”。

由于中国科学院创办中国科大采取“全院办校、所系结合”的办学方针，应用地球物理系主要由地球物理所来负责筹建。根据赵九章的建议,应用地球物理系设立四个教研室,赵九章动员地球物理所的科研骨干都到中国科大授课并帮助建立实验室,他自己兼任高空大气物理教研室主任,顾震潮院士任气象教研室主任,傅承义院士任地震教研室主任是,秦馨菱院士任遥测遥控教研室主任。在笔者的访谈中,中科院空间中心研究员徐荣栏回忆:

> 有一次,赵九章去外地参加一个重要会议,将原来准备自己讲授的那部分空间物理课的重担交给我,我当时有些犹豫,怕教书耽误科研,他就很严肃和形象地对我说:"研究所的人的知识如同鸡爪子,在几个领域有很深的知识,但在几个领域之间往往很难连贯起来。通过讲课可以使你的鸡爪子变成鸭掌。"

最后,徐荣栏愉快地接受了授课任务,并且为科大地球物理系同学连续讲了三年课。

1959年,学校组织著名科学家编写招生简章和专业介绍,赵九章认真编写了应用地球物理系的专业介绍《地球物理学的生长点》,热情洋溢地介绍了高空物理和天气控制领域最新的国际科学进展,并对两个学科的未来发展前景提出了深远的期望:"通过探空技术的发展,人们将日益增多地了解高层及外层空间自然变化的物理过程,发现并提出新的物理问题,对于发展基本科学是有其重大的意义的。""在研究天气变化物理过程,研究云雾降水物理过程的基础上,掌握了自然演变的法则,通过相应的工程的控制措施,抑制冰雹及暴风雨的灾害,增加干旱地区的雨雪,改变气候不良地区的气候,使自然为人类福利来服务是我们的一个远大目标"。他说中国科大注意到地球物理科学新的生命力,注意到这门科学在今后社会主义建设中所起的作用,为了及早培养一批掌握现代高空物理及人工控制天气的发展情况的研究骨干,特在应用地球物理系开展这两方面的科研工作,希望有数理基础并愿致力于开辟科学新园地的青年报考这个系。

二、关注教学

赵九章对应用地球物理系的教学坚持数理化和新技术化,他认为数学物理基础和无线电技术对应用地球物理系的学生非常重要,必须学深学透。1959年全国教改,很多学校都将《普通物理》和《电磁学》《电动力学》《力学》《理论力学》等课程打通了合并授课,物理课程深度下降,科大也这样改了。应用地球物理系1959级同学的物理课程减少，难度下降，学完之后，赵九章认为这些学生学习效果不好，不能达到预期目标。最后，1959级同学上到大学四年级的时候，鉴于电动力学对于空间物理研究的重要性，赵九章让同学们“返工”，跟着物理系低一年级的同学听讲半年严济慈讲授的电动力学课程，加强这方面基础的学习。赵九章对新技术也看得非常重，他认为科学的发展要充分利用新技术、先进技术，不管是搞理论还是搞应用，都需要利用新技术。1959年，赵九章坚持在应用地球物理系新设了无线电专业，并请来了陈芳允院士讲授无线电课程，让地球物理科学与高新技术能够更紧密地结合起来。赵九章认为即使是空间物理这样偏理论的专业，培养出来的学生也要具备一定的动手能力，所以也专门为空间物理专业的学生开设无线电实验课程，锻炼学生的动手能力。

赵九章非常注重应用地球物理系的师资配备。他不仅动员了中科院地球物理所几乎所有的重量级科学家来中国科大授课，同时邀请严济慈院士讲授《电磁学》和《电动力学》，陈芳允院士讲授《无线电》，童秉纲院士讲授《流体力学》，钱临照院士讲授《光学》等等。

赵九章自己也登上中国科大的讲台，给同学们讲《高空大气物理》课程中的大气振荡和潮汐两个部分。没有现成的教材，他就自己编写讲义。虽然他讲课的时间比较短，每年讲几个星期，但是给同学们留下了很深的印象，他讲课能够透过现象讲本质，从潮汐现象讲到月亮的引力，再引申开去。而且，他主持的高空大气物理课程是由许多老师共同讲的，不同的老师轮流来讲，比如一个老师讲流星，一个老师讲海啸，一个老师讲磁暴，每个老师都讲当时自己在做的课题，一下子把学生带到科研的最前沿。

赵九章对教学有自己的深刻体会，他在学校的教学工作座谈会上提出，专业课程中要把基本的东西先讲好，专业课要讲系统的研究工作，使学生能初步接触到第一线工作，就能表现出中国科大“全院办校、所系结合”的特色来。他还强调研究人员在从事教学工作时要增加与学生的互动，即教学相长，通过教书提高教学者本人，通过接近年轻人保持自己思想的年轻。

三、提携后进

赵九章很爱才，他一生孜孜不倦地选拔和培养优秀人才。1962年，青年教师王水从南京大学来到中国科大应用地球物理系任助教。赵九章对年轻教员的要求十分严格，那时他正在组织地球物理研究所的一批科学家在中国科大讲授高空大气物理学课程。由于国内空间物理学科刚刚起步，还没有一本适合高校有关专业师生进行工作和学习的参考书,赵九章在教学讲义的基础上,组织编写《高空大气物理学》,要王水协助他参加高空大气结构部分的工作。为了完成这项任务,王水花费很多时间在中国科学院图书馆查询、苦读,不仅锻炼了基本功,还拓宽了知识面。有一次王水在一篇德文资料面前一筹莫展,只好回去向赵九章诉苦。赵九章严肃地对他说:“你能看懂俄文,又能看懂英文,应当可以阅读德文文献,回去翻译出来给我。”王水回去后对照字典翻译出了中文稿,有些地方词不达意,赵先生在百忙之中帮他作了修改并鼓励王水多学几门外语。王水正是在赵先生这样的耳提面命之下成长起来的,后来王水在空间科学领域作出了优异的成绩并当选为中科院院士,为中国科大地球物理与空间科学系的教学和科研工作作出了很大贡献。

赵九章时刻关注着学生的学业情况,在外地出差期间还不忘写信给同学们,鼓励他们勇于进取,克服困难,在学业上取得好的成绩。他亲自阅读同学们的毕业论文,并对优秀论文进行细致的评审和修改。中国科大校史馆至今还珍藏着他给科大地球物理系1958级学生周国成毕业论文的评审意见:他肯定了论文的学术价值,并鼓励他缩减篇幅后早日用英文发表在学报上,防止被外国人捷足先登。

1964年春节期间,赵九章在和严济慈的闲聊中得知,地球物理系空间专业有一位学生很有发展潜力,回来后便深入了解该学生的情况,并通知系里将其毕业论文安排到自己组做,以进一步考察这位学生开展研究工作的素质。在指导该生做毕业论文期间,他发现该生有很好的数理基础,能刻苦钻研,而且还通过扎实的工作发现了国际地球物理学会主席、国际著名地球物理学家查普曼教授文章中的一些错误,使其原来的论点进一步完整。于是,赵九章将他作为种子选手吸收到他的研究集体——磁暴组中。这位同学就是后来长期担任中国科大空间科学与地球物理系主任的胡友秋教授。

四、倡办研究生院

1962年10月,赵九章致信中国科学院副院长张劲夫、副秘书长郁文提出:为了全面统筹中国科学院研究生的招收与培养,更有效地培养青年科学工作者,应该安排中国科大组织协调中科院研究生培养工作,总结各研究所培养研究生经验,为在科大开办研究生院作准备。信中写道:“我院办有科技大学,将来亦必逐渐加重研究生的培养,在我院开办研究生院之前,是否可以考虑我院及科大的具体情况,逐渐采取一些措施,为我院开办研究生院做好准备。”关于研究生入学考试命题,他提出:“除专业课程应由导师负责外,其余外文、高等数学、基础理论物理,可否请科技大学有关专业负担”;关于课程讲授,他建议:“有关研究专题的基础知识的补充自应由各所负责,但非本所专长的,是否可请科技大学考虑此事,就科大各系专业课程并与有关所联系,开放各所自己开设的研究专题讨论班,逐渐在科大组织协调之下,开办研究生课程”。关于毕业考试及论文答辩,他提出:“研究生毕业考试及论文答辩,各所组织考试委员会时,应请科技大学有关系及学校业务领导参加。”中国科学院副院长张劲夫、吴有训,中国科大党委书记郁文就此信作了批示,表示要考虑赵九章提出的建议。

中国科大开展研究生教育由此起步。几乎同时,中国科大向教育部上报了1963年研究生招生计划,拟招收11个专业的14名研究生,聘请钱学森、朱洪元、钱人元、林一、王葆仁、杨承宗等12人为研究生导师,1964年增加华罗庚、赵九章、叶笃正、陶诗言、顾震潮、傅承义等15人为研究生导师。1963年,中国科大实际录取10名研究生。

1963年5月,赵九章偶然看到美国《1962—1971气象及空间物理规划》,其中详细介绍了美国十年内如何培养高级科学研究人员,他感到了中科院高级科学研究人才培养的紧迫性,再次致信中科院副院长张劲夫和中国科大副校长武汝扬,提出可以先办研究生班,后建研究生院的建议。信中说道:

> 科大已经开办了5年,教学基础亦逐渐建立,我校的特点有二:一是有较多的科学家从事科研第一线工作,二是各所都是国家的重点研究单位,有较好的大型实验设备。因此,我们必须充分发挥这两个特点,一方面在今后高年级教学中予以体现,另一方面应参考美国一些著名大学(如加州理工学院、麻省理工学院、普林斯顿大学等)的情况,逐渐把重点放在研究生院,让研究生院成为我国培养研究人员的一个中心……但是考虑到成立研究生院事关重大,不是短期可以解决的,因此我们建议在地球物理系内先试办研究生班,请学校代为解决外语及有关基础课程的旁听等问题,地球物理所解决某些专业的课程和专题报告等。由所系共同负责试办,取得经验,对将来成立研究生院会有帮助。

张劲夫再次批示并请中国科大提出创办意见,中国科大党委书记刘达认为:“赵九章同志的意见很好,值得我们重视,研究生院的考虑尤为必要。”

中国科大研究生院的筹建工作提上了议事日程。1964年2月,中国科大召开党委扩大会议,决定在中关村代中科院开办研究生院,在校人数保持在1 000

名。研究生的专业课由各所科学家担任,学校负责研究生院的行政管理、思想政治教育和基础课教学。9月,中国科大研究生院开始试办,承担京区各所研究生的哲学、外语和其他公共基础课的学习以及开展思想政治工作。至此,中国科大研究生院实际上已经初步建立起来了,不过因为没有正式命名和发文公布,再加上随后而来"文革"的破坏,研究生院建设计划被迫搁浅。但这几年的工作为1978年中国科大创办中国第一个研究生院奠定了基础。

钱临照与中国科学技术大学

中国科学技术大学校史馆(校史研究室)　丁兆君

摘要：钱临照是我国著名的物理学家、科学史家，我国金属晶体范性形变和晶体缺陷研究以及物理学史研究的奠基人之一。此外，作为一名教育家，钱临照长期在中国科学技术大学从事教育、行政工作，为科大的发展作出了重要的贡献。本文论述了钱临照在中国科学技术大学的教学、科研历程，着重探讨了他在科大工作的40余年间对学校各项事业的发展所起的重要作用。

关键词：钱临照；中国科学技术大学；物理；科学史

作为我国著名的物理学家、科学史家，钱临照无论在科学界还是在科学史界都是一位泰斗级的人物。在这里，笔者首先对其调入中国科学技术大学之前的情况作一简述。

1906年，钱临照出生于江苏无锡，读高小时曾受到国学大师钱穆熏陶。1925年入上海大同大学就读，受教于胡刚复、严济慈等。大学毕业后曾任中学教师，后任东北大学物理系助教。1931年，新成立的北平研究院物理研究所所长严济慈破格录用钱临照为助理员，并指导他开始科研工作，进行压力对照相乳胶感光作用的研究与水晶圆柱体在扭力作用下产生电荷及其电振荡的研究。1934年，钱临照赴英留学，入伦敦大学进行水晶压电、流体力学、体心立方晶体的范性形变等实验研究。1937年，钱临照回国后，任北平研究院物理研究所研究员。为支持抗战，他参与研制高倍数显微镜与建筑用水平仪。此外，他还进行了光谱精细结构的研究工作。1945年后，钱临照改任中央研究院物理研究所研究员，后兼任中央研究院代理总干事。期间，除进行金属单晶体制作等研究工作之外，他曾赴美工作于联合国救济总署，以补偿我国高校抗战期间的实验设备损失，还曾受命往返于海峡两岸，参与中央研究院历史语言研究所与数学研究所的迁台活动。中华人民共和国成立之后，钱临照进入中国科学院物理研究所，从事金属物理研究工作。除金属单晶的范性研究等工作之外，他还大力组织研究、推广国外的位错理论。1960年,中科院物理所金属物理室调整到沈阳,钱临照被调入中国科学技术大学任教,仍兼任物理所研究员。

一、物理教学与研究

自1958年中国科学技术大学成立,钱临照即在校任兼职教授,担任普通物理、光学等基础课教学工作。1962年5月21日,在校务常委会上,他被任命为固体物理专业教研室主任。1963年,他又担任了技术物理系副主任。

作为一名物理学大师,钱临照纵然对物理学精髓理解透彻,教学驾轻就熟,但在备课方面,他却始终追求精益求精,常为备一节课而几拟讲稿,甚至面壁试讲,给很多当年的同事、助教、学生留下了深刻的印象①。多年从事实验物理研究,钱临照深谙物理实验的重要性,因而在教学中,他不但注重演示实验的运用,而且强调学生亦要手脑并用,还尽量为学生创造实验条件,从而使学生尽可能多地得到实验锻炼。他在讲授转动惯量时,曾亲自坐在旋转凳上实验演示,不仅活跃了气氛,亦使听课的师生经年不忘②。

在教学之余,钱临照不辍物理学研究,他曾拟定两个低温研究的新课题,一是研究金属晶体自室温到低温滑移带的动力学,一是铌三锡超导材料的晶粒度减小可以提高它的临界磁场。可惜的是,这两个课题都因"文革"而中止,所得部分数据也在被抄家时毁去。

1972年,在"文革"期间迁至合肥的中国科学技术大学复课,招收推荐的工农兵大学生,时年已66岁的钱临照又重新登台授课,深受欢迎。也就在这个时期,原物理教研室的几位年轻教员在钱临照的积极支持下,成立了相对论天体物理研究小组。几年中,他们坚持理论研究,先后撰写并发表了星系结构、类星体观测资料分析、恒星晚期演化、引力理论等三十多篇论文,发表在《中国科学》《物理》《中国科学技术大学学报》等杂志上。他们还在调研国外文献的基础上,共同编写了《西方宇宙理论评述》一书,把关于"大爆炸宇宙学"等前沿理论首次正确地传授给国人。期间,钱临照查阅了大量的中外历史文献,亲自主笔4万余字,写下书中第一章"西方历史上的宇宙理论评述"③。基于天体物理组的以

① 张玉民:《忆钱老》,载《中国科大报·悼念钱临照教授专刊》,1999年8月31日,第2版。

② 麦汝奇:《钱临照》,载《中国现代科学家传记(第六集)》,北京:科学出版社,1994年,第159页。

③ 褚耀泉:《钱临照先生与天体物理中心》,载《中国科大报·悼念钱临照教授专刊》,1999年8月31日,第2版。

上工作,他们逐渐受到了国内外的重视。一次,美国天文考察团到中国考察访问,考察团团长对天体物理组的研究人员说:“你们在星系和宇宙学方面作出了第一流的工作……我相信天文学在中国将会得到很快的发展。”①

1978 年,由钱临照负责重建物理教研室,且亲自担任室主任,并主持制订全校的物理教学计划。他力主打破专业与基础的界限,将物理教研室、物理系、近代物理系、地球和空间科学系等联合起来,全校统一安排物理教学及其改革,精心挑选教学与科研水平较高的教师主讲基础物理课,并定期举办由校内外或国外专家学者主讲的学术报告会,大大活跃了学术气氛。在钱临照的推动下,在物理教研室内,以原天体物理研究小组为基础,正式成立了天体物理中心(天文与应用物理系的前身)。他又带领部分教师开展固体微结构和高压物理等研究,积极创建固体微结构研究室、电子显微镜实验室和高压实验室。

值得一提的是,1979 年,钱临照联合柯俊、郭可信等发起成立中国电子显微镜学会,并在次年的学会成立大会上当选为首任理事长②。他还力主在科大创建结构成分分析中心实验室,并亲自指导研究生,培养了一批优秀的硕士、博士。“从此,中国科学技术大学的基础课教学呈现出生动活泼的局面,延续至今,成为科大基础课教学的优良传统。”③

二、科学史组织与研究

钱临照少时便深受钱穆注重考据的治史风格的深刻影响。抗日战争时期,他以现代物理学知识解读《墨经》中所载的光学、力学诸条目,令世界著名的中国科技史专家李约瑟为之惊叹不已④。20 世纪 70 年代中期,中国科学院自然科学史研究委员会正副主任竺可桢和叶企孙先后去世,钱临照自此成为中国科学史事业的带头人⑤。

1980 年,在钱临照的大力支持与参与下,中国科学技术大学筹办自然科学史

---

① 《关于贯彻全省科技工作会议的情况汇报》,合肥:中国科学技术大学档案馆, 1977-WS-Y-30-3:46。

② 吴自勤:《缅怀钱临照先生对中国物理学会和中国电镜学会的贡献》,载《物理》,1999,28(12)。

③ 刘文汉:《钱先生与基础课教学》,载《中国科大报·悼念钱临照教授专刊》,1999 年 8 月 31 日,第 4 版。

④ 《自传》,见朱清时主编:《钱临照文集》,合肥:安徽教育出版社,2001 年,第 12 页。

⑤ 席泽宗:《钱临照先生对中国科学史事业的贡献》,载《中国科技史料》, 2000, 21(2)。

研究室。在他的组织领导下,研究室在短期内就聚集了方励之、朱兆祥、杨纪珂、范岱年、陈光、解俊民、李志超、张秉伦等在各领域卓有成就的一批学者。钱临照与他们,尤其是张秉伦、李志超两位教授共同指导科学史研究生。同年,钱临照被推选为新成立的中国科学技术史学会首任理事长。1981 年,钱临照又被聘为国务院学位委员会第一届学科评议组成员,与王竹溪共同担任物理组组长,从而争取到在一级学科"物理学"下设立"物理学史"博士点,开创了我国自行培养科学史博士的历史。此后不久,中国科学技术大学科学史研究室便相继获得了物理学史、天文学史与生物学史硕士学位授予权,1984 年又获得了物理学史博士学位授予权。

中国科学技术大学"全院办校,所系结合"的办学方针在科学史研究室得到了充分的体现。钱临照先后从中国科学院自然科学史研究所延请了杜石然、华觉明、李佩珊等多位专家担任兼职导师。尤其重要的是,他几番周折,将治学勤奋、学风严谨的研究人员张秉伦正式调入科大,任科学史研究室的专职教师。作为研究室的业务骨干,二十余年来,张秉伦教授为科大科学史学科的发展作出了极其重要的贡献。在钱临照等人的不懈努力下,科大科学史研究室很快发展成为蜚声海内外的科学史研究机构。1999 年,在该研究室的基础上成立了科技史与科技考古系。2002 年,该系的科学技术史专业经教育部组织专家评审,确定为国家重点学科点,这也是我国科学技术史第一个重点学科点。2003 年,该系建立起科技史博士后流动站。

20 世纪 90 年代,钱临照在担任王宽诚教育基金会推荐委员期间,负责向该会推荐出国留学人员。他争取每年派出一位科学史专业的留学人员,前往剑桥、哈佛和伯克利等世界名校的科学史专业深造。至 20 世纪,该系已与美、欧、日等多所著名院、校、所等学术团体建立了交流、合作关系,不断有人员往来,为科大的科技史研究与国际接轨奠定了坚实的基础。

自 1980 年钱临照等人筹建科学史研究室, 30 多年来,该室(系)已培养科学史专业硕士、博士、博士后二百多名,还曾受国家教委委托,开办过物理学史骨干教师进修班,是迄今全国培养本学科研究生数量最多、开设研究生课程最全面系统的教学点。1996 年,第七届国际中国科学技术史大会在深圳召开,十多位科大科学史研究室的室友不期而遇,成为会上特别引人瞩目的一群。欢聚之间,大家不约而同地想到了远在合肥的钱老,向他发来了热情洋溢的贺电,表达了对这位中国科技史事业的元老以及自己敬爱的师长的衷心祝愿[①]。诚如席

① 石云里:《文章薪火永烛后学钱临照院士与科大的科学史研究》,载《中国科大报·悼念钱临照教授专刊》,1999 年 8 月 31 日第 2 版。

泽宗院士所言,钱老所关心的科技史事业兴旺发达,后继有人,如果他在天有知,亦当含笑九泉了。

2006 年 8 月 18 日至 19 日,在钱临照 100 周年诞辰之际,科技史与科技考古系与中国科技史学会联合举办了“纪念钱临照先生 100 周年诞辰全国科技史学术研讨会”。受过钱临照先生教诲的众多科技史专业校友共同缅怀了先生在物理学以及科技史领域的卓越贡献,探讨并回顾了钱先生关于科技史学科建设、人才培养和学术研究的思想与方法,不少校友深情地回忆了先生的谆谆教诲及其严谨的治学风格,宽容、幽默、可亲可敬的人格魅力,生动形象地描述和回顾了与先生接触的点点滴滴,表达了学生对老师的无比崇敬和思念之情。

三、与科大休戚与共

钱临照于 1960 年正式调入中国科学技术大学后,除学术职务外,他还担任了一系列的行政职务。1961 年 9 月 9 日,在第一次校务委员会全体会议上,他就被选为常委会委员。1978 年 11 月 20 日,经中共中央批准,钱临照担任中国科学技术大学副校长,直至 1984 年届满离任。四十余年中,他与科大休戚与共,为学校的发展作出了重要贡献。

1970 年,在中央“高校战备疏散”的方针指导下,中国科学技术大学迁址合肥。钱临照亦随校下迁,于 3 月 12 日到达合肥科大新校址。随后不久,他便将户口迁至合肥。与建校初期大师云集的状况有所不同的是,下迁后的科大人员、设备流失过半,全校讲师以上职称的教师不足百人。原在科大兼职的严济慈、吴有训、赵忠尧、华罗庚、钱学森、赵九章、贝时璋、马大猷、柳大纲等著名科学家由于工作关系或年事已高等原因,长期由北京亲赴合肥到科大登台授课已不可能,“所系结合”在这一时期基本上已名存实亡。而随校下迁的钱临照则独树一帜,在为科大谋求各方支持,组织教师队伍,规划学科发展等方面发挥了重要的作用,真正成为科大的一面大旗[①]。

1978 年,中国科学技术大学首创少年班,钱临照对其给予了极大的关注。1981 年,学校成立少年班研究组,他又亲任组长。自此,他在少年班办学形式、培养方式的研究与探索上投入了较大的精力,大力支持少年班的发展。1985 年春,在钱临照接见了一个外国教授代表团后感叹:“我是中国科技大学的校长,经常代表科大接见外宾。他们都是三四十来岁,是我的孙子辈的教授,我们有十亿人口,却只有两鬓斑白的人才能当教授,为什么不能培养三四十岁的教授

① 胡升华:《钱临照的生平及其学术贡献》,载《自然辩证法通讯》,2000,22(6)。

呢?”他把希望寄托在少年班。年近八旬时,他还亲自为少年班主讲“物理学导论”。在其带动下,科大不少名师先后走上这门课的讲台,使这门课成为少年班最受欢迎的课程①。

1983年4月8日,国家计委正式批准在合肥建立国家同步辐射实验室,这是我国第一个国家级实验室。钱临照对实验室的建设与发展亦投入了莫大的关心与支持。由于实验室建设初期经费投入不足及其他主客观原因,几年之后,其光源设备及技术渐显陈旧,故障率偏高。而且随着用户日益增多,实验室的6个线站已不能满足需要。因而增加光束线站,改进和提高光源性能,保证长期可靠稳定运动势在必行。1994年2月,由钱临照、唐孝威两位院士发起,王淦昌、谢希德、谢家麟、冯端、卢嘉锡等34位院士联合向有关部门提出《关于集中力量全面建设、充分利用合肥国家同步辐射光源的建议》。经过论证,他们的建议得到了国家有关部门的支持。1996年,同步辐射实验室二期工程作为“九五”首批国家重大科学工程项目启动,并于2004年底通过了国家验收。

四十余年中,钱临照为科大的教学、科研、学科建设、行政管理等诸多方面工作劳心劳力,为科大的发展鞠躬尽瘁,死而后已。他认为科大的模式是“不拘一格,独立风格”,要求科大人团结,不要对立;竞争而又友好合作;理学是科大的强项,要保持,而且还要发展②。

1978年4月22日,马大猷、王守武、管惟炎在科大礼堂为物理系全体师生作报告。主持大会的钱临照说:“郭老在全国科学大会上讲科学的春天到来了,今天科学的春天到我们二系来了!”会后,他又勉励大家说,科学的未来在于青年,并满怀深情地表示:“我虽然不是青年了,我也要树雄心,立壮志,跟大家一起努力工作,作出贡献。”1980年6月10日,方毅、严济慈召开了部分教师座谈会。在会上,无线电电子学系沈凤麟副教授谈到钱老工作过于繁重,经常夜以继日时,方毅说:要在全校宣布这条规定,晚上不要找钱老,已经七十多岁了,白天工作也要有节制。1983年在北京举行的科大建校25周年校庆座谈会上,钱临照表示:科大取得了一定的成绩,但是不能满足,还要继续前进。不能满足于一点细微的成果,躺在成绩上面心安理得。科大的科学与科研还存在不少缺点。在教学上,用人单位评价科大培养出的学生高分低能。要争取培养出的学

① 朱源,刘志峰:《钱老与少年班——深切怀念钱临照院士》,载《中国科大报·悼念钱临照教授专刊》,1999年8月31日,第4版。

② 《钱临照手稿》,见《钱临照先生百年诞辰科技史学术研讨会资料集》,图1298,图u03.

生既是高分，而且脑子灵活，怎样把学生变成“高分高能”是个大问题。在科研上，尚比较涣散，不能集中力量使到刀刃上去。正如科大原常委书记、副校长余翔林在钱临照90寿辰之日所说：“他几十年如一日与科大人风雨同舟，患难与共。科大人哪里有困难，哪里就有他的支持与关心；科大人哪里有成功，哪里就有他会心的微笑；他的全部身心已和科大人的命运及国家科学、教育事业的命运融为一体。”

1999年初，年迈的钱临照先生再次因病住进安徽省立医院。当他得知病情不可逆转时，就提出了“回家”的要求，并表示，就算回到科大校医院，也是“回家”，以此来表达他对科大的深深眷恋。7月26日，钱临照在他所珍爱的科大校园内走完了人生的路程。临终前，他向子女们交代，待他身后，要将他的全部藏书及全部存款献给中国科学技术大学，再为培养年轻人出一把力①。此外，他还要将其骨灰大部分撒在科大的校园内。2000年春，中国科学技术大学在东区校园里树立了钱临照的塑像，塑像旁埋有他的骨灰，让他永远活在科大人的心中。

① 钱平凯：《江汉以濯之，秋阳以曝之——纪念我的父亲钱临照》，载《物理通报》，2002(10)。

继承、发展与升华

——老交大传统与彭康的教育实践

西安交通大学校史与大学文化研究中心　史瑞琼　杨澜涛

摘要:交通大学自建校以来形成了光荣的治学和育人传统。中华人民共和国成立后,在以彭康为校长、书记的一代领导集体的带领下,广大师生员工沿着社会主义的办学方向,以团结务实的作风,扎根西部,使老交大的优良传统得以继承与发展,开创交大办学史上第二个“黄金时代”,为学校在新时期的发展奠定了坚实的根基。

关键词:彭康;老交大;办学;传统

彭康是西安交通大学办学历史上任期最长的一位校长、书记。在他近 16 年的掌校过程中,师生们永远铭记的是他不畏艰难,带领交通大学西迁,为整个西部的高等教育发展作出不朽功绩,留与后世一笔可永炳史册的精神财富。作为共和国老一辈教育家、交通大学西迁丰碑的奠基者,彭康经历着新旧中国更迭、新老交大过渡、上海西安两地办学等多重变迁,集吐故纳新、承东拓西、继往开来等多个历史使命于一身。除带领交通大学西迁外,他以自己的教育实践使老交大传统的内涵精神得以丰富、发展和升华,奠定了西安交通大学较高的发展起点。

一、何谓老交大传统

(一)在革故鼎新的社会主义建设时期,对老交大传统开展总结讨论,体现了辩证思维的扬弃过程

中华人民共和国成立前,交通大学是一所有着光荣传统的著名高等学府,在社会上享有良好声誉。虽然多数师生都认为交大有优良的传统需要继承和

发扬，但是这优良传统的具体内容究竟是什么，却从来没有进行过广泛的讨论，也没有得出比较一致的结论。在1957年全国开展整风运动、教育界“大鸣大放”的背景下，彭康在校整风委员会第一次会议上曾指出：“学校经过院系调整和教学改革所获得的成绩是很大的……是在沿着社会主义道路前进。但其中有少部分人不愿走这条路，还留恋过去没有经过改造的‘老交大’，这就是高等教育上两条路线的斗争。”① 针对当时学校出现的少数人以“老交大”故步自封，偏离社会主义办学方向的现象，彭康提出全校师生要对“什么是交大传统，如何保持和发扬交大传统”② 进行辩论，以辨明大是大非，发挥“老交大”的积极因素，使学校沿着社会主义道路前进。这是学校自建校以来第一次围绕传统问题展开讨论与梳理。

在关于交大传统问题的讨论中，师生们提出老交大传统可以概括为：“师资好、学生质量高、制度严”③，“基础课学得好、教师督促严”④，“教师们勤勤恳恳教学、学生刻苦用功生活朴素”⑤，“民主堡垒阵营”⑥，“重视理论基础和实验”⑦，等等。在彭康倡导实事求是、坚持真理的作风感召下，全校师生畅所欲言，对学生质量、教师质量、教学制度展开了今与昔的比较，对老交大传统进行全面梳理，取其精华、弃其糟粕，体现了辩证思维的扬弃过程。“经过全校四次大会，各教研室近二十次小组会的讨论，大家的意见已经逐渐趋向一致。”认为“提出继承交大传统的目的是要使交大在社会主义建设事业中发挥更大的作用”，因而“有利于社会主义的东西要保持，值得发扬的还要发扬”⑧。1962年彭康请主持全校教学工作的张鸿副校长牵头，组建工作班子，召开教学经验座谈会，系统考察、总结交大自建校以来的教育理念、育人特色和人才培养成果，首次提出交大的办学传统为“门槛高、基础厚、要求严、专业浅”⑨（其中，专业浅的概括是体现老

① 《深入广泛地开展全校性整风，彭校长向全校教职工作动员报告》，载《交大》，1957年9月25日。

② 《整风委员会举行首次会议，确定讨论中心》，载《交大》，1957年9月25日。

③ 《关于交大传统问题的论坛》，载《交大，》1957年9月29日。

④ 《交大有些什么传统？运起系老教师畅抒己见》，载《交大》，1957年10月5日。

⑤ 《机械系教师集会畅谈交大传统问题》，载《交大》，1957年10月5日。

⑥ 《整风委员会邀请熟悉交大的老教师举行座谈会来发掘交大到底有哪些优良传统》，载《交大》，1957年10月10日。

⑦ 《我对交大传统的看法——教师科科长的发言》，载《交大》，1957年11月5日。

⑧ 《辩论交大传统问题的意义何在?》，载《交大》，1957年11月9日。

⑨ 《交大历年来教学经验座谈会纪要（1962年）》，西安交大档案第5卷。

交大重基础,以通才教育为旨归的办学特色)。这12字的总结,对西安交通大学日后的发展具有非常重要的理论与现实指导意义。

(二)历史地看"老交大"优良传统的具体表现

自1962年学校对"老交大传统"总结出12个字以来,老交大的理念精神随着学校的发展壮大被不断赋予新的内涵。回顾新中国成立前的历史,老交大传统的核心理念可以概括为以下几个方面。

(1)兴学强国、追求卓越的办学理念。交通大学自诞生之日起,就担负起为民族振兴、国家富强培养卓越人才的历史使命。盛宣怀以"自强首在储才、储才必先兴学"的兴学强国思想和培养"通达中国经史大义、厚植根柢为基础",兼通西方先进科学知识的"桢干大材"的远大目标为引领,在旧中国尚处于四书五经一统天下的教育格局下,第一次完整地设立了由小学到大学的教育体系,成为拓荒蒙昧的新学先声。唐文治以"造就专门人才,尤以学成致用,振兴中国实业"为宗旨,以培养"领袖人才""奇才异能"的气魄胸襟,先后开办学校最早的三个工科专业,为将交大办成一所优秀的工业大学铸下牢牢根基。而叶恭绰、凌鸿勋、蔡元培、黎照寰等多位校长秉持"造就交通专门人才、力图高深学术之发展"的宗旨,确立交大理、工、管三科并重的办学方针,办出当时在国内堪为一流的工业大学,被誉为"东方MIT"。至抗战时,交通大学不但暂借法租界继续办学,还在重庆大后方设立分校,应国家民族之需,开办新专业,形成学校办学史上未曾有过的"海陆空"齐备的专业格局,并着手培养硕士生,在民族危亡之际,加紧培养大批国家最为需要的专业工程人才。

(2)严谨治学、严格要求的教学特色。老交大在长期的办学实践中,始终坚持严谨治学、严格要求的育人传统。盛宣怀兴办南洋公学,以"参用西制、兴学树人"的远大计划,创建出全新的学制体系,自小学起,招收"颖异之姿,能志于学"之才,坚持严进严出的管理体制,奠定了学校优良的教学传统。唐文治掌校后,倡导"实心实力求实学、实心实力务实业"的办学主张,将教学育人唯严的要求根植于"世界一流"的办学目标中,根植于"百里挑一"的入学门槛中,根植于"功课密、管理严"的教学中,根植于理论实践并重的训练中。无论是20世纪20—30年代的黄金发展时期,还是抗战的烽火岁月,学校严谨治学、严格要求的教学传统从未中止,形成了"起点高、基础厚、要求严、重实践"的办学特色。

(3)工文并重、全面发展的育人风范。老交大"工文并重、全面发展"的教育理念不仅使中华国粹得以保存,更使学子们在学习中陶冶精神、砥砺品行。

唐文治校长提出的“第一等人才”观，贯穿他掌校的十四年，对后继者也有十分重要的指导意义。黎照寰校长以“注重知识的获得、身体的锻炼、道德的修养，充分准备一切，务使成为一个完全的人”为培养目标，孕育英才无数。正是老交大工文并重、全面发展的优良传统，使学校不但发展为最优秀的工业大学，还同时以追求真理著称，在新中国成立前是全国有名的“民主堡垒”。活跃的校园氛围中，走出的不仅是优秀的科学家与工程师，也生长出堪称一流的思想家、政治家、历史学家、文学艺术家和新闻出版家，等等。

二、彭康的教育思想与实践

中华人民共和国成立以后，高等教育的建设与发展效仿苏联的社会主义特色，与民国时期沿袭欧美模式的中国大学发展之路存有质的差别。加之大规模的院系调整，使交通大学在学科设置、师资结构、学生生源方面都较之老交大有极大不同。面对如此巨大的变化，如何使学校能够继承老交大的优良传统，同时结合、借鉴革命老区和前苏联大学的经验，走出一条社会主义的办学新路，对担任交通大学校长、书记的彭康来说，一直是萦绕心际的一个重要命题。

(一)坚持社会主义办学方向，为社会主义建设培养高质量人才

彭康立足于社会主义建设的实际，对学校的发展方向有着深刻的认识。在很多场合，他提及交大的培养目标是学生“毕业后能当工程师”，要为社会主义建设输出“各专业需要的高级工业技术人才”①。当时国家的办学方针是“教育为无产阶级政治服务、教育与生产劳动相结合”“培养有社会主义觉悟的有文化的劳动者”。教育界在执行中曾出现一些偏差，对劳动者这一培养目标片面理解。然而，彭康对当时国家的情况看得是很清楚的，他说：“我们国家一穷二白，在很大程度上是要依靠科学家来改变，这就是政治任务。我们是政治和业务统一。政治是灵魂，但科学家如果没有业务，就成为政治科学家。”② 他坚持为社会主义建设培养高质量的科技人才，明确提出“作为一所多科性工业大学”，西安交大“就是要培养为科学现代化服务的人”③，尤其要更加重视拔尖人才的选拔与培养，“我们希望能培养出大科学家”，“要多培养几个钱学森，甚至比他更好

---

① 彭康：《1961 年 4 月 18 日在调研交流会上的讲话》，西安交大档案第 49 卷。

② 彭康：《1916 年 6 月 10 日在向全校师生员工传达最近中央教育工作会议上陆定一部长关于百家争鸣百花齐放的重要指示以及中央文科教材会议期间周扬等同志报告的有关精神时的讲话》，西安交大档案第 49 卷。

③ 彭康：《1965 年 6 月 26 日在全校教学研讨会上的讲话》，西安交大档案第 11 卷。

的”[①]。他的这些高远目标,明确了交大是要为社会主义建设培养第一流的科技人才的发展方向,也是老交大一贯坚守的为国家民族需要培养栋梁俊彦的进一步体现。

(二)尊重教育规律,努力提高教学质量

早在1955年彭康便提出学校工作应始终“面向教学、面向学生”,强调要努力提高教育教学质量。为此,在政治运动频起的特殊年月,彭康力顶政治压力,为稳定学校教学秩序付出巨大努力。他深入教学一线、走访调查研究、尊重教育教学发展规律,强调高校是通过完成培养高质量人才的任务来实现全民政治任务的。在全国曾一度出现教育质量下滑局面时,西安交大及时采取措施,使教育质量下滑的趋势迅速得以扭转。这在当时全国高校中是转变较早的。

在围绕培养高质量人才所采取的系列举措中,也使老交大“起点高、基础厚、要求严、重实践”的育人特色得以进一步发展。彭康坚持学校要有较高的办学起点,即“赶上世界科学技术先进水平、攀登科学技术高峰”[②]。而学校优中选优的高门槛录取,在交大西迁的头一年便得以体现。1956年,学校各专业招生成绩普遍高于上年,创造了意想不到的奇迹。“交大到哪里我就到哪里”成为当年的一句名言。随着1956年招收的学生全部在西安报到,“起点高”的优良传统从此深深扎根在古都西安。

在教学内容方面,随着学校规模的持续扩大,专业学科得以较快发展,由此带来的是对基础课程的削弱,特别是在1958年至1960年“教育大革命”期间,这一问题尤为凸显。针对这个情况,彭康一再强调:“学生到学校来的任务是学习最基本的东西——基础理论、基本知识和基本技能。”提出还是按基础课、基础技术课、专业课“三级火箭”分类,循序渐进,“先打基础,再建高楼”[③]。为此,学校专门修订教育计划和教学大纲,贯彻以教学为主,恢复基础课、基础技术课和专业课的三级式安排,加强基础理论课程,打好学生的“三基”;20世纪50年代学校于全国高校范围内,率先成立了一年级办公室,后来又建立了二年级办公室,以加强基础理论的教学工作。

与“起点高”“基础厚”相辅而成的便是严格的管理。“严谨、严格、严密”是彭康常提的“三严”要求。他要求学校上下从教学到科研“三严”的作风要一以

① 彭康:《1960年在一次党委常委会上的讲话》,西安交大档案第020卷。

② 彭康:《1965年6月26日在全校教学研讨会上的讲话》,西安交大档案第11卷。

③ 彭康:《1965年6月26日在全校教学研讨会上的讲话》,西安交大档案第11卷。

贯之。他积极组织力量，制订科学的教学计划和一系列保证学校正常教学秩序的规章制度，如规范学籍管理，严格学生报到注册制度，修订学生成绩考核办法等。他要求教师对学生在各个教学环节都应该严格要求。而教学检查则是每学期教学工作中必有的项目。无论是主管校领导还是教研室主任都会经常深入教学一线查找、解决问题和困难。

要求严的同时，是贯彻“少而精”和“理论联系实际”的教学原则。为了扭转“教育大革命”中出现的以生产劳动代替教学和实验的情况，彭康以一个马克思主义理论家、革命家、教育家的涵养和高度，运用辩证唯物论的观点和方法，讲透了理论与实践的辩证关系、一般到特殊的认识规律，强调学生是在理论联系实际的过程中培养创造能力的。为此，他极为重视实验技术课的安排和实验室的建设。学校西迁后，一批崭新的校内实验室和校办工厂相继建成。学生的实习实验均有严格规范的制度加以保障，不但要求更高，时间也得到充分保证。“真枪真刀”的毕业设计成效突出，在高教部组织的会议上进行了重点介绍，在全国范围内产生了重要影响。

（三）重视师资培养，建设一支又红又专的教师队伍

彭康对教师队伍建设非常看重。他曾明确指出要很好地完成国家交给的任务主要依靠两条：一是党的领导，一是教师队伍。他对建设一支又红又专的教师队伍有着深刻的认识。针对当时高校内曾有的“红专不可兼得论”“先专后红论”等思想，彭康指出：“我们既要红又要专，在红的基础上专，这红，我个人认为在要求上，在红的程度上有所不同。对我们科学技术人员来讲，主要还是指科学技术，因为你的专业就是你的事业。”“教师培养的学生要又红又专，因此教师要起模范作用，教师红专统一学生也会红专统一。”[①] 他将建设一支又红又专的师资队伍一直作为学校重要的战略任务亲自主抓。1954 年交大在全国首先设立了教师科，统筹管理教师的学习、进修、晋级等工作。他认真贯彻党对知识分子的政策，通过调查研究，实事求是地对知识分子作出恰当分析。1956 年，他主持制定了发展高级知识分子入党的五年计划，紧密依靠党组织帮助教师正确处理好红与专、科研与生产、理论与实践等关系。

交大西迁以后，新建了很多新兴专业，更加迫切地需要充实和加强师资队伍建设。对于此，彭康一方面团结、依靠老教授，发挥他们在教学、科研中的“传

---

① 彭康：《1963 年 5 月 10 日在师资培养经验交流会上的总结讲话》，西安交大档案第 53 卷。

帮带”作用,另一方面对青年教师加紧指导和培养。他鼓励青年教师边学边干、边干边学,循序渐进、扎扎实实打好基础。然而即便是在师资紧缺的情况下,学校对教师的业务要求仍然坚持严格的标准。青年教师从参与答疑、辅导习题、辅助实验等课堂教学环节入手,再通过严格的试讲关,才能正式登上讲台。关于教师的进修安排也是立足长远、有计划地实施。如对重点培养对象制订进修提高三年规划,并保证他们有 1/3 以上的业务时间用于进修提高;选派大批中年教师出国或在国内其他高校进修;开办俄、英、德、日等 12 个外文进修班,帮助教师提高外文水平。针对当时政治、生产运动曾一度出现冲击教学的情况,在彭康的主持下,学校制订了《教师进行考核的试行规定》《保证教师有必要的业务工作时间的规定》《教师工作量计算办法试行规定》等,对教师开展工作进行制度上的保障。

(四)加强思想道德建设,大力倡导“三活跃”思想

彭康十分重视师生的思想教育工作,早在 1955 年交通大学召开的首届党员大会上,他就谈到:“要把学生培养成全面发展的人,既有科学知识又有共产主义品德的思想。……要让他们关心国家大事,培养他们服从国家计划,执行党的政策的精神,要使他们具有集体主义的观念……”① 他对提升学生的道德品质和修养有着深刻的见解。他在全校学生大会上勉励青年学子要坚定地走社会主义道路,要做共产主义思想的新人,树立群众观点、劳动观点、辩证唯物主义观点,要有革命精神,要敢于承担责任。为了加强思想道德教育,自 1955 年起,学校着手成立政治辅导处,1961 年开始学生各年级设立政治辅导员。思想政治理论课被列为思想政治教育的重要方面,由党委领导主抓。彭康也曾亲自为师生员工讲授马克思主义理论方面的课程,帮助广大师生树立正确的世界观、人生观、价值观。

在重视思想教育的同时,彭康提出整个学校的思想氛围、学术氛围、文化氛围都要活跃起来,所培养的人才是“政治坚定、思想活跃、业务较好、身体健康、有创造精神的革命者……不是思想简单,没有创造精神的书呆子”②。所以学校要努力为学生们“营造一个生动活泼的教育局面,一个生动活泼的政治局面,使

① 彭康:《1955 年 1 月 28 日在中共交通大学首届党员大会上所作的报告》,西安交大档案 1955 年第 11 卷。

② 彭康:《1965 年 9 月 22 日在全校教职工大会上传达高教部政治工作会议精神时的讲话》,西安交大档案 1965 年第 11 卷。

学生德智体等方面生动活泼主动地得到发展”，要“表现出青年人朝气蓬勃、生动活泼、团结友爱、互相帮助的精神”，“要让学生看各种书，思想才不会僵化”①。思想活跃的同时，学习也要活跃起来。为此，彭康在教学方面提出改革设想，使学校在因材施教、培养拔尖人才方面迈出大胆探索的步伐。此外还要有活跃的课余生活。他对老交大“体育好、西文好”的传统颇为赞赏，强调“要保持球类优势，这是交大的传统”②。“思想活跃、学习活跃、生活活跃”的“三活跃”思想是对彭康育人理念的贴切总结，也是对老交大传统的凝练升华。

（五）胸怀国家战略大局，带领交通大学完成西迁使命

1955 年 4 月，基于社会主义工业建设、高等教育布局、国防安全等考虑，国务院作出交通大学西迁的决定。对此，彭康是积极拥护、身体力行的。他从社会主义建设的战略大局和学校发展的长远利益出发，坚决支持迁校并迅速采取行动。1955 年 4 月接到迁校指示；5 月即赴西安勘察校址；10 月动工西安新校址的基建建设；次年 8 月，第一批迁校的师生员工到达西安准备上课。这些都反映出以彭康为领导的新一代交大人将个人利益与国家利益相结合，为了社会主义的建设事业，甘愿从繁华的大上海来到荒芜的大西北艰苦创业。而当 1957 年迁校工作在“大鸣大放”背景下出现反复时，彭康坚决拥护周恩来总理提出的支援西北的方针不能变，从对西北有利、对陕西有利、对交大本身发展有利来看待迁校问题。为此，他发挥党组织的战斗堡垒作用，动员老教授，在师生中做了大量艰苦细致的工作，统一了全校的思想，顺利完成了迁校任务。在 1959 年国庆期间，当“西安交通大学”的校牌第一次出现在学生游行队伍中时，广袤的大西北自此拥有了第一所多科性的国家重点工业大学。这是交大人又一次在民族复兴、国家富强的伟大征程中印刻下的光辉足迹，留下垂范后世的西迁精神——“胸怀大局、无私奉献、弘扬传统、艰苦创业”③。

三、彭康的教育实践是对老交大传统的继承、发展与升华

彭康掌校的那十几年，中国的高等教育正处于社会主义建设的探索时期，经历了教学改革、教育革命、试行“高教六十条”等几个阶段。在“大跃进”“反

---

① 彭康：《1961 年 4 月 19 日对当前团支部工作的意见》，西安交大档案 1961 年第 8 卷。

② 彭康：《1961 年 4 月 18 日在调研交流会上讲话》，西安交大档案 1961 年第 49 卷。

③ 经 2005 年 12 月 6 日西安交大党委常委会议审议批准，交大西迁精神概括为“胸怀大局，无私奉献，弘扬传统，艰苦创业”16 个字。

右斗争”等社会环境影响下,高校曾一度出现打乱教学秩序、陷入政治运动漩涡的局面。西安交大的师生至今都不会忘记,彭康为稳定学校教学秩序、提高教学质量所付出的艰辛努力。在彭康一系列具有远见卓识的教育思想的引领下,西安交大师生以务实肯干的作风,扎根于西北,使交通大学出现了一个新的“黄金时代”①,在全国取得了较好的地位。1959年,西安交大与上海交大一起并列为全国首批16所重点建设高校中的两所。学科建设从迁校前的7系23个专业发展至迁校后的7系39个专业。后经合理布局调整,至“文革”前稳定在6系25个专业的学科规模。不但保存老交大机、电、动等传统学科的优势,还新设置了无线电、原子能等尖端、新兴专业。恢复了院系调整后从交大分出的理科专业,为学校形成理、工结合的多科性工业大学铸下坚实根基。实验室面积扩展为上海时期的3倍之多,至“文革”前,全校共有实验室38个,以物理、电工基础、热力学等课程实验为重点,能够满足教学和科研的基本需求。在校学生数量稳步发展为8 000人的规模,为老交大培养人数总和的近1.5倍。建成当时全国高校首屈一指的图书馆大楼,至1965年底,图书馆藏书增加至70万册。

教学方面在全国高校主抓教学质量工作中起到示范作用,并受教育部委托先后拟定全国高等数学、普通物理等12门基础课程和电机与电器、计算技术等10门专业课程的教学大纲初稿。教材编写方面, 20世纪60年代全国高校热工学、电工基础、电工学、工业电子学、金属工学等5门技术基础课程中,有2门部分选用西安交大教材;全国工业类182门专业课程教材,选定西安交大编写、翻译的课本有74门,接近半数之多;受教育部、一机部委托,完成14本高等工业学校基础课和各类专业课程的指定教科书编写工作。科研方面,培养了一批研究骨干力量,取得很多理论成果。在国家1963年制定的科学技术发展十年规划中,西安交大承担了32个规划、120个中心问题中的257个课题的研究任务。学校研究生培养工作按照“保证质量、严格要求”的方针,进入到一个新的发展阶段,曾于20世纪60年代受教育部委托草拟《全国研究生培养暂行规定》。师资建设过程中注重青年教师、重点教师的培养工作,至1965年年底,全校教师人数突破千人,其中正、副教授82人,比1956年刚迁校至西安时正副教授人数多出近一倍。西安交大的师资培养工作曾作为范例在全国范围内宣传推广。

从上述事例可以看出,彭康以一个马克思主义思想家、无产阶级革命家的本色,从中国长远发展的战略高度,定位高等教育的目标与方向,坚持为社会主

---

① 20世纪20—30年代,交通大学隶属民国政府铁道部,此阶段学校在学科建设、人才培养、师资队伍、硬件设施等方面得到空前发展,被誉为交大发展的第一个“黄金时代”。

义建设培养高质量的科技人才，坚持实事求是与调查研究，尊重教育的客观规律，注重师资培养和思想道德建设，为西安交通大学的发展奠定了较高的起点。他的教育思想与实践，不仅使老交大追求卓越、严谨治学、培养全面发展的优秀人才的理念传统得以保持，还注入了新的内容和精神，使老交大传统得以丰富、发展与升华。可正因为这一点，使他在“文革”中多出一条“宣扬老交大传统”的罪状，这是多么的令人痛心。

今天，在纪念彭康校长 117 周年诞辰的庄严时刻，我们当永远铭记，在以彭康为校长、书记的一代领导集体的带领下，在广大师生员工的团结努力下，西安交大方方面面曾取得骄人成绩，也正是这些成绩为学校日后的腾飞创造了良好的开端，奠定了发展的基石。

范绪箕大学教育思想及其在上海交大的实践

上海交通大学党史校史研究室　孙萍

摘要：范绪箕是我国著名力学家和航空教育家，是上海交通大学第36任校长。范绪箕大学教育思想的核心理念是“建立具有中国特色的社会主义高等教育体系”，即要取人之长、补己之短，结合具体的国情、校情走出自己的大学发展路径。其具体内涵及实施途径是：在学科建设方面，力求扬长避短，构建理工文结合的学科综合布局；在人才培养方面，贯彻因材施教原则，培养高层次的工程科学技术人才；在科学研究方面，注重科教相长，发展高新科技及拓展科研协作。范绪箕教育思想在上海交大的成功实践，使学校顺利度过了改革开放初期高等教育转型最困难的关键期，为学校在新世纪创建世界一流大学打下了坚实的基础。

关键词：范绪箕；教育思想；上海交通大学；教育改革

范绪箕（1914—2015），江苏江宁人。他是我国航空航天发展史上充满传奇色彩的百岁科学家，先后主持建成我国第一座3英尺（91.44厘米）低速风洞和亚音速、跨音速、超音速风洞，领导我国第一架无人驾驶靶机的研制工作，率先开展热应力理论和实验应用方面的研究，耄耋之年仍勤于科研，领衔冲刺航天飞机的热防护系统研究，在高温应力、蠕变、焊接相变、振动、损伤等诸多领域取得了卓越的成就。

范绪箕的一生，不仅奉献给航空航天事业，而且奉献于高等教育事业。他终身致力于航空专业的教学科研和高教管理工作，先后任职任教于浙江大学、华东航空学院、南京航空学院，1955年被评为当时我国航空院校中唯一的一级教授。1979年3月，范绪箕从南京航空学院调入上海交通大学工作，同年9月任上海交大党委委员、副校长，1980年4月至1984年2月就任上海交大第36任校长。时值中国改革开放初期，中国高等教育如何快速走出“文革”阴霾，“摸索创造我们自己的、符合为社会主义四化建设培养人才的教育制度"①,是摆在每一位高教工作者面前值得深思的重大课题。在学校党委的统一领导下,谙熟美、欧、俄教育体系的范绪箕,取各家之所长,结合我国实情,积极探索"建立具有中国特色的社会主义高等教育体系"②,大力推行上海交大教育改革,取得了丰硕的成果。总结范绪箕执掌交大期间的办学思想与实践,对于今日中国高校探索建设世界一流大学具有重要的理论意义和实践价值。

一、范绪箕大学教育思想的形成及其核心理念

范绪箕大学教育思想的形成,与其学贯中西、兼容俄美的学术成长经历有着密切的联系。他出身名门,父亲范其光是清政府选派的第一批留俄学生,母亲李国奎是晚清洋务大臣李鸿章之兄李瀚章的长孙女。在崇文重教的家庭书香之气熏陶下,范绪箕从小就接受优越的中西合璧式教育。1925 年至 1935 年,范绪箕就读于哈尔滨工业大学(原名哈尔滨中俄工业大学校)预科班和机械系本科,获机械工程学士学位。1935 年 12 月赴美国加州理工学院留学,师从世界航空学界泰斗冯·卡门(Theodore von Kármán)教授,攻读机械和航空工程专业。1937 年获加州理工学院机械工程硕士学位,1938 年获航空工程硕士学位,1940 年通过航空工程博士学位的全部课程考试,在母亲的催促下仓促回国。他的论文在国内工程师学会举行的 1942 年年会上被评为最优奖。

十年哈工大求学经历和五年加州理工学院留学经历,使范绪箕对俄式、美式大学教育有了直接而又深切的体会。晚年,范绪箕回忆说:原哈工大的俄式大学教育和美国大学教育是不一样的。俄式的课堂教学以理论为主,教师在课堂上推导公式非常仔细和严谨,但习题很少,考试也主要考核学生理解理论的程度;俄国在工科教育方面还特别重视制图和现场实习,这对于提高学生的认知和动手能力有很大帮助。美国大学课堂教学则没有俄国那样严格,但课外习题极多,尤其是低年级的课程;到了研究生的最后阶段,课程要求和一般俄制类似,不再有大量习题,如果有便是比较大的课题了③。

范绪箕作为冯·卡门迁美后的第一位中国学生,导师的教学理念及其言传

---

① 范绪箕:《解放思想,大胆前进,为赶上世界先进水平而努力》,载《上海交大》,1980 年 5 月 27 日,第 2 版。

② 《范绪箕教授谈建立我国高等学校体系问题》,载上海市高等教育研究所:《情报与建议》,1984-11-25:1-6.

③ 孟雁,吴志军:《航空报国、杏坛追梦:范绪箕传》,上海:上海交通大学出版社,2015 年。

身教,对范绪箕的影响尤为巨大。在科学研究和指导学生方面,冯·卡门一直坚持科学创新,坚持理论联系实际,强调培养学生独立思考、自己动手解决问题的能力。范绪箕跟随冯·卡门做科研课题,第一个题目是用光弹性测定方法来验证卡门的结构"有效宽度"理论[①]。冯·卡门希望他能用光弹性这一当时最新的测试方法来论证已经被解析方法证明的理论。这种科研选题思路后来被范绪箕称作为"老题新作"。当时,加州理工学院还没有开展光弹性实验的研究设备,范绪箕只能利用已有的废弃设备和部件组装所需要的试验装置。这不仅锻炼了他自学和动手能力,也使他充分意识到加强实践环节训练的重要性。

1940年范绪箕归国后,怀着航空报国的志向,选择航空教育作为他孜孜以求、奋斗一生的事业。1945年,他创建浙江大学航空系并任系主任,主持制定课程设置、教学大纲并建成风洞实验室,使浙大航空系在国内声名鹊起。1949年,范绪箕担任浙江大学总务长。1952年全国院系调整,国家决定合并交通大学、南京大学、浙江大学的航空系,在南京组建华东航空学院(1956年内迁西安,更名为西安航空学院;1957年与西北工学院合并为西北工业大学)。范绪箕奉命主持合并筹建工作,带领师生员工顺利完成搬迁和安置工作,并及时开展正常的教学工作。华东航空学院成立后,范绪箕先后任院务委员会主任、副院长兼教务长。1956年,南京航空工业专科学校改制为南京航空学院(1993年更名为南京航空航天大学),范绪箕调任南京航空学院副院长。自此他坚守岗位23年,在建院改制、教学科研、师资培养、设备建设等关键环节上为南航的跨越式发展倾注了巨大心力。范绪箕作为浙江大学航空系、华东航空学院、南京航空学院的创建人及主要领导人,为中国大学航空教育发展和人才培养作出了重要贡献,其大学教育思想具体地体现在以上各个阶段的实践中,同时这些实践也不断丰富和完善了其大学教育思想。

1979年,范绪箕调任上海交大,翌年出任上海交大校长。这是他从事高教管理工作的最后一站。虽然他掌校时间并不长,但在为期4年的交大校长任上,他集40载高校管理工作经验之大成,高度重视中国高等教育的现代化建设,明确提出要"建立具有中国特色的社会主义高等教育体系"。他在1980年5月24日任职讲话中指出,学校要改革,要发展,"仅仅恢复到'文化大革命'以前的状况是不够的","仅仅抄袭某一国家的教育制度也是不够的";我们必须解放思想,大胆前进,"既要学习一切经验,又不能简单抄袭,要取其所长以为我

---

① 孟雁,吴志军:《航空报国、杏坛追梦:范绪箕传》,上海:上海交通大学出版社,2015年。

用，摸索创造我们自己的、符合为社会主义四化建设培养人才的教育制度，这就是我们教育工作上的一个新课题，是我们应为之而学习而研究而奋斗的新任务，同时也是我们义不容辞的光荣责任”[①]。此后，范绪箕在多次讲话中谈到，“我们有我们的国情，我国是社会主义国家，我们办教育不能照搬国外的经验，要走中国自己的道路，但国外的经验可资借鉴”[②]。他特别强调，我们应该抓住改革开放的大好时机，“结束抄袭外国高等教育制度的历史，真正摸清自己的国情，建立具有中国特色的社会主义高等教育体系”[③]。

范绪箕主张“建立具有中国特色的社会主义高等教育体系”的思想，是从办学之道根本上着想的。他谙熟美、欧、俄教育体系之所长，更对新中国探索高等教育发展道路的实践深有体会。他坦言：“我们曾经全面学习苏联，这就是一个沉重的教训。”[④] 他认为，西方国家在科技教育等许多方面要比我国先进得多，但我国绝不能盲目地按照某一种模式照搬照抄，随波逐流，而是要把外国教育中好的经验做法移植过来，再结合本国自身情况来办理。简言之，要取人之长、补己之短，结合具体的国情、校情走出自己的大学发展路径。这一核心理念的提出，可以说是范绪箕多年办学经验的总结，是其大学教育思想的最高凝练。

二、范绪箕大学教育思想的内涵及其实践

范绪箕对“建立具有中国特色的社会主义高等教育体系”的论述不是笼统的，而是具体的。他从高等院校学科建设、人才培养、科学研究等关键办学要素方面，明确地提出了详细要求和实施途经，并在改革开放初期上海交大教育改革的实践中具体落实推进，取得了显著的办学实效。

（一）扬长避短，构建理工文结合的学科综合布局

学科是大学承载教学、科研和社会服务的基本单元，学科建设是大学建设的核心。新中国成立以后，中国高等教育参照前苏联高等教育模式进行了大规模的院系调整，分别成立文理结合的综合性大学、多科性的工科大学以及许多

---

① 范绪箕：《解放思想，大胆前进，为赶上世界先进水平而努力》，载《上海交大》，1980年5月27日，第2版。

② 孟雁，吴志军：《航空报国、杏坛追梦：范绪箕传》，上海：上海交通大学出版社，2015年。

③ 《范绪箕教授谈建立我国高等学校体系问题》，载上海市高等教育研究所：《情报与建议》，1984-11-25：1-6.

④ 范绪箕：《我与上海交大的教学改革》，载《思源》，2014（4）：66~71页。

单科性的工学院和医、农、师范等独立学院或大学。这在很大程度上整合了教育资源,满足了建国初期国民经济建设对专业人才的急需。但由此而形成的“理工分家”格局下的工程教育,由于系科设置的减损和学科综合性的丧失,难以适应当代科学技术的发展,在培养学生的创造力和学校的长远发展方面均带来明显影响。有着丰富办学经验的范绪箕清楚地意识到这一点,他极力主张上海交大要从“单一工科”走向“理、工、文结合”①,扬长避短,构建综合性学科布局。

范绪箕对学科综合性有着精辟的论述,他指出“科学技术的发展是各门科学技术互相渗透的结果,并且由此产生了一些边缘学科。现在所谓的技术科学、应用科学,都是许多学科杂交产生的”,“理工文医都应结合才能促进学术发展,创造新的学科”②。范绪箕结合上海交大学科及专业设置状况,明确提出学科建设思路:应该恢复理工,以工为主,走理工结合的路;工科专业的拓展,着重点放在发展电子计算机上;同时也相应地发展文化艺术,以文为衬托,给学生提高文化修养。他认为,学科布局重在“扬长避短”,“所谓‘扬长避短’并非‘因循守旧’‘抱残守缺’,而是要‘推陈出新’,以达到扬学科之长避学科之短”③。

范绪箕就任上海交大校长伊始,即根据学校建设综合性理工大学的目标,致力于推动理工结合、文理渗透的学科布局和建设。

一是支持理科系的重建与发展。继 1978 年学校重建应用数学系、应用物理系和工程力学系, 1979 年又恢复建立应用化学系。在当时全国工科院校中,上海交大较早恢复应用理科,创造了理工结合的环境和条件。应用理科专业在加强理科基础的同时,利用学校工科力量较强、学科门类宽广的优势,充分注意加强工程意识,明确科技应用方向,取得了较好的教学效果。随着新建理科系学术水平的提高,范绪箕还要求各系逐步突破“应用”的局限,向具有较厚基础科学研究水平的理科系迈进。

二是改造传统工科,增设新兴学科。从 1979 年起,上海交大采用“积极慎重,逐步过渡”的办法,对原有专业设置进行了调整,以相同或相近学科的工程大类为基础,将原设置的 25 个专业合并为 12 个大专业,拓宽专业面。在此基础上,范绪箕主张紧跟新科技革命,更新学科体系,推进学科的综合、渗透、交叉。例如,把传统力学和声学结合起来,发展成一门与工业生产密切联系的振

---

① 范绪箕:《我国高等教育的现代化问题》,载《教学研究》,1981(1):1~5 页。

② 范绪箕:《我国高等教育现代化问题》,上海交通大学档案馆藏,长期 4381。

③ 范绪箕:《祝贺与希望》,载《南京航空学院学报》,1986(3):3~4 页。

动冲击噪声新兴学科；鼓励发展电子计算机、生物技术、半导体等当时国际科技界的前沿专业；在电子、自控、材料、仪器等系科增设与微电子信息技术软硬件紧密衔接的新学科，以求耦合互动，整体推进；较早建立起高性能的计算中心并向全校开放，从硬件上促进各学科与现代信息技术的融合。

三是恢复管理学科，创办人文学科。1979 年，学校重建工业管理系；1982 年，又建立系统工程研究所；1984 年，在工业管理系和系统工程研究所联合扩建的基础上，正式成立管理学院，这标志着上海交大恢复理、工、管相结合的学科格局。与此同时，学校顺应新时期自然科学与社会科学高度融合的发展趋势，增设人文社会学科，1979 年创办科技外语系，1981 年成立文学艺术学科办公室，1985 年成立社会科学及工程系、文学艺术系和体育系，为全校大学生加强人文素质教育创造了条件。

在老学科获得改造更新、新学科陆续萌发或恢复重建的基础上，范绪箕进一步提出发展跨学科教育的思想。他说："跨学科科研与教育，是当代科学技术和教育发展的重要标志之一。作为重点大学来说，必须有计划、有步骤地积极建立跨学科的组织。""开展跨学科教学，要建立跨系委员会和研究中心，明确其职责范围以及和各系教研室的关系，并订立一些规章制度，同时还要大力进行思想工作，加强协作，破除本位主义。"① 在他的推动下，1982 年学校打破系、教研室间的界限，成立了海洋工程、能源工程、热科学、系统工程、生物医学工程、环境工程 6 个跨系学科委员会。这一举措，堪称上海交大学科体系走向"合纵连横"的先导，在促进新兴学科的发展，发挥多学科配套的优势，开展重大科研课题联合攻关等诸方面发挥了积极作用。例如，海洋工程跨系学科委员会组织船舶及海洋工程系、机械工程系、动力机械工程系和自动控制系等 4 个系 7 个专业近 50 名教师的研究队伍，与胜利油田科技人员共同奋战近 10 年，完成了"胜利二号极浅海步行座底式钻井平台"研制工作。生物医学工程跨系学科委员会把机械、高分子材料、电力、计算机、生物、医学、力学等多方面人才组织起来，完成单自由度和三自由度肌电假肢研究。

（二）因材施教，培养高层次的工程科学技术人才

培养高素质人才是高校的第一要务。范绪箕通过组织毕业生调查，全面了解国内科技界、工程界对于理工科高校培养人才的新要求，考察和分析了国外

① 范绪箕：《改革理工科高等教育的一些问题》，见张锲：《中国改革开放二十年：农村改革、科教文卫体制改革卷》，北京：中央文献出版社，1999 年，551~552 页。

著名大学办学的新动向,提出了20世纪80年代上海交大人才培养目标,即培养德智体全面发展的"高层次的工程科学技术人才"①。他身体力行坚持以教学为中心,强调"要培养出类拔萃的人才,一个重要的关键是改革大学教学"②。在他的大力推动下,学校广大教师解放思想,大胆实践,在本科教学改革与建设方面取得了突破性进展。

其一,革新教学方法,倡导启发式教学,注重培养学生的智能。范绪箕认为,"满堂灌""抱着走"的教学方法,是违背教学工作客观规律的,不利于培养出类拔萃的人才;必须要打破旧观念,变"抱着走"为"扶着走",从以灌输知识为主到充分发展学生的智能,培养学生独立工作能力。围绕着发展学生的智能和素质,学校从1982年至1984年相继开展各类教学方法改革实践。本着"课堂教学要有点探索性、实验教学要讲点设计性、考试方法要看一点创造性"③的精神,精选教学内容,改革课堂讲授,在基础课、技术基础课和部分专业课中采用启发式、讨论式教学方法;打破常规实验模式,开放实验室,开设设计性实验,培养学生的实验动手能力;更新考试方法,在考试、考查中发挥学生创见,在毕业设计中引入计算机应用,为学生主动猎取知识、发展能力创造条件。每推行一项教学方法新举措,范绪箕总是亲自去课堂听课,与教师学生一起讨论,总结改革经验,先抓典型再推广应用。

其二,实行因材施教,在面向大多数学生的同时不拘一格培养拔尖人才。范绪箕认为,大学本科教育的知识面要宽一些,要给学生打下坚实的学科基础;学校在面向全体学生智能培养的同时,也要注重"人才开发",贯彻因材施教原则,发挥优秀学生的学习潜力,使他们更快地成长。据此,学校推行一系列体现因材施教的教学制度改革,先后实施学分制、选修制、导师制和选优制。1979年,全校推广试行学分制教学,修订教学计划,调整理论课与实践性教学环节的安排,确定各专业的侧重方向和主干课程;建立校、系两级必修课、选修课的课程体系,允许学生跨学科、跨专业、跨系选修课程;由讲师以上的教师担任导师,了解学生的学习情况,指导学生选修有关课程,培养学生独立工作能力。上海

① 范绪箕:《高等工程教育要实行多层次化》,载《高等工程教育研究》,1983(2):32~36页。

② 《上海交大校长范绪箕认为:要培养大批出类拔萃人才,改革大学教学是重要关键》,载《文汇报》,1980年6月25日,第1版。

③ 《回顾五年来我校教育研究工作》,见上海交通大学党委办公室:《上海交通大学管理改革初探》,上海:上海交通大学出版社,1983年,408~413页。

交大是新中国成立后较早试行学分制教学的高校之一，虽然这一时期实施的学分制教学仍属于学年学分制的模式，但经过几年的探索实践，在搞活本科教学、贯彻因材施教、促进教学建设等方面取得了初步成效，不仅保持了老交大“起点高、基础厚、要求严”的优良传统，还具有计划性和灵活性相统一，鼓励冒尖等新特点。1981 年，学校建立起优秀学生选拔培养制度——选优制。每一届优秀学生的选拔分别在一年级、三年级时分两轮考核进行，通过德智体全面衡量，确定优秀生和优异生名单，由院系制定专门的培养方案，从师资配备、跨系选课、图书阅览、奖学金发放、考研就业等方面提供相应的学习条件，给予更多的关心和帮助。学校在全体学生中实行选优制度，极大地激发了广大学生的学习热情，有力地推动了本科教学质量的提高，为一批优秀人才脱颖而出创造了条件。

其三，加强全校师生的英语水平，力推首批世界银行贷款留学生出国深造。范绪箕认为，理工科大学的师生一定要牢牢地掌握一门外语，特别是英语，否则就难以与外国学者交流，跟上乃至引领世界先进科学技术发展新方向。针对广大教师因受“文革”影响，外语能力较为薄弱的现状，学校先后开办英语、日语、德语进修班共 35 个，参加进修的教师有 1 235 人次。学校还高度重视本科生外语训练，改革传统的外语教学方法，在基础外语教学阶段提出“读、听、写、说”的教学要求，在专业外语教学阶段把外语教学和专业课程教学结合起来，着重提高大学生的专业外语水平。经过一段时期的努力，学校本科教学形成了连续 4 年外语教学“不断线”的传统。

自 1978 年秋上海交大组建新中国成立后第一个高校代表团出访美国，学校始终走在中国高等教育对外开放的前列。1983 年，范绪箕利用世界银行贷款，选送 38 位优秀的交大学子出国留学，并亲自为每位学生联系美国、加拿大、英国、德国等一流大学的导师。此举打破了当时国内只派进修教师出国的传统做法，上海交大成为第一个选派研究生出国学习的高校。后来，这 38 位“世行生”学有所成，大多成为各个领域的佼佼者，如美国密西根大学终身教授、上海交大密西根学院荣誉院长倪军，美国哥伦比亚大学终身教授姚一心，美国罗格斯大学终身教授卢毅成，上海会畅通信股份有限公司 CEO 黄元庚，软银中国资本主管合伙人华平等。

（三）科教相长，发展高新科技及拓展科研协作

高校科学研究是发展和传播科学文化的重要方面，是强化学科建设、锻炼师资队伍、培养优秀人才的重要途径。1977 年，邓小平以政治家的敏锐眼光，对

高校科研工作提出要求:“重点大学既是办教育的中心,又是办科研的中心。”①“高等院校,特别是重点高等院校,应当是科研的一个重要方面军……重点大学都要逐步加重科研的分量,逐步增加科研的任务。”② 根据这一指示精神,上海交大于 1978 年召开向科学技术现代化进军誓师大会,明确提出建设科学研究中心的目标。范绪箕校长到任后,以多年亲历高校教学科研第一线的丰富经验,对学校科研工作提出了独到的见解。

范绪箕指出,“知识的废旧率是很高的,如不自己从事研究,开发新的知识,高等教育就会落后。因此在高等学校必须开展科研”③。他强调:“科学研究的主要方向应该放在发展学科和培养高层次的人才上”,要把出成果与出人才结合起来;高校科研“以发展高新科技为目的”,要用“战略眼光”看待“科研与经济的关系”,既要看到技术服务所带来的近期经济效益,又要考虑到远期的基础性研究对于国民经济的深远影响。他形象地比喻说:“在科研上既要抓‘下里巴人’,也要抓‘阳春白雪’。”④ 晚年,范绪箕在总结科研心得时,还语重心长地告诫师生:开展研究工作必须要理论联系实际,要具备辩证思维,要有合作精神和创新精神,要坚守科研道德观。如果这五点都做到了,那就是一名合格的研究人员⑤。

在范绪箕等学校党政领导的重视下,上海交大自 1979 年起探索科研管理改革,实行科技成果奖励制度、科研收益留成基金制度和科研课题合同制,扩大系(所)在科研工作中的自主权,为教师和科研人员创造自主、宽松的科研环境,形成良性的科研激励机制。学校重视科研基地建设,先后恢复、调整和新建一大批研究所(室)、跨系委员会和实验室,从系统构成和组织管理上保证了学校科研工作的稳定性、综合性和创新性。学校积极开拓科研渠道,国家有关部委下达的课题、省市有关部门的招标课题以及学校发展规划提出的课题和各系(所)教师个人自选的课题,有力地支持了一大批科研项目的开展。

---

① 邓小平:《关于科学和教育工作的几点意见》,见《邓小平文选》(第 2 卷),北京:人民出版社,1994 年,48~58。

② 邓小平:《关于科学和教育工作的几点意见》,见《邓小平文选》(第 2 卷),北京:人民出版社,1994 年,48~58。

③ 范绪箕:《我国高等教育的现代化问题》,载《教学研究》,1981(1):1~5 页。

④《范绪箕教授谈建立我国高等学校体系问题》,载上海市高等教育研究所:《情报与建议》,1984-11-25:1-6.

⑤ 范绪箕:《百年人生,科研心路》,见张杰:《大师讲坛》(第一辑),上海:上海交通大学出版社,2013 年,87~98 页。

1981 年 11 月，学校专门成立了技术服务部，鼓励教师在确保完成国家下达的教学、科研任务的前提下，面向社会、面向生产，开展对外科技服务。校、系领导亲自带队，深入到一些省、市政府机关和工厂企业，争取合作项目。至 1985 年，学校科研开发活动已遍及全国 28 个省、市，与 2 000 多个单位建立了协作关系。经过全校上下共同努力，学校从 1981 年至 1985 年共承接各类科研项目 3 829 项，科研总经费累计达 5 745.7 万元。其中，国家和省市部委政府机构下达的科研项目（简称“纵向科研项目”）1 655 项，科研经费 3 556.5 万元；社会企事业单位委托的科研项目（简称“横向科研项目”）2 174 项，科研经费 2 189.2 万元①。按项目类型划分，这些项目包括有基础研究、应用基础研究、应用研究、技术开发、技术咨询和技术服务等。学校科研工作呈现出欣欣向荣、稳步上升的发展趋势，诞生了一批重大的标志性科研成果。特别是 1985 年以后，学校获国家科技进步奖、国家自然科学奖、国家发明奖的数量逐年增多，并连续数年夺得 7 项国家科技进步一等奖。这些成绩的取得和整个 20 世纪 80 年代学校制定并实施合理的科研政策、广大教师科研人员付出的创造性劳动是分不开的。

三、结论

范绪箕大学教育思想的核心理念是“建立具有中国特色的社会主义高等教育体系”，即要取人之长、补己之短，结合具体的国情、校情走出自己的大学发展路径。其具体内涵及实施途径是：在学科建设方面，力求扬长避短，构建理工文结合的学科综合布局；在人才培养方面，贯彻因材施教原则，培养高层次的工程科学技术人才；在科学研究方面，注重科教相长，发展高新科技及拓展科研协作。

范绪箕大学教育思想在上海交通大学的实践取得了巨大的成就。现任上海交大校长张杰院士高度评价道：“中国高等教育波澜壮阔的改革则是从上海交通大学范绪箕校长和邓旭初书记手中启动的，他们带领交大成功度过了 1980~1984 年高等教育转型突破最困难的关键期。”② 当时恰逢中共十一届三中全会后，学校工作重点是贯彻改革开放精神。范绪箕、邓旭初等交大党政领导班子放眼世界，追求卓越，齐心协力共同挑起这所百年名校重振雄风的重担。

---

① 王宗光，孙萍：《上海交通大学史》（第七卷），上海：上海交通大学出版社，2016 年，172 页。

② 张杰：《序一》，见孟雁，吴志军：《航空报国、杏坛追梦：范绪箕传》，上海：上海交通大学出版社，2015 年序言 7~10 页。

范绪箕主抓教学科研工作,大力推行交大的教育改革。在范绪箕和全体交大师生的共同努力下,学校面对改革开放初期出现的诸多新问题、新挑战,进行了大量卓有成效的恢复、建设和改革工作,基本完成了由船、机、电学科为主的工科大学转向以理、工、管学科为主,兼有人文社会学科的综合性大学发展的战略调整,学校综合实力和整体办学水平明显上升,为祖国培养输送了大批优秀人才,为国家建设和科技进步作出了突出的贡献,同时也为学校在新世纪创建世界一流大学打下了坚实的基础。尤其值得注意的是,范绪箕亲自推动的学分制教学、英语教学改革、选派"世行生"出国留学等举措,现在看来已属平常,但在思想禁锢、风气闭塞的20世纪80年代初需要何等非凡的勇气和智慧!时至今日,范绪箕主张"建立具有中国特色的社会主义高等教育体系"的思想,依然切合中国高等教育发展实际,具有现实指导意义和探索价值,值得中国高等教育管理者和研究者挖掘学习并借鉴。

谭元堃推动半工（农）半读与创办北京地区大学分校情状之比较

北京联合大学　张楠　文松

摘要：谭元堃同志参与创办北京地区的半工（农）半读和大学分校这两宗大事，两者在产生的时代背景、现实理由、举办方式、人才培养的具体做法、人才培养理念等方面，都有相似之处。他一生忠诚于党的教育事业、无私奉献、宽宏大量，他实事求是、协调统筹能力特别强，是一位优秀的教育管理专家。

关键词：谭元堃；半工（农）半读；大学分校；北京联合大学

谭元堃同志（1924—1996），云南墨江人。少年时代即投身革命。1942—1946年就读于西南联合大学，获经济学学士学位。曾任北京大学经济学系助教、讲师。1955年3月—1958年10月任北京市工农业余教育局副局长，1958年11月—1966年6月任北京市教育局副局长。1978年2月起，先后任中共北京市委教育工作部副部长（1978年2月—1981年8月；1983年3月—1985年2月）、中共北京市委大学工作部副部长（1981年9月—1983年3月），1985年2月4日担任北京联合大学首任校长。

谭元堃同志自1964年起，曾与韩伯平、李晨同志共同负责北京市的半工半读、半农半读（也有称半耕半读）的教育工作。当该项工作推进了两年，已经有一定起色，曙光初露时，因“文革”爆发而搁浅。“文化大革命”结束不久，1978年，在天津首倡大学办分校的惊雷推动之下，同年9月，由谭元堃同志起草的北京市政府《关于大学扩大招生问题的请示报告》获国务院批准。1979年2月，在时任中共北京市委教育工作部副部长谭元堃同志的具体督办、统筹协调之下，北京用3个月时间（1978年12月—1979年2月）组建起36所大学分校。在之后短短的几年里，以少花钱多培养人的穷国办大教育的方式，以普遍优良的培养质量，成功缓解了北京市人才紧缺的状况，培养了一大批至今活跃在北京乃至全国各行各业的优秀毕业生。1985年2月,谭元堃同志出任在对大学分校几次调整的基础上组建的北京联合大学的首任校长。

几十年过去,如今,当我们回眸这两宗不小的历史事件时发现,抛开具体时间、具体名称、具体做法、具体称谓等的不同,它们在举办的时代背景、办学方式、人才培养理念、教学改革措施等方面有许多的神似之处。让我们循着这些历史线索,回眸先贤们当年艰苦卓绝的办学历程的闪光片段,怀着感恩的心加以追思和铭记。

一、半工(农)半读与大学分校产生的时代背景、现实理由相类似

这两种教育模式,都是在国家财力不很宽裕的时代环境下,采取的应急而又切实有效的应对之策。

北京市从1964年开始举办半工半读,当时共和国建立才15年,刚刚从百多年饱受帝国主义欺凌的状态下站立起来,经济上还很不宽裕。实行半工半读,可以减轻国家财政负担和学生家庭负担,满足青年升学要求,多快好省地普及教育。1965年9月11日,时任北京市高等教育局副局长谭元堃同志在北京市第五届人民代表大会第二次会议上做《关于试办半工半读、半农半读教育的情况》的汇报中指出:“所以要实行两种教育制度,一方面,因为只实行一种全日制的教育制度,要普及教育是不可能的,不仅国家负担不起,不少家庭也负担不起。实行半工半读、半农半读,学生自己劳动来供自己读书,就可以减轻国家的负担和家庭的负担,满足青年一代升学的要求,多快好省地普及教育。”① 概括地说,就是要培养养得起、用得上的实用型人才。

1978年12月北京市创办大学分校的背景,是因为由于“文化大革命”的严重影响,国家11年没有举行高考,国家和北京市急需各方面的专业技术人才;同时,“文革”结束恢复高考后,1977和1978两年招收的大学生人数极其有限,无法满足积压了11年的广大知识青年接受高等教育的强烈需求。在社会发展、人才需求迫切和广大知识青年接受高等教育的愿望极其强烈的特定历史背景下,北京地区大学分校(以下简称“大学分校”)应运而生。北京市利用名校云

① 北京联合大学编,张楠主编:《谭元堃文集》,北京出版社2013年版。《谭元堃文集》是《足迹——北京联合大学文库》的第一本,全书5/6的篇幅,收录了北京联合大学首任校长谭元堃同志在北京市高教局—北京联合大学任职前后亲自撰写的一些文件、报告、讲话、文章,全部依据北京联大现存档案(少量依据北京市档案局等相关单位所藏档案)整理而成;还有1/6的篇幅,收录了同事、亲属对谭元堃同志的追忆。该书是研究北京联合大学及北京地区大学分校历史的珍贵的第二手资料。

集的独特优势，依靠大学本校[①]的教学力量和各种办学资源，依靠地方的财力物力，依靠相关企业管局等等全社会的支持和帮助，采取聘请总校教师实行教师走教、学生走读，省下国家大量基建投资的穷国办高等教育[②]的方式，创造性地摸索出了更多[③]更快地培养社会急需人才的走读制办学模式。

二、半工（农）半读与大学分校（北京联大）在举办方式上的相似之处

两者在布局相对分散、规模小和依靠企业帮助办学上有类似之处。北京城区的半工半读学校，在1964年共办了29所，其中多数是工厂企业办的，一部分是企业的主管局办的，有两所是中学和工厂合办的[④]。学生所学“专业”，预期就是其未来就业的工种。这些半工半读学校的规模都不大，但是专业比较全，包括工业、交通、建筑、财贸4个系统，工业系统内又包括机电、冶金、化工、纺织、轻工、建筑材料等各方面共计45个专业。学生的学习和劳动周期性轮换。学习时间3~4年，（预计）毕业后可以直接上岗工作。

北京市1978年底创办大学分校时，责成6个城区、近郊区迅速腾出15所中小学，相关业务局腾出工厂、企业10处，共约9万平方米作为校舍。在此基础上创办的36所分校，规模都不大，专业总计90多个。

---

① 本校，是指当时建立大学分校的各高等院校，也称作“大学”“老大学”“大学本校”“老校”“总校”。

② 由于依靠上述资源，北京地区大学分校培养学生每年的生均经费是1 000元，是其他普通高校培养大学生每年生均经费的一半。参见1984年5月15日中共北京市委教育工作部副部长谭元堃在北京市大学分校工作会议上的报告《坚持“三个面向” 开创大学分校工作的新局面》，转引自《谭元堃文集》第59页。

③ 北京市属院校，1966年以前培养的毕业生共1万人，1977年恢复高考至1984年5月共培养5 000名大学毕业生。而大学分校1978级、1979级两届毕业就培养出1.8万人，到1986年，已经培养出4届本科毕业生2万人——超过北京市属院校1966年以前和1977以来培养人数的总和。而且，毕业生质量是合格的，其中95%以上获得了学士学位。详见1984年5月15日中共北京市委教育工作部副部长谭元堃在北京市大学分校工作会议上的报告《坚持“三个面向” 开创大学分校工作的新局面》，转引自《谭元堃文集》第58页；1987年3月时任北京联合大学校长谭元堃撰文《地方高等教育改革的一种探索》，转引自《谭元堃文集》第176页。

④ 1965年9月11日，时任北京市高等教育局副局长谭元堃在北京市第五届人民代表大会第二次会议上做《关于试办半工半读、半农半读教育的情况》的汇报。转引自《谭元堃文集》第230页。

大学分校有一个重要特点就是依托行业企业,贴近行业需求办学,从而得到各相关工业局、总公司在人力财力物力方面的大力支持,也使学生就业有一定的方向性。36所大学分校中,直接属于高教局、旅游局、外贸局、冶金局、仪表局、卫生局等行业主管局的有18所。另外18所中,还有7所则采取了行业主管部门及企业进行协办的方式。分校与行业企业之间的紧密联系,为日后广泛开展产学合作教育奠定了基础,并为服务北京、培养符合行业企业需要的应用型人才创造了条件。

大学分校主管部门、协作部门名单[①]

学校名称	主管部门	协作单位
北京医学院分院	海淀区	卫生局
北京中医学院分院	东城区	卫生局
北京第二医学院第一分院	宣武区	卫生局
华北农业大学分校	农林局	
清华大学第一分校	东城区	仪表局、电力局
清华大学第二分校	崇文区	汽车工业公司、建工局
北京航空学院第一分院	一轻局	二轻局
北京航空学院第二分院	二轻局	一轻局
北京航空学院第三分院	七机部一院	
北京工业学院第一分院	纺织局	仪表局
北京工业学院第二分院	仪表局	纺织局
北京钢铁学院第一分院	冶金局	
北京钢铁学院第二分院	首钢公司	
北京化工学院第一分院	化工局	
北京化工学院第二分院	石化总厂	
北方交通大学分校	北京铁路分局	
北京邮电学院分院	海淀区	电信局、长途局
北京工业大学第一分校	机械局	
北京工业大学第二分校	市科委	
北京建筑工程学院分院	市政工程局	

① 本表是1980年6月谭元堃同志任中共北京市委教育工作部副部长时,亲自起草的重要文件《关于北京市大学分校领导体制若干问题的规定》的附录。转引自《谭元堃文集》第89~90页。

续表

学校名称	主管部门	协作单位
北京化纤学院分院	本院	纺织局
北京大学第二分校	华北计算机技术研究所	

三、半工（农）半读与大学分校（北京联大）在人才培养具体做法上有相似之处

20 世纪 60 年代中期，面对半工半读这种新的教育模式，以及学生学习和生产密切结合的实际，相关教师、技术人员密切协作，开展教学改革，琢磨出一种新的、与这种不同于全日制教育的教育模式相适合的教学方法，就是学校一般都在劳动时间内开设技术知识讲座，由技术员或老工人讲解工艺过程、设备性能、操作规程等生产知识，随用随学，先解决“知其然”的问题；“所以然”的问题，等以后通过系统的专业课学习，再进一步解决。这种技术知识讲座[①]，在专业课与基础课之间、劳动与教学之间起了桥梁作用，有利于工读结合，还可以大大节省专业课课堂教学的时间。

20 世纪 70 年代末到 80 年代中期，各大学分校为开阔学生视野、丰富其知识面，纷纷举办“名师讲堂”，邀请著名学者于光远、侯仁之、数学家王元、书法家启功、相声表演艺术家侯宝林等各学科、各行业的大家到分校讲座，大受学生欢迎。“名师讲堂”一方面使学生增长了学识，同时，与自己钦敬的名人面对面近距离互动，对求进向上的年轻人无疑是一种巨大的鼓舞，是激励其奋发有为、积极进取的一种精神动力。

技术知识讲座和名师讲堂，具体的讲授内容不同，但都蕴含了教育者的努力把书本知识与万千世界相结合的深思，在促进学生学习、助力学生成长上有异曲同工之妙。且都得到时任相关领导谭元堃同志的肯定和倡导。

四、半工（农）半读与大学分校（北京联大）人才培养理念上的相似之处

谭元堃等同志在贯彻落实半工半读的初始阶段，就对其有较明确的认知。

---

① 1965 年 9 月 11 日，时任北京市高等教育局副局长谭元堃在北京市第五届人民代表大会第二次会议上做《关于试办半工半读、半农半读教育的情况》的汇报。转引自《谭元堃文集》第 232 页。

1965年9月11日,他在《关于试办半工半读、半农半读教育的情况》报告中指出:

> 半工半读,这是一种新型的教育制度。一开始就要明确解决培养什么样的人、办什么样的学校、要带出什么样的作风的问题。按照中央、毛主席和刘主席[①]的指示,半工半读要使学生在德育、智育、体育诸方面生动活泼地、主动地得到发展,要把学生培养成为既能从事体力劳动又能从事脑力劳动的新人,这就要把学校办成抗大式的学校……

谭元堃同志在该报告中还提出,搞半工(农)半读,含有更深一层次的理念,"在于培养既能从事体力劳动,又能从事脑力劳动的新型人才,这种人和现在的工人农民不一样,和现在的知识分子也不一样,是一种新型的无产阶级革命的接班人,这是为消灭体力劳动和脑力劳动之间的差别、为将来实现共产主义准备条件"。——在这里,熟悉北京地区大学分校和北京联合大学办学历史的人,可以隐约感到谭元堃同志提出的培养既能从事体力劳动,又能从事脑力劳动的新型人才,含有某种他日后在创办大学分校和北京联大时提出培养应用型人才的理念的胚芽。

1965年年初,中共北京市委决定在北京市农业学校的基础上创办半耕半读的北京农业劳动大学。在谭元堃同志主持起草的《关于创办"北京农业劳动大学"的方案》[②]中,可以进一步看到其对半耕半读的人才培养理念和培养目标是消灭三大差别,为郊区农业生产培养技术人才,促进郊区农业机械化、电气化、水利化、化肥化的实现;培养有社会主义觉悟,有文化技术、身体健康,既能从事体力劳动又能从事脑力劳动、能上能下的新型农民。他们毕业后能直接参加农业生产劳动,或担任半耕半读的中等农业学校的教学工作、农业技术和农业经营管理工作。

改革开放之后,时任中共北京市委教育工作部副部长、中共北京市委大学工作部副部长谭元堃同志,主抓北京地区大学分校的创办。在培养的人才要适应北京现代化建设的需要这一大思路的指引下,各分校与行业企业之间紧密联系,为服务北京、培养符合行业企业需要的应用型人才作出了重要贡献。1984

---

① 指刘少奇同志。1959年4月,刘少奇同志在第二届全国人民代表大会第一次会议上,当选为中华人民共和国主席。

② 北京农业劳动大学筹办小组1965年1月3日提交的《关于创办"北京农业劳动大学"的方案》。见北京市档案馆藏档案,档号:1-6-2312,第30~33页。

年 5 月 15 日，谭元堃同志在北京市大学分校工作会议上做的《坚持“三个面向”，开创大学分校工作的新局面》[①] 报告中，总结大学分校的一个特点就是面向北京，从实际需要出发，为北京的现代化建设培养人才。

在大学分校办学过程中，中共北京市委教育工作部和各大学分校的领导们注重顶层设计，尤其是注重对学科专业统筹规划，以便更好地适应北京现代化建设对人才的需要。

1985 年 2 月，在对大学分校进行几次调整，经统一规划、资源整合的基础上，一所新型的北京市属的多学科综合性大学——北京联合大学建立。

北京联大组建之后，谭元堃校长曾在不同的场合强调，“教育要主动适应社会主义现代化建设的需要”，“联合大学要培养有比较扎实的理论基础、有创新能力、有实践能力的应用型人才。”

北京联大组建之初，学校就深化教育教学改革，对各学院的专业进行统一规划和调整，着重发展应用学科，尽量拓宽专业口径，各学院互有分工，各有重点，实行“专业化大协作”。经过调整，北京联大 13 所学院的专业总数由 90 多个调整为 60 多个；培养方案由移植老大学偏重基础研究，转为适应北京经济社会发展需要偏重实际应用；并积极发展相关学科之间的交叉渗透。宏观上，注重填补缺门，加强短线，同其他市属院校在整体上形成配套。各学院在专业建设上，强调加强实践环节，注重较强的实践能力培养，旨在培养具有开创精神的应用人才。

1985 年 7 月 23 日，谭元堃校长在题为《在改革中前进 在前进中打好基础——北京联合大学 1985—1986 学年工作的基础设想》的讲话中再次强调：“北京联合大学……要加强活力，主动适应北京现代化建设的需要。要走新路子，努力办出自己的特色……各学院要大力加强同对口业务部门的联系，使人才培养同时用相适应……在专业设置上，要着重发展应用学科……”在人才培养目标上，谭校长继续指出，要体现 20 世纪 90 年代和 21 世纪初叶专门人才的规格和素质，要培养能够坚持社会主义方向，具有比较扎实的理论基础，又有较强的实践能力，并具有开创精神的应用人才。要在学好基本理论的基础上，加强实践环节。要在学好本专业课程的基础上扩大知识面，要注意社会科学和自然科学之间、工程技术和经济管理之间以及其他相关学科之间的交叉渗透。无论学什么专业的，都要加强中文、外文、计算机应用等知识和技能的培养……

尽管谭元堃校长于 1987 年 11 月底离任，但他的人才培养理念为同道们传

---

① 转引自《谭元堃文集》第 58 页。

承。1994 年 1 月,北京联合大学第一次党代会明确提出:立足首都,面向城乡企业、面向基层、面向生产第一线,培养德智体全面发展的适应首都经济建设和社会发展需要的应用型本科人才和高等职业技术人才,力争把我校办成具有自己特色的较高水平的综合性地方大学。实际已明确了北京联合大学的应用型人才的培养目标。

在此权威表述中,深深沉淀了谭元堃同志多年来探索培养新型的人才的卓越思考。

谭元堃同志一生忠诚于党的教育事业、服从工作需要、无私奉献。他是北京地区工农业余教育的奠基人之一,是北京地区大学分校的奠基人,是北京联合大学的奠基人、开拓者。

谭元堃同志有宽宏大量、忍辱负重、海纳百川的博大胸怀。当一个人在做某种深刻、伟大的事业的时候,往往不能被所有人理解,甚至有时还受到别人的曲解和慢待。因为招生规模大起大落、校舍供给难以保障等不足,大学分校和后来新诞生的北京联合大学受到一些异议,"来自各个方面的责难,下面分校也有人反对他……"不管所有这些话有多难听,谭元堃同志都能够很宽宏大量地对待。他的原则就是:为了学生能上学,为了国家需要人才。他老说:一个是国家用人才青黄不接,一个是有这么大量的学生要上学,无非一个是为老百姓,一个是为国家需要干部。因为他立意正大,所以十分坚定,不管遇到多大困难,都非常清醒,是个明白的领导①。

谭元堃同志是"很优秀的教育管理专家,有十分强的教育管理能力"。他高效细致、举重若轻,协调统筹能力特别强。他在 3 个月里筹办斡旋,联系了 25 所高等学校,硬是办起了 36 所大学分校:逐一地安排,每一个学校,每一个专业,每一个包括组织部调来的干部都落到实处。在 3 个月内落到实处!当时北京市政府决定,每个城区腾出两所中学给大学办分校,市领导将这件事交给谭元堃同志。他利用自己曾经当过市教育局副局长的经历,与各区教育局紧急协商;当时各区的中学校舍也相当紧张,让谁拿出都难以割舍,可想而知,要说服他们有多困难。而谭元堃同志做到了。从成立大学分校到组合成北京联合大学,这是一个非常庞大的系统工程。整个过程,是他在那儿管理和经手的,他亲

① 本段和以下两段内容,参考陈大白同志 2013 年 1 月 9 日在《谭元堃文集》编纂座谈会上发言的口述记录;胡立汉《艰苦奋斗 实事求是——回忆联大首任校长谭元堃》,转引自徐永利,柳贡慧主编:《心中的记忆——纪念北京联合大学(大学分校)建校 30 周年》,北京:北京出版社,2008 年,第 290~292 页。

自办的。

谭元堃同志实事求是、敏锐勤奋，在沸腾而庞杂的工作实践中能迅速归纳、提炼切实可行的工作方法，是那个时代教育界创新的楷模。比如，他为了大学分校办得快又保证质量，提出来“四个一致”，就是各分校在课程设置、教学计划、教学大纲、教材上，与本校的同专业完全一致，并聘请本校的专业教师来分校授课（连实验环节都一样，分校学生到本校去做实验），从而最终很好地保证了分校的教学质量和人才培养质量。又比如，北京联合大学组建之初，北京市明确学校重点培养应用型人才；各分校以往的专业设置、教学计划都是套用本校原有的，各分校教学计划不尽相同；而组建北京联大之后，教学计划和教学要求需要规范统一。对如何规范统一的问题，当时内部有不同意见，谭校长在充分听取各方面意见后，提出一个非常实际的办法：成立各学科的教学（研究）协作组，先从横向把原各分校的基础课部分逐步统一起来，进行教学交流、教学研讨，提出并制定符合办学方向的教学要求，为纵向的专业培养打下坚实的基础。成立教学研究协作组，在当时是独一无二的做法，是“实事求是”思想方法在特定的教学条件下的独创。这个形式既是吸纳各校好的教学经验、博采众长的载体，又是从分散教学向规范、统一、合理过渡的必要手段。教学研究协作组在北京联合大学的成长过程中，起到非常关键的作用。

岁月匆匆，转眼间，谭元堃同志已经仙逝 20 年了。他的一生，办过普通教育、成人教育、高等教育，做工会工作、办大学、供职人大立法机构。他几乎在整个教育战线长链条中的各个环节都有过辛勤工作的经历。从推动半工（农）半读，到创办大学分校（北京联合大学），他每每都是在时代需要之时担当历史重任，带领大家埋头苦干，从荆棘丛生之处踏出一条生路，助力社会进步，造福一群人。如今，所有受益于谭元堃同志的历史功绩的人们和在他开创的事业中工作着的人们，都怀着感恩的心情怀念着他。

我心永恒，再上新程

——校歌中的川大

四川大学档案馆　党跃武

摘要：本文在介绍四川大学历史上各时期的校歌的主要内容的基础上，从四川大学具有的“特殊的地位”、秉持的“中心的思想”和凝结的“伟大的精神”等三个方面阐述了其中蕴含的丰富的文化内涵，从侧面反映了四川大学120年来的发展历史和突出成就。

关键词：校歌；四川大学；大学文化

著名实业教育家张謇指出：“校歌为一校精神所寄顿之物”①。借助音乐这种最为灵动、最具感染的艺术形式，校歌成为学校文化的“播种机”、学校精神的“传声筒”和文化自信的“加油站”，是学校全体师生的思想动员和精神食粮，是学校整体形象的生动展示和公开宣言。2014年，四川大学正式确定采用由张澜和骆成骧等作词的《国立成都大学校歌》为学校校歌。其中“领袖群英吾与汝”等句，与其他百年名校老校歌中的名句一样，如清华大学“行健不息须自强”、北京大学“文章气节少年人”、南京大学“大哉一诚天下动”、复旦大学“复旦复旦旦复旦，日月光华同灿烂”、浙江大学“大不自多，海纳江河”、交通大学“美哉吾校，真理之花”、天津大学“要实地把中华改造”等，共同展现了中国现代大学的博大情怀和雍容气派②。

① 詹皖：《“民智兮国牢”：张謇与中国近代校歌》，载《光明日报》，2016年5月13日，第16版。

② 马军：《近代中国高校校歌选》，上海：上海社会科学院出版社，2006年。别必亮：《民国时期我国高校校歌探微》，载《教育史研究》，2003(3):45~46页。王天纲：《中国校歌歌词集》，郑州：文心出版社，2007年。

一、历史的回声：曾经的川大校歌

习近平总书记指出："文化自信，是更基础、更广泛、更深厚的自信"①。建设世界一流大学，必须坚定文化自信。对于任何一所学校，文化自信不仅立足民族和国家，还要从自身出发，充分肯定长期积淀的文化传统，积极践行一以贯之的价值追求，长期保持学校文化旺盛的生命力。校歌高度浓缩学校历史文化，准确概括民族精神和学校精神，是文化感召力和向心力的集中体现，构成了学校文化自信的坚实基础。

四川大学由原四川大学、原成都科技大学、原华西医科大学三所全国重点大学合并而成，肇始于 1896 年晚清洋务新政中以"创兴学习，以开风气""培植人才，博通时务"为宗旨，由四川总督鹿传霖创办的四川中西学堂。四川大学历史上有过多首校歌，不乏名家大师之作。曾负责征集校歌的国立四川大学文学院院长、美学家朱光潜说："真正的自信必定根据真正的自知。"② 立足特定的时代背景和发展环境，深入了解历史上的校歌，可以进一步发掘深厚的文化底蕴，在文化自觉和文化自信中，为四川大学建设世界一流大学提供强有力的文化支撑③。

（一）《四川省城高等学堂堂歌》

四川大学历史上的第一首校歌是《四川省城高等学堂堂歌》，四川省城高等学堂是四川大学第一次三强合并的产物。1902 年 4 月四川中西学堂和尊经书院合并组建四川通省大学堂，次年锦江书院并入。1903 年 1 月，四川通省大学堂更名四川省城高等学堂。曾任四川学务公所议长和川汉铁路绅办总理的首任学堂总理胡峻确定了校歌。

> 岷山峨峨开天府，江水泱泱流今古。聚精会神生大禹，近揆文教远奋武。
>
> 桓桓熊熊起西土，锵锵鸣凤适东鲁。祭神人，歌且舞，领袖群英吾与汝。

据说这首校歌是由锦江书院和尊经书院学生、曾任四川大学当时的四川官

① 习近平：《在庆祝中国共产党成立 95 周年大会上的讲话》，载《人民日报》，2016 年 7 月 2 日，第 1 版。

② 朱光潜：《无言之美》，南京：江苏文艺出版社，2010 年。

③ 党跃武：《川大历史上的校歌》，载《四川大学报》，2012 年 10 月 17 日，第 4 版。

立高等学校校长的骆成骧拟词。1895年,骆成骧在"殿试策"中引用"主忧臣辱,主辱臣死"等句,让刚刚经历甲午战争失败的光绪皇帝深受触动,他成为四川清代的唯一的状元。这首校歌与学堂总理胡峻"一国之治乱,系乎人才之盛衰;而人才之盛衰,视乎国家之教育"的思想颇为契合。其中,"聚精会神生大禹,近揆文教远奋武"两句更与始于尊经书院而悬于四川省城高等学堂大门的经学大师王闿运撰、中国首位驻外使节郭嵩焘书的"考四海而为俊,纬群龙之所经"的楹联照应,其"石室重开"意旨反映了学堂的办学理念。

(二)《国立成都高等师范学校校歌》

1916年,四川省城高等学堂发展而来的四川官立高等学校和四川通省师范学堂发展而来的四川高等师范学校合并组建国立成都高等师范学校。这是四川大学校名冠以"国立"之始。在国立成都高等师范学校初期,在学校的各种重要仪式上,除奏唱国歌外,同其他学校一样,师生还要齐声合唱《尊孔歌》。无论各校《尊孔歌》歌词具体内容如何,其核心思想显然与社会不断进步的现实格格不入。

在辛亥革命中,与"水电报"发明者、校友龙鸣剑等共襄"荣县首义"的无产阶级教育家吴玉章早年就读于四川大学历史源头之一的尊经书院,是"中共五老"之一。1922年,他担任了学校校长。在回忆治校经历时,他说:

> 我费了很大力量来办这个学校……经过一番整顿,学校面貌大大改观,师生员工团结得很紧密,树立了一种崭新的学风。同学们有秩序,有朝气,追求知识,孜孜不倦,议论政治,意气焕发,成都高师成了进步势力的大本营。

在这一时期,国立成都高等师范学校确立了新的校歌,虽然歌词还没有完全摆脱原有的桎梏,但标榜"成就莘莘学子,甄陶万类之根",为学校引入一股清流。同时,学校的附中、附小都有校歌,说明对校园文化的高度重视。前国家主席杨尚昆曾经在附小、附中学习,在同为校友的哥哥、中共四川省委第一任书记杨闇公的介绍下,参加了以学校师生为主要成员的社会主义研究会。多年后,他对校庆之日师生齐唱校歌的场景记忆犹新。

高师校歌的歌词是:

> 礼乐著休明,鼓吹乾坤。千古文章性命,师儒道自尊。成就莘莘学子,甄陶万类之根。要使天中地正,持纲总在人。

附中校歌的歌词是：

蜀郡名都，天府宏图，众多吾辈英儒。附中涿育，培以廉誉，译以诗书。德业不孤，勿负此七尺躯，好作自治良模。

附小校歌的歌词是：

谁谓吾侪年纪小，立志更要早。谁谓吾侪学问少，读书智慧高。满庭桂柏青复青，枝叶经冬常新。一堂师友亲复亲，情义日久益珍。他日天涯海角走，此心不会忘九九。

（三）《国立成都大学校歌》

1926年，国立成都高等师范学校分建国立成都大学和国立成都师范大学。五大专门学校次年合并为公立四川大学。民主革命家和人民教育家张澜担任国立成都大学校长。他是四川保路运动领导之一，被誉为"川北的圣人""今日之管仲""党的益友"，后任新中国第一届中央人民政府副主席，是中国共产党领导的爱国民主统一战线的坚定支持者。张澜校长在原来的《四川省城高等学堂堂歌》基础上改定校歌歌词。

岷山峨峨开天府，江水泱泱流今古。聚精会神生大禹，近揆文教远奋武。

桓桓熊罴起西土，锵锵鸣凤叶东鲁。和神人，歌且舞，领袖群英吾与汝。

从"适东鲁"到"叶东鲁"，从"祭神人"到"和神人"，改动虽然细微，却寓意颇深，更突出了"以我为主"的主人翁意识。它不仅充分反映了国立成都大学在四川乃全中国西部教育的地位，以及学校的特色和校风，更寄托着张澜对学校师生的殷切希望。

（四）《华西协合大学校歌》

今日四川大学重要组成之一的华西医科大学发源于1910年美英加教会组织创办的华西协合大学，逐步成为一所"规模宏大，科学完备"的综合大学，尤其是"医牙两科，成绩特著"。1927年，在报请中国政府立案时，学校聘请文学家刘豫波（刘咸荥）撰写了校歌歌词，以体现中西文化的水乳交融，凸显学校"教授高深学术，养成高尚品格、增进人类幸福"的新办学理念。

校地:合纵横上下一书城,到此间别有乾坤,千柱光明迎日色,更入窗洞达绕河声,横舍春风万象新;

科学:看周易两仪同四象,是科学万变精神,温故之新新更新,要美利天下学斯成,还须分寸惜光阴;

学人:休辜负聪明出群众,方不愧天地吾身,庸人碌碌笑虚生,聚良朋千里同一室,世界扶持大有人;

副歌:八方天地乱纷纷,四时日月最多情,守此范围而不过,云霞花鸟总无惊;学业外不与人争,涵养我道德精神,增长我才艺声称,合将世界放光明。

1933年,华西协合大学立案后,四川有名的"五老七贤"之一,曾任国立四川大学、华西协合大学等校教授的林思进(林山腴)为学校创作了新的校歌。

欧亚交通,文轨新同,邕邕璧水宫。西暨岷蒙,原隰鳞龙,凤麟郊薮中。怀旧俗,唯事变,本于风,文质递嬗无穷。东方有圣西方圣,大道一凿堪通。

欧亚交通,文轨新同,邕邕璧水宫。西暨岷蒙,原隰鳞龙,凤麟郊薮中。鼓警众,箧陈业,利发蒙,金声玉振从容。昭德方期四门辟,广乐岂限华风。

欧亚交通,文轨新同,邕邕璧水宫。西暨岷蒙,原隰鳞龙,凤麟郊薮中。帝会昌,神建福,井络中,馆宇四望嵸巄。石室流风今未沫,西来意企文翁。

与前面的校歌相比,"东方有圣西方圣,大道一凿堪通""石室流风今未沫,西来意企文翁"等对表现中西文化融合,特点更加鲜明。

(五)《国立四川大学校歌》

1931年,国立成都大学、国立成都师范大学、公立四川大学合并为国立四川大学,标志着四川大学国立化和现代化的进一步启动。这是四川大学历史上的第二次三强合并。但在很长一段时间,国立四川大学没有确定校歌。

1936年,由韩国独立运动领导人、大韩民国临时政府副主席,国立四川大学文学院外国文学系、师范学院英文系系主任金尤史作词,用苏格兰民歌《友谊地久天长》曲谱创作了《Chwan Tah Song》(川大之歌)。这是非正式的国立四川大学校歌,而且是英文校歌。这首歌在讴歌巴蜀文化的博大精深和绵延流长的同时,极力赞美学校的发展成就和社会贡献,其副歌大意为:"我们的心灵多美好,最爱是川大。穿越那高山和平原,智慧永川大。"

抗日战争爆发后,四川大学师生和校友创办《前进》《金箭》《大声》《星芒》

等反法西斯刊物，建立“中华民族解放先锋队成都队”“四川抗敌后援会”和“成都抗敌宣传团”等反法西斯组织，学校成为中国大学抗日救亡的重要舆论中心之一。1937 年，为振奋民族精神、鼓舞广大师生，黄中孚（与“南惠堂”即著名足球明星李惠堂并称“北黄牛”）、康乃尔（新中国成立后任四川大学校长、西康省和四川省副省长）、王玉琳（王怀安，时任中共四川大学党总支书记，1939 年率近 200 名四川进步学生奔赴延安，后任最高人民法院副院长）等师生代表以国立四川大学抗敌后援会名义，要求学校“从速颁布校歌校旗以增加团结力量”，“行见本校全国‘救亡运动’‘学术革命’之策源地”。

1938 年 9 月和 1939 年 11 月，当时的国民政府教育部两次发出训令，要求各校呈报校训校歌。学校曾将陈丙初撰写的校歌歌词上报，但并未正式确定为四川大学校歌。

> 皇皇天府，水碧山青。巍巍川大，建立中心。美哉廊舍，备处英俊。院分系别，造诣皆深。一堂跻跻，和乐且诚。储才养艺，月异日新。功成一旦，修齐治平。悠悠滋长，万古光荣。

1942 年担任国立四川大学校长的黄季陆曾是四川保路运动时童子保路同志会会长。他以“为天地立心，为生民立命，为往圣继绝学，为万世开太平”为校训，确定了与之文脉贯通的校歌。

> 星辉井络，地雄巴蜀，山川秀毓西南。美焕门墙，声扬弦颂，同瞻学府高严。人尽其才，学成于志，文化启后承先。由精逮博，积知为用，润身立德希贤。勉旃勉旃，吾侪责任非等闲，敏求好问勤探研。勉旃勉旃，吾侪责任非等闲，时哉易失休弃捐。
>
> 文章政事，民生物理，分科敬业能专。通贯古今，切磋中外，勿拘勿束勿偏。言以兴邦，功期建国，治平学术相关。始于修身，成于济众，学优人己兼全。勉旃勉旃，吾侪责任非等闲，敏求好问勤探研。勉旃勉旃，吾侪责任非等闲，时哉易失休弃捐。

这首校歌由曾任清华大学、四川大学和美国华盛顿大学教授、1948 年首届中央研究院院士的政治学家萧公权作词作曲。他同时还为成华大学等校撰写校歌，充分表现了四川大学师生的综合素质和文化素养。

（六）《四川大学校歌》

新中国成立之后，四川大学、成都科技大学（包括成都工学院、四川化学工业学院)和华西医科大学(包括华西大学、四川医学院)都没有确定校歌。2006年建校110周年前夕,学校专门开展新校歌征集活动,举办专场歌咏比赛,但没有达成一致意见。综观目前的国内(包括香港、澳门和台湾)各大高校,凡建校时间较长的著名高校,一般都选用历史上由名家撰写的老校歌,较少重新创作。因此,2014年,学校校务会确定《国立成都大学校歌》为《四川大学校歌》。

二、时代的足音:川大精神的附丽

著名高等教育家、浙江大学校长竺可桢说:“校歌为一校精神之所附丽”①。虽然四川大学历史上的校歌,歌词曲谱不同,旋律节奏各异,意境趣旨有别,但其中蕴含的文化底蕴和精神内核却有共通之处,不仅反映了中国高水平大学共同肩负的历史使命和社会责任,而且呈现了作为中国西部最重要高校的独特气质和博大气场。

“歌以化人”,校歌化育了一代又一代的川大学子,不断铸造历久弥新的“川大精神”。“歌以传情”,校歌传达出学校广大师生的实感真情,不断凝聚强大无比的“川大力量”。“歌以载道”,校歌承载着学校与时俱进的发展之道,不断创造日新月异的“川大奇迹”。在抗日救亡之期,国立四川大学抗敌后援会提出:“本校为西南最高学府,处此风雨飘摇的当中,自有其特殊的地位,中心的思想与其伟大的精神。若不有校歌校旗充分的表现此种种,使全体明确的认识此种种,其将何以收步骤一致精诚团结之效果。”因此,四川大学各时期校歌所传达和承载的文化意象正是四川大学具有的“特殊的地位”、秉持的“中心的思想”和凝结的“伟大的精神”的综合呈现,堪称“时代的足音”“青春的呐喊”。

三、特殊的地位

在四川大学各个时期的校歌中,几乎所有的歌词都开宗明义,充分阐发四川大学与巴蜀文化的血脉联系,将四川大学深深地植根于中国西部这片广袤的大地。不仅有“岷山峨峨开天府,江水泱泱流今古”“蜀郡名都,天府宏图”“皇皇天府,水碧山青”“星辉井络,地雄巴蜀,山川秀毓西南”等句,甚至包括外籍教师金尤史的《Chwan Tah Song》也以李白杜甫和峨眉长江起篇。校歌投射的四川大学具有的“特殊的地位”,具体表现为四川大学长期坚持“立足西部”“面向全国”“放眼世界”的发展路向,直接体现为四川大学对地方和国家经济社会发展作出的重要而突出的贡献。

---

① 魏新军:《民国时期的高校校歌》,载《兰台世界》,2008(6,上半月):67~68页。

120 年前，四川总督鹿传霖创办四川中西学堂，差不多与邻近直隶中枢的北洋学堂和东部沿海的南洋公学同时，在“囿于闻见”的西部内陆领文化教育转型发展之先。华西协合大学首任校长毕启提出：“积极提倡实业教育，以利本省天然出产，增进人民殷富。”国立四川大学校长任鸿隽说：“如学政法的，我们可以使他们去研究地方政治，或县政实施；学经济的，可以叫他们去调查商业状况和农村经济；学农的可以叫他们去改良农作种子；学物理化学的，可以叫他们调查及改良土壤工业之类。”国立四川大学校长黄季陆指出，要增设实科学习，培植西南建设人才。华西协合大学校长张凌高说：“如果培养的学生不能服务于社会，不能到华西的各方面的基层和边疆去服务，那么教育就是失败”。

1905 年 8 月，四川省城高等学堂开办的半日学堂，是面向底层社会的完全义务性质的贫民学堂，“所教功课都是我们这辈子用得上的，无论学买卖学手工都是不可少的”。这是四川大学商学课程教育和成人教育的起点。1936 年，国立四川大学率先设立小学通讯研究处，教育部饬令全国遵照办理。在抗日战争中，学校专门成立“国难教育委员会”，仅 1938 年接收其他高校的借读学生 488 人，被当时在校学习的国学大师王利器称为“在四川的北京大学”，美国前总统乔治•布什称赞四川大学“在第二次世界大战期间确实起到了保持中国高等教育传统的作用”。华西协合大学与金陵大学、齐鲁大学、金陵女子文理学院、燕京大学、中央大学医学院等五大学更是共用教学资源，相互开设课程，使华西坝成为抗战时期大后方文化教育中心之一。1944 年起，四川大学开办城内部和先修班，为当时全国推行夜间成人教育之始。

近年来，四川大学以解决国家和地区科技、经济、文化和社会发展的重大问题为导向，紧密围绕国家创新驱动发展战略，在深地科学、先进功能材料、生物治疗等前沿领域持续开展原创性研究，围绕“一带一路”国别研究、南亚及西部边疆安全研究等打造高端智库，全面推进国家级“双创”示范基地建设，在全国范围内建立高水平校地企产学研平台，加快世界一流大学建设的步伐。为发挥自身的优势，促进西部地区经济社会发展，四川大学先后与贵州、新疆、西藏等省（区）签署了“全面合作协议”，在四川凉山等地设立“校地企合作种子基金”，初步构建了教育、人才、科技、医疗“四位一体”的西部发展服务体系。四川大学支教团十数年如一日，扎根四川老少边穷地区，探索教育扶贫、智力扶贫、素质扶贫相结合的精准扶贫新路。

在汶川地震的重大突发性事件发生后，四川大学发挥四个附属医院的国家级疑难重症救治中心的作用，与香港理工大学合作建立灾后重建管理学院，自觉地在全面、全力、全程参与灾后防疫和灾后重建工作中服务社会和引领社会。1933年四川叠溪地震发生后,在未能争取到当时中央研究院的支持的情况下,地质学家周晓和教授和11名师生组成的"国立四川大学地质考察团",在强烈的余震中前往震区开展专题考察活动,出版了《叠溪地质调查特刊》。先期前往的历史学专业学生诸有斌因堰塞湖决堤而以身殉学。

四、中心的思想

在《四川大学校歌》中,"和神人,歌且舞,领袖群英吾与汝"一句画龙点睛,不仅与张澜校长明确提出的培养国家栋梁和社会骨干的目标完全一致,而且体现了以"领袖群英"自励的四川大学师生具有的"乐以天下,忧以天下"的人生境界。在四川大学各个时期的校歌中,"要使天中地正,持纲总在人""德业不孤,勿负此七尺躯""世界扶持大有人""合将世界放光明""功成一旦,修齐治平。悠悠滋长,万古光荣""人尽其才,学成于志,文化启后承先""言以兴邦,功期建国,治平学术相关"等句,无不体现了一种既是发展目标、更是肩负使命,既是发展方向、更是前行动力的社会责任感。其中一脉相承的最为核心的就是四川大学师生始终秉持的理想信念——那就是坚守"仰副国家""力图富强"的初心,决不辜负"振兴民族""献身国家""奉献社会"的历史使命,努力践行"天下国家,系于一身"的价值追求和实干担当。

早在20世纪30年代,任鸿隽校长指出:四川大学的使命就是要"输入世界的智识""建设西南的文化中心""担负起民族复兴的责任"。伴随着洋务运动、变法维新、辛亥革命、"五四"运动、抗日救亡、全国解放、民主建国、改革开放的历史进程,四川大学师生用对国家和民族的真挚之爱,关注国家兴衰,勇立时代潮头,不断开拓进取,敢为天下之先,学校成为"西南文化之根芽""民主革命的堡垒""传播种子的园地"。在四川大学,国学大师钱穆、政治学家萧公权、哲学家萧萐父、美学家朱光潜、历史学家徐中舒、经济学家彭迪先、文学家李劼人、数学家柯召、物理学家吴大猷、动物学家刘承钊、植物学家方文培、公共卫生学家陈志潜、微生物学家陈文贵、妇产科学家乐以成、材料科学家张铨、化学工程学家张洪沅等大师巨匠传道授业,培养了以共和国元帅朱德、国家主席杨尚昆、文坛巨匠郭沫若、人民作家巴金、国学大师姜亮夫、"两弹一星"元勋王方定、中国牙医第一人黄天启等为代表的一大批国家栋梁和社会精英,有近60位中国科学院和中国工程院院士曾经在校学习、生活和工作。当时在四川省城高等学堂体育科学习的朱德元帅在回忆录中,把在校求学的这段难忘的经历称之为"伟大的道路”中“走向革命的起点”。

在中国共产党最早的五十多名党员中，就有王右木、恽代英、童庸生三位四川大学师生。在四川大学历史上，曾经涌现一大批始终走在社会发展和时代进步的最前沿的仁人志士，既有四川保路运动和辛亥革命的先驱吴玉章、张澜、张培爵等，又有新文化运动和“五四”运动的英雄吴虞、张秀熟、袁诗荛等；既有四川早期的马克思主义者杨闇公、恽代英、王右木等，又有抗日救亡和迎接黎明的勇士杨伯恺、江竹筠、毛英才等。曾被毛主席称赞是“我党我军政治工作第一人”的红军将领刘伯坚和被誉为“中华儿女革命的典型”的红岩英烈江竹筠（江姐）等为代表的 60 多位四川大学校友更是为新中国的诞生献出了宝贵的生命。在 1944 年前后，有 799 名在校师生投笔从戎，奔赴抗日战场第一线，包括中国工程院院士、内科学专家翁心植，担任湖南芷江接受日军投降仪式翻译、后来参加华西大学抗美援朝医疗队的曹振家等。

正由于群贤毕至、人才辈出，四川大学是中国现代口腔医学的发源地、我国最早招收和培养研究生的大学之一、解放初全国在校生规模最大的高等学校、1958 年“由教育部直接领导、指导全国”七所高校京外唯一一所，1916 年开始接受外国留学生，1922 年开始与美国纽约州立大学等开展国际合作办学，1924 年开内地男女合校之先声，开办了中国最早的现代高等制药教育机构、中国第一家生物化学研究所、中国高校第一所综合性博物馆和新中国第一个制革专业，有世界上收录楷书汉字最多的《汉语大字典》、全国最大断代文章总集的《全宋文》、世界上第一部正规的《甲骨文字典》和堪称两千年儒学第一藏的《儒藏》等具有世界影响的研究成果。

五、伟大的精神

在四川大学历史上的校歌中，融汇中西文化和耕耘中国西部是两大最为重要的文化元素。尤其是“桓桓熊罴起西土，锵锵鸣凤叶东鲁”“欧亚交通，文轨新同”“东方有圣西方圣，大道一凿堪通”“润身立德希贤”“学优人己兼全”“通贯古今，切磋中外，勿拘勿束勿偏”等歌词，更充分地展示了四川大学“涵乾纳坤”“合而能融”“更上层楼”的文化特质，与校训“海纳百川，有容乃大”有异曲同工之妙。

“海纳百川，有容乃大”既是川大精神的灵魂，更是学校发展历程的真实写照。自源头追溯，四川大学汇聚了近现代新式学堂为肇端的国立大学、以西方高等教育为样板的西式大学和由高校院系调整而创办的新型大学，成为四川乃至中国近现代高等教育的缩影和写照。始于1896年的原四川大学一直都是全国著名的综合性大学,吸纳了不少蜀中名校的精华。原成都科技大学是在20世纪50年代院系调整时建立的新型工科大学,1954年由成都工学院和四川化学工业学院合并组建,发展成为理、工、管、文结合的全国重点大学。1910年创办的华西协合大学起,从最早的文理并重、医学为主的综合大学,院系调整时中文、历史等系科和博物馆、文理学院并入了当时的四川大学。今日四川大学是医科大学与综合性大学合并的最成功范例,是目前中国高校学科齐全,办学规模、质量、效益最好的大学之一。

自诞生之日起,四川大学力承中西交汇的重任,努力融入世界高等教育发展潮流。1901年,四川大学派出第一批公费学生赴英国、美国和日本等国学习,是中国内地第一次有组织地派出留学生到国外学习。1903年,当时的校长胡峻亲自率团到日本考察学务、延聘教师,是四川大学第一次派出正式代表团出国考察。1910年华西协合大学首先确立“发展成为一个最完备的高等学府,使西部各省的学生不必到外国去留学,就可以得到他们所需的任何科学”的发展目标。

1942年11月19日,华西协合大学联合剑桥大学、牛津大学、四川大学、燕京大学、齐鲁大学、金陵大学、女子文理学院、国立西南联合大学、武汉大学、在重庆的国立中央大学和商务印书馆、在遵义的国立浙江大学等,“东西文化学社”正式宣告成立,成为当在中国西部中外文化交流的中心。在社员名单中,不仅有孔祥熙、张群、张公权、孙科、顾维钧、钱穆、冯友兰、吕叔湘、顾颉刚、萧公权、牟宗三、王云五、杭立武、刘国钧、梅贻宝、汤吉禾、陈裕光、张伯苓、蒋梦麟、黄季陆、朱经农、郭泰祺等中国文化名流之外,还有英国科学史家李约瑟、美国哲学家杜威、英国哲学家泰勒、印度著名哲学家和印度第二任总统拉达克里希南、澳大利亚首任驻华公使艾格斯顿爵士等。

近年来,四川大学面向世界开放办学的发展格局进一步得以推进。学校与32个国家和地区的248所大学和研究机构建立了交流合作关系,与美国、加拿大、欧洲、澳大利亚、中国的港澳台等31个国家和地区的213所国际知名大学构建了全方位、多层次、多形式的学生联合培养体系,与韩国、美国、比利时的5所大学合作共建了孔子学院,与世界一流的研究型大学和相关机构建立国际和境外科研合作平台和中心,包括九寨沟生态与可持续发展国际研究中心、中德能源研究中心、中英材料研究所、中美大学战略规划研究所等,与美国匹兹堡大学新建四川大学匹兹堡学院,与德国克劳斯塔尔工业大学合作建立中德学院,每年都与牛津大学、哈佛大学、斯坦福大学、约翰霍普金斯大学、悉尼大学等世界名校联合开设面向校内外的“实践与国际课程周”。

习近平总书记指出:“办好中国的世界一流大学,必须有中国特色。要扎根中国大地办大学。”建设世界一流大学已经明确了方向,四川大学建设世界一流大学正在路上。当年在校学习时与同学们指点江山、激扬文字的巴金,曾经这样评价他的学长:“我第一次在他的身上看见了信仰所开放的花朵。”今天,在新的历史起点上,在四川大学这片“看见信仰所开放的花朵”的地方,宏伟远大的发展目标不断召唤着我们,爱国爱民的理想信念永远支持着我们。让我们唱响“川大之歌”,弘扬“川大精神”,在“不忘初心、牢记使命”的感召下,以“领袖群英”的磅礴气概和“力学力行”的进取精神,在实现中华民族伟大复兴的中国梦的历史进程中,在实现建设世界一流大学的川大梦的发展道路上,共同交出更加优秀的“川大答卷”来。

大夏大学的图书募集和图书馆馆舍建设

——基于《大夏周报》的报道

华东师范大学档案馆　吴李国

摘要：现代大学图书馆是随着现代大学在我国的兴建而逐步发展起来的，大学图书馆的发展史在某种程度上正是我国现代大学发展史的一个侧影。本文以民国时期《大夏周报》有关大夏大学图书馆的消息报道为基础，以大夏大学图书馆的图书募集活动和图书馆馆舍建设为重点，梳理了大夏大学图书馆的发展简史，再现了大夏大学办学者不懈的追求和大夏大学艰难而富有传奇的发展历程。

关键词：大夏大学；图书募集；图书馆建设；大夏周报

大夏大学是1924年成立于上海的一所私立大学，1951年与光华大学合并成立华东师范大学。这所大学倡导"教师苦教、职员苦干、学生苦学"的"三苦"精神，强调"师生合作"与"自强不息"，从赁屋设校发展到1930年中山北路2万平方米广袤校园，又因为有当时闻名全国的教育学院，一时被誉为"东方哥伦比亚大学"[①]。1937年，因抗战一迁庐山，再迁贵阳，三迁赤水。1946年秋季才复员上海，其办学历程曲折艰苦又极富传奇。大夏大学非常重视图书馆建设，限于时势，发展坎坷，但其艰难却努力向上的发展史却正是中国近现代高校图书馆发展的一个缩影。本文以《大夏周报》[②]有关大夏大学图书馆的消息报道为基础，从图书募集和馆舍建设入手，对大夏大学图书馆的发展史进行了全面梳理。

---

① 大夏大学详细建校情形参见娄岙菲主编：《大夏大学编年事辑》，华东师范大学出版社，2014年。

② 《大夏周报》，1924年创刊，原名《大夏周刊》，1929年更名为《大夏周报》，1930年秋从第87期起按学年分卷出版，1930年秋为建校第七学年开始，周报即为第7卷，一直出版到第26卷。

一、图书募集

大夏大学的办学经费除了学生学费、政府补助之外，主要来源是社会募捐，同样，图书募集也是学校图书馆藏书的重要源头[①]。

大夏大学图书馆的第一次图书募集是在1925年底。当年9月，办学刚满一年的大夏大学在胶州路租地自建三层校舍落成，立即在大楼底层设图书馆及阅报室；同时成立大学图书委员会，负责图书馆经费筹备及图书购置等事宜，并聘任教授艾伟[②]出任第一任图书馆主任。12月16日，学校举行图书馆运动大会，发布《大夏大学藏书楼募捐启》[③]：

> 国家民族文野之分，在乎学术教化之有无多寡为区别耳。然学术教化之所寄，在乎图书。则欲谋学术教化之增进，非网罗图籍，其道奚由哉？自结绳易为书契而后，周官所称则有三王五帝之书，左氏所记则有八索九邱诸籍。典字，篆文作典，说文云，五帝之书也，从册，在兀上，尊阁之也。兀者，说义云，下基也，象荐物之形；册者，说文云，象其札，一长一短，中有二编之形，盖册即象书册长短之状。典字从册，在兀上，盖以兀阁藏之也。是藏书之事，实始于造字之时矣。盖图书为文化之原，有文化即已宝藏之矣。自尔以后，质文损益，制度相因，则图籍相传，虽有增减，藏书之事，理无或废。孔子曰：文武之道，布在身策。则文武之时，当有藏书矣。其后老子为周守藏书之史，孔子观七十二国宝书，则藏书之盛，可见一班。逮秦之兴，虽焚书坑儒，然宫禁所藏，犹或不废。汉兴，大收编籍，广献书之路，建藏书之策，置写书之官，于是石渠秘宝遂汗牛充栋矣。自是代有藏书，至于前清益为完备。乾隆四库固无论矣，即私令藏，如阮氏文选之楼，鲍氏不足之斋，亦足以上夸前古，近补官书。吾国之重视图籍也如者。然而以吾国今日之文化与东西各国相比，则古籍虽比人多而教学反在人后，何哉？则普及与不普及之异耳！故东西各国莫不富有藏书之所，以县之地，公私之校，莫不筑阁度藏，各称其力，而大学为最高之学府，设备尤完。顾考之吾国，

---

① 据1930年4月9日《大夏周报》载《本校现有图书统计表》备注栏“本馆书籍1/3系捐赠，2/3系自购”。

② 艾伟（1890—1955），字险舟，湖北沙市人，著名心理学家。1919年毕业于圣约翰大学，后留学美国，获哥伦比亚大学心理学硕士，华盛顿大学哲学博士，1941年入选部聘教授。1925年至1927年曾任大夏大学高等师范专修科主任，并出任大夏大学图书馆首任主任。

③ 《图书馆动员大会》，载《大夏周刊》，1925年第25期，第17页。

则何如哉?除北京大学籍历代官藏之外,其余国立部立各校亦所藏无几,而私立者则更无论矣!夫官府之藏,既不足以普遍;私家所有,又不能以供众览;而各大学又限于经费,有志未逮;则堂堂学府,济济生徒,除耳治口传之外,所得者不亦微哉?如是而欲与东西各国度长挈短,难矣!本大学顺时势之要求,赖国人之势力,建立于沪渎已历岁余,本期以来,益形发达,校舍已建,设备渐完,教授已逾六十,生徒已将九百。惟是成立未久,图籍尚希,闻见既有未周,财力尤多不逮,研诵摩琢,甚感困难。用是敬告邦人,乞援大雅,或招青箱之赠,或赐董金之助,庶几集腋可以成裘,积水终能为海,学校既受其宠赐,国家亦赖其休光,美哉盛举!企予望之!

启事宣扬图书对于学术教育的重要性,认为我国虽然藏书历史悠久,但普及程度不够,号召社会各界为大夏大学图书馆建设募捐,言辞恳切。此次募捐大会现场获捐金 1 542 元 2 角及图书 330 册[①],其后募捐成绩未能见报。

1930 年 3 月,大夏大学发起了第二次图书募集运动。其时,大夏大学的中山路校区正在建筑之中,学校发展方兴未艾。著名图书馆学专家马宗荣[②]年初出任图书馆主任,便立即发布《募集图书启》[③]:

敬启者:本校缔造,瞬届六周,惨淡经营,规模粗备。兹者梵王渡新校,落成有期,乔迁在迩,内容设备,诸待扩充,而缺需最殷,厥惟图书。良以典册为一切学术之源泉,大学教育最要之工具,非有丰富之藏书,不足以资博览而供研究。同人有鉴于此,爰发起募集图书大运动,希于最短期内征集多量之书籍。在校百余教职员,千余同学,无不量力所至,努力捐集,更望诸君,本向来师生合作之精神,或向桑梓亲戚,或向他乡友朋,力代征募。无论宋元旧槧,欧美新编,均所欢迎。而捐者募者芳名佥刻于典册,俾得与书具存,永垂不朽。他日莘莘学子,含英咀华,饮水思源,莫非捐者之赐也。爱校诸友,曷兴乎来!

同时,马宗荣还在《大夏周报》撰文《图书馆与募书运动》,从图书馆的意义、任务出发,结合学校图书馆的特点,号召"全校师生一致团结起来,作大夏图

---

① 《图书运动会消息》,载《大夏周刊》,1925 年第 26 期,第 18 页。

② 马宗荣(1896—1944),字继华,贵州贵阳人,著名社会教育家、出版编辑家与图书馆学家。1927 年毕业于东京帝国大学。1930 年至 1935 年间担任大夏大学图书馆主任及社会教育系主任,大夏西迁贵阳时曾任大夏大学总务长。

③ 《募集图书启》,载《大夏周报》,1930 年第 79 期,第 117 页。

书馆募书运动”[①]。这次图书募集运动，至 5 月 8 日结束，共收到中文书籍 4 277 册，外文书籍 820 册，约价值 3 500 元[②]。

1937 年 9 月，大夏与复旦组成联大内迁，经庐山至贵阳。1938 年秋，大夏大学在贵阳稍事安定，又第三次举行募集图书运动。这次图书募集得到各界支持，校内员生校外人士捐书达 7 196 册[③]。

除了上述有组织的进行图书募集之外，大学教职员及社会各界对学校的捐书时有发生。1925 年艾伟刚刚出任图书馆主任的时候，就率先捐助了一批书籍[④]。1933 年 12 月，总务主任吴浩然[⑤]遵照其父前清举人吴竹林先生遗嘱，将家藏珍贵图书 130 种，900 余册，捐赠大夏图书馆[⑥]。1935 年 11 月，校长王伯群[⑦]一次性捐赠图书杂志及各项报告等 2 000 余册[⑧]。1936 年 3 月，已故文学院教授孙德谦[⑨]先生家属秉其遗愿，将其藏书 1 847 册廉价捐赠图书馆[⑩]。1944 年秋，已故夏元瑮[⑪]教授遗书留赠图书馆作永久纪念，计有中英文书籍 49 部共 76 册[⑫]。1947 年 5 月，美国援华会向学校捐赠图书数百册[⑬]。

---

① 马宗荣:《图书馆与募书运动》，载《大夏周报》，1930 年第 79 期，第 118~121 页。

② 《募书运动结束》，载《大夏周报》，1930 年第 83 期，第 225 页。

③ 《校内员生校外人士捐书达七千余册》，载《大夏周报》，1939 年 15 卷第 10 期，第 2~4 页。

④ 《图书馆与实验室之新建设》，载《大夏周刊》，1925 年第 22 期，第 13~14 页。

⑤ 吴浩然，生卒年不详，字养吾，江苏吴县人。美国麻省理工大学硕士，长期担任大夏大学总务长。

⑥ 《吴竹林先生捐赠书籍到校》，载《大夏周报》，1934 年第 10 卷第 15 期，第 346~348 页。

⑦ 王伯群（1885—1944），名文选，字伯群，贵州兴义人。著名政治家、民主革命先驱、教育家。大夏大学首任董事长，第二任校长。

⑧ 《王校长赠图书馆大批重价书籍》，载《大夏周报》，1935 年第 12 卷第 7 期，第 154 页。

⑨ 孙德谦（1869—1935），字受之，寿芝，号益葊，隘堪居士，江苏元和人，著名国学家、史学家。1928 年至 1935 年担任大夏大学国文系主任。

⑩ 《本校已故教授孙德谦先生遗书已到校》，载《大夏周报》，1936 年第 12 卷第 1 期，第 301 页。

⑪ 夏元瑮（1883—1944），字浮筠，浙江杭州人。著名物理学家，曾任大夏大学理学院院长、教务长。

⑫ 《前大夏大学教务会议记录》，华东师范大学档案馆档案，档号 81-1-56，第 7 页。

⑬ 《同学福音！美国援华会慷慨赠书》，载《大夏周报》，1947 年第 23 卷第 10 期，第 3~4 页。

内迁时,大夏图书馆5万余册藏书分成两部,一部随迁,经庐山、重庆辗转于1938年5月才全部分批到达贵阳[①];另一部藏于校长王伯群私邸,后为伪上海大学[②]移存中央研究院30余箱及存放复旦大学[③],直到1946年复员后才陆续收回,其中有不少已散失。

1951年大夏大学结束时,图书馆藏书达60 561册,资料室藏书8 728册[④],近7万余册的藏书量无疑有图书募集的重要贡献。

二、馆舍建设

1930年春,大夏中山路校区开始建设,校董、前校长马君武[⑤]先生强调“今后大夏大学的建设是要谋图书馆和实验室的充实”,充分体现了学校管理层对于图书馆建设的重视。

1930秋,图书馆由胶州路旧址迁入新校舍群贤堂二楼。新图书馆馆舍完全参照马宗荣所著《现代图书馆经营论》设置,式样美观,精巧适用,设有普通阅览室一间,参考阅览室一间,书库一间及办公室一间[⑥]。

大夏大学搬迁到中山路新校区后,学校发展空间得到极大提升,注册学生数也逐年增加,建设一个独立的图书馆提上了日程。1931年夏,学校计划单独建筑一所二层图书馆,已由建筑师设计绘图,第一层拟作办事室及各系研究室,第二层拟作书库、杂志室、参考室、阅书室、目录室及管理室等[⑦]。但是,“九一八”事变爆发,全国人民投身抗战救国,大夏大学的校园建设被迫中断,图书馆的新馆建设也暂时被搁置起来。不仅如此,随着“一·二八”战事的发展,中山北路一度沦为战区,学校教学无法正常开展,图书馆全部图书也不得不搬往中华学艺

① 《大夏大学图书馆存渝图书仪器扫数运黔》,载《中华图书馆协会会报》,1938年第13卷第2期,第24页。

② 1942年至1945年间由汪伪政府在上海原复旦大学和暨南大学校址上举办的“国立上海大学”。

③ 《充实图书馆设备》,载《大夏大学校庆特刊——二十二周年纪念》,1946年,第15页。

④ 《大夏大学图书馆图书清册(一)》,华东师范大学档案馆档案,档号22-1-20,第2页。

⑤ 马君武(1881—1940),广西桂林人,著名政治活动家、民主革命先驱、教育家、翻译家。先后留学日本、德国,1915年获德国柏林农科大学工学博士。1924年至1927年出任大夏大学首任校长。

⑥ 《图书馆消息》,载《大夏周报》,1930年第7卷第1期,第7页。

⑦ 《筹建图书馆》,载《大夏周报》,1931年第7卷第21期,第476页。

社寄存[①]。秋季回迁后，图书馆也改设原拟建实验小学（因战事未办）校舍。据1934年初出版的《上海各图书馆概览》记载，其时大夏大学图书馆“凹字形，三大间，两层楼房”，楼下设有目录处、普通图书出纳处、普通阅览室、新书陈列处、普通书库、事务及出纳办公室、教员休息及储藏室，楼上设有杂志阅览室、参考出纳处、参考阅览室、新列参考书陈列处、参考书库、参考办公室、馆长及编目办公室、教育学社会学研究室及书库等[②]。

1933年10月，为解决参考阅览室拥挤问题，学校又在群贤堂205室添设自由阅览室。1934年秋，又将群贤堂附近的教育研究室腾出给图书馆用作杂志阅览室，并于近旁添建平房两间，作为报纸阅览室[③]。

1934年11月，校董会再次议决筹建新图书馆，建筑费定为12万元，由各校董负责筹措。次年3月，校董会议决新图书馆题名为“黄浦烈士图书馆”。新图书馆规划三层，一层设有馆长室、编目室、书报室、杂志室、书库等，二层设有参考室、普通阅览室、教职员阅书室、书库等，三层则计划分设五个学院的研究室[④]。1937年6月1日，大夏大学校庆日，全校师生2000余人参加了“黄浦烈士图书馆”的破土动工典礼[⑤]。然而，“八一三”战事让新图书馆的建设又戛然而止，大夏大学也在战火中被迫西迁。

此后，大夏大学由上海至庐山，至贵阳，至赤水，直到1946年秋重回上海，辗转迁移，全校师生历经艰难，方使弦歌不辍；至于图书馆的馆舍建设，也只能是因陋就简，勉力维持了。1939年2月4日，日寇空袭贵阳，学校紧急转移图书仪器到花溪，直到秋季，才陆续全部运回[⑥]。1944年11月，日军进犯独山，骚扰贵阳，学校又整体迁往赤水。所有图书仪器11月30日装箱，12月2日起分批经重庆、茅台，直至1945年3月8日全部运达赤水，其中有一辆运送汽车在遵义

① 《民国二十一年一月至十二月本校大事记》，载《大夏周报》，1932年第9卷第14期，第290~292页。

② 陈祖怡编：《“私立”大夏大学图书馆》，见《上海各图书馆概览》，北京：中华书局，1934年5月出版，第2~4页。

③ 《图书馆消息》，载《大夏周报》，1936第13卷第2期，第40页。

④ 《大夏大学图书馆平面图》，载《大夏周报》，1937年第13卷第26期，第578、584、586页。

⑤ 《十三周年纪念志盛》，载《大夏周报》，1937年第13卷第27期，第631-636页。

⑥ 《贵阳大夏大学图书馆近讯》，载《中华图书馆协会会报》，1940年第14卷第4期，第29页。

附近翻车,所幸押运师生三人只受轻伤,图书无损[①]。1945年3月,大夏大学利用赤水中学房屋作图书馆,设书库、参考阅览室、普通阅览室各一间,此时,学校藏书已达4万余册[②]。1946年夏,大夏大学开始复员上海。7月25日,赤水的图书仪器陆续装箱运达重庆。9月1日,装载华泰轮驳,于10月24日抵达南京,又改用火车转运,10月31日抵达上海西站[③]。至此,播迁9载的图书终于重新回到了中山路校园。

1946年2月,大夏大学沪校将位于重华新村的图书馆搬回中山路校区原图书馆旧址[④]。年底,黔校复员图书陆续进馆,合并图书达5万多册,原有馆舍不敷使用,不得不在群贤堂三楼辟室七间,设置参考阅览室、杂志阅览室、报纸阅览室及自由阅览室等,原图书馆一楼为书库、借书处及目录室,二楼为办公室及普通阅览室[⑤]。

1948年春,为解决图书馆馆舍狭小问题,学校经过多方募捐,拟以四百亿元国币建筑新图书馆一座[⑥]。9月28日,由土木工程系金祖荫设计上下共二层的新图书馆破土动工。新馆设计下层为书库、杂志室、大阅览室,楼上为各学院研究室、大参考室、馆长室、办公室等,可同时容纳千人阅览,为复员后学校最大建筑[⑦]。然而,原计划寒假前即可竣工的工程,由于币制改革,预算的金条被换成金圆券后大幅贬值,工程用的水泥尚差一千包无法购办,工人工资也增长十倍左右,图书馆工程不得不暂停乃至最终废止[⑧]。

新中国成立后,百废待兴,院校调整。1949年9月后,原图书馆划归附中,图书馆全部迁往群贤堂办公[⑨];1951年大夏大学又与光华大学合并成立华东师范大学。1952年年底,华东师范大学图书馆建成,大夏大学中山路校园才有了名副其实的大学图书馆。

---

① 《本校迁设赤水大事记》,载《大夏周报》,1945年第21卷第1期,第4页。

② 《图书馆开幕》,载《大夏周报》,1945年第21卷第2期,第3页。

③ 陈旭麓:《内迁十年纪事》,载《大夏周报》,1946年第23卷第3期,第16页。

④ 《沪校简讯》,载《大夏周报》,1946年第22卷第8期,第7页。

⑤ 韩钟琦:《图书馆近况》,载《大夏周报》,1947年第24卷第1期,第32页。

⑥ 《四百亿建筑费,积极开展筹募》,载《大夏周报》,1948年第24卷第11期,第8页。

⑦ 《新图书馆开工,寒假前可落成》,载《大夏周报》,1948年第25卷第1期,第2页。

⑧ 《高物价,新图书馆建筑势将延期完工》,载《大夏周报》,1948年第25卷第3期,第1页。

⑨ 《校舍新布置》,载《大夏周报》,1949年第26卷第1期,第5页。

三、其他

大夏大学办学 28 载，历任图书馆馆长（主任）有艾伟、陈友松[①]、马宗荣、吕绍虞[②]、陈一百[③]、吴学信[④]、方金镛、傅杰华、胡寿慈、韩钟琦[⑤]、苏希轼等，他们无一例外地都具有教育学相关专业背景，除艾伟、陈友松、陈一百、苏希轼外，吕绍虞曾是马宗荣的助手，其他几人更是马宗荣在大夏的学生，可见，大夏大学图书馆的建设与马宗荣的社会教育理念关系密切，这一点，与社会教育强调图书馆的重要性也是一致的。大夏大学也一直在社会教育系设有图书馆学课程，1938 年更在社会教育系下分设图书馆学组、民众教育组和电化教育组[⑥]，由此也可见图书馆学在社会教育中的地位。

不管时代如何改变，把图书馆建设成社会教育或公共教育的重要基地一直都是图书馆馆长们努力的方向。有了这样的理念支撑和图书馆人不懈的实践传承，大夏大学图书馆才能在纷繁复杂的社会形势下不断地发展。这一点，对今天的大学图书馆建设乃至大学建设同样具有现实意义。

---

① 陈友松（1899—1992），字敦伟，湖北京山人。著名教育家、翻译家。早年留学菲律宾，1926 年秋担任大夏大学图书馆主任。1929 年官费留美，先后在加州大学、斯坦福大学、哥伦比亚大学获硕士、博士学位，1935 年回国后曾在大夏大学代理社会教育系主任。

② 吕绍虞（1907—1979），原名吕型孝，浙江新昌人。著名图书馆学家、目录学家。1928 年大夏大学高等师范专修科毕业后留校图书馆工作，1931 年又在私立武昌文华图书馆学专科学校进修。1935 年曾代理大夏大学图书馆馆长。

③ 陈一百（1909—1993），广西北流人。著名教育理论家。金陵大学哲学教育系本科，美国康乃尔大学教育硕士。1934 年回国后先后在光华大学、大夏大学、蓝田国立师范学院、中山大学、广州师范学院等校任教，1936 年秋至 1938 年初曾任大夏大学图书馆馆长。

④ 吴学信（1909—？），江西南城人。1934 年毕业于大夏大学教育行政系，后留学日本早稻田大学。1938 年春曾代理大夏大学图书馆馆长一学期。

⑤ 韩钟琦（1907—？），江苏泰县人。1934 年毕业于大夏大学社会教育系。曾任贵州省立图书馆馆长。1945 年至 1950 年任大夏大学图书馆馆长。

⑥ 《教育学院新讯》，载《大夏周报》，1938 年第 15 卷第 5 期，第 6~7 页。

南迁叙事:浙江师范学院离杭始末及其作为校史记忆的延续

浙江师范大学档案馆　王凯

摘要:1965年,浙江师范学院由杭州南迁金华。环境的变化,传统的断裂,成为浙江师范大学历史中最为重要的一次转折。这一变动,与60年代中国高校政策的转变以及浙江省因应的调整方针密切相关,也存在其他需要商讨理清的细节问题。另外,作为校史中一次重要的变革,南迁对于浙师院的发展造成了极大的影响,地域的隔绝也使浙师院失去了原本可以依靠的唯一一点历史渊源,需要重新塑造自己的历史传承。南迁之后,浙师院长期寻求重回杭州的愿望最终未能实现,但杭州情节却一直弥漫在其历史之中。这段记忆逐渐成为不同年龄层次师大人的集体认知,融入对于这所学校的共同记忆。

关键词:杭州师范学院;浙江师范学院;南迁;金华;历史记忆

1956年,杭州师范专科学校在杭州创建,西子湖畔风光虽好,可因为初建仓促,学校寄居于南山路华东美术学院杭州分院的一隅,多年以后有老教师戴林淹凭记忆绘出当时校景,图中一排栅栏、一座小楼,余则满目萧然而已;因为南山路校园面积仅仅有2万平方米,无法容纳近千名的师生员工,中文科的学生更是借文二街杭州幼儿师范学校一幢简易的楼房上课住宿。据回忆,当时"那幢楼房刚刚造好,墙壁还是湿的,手一揿,就是一个凹陷;连地面也还没有铺好,尽是那些碎砖块。上课的时候, 4个班约200名学生就挤在一个四面没遮拦的大草棚内听课。寒风刮来,人凉得发抖,手指也不听使唤了。"① 可谓是名副其实的"草创",这在全国高校中都是比较罕见的。

尽管如此,在杭州的近十年时间里,学校从杭州师范专科学校升格为杭州师范学院,从杭州师范学院经合并浙江教育学院、浙江体育学院而成浙江师范

① 程佳境:《琐忆》,载浙江师大校友编委会编:《校友》2011年2月,内刊。

学院,短短的四年之间完成了两次跳跃。校本部也搬到了体育场路,拥有了稳固的根据地,开始了正常的建设。只是 1965 年,一道南迁金华的指示,打断了平稳的发展,学校科系分散,教师流失,浙江师范学院元气大伤,直到多年之后才得以恢复。

一、浙师院南迁的历史解读

(一)1958 年:第一次南迁阴影

对于浙江师范学院(浙江师范大学)来说,1965 年的南迁并非毫无预兆。

1958 年上半年,浙江省三所师范专科学校先后升格为师范学院。其中,杭州师范专科学校的升格决定是 6 月份下的,但是之后有近四个月的时间,校名迟迟未定。学校内部因为升格欢欣喜悦,曾组织师生进行讨论,得到“浙江省第二师范学院”“杭州师范学院”“鲁迅师范学院”几个提议,但同时有消息称当时省委有意将学校迁往金华办学,改名“金华师范学院”。

6 月,省委同时决定的还有将浙江师范学院合并组建成为杭州大学。因此杭师专的升格相当于是递补,而在 1958 年下半年新办的杭州师专、建德市专以及五年一贯制师专班则是为了填补原杭师专升格之后专科教育的空缺。杭州大学组建后,需要一个向综合性大学转变的过渡期,学校暂时仍以培养中学师资为主要任务,而杭州师范专科学校升格之后,由专科改招本科,其角色与杭州大学已经有所重叠,所以将升格之后的杭州师范专科学校迁往金华,重新配置教育资源、取得地理上的平衡是当时可能的一个考量。

而另外一种说法,省委将杭师专南迁金华,是准备在金华办一所“万人大学”。浙江师范学院(浙江师范大学)原党委书记骆祥发说:“1958 年,在‘大跃进’的锣鼓声中,当时建在杭州的杭师院,考虑到在杭扩展受地皮的限制,决策者提议迁来金华发展。”① 下半年新生入学后,杭师院在校学生共只有 670 人、全校教职员 212 人,以这样的人员配置,企图一跃而成“万人大学”,也是大跃进时代浮夸风气的典型表现。

当时,“1958 年之后浙江省高等师范教育与全国大形势发展相一致,出现了一呼而上的态势”②。1958 年之前,浙江省一共有 8 所高等院校,杭州就有 6 所,即浙江大学、浙江农学院、浙江医学院、中央美术学院、浙江师范学院以及 1956

---

① 骆祥发《校园变迁录》,载浙江师大校友编委会编:《校友》, 2001 年 6 月,内刊, 247 页。

② 何增光《浙江高等教育史》,杭州:杭州出版社,2008 年,第 76 页。

年新建的杭州师范专科学校,外地有两所,即宁波师范专科学校和温州师范专科学校。而到1958年年底统计,“全省普通高校增至36所”[①],其中“1958年新增师范专科学校11所”[②]。这样的扩建,必然导致教育资源的供给难以为继,院校集中的城市向外分流因此也成为趋势。但是浙江省的高校增建都发生在1958年下半年,与6月份便已初现端倪的南迁想法似乎并不存在直接的因果关系,也不能解释省委长达四个月的犹豫不决。

决定迟迟未下,学校处于混乱的状态,杭师专在这一年暑期招收第一届本科生用的是金华师范学院名义,增派的一名副院长孙存楼其任命文书上写的也是金华师范学院副院长,新生录取通知书上却署名“浙江第二师范学院”,新进的青年教师则是分配到金华师范学院,却让其到杭州报到。若将其归咎于“大跃进”时期的管理混乱,难免有揣测过度之嫌。9月份,杭州大学正式开学,而直到10月底,省委、省人委才正式下文把升格后的杭师专定名为“杭州师范学院”。《浙江师范大学校史》中认为这归功于“学校抓住机遇,给省教育厅和省委宣传部打报告,要求省委、省人委抓紧给学院正式定名,结束当前混乱状态,以利工作”[③],究竟是怎样的机遇,却没有恰当的解释。可能省委的犹豫与金华当时的办学条件相关。在“大跃进”时期,决定总是轻易作出,而事后的发展总难恰如人愿。当时省委已选定金华高村以南、骆家塘以北的言台山、毛栗山一带为金华师范学院院址,并且以金华专员公署为主组成了金华师范学院筹建工程处,开始了第一期工程建设。但是谁也没有把握能在1958年内建成足以让杭师专迁往办学的校舍,决议因此耽搁。据周舸岷老师回忆,他1959年带学生到金华参加建校劳动时的情况是:

> 当时一来的时候就看到一个很大的校门,两个很大的柱子。……写着“金华师范学院”。……印象当中这个门进去里面就都是我们学校的地方了,但是当时都是农田,再进去的时候我看到当时有这样几幢建筑物:一个就是老教学大楼——老五幢,1959年我来的时候已经结顶了,还在那里整理;一幢行政楼,老五幢前面的行政楼……再还有就是精业楼前面、老五幢后面的一个体育场,四百公尺跑道的一个运动场……还有就是四幢学生宿舍,现在都拆掉了,原来在现在田家炳书院前面位置。再还有呢,就是现在

---

① 张彬:《浙江教育发展史》,杭州:杭州出版社,2008年,第420页。

② 何增光:《浙江高等教育史》,杭州:杭州出版社,2008年,第80页。

③ 浙江师范大学校史编修组:《浙江师范大学校史(1956—2001)》,2001年,第11页。

的家属老区有一些平房的教工宿舍[1]。

显然1958年时的硬件条件尚不足以办学，如校史中所说："虽然有'大跃进'的冲天干劲，新建一所高校校舍毕竟不是一件易事"[2]。到10月份时，学校都已经开学有一个月之久，省委发现建校进程实在赶不上计划，这才匆忙改变心意，暂且将学校命名为"杭州师范学院"，继续留在杭州办学，这才是那个时代背景下最为可能的一种考虑。但是学校1959年后仍不时派师生前往金华参加建校义务劳动，直到"大跃进"运动结束，金华筹建工程处方才撤回学校。可见省委当时仍并未放弃将杭师院搬到金华的打算。骆祥发老师评论说：

> "大跃进"本身，是一个违背事物发展规律的急躁冒进运动……结果遭受客观规律的无情惩罚，生产破坏，经济滑坡，全民遭受饥荒的威胁。在这种情势下，杭师院金华校区的建设只有急速下马，建设人员撤离，只留下上面提到的几幢楼房，孤单单地挺立在荒山野坡上，接受风吹雨打的洗礼[3]。

1960年4月，建德师范专科学校迁入建成的第一期校舍，改办成为金华师范学院，相当于由其承担了高校扩建下为整合资源、原本准备由原杭州师范专科学校承担的搬出杭州的命运，金华阴影才暂时告一段落。

（二）1965年：南迁金华前夕

此后的1959年到1961年间，杭州师范学院因为学校规模的急剧膨胀，用房紧张，部分师生曾先后迁往桐坞、王马巷等地办学，但省委并未在此时重提南迁金华一事。1962年，杭州师范学院与浙江教育学院、浙江体育学院三校合并，改名为浙江师范学院。在杭州大学完全成为综合性大学之后，新的浙江师范学院接收了老浙江师范学院到杭州大学初期培养本科中学师资的任务。此时，南迁才又重新慢慢被提上台面。

审视背景，浙江的高等师范院校从1961年开始进行了大幅度调整，当时全省保留了6所师范院校，1961年宁波师范学院不再招生，同时金华、嘉兴两所师范院校被撤销；1962年杭州师范学院与浙江教育学院、浙江体育学院合并成为新的浙江师范学院；1963年和1964年，宁波师范学院和温州师范学院又先后被

---

① 王凯访谈整理：周舸岷口述校史，未刊。

② 浙江师范大学校史编修组：《浙江师范大学校史（1956—2001）》，2001年，第10页。

③ 骆祥发：《校园变迁录》，载浙江师大校友编委会编：《校友》，2001年6月，内刊，247页。

撤销。到 1964 年底,全省只剩浙江师范学院一所高师院校。如果说 1958 年时将功能重叠的一所师范院校搬到金华尚在情理之中,在没有任何征兆的情况下,突然决定将全省唯一一所高师院校搬离浙江省的中心杭州,则是一个难以想象的决策。蒋风老师认为:这是“把差一点的学校、基础不是很牢靠的学校作为试验品搬下来”[①]。但当时杭州仍有比杭师专更晚创办、基础更薄弱的学校。有一些老教师因此抱有“阴谋论”的想法,回忆称总觉得杭州师范专科学校自建立之后在杭州一直有一种不受待见的感觉,似乎政府时刻想要将其迁出杭州,其揣测理由,与学校所属管辖等一系列复杂问题相关,在此暂且不作讨论;也有认为是因为当时浙师院没有一个强有力的领导,前期领导多是军队出身,文化地位不高,在省里说不上话,而较有名望的如郑晓沧、江希明等人,都属于还有一半挂在杭大,人在心不在,从而导致了没有人为南迁之事向省委力争[②]。

1965 年 5 月下旬的一天,省委第一书记江华和省委常委、宣传部长陈冰约见浙江师范学院党委副书记王元珍、副院长林尧和办公室主任纪梦秋,口头传达了省委关于学院搬迁金华北郊的决定,理由是战备疏散。这一理由的背景是 1960 年代中苏关系恶化,但当时许多师生认为这个理由完全是忽悠,这在后面还会提到。需要注意的是“口头传达”,非“正式下文”。而经过一些讨论和修正之后,8 月 11 日晚,省委常委、宣传部长陈冰约见浙师院领导宣布省里的决定。还是口头通知!此后也并没有一个文件详细说明南迁的决定和理由,倒是南迁之后《人民日报》把着重点放在“半工(农)半读”,对这一事件作了报道[③],搬迁的主要理由从“战备疏散”明确转为办“半工(农)半读”学校,也是在 8 月中旬以后的时候才体现出来的。这一理由的直接肇因为 1964—1965 年间刘少奇提出“两种教育制度、两种劳动制度”教育方针,上溯根源就要到毛泽东的教育理念。美籍华裔学者陈赐恩曾就毛泽东的教育模式和毛泽东反对的模式之间做过一个比较,他称之为“革命模式”和“学院模式”[④],而浙江师范学院南迁金华的历史背景就是要办“半工农半读”学校,由“学院模式”向“革命模式”转变。

当时,金华之与杭州,一个是省里较偏远的城市(部分会议记录中称其为

① 王凯访谈整理,蒋风口述,未刊。

② 王凯访谈整理,周舸岷口述校史,未刊。

③ 《浙江师范学院从城市搬到农村》,载《人民日报》,1965 年 10 月 9 日。

④ 袁振国等:《对峙与融合——20 世纪的教育改革》,山东:山东教育出版社,1996 年,第 50 页。

“乡下”)，一个是浙江省政治文化经济的中心，城市身份的差别超出地理上的距离。杭师院的余汉民老师在南迁前的一次会议中提到：“大学应办在政治经济文化的中心，过去在温州、宁波、嘉兴的几个师专、师院都撤销了。借书、买书不方便，有的书买不到。”[①] 诚然南迁金华办学有其益处：一个稳定的校园，远离政治波澜的中心，对于当时的浙江师范学院来说，意味着发展的契机。学校在给省委宣传部的报告中提到有教师认为“过去学校搬家次数多，变动大，干了今年，不知明年，说学校是兔子尾巴长不了；现在迁到金华农村，校址稳定了，半农(工)半读方向任务也明确了，新华社也发了消息，是长命学校了，今后只要我们下定决心，干他十年、二十年，一定能作出点成绩，走出自己一条路来”[②]。余樟根老师也说：“从成立到现在，一直是动荡不安，办还是不办，定了，安心。搬去也好，安静、空气好。……空气好，有利养病。可以搞副业”[③]。这是一种积极的意见，也代表某种程度的现实，但不能掩盖大多数师生的反对态度。

从省里初步决定搬迁的 5 月到开始实际搬迁的 8 月，浙师院的领导，主要是党委副书记王元珍、副院长林尧、副院长章若明和办公室主任纪梦秋以及一些科系部门的负责人，频繁开会商讨相关事宜。当时实际的最高领导院长郑晓沧并未出现在这些会议中，不知是因为年事已高，还是其他的原因。这些会议留下了大量的记录，可以为我们进一步了解南迁提供帮助。

在几个月持续不断的会议中，围绕着前期讨论的主要有两个问题：一是如何解决房屋问题；二是如何向师生传达动员。后期的重点则转向具体搬迁的安排。

用房不足是最为现实的困难，因此相关讨论直到 8 月开始搬迁都没有终止过。浙师院在给省里的报告中提到：

> 根据省委指示，我院在下学期开学前迁往金华，住原金华师院旧址……
>
> 院、系同志对省委决定将我院搬金华都表示拥护，并能本着从战备精神出发来考虑学校今后建设和用房等问题。根据各系实地观看和紧缩用房来安排，大家感到全院五个系，如果一次都搬到金华新校址有很大困难，主要是教学用房不敷应用，生活用房悬殊太大，如果一次搬去，不但学生无

---

① 《关于要求将我院迁回杭州的材料》，浙师大馆藏档案，档号：1965-DZCQ-3。

② 浙师院党委(65)28 号文件。

③ 《关于要求将我院迁回杭州的材料》，浙师大馆藏档案，档号：1965-DZCQ-3。

法上课,很多教工也无宿舍可住[①]。

副院长章若明到金华现场考察以后说“那面24 000平米,我校现在44 000平米”[②],相当于学校的面积减到了一半左右,教学用房、生活用房、单身教工住房、家属住房无一充足。从1965年6月4日上午开始的第一次会议一开始,各个部门的负责人就开始报告金华已有的房屋如何不能满足浙师院搬迁过去的需要。“只一个教学大楼,五系都去有问题”,“教学场地,只是公体教学用的……我们每天有教学,而现在没有场地”(张志芳语)。“生活用房问题很大,只80户可住,而我们有近600户”(高树言语)。根据实际统计,金华学生宿舍使用面积为4 868平方米,可住学生1 300人左右(按低于中央规定使用面积3.3平房标准计算),而浙师院在杭州的宿舍使用面积为9 895平方米,实住教工224户,单身教工163人,实住70个房间,约1 500平方米。金华现有宿舍使用面积为3 105平方米,按原设计只能住60户,单身教工宿舍没有。用滕维凯老师的话说是“三个馒头五个人吃,看怎么吃法”[③]。

5月下旬,省委下达初步决定,“教育厅的意图是五个系都去”(章若明语),而浙师院的会议讨论意见则是不能全搬。一方面当然是房屋不够,现实条件不允许,“我个人看法,五系去有问题,就是盖建议房屋那也要两个月。现在还是正常情况下的备战,坚持一条,保证不影响正常教学”(章若明语)。另一方面,师院领导也考虑到若连根搬走,以后就没办法搬回杭州,存着一丝一旦形势有变,在杭州还有家可回的心理。后来证明这个担心并非杞人忧天,虽然后来浙大、杭大、农大、医大也都搬了,但“浙大等几所大学搬的只是部分专业,大本营还在杭州,一旦有机会还可以搬回去”。周舸岷老师后来回忆说:“唯独我校的搬迁是被连根拔了,以后再也无望回杭州了,内心很不平衡!”[④]所以当时会上认为:“一定去,只能先去三个系,而且必须马上造房。五个系都去,只能情况很急,要各校都动了,才可以去。其他搬回了,另两系也搬回”(高树言语)。已经考虑到了风向有变立即搬回杭州的可能性。当然,最终的确是只有三个系搬到了金华,但问题是留在杭州的几个系并没有如部分教师所希望地那样原样保留,形成一个“浙江师范学院杭州校区”,而是被并入了其他学校,浙师院也就因此失去了回到杭州的后路。这样一种处理方式,可见当时省里是铁了心要把浙

① 浙师院党委(65)15号文件。

② 《关于要求将我院迁回杭州的材料》,浙师大馆藏档案,档号:1965-DZCQ-3。

③ 《关于要求将我院迁回杭州的材料》,浙师大馆藏档案,档号:1965-DZCQ-3。

④ 王凯访谈整理:周舸岷口述校史,未刊。

师院“驱逐”出杭州了，在一些相关问题的处理上，也有“蛮不讲理”之感。这也是浙师院的师生对这一决定最为诟病的所在。周舸岷老师就认为虽然当时的背景下各个大学也正好在搬，“我们学校吃亏的一点就是连根拔了，不是一部分搬下去一部分还留在杭州”，“如果其他系还留在那里、留一部分在那里还有一只脚可以踏过去，有回去的一个地方。浙大什么的不是以后都回去了吗”[①]。浙师院会议上还有这样一段对话。

刘瑞之：“不知省里对我们如何看法？”

周启明：“厅长解决不了，去找省委书记。”

高树言：“不允我们提意见，难道不招了？三次、五次报告呈上去。物理系并入杭大，体育系归省体委，我们只办三个系。”

从“解决不了”“不允提意见”这几个关键词，可以看出省里对浙师院南迁所持的态度：口头传达、强制搬迁、问题自己解决，已经可以说是有些相当不负责了。会议中因此充满了疑问：如何传达？学生问，怎么回答？搬迁的理由？为什么只有浙师院要整个搬？

在第一次会议中，章若明副院长就提出：“（搬迁）现在还保密，搬去如何对群众说？”可见南迁金华一事在5月到6月时还是秘密筹备的，可能也顾虑到了师生必然会有的强烈反响，意图先做好充分准备以应对。而既然“战备疏散”是省委给出的正式理由，学院领导也只好硬着头皮在此做文章，以图缓解来自师生的压力。

如何用形势挂上钩，是个问题。（余樟根）

从布局来看，谈越南形势讲起，有备无患。深入农村，从目前和长远打算结合。（王元珍）

讲的口径要统一，备战：城市疏散，缩办人口，全面布局。（林尧）

许多当年师生后来回忆说，这理由完全无法令人信服，负责动员的校领导强加解释，但其实从学院领导方面来看未尝不是如此。办公室主任纪梦秋就说：“（南迁）许多不能自圆其说，又说备战，是长远的，安排又说是临时的。”余汉民老师则认为：“听了报告，党政说服力不强，到金华与其说是备战，不如说是参战。”可见他们同样不认同搬迁的理由。“到底为什么要搬？从备战角度讲不通。一则备战应该不光浙师院需要，二则金华是战备重地，哪有高校搬去战备

① 王凯访谈整理：《周舸岷口述校史》，未刊。

重地备战的道理。"纪梦秋的这句话可说表达出了很多师生共同的疑惑[①]。

还有其他的一些观点。

> 胡士煊说,从战备出发,不如搬湖州?重要,浙大为什么不搬?英专刚成立,为什么不搬?……不少人说:搬金华,不如同杭大合并。(张志芳)
>
> 为备战,搬去金华说法不通,那里是战略要地,交通要道,我们是被逼走。英专更小,为什么可以不搬?为什么不搬宁波、温州。单要搬到金华去?(董新生)

有些激烈的言语,并非不明事理的胡搅蛮缠,而是无奈之下的一种言语发泄。教工强烈的反对,不仅与当时"战备疏散"这一勉强理由、也与省里对杭州各所高校的不同处理方法有关,归根到底,就如纪梦秋转述胡士煊的话说,那就是"你讲备战还有什么话好说"[②]。

学校的搬迁必然带来教职工个人生活的变动。有部分教师态度坚决,比如"周能珊说,到金华临时去一下,可以,长期落户不去"(余樟根语)。于是他们往往离开了浙师院调动到其他单位。部分教师愿意服从搬迁的决定,但要求照顾家庭因素;更有的人去,户口不迁,比如林国挺、孙正容等。就如刘瑞之所说:"积极拥护的看不出来。"余樟根在会上就报告说系里老教授慎微之(1947—1949年间曾任之江大学教育系主任),一听搬金华,就要退休了。也有老教师说自己"年纪大,又有高血压,要想退休了"(张志芳语),比如从建校开始就在学校工作的像王冥鸿、宋文瀚、程二如几位老师都在南迁之前退休离开了学校。而学校领导层面,院长郑晓沧因为年事已高留在了杭州,书记江牧岳此前便已经离开了浙师院,不知道是否也是南迁的缘故。因此最终随学校迁到金华的院领导也只有两位副书记和两位副院长。可以说南迁无论从管理层面还是师资力量都对浙江师范学院(浙师大)造成了极大的破坏。

二、历史的余韵:创伤记忆与重返杭州的尝试

1965年8月,浙江师范学院正式搬迁到金华,开始了一段新的历程。当时随校来到金华的陈兰村老师是这样回忆南迁的旅程的:

> 从杭州城站上车,经过六小时的慢车,终于到金华老火车站了。下车

---

① 《关于要求将我院迁回杭州的材料》,浙师大馆藏档案,档号:1965-DZCQ-3。

② 以上会议记录皆摘自《关于要求将我院迁回杭州的材料》,浙师大馆藏档案,档号:1965-DZCQ-3。

后，即进入金华市区。……那时学校没有车来接，我们是走路到学校的，我们好奇地看到街上有黄牛拉着两轮架子车运煤球，架子车三辆连接，牛脚穿着草鞋，慢悠悠地走着，这是牛拉的运煤列车。出了市区兰溪门，就是向学校的公路，是一条坑坑洼洼的沙石路。到学校有 7 里路，路上要爬两个不小的坡。走了 1 小时，进入了骆家塘村。那时的骆家塘路边还没有一座现代的楼房，都是一些矮矮的泥墙房子。走过骆家塘，这才进校门。这时天色渐暗，远远能见到学校的教学楼了。从漂亮繁华的杭城来到相对偏僻的金华黄土地，虽然见到了自己的住处，心里却实在高兴不起来[①]。

相似的回忆出现在很多老人的文章之中，多少年后，文字中仍然弥漫着一股感伤。不像抗战时期的大学西迁那般有着令后人肃然起敬的历史意义，谈到“南迁”，在老一辈浙师院师生的回忆当中总是驱不散一股“被流放”的复杂感受。尤其对于经历了里桐坞、王马巷的漂泊好容易得到一片稳定校园的浙师院师生来说。多少年后听一些老校友讲起这段往事，话语中仍有清晰的遗憾与不甘。

这也导致了师大人长期持有重返杭州的愿望与诉求。阿莱达·阿斯曼引用霍桑在《红字》中的描述，提出了“代际之地”的概念，认为赋予地点特殊记忆力的是它们与家庭历史的固定和长期的联系[②]。而十年的艰辛历程使杭州成了对师大人来说具备那样意义的地方。如果说“南迁”是师大人的创伤记忆，那么杭州岁月则是一种情结记忆[③]。对于老一辈来说，回到杭州是实现回归旧地的梦想，对于年轻一辈来说，因为金华地域发展因素的不利，心中本就有所不满，听着前辈讲述杭州办学的往事，逐渐将自己融入集体的历史，并进一步促发回归的呼声。

这一诉求在“文革”结束之后达到高潮。1979 年 1 月 17 日到 25 日，浙师院师生举行了为时 8 天的罢课活动，并组织请愿团赴杭向省里请愿[④]。这一次迁

① 陈兰村：《1965 年暑假随浙师院离杭迁金印象》，见周舸岷主编：《师大往事》，金华：浙江师范大学出版社，2013 年，第 111 页。

② ［德］阿莱达·阿斯曼：《回忆空间：文化记忆的形式和变迁》，北京：北京大学出版社，2016 年，81 页。

③ 《关于创伤记忆与情结记忆》，参见张志扬：《创伤记忆 中国现代哲学的门槛》，上海：上海三联书店.1999 年，42 页。

④ 周文毅：《记一次进省请愿活动》，见周舸岷主编：《师大往事》，金华：浙江师范大学出版社，2013 年，209 页。

校请愿运动常被拿来与1946年英士大学的迁校运动对比,两者在客观环境与结果上有其相似性,但经历过不同时期的两次迁校请愿运动的蒋风老师认为,1979年的运动在规模与影响上有所不及[①]。

当时迁校的环境契机有二:其一是20世纪60年代部分搬离杭州的院系搬回了杭州,而衢州的浙江化工学院这样的外地院校也准备搬到杭州,如老教师所说:"在这样的形势之下,我们当然也想搬回去"[②]。但就如前文所说的,浙大本部仍在杭州,化学学院则有化工部的支持作后盾,浙师院以回归为名,但在杭州早已无家可归,结果当然不容乐观。再者当时浙西乌溪江的水电部十二局想要出资买下浙师院的全部财产,将总部迁到金华来发展,而浙师院拿了这批钱可以在杭州找个地方搞基建,当时师生认为可以利用这一机会搬回杭州去办学。1996年和2001年的两部校史都认为,浙师院党委2月10日向省委提交了《关于要求将浙江师范学院从金华高村迁回杭州的报告》之后,才有与水利电力部十二工程局的联系,2月28日在此基础上向省委教卫部、省教育局提交了《关于要求将我院迁回杭州的补充报告》。这一次序在现有档案中得到了证明[③],但一些老教师的回忆则与之次序相反,那么是否存在着一个最早与水利二十局私下沟通的阶段,从而推进了师生对于迁校请愿的热情与信心,则尚没有证据证明。

而迁校之所以失败,一方面是省委的态度。当时正好安徽的劳动大学也想迁回安庆去,闹学潮,安徽处理得比较严厉,"浙江省委就放出口风,假使你们浙江师范学院不复课的话,我们就同安徽劳动大学一样办理,意思要抓人了"[④]。另外据说有一些南迁后才来的领导出于自身考虑不愿意搬迁,甚至打压支持搬家的部分教师,再加上"文革"刚结束,"教师因为'文革'的教训太大了,不好进去活动,怕吃亏,所以态度就没有那么明朗",这也是学生独立难支,运动最终宣告失败的原因。

在此之后,据老人回忆,20世纪60年代传闻蒋介石要反攻大陆的时期,省委也曾一度考虑过将浙师大搬回杭州,最后不了了之。如若成行,浙师大因"战略疏散"而南迁金华,却又因为战事威胁而北归,不得不说是历史的讽刺。

---

① 王凯访谈整理:《蒋风口述》,未刊。

② 王凯访谈整理:《周舸岷校史口述》,未刊。

③ 浙师大档案馆馆藏档案:《关于要求将我校迁回杭州的材料》,1979-DZDQ-11。

④ 王凯访谈整理:《蒋风口述》,未刊。

三、余论:共同记忆的构建

如今,距离南迁已经时隔半个世纪,学校经历过多次更名升格与分合迁转,发展坎坷,而终有成效。2016 年 4 月 18 日,浙江师范大学在金华芙蓉峰下举办了建校 60 周年庆典。来访校友当中,有一批老人毕业于 1965 年 8 月之前,对于他们来说,这是一片陌生的土地,在这里寻找不到自己春春停驻的痕迹。唯一的例外是建于 1958 年的文科 5 号楼,这座楼是他们中的一部分人参与建造的,是包含着他们的创伤性记忆的建筑。但对于多数人来说,"南迁"这个词语,才是将他们与这片土地联系在一起的那条线。

1965 年的南迁将浙师大的历史分为截然分明的两个阶段:在杭州和在金华。一方面,如校史所说:"南迁决策不仅削弱了浙师院,给浙师院的办学带来了无尽的困难,并在一定程度上影响了全省基础教育的发展。"①

另一方面,依照章达友所提出"校史追溯的判别标准主要应根据以下两条标准:一是所追溯校史的学校前身与现代学校在时间上是否有连续性;二是在学校传统、办学特色、组织管理、校址建筑等方面是否有继承性"②。南迁之前的浙江师范学院与老浙江师范学院之间还存在着一线渊源,就如楼世洲教授所说,当时浙师院很多领导、教师都是从老浙师过来的,两者存在着一种血缘的亲近③。而南迁无疑使之更加淡化。地域的鸿沟导致了亲缘的褪色,浙江师范学院如同离开故乡独自发展的分家,逐渐寻找不到自己曾有的渊源,而需要在所在地域重新寻求一份历史认知,比如构建与北山书院、与英士大学之间的文脉联系,便是此后的尝试。

正如阿莱达·阿斯曼所说:"回忆成为建立个人和集体身份认同的一个关键组成部分,为冲突也为认同提供表现的场所。"④ 在重塑的过程中,对杭州过往的怀念、对南迁的遗憾,自始至终作为这所学校的共同记忆而得以保存,成为塑造集体认知重要的一环。

---

① 浙江师范大学校史编修组:《浙江师范大学校史(1956—2001)》,2001 年,第 31 页。

② 章达友:《从校史追溯的判别标准谈起》,教育评论,2000(4)。

③ 楼世洲:《浙江高等师范教育的历史考察——对浙江师范学院历史渊源的几点思考》,载《浙江师范大学学报》(社会科学版),2006, 31(5)。

④ [德]阿莱达·阿斯曼:《回忆空间:文化记忆的形式和变迁》,北京:北京大学出版社,2016 年,第 6 页。

国立英士大学考略

湖州师范学院高等教育研究所　阎登科

摘要:成立于国家危难之际的国立英士大学,是战时浙江及江南区域知识分子和莘莘学子聚集和求学之所。它数次辗转迁徙于浙南大地和群山之中,不断地扩充自己的教育范围,培育了大批精英,承担着延续民族文脉和培育专业人才的历史重任。随着抗战的结束和历史使命的完成,它分枝散叶于中华人民共和国成立之初,余荫惠及中华人民共和国高等教育至深。

关键词:国立英士大学;高等教育;历史

一个民族最为不朽的是民族精神,民族精神的延续和传承依靠教育,这种内在的血肉联系在民族面临危亡之际尤为重要。抗战期间,为延续民族血脉,在国民政府"战时应作平时看"的指导方针下,浙江高等教育机构部分西迁,形成以"浙大西迁"为中心的近代中国教育史上的"史诗"篇章;一部分南撤,在浙南群山之中守持相望,弦歌不绝,谱写了一首悲壮的战地教育之歌,其主线即国立英士大学的成立和发展。该校自 1939 年暑期筹备,至 1949 年暑期结束,历时 10 年。不仅在江浙文脉延续中起了重要作用,更在浙江高等教育史上留下了浓墨重彩的一笔,与之江大学一道被誉为浙江近代高等教育的"双璧",成为中华人民共和国成立后浙江大学的重要组成部分。与"浙大西迁"较为丰富的研究成果相比,国立英士大学的研究乏善可陈,本文不揣简陋,作简略考察,以抛砖引玉。

一

1937 年 7 月 7 日,卢沟桥事变爆发,中国全面抗战开始,平、津、宁相继失陷,对全国包括浙江在内的全国高等教育秩序形成了根本性冲击。为延续和保存教育文化命脉,尽管当时的国民政府内部有不同主张,但最终认定:"抗战既属长期,各方面人才直接间接均为战时需要。为自力更生抗战建国之计,原有教育必须得维持，否则后果将更不堪，就兵源而言，以我国人口之众，尚无立即征调此类大学生之必要。故决定以'战时须作平时看'办理方针，适应抗战需要，固不能任何临时措施，但一切仍以维持正常教育为其主导。"[①] 遂决定实施高校内迁。在这一政策导引下，国内大学 1937 年 7—8 月开始史无前例的大迁移。

浙江高校的迁移与时局变化密切相关。1937 年 8 月 13 日，日本大举进攻上海。10 月上旬，上海战局已明，浙江省政府当局感到危险迫近，遂议定杭州万一失守，将以地处浙江中部的金华为临时省会，并以此为目标筹划各部门和相关机构的迁移事宜。11 月初，日军为形成对上海的南北夹击之势而实施杭州湾登陆行动。登陆后，一部日军先是侵嘉兴，后占南浔；另一部日军向桐乡、吴兴等地进犯。11 月底，吴兴、长兴沦陷，浙北落入敌手，杭州门户洞开。其时浙江省政府当局加紧迁移进程，是月中旬，省政府及各厅处先后迁往永康，临时省会设在永康方岩，各厅分布在五峰书院、岩下街等处，省教育厅、省建设厅则迁往丽水[②]。时任浙江省省长黄绍竑回忆，教育厅迁往丽水是因为其工作"比较偏于平时性一些，工作的环境，也更需要安定"[③]。高校大多随着政府机关一道迁移。浙江大学初迁西天目山及建德，继迁江西、广西，最后迁至贵州遵义，是为"浙大西迁"。之江大学迁校皖南屯溪，后又迁往上海租界。杭州艺术专科学校暂迁诸暨，复迁江西、湖南，后到四川。省立杭州高中、杭州女中、杭州师范、民教馆实验学校、嘉兴中学、湖州中学、杭州初中等 7 校迁至丽水碧湖，成立浙江省立临时联合中学，后分为联合高中、联合初中、联合师范 3 校。私立宗文、安定、清波等中学，均撤出杭州。

12 月初，新任浙江省政府主席黄绍竑正式上任。其到任没满 20 天，南京和整个杭嘉湖即告沦陷，来自江苏、浙江和上海的人口大量增加。在此情势下，黄即着手搭建新的省府班子，包括一些思想比较开明的精英人物，如王先强、严北溟、黄祖培等，并经由他们又延揽了一批"左倾"人士、进步青年乃至共产党员。1938 年 2 月 9 日，黄绍竑即颁布浙江省战时政治纲领，共计 10 条。其中第 6 条规定："实施战时青年及政治工作人员训练，提高其民族意识，强化其战斗精神与技术，养成政治及军事上之新干部。"第 8 条规定："发动并统一全省文化界救亡工作，号召文化人回乡服务，推广战时民众教育，普遍提高人民之政治认识及

① 方明：《抗战时期国民政府大撤退秘录》，北京：团结出版社，2013 年，第 207 页。

② 楼子芳：《浙江抗日战争史》，杭州：杭州大学出版社，1995 年，第 26~28 页。

③ 黄绍竑：《黄绍竑回忆录》，上海：东方出版社 2011 年，第 363 页。

文化水准。”成为这一时期教育工作的指导方针和重要内容①。

1938年5—6月,日军相继侵占岱山、定海等地,打破了对峙局面,许多师生一时无处可寻,纷纷南下。其时聚集在金华地区的知识青年,不但有本省的,还有江苏的、上海的,有些是有组织的,有些是无组织的,有些是迁地复课,有些则欲找事谋生,有些已投入军队的政治工作队伍里去,有些是自己组织服务队,从事各种宣传与战时服务。黄氏觉得此次战争为期可能很长,而相当数量的高中毕业生需要升入大学深造。浙江省境内原有规模最大的浙江大学已经西迁,如果省境内没有一所大学,每年毕业的高中学生就没有升学的机会,这样,浙江人材的培养就要受到极大的影响。虽然还可到大后方的各大学去升学,但是由于战时交通的困难,汇兑的不便,用费的浩大,没有多少学生可以到大后方去读书。因而“大学教育在接近战区的省份,还有继续的必要。”②为此,1938年黄氏曾致电当时迁到广西宜山的浙江大学校长竺可桢,欢迎他们回来。由于路途遥远而未能成行,但竺可桢答应在浙江设一所分校,是为龙泉分校,实际上只有大学一年级。于是,黄氏在省政府提议另外创办一所大学。创办战时大学是否有政治深意,此层显而易见。高等教育机构乃是文化思想中心,影响经济社会至深,又与人才培养直接相关,争夺这一阵地也是政治势力的首要考量。当时即有社会人士认为,设立临时大学还有阻挡青年奔向根据地和解放区等“大后方”的意图,还可进一步扩充CC派在教育界的势力,具体执行人和主要推动者的教育厅厅长许绍棣即是当时CC派在浙江的核心人物③。

在讨论创办大学的过程中,政府当局也有人疑虑:第一,战事结束的久暂,姑不置论,但在动荡的战时环境中,是否可由我们安心去办大学?第二,在人才物质与财政困难的情况下,战时是否能创办一所完善的大学?针对这种顾虑,黄氏认为战事决不能遍及全境,只要尚有一块比较安全的地方,就可以而且应该办理。同时,抗战的时期一定很长,能在战时坚苦的环境中挣扎出来、锻炼起来的学生,一定有很大的成就。遂于1938年11月在省政府会议提出提案获得通过,并立即拨款筹备。黄氏当选为筹备委员会的主任委员,而实际的负责者,是时任教育厅厅长许绍棣。

许氏毕业于复旦大学商科,1928年曾任浙江省立高级商业学校(即今天的浙江工商大学)校长。筹备委员会下设筹备处,地址位于丽水三岩寺。1939年

① 黄绍竑:《黄绍竑回忆录》,上海:东方出版社,2011年,第403页。

② 黄绍竑:《黄绍竑回忆录》,上海:东方出版社,2011年,第405页。

③ 浙江省政协文史资料委员会:《浙江文史资料选辑》(第70辑),1962年,第137页。

2 月,浙江省立战时大学正式成立。据时人回忆,由于怕学生看到“战时”二字,会顾虑到学校不能长期办下去,从而影响毕业后出路,因而不愿前来报考,遂开始考虑更名。为何取名英士大学,最初的动机可能是便于快速获批。细究其原因,大致有三重:其一是陈英士的影响。陈英士(1878—1916),字其美,浙江湖州人,民国革命志士。1906 年青年陈英士受其弟影响东渡日本,学习警察法律。在日期间,结识了徐锡麟、秋瑾、张静江、褚慧僧等反清志士。是年冬加入同盟会,同年,蒋介石经人引介结识陈氏,由陈介绍加入同盟会。陈氏后奉孙中山令从东京回到上海,办报纸,开武馆,开展反清运动。后加入宋教仁、谭人凤、杨谱生等组织的同盟会中部总会,成为江浙地区同盟会的核心骨干。武昌起义后,陈氏立即在上海响应,11 月 3 日在上海发动起义,上海光复后被推为沪军都督。旋即发起组织江浙联军,攻克南京,为南京临时政府成立于南京奠定根基。孙中山谓其“革命首功之臣”。1916 年 5 月在与袁世凯的斗争中被暗杀于上海,孙中山亲往扶灵。

其二是当权者与陈氏的关系。陈英士逝后,其生前至友蒋介石、黄郛等成为政府要人。受陈英士余荫影响,陈立夫、陈果夫成为 CC 派核心人物,位列国民政府时期四大家族之一,这是能够成功更名为英士大学的根本背景。据黄氏回忆,“奉蒋先生的意旨”,将学校“命名为英士大学,是纪念浙江革命先烈陈英士先生的意思”①。但从实际的操作层面上来讲,应是浙江省先提出建议,报教育部,再呈时任大总统蒋介石处。1939 年 5 月,更名为省立英士大学。

从成立时的规模和建制来看,虽然系战乱时代,但仍然按照当时大学设置标准进行,并力图建设一个富有效率的机构组织。1938 年 11 月成立的“省立浙江战时大学”筹备委员会,委员有谷正纲、阮毅成、黄祖培、许绍棣、伍廷飏、赵曾珏、莫定森、王佶、黄觉民 9 人,其中阮毅成为民政厅厅长兼任,黄祖培为财政厅厅长兼任,伍廷飏为建设厅厅长兼任,莫定森为农业改进所所长兼任,赵曾珏为电话局局长兼任,黄觉民为铁工厂厂长兼任,王佶为省立医药专科学校校长兼任。学校正式成立后,成立“校务委员会”,许绍棣为主任,同时又增加了一些委员。

当时委员会成员大致可分为三类人员:一是省政府所属的某些厅的主管人,二是省办的一些和学校教学、实习工作有比较密切联系的事业机关负责人,三是专任的学校工作人员。委员除莫定森、赵曾珏、王佶等一度兼任学校各学院的院长,其余都是兼任,不负实际责任,学校实际事权大都集中在许棣一人身

① 黄绍竑:《黄绍竑回忆录》,上海:东方出版社,2011 年,第 467~468 页。

上。在教育管理体制上,受教育部和浙江省教育厅双重领导。按照当时大学的设置标准,必须有三个学院,遂以从杭州撤退出来设在临海县的公立医专为医学院,从杭州撤退出来设在松阳县的农专改进所为农学院,在战时新设的丽水县大港头铁工厂为工学院①。这样在1939年10月26日英士大学正式开学时,即有工、农、医三学院的规模。在办学方式上,最初是打算让学校的有关院系(科)全跟着相关的事业机关走,由相关的事业机关解决师资、设备和实习等问题,实行分散办校。学校的规模,农学院松阳白龙圳,设农艺、农业经济、畜牧兽医3学系;工学院在丽水三岩寺,设土木工程、机电工程、应用化学3学系;医学院在丽水通惠门,设医学、药学2系;此外还有农学、合作两专修科。1940年秋还增办特产专修科,内设茶业专修班。机构上,不设校长,只有校务委员会,教务长陈莐民,训导长邢文锋,总务长瞿渭。校址设于省处州中学原址。

二

1939年2月,省立英士大学成立后,各项建设开始进行。前已述及,主政的许氏为CC派在浙江的核心骨干,不仅负有掌控教育之责,也有扩充CC派政治力量之任。他在具体的管理过程中,不仅把办学视同做官,学校仿佛衙门,教职员尤其是职员等于“下属”,平时有所陈述或请求,均须采用书面“签呈”“批复”等公文形式。还把兄弟、妻舅、同学、同乡分派在学校各部门充当骨干,实行家族式的统治②。

当时英士大学的定位是“实科”大学,系时任教育部长陈果夫的旨意。当时陈果夫曾经在国民党中央提案主张扩充理工科,限制文法科,主要是出于国家建设需要,这一方面显示出战时办学的主导思想,同时也不无钳制思想的政治用意。本来按照分散办学的模式,各项设备、师资等均有来源,真正办理起来尚可有序推进。但形势的发展使这一办学模式发生了改变。先是二级学院院长不再由各厅厅长兼任。先是工学院院长赵曾珏离浙,其兼任的工学院院长职务改由原来任教务长的陈莐民接任。1942年日寇大流窜,学校南迁到泰顺司前乡开学,和事业机关道远没法联系,其余两院也分别由原来的系主任迁调为专任的院长,农学院为郑体华,医学院为郑万育。学校的管理体制遂依客观形势发展而为集中制,这也直接推进了内部管理体制的日趋完善。当时校务委员会下

---

① 刘寅生,谢巍,何淑馨:《何炳松纪念文集》,上海:华东师范大学出版社,1990年,第267页。

② 浙江省政协文史资料委员会:《浙江文史资料选辑》(第70辑),1962年,第139页。

设教务、训导、总务三处，均由专任教员兼任，如教务长先后有陈荩民、朱重光、阎诗出任；训导长先后由孙德中、刑文铎、韩士淑出任；总务长先后由孙德中、许绪寰（暂代）、瞿渭出任。当时在三个学院下设有 9 个系科，均于 1940 年秋季开始上课，在“省立”时期一共招了 3 期学生。1942 年秋又添了一班合作专修科，1942 年春开过一个大学先修班，1942 年秋又添了一班行政专修科。以上两个专修科，是以省政府委托的形式附设在该校的，由相关机关（合作事业管理处和民政厅）派人担任主任，地址也跟机关设一处。这种合作培养人才的方式即使在今天也有一定的借鉴意义。

由于时处战乱，地处偏远，学校在校舍及经费方面面临极大困难，使各学院因利益冲突而界限甚深，存在“彼此互争名额、争设备、争经费”现象。比如，当时工学院对各项设施要求较高，而医学院也不甘落后，说他们学院性质特殊，一院二系的规模实际等于别的学院的三系以上，争讼不休。学院间的紧张关系，也直接使教员私人间也意见日深。有一次在学校校务会议席上，医学院院长郑万育竟和教授许植方动起武来，此事被学生探知，遂被学生以“大闹天宫”的题字公之于墙报[①]。这种利益冲突反映了当时办学的艰难。

1940 年秋正式开学时，校址在丽水城内前省立处州中学的龙门岭旧址。1941 年因添招新生，校舍不够用，加上从二年级以上有许多专业科目需要师资和设备，因此称龙门岭为校本部，专留一年级及先修班新生。二年级学生分院另迁：农学院，去松阳与农改所一道；工学院在丽水城外三岩寺另建新校舍；医学院在丽水城内囿山处州中学分部原址。学校始一分为三。1942 年春夏之交，日寇自金华沿线前进，逼近丽水城。学校被迫从丽水、松阳移往云和、景宁，最后在泰顺司前乡租用民房开了学，并增招了第三届新生，直到改为“国立”[②]。当时的设备特别简陋，筹备期内曾由“浙江地方银行”经手在上海订购了一部分仪器药品之类。太平洋战事一起，据说仓库在日寇洗劫，浙沪航运中断，未得运入内地。图书也仅仅是些陈旧书刊，有些西文书则借自省立图书馆。加之迁移过频，许多图书、设备损毁、遗失严重。在重庆、桂林等地的学校，尚有一批文化人在艰苦斗争中写出一些好书和编印发行一些刊物，而在英士大学因路途遥远，颠沛流离，好书好刊成了稀见之物，根本无从与师生公开相见。

不仅办学环境极其恶劣在，而且生活境况也异常悲惨。其一是物价飞涨，生活艰苦。“省立”时期，员工待遇一般比“国立”为差，自教授至工友无不为生

① 浙江省政协文史资料委员会:《浙江文史资料选辑》（第 70 辑），1962 年，第 140 页。
② 浙江省政协文史资料委员会:《浙江文史资料选辑》（第 70 辑），1962 年，第 141 页。

活发愁,东借西措、卖衣鬻物的很是普遍,也有少数以“兼”设摊店弥补家庭开支。而学生很多来自敌占区或是从敌区随家南迁,经济状况也不大好。他们多数愿意考内地“有名”的“国立”大学,因考不上或路费难筹,或家庭牵制,退而求其次,才跑入这所学校来。进了学校,则往往对师资、设备等有所不满,所以情绪也是不很安定的。教学方面,农、工学院大多是采用欧美国家的教材,医学院都是德日派的一路。学术研究尚无从谈起。所谓“训导”工作,多实行中等学校当时所实行的那一套,对一年级要求尤其严格,还须实行“军事训练”和“军事管理”,由“军管区”派来“教官”常驻。党团活动方面,除有学生会、级会,各学系的学会、同乡会、某校同学会之类团体外,据时人回忆,有直接接受浙江省党部领导的国民党“直属区党部”,各学院大都设有“区分部”,由各学院的训导主任兼任,形成一个比较严格的训导体系。三青团也在建立之中,但因和国民党之间存在矛盾,许绍棣对其多歧视,所以终“省立”未见成立[①]。当时革命进步的组织,从省政府组成人员的情况来看,应该存在,但因其往往以隐蔽的形式出现,未为时人闻知。但在国民部情报系统中,偶有指名某学生为共产党员之内容。

还有教育秩序无法保障。因日军经常派飞机轰炸,只要防空警报一响,学校只能分散师生到农村暂避。长久以往,有时学校干脆给每人发两个大包子,带上书报各自出城。即使如此,还是有惨剧发生。比如英大附近的防空洞被炸,导致300多人遇难。求学之艰难和危险,可见一斑,英大人之精神,更为可贵。

三

1942年,日寇流窜浙东,丽水一度沦陷,英士大学由教务长陈荩民等率领,迁于泰顺司前。时教育厅则迁至景宁,使许绍棣对英大鞭长莫及。师生员工在教学、设备和生活种种方面怨声不绝。许渐感挑不起这副担子,遂放弃了办英士大学的长远计划,呈准教育部改为国立。

学校由“省立”改为“国立”,是英士大学发展的一个曲折点,它直接决定了英士大学由临时性质变为永久性质。当时为推进“国立化”,在学校也进行了较长时间的宣传,师生也很欢迎“国立化”。教职员大多认为,改为“国立”,待遇可以较“省立”高些。学生则认为“国立”名义好听,毕业后出路有一定的保障。学生对“国立”的欢迎和盼望程度,从次年暑假就要求用“国立”名义发毕业证

① 浙江省政协文史资料委员会:《浙江文史资料选辑》(第70辑),1962年,第142页。

书,拒绝接受"省立"的证书的反响可见一斑。1942 年 12 月 29 日,中央行政院第 606 次会议决定:"东南联合大学归并英士大学,而将英士大学改为国立。英士大学工学院划出,独立为国立北洋工学院。"首任校长为吴南轩。次年,教育部长陈立夫曾专程至丽水碧湖镇,但据时人回忆,他只在军政机关走了一遭,对师生进行了几番演讲,并没有深入各学校实地探察,但视察英士大学"国立"事宜当在其行程之中。

1943 年 2 月新任国立英士大学校长吴南轩辞职,与东南联合大学移移交之事被迫拖后。4 月起,正式定名为国立英士大学。至 5 月 12 日,中央行政院会议决定,改任东南联大筹委会设计委员兼文学院院长杜佐周为英大校长,两校移接工作方得着手实施。杜是浙江东阳人,留美教育学博士,曾署名于所设"建设中国本位文化"的十教授"宣言",也是 CC 系所中意的人物。具体的改组内容有:一是将英大工学院划出独立,改称"国立北洋工学院",仍由陈荩民担任院长[①]。这一举动,可能是陈立夫个人的私心起了一定作用。当时北洋大学(即今天的天津大学)奉命与焦作矿院、北平大学工学院、东北大学工学院等于西安合并办学,但各校之间矛盾激增,特别是其中的北洋大学声誉最隆,其校友筹谋独立,恢复北洋校名,而"北洋工学院"是陈立夫就读过的母校,陈此举也有恢复母校的用心,并延聘一批北洋校友任教。二是将自上海内迁、原属东南联合大学的法学院移并于英大。6 月 2 日,教育部指令东南联大文、理、商三学院并入暨南大学,法学院与艺术专修科并入英士大学,7 月底,所有移交工作全部结束。浙江省立政法专门学校于 1927 年停办,也于此时恢复。改组过程也不无风波。杜佐周到校接事后,许绍棣声称医学院的设备都是从省立医专借来的,医专仍在办理,需要收回自用,不肯移交给国立。双方僵持很久,几至反目,最后还是交与了医专。

杜氏接任校长,"因自己为一研究教育的人,而且籍隶浙江,不特责任所在,且亦义不容辞"。上任之后,其"本昔日襄助何师治校的方针",秉持"大、刚、中、正、奉公、守法"精神治校[②]。1943 年 3 月,英大师生在杜佐周的带领下,先是在丽水县的小顺开学,后因敌军进逼,乃又转迁至泰顺司前,师生多达 800 余人。由于司前容不下这么大的规模,将医学院搬迁至距离司前五千米外的里光村。1945 年 6 月 6 日,重长教育部的朱家骅又电令恢复英大工学院。7 月,医

① 浙江省政协文史资料委员会:《浙江文史资料选辑》(第 70 辑),1962 年,第 143 页。

② 刘寅生,谢巍,何淑馨:《何炳松纪念文集》,上海:华东师范大学出版社,1990 年,第 250 页。

学院停办,浙江省立医专以此基础复校。1945年8月,抗战胜利。11月,英士大学一部分师生迁到温州永嘉。一部分迁到金华。其中医学院则由临海医专代办,工学院部分并入北洋工学院。当时教育部忙于复员,无暇顾及英士大学。1946年奉令移址金华,由工学院院长周尚代理校长。暑假迁毕,但校舍无着,借用天宁寺、民房,乃至原监狱的房子。此种情况之下,杜氏深感"事与愿违,力不从心",乃"坚决求去","辞呈七上,始获邀准"①。6月,重庆教育部调暨南大学校长何炳松任英大校长,何因病未能赴任,由杨公达继任校长。8月,完成迁徙,设文理学院、法学院、农学院、工学院。1947年4月23日又由总务长周尚代理校长。其时关于英士大学最终去向争论甚烈,有人主张应设在吴兴县,或者在上海为当,也有人认为要离上海和杭州远些,以金华最为适宜,温州亦可。教育部长朱家骅亲至杭州,在与英士大学教职工商谈之后,知吴兴已无现成校址可用,乃决定将英士大学设于金华②。6月由汤吉禾继任英大校长。后又增设文理学院。这样,1948年有文理、法、农、工四个学院,增设法律、政治、经济、中国文学、哲学、外国语文学、史学、数学、物理、化学、森林、机械工程和电机工程等学系,及行政、财政、会计三个专修科。附设公路管理、农业等专修科。行政组织计分教务、训导、总务三处。1949年教育部长朱家骅任命教育部总务司长邓传楷为国立英士大学校长,邓校长本救国不忘育才之意,义不容辞,一肩抗大责。危难时期办学,可谓筚路蓝缕,艰苦备尝,学校经费匮乏,教职员工薪水不足部分,邓校长就把祖传布庄的卖布所得全部贴光,这样诸教授尽学相授,邓校长又择才施教,使莘莘学子,皆有奋勉之心,困而学之,学风为之丕变,校誉日隆,蜚声国内外。此时设有工、农、医、法、文理等5个学院,20多个系科,2 800名师生。截至新中国诞生前夕,已培养各科毕业生1 000余人。

1949年8月25日,英士大学被金华军管会接管。由于校名是纪念陈英士,囿于当时极"左"时势,遂解散英士大学。部分科系并入复旦大学,其余师生大部分转入浙江大学,原有设备、图书、仪器、人员档案、学籍资料等都由浙大接管。英士大学虽很短暂,但在国家危难之际坚持办学,为国家培养了许多专业人才,惠泽新中国高等教育颇深。其在战时艰苦办学的精神,也值得我们传承和发扬。

① 刘寅生,谢巍,何淑馨:《何炳松纪念文集》,上海:华东师范大学出版社,1990年,第251页。

② 刘寅生,谢巍,何淑馨:《何炳松纪念文集》,上海:华东师范大学出版社,1990年,第266页。